高等学校医疗保险专业第二轮系列教材

总主编　周绿林

健康保险核保与理赔

第 2 版

主　编　吴海波　陶四海

科 学 出 版 社

北　京

内 容 简 介

作为一门实践性较强的学科，健康保险核保与理赔涵盖的知识点非常广泛，除保险及医学知识外，精算、法律、金融、统计方面的知识均有涉及。本书在深入阐述健康保险发展现状及健康保险核保与理赔学科理论基础的前提下，重点介绍了健康保险核保、理赔理论与实务，健康保险欺诈及防范以及健康保险与智能科技等方面的知识，并结合实际列举了若干相关典型案例。全书共分为九章。第一章重点介绍了健康保险的发展历程与趋向，以及健康保险核保与理赔的研究对象、研究内容、学科定位、结构体系等。第二章重点阐述了与健康保险核保及理赔密切相关的医学基础、精算基础、法律基础及信息基础。第三至六章则就健康保险核保、理赔理论与实务做了深入阐述。第七章介绍了各种健康保险欺诈行为及防范措施。第八章重点分析了大数据、云计算、人工智能和区块链在健康保险核保与理赔中的运用。第九章列举了部分健康保险核保与理赔典型案例。附录部分则以节选的方式重点介绍了与健康保险核保及理赔相关的若干政策法规。

本教材适用于高校和业界不同层次的健康保险核保理赔课程教学与培训使用。

图书在版编目（CIP）数据

健康保险核保与理赔 / 吴海波，陶四海主编. —2 版. —北京：科学出版社，2024.1

高等学校医疗保险专业第二轮系列教材 / 周绿林总主编

ISBN 978-7-03-076301-3

Ⅰ. ①健… Ⅱ. ①吴… ②陶… Ⅲ. ①健康保险—理赔—高等学校—教材 Ⅳ. ①F842.62

中国国家版本馆 CIP 数据核字（2023）第 170750 号

责任编辑：李 杰 郭海燕 / 责任校对：周思梦

责任印制：赵 博 / 封面设计：北京十样花文化有限公司

科学出版社 出版

北京东黄城根北街 16 号

邮政编码：100717

http://www.sciencep.com

北京建宏印刷有限公司印刷

科学出版社发行 各地新华书店经销

*

2015 年 6 月第 一 版 开本：787×1092 1/16

2024 年 1 月第 二 版 印张：22 1/4

2025 年 1 月第十五次印刷 字数：510 000

定价：89.00 元

（如有印装质量问题，我社负责调换）

高等学校医疗保险专业第二轮系列教材
编写委员会

《健康保险核保与理赔》
编委会

主　编　吴海波　陶四海

副主编　陈永成　刘石柱　高长青　江乐盛　莫颖宁

编　者（按姓氏笔画排序）

王　慧（湖北中医药大学）
王乙竹（锦州医科大学）
卞太平（江苏泛华律师事务所）
方桂霞（安徽医科大学）
叶子轶（西南医科大学）
田国梅（哈尔滨医科大学）
朱　宏（江西中医药大学）
刘石柱（江苏大学）
江乐盛（江西中医药大学）
许丹妮（昆明医科大学）
许梦月（安徽中医药大学）
李永强（江西中医药大学）
吴海波（江西中医药大学）
陈永成（江西中医药大学）
赵　妍（甘肃中医药大学）
袁小丽（成都中医药大学）
莫颖宁（山东中医药大学）
高长青（江苏乐凡保险公估有限公司）
陶四海（华北理工大学）

总 序

自 1995 年“两江”（镇江市和九江市）医改试点启动以来，我国医疗保障制度建设取得长足发展，实现了历史性跨越。截至 2021 年年底，基本医疗保险覆盖 13.6 亿人，95%以上的国民有了基本医疗保障，全民医保体系初步形成。国际劳工组织盛赞中国社会保障取得的巨大成就，在《世界社会保障报告（2017—2019）》指出，中国是实现养老保险和医疗保险快速扩面最成功的国家。2020 年《中共中央 国务院关于深化医疗保障制度改革的意见》提出“到 2030 年，全面建成以基本医疗保险为主体，医疗救助为托底，补充医疗保险、商业健康保险、慈善捐赠、医疗互助共同发展的医疗保障制度体系”。

为适应医疗保险事业的发展，我国医疗保险人才培养也走过了 20 多年历程。目前全国已有 40 多所高校在公共事业管理、劳动与社会保障等相关专业中培养医疗保险人才。令人欣喜的是，2020 年 2 月教育部印发的《关于公布 2019 年度普通高等学校本科专业备案和审批结果的通知》，决定增设备案医疗保险本科专业，充分体现了政府和社会对医疗保险专业建设的重视和认同。

教材是学校教育教学、推进立德树人的关键要素，教材建设也是专业建设中最基本的教学条件建设内容之一，教材质量直接体现高等教育和科学研究的发展水平，也直接影响本科教学的质量。在新文科建设背景下，紧密结合一流专业和一流课程建设，需要符合新时代发展要求的高水平教材。

为适应新时代医疗保险专业人才培养和高等医疗保险教育的需要，体现最新的教学改革成果，2014 年 5 月“中国医疗保险教育论坛”理事会发起编写高等学校医疗保险专业第一轮系列教材（简称第一轮系列教材）。第一轮系列教材出版后，受到了教材使用高校和社会读者的广泛好评。随着时间的推移，近年来公共管理理论和方法有了新的进展，国内外医疗保障改革发生了巨大变化。为此理事会决定启动编写第二轮系列教材并成立了“高等学校医疗保险专业第二轮系列教材编写委员会”，特邀林闽钢（教育部高等学校公共管理类专业教学指导委员会委员、中国社会保障学会副会长、南京大学教授）担任主任委员，申曙光（中国社会保障学会副会长兼医疗保障专业委员会主任委员、中山大学教授）、杨翠迎（教育部高等学校公共管理类专业教学指导委员会委员、上海财经大学教授）担任副主任委员。

此后在全国范围内进行了主编、副主编、编者的申报遴选工作。2020 年 11 月，在江西中医药大学隆重召开“高等学校医疗保险专业第二轮系列教材主编、副主编聘任暨全体编委会议”。编委会要求教材编写时应遵循“三基”（基本理论、基本知识、基本技能）要求，以必需和够用为度，体现现代教育思想，反映学科建设和医改发展最新成果，把第二轮系列教材编成有特色、有创新、有深度、有影响力的精品教材。教材编写过程中，适逢党的二十大胜利召开，为此，编委会要求推进党的二十大精神进教材、进课堂，落实立德树人根本任务，努力践行社会主义核心价值观。

第二轮系列教材体系沿袭第一轮系列教材确定的 12 门专业基础课和专业课教材，其编写是在第一轮系列教材基础上吸收了国内外医疗保险最新理论研究与改革实践成果，是全国 40 余所高校从事医疗保险专业教育工作者的集体智慧。第二轮系列教材的编写出版，希冀为提升新时代我国医疗保险专业人才培养质量与专业学科建设水平发挥积极作用。

“中国医疗保险教育论坛”理事会
高等学校医疗保险专业第二轮系列教材编写委员会
2023 年 1 月 10 日

前言

党的二十大报告指出，“加快构建新发展格局，着力推动高质量发展”。随着我国医疗保险事业不断向高质量发展迈进，高等学校医疗保险专业教育对教材建设提出了新的更高的要求。为适应新时期医疗保险专业人才的培养和高等医疗保险教育高质量发展的需要，随着我国医疗保险事业的不断发展，高等学校医疗保险专业教育对教材建设提出了新的更高的要求。为适应新时期医疗保险专业人才培养和高等医疗保险教育发展的需要，全国各相关高校决定编撰一套“医疗保险专业系列规划教材”。2014 年，第一轮编撰工作正式启动，2015 年、2016 年，包括《健康保险核保与理赔》在内的 12 本规划教材相继出版。第一轮教材自编撰出版以来，受到了相关高校和社会各界的广泛关注及好评。《健康保险核保与理赔》更是实现了万余册的销量，产生了良好的社会影响。但随着时间的推移，近年来我国健康保险经营状况和外部环境等均发生巨大变化，作为传授学生知识的教材，无论是基本知识点还是相关数据、案例、政策法规等，都必须紧跟时代的发展步伐。若依然沿用数年前的相关数据、案例、政策法规显然是不合时宜的。在此背景下，对包括《健康保险核保与理赔》在内的第一轮系列教材进行重新修订，可谓形势所需、现实所迫。

修订本教材的目的，是要在第一轮规划教材的基础上，结合健康保险业发展现状与需求，采取理论与实践相结合的架构，打造一本既适合高校教学所需，又能满足各保险公司、保险中介公司及其相关监管人员所求的通俗化、实用化精品教材。

修订后的《健康保险核保与理赔》与第一版相比，其变化主要体现在以下两个方面：

一是结构上做了一些调整。本书的整体结构与第一版相比没有太大的改变，依然由九个章节构成。但不同的是，存在两个方面的明显差异：一是删除了第一版的第八章“健康保险项目管理”内容，将其改成了更符合现实需求的“健康保险核保、理赔与智能科技”；二是第五章新增了一节内容，即第三节“健康保险理赔调查”。

二是内容上做了一些修改。第二版最大的变化主要体现在内容的修改方面。本次改版我们不仅全面修改了教材涉及的所有数据、政策法规等，而且将近年来学界最新的科研成果融入了教材中，进一步彰显了教材的时代性与创新性。

本教材的特色主要体现在两个方面：

一是重点突出了医学知识在本教材中的重要性。本教材内容丰富，除保险知识外，还涉及精算、统计、法律、经济学等方面的知识。医学知识更是本书的重中之重，某些章节甚至超过了保险知识的分量。同时值得注意的是，它并非是医学知识与保险知识的简单组合，而是突出两者的有机结合，寓医学知识于保险之中，融保险知识于医学之内，做到融会贯通、相得益彰。

二是本教材内容架构上采取了理论与实践相结合的方式进行编排，即每一章、每一节乃至每一个知识点都不是纯粹的理论解说，而是通过列举案例、病例的方式来加深读者对相关理论知识的了解。

本教材是江西中医药大学、华北理工大学、江苏大学、安徽医科大学、哈尔滨医科大学、昆明医科大学、锦州医科大学、西南医科大学、湖北中医药大学、成都中医药大学、安徽中医药大学、山东中医药大学、甘肃中医药大学、江苏乐凡保险公估有限公司、东吴人寿保险股份有限公司等高等院校和金融保险机构 19 位同仁共同努力的结果。具体写作分工如下：第一章由王乙竹、陶四海、吴海波负责撰写；第二章由江乐盛、陈永成、赵妍负责撰写；第三章由方桂霞、陈永成、田国梅负责撰写；第四章由方桂霞、江乐盛、田国梅、卞太平负责撰写；第五章由刘石柱、莫颖宁、王慧负责撰写；第六章由许丹妮、王慧、高长青负责撰写；第七章由朱宏、李永强负责撰写；第八章由叶子轶、许梦月负责撰写；第九章由高长青、袁小丽负责撰写。附录由江乐盛、吴海波负责节选收录。

本教材在编写过程中参考了国内外大量的论著和教材，同时还吸收了一些专家学者的科研成果和论点，在此谨表谢意。同时，本教材的编写还得到了科学出版社领导和编辑们的大力支持及帮助，得到了“全国医疗保险专业系列教材编委会”周绿林教授等的鼓励和支持，得到了全体编撰作者所在单位领导和同事们的关心及协助；华安财产保险股份有限公司江西分公司洪承艳在本书编撰过程中也贡献了自己的智慧；江西中医药大学经济与管理学院硕士研究生朱文芝、陈天玉、张浩、张彪、陈拾菊等同学为本教材的编辑、校对做了大量有益的工作，在此一并感谢。

相对于保险领域其他教材而言，健康保险核保与理赔方面的教材要少得多，因此，其理论体系、研究方法、知识架构等都有待进一步探讨；而且随着健康保险经营环境的不断变化，健康保险核保理赔的实践也将出现新内容，其理论也将不断创新、完善。由于时间仓促，再加上编者水平有限，书中疏漏之处在所难免，希望同行专家与广大读者多加批评指正。

编　者

2023 年 9 月

目 录

第一章　绪　论

内容提要

人的健康是社会进步的重要标志，也是检验一个国家物质文明和精神文明建设成果的重要指标。健康风险纷繁复杂，具有发生频率较高、容易造成人身伤害以及广泛的社会蔓延性等特点。伴随着不断变化的健康风险，人类社会风险管理的技术和水平也在不断提高。健康保险就是人类社会管理健康风险的重要手段与工具之一。本章在介绍国内外健康保险发展历程、我国健康保险发展趋势的基础上，重点阐述了本教材的研究对象、研究内容、学科定位及结构体系等。

第一节　健康保险的发展历程与趋向

人的健康是社会进步的重要标志，也是检验一个国家物质文明和精神文明建设成果的重要指标。随着我国经济的快速发展，人们收入水平的不断上升，对健康的关注度也在不断提高。人们将对健康的追求作为个体发展的首要目标，是因为人的生命只有一次，同时生命质量及其价值实现的前提是健康。另外，健康也是重要的社会目标，国家和社会的重要职责是能够为社会成员提供有效的渠道和方式促进健康。国际初级卫生保健大会于 1978 年为保障并增进世界所有人民的健康而订立的《阿拉木图宣言》倡导“健康是基本人权，达到尽可能高的健康水平，是世界范围内的一项最重要的社会性目标”。因此，无论发达国家还是发展中国家，健康以及卫生、卫生保健已经成为重要的经济问题和政治问题。

一、健康风险与健康保险

（一）健康风险

1. 健康风险的定义

风险是损失发生的不确定性，其可根据风险标的分为财产风险、人身风险、责任风险及信用风险。健康风险属于人身风险之一，其指因疾病或意外导致人的健康受损而带来的经济损失的不确定性。

2. 健康风险的特征

（1）成因较复杂

医疗行为的高技术性及医疗科技的复杂性，导致医疗预防与诊疗效果具有不确定性，最终可能导致健康风险。例如，每一种疾病的产生原因不同，因此导致的危害后果可能不同；又如可能存在潜在疾病或未知疾病等，致使健康风险难以准确预测及化解。

（2）发生频率高

健康风险是普遍存在的风险之一，其发生频率较高。就自然界而言，自然灾害频发可能导致疾病或人身伤害；就社会活动而言，各种意外和疾病都会造成不同程度的身体伤害；就人类自身而言，影响个人健康的因素也远高于其他风险。

（3）人身伤害性强

健康风险具有严重的人身伤害性。一般而言，普通风险的发生直接造成的是财物损害，损害程度通常可以用货币来衡量。而健康风险带来的通常是身体以及精神的极大损害且无法用货币来衡量。

（4）社会蔓延性广

相比其他类型的风险，健康风险具有广泛的社会蔓延性，如肝炎、肺结核、严重急性呼吸综合征等传染性疾病都可能会通过各类传播方式在人与人之间快速蔓延。

（二）健康保险

健康保险起源于古罗马时代，当时许多协会、会社会在其成员遭遇工伤事故时为其提供一定数额的收入补偿。中世纪的英国和意大利的部分行会组织向会员提供多项救助，包括疾病的补偿。在17世纪的欧洲，法律规定海员可以获得疾病保障，而士兵可以获得伤残保障，这些均为现代健康保险的产生提供了条件和基础。19世纪中期，伴随各类人寿保险公司的出现，英国产生了现代意义上的健康保险。

1. 健康保险的定义

党的十九大提出“全面建成覆盖全民、城乡统筹、权责清晰、保障适度、可持续的多层次社会保障体系”的重要目标，为了弥补基本医疗保险的不足，全面满足人民的差异化医疗保障需求，必须开发能够与基本医疗保障形成互补的多样化商业健康保险产品，最终实现补充医疗保险制度和提高人民健康生活水平这一长远目标。党的二十大报告指出：“健全覆盖全民、统筹城乡、公平统一、安全规范、可持续的多层次社会保障体系……促进多层次医疗保障有序衔接，完善大病保险和医疗救助制度，落实异地就医结算，建立长期护理保险制度，积极发展商业医疗保险。”在我国，健康保险主要指商业健康保险，它是国家基本医疗保险的有益补充。

中国银保监会于2019年12月正式施行的《健康保险管理办法》将健康保险定义为：是由保险公司对被保险人因健康原因或者医疗行为的发生给付保险金的保险，主要包括医疗保险、疾病保险、失能收入损失保险、护理保险及医疗意外保险等。

这一定义包含六个要点：

（1）承保条件严苛

健康保险承保的是因健康原因或者医疗行为的发生为给付条件的保险，主要包括以下几类：被保险人的医疗、康复需求；出现无法归责于医护人员、医疗机构的不利后果或医疗损害；发生保险合同约定的疾病；被保险人日常生活障碍引发的护理需求；保险合同所约定的意外事件或疾病致使工作能力丧失等。

（2）承保风险具有多变性和难以预测性

一方面，洪水、地震等自然因素，环境污染等社会因素及人类自身因素都可能导致健康风险，因此，健康保险承保的风险具有难以预测性。

另一方面，人类应对健康风险的主要方式即为依赖医疗技术和科技进步，但由于影响健康风险的成因复杂，用于评估健康风险的手段往往不会得出准确的结果，这些都将导致无法准确预测健康风险的程度。

（3）承保期限较短

我国健康保险除少数特殊疾病保险外，主要险种的承保期限均为1年，此外，通常设定观察期条款，从合同生效日开始至一段时间（通常为90天到1年）后保单才产生法律效力。

（4）费率厘定技术复杂

健康保险的保险费率精算技术不仅需考虑患病率、残疾发生率、发病率、利率等主要因素，还需权衡被保险人年龄、性别、当地环境、医疗技术水平、职业、家族病史及生活习惯等因素；此外，健康保险在核保与理赔过程中可能涉及很多医药学专业问题。因此计算费率时不仅要考虑以往的经验数据和统计资料，而且需要相关精算人员充分考虑检查诊疗的必要性、医药费用的合理性、可保疾病患病率等，并且需要借助医药学专业研究人的协助。

（5）市场经营风险较强

健康保险的市场经营风险表现为道德风险及逆向选择。从医疗服务提供机构角度来看，医生可能出于利益动机与患者共谋，让患者做更多的检查，或者出于避免误诊或者遭到投诉等缘由，向患者推荐较为高价但非必要的医疗服务，“小病大医”及“搭便车”的现象屡见不鲜。从投保人角度来看，一部分投保人可能考虑购买了商业保险而倾向于做更多无必要的检查或治疗，不仅形成过度的医疗费用支出，同时也产生浪费医疗资源的现象。此外，健康保险的赔付依据是医疗机构提供的诊疗单据，被保险人带病投保、伪造医疗费用收据、小病大医以及一人投保全家受益等现象也时有发生。因此健康保险的核保、理赔要比其他险种更为严格，才能有效降低逆向选择和道德风险的发生概率。

（6）保险人享有代位求偿权

一旦发生合同约定的保险事故，经过核保理赔手续，保险人在扣除免赔额、共保部分、合同规定的应由被保险人承担的金额后，应当在最高责任限额内赔付。但是，当保险责任为第三方时，保险公司只需赔偿第三方赔付后的差额部分，如果保险人已代为支付全部费用，则保险人可向第三方直接追偿本应由第三方赔付的份额。

2. 健康保险的分类

健康保险按照不同的分类标准有不同的类别，主要有以下几种。

1）按保险责任划分，健康保险可以分为医疗保险、医疗意外保险、疾病保险、长期护理保险及失能收入损失保险。

医疗保险指的是按照保险合同的约定，而为被保险人的康复、医疗等提供保障的保险；医疗意外保险指的是按照保险合同的约定，发生不能归责于医护人员或医疗机构的医疗损害，而为被保险人提供保障的保险；疾病保险指的是发生保险合同约定的疾病时，而为被保险人提供保障的保险；长期护理保险指的是按照保险合同的约定，而为被保险人日常生活障碍引发护理需求提供保障的保险；失能收入损失保险指的是以保险合同约定的疾病或意外伤害导致工作能力丧失为给付条件，而为被保险人在一定时期内收入减少或者中断提供保障的保险。

2）按承保对象划分，健康保险可以分为团体健康保险、个人健康保险。

团体健康保险指的是以政府机关、事业单位、各类企业或社团等团体为承保对象的健康保险，值得注意的是，这类团体不能是专为购买某一健康保险险种而成立的组织；个人健康保险指的是以某一特定自然人为承保对象的健康保险。

3）按给付方式划分，健康保险可以分为定额给付型健康保险、费用补偿型健康保险、津贴给付型健康保险、综合服务型健康保险。

定额给付型健康保险指的是严格按照保险合同的约定给付保险金的健康保险；费用补偿型健康保险指的是按照合同约定的标准，结合为承保风险所支付的实际费用确定保险金数额的健康保险；津贴给付型健康保险指的是按照合同约定的每天住院补贴及被保险人实际住院天数给付保险金的健康保险；综合服务型健康保险指的是当保险合同约定的特定事故发生时，由保险人直接提供医疗、护理或体检等综合性服务的健康保险。

4）按组织性质划分，健康保险可以分为社会健康保险、商业健康保险、管理式医疗、自保计划。

社会健康保险指的是通过国家立法形式，采取强制方式对劳动者因患病、伤残、生育等原因所支付的费用和收入损失进行物质帮助的健康保险；商业健康保险指的是投保人与保险人双方在自愿的基础上订立合同，当出现合同中约定的保险事故时由保险人给付保险金的一种健康保险；管理式医疗指的是将提供医疗服务及相关服务所需资金相结合的医疗保险管理模式；自保计划指的是企事业单位或雇主等通过完全或部分自筹资金方式承担其职工或雇员医疗费用支出的健康保险。

5）按保险期限划分，健康保险可以分为短期健康保险、长期健康保险。

短期健康保险指的是保险期为一年或一年以下且无保证续保条款的健康保险；长期健康保险指的是保险期超过一年或虽未超过一年但有保证续保条款的健康保险。

此外，健康保险还可以按照险种结合划分为主险型健康保险、附加险型健康保险；按照续保条件划分为有条件可解除健康保险、可任意解除健康保险、不可解除健康保险、有条件续保健康保险、保证续保健康保险；按照承保风险划分为疾病保障型健康保险、意外伤害保障型健康保险、生育保障型健康保险等。

二、国外健康保险的发展历程

现代意义上的健康保险发展距今已有一百多年，且已成为西方发达国家商业保险公司主要的保费收入来源之一。纵观世界健康保险的发展历程，主要经过了疾病保险、医疗保险和健康管理三个历史发展阶段。

（一）疾病保险（19 世纪中叶至 20 世纪初）

现代意义上的健康保险诞生于 19 世纪的英国，19 世纪中叶工业革命以后，蒸汽机车频发的意外事故严重影响了铁路部门的运营活动。由此，英国铁路运输部门于 1848 年成立了“伦敦铁路旅客保险公司”，这一公司率先为因铁路运输事故导致的意外伤害提供保险。当时的健康保险合同形式较为简单，因保险标的仅为被保险人在乘坐火车期间发生的意外事故，故而伦敦铁路旅客保险公司将简易的保单附在乘客所购买的车票票根上。不久以后，英国、美国等地其他公司相继开展了此类健康保险业务，保险责任也从“意外”方面扩展到了“疾病”方面。

1847 年，美国马萨诸塞州的波士顿健康保险公司签发了一份疾病保单，这张保单被认为是世界上第一张健康保险保单。1849 年，美国马萨诸塞州的波士顿健康保险公司开设了为补偿被保险人因生病所需的费用以及被保险人因疾病无法工作的收入损失的疾病保险业务。但是，当时疾病保险的发展速度远远落后于意外保险。

19 世纪末，美国信保人寿保险公司办理一种意外事故与疾病相结合的保单。该保单明确指出其所保障的 15 种疾病类型，并且设置了类似于今天健康保险中常见的“观察期”条款，并规定保险金的给付不能超过 26 周。

1900 年，美国纽约州的优良意外保险公司把建立在年金基础上的意外伤害和疾病保险引进了英国，尤其受到个体经营者的欢迎。之后英国财产相互保险公司与十字军骑士保险股份有限公司成功推广了由保险代理人上门收取保费的意外险及疾病保险。

1910 年，美国某保险公司签发了首张团体健康保险保单，此份保单约定保障其雇员因意外伤害或疾病导致无法参加正常工作时的每周报酬，并约定保险费由雇主承担。

综上可见，这一时期的健康保险覆盖面较窄，保障程度低且保费的缴纳主体多为雇主。

（二）医疗保险（20 世纪初至 20 世纪 60 年代）

随着保险行业的不断发展，单一化的疾病保险早已无法满足市场的现实需求，综合性的医疗保险应运而生。1915 年，英国推出伤害保险，并将住院、内外科治疗和看护费用纳入伤害保险的承保范围。由于医疗保险的飞速发展，商业健康保险的保障范围逐步扩展到失能收入费用、医疗费用、护理费用等方向，这一医疗保险模式也被一些发展中国家所借鉴。

20 世纪 50 年代，健康保险制度进入了快速成长阶段。这一时期，家庭津贴、健康护理等服务的覆盖范围不断扩大。1942 年英国贝弗里奇计划勾画了二战后英国的健康保险制度（社会保障）蓝图。1953 年 4 月，美国艾森豪威尔总统任内成立了卫生、教育和福利部。

随着二战的结束，资本主义国家经济高速发展，各国不断加大公共服务的支出，拓展疾病、护理、收入等保障计划的范围和补偿额度，并加速建设健康保障制度，如 1965 年美国实行医疗保险和医疗救助制度，1966 年英国成立新的社会保障部等，健康保险制度逐渐进入成熟阶段。

相比健康保险产生初期，这一时期的健康保险有三大特征：

1. 保障范围逐渐扩大

健康保险逐步扩展到失能收入损失补偿、医疗费用补偿、护理费用补偿等领域，从而出现了收入损失保险、医疗保险、护理保险等险种。

2. 推行方式有所改变

这一时期的健康保险出现了以社会医疗保险为运行机制的强制性健康保险，如 1883 年，德国俾斯麦政府颁布世界上首部社会保险性质的制度——《医疗保障法》，在健康保险制度发展史上具有划时代的意义。这一法令将健康保险制度由企业雇主的个人行为上升为国家意志，所承保的风险程度多取决于保障覆盖率，而不再是收取保险费的数量，因而对参与健康保险计划的人群不再进行风险评估和排除，体现出一种普惠的性质。

3. 覆盖范围逐渐扩大

随着健康保险制度的不断发展，健康保险的保障人数得到快速增长。一方面，健康保险的保障范围扩大到符合条件的劳动者，这部分群体可以通过参与社会医疗保险的方式获得保障；另一方面，健康保险制度也从一个国家向众多国家扩展。在这个意义上，健康保险制度成为一种全球化的视角和战略，着力于为全体社会成员提供合适的医疗服务。

20 世纪 70 年代，欧洲发达国家基本建立了全面覆盖的健康保险制度，并且这一制度也成为福利国家的重要内容；以苏联为首的东欧社会主义国家建立了以免费医疗为特色的国家福利制度；与此同时，日本、韩国等亚洲国家也结合自身实际，建立了以全面覆盖为目标的健康保险制度体系；在世界卫生组织的推动下，通过“初级卫生保健”普及等方式，发展中国家以及经济落后国家也开始积极推进健康保险制度建设。

（三）健康管理（20 世纪 50 年代至今）

20 世纪早期，美国医疗诊所的预付费形式成为健康管理的雏形，随后保险公司参与其中，为客户提供全流程管理式医疗保险服务，并组建健康维护组织（Health Maintenance Organization，HMO）。20 世纪 50 年代，美国慢性病患者数量增加，医疗费用上涨，HMO 的健康管理运行模式备受瞩目，并于 1969 年获得尼克松政府的批准，被正式纳入国家医疗保障体系。

1948 年世界卫生组织明确指出：健康不仅是无虚弱与疾病，而是在躯体上、心理上和社会适应上的完善状态。健康的定义从单纯的生理健康层面上升到心理健康和社会医学层面。

20 世纪 90 年代，在全球环境污染日益加剧的客观现实下，世界卫生组织将环境也作为影响健康的重要因素，强调健康是生理、心理、社会、环境四者的协调统一。“健康=7%气候因素+8%医疗因素+10%社会因素+15%遗传因素+60%生活方式”，一个人从身体健康到低危状态再到早期病变，直至出现疾病，是各个要素相互联系、相互影响的结果，对其中某一或某些要素的长期忽视就可能导致潜在的健康风险。健康管理就是建立在这一整体健康观的基础上，通过有效调动个人、集体和社会的积极性，达到最大的健康效果。健康管理出现的另一个直接原因是来源于控制医疗费用开支和提高生产力的双重需求的压力。迫于医疗保险赔付的巨大压力，作为健康管理的早期推动者的医疗机构，在其客户中提供健康管理服务以控制疾病的发生或发展，最终目的是降低出险概率和实际医疗费用支出，如美国的按病种付费、预付制等支付方式即为健康管理推行的结果。

目前，健康管理已成为医疗卫生保健领域非常重要的内容，但关于健康管理的界定尚未统一，综合国内外文献及监管文件，可将健康管理的定义归纳为：对团体或个人的健康状况进行全方位分析、评估、监管、预测，并对健康危险因素实施干预，以期达到控制疾病发生、发展的过程。

三、我国健康保险的发展现状

（一）健康保险在我国保险业保费收入占比逐年提升

如表 1-1 所示，2011～2019 年我国健康保险总保费占保险业总保费收入比重逐年上涨，由 2011 年的 4.82%增长到 2019 年的 16.57%，呈现稳步提升趋势。相比而言，财产险及人寿保险占保险业总保费比重较大，财产险比重从 2011 年的 32.20%下降至 2019 年的 27.32%，人寿保险比重从 2011 年的 60.64%下降到 2019 年的 53.36%。意外险呈现稳步发展趋势，但在我国保险业占比不高。由此可见，健康保险已成为我国保险业除人寿保险和财产险外的第三险种。

表 1-1 2011～2019 年我国保险业分险类比重情况

年份	财产险（%）	人寿保险（%）	意外险（%）	健康保险（%）
2011	32.20	60.64	2.34	4.82
2012	34.42	57.52	2.49	5.57
2013	36.07	54.73	2.68	6.52
2014	35.60	53.88	2.68	7.84
2015	32.92	54.53	2.62	9.93
2016	28.18	56.34	2.42	13.06
2017	26.89	58.65	2.46	12.00
2018	28.33	54.51	2.83	14.33
2019	27.32	53.36	2.75	16.57

注：以上数据根据中国银保监会网站相关数据整理

（二）健康保险原保费提升但增速存在波动

如表 1-2 所示，2011～2019 年，我国健康保险原保费收入飞速增长，从 2011 年的 692 亿元增长至 2019 年的 7066 亿元，健康保险这一险种在全行业的重要性日益突显。2011～2016 年，健康保险原保费收入呈现逐年递增趋势且增速较快。但是，由于近年来我国监管部门逐步强化健康保险的医疗保障属性，推动保险供给侧结构性改革，重新规划理财类健康保险产品的发展方向并压缩市场规模，导致 2017 年健康保险保费增速大幅度回落。自 2018 年起，健康保险业实现复苏，增速达到 24.1%。2019 年增速达到 29.7%，并实现原保费收入 7066 亿元。

表 1-2 2011～2019 年我国健康保险原保费收入及增速情况

年份	健康保险原保费收入（亿元）	健康保险原保费增速（%）
2011	692	2.1
2012	863	24.7
2013	1124	30.2
2014	1587	41.2
2015	2410	51.9
2016	4042	67.7
2017	4389	8.6
2018	5448	24.1
2019	7066	29.7

注：以上数据根据中国银保监会网站相关数据整理

（三）健康保险深度与密度

我国健康保险的深度指的是保费收入占 GDP 的比重，主要反映健康保险在整个国民经济中的发展地位。我国健康保险的密度指的是人均健康保险保费收入，主要反映我国国民参与健康保险的程度。

如表 1-3 所示，我国 2011～2019 年，健康保险深度实现了快速增长，自 2011 年的 0.14%上升至 2019 年的 0.71%，增长了 4.07 倍。健康保险密度也增幅显著，自 2011 年的 51.33 元/人增长至 2019 年的 504.7 元/人，提升了 8.83 倍。由此可见，随着我国国民经济的飞速发展，健康保险保费收入在我国国民经济发展中的地位显著增加，我国国民更加关注健康保险等相关保险产品，健康保险密度显著提升。

表 1-3 2011～2019 年我国健康保险密度与深度变化情况

年份	健康保险深度（%）	健康保险密度（元/人）
2011	0.14	51.33
2012	0.16	63.72
2013	0.19	82.57
2014	0.25	116.04
2015	0.35	175.35
2016	0.54	291.69
2017	0.53	315.56
2018	0.60	390.15
2019	0.71	504.70

注：以上数据根据中国银保监会网站相关数据整理

（四）赔付率逐步提升

如表 1-4 所示，我国商业健康保险赔付情况始终不容乐观，通过与人身险赔付率的对比可以看出，2011～2019 年，健康保险赔付率普遍高于人身险。正因如此，很多保险公司对于经营健康保险始终抱有敬畏心态，或望而却步，或小心谨慎。自 2013 年起，健康保险赔付率有缓慢下降的趋势。这表明商业健康保险行业不断在进行经营调整，盈利水平有所提升。综上可见，尽快完善商业健康保险的精算技术以制订合理的保险费率，并实现保险公司的合理盈利，已经成为健康保险发展的主要问题之一。与此同时，相关政府可以适时加大对经营此类保险产品的保险人财政税收支持，以激发保险公司经营商业健康保险的积极性。

（五）区域发展不平衡

如表 1-5 所示，一方面健康保险前十大区域市场排名虽然存在名次的个别波动，但 2020 年下半年整体趋于稳定，广东省（不含深圳）、山东省（不含青岛）、江苏省、河南省、北京市、四川省、浙江省、河北省、湖北省等一直稳居保费收入前十行列；且 2019 年 12 月，以上区域健康保险保费收入共计 4346 亿元，占同期全国健康保险总保费的 53.18%。另一方面，除集团、总公司本级以外，广东省（不含深圳）健康保险保费收入稳居榜首，西藏、青海地区健康保险保费收入一直较低，其中，2020 年 12 月广东省（不含深圳）健康保险保费收入是西藏的 173.5 倍。我国健康保险区域发展不平衡由此可见一斑。

表 1-4 2011～2019 年我国健康保险与人身险赔付率对比情况

年份	健康保险赔付率（%）	人身险赔付率（%）
2011	51.99	17.92
2012	34.56	18.71
2013	36.59	25.19
2014	35.98	26.30
2015	31.65	27.51
2016	24.78	26.09
2017	29.53	22.78
2018	32.03	23.49
2019	33.27	30.23

注：以上数据根据中国银保监会网站相关数据整理

表 1-5 2020 年下半年各地区健康保险保费收入情况 （单位：亿元）

地区	12 月	11 月	10 月	9 月	8 月	7 月
全国合计	8173	7642	7162	6666	5897	5302
集团、总公司本级	5	5	4	3	3	2
北京	462	427	400	370	332	295
天津	106	98	92	85	75	67
河北	355	341	321	299	268	240
辽宁	164	152	143	134	119	108
大连	54	49	45	42	37	33
上海	281	257	237	218	193	170
江苏	586	543	509	473	419	373
浙江	369	344	324	302	262	232
宁波	45	43	40	37	32	29
福建	210	197	182	170	145	132
厦门	39	37	34	31	25	22
山东	609	578	543	505	452	409
青岛	100	95	90	84	75	68
广东	694	650	605	562	502	452
深圳	348	320	292	264	224	196
海南	38	35	33	30	27	24
山西	157	147	141	132	117	107
吉林	153	142	133	124	111	100
黑龙江	231	214	199	185	163	148
安徽	241	225	212	200	178	162
江西	180	169	162	153	137	127
河南	515	486	458	426	378	343
湖北	347	327	309	288	257	228
湖南	304	286	270	254	226	206

续表

地区	12月	11月	10月	9月	8月	7月
重庆	191	179	171	160	146	133
四川	409	380	354	332	293	258
贵州	84	82	79	74	67	62
云南	149	139	131	123	100	93
西藏	4	4	3	3	3	3
陕西	174	163	153	143	127	115
甘肃	89	83	78	73	67	62
青海	17	16	15	14	12	11
宁夏	40	38	35	33	29	25
新疆	130	118	109	99	89	81
内蒙古	148	139	130	120	105	95
广西	147	135	127	117	102	91

注：以上数据根据中国银保监会网站相关数据整理

四、我国健康保险的发展趋势

一方面，经过四十余年的发展，我国商业健康保险已经逐渐步入正轨；另一方面，商业健康保险的保障水平及保费规模与我国经济发展和人民健康保障需求仍有差距。加快发展商业健康保险，有利于维护个人、家庭及企业的稳定，同时促进医疗机构服务水平的提高，最终健全我国社会医疗保障体系。

（一）面对的机遇

1. 产业融合加速

随着科技的日新月异，大数据行业、互联网公司、第三方管理者（TPA）等健康产业链上下游企业融合发展的意愿飞速提升，积极谋求深化合作。如中国人寿保险股份有限公司在内的一些公司加速布局医保控费、医疗科技及健康养老领域。

2. 政府扶持力度加大

2014 年 10 月出台的《国务院办公厅关于加快发展商业健康保险的若干意见》提出“协调解决商业健康保险发展中的重大问题。有关部门要根据本意见要求，及时制定配套措施”、“完善健康保险有关税收政策”。

自全面实施健康中国发展战略以来，我国医疗卫生加速向“以健康为中心”转变。

与此同时，正式颁布的《中华人民共和国基本医疗卫生与健康促进法》从法律层面确定了“鼓励发展商业健康保险，满足人民群众多样化健康保障需求”的目标。

2019 年新修订的《健康保险管理办法》拓宽了商业健康保险的范畴，提出将医疗意外险纳入商业健康保险之中，鼓励提供创新型商业健康保险产品等要求；积极引导商业健康保险向全过程健康管理转变，提出提升健康管理服务分摊成本上限等规定；不再禁止医疗机构销售健康保险，一定程度上拓宽了销售渠道。

3. 市场需求增长

随着人们物质文化生活水平的提升，医疗保险服务早已成为刚性需求，加之人口老龄化的加剧、慢性病群体的扩大、医疗卫生支出的膨胀，我国居民人均医疗保健服务消费支出日益提高，根据 2018

年国家统计局官方数据，此类消费同比增长 16.1%，高出人均消费支出增速的 7.7%，由此可知，商业健康保险的市场需求飞速增长。

4. 健康保险公司专业化经营水平提高

专业经营策略是指企业如何开发和管理目标市场和目标客户，最大限度地创造市场价值和企业效益，通过专业化经营来强化自身核心竞争力和社会品牌效应。主要表现为：第一，建立了专业化的精算体系；第二，建立专业化的核保理赔体系；第三，建立专业化的营销方式；第四，积极研发新产品等。

（二）面临的挑战

1. 市场竞争加剧

首先，竞争主体数量与日俱增。一方面，我国放宽了商业健康保险的销售渠道，财险公司、养老保险公司、人寿保险公司均可进行此类险种的销售；另一方面，在政策的积极引导下，各类保险公司均将商业健康保险作为转型发展的新出口及业务收益的巨大引擎，分割健康保险市场份额，致使专业健康保险公司的发展空间备受抑制。

其次，互联网商业健康保险市场竞争有增无减，如目前互联网市场上百万医疗类商品已超过 300 种，更有公司盲目竞争而推出终身保证续保的同类产品。

2. 风险管控机制仍待完善

我国商业健康保险虽经历了四十余年的发展，但仍处于起步阶段，其本身具有提供服务的环节多、专业技术要求高、资源投入大等特点，必然引发风险管控难这一问题。主要表现在：第一，商业保险公司在与医疗保险、医疗医药合作的过程中，话语权较弱；第二，标准不统一且尚未建成系统完备的大数据等因素导致商业保险公司与医疗医药、医疗保险等机构之间难以实现客户、数据、系统的“三通”状态，风险管控机制有待完善。

3. 政策制定有待细化

首先，虽然 2014 年 10 月出台的《国务院办公厅关于加快发展商业健康保险的若干意见》指出“完善健康保险有关税收政策，研究完善城乡居民大病保险业务保险保障基金政策，落实和完善企业为职工支付的补充医疗保险费有关企业所得税政策”，但没有提出具体的税收优惠办法，在一定程度上形成减免流程烦琐、税收减免额度低、受惠产品种类少等现实问题。

其次，虽然大数据、互联网公司等企业融合发展的意愿增强，但尚未建立医疗健康数据的采集、分类及编码等配套政策，导致产业融合进程受到阻碍。

最后，城乡居民大病保险等社会保险业务筹资增长机制、定价机制、双向风险调节机制过于粗放，如个别地区增费政策落实不到位，有的地区亏损时要求商业保险公司承担，结余却要求返还，相关机制显失公平，有待进一步细化。

第二节　健康保险核保与理赔的研究对象

一、健康保险核保的研究对象

（一）健康保险核保的理论与学科基础

1. 健康保险核保理论

健康保险是国家多层次医疗保障体系的重要组成部分，要坚持健康保险的保障属性，鼓励保险公司遵循审慎、稳健原则，不断丰富健康保险产品，改进健康保险服务，扩大健康保险覆盖面。鉴于健康保险的特殊性，国家要求保险机构应建立核保与理赔制度。健康保险的核保理论是建立与完善健康保险核保制度的旗帜，也是健康保险核保存在与发展的重要支撑。健康保险核保理论主要基于健康保险单独的精算制度、风险管理制度、信息管理制度等，研究健康保险的风险评估理论、健康保险的核保原则、健康保险核保的内容、健康保险的承保选择等。

2. 健康保险核保学科基础

健康保险作为一门新兴的交叉学科，其核保工作需要具备多方面的知识和才能。概括来看，健康保险核保的学科基础主要包括以下内容：精算基础、医学基础、法律基础、保险基础、现代信息技术基础。精算基础是核保的顶层设计基础，主要用于险种设计及产品定价。医学知识是健康保险核保最重要的基础，掌握一定的医学常识是开展疾病风险评估的核心技术，也是健康保险核保的关键。由于核保过程可能会涉及投保人及被保险人的一些隐私，掌握核保相关的法律法规，是依法核保的保证。作为保险的重要组成部分，开展健康保险核保工作需要具备一定的保险知识。随着现代信息技术的发展，核保工作与信息化融合也越来越密切，掌握一定的现代信息技术是提升核保工作效率的有力工具。如何融合和充分利用各学科知识已成为健康保险核保研究的重要内容。

（二）风险选择与评估

1. 风险选择

健康保险是一个大类保险，包含不同的险种设计，各险种包含的疾病风险与医疗费用补偿有所不同。健康保险核保首先要研究投保人及被保险人的风险选择，分析其所选风险的风险程度，再分析其所选风险是否与其自身真实风险相吻合。健康保险核保人员应具备健康保险专业知识，并能够根据健康专业知识进行风险判断。

2. 风险评估

健康保险核保的关键及核心工作就是做好被保险人的风险评估。核保工作中的风险评估是降低保险人经营风险，保障保险人可持续运营的重要支柱。风险评估包括健康风险评估、非健康风险评估。

（1）健康风险评估

健康风险评估主要研究被保险人的年龄、性别、当前的健康状况（血压、血脂、血糖、心电图、尿液及血液检查等）、既往史、家族病史等，通过对被保险人健康相关风险进行综合分析，预测被保险人的健康风险程度。

（2）非健康风险评估

基于健康保险多为短期险的特殊情况，与其他人身险不同，健康保险核保对非健康风险中的财务风险评估关注度不高。健康保险的非健康风险评估主要关注以下方面：①被保险人的职业；②被保险人的生活习惯和嗜好；③被保险人的生活和工作环境；④保险利益、道德风险等。

（三）核保技术及工具

1. 核保技术

核保技术是开展健康保险核保工作的保证。健康保险的核保技术主要包括精算技术、调查技术、医学技术、风险评估技术、信息技术、预警技术等。精算技术主要研究产品的费率及承保条件等。调查技术研究如何便捷地获得核保所需各种健康风险及非健康风险评估因素资料。医学技术是健康保险评估的基础，重点研究收集什么样的健康风险因素资料有利于评估被保险人的健康风险。风险评估技术是健康保险核保的核心技术，研究如何及时准确地利用已收集的资料对被保险人的健康风险及非健康风险进行评价或预测。信息技术是当前挖掘核保工作中关键信息的重要能力，是提高核保工作效率的重要保障。预警技术重点分析和发现未来健康保险核保中可能存在的主要风险因素，该技术有利于保险人及时调整相关险种发展思路，合理规避潜在风险。应对健康保险核保人员进行健康保险专业知识培训。

2. 核保工具

由于保险业务的覆盖面广，要求核保工作必须有一套通用的指导手册，以便指导全国各地不同的核保工作人员，依据该手册的规定开展工作。核保手册就是进行核保工作的重要工具。由于健康保险相比其他险种具有其特殊性，尤其是健康风险的评估，因此，健康保险核保的一项重要研究就是如何制订适当的核保指导手册。

（四）核保程序

健康保险核保程序研究什么样的核保流程能够既简化审核程序、降低审核成本、提高投保人及被保险人的满意度，又能够准确了解和评价被保险人的风险状况、及时作出核保结论。目前健康保险核保程序主要包括接受投保申请、开展相关调查、进行风险分析与评估、查定核保工具、确定承保条件、作出核保决定。依托人工智能和互联网等新技术，未来若干年将加速优化健康保险核保程序，推动健康保险发展。

（五）核保管理

健康保险核保管理是健康保险核保研究的主要对象之一。重点研究通过什么样的方式方法来保障健康保险核保工作的顺利开展，降低保险机构的运行风险。当前健康保险核保管理研究主要涉及以下几方面：①健康保险核保岗位的设置；②健康保险核保人员管理；③健康保险核保组织管理；④健康保险核保风险管理。核保管理应借力现代信息技术，节约时间，提升核保管理效能。

二、健康保险理赔的研究对象

（一）理赔工具

1. 理赔指导手册

制订一套能够协助和指导健康保险理赔人员开展理赔工作的指导手册，是健康保险理赔研究的主要任务之一。理赔手册的内容包括理赔程序、理赔调查方法、理赔调查工具、理赔分析、理赔结论等。理赔工作应高度重视健康管理工作，注意理赔与健康管理思想的融合，提供健康风险评估和干预、疾病预防、健康体检、健康咨询、健康维护、慢性病管理、养生保健等服务，降低健康风险，减少疾病损失。

2. 反欺诈手册

理赔是保险机构给付保险金、兑现合同承诺的环节。健康保险理赔对于展示保险机构形象具有重要意义，也是发现与防范保险欺诈的重要环节。如何有效开展保险反欺诈工作，打击保险欺诈，提升保险人的资金安全性，切实保障投保人与被保险人的合法权益，是健康保险理赔研究的主要内容。

（二）理赔程序

理赔手续及时效是健康保险发展的关键影响因素，什么样的理赔程序既能够方便保险受益者，又能够防范理赔风险、提高理赔时效是健康保险理赔研究的重点内容之一。目前理赔程序主要包括报案与登记、立案审核、初审、理赔调查、审理、理算、复核、结案处理及归档等。借力现代信息技术发展，健康保险的理赔程序还有非常大的优化空间，提升理赔效能是提升健康保险保障作用的重要环节。

（三）理赔调查内容及方法

1. 理赔调查内容

理赔调查内容主要围绕疾病展开，包括保险关系人、事故地点、事故发生时间、事故经过、与事故相关的人或物品的情况、事故的原因、事故性质、事故结果。

2. 理赔调查方法

对于健康保险来说，调查对象主要是出险人的身体损害状况、治疗情况是否符合条款规定。调查人员在查勘取证过程中，应注意查勘取证的时间。调查方法包括现场查勘法、走访询问法、鉴定法、调取资料法等。

（四）理赔管理

1. 健康保险的理赔组织管理

健康保险业务涉及保险机构自下而上的各级机构，理赔业务是由各分支机构直接开展，还是由健康保险机构的总部开展，是设立专门的健康保险理赔管理部门，还是由通常的理赔部门承担，这都是健康保险理赔研究需要解决的问题。当前我国健康保险理赔管理有不同的组织方式。有些保险机构在总公司设立专门的健康保险理赔管理部门，也有些保险机构把理赔放在分支机构开展，直接由总公司理赔管理部门处理可以节省理赔成本，而由分支机构进行管理则更加贴近现场和客户，有利于理赔管理人员及时处理客户提出的索赔申请。目前国际上倾向于各个保险机构自己设立一个专门的理赔管理部门，对全单位的理赔工作进行统一处理。

2. 健康保险的理赔业务管理

理赔是健康保险风险控制的最后一个环节。理赔业务管理是健康保险管理的主要领域，其研究对象包括建立什么样的理赔标准化、规范化的制度。明确各级公司的理赔权限。实现重大特殊案件专题讨论制度。理赔依据管理的相对独立程度，建立理赔独立调查人制度，明确实行严密的理赔审计制度。

3. 健康保险理赔人员的管理

对健康保险理赔人员，实行资格准入制度，加强理赔人员培训，确保理赔人员具有以下素质：理赔专业知识、相关社会知识、风险控制管理、沟通协调能力。

4. 健康保险的理赔信息管理

健康保险理赔是一项复杂的系统工程，涉及面广、规则多、理赔难度大。通过借助理赔信息处理技术，包括理赔系统（定点医院网络）、理赔分析软件、图像扫描技术、计算机文字及图像识别技术，能够及时发现健康保险运营中存在的问题，评估其风险，有利于提高保险机构的业务管理水平和风险控制能力。

第三节 健康保险核保与理赔的研究内容

一、健康保险核保的研究内容

（一）健康保险核保的管理

1. 核保岗位的设置及管理

研究健康保险核保岗位在保险机构内部的设置情况，即核保岗位设置在总公司还是设置在各分支机构，同时研究核保岗位的主要职能，以及对核保岗位、核保人员及其职能进行的管理。核保岗位通常设有首席核保人、个险核保管理室、个险核保作业室、契约管理室等。核保岗位管理主要是确定岗位的主要职责，包括对健康保险风险进行选择和评估、审核和签批健康保险业务相关的承保或契约内容变更、健康保险核保资料及信息的收集与分析、对新进核保人员的培训和指导等。

2. 核保人员管理

健康保险具有高度的复杂性和专业性，其核保人员是保险机构业务风险的把门人，核保人员业务素质的高低直接影响保险机构的运营安全。因此应加强核保人员的准入管理，实行资格准入制度。同时，对健康保险核保人员加强培训。培训核保人员的核保专业知识、健康保险产品知识、成本控制意识、风险控制意识和能力、沟通能力、其他相关知识和经验等。

3. 核保组织管理

核保的组织管理主要研究核保部门的设置及其架构。目前，我国的核保组织管理虽然各有特色，但是核心上一致。核保部门的基本结构包括新契约部、核保部和体检中心。

4. 核保风险管理

为了降低投保人的道德风险和保险机构的运营风险，保险机构建立了一系列的风险管理制度，包括建立核保人专业培训制度、建立核保人专业审计制度、建立核保人差错管理制度，适时对健康保险有关数据进行分析，调整核保政策。

（二）健康保险核保的风险选择

1. 销售人员的风险选择

销售人员在展业的同时进行了核保过程中的第一次风险选择。销售人员在风险选择中的作用可以表现在以下几个方面：引导投保人如实告知个人及被保险人基本信息，排除道德风险，指导投保人准确填写投保单等投保资料，完成业务员报告书等。销售人员的素质是做好第一次风险选择的关键。由于我国目前保险代理人盛行，而保险代理人不属于保险机构的销售人员，这对第一次风险选择提出了严峻的挑战，目前我国不少健康保险纠纷就是由此产生，这给保险公司的运行带来了不必要的困扰和障碍。

2. 体检医师的风险选择

体检医师从保险医学的角度出发，对被保险人的健康状况进行评价，是核保过程中的第二次风险选择。体检医师在风险选择过程中要做好以下工作：①核对受检人身份，防止冒名顶替；②引导受检人如实告知病史；③按照要求对受检人进行体检；④填写检查结果并作出健康评价。

3. 调查人员的风险选择

调查人员对投保人及被保险人的情况进行调查，是核保过程中的第三次风险选择。该风险调查是指保险人通过调查获取客户投保情况、健康状况、财务状况、职业与生活环境、生活习惯与嗜好等信息，进一步核实被保险人的投保动机、财务、健康状况、职业性质情况，确定投保人、被保险人有无隐瞒告知，及早发现可能影响甚至危及保险机构运营的行为。虽然风险调查具有不少优点，但由于调查面窄、成本高、效益低，故目前仍然主要作为一种辅助手段，与其他核保技术一起控制风险。

4. 核保人员的风险选择

核保人员是保险机构承保健康保险业务风险的最后把关人，不仅需要具备保险、医学知识，还要具备丰富的阅历、敏锐的洞察力和综合分析能力。核保人员的风险选择是核保过程中的第四次风险选择。主要开展以下工作：收集基本资料、初步审核、进一步收集资料和审核、综合分析并结合核保手册确定承保条件。

（三）健康保险核保的风险评估

1. 核保风险评估因素

健康保险的核保风险涉及各个方面，包含风险源众多，主要体现在以下各个方面：年龄、性别、既往史、当前健康状况、家族病史、生活习惯和嗜好、体格、职业、生活环境、财务状况、已有保障状况、可保利益、投保动机、投保合理性等。概括起来，可以分为健康风险因素和非健康风险因素两大类。

2. 核保信息来源

健康保险核保的信息来源主要包括投保单、销售人员报告书、体检报告书、被保险人提供的既往史和体检资料、各种健康与疾病补充调查问卷、核保调查中的其他健康有关内容等。

3. 健康风险评估

根据各种信息来源所获得的健康风险因素，包括年龄、性别、病史、自报健康状况、体检结果等，对相关风险进行综合分析，对被保险人当前及未来的健康状况作出评估。

4. 非健康风险评估

根据各种信息来源获得投保人及被保险人的非健康风险因素，包括可保利益、投保动机、职业、生活习惯和嗜好、生活环境、财务状况、已有保障状况、投保合理性等，综合分析非健康风险因素，作出非健康风险评估。

（四）健康保险核保结论

根据风险评估结果，作出核保结论。核保结论通常包括标准体承保、加费承保、除外约定承保、降低保险金额承保、缩短保险期限承保、变更缴费年期或缴费方式承保、延期承保、拒保等。

二、健康保险理赔的研究内容

（一）健康保险理赔流程

理赔流程是健康保险理赔研究的重点内容，在理赔时效越来越重要的当前，什么样的理赔流程有利于控制保险机构的风险同时提高客户满意度，树立良好品牌形象，已经成为各保险机构竞相追寻的目标。目前我国健康保险的理赔流程研究主要体现在：首先，丰富报案途径，越来越多地利用现代信息技术发展成果，极大地缩短出险后报案的时间，为理赔调查争取宝贵的时间，有利于提高理赔时效。其次，在理赔审核环节进行优化组合，在基层查勘员、分支机构理赔初审、总部理赔终审之间进行合理分工，同时可以根据保费的高低，适度调整分支机构和总部之间的理赔审核权限，提高理赔效率。

（二）健康保险理赔调查方法

理赔调查方法是指理赔调查人员在理赔调查活动中，分析案情、收集证据、审查证据和运用证据时所采用的思维方法和行为方式。健康保险理赔调查方法一般包括以下四种：现场查勘、走访询问、鉴定、调取资料。

1. 现场查勘

现场查勘是指到事故发生地进行相关勘查活动，主要针对现场痕迹，发现和寻找物证，是理赔调查的重要方法，对于全面、准确了解出险情况，收集保全证据，掌握第一手资料，合理处理理赔案具有重要意义。现场查勘包括实地查勘和现场询问等形式。实地查勘必须根据案件情况确定查勘范围和查勘顺序，包括静地查勘和动地查勘两种方式。

2. 走访询问

走访询问是指理赔调查人员对案件知情的相关人员进行走访询问或在案发地走访，了解案件的基本情况和有关信息，收集案件的线索和证据。走访询问是了解调查的基本方法之一。走访询问的过程包括了解案情、确定询问对象、了解被询问对象的基本情况、确定询问的时间和地点、制订询问计划、询问调查报告。

3. 鉴定

由于理赔调查人员在某些情况下可能难以全面运用医学知识对案件情况进行判别，此时可以委托具有鉴定资格的机构和人员，对案件中的某些专业性问题进行鉴定。鉴定人必须是受公安司法机关委托并授权，具有专业知识和技能的自然人。

4. 调取资料

调取资料是健康保险理赔调查中最常使用的最简便调查方法。理赔调查人员可以到相关医疗机构调取患者的就诊资料，包括医疗档案、就诊记录、医药费用清单等，对被保险人的就诊情况进行全面了解。调取资料属于民事代理行为，需要遵循一定的规则。调取资料是尽量调取原件，无法获得原件时可以采取复印、影印、节录或提取副本等形式来获得相关资料。

（三）健康保险理赔调查内容

健康保险理赔调查内容主要包括被保险人的身份、投保时年龄、既往史、医疗处理状况（有无不合理医疗）、疾病及就诊的原因、有无道德损害及欺诈行为等。

（四）健康保险理赔类型及要素

按照健康保险类型划分，健康保险理赔包括医疗保险理赔、疾病保险理赔、失能保险理赔、护理保险理赔。根据费用类型划分，健康保险理赔主要有费用报销型和津贴给付型两种形式。

医疗保险理赔的要素，包括被保险人相关证件、住院病历、发票原件、诊断证明、费用明细、保单。

（五）健康保险理赔欺诈

健康保险理赔欺诈一直是健康保险理赔研究的重点。健康保险理赔欺诈主要包括投保方的欺诈、医疗服务机构的欺诈、保险中介机构的欺诈、保险机构内部员工的欺诈。保险欺诈的形式多样、手段繁多，而且越来越趋于隐蔽，如何及早发现和防范健康保险欺诈是健康保险理赔工作的重要内容之一。

不论是健康保险核保还是理赔，加强与健康管理的交叉融合，是未来健康保险核保与理赔发展的重要出路，是保障健康保险核保与理赔工作科学性、准确性、便利性、快捷性的重要方式。

第四节　健康保险核保与理赔的学科定位

从严格意义上讲，健康保险学并不能算是一门学科，它只能算是金融保险学的一个重要分支，因此，分析健康保险核保与理赔的学科定位，首先必须从界定保险学的学科定位入手。

保险学是一门研究保险及保险相关事物运动规律的经济学科。有关其学科定位，学界并没有一致的看法。有学者认为，保险学应该与金融学并列为应用经济学一级学科下的二级学科，其理由为学科的划分是根据该学科研究对象的特殊矛盾性来确定的。言外之意，保险学的研究对象与金融学的研究对象其实是存在较大差别的，两者不可等同。所谓金融，是指资金盈余单位可以一定条件把暂时不用的资金交给资金短缺的单位使用，并获取相应的回报。这是金融活动的铁律。而保险不是金融，保险活动有其自身的特殊运行规律，保险的特殊运行规律不是金融运行规律所能解释的。因此，将保险学列为三级学科归属金融学之下，实际上是对保险学学科定位的误解。

但目前学术界较为普遍的观点认为，保险学是金融学的一个重要分支，与货币银行学、证券学统称为金融学的“三驾马车”；而金融学又属于运用经济学范畴，其一级学科为“经济学”。因此，从学科定位而言，保险学应该属于经济学范畴，或者更为确切地讲，属于应用经济学范畴。该定位与教育部的看法也基本一致。教育部高等教育司 2012 年编印的《普通高等学校本科专业目录和专业介绍》在介绍保险学专业的人才培养目标定位时指出，该专业的人才培养目标应该是“培养具有全球视野，具有扎实的经济学、金融学基础知识，掌握系统保险知识和保险理论，具备保险实务专业技能，具有较强的适应能力，能胜任保险、银行等金融机构、政府部门和大型企事业单位的专业工作，具有较深厚理论功底、精湛专业技能、良好综合素质的高素质保险人才”。这段话充分说明，保险学与经济学、金融学具有非常密切的关系，经济学、金融学应该是保险学的基础，是其“母学科”；保险学不可能也不应该脱离经济学、金融学而成为一门独立的学科。因此，从学科范畴来讲，保险学应该从属于金融学，而金融学又是经济学的一个重要分支。

基于上述观点，编者认为，将保险学的重要分支健康保险学归为金融学下的三级学科更为科学合理。因此，健康保险核保与理赔自然也应归纳到金融学科领域，其一级学科为经济学。但值得注意的是，健康保险核保与理赔并非属于纯粹的经济学范畴，其知识体系所涉及领域非常广泛，是多元化的。除经济学外，还包括法学、医学、数学及其他自然科学保险基础知识等。

一、健康保险核保与理赔包含的法学知识

保险业的发展离不开法律的保障；健康保险业的发展同样也是如此。健康保险核保与理赔，与法律的关系更是密不可分。实践表明，无论是核保还是理赔，都必须与法律建立密切的关系，尤其是理赔过程中会涉及大量的纠纷，这些纠纷的调解与处理都必须以法律法规准行。具体而言，健康保险核保与理赔可能涉及的法律法规包括民法、刑法和医疗损害赔偿责任等。

法律知识可谓贯穿于健康保险核保与理赔的全过程，即事前、事中和事后。事前、事中主要涉及健康保险合同的签订与履行。《中华人民共和国保险法》（以下简称《保险法》）第 2 条规定：“本法所称保险，是指投保人根据合同约定，向保险人支付保险费，保险人对于合同约定的可能发生的事故因其发生所造成的财产损失承担赔偿保险金责任，或者当被保险人死亡、伤残、疾病或者达到合同约定的年龄、期限等条件时承担给付保险金责任的商业保险行为。”该规定表明，保险是基于保险合同的签订而产生的，保险人、投保人、被保险人、受益人以及辅助人之间形成的，以投保人缴纳保险费、保险人承担保证责任为主要内容的，兼具意定性和法定性的权利义务关系。也就是说，保险或者说健康保险，实质上是多种法律关系的集合，而不是单纯的合同行为。因此，无论是事前健康保险合同的签订，还是事中健康保险合同的履行，都必须建立在一定的法律基础之上。健康保险核保与理赔行为，实质上是保险人对投保人、被保险人、受益人所做出的一种建立在法律基础上的承诺行为。

事后的法律关系，更多地体现在理赔纠纷的处理方面。健康保险主要包括四大险种，即疾病保险、医疗费用保险、长期护理保险和失能收入保险。这四大险种最容易产生的理赔纠纷通常是对疾病或医疗费用的认定是否科学合理。在纠纷无法调解的情况下，必然要通过民法、刑法或其他相关法律法规予以处理。

二、健康保险核保与理赔包含的医学知识

健康保险的保险标的是人的健康，健康保险核保、理赔是通过对健康保险标的可能发生和所发生的危险事故如医疗、疾病、伤残、失能等进行综合全面评估以及确定保险责任并最终使保险双方

的利益得到体现。医学则是以影响人类健康和寿命的疾病与伤害为研究内容。因此，健康保险核保与理赔和医学之间存在密切的关系。也就是说，对于健康保险而言，无论是核保还是理赔，都离不开医学。

首先就核保而言，核保是保险公司控制风险的重要环节。医学在健康保险核保中的应用主要体现为：保险公司通过与医疗机构合作，借助其检查诊断技术和医疗设备，对被保险人的健康状况进行必要的投保体检；或者应用医学理论对被保险人的职业、生活习惯、嗜好等可能影响健康状况的因素进行综合分析评判，以确定危险选择对象。

再就理赔而言，健康保险理赔是指被保险人因疾病或意外事故所致伤害发生医疗费用或经济损失时而得到补偿的保证。具体做法为，当危险事故发生后，运用医学理论和技术对事故发生的原因、性质、过程、结果及造成损害的程度进行综合评估，最终确定保险公司所承担的责任。

三、健康保险核保与理赔包含的数理知识

无论是核保还是理赔，都离不开精算，而数理知识又是精算的基础和根本。因此，作为一部教材，《健康保险核保与理赔》的知识结构，必然会包含一定的数理知识。数理知识主要通过精算学与核保、理赔之间的关系贯穿于本教材始终。而精算学正是利用现代数理方法（尤其是概率论与数理统计方法），依据金融学和经济学的基本原理，对各种经济活动未来的财务风险进行分析、估价和管理的一门综合性应用学科。就健康保险核保与理赔而言，即对核保与理赔的财务风险进行分析、估价和管理。具体而言，精算学是以严密的数理方式介绍利率数学、人寿保险数学及损失模型，以及这些数理知识与核保、理赔的关系，并通过这些专业知识来说明数理在核保、理赔中的应用。

在《健康保险核保与理赔》中，精算学从理论上主要研究健康保险所承保的风险的出险规律、健康保险产品承诺的给付或赔付的精算现值、趸缴和期缴的净保费、健康保险责任准备金的提存、现金价值及其选择等。传统的精算学通常用数理的方式表示，一般从概率统计的基本原理出发，研究健康保险风险事件、索赔、损失等的概率和概率分布，在此基础上研究健康保险核保与理赔相关费用计算及其数理意义。从实践上看，精算学是一门非常实用的学科，它直接运用于健康保险产品的开发、定价、负债评估、核保与理赔管理、偿付能力评价、利润分析等各个方面。因此，只有把健康保险精算基础理论与实践紧密结合起来，才能真正把握健康保险精算学的实质内容，否则，精算学仅仅为抽象的数学，很难理解其数学背后的实际意义，也很难运用于实践，解决实际中的问题。

四、健康保险核保与理赔包含的其他学科知识

具体而言，健康保险核保与理赔包含的其他学科基础知识主要有以下几个方面的内容。

1. 疾病谱变化、老龄化与健康保险核保及理赔的关系

当前人类健康状况出现悖论性发展趋势：一方面是疾病谱的变化，恶性肿瘤等疾病呈现急剧上升态势；另一方面是老龄化给医疗和健康保险产业带来的严峻挑战。本教材对此进行了深度剖析：针对疾病谱的变化，如何从医学与健康保险相融合的视角，寻求最优的、适度的治疗成本与效益的平衡，既要防止道德风险和不必要的过度治疗行为，又要保障人人拥有的就医权利；针对老龄化，如何从税收、补贴、监管等视角优化当前的医疗保障制度，并对其运行风险进行管控，促进个人理财和医疗规划的制度供给与激励机制，保障“劳有所得，老有所医”的和谐社会。

2. 健康保险核保及理赔风险的测度

当今社会已经被解析为“风险社会”。无论个人的生老病死，还是企业的增产抑或破产，国家的发展抑或衰退，很大程度上取决于是否能够对风险进行充分的认知、识别和评估。本教材以近年来发生的形形色色的个案为例，分析了健康保险核保与理赔风险评估方法，对保险公司的核保风险、

理赔风险、民众的长寿风险、医疗风险等关系健康保险发展的重大风险领域进行多样化和全面的定量测算。这为如何在大病保险制度下更好地管控宏观风险和微观风险提供了重要的决策参考。

3. 心理学知识

心理学在健康保险核保与理赔中的应用主要体现在两个方面：一是核保时采用心理学中较常用的“问卷法”，来获取保险公司所需要的客户信息，以便保险公司筛选可保风险，确定客户目标。当客户出险时，保险公司可根据投保单中的信息，分析客户的投保动机、保险利益、道德风险等。二是理赔时利用心理“访谈法”，准确把握客户心理，尤其是在处理拒赔案件时，心理“访谈法”更是理赔人员与当事人沟通的重要方法，成为处理拒赔案件的关键。

4. 财务知识

财务知识通常在高保额团体健康保险保件中运用比较广泛。高保额团体健康保险保件一般都要进行财务核保，要对保险资料中提供的投保企业或被保险人的收入状况或财务报表进行核保。在理赔时，不仅要核实投保时的企业财务状况及企业提供的财务信息是否真实，而且要通过应收账款的变现率、净资产的收益率、固定资产的折旧率等方面对企业的经营账款进行简单分析，从资产评估到所得税方面进行调查，应用财务知识了解投保企业及被保险出险时的财务状况，分析保险事故中是否存在财务原因导致的道德风险或保险欺诈。

第五节 健康保险核保与理赔的结构体系

体系结构原本是计算机科学领域的一个重要概念。该概念 1964 年由 G.Amdahl 首次提出。它最初是指一组部件及部件之间的联系。近 50 年来，体系结构的内涵和外延得到了极大的丰富和发展，并逐渐被其他学科所引用。健康保险核保与理赔的体系结构本质上就是计算机领域体系结构的应用与拓展。它主要是指，作为一门课程，《健康保险核保与理赔》各章节的内容结构布局及各章节之间的关系。

具体而言，本教材的章节结构布局及其相关内容与现有相关教材会有所不同。为了做到教材的共通性、完整性与独创性，本教材在充分吸收现有教材体系结构的基础上，从内容到章节布局都做了较大的调整。迄今为止，市场上常见教材有张洪涛、王国良主编，中国人民大学出版社 2006 年出版的《保险核保与理赔》等。公开发行的相关教材或辅助性读本有两部，分别为阎栗主编，中国金融出版社出版的《人寿保险核保概论》；欧阳天娜主编，中国金融出版社出版的《人寿保险理赔概论》。这三本书共同的特点是，其相关内容涉及面都非常广泛，涵盖了与财产保险、人寿保险、健康保险相关的各方面的核保与理赔。编者企图面面俱到，但结果可能导致其不少内容与《保险学》、《人身保险》、《财产保险》、《健康保险》等教材内容相重复。这样的教材比较适用于金融保险学专业，对于“健康保险”而言，体量明显偏大，不利于教学内容的选择及课时安排。近年来，全国有 40 多所综合性大学或医学院校开设了医疗保险或健康保险专业（或方向）。这一变化促使我们不得不就“核保与理赔”的体系结构、章节布局以及相关内容做比较大的调整，重新编撰一部与现有教材有一定的共通性，但同时又具有其自身特色和个性的《健康保险核保与理赔》教材。

本教材在写法上打破了现有教材过度强调理论研究而忽视实践问题的惯例，力求通过案例的方式把健康保险核保与理赔理论和相关实践结合起来。在理论部分，强调健康保险有别于其他人身保险的特性，同时注意核保与理赔原理、理论、原则背后的实践意义，努力从实际意义上解释各种原理、原则与实践之间的关系；实践部分，强调在实际应用的前提下，努力挖掘其包含的理论背景，使理论和实践有机地结合起来。

基于上述考虑，故在保险核保与理赔的基础上，我们将本教材的结构体系做了如下安排：

包括绪论在内，全书共分九章，内容涉及健康保险的产生与发展，以及健康保险核保与理赔的学科基础、核保理论与实践、理赔理论与实践、健康保险欺诈与防范等。具体而言，第一章为“绪论”，主要介绍健康保险的发展历程与趋向，健康保险核保与理赔的研究对象、研究内容、学科定位及其结构体系；第二章为“核保与理赔的学科基础”，主要诠释健康保险核保、理赔与医学、精算数学、法学及信息学等学科之间的关系，尤其是阐明了医学、数学与核保理赔的关系及其重要意义；第三、四章分别为“健康保险核保理论”和“健康保险核保实务”，其内容涉及核保概述、核保流程、核保的管理、核保风险的选择、核保信息与风险因素、核保结论、核保工具以及各种常见疾病的核保处理等；第五、六章分别为“健康保险理赔理论”和“健康保险理赔服务”，重点阐述健康保险理赔原理、理赔程序、对理赔的管理以及具体各险种的理赔等；第七章为“健康保险欺诈及其防范”，包括保险欺诈概述、健康保险欺诈的表现形式及对健康保险欺诈的防范等；第八章为“健康保险核保、理赔与智能科技”，其内容包括大数据、云计算、人工智能、区块链等在健康保险核保与理赔中的运用；第九章为“健康保险核保与理赔典型案例”，包括核保典型案例和理赔典型案例。

思考题

1. 何谓健康风险、健康保险？简述两者之间的关系。
2. 请阐述我国健康保险的发展历史、发展现状及其未来发展趋势。
3. 请扼要阐述“健康保险核保与理赔”的学科基础。

（王乙竹　陶四海　吴海波）

第二章 核保与理赔的学科基础

内容提要

核保与理赔是健康保险经营的核心环节，对健康保险企业的风险管控、盈利多寡和企业信誉等多方面都发挥着关键作用。核保与理赔实务中，离不开保险学、医学、精算学、法学、信息学等多学科知识的重要支撑。本章的医学基础部分，重点对医学检验中的血尿常规、心肌酶谱、肝肾功能、血糖血脂、肿瘤标志物等进行阐述，在临床医学中以重大疾病保险定义规范为主要内容进行列举，以及在法医学部分则以保险实务中常见的死因、伤残等级、伤病关系、"三期"及护理依赖程度等进行介绍；精算基础部分着重阐述核保与理赔的精算思想、定价基础、责任准备金、赔付率与死差益等内容；法律基础部分主要对核保与理赔相关的《保险法》、《民法典》等内容进行阐述，信息基础部分主要介绍信息管理的基本概念、功能特征、技术运用及发展趋势。

第一节 核保与理赔的医学基础

一、医学检验基础

（一）血液一般检测

1. 红细胞与血红蛋白

（1）参考值

红细胞计数与血红蛋白参考值见表 2-1。

表 2-1 红细胞计数与血红蛋白参考值

	红细胞计数	血红蛋白
成年男性	（4.0～5.5）$\times10^{12}$/L	120～160g/L
成年女性	（3.5～5.0）$\times10^{12}$/L	110～150g/L
新生儿	（6.0～7.0）$\times10^{12}$/L	170～200g/L

（2）临床意义

1）红细胞及血红蛋白增多：一般多次检查成年男性红细胞计数＞6.0×10^{12}/L，血红蛋白＞170g/L；成年女性红细胞计数＞5.5×10^{12}/L，血红蛋白＞160g/L 即可认为增多。

相对性增多：因血浆容量减少，血浆中水分丢失，血液浓缩，使红细胞容量相对增加，如大量出汗、严重呕吐、腹泻、大面积烧伤、尿崩症、甲状腺危象等。

绝对性增多：按病因可分为继发性和原发性两类。继发性：血中红细胞生成素增多所致。一是红细胞生成素代偿性增加。因血氧饱和度减低，组织缺氧所致。生理性增多见于新生儿、高原地区居民、登山运动员和重体力劳动者；病理性增多见于严重的慢性心肺疾病如慢性阻塞性肺疾病、慢性肺源性心脏病（以下简称肺心病）、发绀型先天性心脏病等。二是红细胞生成素非代偿性增加。血氧饱和度不减低，组织无缺氧，红细胞生成素增加与某些肿瘤和肾脏疾病有关，如肾癌、肝细胞癌、卵巢癌、子宫肌瘤及多囊肾、肾盂积水等。原发性：即真性红细胞增多症，是一种原因未明的以红细胞增多为主的骨髓增殖性疾病，目前认为是多能造血干细胞受累所致。其特点为红细胞持续性显著增多，本病属慢性和良性增生，但具有潜在恶性趋向，部分患者可转变为白血病。

2）红细胞及血红蛋白减少：以血红蛋白为标准，成年男性血红蛋白＜120g/L，成年女性＜110g/L，即认为有贫血。根据血红蛋白减低的程度将贫血分为以下四级。轻度：血红蛋白男性低于120g/L、女性低于110g/L但高于90g/L；中度：60～90g/L；重度：30～60g/L；极度：＜30g/L。临床上可分为生理性减少和病理性减少。

生理性减少：婴幼儿及15岁以下的儿童，因生长发育迅速而红细胞生成相对不足，红细胞及血红蛋白可较正常成人低10%～20%；孕妇在妊娠中后期，血浆容量明显增多，使血液稀释；老年人骨髓造血容量逐渐减少，使造血功能减低。上述情况均可导致红细胞及血红蛋白减少，统称生理性贫血。

病理性减少：红细胞生成不足，见于造血原料缺乏，如缺铁性贫血、巨幼红细胞贫血等；造血功能障碍，如再生障碍性贫血、白血病等；其他系统慢性疾病，如慢性感染、慢性肾病、恶性肿瘤、风湿性疾病、中毒等。红细胞破坏过多，见于溶血性贫血和脾功能亢进等。红细胞丢失过多，见于各种急慢性失血性贫血。

2. 白细胞计数与白细胞分类计数

（1）参考值

白细胞计数：成人（4～10）$\times 10^9$/L；儿童（5～12）$\times 10^9$/L；新生儿（15～20）$\times 10^9$/L。

白细胞分类计数参考值详情见表2-2。

表2-2 白细胞分类计数参考值

白细胞分类	百分比（%）	绝对值（$\times 10^9$/L）
中性粒细胞（N）：杆状核	1～5	0.04～0.5
分叶核	50～70	2～7
嗜酸性粒细胞（E）	0.5～5	0.02～0.5
嗜碱性粒细胞（B）	0～1	0～0.1
淋巴细胞（L）	20～40	0.8～4
单核细胞（M）	3～8	0.12～0.8

（2）临床意义

成人白细胞数＞10×10^9/L，称为白细胞增多，多因急性化脓性感染、急性大出血、严重烧伤、恶性肿瘤等引起；成人白细胞数＜4×10^9/L，称为白细胞减少，见于病毒感染、自身免疫性疾病、肿瘤化疗及某些药物反应等。因外周血中白细胞的组成主要是中性粒细胞和淋巴细胞，尤其以中性粒细胞为主，故白细胞的增多或减少主要受中性粒细胞的影响。

1）中性粒细胞

A.中性粒细胞增多，分为生理性增多和病理性增多两种。

生理性增多：在生理情况下，中性粒细胞午后较高，饱餐、剧烈运动、妊娠后期及分娩期、情绪激动、高温或严寒等均可使中性粒细胞暂时性升高。

病理性增多：依其形成的原因分为反应性增多和异常增生性增多。中性粒细胞反应性增多是指机体对各种病因刺激产生的应激反应，动员骨髓贮存池中的粒细胞释放或边缘池粒细胞进入血液循环。中性粒细胞反应性增多常见于急性感染，如化脓性球菌引起的局部炎症或全身性感染；严重组织损伤，如严重创伤、大手术、大面积烧伤及血管栓塞；急性大出血；急性溶血；急性中毒；恶性肿瘤等。异常增生性增多：为造血干细胞疾病，造血组织中粒细胞大量增生，释放至外周血中的主要是病理性粒细胞。中性粒细胞异常增生性增多常见于粒细胞白血病、骨髓增殖性疾病（如真性红细胞增多症、原发性血小板增多症、骨髓纤维化早期）。

B. 中性粒细胞减少：成人白细胞数＜4×10^9/L，称为白细胞减少；中性粒细胞绝对值＜2.0×10^9/L，称为粒细胞减少症；中性粒细胞绝对值＜0.5×10^9/L，称为粒细胞缺乏症。引起中性粒细胞减少的原因有以下几点。

感染：某些病毒感染性疾病最常见，如流感、病毒性肝炎、水痘、风疹等。

血液系统疾病：可见于再生障碍性贫血、巨幼红细胞贫血、骨髓纤维化、粒细胞缺乏症等。

理化因素损伤：物理损伤如长期接触 X 线、γ射线、放射性核素等电离辐射。化学损伤如苯、铅、汞等均可引起粒细胞减少。

单核-吞噬细胞功能亢进：如脾功能亢进等。

2）嗜酸性粒细胞

嗜酸性粒细胞增多：见于变态反应性疾病（如支气管哮喘、药物过敏、荨麻疹等）、寄生虫病（如血吸虫病、蛔虫病、钩虫病等）、血液病（如慢性粒细胞白血病、淋巴瘤）、某些恶性肿瘤（尤其是肿瘤转移或有坏死灶的恶性肿瘤）。

嗜酸性粒细胞减少：常见于伤寒、副伤寒初期，应激状态（如大手术、严重烧伤等），或长期使用肾上腺皮质激素者。

3）嗜碱性粒细胞

嗜碱性粒细胞增多：见于过敏性疾病如药物、食物超敏反应等；血液病如慢性粒细胞白血病、骨髓纤维化症、慢性溶血及脾切除术后；恶性肿瘤，特别是转移癌。

嗜碱性粒细胞减少：一般无临床意义。

4）淋巴细胞

淋巴细胞增多：见于感染性疾病（主要为病毒感染，如麻疹、风疹、水痘、流行性腮腺炎等）、肿瘤性疾病（如急性或慢性淋巴细胞白血病、淋巴瘤）、急性传染病的恢复期、移植排斥反应等。

淋巴细胞减少：主要见于放射线损伤、免疫缺陷病、丙种球蛋白缺乏症，以及使用肾上腺皮质激素、抗淋巴细胞球蛋白的患者。

5）单核细胞

单核细胞增多：见于某些感染（如活动性肺结核、感染性心内膜炎、疟疾、黑热病等）、血液病（如单核细胞白血病、多发性骨髓瘤、淋巴瘤等）、急性传染病或急性感染的恢复期。

单核细胞减少：一般无临床意义。

3. 血小板

（1）参考值

血小板参考值为（100～300）$\times10^9$/L。

（2）临床意义

1）血小板减少

血小板生成障碍：见于再生障碍性贫血、放射性损伤、急性白血病、骨髓纤维化晚期等。

血小板破坏或消耗增多：见于原发性血小板减少性紫癜、恶性淋巴瘤、系统性红斑狼疮、弥漫性血管内凝血等。

血小板分布异常：见于脾大（肝硬化所致脾功能亢进）、血液稀释（输入大量血浆或库存血）等。

2）血小板增多

原发性增多：见于骨髓增殖性疾病，如原发性血小板增多症、骨髓纤维化早期、慢性粒细胞白血病等。

反应性增多：见于急性感染、急性溶血、某些恶性肿瘤患者。

（二）尿液一般检验

1. 尿的颜色

正常新鲜尿液多为黄色或淡黄色，透明，尿的颜色可受食物、药物和尿量的影响。病理性尿的颜色改变常见如下：

（1）血尿

尿内含有一定量的红细胞，称为血尿。每升尿中含血量超过 1ml 即可呈现淡红色，称为肉眼血尿。如尿外观变化不明显，离心沉淀后，镜检时每高倍视野红细胞平均大于 3 个，称为镜下血尿。血尿常见于泌尿系统炎症、结核、结石、肿瘤，以及出血性疾病如血小板减少性紫癜、过敏性紫癜等。

（2）血红蛋白尿和肌红蛋白尿

尿液呈浓茶色、酱油色或红葡萄酒色。出现血管内溶血时，红细胞被大量破坏，血浆中出现大量游离血红蛋白，当其超过肾阈值时，因其分子量较小，可经肾小球滤过，若超过肾小管的重吸收能力，则形成血红蛋白尿。血红蛋白尿见于输血引起的溶血反应、蚕豆病、阵发性睡眠性血红蛋白尿等。肌红蛋白尿常见于挤压综合征、缺血性肌坏死等。

（3）脓尿和菌尿

脓尿和菌尿多见于泌尿系统感染，如肾盂肾炎、膀胱炎等。

（4）乳糜尿

乳糜尿由于乳糜液逆流进入尿中所致，外观呈不同程度的乳白色，常见于丝虫病，少数因结核、肿瘤引起。

（5）胆红素尿

胆红素尿因尿内含有大量结合胆红素所致，振荡后泡沫呈黄色。胆红素尿往往提示阻塞性黄疸或肝细胞性黄疸。

（6）脂肪尿

脂肪尿指尿中出现脂肪小滴，见于脂肪挤压损伤、骨折、肾病综合征等。

2. 尿蛋白

（1）参考值

正常人尿蛋白定性试验为阴性，尿蛋白小于 40mg/24h，成人上限为（150～200）mg/24h，下限为 10mg/24h，超过以上标准为蛋白尿。

（2）蛋白尿的分类及临床意义

1）生理性蛋白尿：泌尿系统无器质性病变，尿内暂时出现少量蛋白质，又称功能性蛋白尿。多为因剧烈运动、精神紧张、高温、饱餐、高蛋白饮食、热水浴和冷水浴、月经前期等因素所致的一过性蛋白尿。

2）肾小球性蛋白尿：见于原发性肾小球疾病，如急性肾小球肾炎、急进性肾小球肾炎、慢性肾小球肾炎、肾病综合征等，以及某些继发性肾小球疾病，如糖尿病肾病、高血压肾病、红斑狼疮肾病等。

3）肾小管性蛋白尿：由于感染、中毒所致近端肾小管损伤，影响对原尿中小分子蛋白重吸收而产生的蛋白尿。临床常见于肾盂肾炎、间质性肾炎、中毒性肾病（汞、镉、铋等重金属中毒或庆大霉素、卡那霉素、多黏菌素等引起）。

4）混合性蛋白尿：肾小球和肾小管均有病变时产生的蛋白尿。临床常见于慢性肾炎、慢性肾盂肾炎、糖尿病肾病、狼疮性肾炎等。

5）溢出性蛋白尿：由于血浆中出现异常增多的低分子量蛋白，超过肾小管重吸收能力，随尿液排出而产生的蛋白尿。临床可见于急性血管内溶血如阵发性睡眠性血红蛋白尿、急性肌肉损伤如挤压综合征、浆细胞瘤如多发性骨髓瘤等。

6）组织性蛋白尿：指在尿液形成过程中，肾小管代谢产生的蛋白质和组织破坏分解的蛋白质，以及因炎症或药物刺激泌尿系统所分泌的蛋白质。临床见于肾脏炎症、中毒等。

7）假性蛋白尿：因尿内混有大量血、脓、黏液等成分，导致蛋白定性试验阳性，肾脏本身一般无损害。肾脏以下泌尿系统疾病如膀胱炎、尿道炎症或出血，以及尿内渗入阴道分泌物时，尿蛋白定性试验可显示阳性。

3. 尿糖

（1）参考值

正常人尿内可有微量葡萄糖[（0.56～5.0）mmol/24h]，定性试验阴性。

（2）临床意义

血糖增高性糖尿：多见于内分泌疾病如糖尿病、甲状腺功能亢进症、嗜铬细胞瘤、皮质醇增多症、胰腺炎等。

肾性糖尿：由于肾小管对葡萄糖重吸收能力减弱，肾阈值降低所致的糖尿，见于家族性糖尿病、慢性肾小球肾炎或肾病综合征，以及妊娠期间。

暂时性糖尿：见于超过肾阈值的生理性糖尿如短时间内摄入大量糖或静脉注射大量葡萄糖后，应激性糖尿如颅脑损伤、脑出血、急性心肌梗死时。

假性糖尿：如异烟肼、链霉素、水杨酸、阿司匹林等药物可致尿糖定性阳性。

4. 酮体

（1）参考值

正常人尿中酮体为（20～50）mg/24h，一般检查法呈阴性。

（2）临床意义

糖尿病性酮尿：糖尿病酮症酸中毒时，尿酮体呈强阳性反应。

非糖尿病性酮尿：剧烈呕吐、腹泻、禁食等可致脂肪分解增多，均可引起尿酮体阳性。

5. 显微镜检查

（1）红细胞

正常人尿沉渣镜检红细胞为 0 或偶见，平均大于 3 个/HP，尿外观无血色者，称为镜下血尿；尿内含血量较多者，外观呈红色，称为肉眼血尿。血尿常见于急性肾小球肾炎、狼疮性肾炎、尿路感染、肾结石、肾盂肾炎、肾结核、泌尿系肿瘤等。

（2）白细胞和脓细胞

正常人尿沉渣镜检白细胞不超过 5 个/HP。若有大量白细胞，多见于泌尿系统感染如肾盂肾炎、膀胱炎、尿道炎、肾结核等。

（三）心肌损伤检验

1. 心肌酶谱

心肌内含有多种酶，心肌损伤时心肌酶释放入血，血清内相应的酶活性升高。心肌酶的检测指标包括肌酸激酶、肌酸激酶同工酶、乳酸脱氢酶等。肌酸激酶（CK）：以骨骼肌、心肌含量最多。肌酸激酶同工酶包括 CK-MM、CK-MB、CK-BB。肌酸激酶同工酶 CK-MB 增高的程度能较准确反映心肌梗死的范围。乳酸脱氢酶（LD）：广泛存在于机体的各种组织中，以心肌、骨骼肌和肾含量最多。当血液中的上述酶升高往往提示相应肌肉损伤或坏死，临床多见于急性心肌梗死、病毒性心肌炎、肝炎等。

2. 心肌蛋白

肌钙蛋白（troponin，Tn）是一组存在于横纹肌的蛋白质，肌钙蛋白 I（TnI）和肌钙蛋白 T（TnT）

是肌钙蛋白的两个主要类型。由于心肌的肌钙蛋白和骨骼肌中的肌钙蛋白具有不同的特点，故心肌肌钙蛋白的测定具有特异性，可以准确反映心肌细胞的受损情况。心肌损伤后，游离肌钙蛋白从心肌细胞的胞质内释放入血，使血液中的肌钙蛋白浓度迅速升高。血清肌钙蛋白 I 或肌钙蛋白 T 是临床诊断心肌梗死最特异和最敏感的标志物，可以反映微型梗死（小范围梗死）。

（四）肝病实验室检测

1. 肝炎病毒标志物检测

（1）甲型肝炎病毒标志物检测

1）甲型肝炎病毒抗原（HAVAg）和 RNA 测定

参考值：阴性。

临床意义：HAVAg 阳性提示体内存在甲型肝炎病毒，HAVAg 阳性是 HAV 急性感染的直接证据。HAV-RNA 从分子水平对甲型肝炎进行诊断，特异性强，特别是对早期诊断意义更大。

2）甲型肝炎病毒抗体测定

参考值：阴性。

临床意义：

抗 HAV-IgM：是 HVA 的衣壳蛋白抗体，病后 1 周即可检出，2 周达高峰，可持续 3～4 个月。抗 HAV-IgM 阳性提示新近感染，是早期诊断甲型肝炎的特异性血清标志物。

抗 HAV-IgG：出现晚于抗 HAV-IgM，病后 1 个月可检出，2～3 个月达高峰，可持久存在，是保护性抗体。抗 HAV-IgG 阳性提示既往感染，可作为流行病学调查的指标。

（2）乙型肝炎病毒标志物检测

1）乙型肝炎病毒表面抗原（HBsAg）：正常人为阴性。HBsAg 是 HBV 感染后最早出现的血清标志物，HBsAg 阳性是乙型肝炎病毒现症感染的标志。阳性见于乙型肝炎的急性期、慢性期，乙型肝炎病毒携带者或急性乙型肝炎的潜伏期。

2）乙型肝炎病毒表面抗体（抗-HBs 或 HBsAb）：正常人为阴性。抗-HBs 是患者对 HBsAg 所产生的一种保护性抗体，它对 HBsAg 有一定的中和作用，故抗-HBs 阳性提示机体对乙型肝炎病毒有一定程度的免疫力。

3）乙型肝炎病毒 e 抗原（HBeAg）：正常人为阴性。HBeAg 滴度与乙型肝炎病毒的复制程度及传染性呈正相关。HBeAg 阳性表明乙型肝炎病毒处于活动期，并有较强的传染性。孕妇 HBeAg 阳性，可发生乙型肝炎病毒垂直传播，导致 90%以上的新生儿 HBeAg 阳性。HBeAg 持续阳性，表明肝细胞受损严重，病情可进展为慢性乙型肝炎或肝硬化。

4）乙型肝炎病毒 e 抗体（抗-HBe 或 HBeAb）：正常人为阴性。抗-HBe 是乙肝患者或携带者经 HBeAg 刺激后所产生的特异性抗体。抗-HBe 阳性表明大部分乙型肝炎病毒被消除，复制减少或静止，传染性降低，但并非无传染性。抗-HBe 并非保护性抗体，它不能抑制 HBV 的增殖。

5）乙型肝炎病毒核心抗原（HBcAg）：正常人为阴性。HBcAg 存在于乙型肝炎病毒大球形（Dane）颗粒核壳上，血液中无游离的 HBcAg，需除去乙型肝炎病毒外衣壳才可检出。HBcAg 阳性提示患者血清中有感染性的乙型肝炎病毒存在，见于乙型肝炎病毒现症感染者，且 HBcAg 含量越高，乙型肝炎病毒复制越活跃，传染性越强，预后较差。

6）乙型肝炎病毒核心抗体（抗-HBc 或 HBcAb）：正常人为阴性。抗-HBc 主要有 IgM 和 IgG 两型。抗-HBc IgM 是机体感染乙型肝炎病毒后最早出现的抗体，高滴度的抗-HBc IgM 提示乙型肝炎病毒新近感染，常支持急性乙型肝炎的诊断，是反映乙型肝炎病毒持续复制的指标。抗-HBc IgG 阳性高滴度，表明患有乙型肝炎且乙型肝炎病毒正在复制；抗-HBc IgG 阳性低滴度，提示乙型肝炎病毒既往感染。

7）乙型肝炎病毒 DNA 测定（HBV-DNA）：是乙型肝炎病毒的基因物质，也是乙型肝炎的直接诊断证据。HBV-DNA 阳性，能更灵敏、更特异地反映 HBV 的感染情况、传染性强弱及复制活跃与否，并对抗病毒药物的适应性和判断疗效有实用价值。

8）“大三阳”与“小三阳”：HBsAg、HBeAg 及抗-HBc 阳性，俗称“大三阳”，提示乙型肝炎病毒正在大量复制，并有较强的传染性。HBsAg、抗-HBe 及抗-HBc 阳性，俗称“小三阳”，提示乙型肝炎病毒复制减少，传染性降低。

（3）丙型肝炎病毒标志物检测

1）丙型肝炎病毒抗体的检测：丙型肝炎病毒抗体是有传染性的标志物，而不是保护性抗体。抗-HCV IgM 发病后 4 周即可阳性，持续 1～3 个月。抗-HCV IgM 阳性主要用于早期诊断，提示急性丙型肝炎，如 6 个月内不能转阴，提示转为慢性丙型肝炎。抗-HCV IgG 阳性提示丙型肝炎病毒现症感染或既往感染，见于输血后肝炎患者。经常接受血制品（血浆、全血）治疗的患者，可合并丙型肝炎病毒感染，且容易转为慢性丙型肝炎、肝硬化或肝癌。

2）HCV-RNA 的检测：HCV-RNA 在血中出现较早，阳性提示丙型肝炎病毒现症感染，复制活跃，传染性强，治愈后很快消失。

2. 肝功能检测

（1）血清总蛋白和白蛋白、球蛋白比值测定

参考值：正常成人血清总蛋白 60～80g/L，白蛋白（A）40～55g/L，球蛋白（G）20～30g/L，A/G 值为（1.5～2.5）∶1。

临床意义：

血清总蛋白及白蛋白增高：主要由于血清水分减少，致总蛋白浓度增加，而全身总蛋白量并未增加，如急性失水、肾上腺皮质功能减退等。

血清总蛋白及白蛋白降低：临床见于肝细胞损害影响总蛋白与白蛋白合成（如亚急性重症肝炎、肝硬化、肝癌等）；蛋白丢失过多（如肾病综合征、严重烧伤、急性大失血等）；消耗增加（慢性消耗性疾病如重症结核、甲状腺功能亢进症及恶性肿瘤等）；营养不良（如蛋白质摄入不足或消化吸收不良）；血清水分增加（如水钠潴留或静脉补充过多的晶体溶液）。

血清总蛋白及球蛋白增高：当血清总蛋白＞80g/L 或球蛋白＞35g/L 时，称为高脂蛋白血症或高球蛋白血症。临床见于慢性肝病（如慢性活动性肝炎、慢性酒精性肝病、肝硬化、原发性胆汁性肝硬化等，且球蛋白增高程度与肝病的严重程度相关）；M 蛋白血症（如多发性骨髓瘤、淋巴瘤、原发性巨球蛋白血症等）；自身免疫性疾病（如系统性红斑狼疮、风湿热、类风湿关节炎等）；慢性感染（如结核病、疟疾、麻风病及慢性血吸虫病等）。

血清球蛋白降低：主要是合成减少，临床见于生理性减少（3 岁以下的婴幼儿）；免疫功能抑制（如长期应用肾上腺皮质激素或免疫抑制剂）；先天性低丙种球蛋白血症。

A/G 倒置：因白蛋白降低或球蛋白增高所致，见于严重肝功能损害及 M 蛋白血症，如慢性持续性肝炎、肝硬化、原发性肝癌、多发性骨髓瘤、原发性巨球蛋白血症等。

（2）血清氨基转移酶测定

肝功能检查主要有谷丙转氨酶（GPT）和谷草转氨酶（GOT）。

参考值：谷丙转氨酶 10～40U/L；谷草转氨酶 10～40U/L；谷丙/谷草≤1。

临床意义：

急性病毒性肝炎：谷丙转氨酶与谷草转氨酶均显著升高，可达正常上限的 20～50 倍，甚至 100 倍，但谷丙转氨酶升高更明显，谷丙/谷草＞1，是诊断病毒性肝炎重要检测证据。

慢性病毒性肝炎：转氨酶轻度上升（100～200U）或正常，谷丙/谷草＞1，若谷草转氨酶升高较谷丙转氨酶显著，即谷丙/谷草＜1，提示慢性肝炎可能进入活动期。

酒精性肝病、药物性肝炎、脂肪肝、肝癌等非病毒性肝病，转氨酶轻度升高或正常，且谷丙/谷草≤1。

肝硬化：转氨酶活性取决于肝细胞进行性坏死程度，终末期肝硬化转氨酶活性可正常或降低。

急性心肌梗死后6～8小时，谷草转氨酶增高，18～24小时达高峰，可达参考值上限的4～10倍，谷草转氨酶增高程度与心肌坏死范围和程度有关，4～5天后恢复，若再次增高提示梗死范围扩大或出现新的梗死。

（3）γ-谷氨酰转移酶（GGT）测定

参考值：硝基苯酚连续监测法（37℃）显示<50U/L。

临床意义：

胆道阻塞性疾病：原发性胆汁性肝硬化、硬化性胆管炎等引起的慢性胆汁淤积，肝癌时因肝内阻塞，诱使肝细胞产生大量的GGT，且癌细胞也合成GGT，均可使GGT明显升高，可达参考值上限的10倍以上。

急性或慢性病毒性肝炎、肝硬化：急性肝炎时，GGT 中度升高；慢性肝炎、肝硬化的非活动期，酶活性正常；若GGT持续升高，提示病变活动或病情恶化。

急性或慢性酒精性肝炎、药物性肝炎：GGT可明显或中度以上升高。酗酒者戒酒后GGT可随之下降。

（五）肾功能检测

1. 血清肌酐（serum creatinine，Scr）测定

参考值：血清或血浆肌酐，男性53～106μmol/L；女性44～97μmol/L。

临床意义：血肌酐升高，见于各种原因引起的肾小球滤过功能减退，但对早期诊断并不敏感。血肌酐是肾小球滤过率下降后毒素产物滞留的最常用指标。

急性肾衰竭：血肌酐明显进行性升高为器质性损害的指标，可伴少尿或无尿。

慢性肾衰竭：血肌酐升高程度与肾功能受损程度呈正相关，常作为慢性肾病临床分期的参考。肾衰竭代偿期，血肌酐<178μmol/L；肾衰竭失代偿期，血肌酐>178μmol/L；肾衰竭期，血肌酐>445μmol/L。

鉴别肾实质性少尿和肾前性少尿：肾实质性少尿，如器质性肾衰竭导致肾小球和肾小管功能损害，血肌酐常超过200μmol/L；肾前性少尿，如心力衰竭、脱水、肾病综合征、肝肾综合征等所致的有效血容量下降，使肾血流量减少，血肌酐浓度上升多不超过200μmol/L。

2. 血清尿素氮（blood urea nitrogen，BUN）测定

参考值：成人3.2～7.1mmol/L；婴幼儿1.8～6.5mmol/L。

临床意义：血中尿素氮增高，见于以下几种情况。

器质性肾功能损害：各种原发性肾小球肾炎、肾盂肾炎、间质性肾炎、多囊肾、肾肿瘤等所致的慢性肾衰竭。

肾前性少尿：严重脱水、大量腹水、充血性心力衰竭、肝肾综合征等引起的血容量不足、肾血流量灌注不足所致少尿。经扩容尿量增加，尿素氮可自行下降。

蛋白质分解或摄入过多：如急性传染病、高热、上消化道大出血、大面积烧伤、严重创伤、大手术后和甲状腺功能亢进症、高蛋白饮食等，也可导致血尿素氮升高，但血肌酐一般不升高。

（六）血糖、血脂检测

1. 血糖测定

参考值：①空腹血糖（fasting plasma glucose，FPG），葡萄糖氧化酶法，3.9～6.1mmol/L。②口

服葡萄糖耐量试验（oral glucose tolerance test，OGTT），口服葡萄糖后30～60分钟，血糖达高峰（一般为7.8～9.0mmol/L），峰值＜11.1mmol/L；2小时后＜7.8mmol/L；3小时后血糖恢复至空腹水平。各检测时间点尿糖均为阴性。

临床意义：

诊断糖尿病：临床具备以下条件者，即可诊断为糖尿病：①具有糖尿病症状，空腹血糖≥7.0mmol/L。②OGTT 2小时后＞11.1mmol/L。③具有口渴、多饮、多尿等临床症状，随机血糖≥11.1mmol/L，且伴尿糖阳性。

糖耐量减低：空腹血糖＜7.0mmol/L，或者OGTT 2小时后血糖在7.8～11.1mmol/L；且血糖达到最高峰的时间延长至1小时后，血糖恢复正常的时间延长至2～3小时后，同时伴有尿糖阳性。糖耐量减低多见于2型糖尿病、痛风、肥胖病、甲状腺功能亢进症、肢端肥大症及皮质醇增多症等。

2. 糖化血红蛋白（glycosylated hemoglobin，GHb）测定

糖化血红蛋白是血红蛋白合成后其β链末端氨基酸与葡萄糖类进行缩合反应形成的GHb酮胺化合物，其反应速度主要取决于血糖浓度及血糖与血红蛋白的接触时间。由于糖化过程非常缓慢，且一旦形成不再解离，故GHb不受血糖浓度暂时波动的影响。GHb水平与血糖浓度、高血糖持续时间成正比。

参考值：电泳法5.6%～7.5%；微柱法4.1%～6.8%。

临床意义：糖尿病时，GHb值较正常升高2～3倍，可反映取血前2～3个月的平均血糖水平。在控制糖尿病后，GHb下降要比血糖和尿糖下降晚3～4周，故GHb是监测糖尿病病情的重要指标。

糖尿病性高血糖与应激性高血糖的鉴别：糖尿病性高血糖的GHb水平多增高，应激性高血糖的GHb水平则正常。

3. 血脂测定

（1）总胆固醇（total cholesterol，TC）

长期以来，胆固醇被作为心血管疾病的重要危险因素。控制血清总胆固醇水平能够降低冠状动脉疾病发作的风险，同时胆固醇也被用作降脂药治疗后的监测指标。

血清胆固醇增高：见于长期高胆固醇饮食、肾病综合征、糖尿病、甲状腺功能减退症、胆道梗阻及家族性高胆固醇血症等。

血清胆固醇减低：见于甲状腺功能亢进症、严重肝衰竭、溶血性贫血、急性感染和消耗性疾病等。

（2）三酰甘油（triglyceride，TG）

正常人三酰甘油水平受遗传和环境因素的双重影响。长期禁食或高脂饮食、高糖类膳食及大量饮酒、吸烟可使三酰甘油增高。肥胖、超重、体力活动少也可使三酰甘油增高。三酰甘油是冠心病的独立危险因素和形成脂肪肝的主要原因。血清三酰甘油水平可用于早期识别动脉粥样硬化的危险性、高三酰甘油血症诊断和降脂药治疗后的监测指标等。

血清三酰甘油增高：见于动脉粥样硬化、糖尿病、肾病综合征、家族性高三酰甘油血症、甲状腺功能减退症等。三酰甘油过高还可引起急性胰腺炎。

血清三酰甘油减低：见于肝功能严重障碍、慢性阻塞性肺疾病、脑梗死、甲状腺功能亢进症、营养不良等。

（3）高密度脂蛋白胆固醇（high density lipoprotein cholesterol，HDL-C）

高密度脂蛋白具有将外周组织中的胆固醇逆向转运至肝脏，并将胆固醇转化为胆汁酸而清除的功能。因此，高密度脂蛋白有抗动脉粥样硬化的作用，与三酰甘油呈负相关，也与冠心病发病呈负相关。由于高密度脂蛋白的浓度与动脉硬化综合征的发病率相关，故监测血清中的高密度胆固醇的浓度非常重要。高浓度的高密度脂蛋白有助于防止罹患冠心病，而高密度脂蛋白浓度减低，尤其伴有三酰甘油浓度增高时，会增加患心血管疾病的风险。常规检查中，通过检测高密度脂蛋白胆固醇的含量，可间接反映高密度脂蛋白的水平。

高密度脂蛋白胆固醇增高（>1.55mmol/L）：高密度脂蛋白胆固醇具有抗动脉粥样硬化的作用，与三酰甘油呈负相关，也与冠心病发病呈负相关。高密度脂蛋白胆固醇增高对于预防动脉粥样硬化、冠心病的发生具有重要作用。运动、饮酒、降脂药物、雌激素类药物可致高密度脂蛋白胆固醇增高。

高密度脂蛋白胆固醇降低（<1.04mmol/L）：动脉粥样硬化、糖尿病、肝炎、肝硬化等可致高密度脂蛋白胆固醇降低。

（七）肿瘤标志物检验

1. 血清甲胎蛋白（alpha fetoprotein serum，AFP）测定

血清甲胎蛋白是胚胎发育早期的重要血清成分，由卵黄囊和肝细胞合成，出生后 1 个月降至正常成人水平。AFP 的含量与肝脏再生时分裂细胞数呈正相关，故认为 AFP 是诊断肝细胞癌的重要指标。AFP 有很强的免疫抑制功能。

参考值：放射免疫分析（RIA），血清 AFP<25μg/L（25ng/ml）。

临床意义：原发性肝癌患者，血清 AFP 含量明显增高，阳性率 80%以上，AFP 是目前诊断原发性肝细胞癌最特异的标志物。如 AFP>300μg/ml，加之肝脏有占位性病变，基本可诊断为肝癌。如 AFP 增高不明显，但有进行性增高，且肝脏有占位性病变，亦可诊断为肝癌。

其他恶性肿瘤如胚胎细胞癌、胃癌、胆管癌、胰腺癌和肺癌等，以及肝脏良性疾病如病毒性肝炎、新生儿肝炎等，血清 AFP 含量也可增高。临床测定 AFP 可用于妊娠监测，妊娠期 AFP 异常，常提示胎儿有脊柱裂、无脑畸形或食管闭锁。

2. 癌胚抗原（carcinoembryonic antigen，CEA）测定

癌胚抗原最初从成人结肠癌组织中发现，胚胎期主要存在于胎儿的肠管、胰腺和肝脏，出生后正常组织内含量极低。当细胞恶变时，组织内 CEA 含量异常增高，并可分泌进入血液及体液。

参考值：酶联免疫吸附试验（ELISA 法）和 RIA 法，血清癌胚抗原<5μg/L。

临床意义：CEA 测定无特异性，也缺乏早期诊断价值。CEA 的主要意义在于：

1）消化器官癌症的诊断：CEA 升高主要见于如结肠直肠癌、胃癌、胰腺癌、肝细胞癌等。结肠直肠癌患者 CEA 测定的敏感性高于其他肿瘤标志物，故首选 CEA。CEA 随病程的进展而升高，对判断疗效和预后有一定价值。如结肠癌术后 2～4 天 CEA 即可下降至正常，若术后 CEA 持续不降或尚未降至正常又再回升，提示肿瘤有残存或复发。

2）原发性肝癌与转移性肝癌的鉴别：原发性肝癌 CEA 升高者不超过 9%，而转移性肝癌 CEA 阳性率高达 90%，且绝对值显著升高。

二、临床医学基础

（一）临床医学与重大疾病保险

临床医学是以人体解剖学、生理学、药理学、诊断学等多门基础医学为依托，通过病史询问、体格检查、辅助检查等手段对患者的疾病进行诊断、治疗的学科。临床医学的恶性肿瘤、心肌梗死、脑中风、重大脏器功能衰竭、冠状动脉搭桥术、严重烧伤等重大疾病、疾病状态或手术，其病情凶险、复杂疑难、治疗费用巨大，远远超出单个家庭的经济承受能力。

重大疾病保险能够分担重大疾病所带来的风险、给付治疗所需高额费用，是防止因病致贫、因病返贫的有效手段。重大疾病保险于 1983 年在南非问世，1995 年引入我国内地，目前重大疾病保险已成为人身保险市场的重要保障型产品。在重大疾病保险的发展过程中，因保险经营的主体不同，各家保险公司对重大疾病的定义千差万别，这给消费者选购产品带来难度，同时也为理赔纠纷的发生埋下严重隐患。

（二）重大疾病保险的疾病定义使用规范概述

为了规范保险经营市场、保护消费者权益、减少理赔纠纷，2007 年中国保险行业协会和中国医师协会共同制定了《重大疾病保险的疾病定义使用规范》，此后十几年来，我国重大疾病保险产品创新层出不穷，加之现代医学发展迅速，面对这些新情况、新变化，相关专家学者审时度势，对 2007 年制定的重大疾病保险的疾病定义进行了修订。为更好地指导保险公司使用疾病定义，中国保险行业协会特制定《重大疾病保险的疾病定义使用规范（2020 年修订版）》（以下简称《规范》）。

该《规范》的适用范围规定：保险期间主要为成年人（18 周岁及以上）阶段的重大疾病保险。规范的使用原则规定：该产品保障的疾病范围应当包括本规范内的恶性肿瘤——重度、较重急性心肌梗死、严重脑卒中后遗症、重大器官移植术或造血干细胞移植术、冠状动脉搭桥术（或称冠状动脉旁路移植术）、严重慢性肾衰竭。此外，如果该产品还保障了保险金额低于上述 6 种重度疾病的其他疾病，则还应当包括本规范内的恶性肿瘤——轻度、较轻急性心肌梗死、轻度脑卒中后遗症。除前述疾病外，对于本《规范》疾病范围以内的其他疾病，保险公司可选择使用，且均应当使用本《规范》的疾病名称和疾病定义。同时，在重大疾病保险的产品设计时，对于轻度疾病的累计保险金额，该《规范》也作出限额规定：每种轻度疾病累计保险金额不应高于本规范中的相应重度疾病累计保险金额的 30%；对于多次赔付责任的，轻度疾病的单次保险金额还应不高于同一赔付次序的相应重度疾病单次保险金额的 30%，无相同赔付次序的，以最近的赔付次序为参照。

（三）重大疾病保险的疾病名称及疾病定义

该规范中的重大疾病保险涵盖 28 种重度疾病和 3 种轻度疾病，现分别列举如下：

▲重度疾病

1. 恶性肿瘤——重度

恶性肿瘤（重度）是指恶性细胞不受控制地进行性增长和扩散，浸润和破坏周围正常组织，可以经血管、淋巴管和体腔扩散转移到身体其他部位，病灶经组织病理学检查（涵盖骨髓病理学检查）结果明确诊断，临床诊断属于世界卫生组织《疾病和有关健康问题的国际统计分类》第十次修订版（ICD-10）的恶性肿瘤类别及《国际疾病分类肿瘤学专辑：ICD-O/3 版》的肿瘤形态学编码属于 3、6、9（恶性肿瘤）范畴的疾病。但下列疾病不属于“恶性肿瘤——重度”，不在保障范围内：

1）ICD-O/3 肿瘤形态学编码属于 0（良性肿瘤）、1（动态未定性肿瘤）、2（原位癌和非侵袭性癌）范畴的疾病，如 a. 原位癌、癌前病变、非浸润性癌、非侵袭性癌、肿瘤细胞未侵犯基底层、上皮内瘤变、细胞非典型性增生等；b. 交界性肿瘤、交界恶性肿瘤、肿瘤低度恶性潜能、潜在低度恶性肿瘤等。

2）TNM 分期为 I 期或更轻分期的甲状腺癌。

3）TNM 分期为 $T_1N_0M_0$ 期或更轻分期的前列腺癌。

4）黑色素瘤以外的未发生淋巴结和远处转移的皮肤恶性肿瘤。

5）相当于 Binet 分期方案 A 期程度的慢性淋巴细胞白血病。

6）相当于 Ann Arbor 分期方案 I 期程度的霍奇金病。

7）未发生淋巴结和远处转移且世界卫生组织分级为 G_1 级别（核分裂象＜10/50HPF 和 Ki-67≤2%）或更轻分级的神经内分泌肿瘤。

2. 较重急性心肌梗死

急性心肌梗死是指由于冠状动脉闭塞或梗阻引起部分心肌严重持久性缺血造成的急性心肌坏死。急性心肌梗死的诊断必须依据国际国内诊断标准，符合：①检测到肌酸激酶同工酶（CK-MB）

或肌钙蛋白（cTn）升高和（或）降低的动态变化，至少一次达到或超过心肌梗死的临床诊断标准；②同时存在下列之一的证据，包括缺血性胸痛症状、新发生的缺血性心电图改变、新生成的病理性Q波、影像学证据显示有新出现的心肌活性丧失或新出现局部室壁运动异常、冠脉造影证实存在冠状动脉血栓。

较重急性心肌梗死是指依照上述标准被明确诊断为急性心肌梗死，并且必须同时满足下列至少一项条件：

1）心肌损伤标志物肌钙蛋白（cTn）升高，至少一次检测结果达到该检验正常参考值上限的15倍（含）以上。

2）肌酸激酶同工酶（CK-MB）升高，至少一次检测结果达到该检验正常参考值上限的2倍（含）以上。

3）出现左心室收缩功能下降，在确诊6周以后，检测左心室射血分数（LVEF）低于50%（不含）。

4）影像学检查证实存在新发的乳头肌功能失调或断裂引起的中度（含）以上的二尖瓣反流。

5）影像学检查证实存在新出现的室壁瘤。

6）出现室性心动过速、心室颤动或心源性休克。

其他非冠状动脉阻塞性疾病所引起的肌钙蛋白（cTn）升高不在保障范围内。

3. 严重脑中风后遗症

严重脑中风后遗症是指因脑血管的突发病变引起脑血管出血、栓塞或梗死，须由头颅断层扫描（CT）、磁共振成像（MRI）等影像学检查证实，其可导致神经系统永久性的功能障碍。神经系统永久性的功能障碍指疾病确诊180天后，仍遗留下列至少一种障碍：

1）一肢（含）以上肢体肌力2级（含）以下。

2）语言能力完全丧失，或严重咀嚼吞咽功能障碍。

3）自主生活能力完全丧失，无法独立完成六项基本日常生活活动中的三项或三项以上。

4. 重大器官移植术或造血干细胞移植术

重大器官移植术是指因相应器官功能衰竭，已经实施了肾脏、肝脏、心脏、肺脏或小肠的异体移植手术。

造血干细胞移植术是指因造血功能损害或造血系统恶性肿瘤，已经实施了造血干细胞（包括骨髓造血干细胞、外周血造血干细胞和脐血造血干细胞）的移植手术。

5. 冠状动脉搭桥术（或称冠状动脉旁路移植术）

冠状动脉搭桥术（或称冠状动脉旁路移植术）是指为治疗严重的冠心病，已经实施了切开心包进行的冠状动脉血管旁路移植的手术。

所有未切开心包的冠状动脉介入治疗不在保障范围内。

6. 严重慢性肾衰竭

严重慢性肾衰竭是指双肾功能慢性不可逆性衰竭，依据肾脏病预后质量倡议（K/DOQI）制定的指南，分期达到慢性肾脏病5期，且经诊断后已经进行了至少90天的规律性透析治疗。规律性透析是指每周进行血液透析或每天进行腹膜透析。

7. 多个肢体缺失

多个肢体缺失是指因疾病或意外伤害导致两个或两个以上肢体自腕关节或踝关节近端（靠近躯干端）以上完全性断离。

8. 急性重症肝炎或亚急性重症肝炎

急性重症肝炎或亚急性重症肝炎是指因肝炎病毒感染引起肝脏组织弥漫性坏死，导致急性肝衰竭，且经血清学或病毒学检查证实，并须满足下列全部条件：

1）重度黄疸或黄疸迅速加重。

2）肝性脑病。

3）B 超或其他影像学检查显示肝脏体积急速萎缩。

4）肝功能指标进行性恶化。

9. 严重非恶性颅内肿瘤

严重非恶性颅内肿瘤是指起源于脑、脑神经、脑被膜的非恶性肿瘤，ICD-O/3 肿瘤形态学编码属于 0（良性肿瘤）、1（动态未定性肿瘤）范畴，并已经引起颅内压升高或神经系统功能损害，出现视神经盘水肿或视觉受损、听觉受损、面部或肢体瘫痪、癫痫等，须由头颅断层扫描（CT）、磁共振成像（MRI）或正电子发射断层成像（PET）等影像学检查证实，且须满足下列至少一项条件：

1）已经实施了开颅进行的颅内肿瘤完全或部分切除手术。

2）已经实施了针对颅内肿瘤的放射治疗，如γ刀、质子重离子治疗等。

下列疾病不在保障范围内：①脑垂体瘤；②脑囊肿；③颅内血管性疾病（如脑动脉瘤、脑动静脉畸形、海绵状血管瘤、毛细血管扩张症等）。

10. 严重慢性肝衰竭

严重慢性肝衰竭是指因慢性肝脏疾病导致的肝衰竭，且须满足下列全部条件：

1）持续性黄疸。

2）腹水。

3）肝性脑病。

4）充血性脾大伴脾功能亢进或食管-胃底静脉曲张。

因酗酒或药物滥用导致的肝衰竭不在保障范围内。

11. 严重脑炎后遗症或严重脑膜炎后遗症

严重脑炎后遗症或严重脑膜炎后遗症是指因患脑炎或脑膜炎导致的神经系统永久性的功能障碍。神经系统永久性的功能障碍指经相关专科医生确诊疾病 180 天后，仍遗留下列至少一种障碍：

1）一肢（含）以上肢体肌力 2 级（含）以下。

2）语言能力完全丧失，或有严重咀嚼吞咽功能障碍。

3）由具有评估资格的专科医生根据临床痴呆评定量表（clinical dementia rating，CDR）评估结果为 3 分。

4）自主生活能力完全丧失，无法独立完成六项基本日常生活活动中的三项或三项以上。

12. 深度昏迷

深度昏迷是指因疾病或意外伤害导致意识丧失，对外界刺激和体内需求均无反应，昏迷程度按照格拉斯哥昏迷量表（Glasgow coma scale，GCS）结果为 5 分或 5 分以下，且已经持续使用呼吸机及其他生命保障系统 96 小时以上。

因酗酒或药物滥用导致的深度昏迷不在保障范围内。

13. 双耳失聪

双耳失聪是指因疾病或意外伤害导致双耳听力永久不可逆性丧失，在 500Hz、1000Hz 和 2000Hz 语音频率下，平均听阈大于等于 91dB，且经纯音听阈测试、声导抗检测或听觉诱发电位检测等证实。

注：如果保险公司仅承担被保险人在某年龄之后的保障责任，须在疾病定义中特别说明。

14. 双目失明

双目失明是指因疾病或意外伤害导致双眼视力永久不可逆性丧失，双眼中较好眼须满足下列至少一项条件：

1）眼球缺失或摘除。

2）矫正视力低于 0.02（采用国际标准视力表，如果使用其他视力表应进行换算）。

3）视野半径小于 5°。

注：如果保险公司仅承担被保险人在某年龄之后的保障责任，须在疾病定义中特别说明。

15. 瘫痪

瘫痪是指因疾病或意外伤害导致两肢或两肢以上肢体随意运动功能永久完全丧失。肢体随意运动功能永久完全丧失，指疾病确诊180天后或意外伤害发生180天后，每肢三大关节中的两大关节仍然完全僵硬，或肢体肌力在2级（含）以下。

16. 心脏瓣膜手术

心脏瓣膜手术是指为治疗心脏瓣膜疾病，已经实施了切开心脏进行的心脏瓣膜置换或修复的手术。

所有未切开心脏的心脏瓣膜介入手术不在保障范围内。

17. 严重阿尔茨海默病

严重阿尔茨海默病是指因大脑进行性、不可逆性改变导致智力严重衰退或丧失，临床表现为严重的认知功能障碍、精神行为异常和社交能力减退等，其日常生活必须持续受到他人监护。须由头颅断层扫描（CT）、磁共振成像（MRI）或正电子发射断层成像（PET）等影像学检查证实，并经相关专科医生确诊，且须满足下列至少一项条件：

1）由具有评估资格的专科医生根据临床痴呆评定量表（CDR）评估结果为3分。

2）自主生活能力完全丧失，无法独立完成六项基本日常生活活动中的三项或三项以上。

阿尔茨海默病之外的其他类型痴呆不在保障范围内。

注：如果保险公司仅承担被保险人在某年龄之前的保障责任，须在疾病定义中特别说明。

18. 严重脑损伤

严重脑损伤是指因头部遭受机械性外力，引起脑重要部位损伤，导致神经系统永久性的功能障碍。须由头颅断层扫描（CT）、磁共振成像（MRI）或正电子发射断层成像（PET）等影像学检查证实。神经系统永久性的功能障碍，指脑损伤180天后，仍遗留下列至少一种障碍：

1）一肢（含）以上肢体肌力2级（含）以下。

2）语言能力完全丧失，或有严重咀嚼吞咽功能障碍。

3）自主生活能力完全丧失，无法独立完成六项基本日常生活活动中的三项或三项以上。

19. 严重原发性帕金森病

严重原发性帕金森病是指一种中枢神经系统的退行性疾病，临床表现为运动迟缓、静止性震颤或肌强直等，经相关专科医生确诊，且须满足自主生活能力完全丧失，无法独立完成六项基本日常生活活动中的三项或三项以上。

继发性帕金森综合征、帕金森叠加综合征不在保障范围内。

注：如果保险公司仅承担被保险人在某年龄之前的保障责任，须在疾病定义中特别说明。

20. 严重Ⅲ度烧伤

严重Ⅲ度烧伤是指烧伤程度为Ⅲ度，且Ⅲ度烧伤的面积达到全身体表面积的20%或20%以上。体表面积根据中国新九分法计算。

21. 严重特发性肺动脉高压

严重特发性肺动脉高压是指不明原因的肺动脉压力持续性增高，进行性发展而导致的慢性疾病，已经造成永久不可逆性的体力活动能力受限，达到美国纽约心脏病学会（New York Heart Association，NYHA）心功能状态分级Ⅳ级，且静息状态下肺动脉平均压在36mmHg（含）（1mmHg=0.133kPa）以上。

22. 严重运动神经元病

严重运动神经元病是指一组中枢神经系统运动神经元的进行性变性疾病，包括进行性脊肌萎缩症、进行性延髓麻痹症、原发性侧索硬化症、肌萎缩侧索硬化，经相关专科医生确诊，且须满足下列至少一项条件：

1）严重咀嚼吞咽功能障碍。

2）呼吸肌麻痹导致严重呼吸困难，且已经持续使用呼吸机 7 天（含）以上。

3）自主生活能力完全丧失，无法独立完成六项基本日常生活活动中的三项或三项以上。

注：如果保险公司仅承担被保险人在某年龄之前的保障责任，须在疾病定义中特别说明。

23. 语言能力丧失

语言能力丧失指因疾病或意外伤害导致语言能力完全丧失，经过积极治疗至少 12 个月（声带完全切除不受此时间限制），仍无法通过现有医疗手段恢复。

精神心理因素所致的语言能力丧失不在保障范围内。

注：如果保险公司仅承担被保险人在某年龄之后的保障责任，须在疾病定义中特别说明。

24.重型再生障碍性贫血

重型再生障碍性贫血是指因骨髓造血功能慢性持续性衰竭导致的贫血、中性粒细胞减少及血小板减少，且须满足下列全部条件：

1）骨髓穿刺检查或骨髓活检结果支持诊断：骨髓细胞增生程度＜正常的 25%；如≥正常的 25% 但＜50%，则残存的造血细胞应＜30%。

2）外周血象须具备以下三项条件中的两项：①中性粒细胞绝对值$<0.5\times10^9$/L；②网织红细胞计数$<20\times10^9$/L；③血小板绝对值$<20\times10^9$/L。

25. 主动脉手术

主动脉手术是指为治疗主动脉疾病或主动脉创伤，已经实施了开胸（含胸腔镜下）或开腹（含腹腔镜下）进行的切除、置换、修补病损主动脉血管、主动脉创伤后修复的手术。主动脉指升主动脉、主动脉弓和降主动脉（含胸主动脉和腹主动脉），不包括升主动脉、主动脉弓和降主动脉的分支血管。

所有未实施开胸或开腹的动脉内介入治疗不在保障范围内。

26. 严重慢性呼吸衰竭

严重慢性呼吸衰竭是指因慢性呼吸系统疾病导致永久不可逆性的呼吸衰竭，经过积极治疗 180 天后满足以下所有条件：

1）静息时出现呼吸困难。

2）肺功能第一秒用力呼气容积（FEV_1）占预计值的百分比＜30%。

3）在静息状态、呼吸空气条件下，动脉血氧分压（PaO_2）＜50mmHg。

27. 严重克罗恩病

严重克罗恩病（Crohn 病）是指一种慢性肉芽肿性肠炎，具有特征性的克罗恩病病理组织学变化，须根据组织病理学特点诊断，且已经造成瘘管形成并伴有肠梗阻或肠穿孔。

28. 严重溃疡性结肠炎

严重溃疡性结肠炎是指伴有致命性电解质紊乱的急性暴发性溃疡性结肠炎，病变已经累及全结肠，表现为严重的血便和系统性症状体征，须根据组织病理学特点诊断，且已经实施了结肠切除或回肠造瘘术。

▲轻度疾病

1. 恶性肿瘤——轻度

恶性肿瘤（轻度）是指恶性细胞不受控制地进行性增殖和扩散，浸润和破坏周围正常组织，可以经血管、淋巴管和体腔扩散转移到身体其他部位，病灶经组织病理学检查（涵盖骨髓病理学检查）结果明确诊断，临床诊断属于世界卫生组织 ICD-10 的恶性肿瘤类别及 ICD-O/3 的肿瘤形态学编码属于 3、6、9（恶性肿瘤）范畴，但不在“恶性肿瘤——重度”保障范围的疾病，且特指下列六项之一：

1）TNM 分期为 I 期的甲状腺癌。

2）TNM 分期为 $T_1N_0M_0$ 期的前列腺癌。

3）黑色素瘤以外的未发生淋巴结和远处转移的皮肤恶性肿瘤。

4）相当于 Binet 分期方案 A 期程度的慢性淋巴细胞白血病。

5）相当于 Ann Arbor 分期方案 I 期程度的霍奇金病。

6）未发生淋巴结和远处转移且世界卫生组织分级为 G_1 级别（核分裂象＜10/50HPF 和 Ki-67≤2%）的神经内分泌肿瘤。

下列疾病不属于“恶性肿瘤——轻度”，不在保障范围内：

ICD-O/3 肿瘤形态学编码属于 0（良性肿瘤）、1（动态未定性肿瘤）、2（原位癌和非侵袭性癌）范畴的疾病，如 a.原位癌，癌前病变，非浸润性癌，非侵袭性癌，肿瘤细胞未侵犯基底层，上皮内瘤变，细胞非典型性增生等；b.交界性肿瘤，交界恶性肿瘤，肿瘤低度恶性潜能，潜在低度恶性肿瘤等。

2. 较轻急性心肌梗死

急性心肌梗死是指由于冠状动脉闭塞或梗阻引起部分心肌严重持久性缺血造成的急性心肌坏死。急性心肌梗死的诊断必须依据国际国内诊断标准，符合：①检测到肌酸激酶同工酶或肌钙蛋白升高和（或）降低的动态变化，至少一次达到或超过心肌梗死的临床诊断标准；②同时存在下列之一的证据，包括缺血性胸痛症状、新发生的缺血性心电图改变、新生成的病理性 Q 波、影像学证据显示有新出现的心肌活性丧失或新出现局部室壁运动异常、冠脉造影证实存在冠状动脉血栓。

较轻急性心肌梗死是指依照上述标准被明确诊断为急性心肌梗死，但未达到“较重急性心肌梗死”的给付标准。

其他非冠状动脉阻塞性疾病引起的肌钙蛋白升高不在保障范围内。

3.轻度脑中风后遗症

轻度脑中风后遗症是指因脑血管的突发病变引起脑血管出血、栓塞或梗死，须由头颅断层扫描、磁共振成像等影像学检查证实，其可导致神经系统永久性的功能障碍，但未达到“严重脑中风后遗症”的给付标准，在疾病确诊 180 天后，仍遗留下列至少一种障碍：

1）一肢（含）以上肢体肌力为 3 级。

2）自主生活能力部分丧失，无法独立完成六项基本日常生活活动中的两项。

（四）重大疾病保险的除外责任

因下列情形之一，导致被保险人发生疾病、达到疾病状态或进行手术的，保险公司不承担保险责任：投保人对被保险人的故意杀害、故意伤害；被保险人故意犯罪或抗拒依法采取的刑事强制措施；被保险人故意自伤，或自本合同成立或者本合同效力恢复之日起 2 年内自杀，但被保险人自杀时为无民事行为能力人的除外；被保险人服用、吸食或注射毒品；被保险人酒后驾驶、无合法有效驾驶证驾驶，或驾驶无合法有效行驶证的机动车；被保险人感染艾滋病病毒或患艾滋病；战争、军事冲突、暴乱或武装叛乱；核爆炸、核辐射或核污染；遗传性疾病，如先天性畸形、变形或染色体异常。

三、法医学基础

（一）法医学中的理赔鉴定事项

在保险理赔实务中，案件处理经常涉及死亡原因、伤残等级、伤病关系、“三期”及护理依赖程度等法医学问题，这就要求理赔人员应具备丰富的法医学知识和扎实的法医学技能，才能在办理此类案件时得心应手、游刃有余。

1. 死亡原因

死亡原因是指直接或间接促使死亡的疾病或损伤，即导致死亡发生的疾病、暴力或衰老等因素。对于死亡案件，保险人会面临高额保险金赔付的可能性。因此，作为管控公司现金流出口的理赔人员应慎之又慎，需通过专业技术手段明确被保险人的真正死亡原因。比如，是疾病或衰老所致的自然死亡，还是暴力所致的非自然死亡。在损伤与疾病并存时，还应具体分析损伤、疾病与死亡之间的因果关系以及参与度的问题，对于存在几种致命性损伤，应确定主要死因，以便明确当事人各方的责任划分及经济赔偿。死亡原因主要分为根本死因、直接死因、辅助死因、诱因等几种情况。

（1）根本死因

根本死因即引起死亡的初始原因，是指引起死亡的原发性自然性疾病或暴力性损伤。自然性疾病致死的情形，如心肌梗死、晚期恶性肿瘤、脑动脉粥样硬化突发破裂出血等。暴力性损伤致死的情形，如机械性损伤、机械性窒息、雷电击伤、高低温损伤等。根本死因表现为暴力可通过某种机制或通过损伤后继发性疾病而致死，如扼颈可立即因窒息而死，也可当时未死而引起喉头水肿或继发肺水肿、肺炎而死，则扼颈为根本死因。

（2）直接死因

直接死因是指直接引起死亡的原因。根本死因可不经过中间环节直接致死，则此死因既是根本死因，又是直接死因。根本死因没有直接致死，但因其继发后果或合并症致死，则后者为直接死因。常见的直接死因有如下几种。

1）感染：有些外伤包括机械性损伤、电击伤、皮肤的化学损伤等当时并未致死，但因细菌侵入创口，继发致命性感染如气性坏疽、败血症等而死亡。

2）出血：许多自然性疾病或暴力性损伤因合并致命性出血而死亡，如肝硬化合并上消化道大出血（食管-胃底静脉曲张破裂出血）而死亡，此时肝硬化为根本死因，而其合并症（食管-胃底静脉曲张破裂出血）为直接死因。

3）栓塞：长骨骨折或软组织挫碎并未致死，如合并脂肪栓塞致死，则脂肪栓塞构成直接死因；颈静脉外伤并未致死，如合并空气栓塞致死，则空气栓塞构成直接死因；肢体软组织挫碎并未致死，如合并静脉血栓形成、血栓脱落引起肺动脉栓塞死亡，则肺动脉栓塞构成直接死因。

4）中毒：皮下软组织广泛性挫伤、出血、挫碎，当时并未引起死亡，但因其崩解破坏的有毒产物吸收引起中毒或因发生外伤性肾病引起尿毒症而致死。此时，中毒构成直接死因。

5）全身衰竭：主要因外伤或疾病所致的多器官功能衰竭或恶病质状态。

（3）辅助死因

辅助死因是指主要死因之外的自然性疾病或损伤，其本身并不致命，在死亡过程中仅起辅助作用。如严重脂肪肝患者因酒精中毒死亡，则酒精中毒为主要死因，而脂肪肝为辅助死因。巨大主动脉夹层动脉瘤患者被他人拳击后动脉瘤破裂死亡，则动脉瘤为主要死因，而拳击为辅助死因。

（4）诱因

诱因即诱发自身潜在疾病恶化而引起死亡的因素，常见于精神情绪因素、过度劳累、吸烟、大量饮酒、暴饮暴食、饥饿、寒冷等。这些因素对健康人一般不会致命，但对某些重要脏器有潜在病变的人，却能诱发疾病恶化而引起死亡。如严重冠心病患者情绪激动时死亡，则严重冠心病为主要死因，情绪激动为诱因。

2. 伤残程度

（1）伤残概述

在保险理赔案件处理中，经常会遇到伤残等级评定及保险金赔付问题。伤残是指被保险人因意外伤害事故导致机体永久丧失全部或部分劳动能力和机体器官功能。暂时丧失全部或部分劳动能力和机体器官功能不能称为伤残。伤残因机体反应的不同，主要有两种情形：一是机体组织器官的永久丧失，如肢体离断、脾脏缺失等，这种情况容易认定、争议少见。二是机体器官功能的永久丧失，如视觉、听觉、嗅觉、语言功能、运动功能等障碍，此种情况难度较大，仅凭伤者的表象难以认定伤残，理赔人员需甄别被保险人是否存在伪盲、伪聋、伪装失语或夸大功能障碍程度等不诚信行为。

（2）伤残鉴定标准

1）《人身保险伤残评定标准》（JR/T0083-2013）：该标准于 2013 年 6 月 8 日由中国保险行业协会、中国法医学会联合发布，自 2014 年 1 月 1 日起实施。该标准规定了人身保险伤残程度的评定等级以及保险金给付比例的原则和方法，人身保险伤残程度分为一至十级，最重为第一级，最轻为第十级；保险金给付比例分为 100%至 10%，即伤残程度第一级对应的保险金给付比例为 100%，伤残程度第十级对应的保险金给付比例为 10%，每级相差 10%。该标准的适用范围是，“意外险产品或包括意外责任的保险产品中的伤残保障，用于评定由于意外伤害因素引起的伤残程度”。

该标准对多处伤残的评定原则做出规定：“当同一保险事故造成两处或两处以上伤残时，应首先对各处伤残程度分别进行评定，如果几处伤残等级不同，以最重的伤残等级作为最终的评定结论；如果两处或两处以上伤残等级相同，伤残等级在原评定基础上最多晋升一级，最高晋升至第一级。同一部位和性质的伤残，不应采用本标准条文两条以上或者同一条文两次以上进行评定。”此外，该标准对重要专业术语进行了注解，现列举如下：

【张口困难判定及测量方法】是以患者自身的食指、中指、无名指并列垂直置入上、下中切牙切缘间测量。

正常张口度：指张口时上述三指可垂直置入上、下切牙切缘间（相当于 4.5cm 左右）。

张口困难Ⅰ度：大张口时，只能垂直置入食指和中指（相当于 3cm 左右）。

张口困难Ⅱ度：大张口时，只能垂直置入食指（相当于 1.7cm 左右）。

张口困难Ⅲ度：大张口时，上、下切牙间距小于食指之横径。

【肌力】为判断肢体瘫痪程度，将肌力分级划分为 0～5 级。

0 级：肌肉完全瘫痪，毫无收缩。

1 级：可看到或触及肌肉轻微收缩，但不能产生动作。

2 级：肌肉在不受重力的影响下，可进行运动，即肢体能在床面上移动，但不能抬高。

3 级：在和地心引力相反的方向中尚能完成其动作，但不能对抗外加的阻力。

4 级：能对抗一定的阻力，但较正常人为低。

5 级：正常肌力。

【全身皮肤瘢痕面积的计算】按皮肤瘢痕面积占全身体表面积的百分数来计算，即中国新九分法：在 100%的体表总面积中：头颈部占 9%（9×1）（头部、面部、颈部各占 3%）；双上肢占 18%（9×2）（双上臂 7%，双前臂 6%，双手 5%）；躯干前后包括会阴占 27%（9×3）（前躯 13%，后躯 13%，会阴 1%）；双下肢（含臀部）占 46%（9×5+1）（双臀 5%，双大腿 21%，双小腿 13%，双足 7%）（女性双足和臀各占 6%）。

【植物状态】是指由于严重颅脑损伤造成认知功能丧失，无意识活动，不能执行命令，保持自主呼吸和血压，有睡眠-醒觉周期，不能理解和表达语言，能自动睁眼或刺激下睁眼，可有无目的性眼球跟踪运动，丘脑下部及脑干功能基本保存。

【视功能障碍】除眼盲目和低视力外，还包括视野缺损。视野缺损：是指因损伤导致眼球注视前方而不转动所能看到的空间范围缩窄，以致难以从事正常工作、学习或其他活动。低视力及盲目分级标准详情见表 2-3。

表 2-3 低视力及盲目分级标准（世界卫生组织，1973 年）

级别		低视力及盲目分级标准 最好矫正视力 最好矫正视力低于	最低矫正视力等于或优于
低视力	1	0.3	0.1
	2	0.1	0.05（3m 指数）
盲目	3	0.05	0.02（1m 指数）
	4	0.02	光感
	5	无光感	

【骺板】骺板的定义只适用于儿童，四肢长骨骺板骨折可能影响肢体发育，如果存在肢体发育障碍者，应当另行评定伤残等级。

【瘢痕】是指创面愈合后的增生性瘢痕，不包括皮肤平整、无明显质地改变的萎缩性瘢痕。

【面部的范围和瘢痕面积的计算】面部的范围指上至发际、下至下颌下缘、两侧至下颌支后缘之间的区域，包括额部、眼部、眶部、鼻部、口唇部、颏部、颧部、颊部和腮腺咬肌部。面部瘢痕面积的计算采用全面部和 5 等分面部以及实测瘢痕面积的方法，分别计算瘢痕面积。面部多处瘢痕，其面积可以累加计算。

【护理依赖】应用“基本日常生活活动能力”的丧失程度来判断护理依赖程度。

基本日常生活活动是指：①穿衣，自己能够穿衣及脱衣；②移动，自己从一个房间到另一个房间；③行动，自己上下床或上下轮椅；④如厕，自己控制进行大小便；⑤进食，自己从已准备好的碗或碟中取食物放入口中；⑥洗澡，自己进行淋浴或盆浴。

护理依赖的程度分三级：①完全护理依赖指生活完全不能自理，上述六项基本日常生活活动均需护理者；②大部分护理依赖指生活大部不能自理，上述六项基本日常生活活动中三项或三项以上需要护理者；③部分护理依赖指部分生活不能自理，上述六项基本日常生活活动中一项或一项以上需要护理者。

2）《人体损伤致残程度分级》标准：该标准由最高人民法院、最高人民检察院、公安部、国家安全部、司法部联合发布，自 2017 年 1 月 1 日起实施。该标准适用于人身损害致残程度等级鉴定，并规定了人体损伤致残程度分级的原则、方法、内容和等级划分，是开展伤残鉴定、确定民事赔偿的重要标准。将人体损伤致残程度划分为 10 个等级，从一级（人体致残率 100%）到十级（人体致残率 10%），每级致残率相差 10%。

鉴定原则中规定，致残程度鉴定应以损伤治疗后果或者结局为依据，客观评价组织器官缺失、功能障碍程度，科学分析损伤与残疾之间的因果关系，实事求是地进行鉴定。对于受伤人员符合两处以上致残程度等级者，鉴定意见中应该分别写明各处的致残程度等级。规定鉴定时机应在原发性损伤及其与之确有关联的并发症治疗终结或者临床治疗效果稳定后进行鉴定。当损伤与原有伤病共存时，应分析损伤与残疾后果之间的因果关系。根据损伤在残疾后果中的作用力大小确定因果关系的不同形式，可依次分别表述为完全作用、主要作用、同等作用、次要作用、轻微作用、没有作用。

3）《劳动能力鉴定职工工伤与职业病致残等级》（GB/T16180-2014）：该标准由国家质量监督检验检疫总局、国家标准化管理委员会于 2014 年 9 月 3 日发布，自 2015 年 1 月 1 日起实施。该标准适用于职工在职业活动中因工负伤和因职业病致残程度的鉴定，并将致残情况级别分为 1～10 级，最重为第 1 级，最轻为第 10 级。该标准的总则部分对相关术语及操作进行了解释，现列举如下：

【晋级原则】对于同一器官或者系统多处损伤，或一个以上器官不同部位同时受到损伤者，应先对单项伤残程度进行鉴定。如果几项伤残等级不同，以重者定级；如果两项及以上等级相同，最多晋升一级。

【生活自理障碍】是指工伤致残者因生活不能自理，需依赖他人护理。生活自理范围主要包括下列五项：①进食，完全不能自主进食，需依赖他人帮助。②翻身，不能自主翻身。③大、小便，不能自主行动，排大小便需依靠他人帮助。④穿衣、洗漱，不能自己穿衣、洗漱，完全依赖他人帮助。⑤自主行动，不能自主走动。

生活自理障碍程度分三级：①完全生活自理障碍，生活完全不能自理，上述五项均需护理。②大部分生活自理障碍，生活大部分不能自理，上述五项中三项或四项需要护理。③部分生活自理障碍，生活部分不能自理，上述五项中一项或两项需要护理。

【癫痫】是一种以反复发作性抽搐或以感觉、行为、意识等发作性障碍为特征的临床症候群，属于慢性病之一。因其临床体征较少，若无明显颅脑器质性损害则难以定性。为了科学、合理地进行劳动能力鉴定，在进行致残程度评定时，应根据以下情况综合评判：①工伤和职业病所致癫痫的诊断前提应有严重颅脑外伤或中毒性脑病的病史。②一年来系统治疗病历资料。③脑电图资料。④其他有效资料，如血药浓度测定。

3. 伤病关系

在理赔疑难案件中，往往涉及损伤和疾病对损害后果影响的评定，据此决定如何赔付。此时可引入损伤参与度将其关联性量化。在损伤与疾病的因果关系中，包括无因果关系、次要因果关系、临界因果关系、主要因果关系、完全因果关系，依据损伤与疾病的因果关系类型，可将损伤参与度划分为 0%、25%、50%、75%、100%。在死亡案件中，通常可简化为以下四种情况。

1）单纯因损伤致死，即死亡为损伤所致，与原有疾病无关。如脑、心、肺等重要脏器遭受致命性损伤，死者生前虽患某种疾病，但疾病并不参与构成死因，如头部被砍断，颅腔或胸腹腔爆裂，躯干离断，心及大血管破裂等致命伤。

2）单纯因疾病致死，即死亡为疾病所致，与损伤无关。常见的致死性疾病有严重冠心病及其合并症（心肌梗死、室壁瘤破裂）、脑出血、颅内肿瘤等，这些病是死亡的致命性死因。

3）损伤是主要死因，疾病是潜在的辅助死因。损伤属于条件致命伤，一般不直接致命，疾病可加重损伤的后果。疾病没有达到可能致死的程度，常为慢性病，包括肝硬化、脾肿大、慢性肺结核等。例如，某男，60 岁，患有严重肺气肿，因外伤致右股骨骨折，继发肺脂肪栓塞，肺功能障碍而死亡。此案中，主要死因无疑是损伤，但原有的严重肺气肿使肺代偿功能障碍，也对其死亡的发生起辅助作用。

4）疾病是主要死因，损伤是辅助死因。存在严重疾病，有潜在致死的可能；而损伤相对较轻，单纯损伤不能直接导致死亡。例如，赵某，男，56 岁，原有冠心病，在家中沐浴不慎滑倒而死亡。解剖发现，死者枕部头皮血肿，颅内未见损伤表现；冠状动脉左前降支粥样硬化Ⅳ级，局部可见钙盐沉积。赵某的死亡系因自身疾病（冠心病Ⅳ级硬化）导致心源性猝死，而意外滑倒对其死亡起辅助促进作用。

综上，在伤病关系的分析中，必须根据损伤程度进行判断：如果是致命伤，应判定为主要死因；如果是非致命伤，则应判定为辅助死因或诱因，其死因与潜在性疾病有关；如果损伤是在抢救过程或死亡过程的伴随现象，则应判定为与死因无关。

4. “三期”

“三期”即休息（误工）期限、护理期限、营养期限。

休息（误工）期限是指人体损伤后经过诊治达到临床治愈（即临床症状体征消失）或体征固定所需要的时间。误工费根据受害人的误工时间和收入状况确定。护理期限是指人体损伤后在医疗或功能康复期间因部分或全部生活自理能力丧失而需要他人帮助的时间。护理费根据护理人员的收入状况和护理人数、护理期限确定。营养期限是指严重创伤导致机体代谢改变，仅依靠日常饮食不能满足受损机体对热能和各种营养素的需求、必须从其他食品中获得必要的营养素以提高疗效或加速损伤康复的过程。

在理赔实务中，“三期”的评定是误工费、护理费、营养费赔付的关键。理赔人员应全面分析病历资料，特别是影像学检查如 X 线检查、CT 及 MRI 在损伤治疗过程中的征象改变，这将直观地反映损伤的严重程度及伤后恢复情况，直接关系到“三期”的长短与赔付的多寡。同时考虑到具体伤情的特殊性及个体差异，如年龄、免疫状况、损伤处血运、治疗条件等影响因素，如有不利于康复因素的存在，可出现骨折后的骨延迟愈合、骨不连或骨髓炎，“三期”的评定应适度延长。理赔人员可参照《人身损害误工期、护理期、营养期评定规范》（GA/T 1193-2014），但在实际案例中应灵活应用而不能生搬硬套，以免造成不合理的保险赔付。

（二）法医学中的基本术语

1. 诈病（伤）、造作病（伤）、癔症

1）诈病（伤）：是指身体健康的人，为了达到某种目的，假装或伪装患有某种疾病。常见的诈病（伤）有诈聋、诈盲、诈瘫、伪装抽搐、伪装失语、伪装血尿等。诈病（伤）有如下特征：过分夸大症状缺乏相应的体征；缺乏病理基础；主诉症状不符合疾病发生、发展及转归的一般规律。

诈病（伤）判定时，应认真了解案情、查询病情，慎重对待临床病历资料，并应用多种检查方法，同时注意与癔症相鉴别。癔症是一种常见的精神性疾病，因精神因素，如生活事件、内心冲突、暗示或自我暗示，作用于易病个体引起的精神障碍。其有多种表现方式，如失明、失语、偏瘫、单瘫等，经检查无器质性改变。该病预后较好，绝大多数患者可在一年内自行缓解。

2）造作病（伤）：是指出于某种目的和企图，自己或授意他人，故意损害自己身体所致的疾病或损伤。常见的造作伤有外伤性鼓膜穿孔、创口延长等。造作病（伤）有如下特征：①损伤部位多位于自己手能够达到的部位，但授意他人所致的损伤，可在身体的任何部位。损伤程度一般较轻，没有危险，不伤及重要器官，也有因不了解人体解剖结构，伤及重要器官或致重伤者。②损伤的分布多比较集中，轻重程度大致相同，如锐器损伤一般排列整齐、方向一致，深浅较均匀，仔细观察可见有试切痕。③受伤者往往编造一套自己受伤的经过，但如反复询问，则叙述前后矛盾，不合逻辑。

3）癔症：也称歇斯底里，属于神经症范畴的一类精神障碍，多发生于青壮年，女性多于男性。癔症患者多具有情感丰富、富于幻想、善于模仿、以自我为中心等人格特点及易受暗示性、喜夸张、感情用事等性格特点，常由于精神因素或不良暗示发病，可呈现各种不同的临床症状，如短暂性精神异常，感觉和运动功能障碍，内脏器官和自主神经功能失调以及精神异常。这类症状无器质性损害的基础，它可因暗示而产生，也可因暗示而改变或消失。

2. 猝死

猝死指由于机体潜在的疾病或重要器官急性功能障碍，而突然发生的、非人为因素的死亡。猝死的根本原因在于自身潜在的、能致人死亡的器质性病理改变和生命器官的急性功能障碍。同时，猝死具有以下特征：

1）死亡的急骤性。猝死大多数发生在急性发病后即刻至 1 小时内，最长不超过 6 小时（世界卫生组织建议为 24 小时）。猝死的死因中，心血管疾病占首位，如冠心病、风湿性心脏病、心肌炎、高血压心脏病、主动脉瘤破裂等。

2）死亡的意外性。意外性是指死者生前并未感知将有生命危险，客观体征也未显示出危重迹象，却发生突然死亡让人们难以接受，常产生种种质疑。如容易被怀疑为中毒或其他暴力性死亡；在医疗期间发生的猝死，常引发医疗纠纷。

3）疾病的潜在性。由于疾病或重要脏器功能障碍是潜在性的，猝死者生前往往无明显症状和体征而能进行正常工作和生活，或症状极其轻微未能引起患者及家属的重视，或者仅有轻微觉察但未预料到会危及生命。

第二节　核保与理赔的精算基础

一、基本概念

（一）健康保险精算内涵、特征与内容

1. 健康保险精算定义

精算学是对风险的评价和指定经济安全方案的方法体系，包括认识风险发生规律、评价风险带来的损失、分析损失分摊方案。保险精算学研究的领域主要有保险领域的风险分析、产品设计和定价、负债评估、资产与负债管理、偿付能力评价、盈利能力分析等问题。健康保险精算是以数学和数理统计学为手段，对健康保险业务经营和健康保险计划管理活动的各个环节进行数量分析并解决相关实际问题的工具。

2. 健康保险精算的独立性

根据保险标的属性不同，保险分为财产保险和人身保险两大类。与此相对应，保险精算分成人寿保险精算方法和非人寿保险精算方法两类。在人身保险大类中，又可以分为人寿保险、健康保险和意外险。相应的，人寿保险精算方法分成人寿保险精算、健康保险精算和意外险精算。总之，健康保险的独立性决定健康保险精算存在其独立性。

健康保险精算比人寿保险精算、非人寿保险精算都更复杂。相对于死亡风险，健康风险具有高度的复杂性和变异性。还有健康保险的赔付支出也不像人寿保险那样确定。虽然伤病的发生率、损失幅度和损失控制是短期健康保险精算的重点研究内容，但是健康保险产品不是单纯的年度产品，加上经营风险影响因素多，从而致使健康保险精算比非人寿保险精算要复杂得多。

3. 健康保险精算的内容

1）健康保险产品定价。健康保险精算中最基本的工作是建立并随时修正健康保险费率和费率表。在此基础上，针对不同的产品制订合理、准确和具有竞争力的价格是健康保险业务经营的基础。值得一提的是，健康保险费率计算和产品定价是两个不同的概念。健康保险费率计算是对未来成本的估计，而产品定价则要考虑市场环境和法律政策等因素。

2）健康保险精算评估。除产品定价外，计算各类健康保险准备金，并在此基础上评估健康保险业务的债务和财务状况也是健康保险精算的重要内容。具体内容概括起来包括三个方面：①负债评价，主要是各类健康保险责任准备金的计算与分析；②资产评估，主要是考察长期健康保险未来资产现金流是否匹配负债现金流；③资本适足性评估，即评价健康保险资产是否满足资产完全覆盖负债总额，以及是否有足够的自有资本为旧业务的恶化和新业务的扩张作出充分的准备。

3）健康保险精算监管。健康保险精算监管既是商业健康保险业务经营的重要监管内容，又是重要的监管手段。一方面为了满足政府监管部门对健康保险定价监管、法定准备金和偿付能力监管的需要；另一方面为了保障投保方利益，维护健康保险甚至健康服务领域的市场秩序。

4）社会健康保险精算。这是社会健康保险制度建设中一个非常重要的内容之一，也是保证社会健康保险制度正常运行和社会健康保险基金财务稳定的重要工具，同时还为社会健康保险基金财务状况提供评估意见和技术支撑。

（二）健康保险精算的数理基础

1. 健康保险精算的概率基础

1）概率论基础：概率与概率事件。设 E 是随机试验，S 是它的样本空间。对于 E 的每一事件 A 赋予一个实数，记为 P（A），称为事件 A 的概率。以人的身体为保险标的的健康保险是由国家或社会对被保险人因遭受疾病、分娩或工伤事故等而发生的医疗费用给予经济补偿的制度。其中，疾病、分娩或工伤事故就是概率事件，因为它们在保险期间是未确定的。

概率事件与随机变量。如果把随机试验的每个结果（基本概率事件）与实数 X 对应起来，那么必须引入随机变量概念。设随机试验的样本空间为 $S=\{e\}$，$X=X$（e）是定义在样本空间 S 上的实数值单值函数，那么 $X=X$（e）成为随机变量。在投保时被保险人不能预知自己获得多少保险金，即被保险人或者投保人获得的保险金（保险公司未来的赔偿给付金）就是一个随机变量，其取值在于 0 和保险金额之间。根据随机变量的取值是否能够一一列举出来，随机变量可以分为离散型和非离散型两大类，其中非离散型随机变量又可以分为连续型与非连续型两种。在实际应用中，往往只讨论离散型和连续型两种随机变量。

随机变量的期望与健康保险纯保费。如果已知随机变量的分布函数，那么可以根据以下公式求出随机变量的期望。

X 属于离散型随机变量，其期望为

$$E(X)=\sum X_i P_i \tag{2-1}$$

X 属于连续型随机变量，其期望为

$$E(X)=\int_0^T XP(X)\mathrm{d}X \tag{2-2}$$

作为随机变量，保险公司未来的赔偿给付金的期望就是向被保险人征收的纯保费。

2）大数法则：在数理统计中，大数法则也称为大数定律，主要对频率的稳定性在理论上进行说明。概括起来，有辛钦大数定律及其推论（伯努利大数定律）。

辛钦大数定律：设 $X_1,X_2,\cdots,X_n$ 属于相互独立的，且服从同一分布的随机变量序列，且有数学期望 $E(X_k)=\mu(k=1,2,\cdots)$，作前 n 个变量的算术平均为 $\overline{X}=\frac{1}{n}\sum_{k=1}^{n}X_k$，则对任意 $\varepsilon>0$ 有

$$\lim_{n\to\infty}P\left\{\left|\frac{1}{n}\sum_{k=1}^{n}X_k-\mu\right|<\varepsilon\right\}=1 \tag{2-3}$$

换而言之，序列 $\overline{X}=\frac{1}{n}\sum_{k=1}^{n}X_k$ 依概率收敛于 μ，即 $\overline{X}\xrightarrow{P}\mu$。

依据辛钦大数定律可推，设 f_A 为每次试验中发生的次数，A 是 n 次独立重复试验中事件 A 发生的次数，p 是事件 A 在每次试验中发生的概率，则对于任意正数 $\varepsilon>0$，有

$$\lim_{n\to\infty}P\left\{\left|\frac{f_A}{n}-p\right|<\varepsilon\right\}=1 \tag{2-4}$$

或者

$$\lim_{n\to\infty}P\left\{\left|\frac{f_A}{n}-p\right|\geqslant\varepsilon\right\}=0 \tag{2-5}$$

根据伯努利大数定律，对一个随机试验在完全相同的条件下进行 n 次，在 n 次试验中事件 E 发生了 m 次，则该事件 E 发生的概率为 $P(E)$，并有

$$P(E)=\lim_{n\to\infty}\frac{m}{n} \tag{2-6}$$

当然，在实际中，随机试验只能进行有限次，其结果 m/n(n 为有限次)只是概率的一个“估计”值。这一估计值的精确度随 n 的增大而提高。

3）大数定律在健康保险中的应用：大数定律阐明一个对保险十分重要的规律，个别事件的发生可能是不规律的，但如果集合众多事件来观察，则在整体上又具有相当的规律性。结合式（2-1）或式（2-2），为保险公司计算纯保费提供实践上的参考。因为被保险人健康风险事件的发生以及医疗费用的大小都具有不确定性，但是我们知道它们总是以一定的概率存在，如何测量这个概率的准确值存在极大困难，通过大数定律可以通过频率比值来估计概率的值。因此，概率论和大数定律为健康保险在经营的科学性、保费厘定的科学性、财务的科学性三个方面提供理论依据。

2. 健康保险精算的利息理论基础

（1）单利与复利

利息的计算方法有单利和复利两种，单利只在本金上计算利息，而复利是利上生利的计息方式。设 $a(t)$ 为积累函数，则在单利和复利情况下，各自积累函数的数学表达分别为：$a(t)=1+i_t$ 和 $a(t)=(1+i)^t$。根据积累函数可以推知，单利的实质利率逐期递减，复利的实质利率保持恒定。$t>1$ 时，相同单复利场合，复利计息比单利计息产生更大的积累值，所以长期业务一般复利计息。$t<1$ 时，相同单复利场合，单利计息比复利计息产生更大的积累值，所以短期业务一般单利计息。

（2）现值与贴现率

现值：顾名思义，现值是指未来 1 单位元现在的值。根据利息累积公式，1 单位本金经过 t 年后变成 $a(t)$，那么 1 单位积累值在 t 年前的值就是 $\frac{1}{a(t)}$。因此，现在 1 单位在 t 年前的值或未来 t 年 1 单位元现在的值，可称为 t 年的现值。根据单利和复利计算方法，t 年的折现系数（v_t）分别是

$$v_t=\frac{1}{1+i_1+i_2+\cdots+i_t}\left(v_t=\frac{1}{1+i_t},\text{如年利率不变时}\right) \tag{2-7}$$

和

$$v_t=\frac{1}{1+i_1+i_2+\cdots+i_t}\left(v_t=\frac{1}{(1+i_t)^t},\text{如果年利率恒定}\right) \tag{2-8}$$

利息可以按照计息时刻划分，可分为期初计息和期末计息两种情况。期初计息时，第 n 期的利息 $I(n)$与 $a(n)$的比率就成为贴现率；期末计息时，第 n 期的利息 $I(n)$与 $a(n-1)$的比率就成为利率。它们的计算公式分别表示为如下形式

贴现率（d_n）：

$$d_n=\frac{I(n)}{a(n)}=\frac{a(n)-a(n-1)}{a(n)} \tag{2-9}$$

利率（i_n）：

$$i_n=\frac{I(n)}{a(n-1)}=\frac{a(n)-a(n-1)}{a(n-1)} \tag{2-10}$$

（3）名义利率与实质利率

按照利息转换频率划分，可以分为实质利率、名义利率和利息效力。

1）实质利率 i（实质贴现率 d）：一年转换一次。

2）名义利率 i^m（名义贴现率 d^m）：一年转换 m 次。

它们之间的关系如下

$$1+i=\left[1+\frac{i^m}{m}\right]^m \tag{2-11}$$

和

$$1-d=\left[1-\frac{d^m}{m}\right]^m \tag{2-12}$$

3）利息效力 δ_t：连续计息（一年转换无穷次）

$$\delta_t=\frac{\frac{\mathrm{d}}{\mathrm{d}t}a(t)}{a(t)}=\frac{\mathrm{d}}{\mathrm{d}t}\ln\left[a(t)\right]\Leftrightarrow a(n)=\exp\left[\int_0^n\delta(s)\mathrm{d}s\right] \tag{2-13}$$

特别，恒定利息效力场合有

$$\delta_t=\ln(1+i)\Leftrightarrow a(n)=\exp[n\delta] \tag{2-14}$$

（4）基本年金

基本年金是一种每隔一个相等时间间隔的一系列恒定数额的收付款的方式。按支付期限长短分为定期年金和永续年金。按支付时点分为期初付年金和期末付年金。有关基本年金问题求解的基本公式如下：

延付基本年金现值计算公式为

$$a_{\overline{n|}}=v+v^2+\cdots+v^n=\frac{v\left(1-v^n\right)}{1-v}=\frac{1-v^n}{i} \tag{2-15}$$

初付基本年金现值计算公式为

$$a_{\overline{n|}}=1+v+\cdots+v^{n-1}=(1+i)a_{\overline{n|}}=\frac{1-v^n}{d} \tag{2-16}$$

延付基本年金终值计算公式为

$$s_{\overline{n|}}=1+(1+i)+\cdots+(1+i)^{n-1}=\frac{1-(1+i)^n}{1-(1+i)}=\frac{(1+i)^n-1}{i} \tag{2-17}$$

初付基本年金终值计算公式为

$$s_{\overline{n|}}=(1+i)+\cdots+(1+i)^n=(1+i)s_{\overline{n|}}=\frac{1-(1+i)^n}{d} \tag{2-18}$$

延付永续基本年金现值计算公式为

$$a_{\overline{\infty|}}=\lim_{n\to\infty}a_{\overline{n|}}=\lim_{n\to\infty}\frac{1-v^n}{i}=\frac{1}{i} \tag{2-19}$$

初付永续基本年金现值计算公式为

$$a_{\overline{\infty|}}=\lim_{n\to\infty}a_{\overline{n|}}=\lim_{n\to\infty}\frac{1-v^n}{d}=\frac{1}{d} \tag{2-20}$$

3. 健康保险风险转移与精算

健康不仅是个人生存和全面发展的基础，而且是家庭幸福和社会和谐的基石。人生在世，每个人都期望健康长寿。换而言之，人人都面临健康风险。健康保险的实质是将个体面临的健康风险转移至群体来共同承担，但风险转移和分担的前提是预先支付保费。预先支付多少保费才合理呢？健康保险精算理论中的保险产品定价理论是科学的理论基础。

保险公司通过销售产品或者征收保费构成保险基金后，必须开展保险合同或计划管理、保险金给付或健康服务补偿等工作，其核心是对健康损失成本的估计和有效控制，即对健康风险的数量刻画和健康保险经营风险的管理及控制。在精算学中，健康损失成本的估计和有效控制称为健康保险精算评估。另外，为了分析和评估各类健康保险计划的短期、长期财务稳定性，还需要了解各类健康风险的损失分布。

同时，为了对健康保险运行过程进行有效的监督管理，也必须对健康保险基金的财务状况进行动态评估，包括基金管理者的将来责任，为了履行将来责任所提留的准备金是否足额等，还要掌握变化的社会经济环境对健康保险制度的影响并评估其反应能力。这些工作通常由精算师借助于计算机、数据库和相应的数学或统计模型来完成。

（三）健康保险精算与核保、理赔

1. 精算科学和精算实践

精算科学是以概率论和数理统计为基础，与经济学、金融学及保险理论相结合的应用及交叉性的学科。在保险领域，精算科学主要研究人寿、健康、财产、意外伤害、退休等事故的出险规律、损失分布规律、保费厘定、保险产品设计、准备金的提取、盈余分配、基金投资、资产负债管理、偿付能力管理等，以确保保险公司经营稳定发展。精算工作或称精算实践，简而言之，就是将风险数量化，即依据经济学的基本原理，运用现代科学工具和有效技术手段对各种经济活动中未来不确定事件（风险）的财务影响进行分析、评估和管理的过程。

2. 精算科学在健康保险中的重要作用

精算是随着人寿保险业的发展而逐渐发展起来的，以后逐步在财产保险、意外险和社会保险中发挥重要的作用。随着精算技术的发展和精算师工作领域的拓展，在实践中，精算技术和精算师在保险中各专业的分化和交叉进一步增加，也逐渐渗入到健康保险及其他相关领域。简单来讲，在商业健康保险领域，精算是制定产品价格，计算准备金和保险公司进行偿付能力分析的有力工具。在社会健康保险领域，各种社会健康保险计划的运行成本同样由实际的保险金支付水平和经营费用所决定，在事前也是未知的，也需要运用精算技术对损失发生的概率、损失分布和预期的费用支出情况进行估计。因此，不论是商业健康保险还是社会健康保险，精算都是其健康发展和正常运行的重要技术保证。

3. 精算科学与核保、理赔

健康保险核保的意义主要在于公平性、预防性和安全性。通过核保，让风险程度不同的个体缴纳不同的保险费，确保被保险人之间的公平性。测量不同个体的风险程度是精算科学的重要任务。通过核保，防止逆向选择和道德风险，使保险公司的赔付率不超出精算预定的赔付率。由此可见，精算预定的赔付率是健康保险核保的基线标准。与此同时，如果健康保险的核保满足公平性和预防性，那么保险人可以获得预定的承保利润，稳定保险经营。

健康保险理赔一般分为报案立案、审核调查、责任审定、保险金计算、复核审批、赔付结案等程序。从保单理赔程序上看，健康保险理赔似乎与保险精算毫无关系。实际上，从保险公司整体理赔流程来看，健康保险理赔程序是健康保险理赔方案设计或修正，其本身是保险精算工作的主要内容之一。

二、定价基础

（一）健康保险定价的原理和原则

1. 风险转移成本与保险费

与其他类型的保险一样，健康保险的保险费是指总保费，包括纯保费和附加保费。健康保险纯保费是指每个投保人向保险人支付的健康风险的转移成本。而附加保费是指保险公司经营管理费用，有业务获得的费用、保单维持费用、一般费用和理赔费用四个方面。

2. 费率厘定和市场定价

商业健康保险产品的定价基础是疾病发生概率和疾病平均费用支出额，精算数据的来源，既有来自内部的经验数据，也有来自外部的统计数据。一般情况，健康保险产品的价格是先利用历史资料及给付信息估计出相应的风险成本，然后再根据一定的经营发展目标并考虑诸多市场相关因素而制定出来的。换而言之，健康保险产品的市场价格是在费率厘定的基础上制定出来的。依据精算学理论，费率厘定是指在风险分类的基础上对计算费率的方法和模型进行讨论，往往不考虑条款限制和市场反应等因素。市场定价则根据市场情况制订出合适的产品价格，主要关心公司外部类似产品设计、价格波动和客户反映等情况。

3. 定价假设和费率计算模型

不管是费率厘定还是市场定价，都必须建立在一定的假定和预测基础上，即定价假定。从内容上看，健康保险的定价假设主要包括精算假定和市场假定。在健康保险精算实践中，定价先于成本，首先根据被保险人的不同特征对保单进行分类或归组，然后以一个分类或群组的平均风险水平作为该组的精算假定，并在此基础上利用各种精算方法和模型对每个风险分类的健康风险转移成本进行估计，再结合销售管理成本、风险边际和利润等附加费用建立理论费率。最后，依据特定的市场假定，比如市场竞争策略和市场竞争环境、新产品市场预期、持续等因素的合理预期，对健康保险产品进行定价。

值得一提的是，在健康保险费率厘定过程中，对各类费率计算的模型和方法进行研究非常重要。因为，健康保险的费率厘定过程常用一定的数学公式或统计模型来表达，市场定价也是用宏观数学模型来表达。通过模型，检测不同市场策略下的财务后果。

（二）健康保险定价方法和过程

1. 健康保险费率构成与计算

费率构成及影响因素。健康保险的总保费费率的计算是健康保险产品定价的核心，主要由纯保费费率和附加保费费率构成。从风险分类角度来看，健康保险费率的主要影响因素为以下几种。

1）净风险成本，即健康保险产品的净给付成本。

2）费用支出，包括销售佣金和日常管理费用在内的各种费用。

3）投资收入，包括保险费与给付间的现金流量差和自有资本的投资收益等。

健康保险费率计算。首先根据对保险金给付额的预测来确定纯保费，然后再加上附加保费，即佣金附加、营业费用附加、利润附加和税金附加等得到总保费。

纯保费和附加保费独立计算的解释。保险公司在定价时把纯保费和附加保费分开计算。目的是显示保险公司的公平。纯保费不能有利润因素，只有在保险公司售出保单的规模达到大数定律的要求时，则在每张保单上收取的纯保费等于该保单所要承担的预期损失，在此基础上，计算一定的合理的附加保费，从而反映保险公司的营业费用开支和政府认可的合理利润。

2. 健康保险费率计算公式

根据保险期限不同，健康保险可以分为短期健康保险和长期健康保险。一般而言，保险期限为1年内（含1年）的健康保险称为短期健康保险。保险期限为1年以上的健康保险为长期健康保险。由于货币有时间价值，所以长期的健康保险计算公式与短期健康保险计算公式有所区别。在长期健康保险产品的费率计算过程中，需要对每年可能的保险金给付额和每年缴纳的保险费进行折现或计利息，并假定以投保为计算时点。

短期健康保险费率计算的基本公式为：

$$G(X)=(1+t)(1+\gamma)f(x)r(x) \tag{2-21}$$

其中，$G(X)$为总保费，t为附加费用率，γ为安全附加率，$f(x)$为期望索赔频率，$r(x)$为每次索赔的期望索赔额。

长期健康保险费率计算的基本公式。与短期健康保险费计算比较，长期健康保险的每年预期保险金给付额的计算和短期商业健康保险相同。但是，由于货币有时间价值，在长期健康保险产品的费率计算过程中，需要对每年可能的保险金给付额和每年缴纳的保险费进行折现或计利息，假定以投保为计算时点，此时，平衡原理表述为

预期保费现值=预期保险金（或赔付额）的现值+预期支出（费用、税收和利润）的现值－预期非保费收入（投资收益）的现值

3. 健康保险定价与产品开发

健康保险产品的基本定价过程可以分为确定定价计划、建立精算假设、进行费率计算以及利润测试和费率调整四个阶段。由于计算出的费率是依据每一风险分类群体的平均损失经验得出的，所以在实际应用中还要根据被保险人实际的风险水平进行相应调整，即核保过程。另外，健康保险产品的定价不仅要考虑赔付情况，还需要考虑假定与实际的偏差，以及公司的管理费用与利润目标，因此健康保险产品定价是一个连续、反复的循环过程。

健康保险定价是产品开发的关键，但定价只是产品开发工作中的一环，健康保险产品开发工作还涉及其他重要环节，如对客户需求的研究、市场竞争分析、监管的要求、相关电脑系统的支持、对法律和税率等经营环境的考虑等。

（三）健康保险定价中的资料和假定

1. 资料搜集、整理和分析

数据的来源和处理原则。健康保险定价时参考的数据主要来源：①同类业务被保险人群的营销、理赔和收益等的经验数据；②全部被保险人群的数据；③保险公司及其行业的数据。第一类数据从保险公司内部可以获取，第二类数据从其他保险公司和行业可以获取，第三类数据主要从再保险公司或其他地区保险公司获取。

不管是从保险公司内部获取的数据，还是从保险公司外部获取的数据，在实际应用时精算师也需要根据用途加以调整和分析，并对数据的可信度进行有效确认。由于经济数据的缺乏，在国内展开一些新型的健康保险业务时，不得不采用国外或者境外的数据作为参考。比如，国内在开展重大疾病保险业务时，重大疾病和癌症的疾病率数据往往采用中国港台地区保险公司或国外某些再保险公司的数据，而在医疗费用保险中，建立住院率表或住院天数、住院费用表也大多采用一般人群的横断面调查资料。

2. 精算数据和精算假定

根据商业健康保险产品定价的原理，健康保险产品的价格是在充分掌握精算数据的基础上，对费率基本要素作出科学的假定之上确定的。

（1）短期健康保险定价时的精算假定

短期健康保险定价时的精算假定主要包括疾病率假定、安全附加费假定、费用率假定和利润假定等。

1）疾病率假定。疾病率是指伤病发生概率和每次伤病发生后平均损失幅度。它是商业健康保险产品定价时最重要的一项精算假定。疾病率的数据受年龄、性别和区域等因素影响，因此疾病率假定一般是按照年龄、性别和区域分类后再确定的。

2）安全附加费假定。在商业健康保险产品定价时，作出疾病率假定之后，为了应对疾病率估

计不足而必须预留一个缓冲的空间，即作出安全附件费假定。

3）费用率假定。费用率假定也是商业健康保险产品定价时一项非常重要的精算假定，这里的费用包括佣金、核保费用、保单管理费用、理赔成本、公司的经常费用和税金六类。在进行健康保险定价时也需要对它们进行合理估计并由所有的投保人来共同分摊。

4）利润假定。在进行商业健康保险产品定价时，保险公司还要加入有关利润或收益的假定，因为合理的利润对于保险公司的健康发展是必不可少的。

（2）长期健康保险定价时的精算假定

在长期健康保险和终身健康保险中，由于采用的是平准费率，精算师除了以上几个精算假定外，还必须对被保险人的死亡过程、利率、退保率和医疗费用的长期趋势等作出假定。

3. 健康保险精算表格的制订和选择

实际上，在健康保险定价过程中，各种精算假定大多采用精算表格的方式。在各种精算表格中，最重要的指标和变量是净年度给付成本，它是计算其他转换函数的依据。这些精算表格并不是单个精算师就能完成的，往往是由精算学会下的专门委员会、保险行业协会、保险监管机构中的费率监管部门及其他有关组织制订的。由于这些组织根据各种来源的数据建立精算表格的过程各异，故必须加以认真评估，以确定其提出的精算表格是否适用于健康保险定价工作。

由于健康保险的损失形态多种多样，医疗过程又非常复杂，实际的健康损失还会因地区而异，因此精算师在利用上述表格定价时能够做的就是对上述因素的效应进行评估，并采用相应的措施对表格进行校正。另一个需要注意的重要因素是长期趋势，因为即使是根据本公司内部的经验理赔数据制定的各种精算表格，也很难保证它 5 年或 10 年以后还能继续有效，除非根据相应的长期趋势因子对它进行了相应调整。

三、责任准备金

（一）健康保险准备金

1. 健康保险责任准备金

健康保险责任准备金，是指健康保险公司为了平衡未来会发生的债务而提存的款额，是保险人所欠被保险人的债务。由于健康保险承保的风险具有变动性和不易预测性，加上同时具备人寿保险和财产险的一些特征，其准备金的计算也具有一定的特殊性。

2. 健康保险准备金的特殊性

人寿保险准备金的提存以长期责任准备金为特征，重点在被保险人死亡率和利率等经济环境因素的长期预估上，还牵涉利润和费用的长期释放与分配，但实务操作中大部分都可通过比较规范的公式来计算和估计。与人寿保险准备金相比，长期健康保险准备金也有类似的性质，当然其给付责任的长期估计更加困难。短期健康保险的各类准备金，包括未赚保费准备金和赔款准备金则较多的具有非人寿保险责任准备金的性质，如大部分健康保险赔款准备金都具有短尾的特征，可以采用与一般短期非人寿保险业务赔款准备金类似的估计方法，但长期护理保险和收入保障保险则与某些具有长尾特征的责任保险类似。因此，健康保险责任准备金同时具有人寿保险和非人寿保险的特征，但由于其有众多的业务类型，使得健康保险准备金提取和估计时涉及更多的精算模型和精算假设，过程也更加复杂。

3. 健康保险准备金提取的目的与意义

健康保险准备金是经营该类业务的保险公司负债中十分重要的一项责任准备，它的提取对保险公司的财务状况具有十分显著的影响，对专业的健康保险公司来说，其意义更是非同寻常。此外，健康保险准备金提取还是健康保险精算评估工作的基础，对健康保险精算师来讲，必须对各类健康保险准备金作出准确、恰当的估计，并在此基础上按照法定或通用会计准则对保险公司的负债或责任作出合理评估。

（二）健康保险准备金的分类

1. 健康保险保单准备金

健康保险保单准备金是指为了履行健康保险合同未来的给付责任而提留的准备金，包括短期健康保险未到期保费准备金、长期健康保险的平均保费准备金。此外，保费不足准备金也属于健康保险保单准备金。

2. 健康保险赔款准备金

健康保险赔款准备金，又称健康保险损失准备金，是保险公司对在健康保险保单有效期内已发生但尚未理赔的保险事故未来的赔偿和给付所提取的准备金，包括已发生已报案未给付赔款准备金和已发生未报案未决赔款准备金。

3. 其他健康保险准备金

其他健康保险准备金包括意外事项准备金，即用来对付重大的意外损伤事件或疾病流行等造成的巨额损失，还包括失能收入保险中的应付赔款尚未到期之精算现值，以及不可撤销或保证续保健康保险的附加准备金。前者相当于失能健康保险的已报案未给付准备金，后者相当于长期健康保险的保费不足准备金。

（三）健康保险准备金计算原理

1. 健康保险准备金产生的原因

由于净保费是保险给付金的来源，在保险契约成立时，净保费的现值等于保险金的现值。在保险契约终止时，净保费的终值等于保险金的终值。但在保险期的任意时点，保险人已收取的净保费和已支付的保险金不相等，未来需要支付的保险金与未来将收入的净保费也不相等。一般情况下，短期健康保险准备金与财产保险准备金类似，长期健康保险准备金与人寿保险责任准备金类似。以长期健康保险准备金为例，随着保险期限的临近，未来赔付的责任要比未来保费收入的精算现值要大，这种收支缺口就是需要健康保险责任准备金的原因。详情见图 2-1。

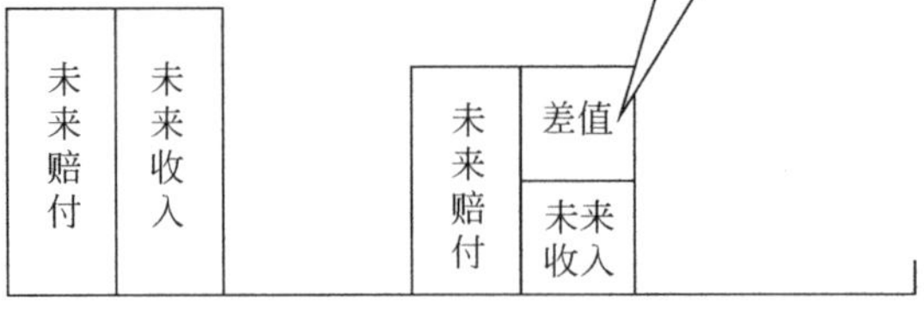

图 2-1 健康保险责任准备金图示

2. 健康保险准备的计算方法

从未来看，健康保险责任准备金是保险人未来的净责任，可用未来给付金的现值减去未来净保费的现值来衡量；从过去看，它是保险人的过去净保费收入大于赔付支出部分，可用过去净保费终值减去给付的保险金终值计算。相应的，健康保险责任准备金的计算方法可分为将来法和过去法两种。因为长期健康保险准备金与人寿保险责任准备金类似，下面仿照人寿保险案例来解释说明。

（1）将来法

保险公司发行一种 3 年期的长期健康保险保单，保险事件发生年末给付 10 000 元，年实质利率 5%，假设 100 个 X 岁的人投保，每个投保人只赔付一次，赔付后合同立即终止。假定这群人的健康状况如表 2-4 所示。

表 2-4　100 个 X 岁的人投保健康状况

时期 k	投保合同数 l_{x+k}	因赔付合同终止数 d_{x+k}
0	100	5
1	95	10
2	85	15

假设保费缴付在保单的年初，保险赔付在保单的年末，不考虑费用、退保和分红等。

根据上表资料，可以求出均衡净保费 P 为

$$p=\frac{10\,000(d_x v+d_{x+1}v^2+d_{x+2}v^3)}{l_x+l_{x+1}v+l_{x+2}v^2}=\frac{267\,897.6}{100+95/1.05+85/1.05^2}=1\,001.211$$

根据计算出来的均衡净保费，可以计算出未来 3 年内的预期净保费收入和预期赔付支出，如表 2-5 所示。

表 2-5　未来 3 年内的预期净保费收入和预期赔付支出

保单年 t（1）	人均净保费（元）（2）	年初投保人数（3）	净保费收入（元）（4）	年末净保费收入（元）（5）	合同终止数（6）	赔付支出（元）（7）	年末收支差（元）（8）
1	1 001.211	100	100 121.1	105 127.2	5	5 万	55 127.2
2	1 001.211	95	95 115.05	99 870.8	10	10 万	−129.203
3	1 001.211	85	85 102.94	89 358.08	15	15 万	−60 641.9
4	0	80	0	0	—	—	—

注：表中各列数据的算法，(4)＝(2)×(3)；(5)＝(4)×1.05；(7)=10 000×(6)；(8)＝(5)−(7)

从上表可以看出，保险公司经营的第一年净保费收入大于当年的赔付支出，净保费有结余。从第二年开始，当年的净保费收入不足当年保险赔付支出，为了保证赔付，必须动用过去的积累准备金。根据上表的原理，责任准备金与未来净保费收入和赔付支出有下面的关系：

某一时点的责任准备金=未来赔付支出现值−未来净保费收入现值

在上例中，未来净保费收入和赔付支出现金流如图 2-2 所示：

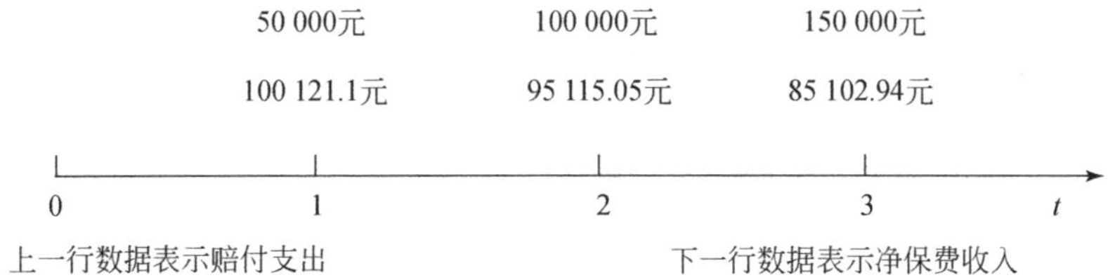

图 2-2　净保费收入和赔付支出现金流

依据上面的现金流，可以计算净保费收入的现值和赔付支出的现值以及各年的责任准备金，如表 2-6 所示。

（2）过去法

在前面的引例中，可以进一步计算出净保费收入与赔付支出的累计收支差以及人均累计收支差，如表 2-7 所示。

表 2-6 未来 3 年内的净保费收入现值与赔付支出现值及责任准备金 （单位：元）

保单年 t	未来净保费收入现值	未来赔付支出现值	责任准备金
0	267 897.7	267 897.6	−0. 1
1	176 165.5	231 292.5	55 127
2	85 102.94	142 857.1	57 754.16
3	0	0	0

注：卖出保单的时间点责任准备金为 0，本处由于小数点进位关系造成一定的误差

表 2-7 未来 3 年内的预期净保费收入与预期赔付支出的累计收支差及人均累计收支差

保单年 t(1)	人均净保费（元）（2）	年初投保人数（3）	净保费收入（元）(4)	年末净保费收入（元）（5）	合同终止数（6）	赔付支出(元)（7）	年末收支差（元）（8）	累计收支差（元）（9）	人均累计收支差（元）(10)
1	1 001.211	100	100 121.1	105 127.2	5	5 万	55 127.2	55 127.2	580.29
2	1 001.211	95	95 115.05	99 870.8	10	10 万	−129.203	57 754.36	679.46
3	1 001.211	85	85 102.94	89 358.08	15	15 万	−60 641.9	−60 777.6	−759.72
4	0	80	0	0	—	—	—	—	—

注：表中各列数据的算法，(4)＝(2)×(3)；(5)＝(4)×1.05；(7)＝10 000×(6)；(8)＝(5)－(7)；(9)＝(8)＋1.05×$(8)_{t-1}$；(10)＝(9)/$(3)_{t+1}$

其中，人均累计收支差就是过去法下的责任准备金。可见，过去法下的健康保险责任准备金是过去净保费收入扣减赔付支出后积存起来的部分。一般来说，过去法下的责任准备金是计算时点过去净保费收入终值与过去赔付金支出终值差。

第三节 核保与理赔的法律基础

一、保险法部分

（一）保险合同的概念和法律特征

保险合同是投保人与保险人约定权利义务关系的协议，为合同各种类中的一种，具备普通合同的一般特性。首先，保险合同应当是投保人与保险人自愿协商订立的，是双方的法律行为，只有投保人与保险人的意思表示一致才能成立。其次，投保人与保险人具有平等的法律地位，不论投保人是个人还是法人或者其他组织，其与保险人之间都没有上下高低之分。合同内容必须充分体现双方当事人的意志。此外，保险合同必须是合法的法律行为，保险合同当事人必须是具有民事行为能力的人。

保险合同除具备普通合同的一般特性外，还有其自身的特征。

第一，保险合同是最大诚信合同。诚信是一般合同的基本要求，而保险合同所要求的不是一般的相对的诚实守信，而是最大限度的诚实守信。

第二，保险合同为射幸合同。决定保险合同射幸性质的是事故发生的偶然性。在合同有效期内，若发生保险标的的损失，被保险人从保险人处得到远远超过其支付保险费价值的赔偿金额；反之，若无损失发生，被保险人只付出保费而无任何收入。

第三，保险合同是一种双务合同。保险人的义务是对投保人提供经济上的保障，这种经济上的保障对投保人来说是一种期待的利益，投保人保险费的支付正是取得这种期待利益的对价。

第四，保险合同大多数是一种附合合同。在大多数的情形下，保险公司是由保险人拟定保险合同的主要条款，投保人只能在此基础上做出投保或不投保的决定，而不能与保险人自由协商保险合同的主要内容。但有一些投保人经济地位很强大，对保险人而言，有较强的议价能力。也能够与保险人自由协商保险合同的内容，如为发射卫星或火箭投保。此时，保险合同不再具有附和性。

第五，保险合同是不要式合同。投保人与保险人订立保险合同，除法律与行政法规另有规定的外，可以采用当事人接受的任何形式，当然也包括口头形式、书面形式等。因此保险合同的成立时间是投保人与被保险人意思表示达成一致之时，也即投保人同意承保之时，而不能确定为保单等保险凭证做出之时。保险凭证的做出与否只具有法律效力，并不决定保险合同是否成立。

第六，投保人必须对保险标的具有保险利益。保险利益是指投保人对保险标的具有法律上承认的经济利益。保险利益的构成必须是为法律所认可的利益，受到法律保护；同时保险利益必须是经济利益，即可以用货币计算与估计的价值。

（二）保险合同的订立基础——保险利益的存在

保险利益，是指投保人或者被保险人对保险标的具有法律上承认的利益，又称可保利益。

投保人或被保险人因保险标的损坏（或丧失）或因责任的产生而遭受经济上的损失；因保险标的的安全或免于责任而受益。如果投保人或被保险人对保险标的存在上述经济上的利害关系，则具有可保利益。如果投保人或被保险人没有这种经济上的利害关系，则对保险标的没有可保利益。人身保险合同中的可保利益，是指投保人对被保险人所具有的因被保险人的伤残或死亡而遭受经济上的损失或者因被保险人的身体健康或生命的延续而受益的一种利害关系。可保利益是一种合法的经济上的利害关系，是一种合法的可以投保的法定权利。

可保利益的基本特征：第一，可保利益必须是可以估价的金钱利益，是可以用货币计算的经济利益，能够估算合理保额；第二，可保利益必须是合法的利益，不合法的权利不具有保险利益；第三，可保利益必须是一种确定的利益，如果仅仅是日后的期望或将来可能的支援，不能看成是肯定的现实利益；第四，可保利益所反映的不是固定不变的关系。

人身保险必须具有可保利益。我国《保险法》第三十一条规定：“投保人对下列人员具有保险利益：①本人；②配偶、子女、父母；③前项以外与投保人有抚养、赡养或者扶养关系的家庭其他成员、近亲属；④与投保人有劳动关系的劳动者。除前款规定外，被保险人同意投保人为其订立合同的，视为投保人对被保险人具有保险利益。订立合同时，投保人对被保险人不具有保险利益的，合同无效。”

保险利益的存在是保险合同的订立基础，遵循保险利益原则的主要目的是从源头上抑制道德风险的发生。如果投保人对其投保的保险标的不具有任何利害关系，容易诱发投保人故意制造保险事故，甚至谋杀被保险人，以谋取额外利益，从而产生道德风险。

（三）最大诚信原则

诚实信用原则在保险合同中较之其他法律要求更高，因此被称为最大诚信原则或最大善意原则。它是保险合同当事人在订立保险合同时应遵循的基本原则。在人身保险合同中，最大诚信原则同时适用投保人及保险人。

1. 保险人的说明义务

保险人的说明义务，是指保险人于保险合同订立阶段，应当依法履行将保险合同条款、所含专业术语及有关文件内容，向投保人陈述、解释清楚，以便使投保人准确地理解自己的合同权利与义务的法定义务。说明义务是诚实信用原则的具体体现。由于保险合同条款是由保险人事先拟定，投保人没有机会参与合同条款的拟定和协商，加之保险合同条款往往涉及保险学、医学、法学等多学科的专业术语，投保人难以完全理解其中的真正含义，对合同条款中专业性强、晦涩难懂的内容极易产生误解，故有必要要求保险人对保险合同加以说明。

《保险法》第十七条规定："订立保险合同，采用保险人提供的格式条款的，保险人向投保人提供的投保单应当附格式条款，保险人应当向投保人说明合同的内容。对保险合同中免除保险人责任的条款，保险人在订立合同时应当在投保单、保险单或者其他保险凭证上作出足以引起投保人注意的提示，并对该条款的内容以书面或者口头形式向投保人作出明确说明；未作提示或者明确说明的，该条款不产生效力。"与修订之前的《保险法》相比较，新《保险法》条文在说明义务的履行范围和履行方式上提出了更严格的要求，构建了保险人说明义务新的制度框架。

2. 投保人的告知义务

告知，指在保险合同订立时，投保人将有关保险标的或被保险人的重要事实如实告知保险人，即通常所谓的投保人对保险人履行的告知义务。第一，告知的内容。告知的内容主要指重要事实的告知，人身保险合同中的重要事实通常是指被保险人的既往史，以及容易引起事故、后果更加严重或使康复过程比通常较慢的病史。第二，告知的时间和形式。告知义务的履行通常是在保险合同订立时进行。告知的形式在实践中采用询问告知形式，即由保险人在投保书中将其认为重要的事项都列于附加询问表中，投保人只需逐项填写即可，对于保险人所未询问或投保书未列明的事项，应推定为不是保险人所欲知悉的重要事项，投保人对询问事项如实告知即为已履行告知义务。第三，不履行如实告知义务的后果。通常违反如实告知义务分为两种，一是投保人故意隐瞒事实，不履行如实告知义务；二是投保人因过失未履行如实告知义务。《保险法》第十六条规定："订立保险合同，保险人就保险标的或者被保险人的有关情况提出询问的，投保人应当如实告知。投保人故意或者因重大过失未履行前款规定的如实告知义务，足以影响保险人决定是否同意承保或者提高保险费率的，保险人有权解除合同……投保人故意不履行如实告知义务的，保险人对于合同解除前发生的保险事故，不承担赔偿或者给付保险金的责任，并不退还保险费。投保人因重大过失未履行如实告知义务，对保险事故的发生有严重影响的，保险人对于合同解除前发生的保险事故，不承担赔偿或者给付保险金的责任，但应当退还保险费。"

（四）保险合同的解释

保险合同解释是指在保险合同的条款或者内容发生争议时，当事人对保险合同使用的语言文字有不同认识的，依照法律规定的方式或者常用的方式，对保险合同的内容予以确定或者说明。

因保险具有专业性、社会互助性以及保险合同条款的标准化，保险合同的解释原则和方法不同于一般合同解释，在保险活动或司法实践中，应遵循以下原则。

1. 客观标准原则

保险合同条款具有格式化和统一化的特殊性，解释时一般应当适用客观标准，以符合保险行业惯例和社会公益性，而不得适用强调当事人个人利益的主观标准。根据《中华人民共和国民法典》（以下简称《民法典》）第一百四十二条规定："有相对人的意思表示的解释，应当按照所使用的词句，结合相关条款、行为的性质和目的、习惯以及诚信原则，确定意思表示的含义。无相对人的意思表示的解释，不能完全拘泥于所使用的词句，而应当结合相关条款、行为的性质和目的、习惯以及诚信原则，确定行为人的真实意思。"也就是说，合同解释应当探求当事人的真实意图，当事人的真实意图首先应当通过保险合同所使用的词句、合同的有关条款加以确定，也就是根据合同的书面内容进行解释。

2. 普通词义原则

保险合同条款应当通过其使用的语言文字的基本、自然、一般和通常的语义加以理解，其所使用的语言文字的含义，是一个具有通常智力水平的普通人所理解的含义，应当以普通人使用语言文字所理解的含义解释其内容。该原则又称文义解释原则。

3. 意图解释原则

保险合同内容含义不明确，解释时应当首先考虑适用合同解释的一般原则。合同解释的一般原则为意图解释，即合同解释应当探求缔约当事人共同的真实意图，而不拘泥于合同所用文字。合同解释的结果应当有助于当事人缔约目的的实现。

4. 对于冲突约定适用效力优先原则

如果保险合同当事人的约定相互冲突，为尊重保险合同当事人的真实意思，某些约定的效力优先于另一些约定。具体表现为以下几个方面：①书面约定优于口头约定；②保单上载明的内容优于投保单或者其他有关文件上的内容；③特约条款优于一般条款，后加条款优于原有条款；④批注优于正文、书写优于打印；⑤若因保险合同由数份文件构成而发生冲突，则在时间上居后的文件优于时间居前的文件。

5. 整体解释原则

对保险合同的解释，应当从合同的整体内容考虑，不能孤立地对某一条款做出解释而与合同的基本内容发生冲突。单个词语、条款应当置于合同之中，根据整个合同的意思确认其含义。在同一保险合同中先后出现数次的同一词语，其解释应当保持一致。由于保险合同条款专业性强，较之一般合同条款的制订有更高的技术要求，对保险合同解释时，更应注重条款的前后联系和整体的协调。经过解释之后的保险合同，应前后一致，全文贯通，具有整体性。

二、民法典部分

民法是调整我国平等主体之间的财产关系和人身关系的法律规范的总称，包括所有权关系和合同关系等。保险也是一种合同关系，亦属我国民法调整的范畴。

（一）公民的民事权利能力和民事行为能力

我国宪法规定，凡具有我国国籍的人都是我国公民，公民的权利能力是法律赋予公民享有的民事权利，承担民事义务的资格。这种资格与公民实际享有的民事权利相比，它只表示了一种可能性。

我国民法关于公民民事权利能力开始时间的规定在《民法典》第十三条中。该条规定：“自然人从出生时起到死亡时止，具有民事权利能力，依法享有民事权利，承担民事义务。”根据该条规定，自然人的民事权利能力始于出生，终于死亡，自然人享有民事权利能力的时间与其生命的存续时间是完全一致的。

对自然人出生、死亡时间的确认依据的规定在《民法典》第十五条中。该条规定：“自然人的出生时间和死亡时间，以出生证明、死亡证明记载的时间为准；没有出生证明、死亡证明的，以户籍登记或其他有效身份登记记载的时间为准。有其他证据足以推翻以上记载时间的，以该证据的时间为准。”这一条规定，对解决在审判实践中自然人的出生、死亡时间问题如何准确认定具有重要意义。

公民的行为能力是指公民能够以自己的行为取得民事权利，承担民事义务的资格。这种资格不是从一出生就有的，与年龄、智力相关。我国《民法典》把公民的行为能力分为以下三种：

1. 完全民事行为能力

完全民事行为能力包括：①18 周岁以上的成年人；②16 周岁以上的未成年人，以自己的劳动收入为主要生活来源的，视为完全民事行为能力人。完全民事行为能力人可以独立实施民事法律行为。

2. 限制民事行为能力

限制民事行为能力包括：①8 周岁以上的未成年人；②不能完全辨认自己行为的成年人。限制民事行为能力人可以进行与他的年龄、智力以及精神健康状况相适应的民事活动；其他民事活动由他的法定代理人代理，或者征得他的法定代理人的同意，否则其进行的民事活动无效。

3. 无民事行为能力

无民事行为能力包括：①不满 8 周岁的未成年人；②不能辨认自己行为的成年人。无民事行为能力人不能独立进行民事活动，必须由他的法定代理人代理民事活动，否则其进行的民事活动无效。但无民事行为能力人和限制民事行为能力人接受奖励、赠予、报酬的行为有效。

签订人身保险合同的双方必须具有依法达成合同的能力。在签订保险合同时不具有法定行为能力的合同一方可以宣布所达成的合同无效。投保人作为人身保险合同的当事人即民事主体，须具有民事权利能力和相应的民事行为能力。在履行保险合同时，即在核保理赔过程中必须审查索赔的当事人，即被保险人、受益人是否具有相应的民事行为能力，如果没有，应该让其监护人或者代理人办理索赔事宜。

（二）监护问题

监护是民法理论和实务中的一项重要的法律制度。通常认为，监护就是指民法上所规定的对于无民事行为能力人和限制民事行为能力人的人身、财产及其他合法权益进行监督、保护的一项制度。监护从其本质上讲就是对缺乏行为能力人的监督和照顾制度。监护设立的目的主要是保护无民事行为能力人和限制民事行为能力人的合法权益，从而维护社会秩序的稳定。

监护人的范围及顺序：依照《民法典》第二十七条规定：“父母是未成年子女的监护人，未成年人的父母已经死亡或者没有监护能力的，由下列有监护能力的人按顺序担任监护人：①祖父母、外祖父母；②兄、姐；③其他愿意担任监护人的个人或者组织，但是须经未成年人住所地的居民委员会、村民委员会或者民政部门同意。”依照《民法典》第二十八条规定：“无民事行为能力或者限制民事行为能力的成年人，由下列有监护能力的人按顺序担任监护人：①配偶；②父母、子女；③其他近亲属；④其他愿意担任监护人的个人或者组织，但是须经被监护人住所地的居民委员会、村民委员会或者民政部门同意。”此款所指其他近亲属，指兄弟姐妹、祖父母、外祖父母、孙子女、外孙子女。除此之外关系密切的其他亲属，朋友，经未成年人父母所在单位或未成年人住所地的居民委员会、村民委员会同意也可作为监护人。

监护人的职责主要有：①保护被监护人的人身、财产及其他合法权益不受损害。当被监护人的人身、财产和其他权益受到侵害时，监护人作为法定代理人有权起诉，并代为民事诉讼活动。②担任被监护人的法定代理人。但法律禁止监护人滥用此法定代理权，如禁止监护人自己代理、受让被监护人财产。③保管被监护人的财产。④教育和照顾被监护人。

理赔实务中较常见的是未成年受益人的监护人如何确定的问题。按照法律规定，父母是未成年人的法定监护人。如果父母离婚，孩子被判给其中一方抚养，这并不会剥夺另一方的监护权，父母双方仍是未成年人的法定监护人。如果此时保险金的受益人是未成年人，则保险金的索赔事宜均应由其父母办理并受领保险金，且由他们共同进行代管。如果父母双亡，未成年人的监护人应由祖父母、外祖父母中有监护能力的人担任，在这种情况下，可以大家共同协商一人或数人担任监护人，出具协议书，或者是受益人户口所在地的居委会、村委会进行指定，这种指定一般是本着有利于未成年人的原则，并且最好是将协议书或指定书进行公证。协商不成的，可以由法院进行指定，保险人便会以法院的判决作为确定受益人监护问题的依据，履行给付保险金的义务。

此外，在受益人实在无法确定的情况下，可以将保险金进行提存公证处理。提存公证是民法上的一项制度，指债务人在无法确定债权人的情形下履行债务，债务人办理提存后在法律上视为债务已履行。在人身保险合同的履行中，受益人为无民事行为能力的人，其监护人可能损害其利益或者目前无法确定监护人的情形，可以先将保险金交到公证部门提存，待受益人成年后或者确定监护人以后再领取保险金。这种保险金的提存公证，既能及时履行给付保险金的义务、保证当事人权益，又能使保险公司避免重复给付的风险，摆脱受益人监护问题的纷争。

（三）继承问题

继承是指将死者生前所有的于死亡时遗留的财产依法转移给他人所有的制度。继承人依照法律的直接规定或者被继承人所立的合法遗嘱享有的继承被继承人遗产的权利，称为继承权。

1. 继承的分类

根据继承财产的方式分为法定继承、遗嘱继承和遗赠。

2. 法定继承

法定继承是指在被继承人没有对其遗产的处理立有遗嘱的情况下，由法律直接规定继承人的范围、继承顺序、遗产分配原则的一种继承形式。

依照《民法典》第一千一百二十七条规定："遗产按照下列顺序继承。①第一顺序：配偶、子女、父母；②第二顺序：兄弟姐妹、祖父母、外祖父母。继承开始后，由第一顺序继承人继承，第二顺序继承人不继承；没有第一顺序继承人继承的，由第二顺序继承人继承。本编所称子女，包括婚生子女、非婚生子女、养子女和有抚养关系的继子女。本编所称父母，包括生父母、养父母和有抚养关系的继父母。本编所称兄弟姐妹，包括同父母的兄弟姐妹、同父异母或同母异父的兄弟姐妹、养兄弟姐妹、有抚养关系的继兄弟姐妹。"

3. 代位继承

代位继承是指被继承人的子女先于被继承人死亡或宣告死亡时，死亡的继承人由其直系子女代替他继承遗产。代位继承中，死亡的继承人是被代位人，代替他行使继承权以取得遗产的人是代位继承人。代位继承适用的情形：子女先于被继承人死亡；由该子女的晚辈直系血亲继承；份额与该子女有权继承的份额相等。

4. 继承份额的分配

一般情况下，同一顺序继承人继承的份额均等。遗产分割时应当保留胎儿的继承份额。胎儿出生时是死体的，保留的份额按照法定继承办理。

5. 继承开始的时间

我国《民法典》第一千一百二十一条规定："继承从被继承人死亡时开始。"根据法律规定，公民的死亡分为自然死亡和宣告死亡。

自然死亡亦称生理死亡或公民生命的绝对消灭。根据司法实践，确定公民自然死亡的依据是：①被继承人呼吸停止，心脏停止跳动的时间；②医院的死亡证明书中记载的死亡时间；③户籍管理登记手册中记载的死亡时间。

公民死亡，在现实生活中是极其复杂的，有时公民死亡的时间对有关人员利益影响甚大，根据《民法典》第一千一百二十一条规定：①相互有继承关系的数人在同一事件中死亡，难以确定死亡时间的，推定没有继承人的人先死亡。②都有其他继承人，辈份不同的，推定长辈先死亡；辈份相同的，推定同时死亡，相互不发生继承。

继承权的时效：继承权纠纷一般自继承人知道或应当知道其权利被侵犯之日起计算；自继承开始之日起超过二十年的，不得再提起诉讼。

6. 人身保险与继承相关的法律规定

《保险法》第四十条规定："被保险人或投保人可以指定一人或数人为受益人。受益人为数人的，被保险人或者投保人可以确定受益顺序和受益份额；未确定受益份额的，受益人按照相等份额享有受益权。"

《保险法》第四十二条的规定，被保险人死亡后，有下列情形之一的，保险金作为被保险人的遗产，由保险人依照《中华人民共和国继承法》的规定履行给付保险金的义务：①没有指定受益人，或者受益人指定不明无法确定的；②受益人先于被保险人死亡，没有其他受益人的；③受益人依法丧失受益权或者放弃受益权，没有其他受益人的。此外，受益人与被保险人在同一事件中死亡，且不能确定死亡先后顺序的，推定受益人死亡在先。

（四）保险代理

保险业是建立在代理法律制度基础上的一个行业。保险代理是代理保险公司招揽和经营保险业务的一种制度，也称保险代理制度。保险行为属于民事行为的范畴，因此，保险代理行为也必须符合民法关于民事代理的法律规定。

1. 保险代理人的概念和种类

保险代理人是指根据保险人的委托，在保险人授权的范围内代为办理保险业务，并依法向保险人收取代理手续费的单位或者个人。在现代保险市场上，保险代理人已成为世界各国保险企业开发保险业务的主要形式和途径之一。

根据我国《保险代理人监管规定》（2020 年），保险代理人是指根据保险公司的委托，向保险公司收取佣金，在保险公司授权的范围内代为办理保险业务的机构或者个人，包括保险专业代理机构、保险兼业代理机构及个人保险代理人。保险专业代理机构是指依法设立的专门从事保险代理业务的保险代理公司及其分支机构。保险兼业代理机构是指利用自身主业与保险的相关便利性，依法兼营保险代理业务的企业，包括保险兼业代理法人机构及其分支机构。个人保险代理人是指与保险公司签订委托代理合同，从事保险代理业务的人员。保险代理机构从业人员是指在保险专业代理机构、保险兼业代理机构中，从事销售保险产品或者进行相关损失勘查、理赔等业务的人员。

2. 保险代理的法律特征及代理原则

民法中的代理是指公民、法人可以通过代理人实施民事法律行为，代理人在代理权限内，以被代理人名义实施民事法律行为，被代理人对代理人的代理行为承担民事责任。保险代理人的法律特征主要体现在：①保险代理是一种民事代理，具有民事代理的法律特征；②保险代理是基于保险人授权的委托代理；③保险代理的后果由保险人来承担；④保险代理是代表保险人利益的中介行为，代理人是保险人的代理人。

保险代理人的代理原则为：①代理人必须由保险人依法授权，授权方式可以是明示的或是默示的；②保险人对其授权的代理人的保险代理行为负责；③保险代理人不得同时为保险人、投保人代理；④保险代理人在业务范围内的过错行为，保险人仍应负责。

3. 保险代理关系的建立和终止

1）保险代理关系的建立。保险代理关系的建立可以通过书面代理合同，在有些情况下保险代理关系可能产生于非书面合同的方式。保险代理授权方式有两种：实际授权和表面授权。

实际授权，是指委托人事实上给予了代理人授权的情况。实际授权包括三种授权：明示授权、默示授权和紧急授权。明示授权是委托人特别指示代理人应做的事情和做的方法。委托人的指示规定了授权的范围。默示授权是一种由习惯、惯例或表示委托人有意授予这种权利的意愿的行为所默示授予代理人的实际授权。紧急授权是指当发生紧急情况，代理人不能与委托人取得联系以获得保护委托人财产和权利所需的进一步授权时，如果代理人合理确信紧急情况的存在，代理人有权采取超越代理权与委托人指示相反的行为以保护委托人的利益。

表面授权，即表见代理，是基于第三方以委托人的表象为基础合理地信赖代理人具有授权的一种情况。表面授权通常产生于两种情况。第一，委托人给予代理人的实际授权小于该行业中通常授予处于相同地位的代理人的授权。第二，委托人的经营方式不同于在委托人的商业领域中其他经营者的经营方式。当保险代理关系是因表面授权而产生的时候，实际上保险代理关系并不存在。一个本来并不存在的保险代理关系之所以被法律确认，是为了保护通过保险代理人进行保险交易的无辜的第三方的利益。

2）保险代理关系的终止。代理关系和代理人的授权通常可以通过以下方式而终止：①委托人依据合法的理由即可终止代理关系；②规定的代理授权期限结束，代理关系即告终止；③授权代理人的目的完成，代理关系结束；④委托人通过口头、书面或行为表示该代理人不再具有代理授权并以通知该代理人的方式撤销代理授权；⑤代理人通过放弃授权来终止代理关系；⑥委托人或代理人的死亡或丧失行为能力都可以使代理关系终止；⑦当代理授权无法履行时，代理关系随即终止。

保险代理合同与一般代理合同一样，通常会在合同中具体规定保险代理关系终止的条件。在一般情况下，由于代理关系是基于一方让另一方代表自己行为。在保险实务中，就是保险人让保险代理人，或者投保人、被保险人让保险经纪人代表自己行为，所以当委托人不愿意让代理人继续代表自己行为，或者代理人不愿意继续委托保险人行为时，任何一方均有权终止这种代理关系。因此，保险人原则上可以在任何时候撤销保险代理人代表自己行为的授权，即使存在着有法律约束力的保险代理合同。

第四节　核保与理赔的信息基础

信息是现代社会中使用频率极高的一个概念。近年来随着计算机和互联网技术的普及，以及经济全球化趋势，信息在社会发展过程中所起的作用越来越重要，信息已成为支撑社会经济发展的，继物质和能量之后的重要资源，它正在改变着社会资源的配置方式，改变着人们的价值观念及工作与生活方式。了解信息、信息科学、信息技术和信息社会，把握信息资源和信息管理，在核保与理赔的过程中至关重要。

一、信息管理的基本概念

（一）信息的基本概念

信息的概念最早是在20世纪前期诞生的信息论中提炼出来的。1928年，哈特莱发表《信息传输》开始了信息论的研究，其信息的理解为选择通信符合的方式，发信者所发出的信息，就是从通信符号表中选择符号的具体方式。1948年香农发表《通信的数学理论》正式标志着信息论的诞生，香农认为信息是通信的内容，是用来消除未来的某种不确定性的东西，信息的多少反映了消除了的不确定的大小。通信的直接目的就是消除接收端对于发出端可能发出哪些消息的不确定性。几乎与香农同时，维纳发表了控制论的奠基之作《控制论——或关于在动物和机器中控制和通信的科学》，他将人与外部环境交换信息的过程看成是一种广义通信过程，认为信息是人们在适应客观世界的过程中与客观世界进行交换的内容与名称，是人与外部世界的中介。

而哲学上则认为，信息是反映物质世界的本质联系，反映物质运动和变化的状态。信息是事物的存在状态和运动属性的表现形式。“事物”泛指人类社会、思维活动和自然界一切可能的对象。“存在方式”指事物的内部结构和外部联系。“运动”泛指一切意义上的变化，包括机械的、物理的、化学的、生物的、思维的和社会的运动。“运动状态”是指事物在时间上和空间上变化所展示的特征、态势和规律。

故而认为，信息是认知主体对物质运动的本质特征、运动方式、运动状态以及运动的有序性的反映和提示，是对事物之间的联系、相互作用状态的描述。通常，消息泛指包括于消息、情报、指令、数据、图像、信号等形式之中的新的知识和内容。信息一般由语义、差异、传递和载体四个要素构成，具有普遍性、动态性、相对性、可传递性、共享性、可加工性。

信息通过通信系统进行传递，其过程为信源—编码—信道—译码—信宿的传递（图 2-3）。从信息产生者向信息利用者传递一般表现为两种方式。一种是由信息产生者直接流向信息利用者，称为非正规信息流；另一种是信息在信息系统的控制下流向信息利用者，称为正规信息流。信息加工的基本过程分为信息的筛选和判别、信息的分类和排序、信息的计算和研究、信息的著录和标引、信息的编目和组织。

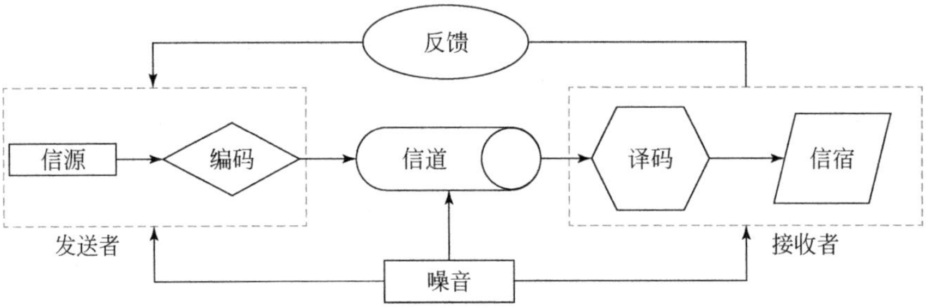

图 2-3 信息加工的基本过程

（二）信息管理的基本概念

所谓信息管理，是指对人类社会信息活动的各种相关因素（主要是人、信息、技术和机构）进行科学的计划、组织、控制和协调，以实现信息资源的合理开发与有效利用的过程。它既包括微观上对信息内容的管理——信息的组织、检索、加工、服务等，又包括宏观上对信息机构和信息系统的管理。

信息管理的对象是信息资源和信息活动；信息科学是研究信息运动规律和应用方法的科学；信息技术是关于信息的产生、发送、传输、接收、变换、识别和控制等应用技术的总称，架起了信息科学和生产实践应用之间的桥梁；信息管理学是以信息资源及信息活动为研究对象，研究各种信息管理活动的基本规律和方法的科学。

信息管理是管理的一种，因此它具有管理的一般特性。例如，管理的基本职能是计划、组织、领导、控制，管理的对象是组织活动，管理的目的是实现组织的目标等，这些在信息管理中同样具备。但信息管理作为一个专门的管理类型，又有自己独有的特征：管理的对象是信息资源和信息活动；信息管理贯穿于整个管理过程之中，有其自身的管理，同时支持其他管理活动。

随着经济全球化的发展，世界各国和地区之间的政治、经济、文化交往日益频繁；组织与组织之间的联系越来越广泛；组织内部各部门之间的联系越来越多，以致信息量迅速增长。同时，信息组织与存储技术迅速发展，使信息储存积累可靠便捷、信息处理和传播的速度越来越快。随着管理工作对信息需求的提高，信息的处理方法也就越来越复杂。从科学角度看，信息管理涉及管理学、社会科学、行为科学、经济学、心理学、计算机科学等；从技术上看，信息管理涉及计算机技术、通信技术、办公自动化技术、测试技术、缩微技术等，信息管理所涉及的研究领域不断扩大。

通过制订完善的信息管理制度，采用现代化的信息技术，保证信息系统有效运转的工作过程，不仅仅要保证信息资料的完整状态，还要保证信息系统在“信息输入—信息输出”的循环中正常运行。信息管理是人类为了收集、处理和利用信息而进行的社会活动。它是科学技术的发展、社会环境的变迁、人类思想的进步所造成的必然结果和必然趋势。

二、信息管理的功能特征

信息管理是指在整个管理过程中，人们收集、加工、输入、输出的信息的总称。信息管理的过程包括信息收集、信息传输、信息加工和信息储存（图 2-4）。信息收集就是对原始信息的获取。信息传输是信息在时间上和空间上的转移，因为信息只有及时准确地送到需要者的手中才能发挥作用。信息加工包括信息形式的变换和信息内容的处理。信息的形式变换是指在信息传输过程中，通过变换载体，使信息准确地传输给接收者。信息的内容处理是指对原始信息进行加工整理，深入揭示信息的内容。经过信息内容的处理，输入的信息才能变成所需要的信息，才能被适时有效地利用。信息送到使用者手中，有的并非使用完后就无用了，有的还需留作事后的参考和保留，这就是信息储存。通过信息的储存可以从中揭示出规律性的东西，也可以重复使用。

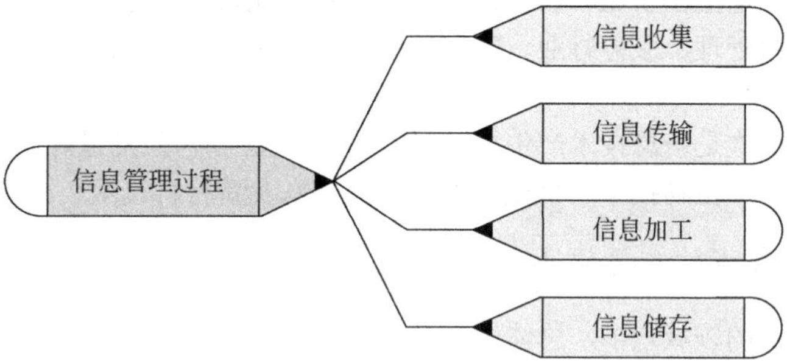

图 2-4　信息管理过程

从内容上看，信息组织主要包括信息描述、信息揭示、信息分析三个方面。其目的就是对大量零散的、无序的、未经加工的信息进行重新组织，将无序信息变为有序信息，方便人们利用和传递。信息组织贯穿于信息管理的全过程，信息组织是信息资源可以利用的重要条件，是信息资源不断增值的内在依据。

而信息产品是由信息及物质载体构成的，可以直接运用在企业的各种流程中，对企业实际产品产生影响，从而形成企业的新价值。以商业目的将信息按社会需求生产，制造成可供市场销售的信息产品。这些信息产品具有以下特点：与通常的物质产品的流通相比更为快捷方便，易传递；并非被直接消费掉，人们只消费了信息所代表的内容、思想、功能；其效用往往是用户在获得该项信息后运用于决策或生产实践活动中逐渐显露或间接表现出来的，且不同信息对不同的信息使用主体价值不同；信息产品的生产与开发有许多不同的形式，因而产生了不同类型的信息产品，具有生产的唯一性和独创性，同时又因可批量复制表现出可重复性；同时一些信息表现出很强的时效性及累积性。

三、信息管理的技术运用

在吸收当代最先进的信息科学技术研究成果的基础上，借助于现代信息技术互联网平台，信息管理蓬勃发展。信息管理不断扩大它的作用范围，日益深入到人们的日常生活中，从而形成了计算机网络、电子商务、移动通信、物联网及信息安全等一系列现代信息管理实用技术，包括硬件平台方面出现的新兴的移动数字平台、网格计算、云计算和效用计算、自主计算、虚拟化和多核处理器等趋势，以及现代软件平台出现的 Liux 和开放源代码软件、Java 和 Ajax、Web 服务和面向服务的架构、Mashups 软件和 Web2.0 程序、软件外包等新的发展趋势。

（一）信息技术的内涵

信息技术是关于信息的产生、发送、传输、接收、变换、识别和控制等应用技术的总称，是在信息科学的基本原理和方法的指导下扩展人类信息处理功能的技术。具体包括信息基础技术、信息系统技术、信息应用技术和信息安全技术等。

（二）信息管理技术的基础架构

1. 主体层次

信息管理技术的主体层次包括信息获取技术、信息存储技术、信息处理技术、信息传输技术、信息控制技术。

2. 应用层次

信息技术的应用层次是信息技术的延伸部分，主要是指主体层次的信息技术针对各种实用目的而产生的应用性技术，包括在工业、农业、商业、贸易、国防、运输、科学研究、文化教育、体育运动、文学艺术、行政管理、服务行业、家庭生活等领域应用的实用信息技术。

3. 外围层次

信息技术的外围层次是信息技术产生和发展的基础，包括所有与信息技术相关的各类技术，如微电子技术、激光技术、生物技术、机械技术、空间技术及新材料技术、新能源技术等。

（三）信息管理技术的重要领域

信息管理技术涉及的领域众多，总体而言，重要领域有数据库技术、多媒体技术、数据挖掘技术、人工智能技术、数据仓库技术、信息加密技术。

四、信息管理的发展趋势

纵观人类社会的信息管理活动发展史，分别经历了古代信息管理时期、近代信息管理时期、现代信息管理时期（图 2-5）。

图 2-5 信息管理的不同时期

古代信息管理时期主要发生在工业革命以前，其主要特征是：信息交流活动是自发的、无组织的，信息记载材料是天然的，信息记录方法是手工的。社会活动主要集中在个体层次上，社会信息量不大，信息管理活动是零星的、片段的，主要对信息载体进行封闭式的物理管理。

近代信息管理时期主要发生在工业革命之后、第二次世界大战以前，其主要特征是：以文献信息为中心，以图书馆为主要阵地，以解决文献资料的收集、整理、保存与传播报道问题为主要任务，管理手段基本上是以人力和手工为主并辅之以部分机械化作业，主要管理者是图书管理员。

现代信息管理时期可以分为两个阶段，即面向技术的信息管理阶段和面向竞争的信息管理阶段。20 世纪 50～60 年代以面向技术的信息管理为主，其特点是：以计算机技术为核心，以管理信息系统（MIS）为载体，以解决大数量信息的处理和检索问题为主要任务，管理手段计算机化，其主要管理者是 MIS 经理。20 世纪 70 年代末 80 年代初提出信息资源管理，确立了将信息资源作为经济资源、管理资源和竞争资源的新观念，尤其是 20 世纪 90 年代以来，对如何实现企业和其他合作伙伴之间的信息快速、准确传递和资源共享提出了新要求，从而出现了新型的计算机信息系统——企业间信息系统（IOS）。由于这一阶段信息技术发展突飞猛进，社会信息环境发生了翻天覆地的变化，组织者的重心开始转向信息管理，并且把信息管理与组织的战略决策联系起来，基于信息资源开发利用的信息战略成为组织竞争的最新战略。这一阶段信息管理的特点是：以信息资源为中心，以 MIS 和 IOS 为主要阵地，以解决信息资源对竞争战略决策的支持以及企业间的沟通、协调和协作问题为主要任务，管理手段网络化，主要管理手段是信息主管。

21 世纪以来，随着我国科学技术和保险业务的迅猛发展，我国保险业的信息技术工作也突飞猛进，各项工作都有了新的进展。在信息技术创新应用上也有独特之处，如在软件开发方面都有自己开发的数据质量监控程序、数据分析系统、各险业务的辅助处理软件等，直接为核保与理赔业务发展、灵活应对市场竞争发挥了很大的作用。在网络应用方面，视频会议系统和 IP 电话系统，以及短信平台的建立，为核保与理赔中信息的收集提供了有力的支持，尤其是在利用信息技术手段后，大大提高了工作效率，服务质量和水平也有明显提高。现在保险运作已离不开信息技术，信息技术在保险业中的作用也显得越来越重要。

思考题

1. 赵某，男，45 岁，欲投保重大疾病保险，体检需检查哪些主要指标？
2. 乙型肝炎病毒的标志物有哪些？何谓“大三阳”、“小三阳”？
3. 何谓法定继承？法定继承顺序如何？
4. 简述保险合同的法律特征。
5. 病历是指医务人员在医疗活动过程中形成的文字、符号、图表、影像、切片等资料的总和，包括门（急）诊病历和住院病历，客观记录了疾病的名称、发病时间、发病过程、转归、治疗方案及费用等，它是保险理赔的重要凭据，也是保险理赔纠纷中重要的法律依据。请问，病历信息在核保与理赔中的具体作用有哪些？如何加强病案信息利用，提升保险理赔水平？

（江乐盛　陈永成　赵　妍）

第三章　健康保险核保理论

内容提要

健康保险核保是保险公司对准被保险人的风险进行选择和分类的过程，是保险公司评估每件投保申请并确定准被保险人的风险程度，将准被保险人分配到期望损失概率与其最接近的被保险人一组的过程。健康保险核保是保险公司风险管理中非常重要且必要的一个环节，直接关系到保险公司经营的稳定和盈利状况。本章介绍了健康保险核保的原理和管理、核保的风险选择、核保的信息来源与风险因素、核保的结论。

第一节　健康保险核保原理

一、健康保险核保的基础

健康保险核保工作主要是，对任何不利于保险经营、有损被保险人群体的因素加以排除或者进行适当的风险评价，以维护保险制度运作的公平，实现保险经营安全与获利，确保投保人和被保险人的利益，达到风险均摊、公平等目的。

（一）健康保险核保的概念

健康保险核保，是保险人对被保险人的风险程度进行评价，并做出是否承保以及用何种费率或以何种条件进行承保的过程。

（二）健康保险核保的主要内容

核保指审核承保条件，而承保条件主要是指保险责任范围（包括基本条款、扩展条款、承保协议中有关的内容等）、保险金额（限额）、费率、免赔额度、缴费方式、费用（经纪费用、服务成本等）。核保是承保业务中的核心业务，而承保部分又是保险公司控制风险最为关键的一个步骤。主要内容包括：①投保人资格的审核；②保险标的的审核；③保险金额的审核；④保险费率的审核和确定；⑤投保人或被保险人的信誉审核。

（三）健康保险核保的特征

健康保险核保主要考虑的是被保险人身体组织器官的损伤程度而非死亡，健康保险给付方式的多样化也造成其风险评估的不同。因此，与人寿保险核保相比较，健康保险在核保上有其明显的特征。

1. 关于核保难度的问题

健康保险核保难度较人寿保险更大。健康保险核保主要考虑的是残疾率、发病率，而非死亡率。由于我国保险公司开办健康保险可参考数据较少，给健康保险核保带来更大的难度，保险公司必须注意自行积累一部分经验和数据，同时也必须对保费收入以及理赔支出、费用支出进行详细核算和分析。

2. 关于受益人的问题

在核保实务中，对于保险利益的考虑，健康保险和人寿保险亦有所不同。对人寿保险保单而言，一般都要规定受益人，保险金通常由受益人领取，而并非是被保险人本人，但健康保险，领取保险金的人为被保险人本人。

3. 关于逆选择的问题

健康保险是非死亡型险种，加之其受益人为被保险人本人，对保险事故责任范围的界定容易存在差异，发生逆选择的机会比人寿保险大得多。一般保险公司均会要求被保险人进行健康告知，健康告知信息的设定需符合规范，不得出现有违一般医学常识等情形。核保人员及销售人员应引导客户履行如实告知义务。

4. 关于核保环节的问题

健康保险核保较人寿保险有更多的环节。健康保险有相当一部分客户是以团体形式投保的，团体之中的个体差异是非常显著的，因此，团体投保健康保险时在保险金额、免赔额、免责期等方面情况会更加复杂，如何制定出稳妥的承保方案对健康保险的经营来说是至关重要的。

健康保险核保过程中，保险公司在审核参数可调整的短期团体健康保险业务时，可根据产品参数调整办法、自身风险管理水平和投保团体的风险情况核定相应的保险费率。短期个人健康保险产品严格按照审批或者备案的产品费率承保，不允许以任何形式调整产品费率。

5. 关于残疾率问题

在健康保险核保中，核保人员主要考虑的是残疾率，而不是死亡率。与残疾率有关的各种危险因素虽然和与死亡率相关的危险因素有相似之处，但也有许多不同的方面，故应在选择时注意加以区别。

6. 关于新技术的问题

健康保险核保过程中，保险公司应积极应用新技术提高服务质量，同时依法保护客户隐私。除家族遗传病史外，核保人员不得要求投保人、被保险人或者受益人提供，或通过其他途径收集、获取客户其他遗传信息和基因检测资料；也不得依据家族遗传病史以外的其他遗传信息和基因检测资料作为核保条件。

二、健康保险核保的必要性

健康保险核保的必要性主要体现在以下几个方面。

（一）核保有助于选择可保风险和保险标的

健康保险是以被保险人的身体为保险标的，核保选择有利于保险公司的保险标的；客观存在的各种风险和标的，并非都可以承保，可保风险和保险标的是有条件及范围的。作为可保风险需具备以下几个条件：①风险的发生须是偶然的，事先不能确定；②风险必须是意外的；③风险不是投机性的；④风险必须是大量的标的均有遭受损失的可能；⑤风险应有发生较大损失的可能；⑥风险必须是可以衡量的。

（二）核保有利于规避逆选择的消极作用

在保险活动中存在逆选择，即投保人做出的不利于保险人的保险合同选择。保险人如果对这种逆选择不加注意，承保过多的不良标的，则可能对自己的经营带来致命的冲击。当然，保险经营有赖于获得大量的合同，追求承保的业务量，但这不等于对所有投保人来者不拒，为了保持保险经营的效益和稳定性，当投保人提出要保时，保险人应审慎核保，注重业务质量，核保的正确与否最终将决定保险人经营的成效。如果不考虑保险人自身的经营状况及偿付能力，也不仔细分析承保对象的风险特征，一味地追求扩大承保规模，谋求保费的一时增长，必然留下隐患，最终将导致保险经营的亏损乃至失败。

（三）核保有利于合理分散风险

保险经营的特殊性质决定了承保的风险及其未来的损失必须具有不确定性，只有这样才能合理分散风险、分摊损失。而加强核保，针对每一保险标的和投保人的情况进行认真审核，排除绝对发生和绝对不可能发生风险事故损失的两种保险标的，就达到了合理分散风险、均摊损失的必要条件。

（四）核保是达成公平费率的有效手段

即使是可以承保的风险和标的，由于风险性质不同和客观环境差异，其风险发生的频率和损失程度千差万别。所以，必须加强审核，区别对待，使承担风险同质化。保险经营一项非常重要的工作是科学制订保险费率，并针对不同风险程度确定使用的费率。因此，使适合的费率建立在公正合理的基础之上，是承保过程中的核心。为求承保风险与费率之间保持更为合理的关系，保险公司制定了级差费率。但公正费率的最终实现，是以核实保险标的风险程度及其损失率为基础的，因为通过核保，确定了不同保险标的风险程度和损失率，使每一标的费率水平与其损失风险程度相当，从而既减轻了投保人不必要的保费负担，也使保险人收支相抵并有盈利。

三、健康保险核保的指导原则

核保人员从事健康保险核保工作必须遵循以下原则：

（一）实现长期的承保利润

全面、细致、谨慎地进行核保，争取最好的承保条件，保证公司长期的承保利润；同时，避免片面追求规模的短期行为。

（二）提供高质量的专业服务

以风险控制为基础，实施科学决策。首先，积极主动开展承保标的风险评估工作，为核保决策提供依据；其次，收集、整理、分析与研究历史风险数据，进一步细化业务政策。

（三）争取市场的领先地位

通过风险评估改善建议，降低损失发生率和严重程度，增强与客户的关系，抢先占领市场。

（四）谨慎运用公司的承保能力

首先，在任何情况下，都不要在条件不成熟的时候，盲目承保高风险项目；其次，主动研究较大风险的被保险人，注意公司风险承保经验积累。

（五）实施规范的管理

遵守国家、地方性法规及公司的规章制度，同时，要遵守行业协会规定和市场准则。中国银行保险监督管理委员会公布的《健康保险管理办法》已于2019年12月1日起施行，各保险公司应依据此办法规范健康保险的经营行为。

（六）有效利用再保险支持

首先，以确保公司利润为原则，最大限度地利用而不是片面地依赖于再保险支持；其次，慎重核保，准确评估被保险人风险的大小，合理确定评点。

四、健康保险核保的意义

保险业务的核定经营，不仅需要有数量可观的业务量，还要注意承保质量。因为，保险费是根据收支平等的原则，依据正常条件下统计出来的预定事故发生率计算出来的，但在保险实践中，对被保险人的选择，往往在保与不保、保什么种类、保多少金额等方面，有不利于保险人的倾向。在核保过程中，核保人员会按被保险人的不同风险类别给予不同的费率，避免危险的逆选择，保证业务质量，保证保险经营的稳定性，实现有效益的发展。健康保险核保不但可以修正费率，保证投保人之间的费率公平，还可以防范并降低逆选择，是健康保险经营管理中非常重要的一个业务环节。

健康保险核保的意义主要有以下三点。

（一）公平性——维持差别费率的公平性

健康保险核保最主要的出发点是使投保人能享有公平、合理的保险费率，这是保险经营的原则之一。在健康保险的实际业务中，由于申请保险保障的风险个体存在不同的风险因素，故应根据风险程度确定不同的承保条件，收取不同的保险费，保证各被保险人之间不因某一个体风险程度较高而损害其他个体的利益，维护各被保险人之间的公平性。

（二）预防性——防止逆选择和道德风险

逆选择和道德风险都会使保险公司的赔付率超出精算预定的赔付率，对保险公司的经营会产生不利的影响。通过核保，可最大限度地甄别逆选择和道德风险，起到防止逆选择和道德风险的作用。例如，身体状况差或年龄大的人积极投保疾病保险，而青壮年或健康人则不愿意参加疾病保险，这种不利于保险企业经济核算的倾向称为逆选择，逆选择的出现将使保险公司承担的风险超过预定水平，致使实际的患病率超过预定的患病率，影响保险公司经营的稳定性。保险人必须通过核保认真进行风险选择，防止逆选择的发生，贯彻收支平衡、公平合理原则，保证权利与义务对等，使保险业务经营趋于稳定。

（三）安全性——维护保险经营的安全性

严把健康保险核保关是保险公司风险控制的重要环节。在竞争日趋激烈的保险市场上，不能只顾业务发展而放松核保。美国保险学教授布莱克博士和斯基珀博士认为："核保包括选择与分类。选择是保险人在评估个体的保险申请时，决定准被保险人所代表的风险程度的一种程序。分类是将被保险人分配到具有大约相同预期损失概率的个体所组成的群体中的一种程序。"如果保险公司毫无限制地承保风险程度较高的个体，势必造成赔付的上升，使实际赔付超过预定的范围。通过对风险进行选择和控制，能使承保群体的实际死亡率等于或低于预定死亡率，从而使保险人可以获得预定的承保利润，稳定保险经营。

第二节　健康保险核保管理

一、健康保险核保岗位职能

健康保险核保岗位职能主要有以下几种。

（一）对健康保险风险进行选择和评估

健康保险的疾病需满足三点。首先，疾病是由人体内部原因所致而非外来原因；其次，疾病是非先天性原因所致；最后，疾病由非规律性的生理现象所致。合理选择可保标的，正确评估风险大小对于保险公司的稳定经营意义重大。但除家族遗传病史之外，保险公司不得基于被保险人其他遗传信息、基因检测资料进行区别定价。

（二）在权限范围内，审核和签批健康保险业务相关的承保或契约内容变更

健康保险承保的内容广泛，具有严格的承保标准，因此需有一定核保权限的核保人员审核后方可予以承保；此外，由于健康保险的风险易变动、难预测，所以健康保险大多为短期合同，当标的风险发生变化时，相应的保险契约内容需做一定的变更。

（三）健康保险核保资料、信息的收集与分析

首先，对被保险人的资料进行整理归档，为日后的纠纷提供依据；其次，对核保资料进行收集、分析，总结经验，提高公司经营效率效益。

（四）健康保险核保理念的宣导，条款及相关政策法规的解释、宣传和普及

在保险公司的风险管理环节中，核保岗位直接面对各种投保咨询资料，对于进入保险公司的各种风险进行判断和选择，其为处于控制风险入口的核心岗位和前沿地位。核保工作做不好，对公司的发展及风险控制都有很大的负面影响，可借助核保平台积极宣传和普及健康保险的相关政策和法规，使投保人理解并支持健康保险的核保工作。

（五）对新进核保人员的培训和指导

专业核保人员需对新进核保人员进行培训和指导，以便其能准确选择可保对象及评估风险大小，保证公司的稳定经营。

（六）对健康保险作业规则、核保规则、产品开发及风险管理提出意见与建议

优秀的核保人员不但能正确地对风险进行选择和判断，而且能够促进业务的发展，提高公司经济效益，强化公司的专业形象，增强竞争力。

二、健康保险核保人员管理

一般，核保部门设有部门总经理、首席核保人、个险核保管理室主任、个险核保作业室主任、契约管理室主任等职务。对核保人员的管理主要有以下几点。

（一）实行资格准入制度

健康保险核保人员作为保险公司承保健康保险业务的风险入口把关人，他们的专业素质与公司业务质量的好坏有直接的关系，事关公司经营安全性和稳定性，所以必须实行资格准入制度。未经保险公司正式核定授权，任何机构和个人不得从事公司核保权限管理范围内的业务处理。一般保险公司对健康保险核保人员的业务授权遵循能力匹配原则，其权限等级与其专业水平、日常工作质量、工作表现等评价内容相匹配。

（二）加强健康保险核保人员的培训

健康保险核保人员的素质及管理是保险公司人才管理和业务管理的一个重要内容，而对健康保险核保人员进行管理的关键是加强培训，提高其素质。

对健康保险核保人员培训的主要内容有以下几点。

1. 核保专业知识

健康保险核保专业知识包括医学、保险、财务、精算等专业知识。对于核保人员，特别是医学核保人员，应当接受系统的医疗卫生专业训练；同时，要跟踪医学科学的进展，不断学习新知识。非医学专业人员，也必须具备相应的医学基础知识，对人体解剖学、生理学、病理学等有一定认识，特别是要接受医学核保的专业训练，掌握医务查定的技术和操作方法。这是因为，健康保险以人的生命和疾病作为保险标的，对于人的生命和健康的研究是健康保险学中的重要内容；同时就风险选择而言，健康因素占有相当大的比重，一个真正的核保人员是无法回避健康风险因素的选择而完成核保工作的。

2. 其他核保相关知识和经验

一名合格的核保人员不仅要具备保险学、法律学、金融学、经济学、医学、心理学等各方面的专业知识，还要有丰富的阅历、敏锐的洞察力和综合分析能力，以便对保险业务内部及市场上的各种信息进行收集、整理、存储、分析和利用。其他相关知识和经验包括职业核保方面的知识、各类职业的性质、危险和风险统计资料、财务核保方面的知识、整体经济及各行业的运行状况等。

3. 健康保险产品知识

随着市场竞争的加剧，健康保险新产品层出不穷，产品知识成了健康保险核保的一个重要组成部分。健康保险产品知识包括产品设计时所参考的费率计算基础数据、产品所预定的利润、产品的保障责任和风险、产品所提供的服务项目等。核保人员需根据具体产品要求，确定相应的核保标准。

4. 成本控制意识

核保业务环节所涉及的成本包括核保体检费用、生存调查费等。费用支出与控制风险是矛盾的两个方面，就风险控制而论，获得尽可能多的客户资料，将有利于核保做出准确的判断；但从另一个角度来看，此举将使体检费用支出加大及核保工作时间延长，导致成本增加。核保人员需以最低的成本尽可能地达到控制风险的目的。

5. 风险控制质量与服务效率

就核保而论，花费时间越充足，所做出的核保决定可能越准确。但这样做，可能会导致核保处理时间过长，如多次体检、反复调查，容易使客户失去耐心从而转往其他公司投保。反之，由于缺少足够评估风险的信息，核保人员会倾向于征收较高的附加费，从而导致客户无法接受。另外，如果以时间作为服务目标，核保人员要在风险控制质量与服务效率上作出平衡，兼顾风险控制质量与服务效率。在核保经验的不断积累下，核保人员还要不断提高承保风险敏感度，即对来自各个方面的危险信息感觉灵敏，并能迅速作出反应。

6. 沟通能力

核保人员还要与销售人员和投保人进行沟通，解释核保结果及相关事项，使他们了解并接受核保结果，顺利实现承保过程。因此，对核保人员进行加强沟通能力的培训是非常必要的。

（三）建立健康保险核保人员合理的晋升机制和考核制度

建立一支专业化的健康保险核保人员队伍，对保险公司的风险控制将起到巨大的作用，所以应制订合理的核保人员奖励制度，打通核保人员的晋升渠道。在工作年限的基础上，对核保人员的专业水平、日常工作质量、工作表现等进行评估，评估结果和健康保险核保业务检查结果可作为核保人员评优、核保专业权限评估和职衔核定的重要依据。

三、健康保险核保组织管理

国外健康保险公司核保机构设置主要有以下几点：核保部门主要设置在契约部门或客户服务部门，另设有医务室和医务总监，与契约部或客户服务部并列。核保部门承担公司对新契约的风险选择工作，对要约的承保与否及以何种条件承保做出决定。医务部主要负责医学核保的技术指导，协助生命表的制定、健康保险产品的设计、数理查定制度的修订与补充；医务总监作为公司核保、理赔和其他业务部门在相关业务上的医务总监理，同时担任医务培训工作。

我国各家商业人寿保险公司或健康保险专业公司的核保组织架构虽各具特色，但大体上相同。核保部门的基本结构包括新契约部、核保部和体检中心。

（一）新契约部

新契约部主要负责新契约资料的录入，同时对保单资料进行初步的审核，保证保险合同出具的及时性和正确性。

（二）核保部

核保部的工作由各级核保人员担任。依据资格和所授予的权限，一般分为初级核保人员、中级核保人员、高级核保人员和总核保师。一些公司在核保部内成立核保小组，由多名核保人员组成，主要工作是定期讨论一些典型和疑难核保案例，借以提高核保人员的素质和个案处理能力。

有的公司还成立核保委员会，由核保部门会同公司各相关业务部门如销售业务部、精算部、理赔部等组成。通过核保委员会的工作，不仅可以更广泛地提高众多相关部门的风险意识，更重要的是从公司的角度出发，站在更高的位置上，对一些高额、巨额及超巨额保件，特殊人物的特殊投保件，从业务发展、资金运用、风险管理、社会效益及经营决策全方位考虑，力求确定更为合理的承保条件。

为准确评估健康风险的要约风险，保险公司在核保部门内设立调查管理岗。调查管理岗设立的目的是在保险合同订立前后，由公司调查人员通过面见投保客户或对其周围环境的调查取证，进一步采集、核实风险评估所需的信息，为评估要约风险或重新确定保单风险（合同成立后）提供辅助证据。

（三）体检中心

为了保证体检结果的真实性和可靠性，获取被保险人准确的健康资料，同时更好、更方便地服务客户，大多数健康保险公司都建立了自己的体检中心。国外健康保险专业公司多拥有自己的体检网络和相当数量的体检医师，大型公司还开办了自己的医院，小公司则以医务总监管理合同医院的服务质量，对合同医院指定的体检工作进行质量管理。

四、健康保险核保风险管理

（一）建立核保人专业培训制度，对核保人进行规范培训

对核保人员进行健康保险专业培训，不断提高其专业水平以提供优质的核保服务，形成规范的核保制度，降低公司经营风险。

（二）建立核保人专业审计制度，对核保质量进行监控

对被保险人的资料进行审核，选择可保风险，控制核保质量，保证核保决定的正确性、合理性和及时性，达到改善核保质量和有效控制风险的目的。

（三）建立核保人差错管理制度，对核保差错进行分析与追踪

对核保人员的工作进行多次检查，对核保工作和质量进行监控及分析，减少核保差错，发现核保差错，应及时进行纠正和引导，确保核保政策的落实。

（四）适时对健康保险有关数据进行分析，调整核保政策

根据核保资料，总结往年核保经验，调整相关疾病的核保评点，以适应形势变化，并对核保业务风险进行监控预警，查找管理隐患，制订有针对性的管理措施。

第三节 健康保险核保环节

核保的目的在于避免逆向选择和降低道德风险，在本质上就是选择和分类，选择是指保险公司评估每件投保申请并确定准被保险人的风险程度的过程，而分类是指将准被保险人分配到期望损失概率与其最接近的被保险人一组。从工作流程来看，整个核保主要有以下四个环节：保险代理人的核保、体检医师的核保、生存调查人员的核保、核保师的核保。

一、保险代理人的核保

目前，我国保险的营销模式主要采用保险代理人模式。保险代理人最早是 1992 年友邦保险在上海引进的，而后迅速在全国推广，尤其是人寿保险和健康保险公司。

代理人核保也称外勤核保，同时也被称为“第一次风险选择”。在健康保险承保的新业务中，大部分新业务的达成均有一个积累促成的过程，一般要经过要约、面谈、促成等环节。在整个业务环节中，只有业务员是和投保人、被保险人接触过的人，因此对客户的投保动机、保险需求、健康状况、职业、财务状况等了解比较清楚。如果销售人员能审慎地搜集客户的有关信息并提供正确的报告，即可达到有效的风险选择，尽可能地避免逆选择的发生，所以业务员核保在整个核保过程中发挥着不可忽视的作用。概括来说，保险代理人在风险选择中的作用可以表现为以下三个方面：排除道德风险、指导投保人准确填写投保单等投保资料、完成业务员报告书等。

（一）排除道德风险

为了排除道德风险，避免逆选择，代理人在第一次风险选择中要注意以下事项：一是要准确了解投保人的投保动机，理解并合理使用保险利益原则，确定投保人、被保险人、受益人之间的关系，对无可保利益者应予以婉拒；二是要观察被保险人的体格、面色、有无残疾、智力和功能障碍、精神面貌等，避免带病投保情况的发生；三是要了解投保人的工作和收入情况，准确评估投保人的缴费能力，合理设置保费和保额。通常情况下，保费应为投保人年收入的 10%左右，保额为投保人年收入的 10 倍左右，避免高保额带来的道德风险。

一般情况下，保险公司都会编制内容翔实的外勤核保手册，以供外勤人员随身培训使用，让他们明确公司最高保额核保指导原则（表 3-1），使他们在第一次风险选择中更加高效。

表 3-1 某保险公司最高保额的核保指导原则

年龄	收入乘数	年龄	收入乘数
25 岁及以下	18	46～50 岁	10
26～30 岁	16	51～55 岁	9
31～35 岁	14	56～60 岁	7
36～40 岁	13	61～65 岁	5
41～45 岁	12	65 岁以上	4

注：收入乘数是指最高保额与收入的倍数

（二）指导投保人准确填写投保单等投保资料

准确填写投保单不仅可提高保险公司的工作效率，而且有利于排除道德风险与防止逆选择，还能保障投保人和被保险人的合法利益。《中华人民共和国保险法》第十六条规定，“订立保险合同，保险人就保险标的或者被保险人的有关情况提出询问的，投保人应当如实告知；投保人故意或者因重大过失未履行前款规定的如实告知义务，足以影响保险人决定是否同意承保或者提高保险费率的，保险人有权解除合同……投保人故意不履行如实告知义务的，保险人对于合同解除前发生的保险事故，不承担赔偿或者给付保险金的责任，并不退还保险费。投保人因重大过失未履行如实告知义务，对保险事故的发生有严重影响的，保险人对于合同解除前发生的保险事故，不承担赔偿或者给付保险金的责任，但应当退还保险费……”。另外，投保人在没有代理人指导下填写投保单并非一件容易的事，比如投保单中既往史的填写，涉及较多的专业知识。以中国人寿保险股份有限公司保单中健康告知栏为例，该健康告知栏总共有 12 项，其中多项涉及临床医学知识，如表 3-2 所示。

表 3-2 中国人寿保险股份有限公司保单健康告知栏

（若投保险种保险条款中列明有“免交未到期保险费责任”的，须同时填写“投保人”项下告知事项）

1. 身高体重	被保险人身高	cm	体重	kg	投保人身高	cm	体重	kg

2. 平均年收入（填写过去三年大约的平均年收入值）

说明对象	职务	平均年收入	主要收入来源	填写说明
被保险人				职务可选择：①一般职员 ②部门经理 ③总经理 ④一般干部 ⑤科级 ⑥处级 ⑦厅局级及以上 ⑧其他
投保人				主要收入来源可复选：①工薪 ②个体 ③私营 ④房屋出租 ⑤证券投资 ⑥银行利息 ⑦农副业 ⑧其他______

3. 吸烟习惯被保险人已吸烟______年，平均每天______支，戒烟______年；投保人已吸烟______年，平均每天______支，戒烟______年

4. 生活习惯：	被保险人	投保人
A. 饮酒习惯：是否平均每天饮白酒等烈性酒 50g（ml）以上	4A□是□否	□是 □否
B. 是否参加潜水、拳击、攀岩、飞行、赛车、漂流等危险运动或有此类嗜好	4B□是 □否	□是 □否
C. 是否服食任何成瘾药物或吸毒	4C□是 □否	□是 □否
D. 是否计划两年内出国	4D□是 □否	□是 □否
5. 身体残障		
A. 是否曾患有听力、视力、语言、咀嚼障碍，智力障碍	5A□是 □否	□是 □否
B. 是否曾患有脊柱、胸廓畸形，四肢、手、足、指残缺	5B□是 □否	□是 □否

续表

6. 症状体征：是否曾患有，或被告知有下列症状，或因下列症状接受治疗： 慢性咳嗽、咯血、胸闷、心慌、气短、浮肿、声音嘶哑、吞咽困难、呕血、黑便、腹痛、黄疸、贫血、肿块、血尿、蛋白尿、皮肤瘀斑、不明原因皮下出血点、渐进性消瘦、持续性头痛、晕厥、抽搐、昏迷、长期发热、高度近视	6 □是 □否	□是 □否
7. 病史询问：是否曾患有或接受治疗过下列疾病		
A. 高血压、先天性心脏病、风湿性心脏病、心内膜炎、冠心病、心肌梗死、心律失常、心肌炎、脑血管意外	7A□是 □否	□是 □否
B. 帕金森病、癫痫、胸部疾病、脊髓疾病、精神病	7B□是 □否	□是 □否
C. 哮喘、肺结核、肺气肿、支气管扩张、肺尘埃沉着病、硅沉着病、肺源性心脏病	7C□是 □否	□是 □否
D. 消化性溃疡、萎缩性胃炎、胰腺炎、肝硬化、肝炎、肝炎病毒感染、胆道感染或胆石症	7D□是 □否	□是 □否
E. 尿路结石或畸形、肾炎、肾病、肾功能不全、多囊肾、肾盂积水、前列腺疾病	7E□是 □否	□是 □否
F. 肿瘤（包括恶性肿瘤及尚未确诊为良性或恶性之息肉、肿瘤、囊肿、结节、赘生物）	7F□是 □否	□是 □否
G. 糖尿病、痛风、垂体功能亢进或减退、甲状腺功能亢进或减退、肾上腺功能亢进或减退	7G□是 □否	□是 □否
H. 系统性红斑狼疮、风湿病或类风湿病、胶原性疾病及结缔组织疾病、椎间盘突出、疝、痔	7H□是 □否	□是 □否
I. 贫血、血小板减少性紫癜、过敏性紫癜、血友病、白血病、被建议不宜献血	7I□是 □否	□是 □否
J. 白内障、视网膜疾病、角膜疾病、青光眼、中耳炎及其他眼、耳、鼻、喉或口腔疾病	7J□是 □否	□是 □否
K. 先天性疾病、遗传性疾病、地方病、职业病、药物过敏史	7K□是 □否	□是 □否
L. 是否还有以上未列明的疾病	7L□是 □否	□是 □否
8. 诊疗、检查经历：		
A. 过去 3 个月内是否接受过医生的诊断、检查和治疗	8A□是 □否	□是 □否
B. 过去 1 年内的健康体检是否有异常	8B□是 □否	□是 □否
C. 过去 5 年内是否因疾病或受伤住院或手术	8C□是 □否	□是 □否
D. 过去 5 年内除健康普查外是否做过下列检查：X 线（透视、摄片），心电图，B 超，CT 或磁共振，脑电图，血液化验，胃镜、肠镜等内镜检查，病理活检，眼底检查	8D□是 □否	□是 □否
9. 你及你的配偶是否曾接受或试图接受与艾滋病有关的诊察或治疗？在过去 6 个月内是否曾持续超过一周以上有下列症状：体重下降、食欲不振、盗汗、腹泻、淋巴结肿大及皮肤溃疡	9 □是 □否	□是 □否
10. 父母兄弟姐妹中是否有人曾患有遗传性疾病、结核病、肝炎、肝硬化、癌症、糖尿病、肾病、心脏病、中风、高血压、动脉硬化、精神病或曾是乙型肝炎、丙型肝炎病毒携带者或 60 周岁以前因病身故	10 □是 □否	□是 □否
11. 妇女专项：		
A. 是否正在怀孕？如是，孕期第___周	11A□是 □否	□是 □否
B. 是否患有子宫肌瘤、子宫颈癌、卵巢囊肿、卵巢癌、异位妊娠、乳腺增生（包块、肿块）、乳腺癌、阴道不规律出血等疾病	11B□是 □否	□是 □否
12. 投保记录：		
A. 过去两年内是否曾被保险公司解除合同或申请人身保险而被延期、拒保或附加条件承保	12A□是 □否	□是 □否
B. 过去有无向我公司或其他人身保险公司索赔	12B□是 □否	□是 □否
C. 目前是否已经参加或正在申请其他保险公司包含身故保险责任的人身保险？如有，请告知已投保的有效身故保险金额总和为____________________（被保险人为未满 18 周岁的未成年人时填写）	12C□是 □否	

续表

<table>
<tr><td colspan="2">13. 说明（以上 4～12 项如“是”，请在备注栏内列明问题编号及有关需说明的内容，包括疾病诊治日期、诊治结果、诊治医院名称、债务情况等。对投保单及告知内容，我公司承担保密责任）</td></tr>
<tr><td>备注</td><td></td></tr>
<tr><td>声明与授权</td><td>1. 贵公司所提供的投保单已附保险条款，已对保险合同的条款内容履行了说明义务，并对免除保险公司责任的条款履行了明确说明义务。本人已仔细阅知、理解投保提示、产品说明书（仅限于分红保险、万能保险、投资连结保险）及保险条款尤其是责任免除、解除合同、合同效力恢复（复效）等规定，并同意遵守。本人所填投保单各项及告知事项均属事实并确无欺瞒。上述一切陈述及本声明将成为贵公司承保的依据，并作为保险合同的一部分。如有不如实告知，贵公司有权在法定期限内解除合同，并依法决定是否对合同解除前发生的保险事故承担保险责任。
2. 本人谨此授权凡知道或拥有任何有关本人健康及其他情况的任何医生、医院、保险公司、其他机构或人士，均可将有关资料提供给贵公司。此授权书的影印本也同样有效。
3. 本人自愿授权：投保具有续保条款的意外险或健康保险产品的，在保险合同期满前，本人未做出终止续保的书面申请，且贵公司未做出拒绝续保、调整承保条件的决定，缴费方式选择银行转账的，贵公司有权按“转账授权：保险费缴费账户授权须知”的约定划转续保保费，为本保险合同续保。如在合同期满日后条款规定的宽限期内，贵公司未收取到足额续保保费的，贵公司默认本人自动放弃续保。
4. 本人已知晓：
（1）具有续保条款的意外险或健康保险产品，贵公司将按续保保险期间开始时被保险人的年龄和职业、无赔款优待、上年度保额等费率计算因子重新计算续保合同保费，并保留拒绝续保、对承保条件做出相应调整的权利。
（2）具有续保条款的意外险或健康保险产品，如果被保险人的职业（或工种）、健康状况等发生变化或在保险期间发生保险事故，本人有义务应在续保之前以书面形式如实告知贵公司。
5. 本人已知悉：如投保的险种中包括分红保险、万能保险或投资连结保险的，须按中国银行保险监督管理委员会相关要求抄录如下内容：
“本人已阅读保险条款、产品说明书和投保提示书，了解本产品的特点和保单利益的不确定性。”

投保人签名：　　　被保险人（或其法定监护人）签名：　　　投保申请日期：　　年　月　日</td></tr>
<tr><td></td><td>以下由保险公司填写：
受理机构：　　　经办人：　　　受理日期：　　年　月　日</td></tr>
</table>

注：在上述投保单健康告知的填写中，保险代理人要就每一项的内容亲自询问投保人或被保险人，投保单最好由投保人亲自填写，签名的地方必须由投保人和被保险人亲笔签字，被保险人为未成年人时应由其法定监护人签本人名字

（三）完成业务员报告书

代理人在指导投保人和被保险人准确填写投保单的基础上，根据观测询问的情况，据实做出报告（表 3-3），如实报告投保人、被保险人的健康状况、财务状况，并对被保险人在职业、生活方面的特殊风险嗜好做如实说明，同时还要对投保过程相关事项进行填写，以准确判断投保人的投保动机，为专职核保员进行书面审核提供准确依据。对于有过往病史、高风险职业、特殊业余爱好的被保险人，要协助客户填写《病史问卷》、《高风险职业问卷》、《特殊业余爱好及运动问卷》。

保险代理人的核保是在其招揽业务过程中完成的，要求保险代理人必须具备良好的业务素质、言谈技巧和敏锐的观察力，才能按照要求达到风险选择的目的。概括起来，主要包括三个方面：一是要有保险销售员的基本技能；二是要具备法律合同和临床医学的专业知识；三是要具备保险风险管理的专业知识。

表 3-3　× × 保险股份有限公司销售人员报告书

投保单号：　　　　　营业单位：　　　　　销售人员姓名：　　　　　销售人员代码：

一、关于被保险人

1. 姓名　年龄

2. 您与被保险人的关系：□普通客户 □朋友 □亲戚，关系□本人　□其他，请说明：______

3. 您估计被保险人（家庭）全年收入___万元，收入来源：□工薪 □个体 □私营 □房屋租赁 □投资 □其他______

4. 你认为被保险人所从事的职业是否含有高风险因素？　□是　□否

5. 被保险人是否有危险运动爱好或从事危险活动或有嗜酒、服用成瘾药物等特殊嗜好？　□是　□否

6. 被保险人是否有面色灰暗、精神萎靡、异常肥胖或消瘦、身体残疾、智力障碍、精神疾病等异常？

□是　□否

7. 您是否听说被保险人因疾病或外伤而住院或手术？　□是　□否

（以上 4～7 项，如选择"是"，请在详细告知栏注明）

二、关于投保人（若投保人与被保险人为同一人时则无须填写）

1. 姓名　年龄

2. 您与投保人的关系：□陌生拜访而认识　□朋友□亲戚，关系___□本人□其他，请说明：______

3. 您估计投保人（家庭）全年收入___万元，收入来源：□工薪 □个体 □私营 □房屋租赁 □投资 □其他______

三、关于投保过程

1. 投保经过：□陌生拜访 □客户主动要求 □朋友介绍 □原已认识，认识时间___□其他，请说明：______

2. 投保目的：□获得保障 □保证收入 □抵押债务 □子女教育经费 □其他，请说明：______

3. 您是否已提示保险产品的特点和风险，以便客户选择适合自身风险偏好和经济承受能力的保险产品？

□是　□否

4. 您是否见证投保人在投保单上亲笔签名？　□是　□否

5. 您是否见证被保险人或其监护人在投保单上亲笔签名？　□是　□否

6. 您是否将投保险种的条款内容，尤其是保险责任、责任免除、解除合同等规定向投保人解释清楚？

□是　□否

7. 您是否提醒投保人在投保单上填写准确的联系资料，包括通信地址、移动电话、联系电话、电子邮件等信息？是否已经提醒投保人接受公司 95519 电话回访，以保障客户自身权益？□是　□否

8. 您是否已就投保单中投保和健康告知的所有内容当面向投保人/被保险人询问和说明，并经由其亲自告知？

□是　□否

（以上 3～8 项，如选择"否"，请在详细告知栏注明）

四、详细告知栏

销售人员声明：

本人已经向投保人提供了投保险种的相关条款，并对条款内容尤其是保险责任、责任免除、解除合同等规定做了明确解释；对其投保的分红保险红利分配的不确定性、投资连结保险和万能保险投资回报的不确定性及费用扣除情况，已经向投保人明确告知；且投保人、被保险人在投保提示书、投保单等相关文件的签字均为本人亲笔签名。如有不实见证或告知，本人愿承担由此引起的法律责任。

销售人员签名：　报告日期：　　年　月　日　　手机号：

二、体检医师的核保

（一）体检医师的分类

体检医师的核保也称为"第二次危险选择"。目前国内的体检医师一般分为两类：一类是保险公司的专任医师或助理医师；另一类是特约医师。

1. 保险公司的专任医师或助理医师

医师来源于保险公司的体检中心。客户健康体检中心是一个保险公司成熟的标志，是保险公司提高承保质量、提升服务能力的重要举措。但是，由于建立体检中心的前期投入较大，因此专任医师核保是大保险公司的倾向方式。由于保险医学（insurance medicine）与临床医学（clinic medicine）的差异，专任医师的检查结论更贴近保险公司的要求，更有科学性、准确性及可靠性。所以在体检问题上，专任医师的结论较之兼职的特约医师更具有权威性。

2. 特约医师

对于一些规模不大或新成立的公司，没有建立客户健康体检中心，经常与医疗机构合作，聘用特约医师核保。公司通过与医疗机构签订协议，明确体检的要求，并规定体检医师的工作职责，对特约医生进行保险知识的培训，明确保险公司对客户体检的目的和要求。与专业医师核保相比，特约医师核保存在以下不足：第一，体检费用相对昂贵，体检结果反馈不及时；第二，体检服务不周到，态度不够热情，服务量不足；第三，体检风险增加，增加交叉感染，体检结果造假偶有发生。

（二）体检医师核保的内容

1. 听取告知

在体检医师提供的《健康风险评估报告》中，第一部分内容一般是告知事项。这部分内容需要投保人/被保险人配合体检医师填写。体检医师在进行询问告知时首先要了解被保险人的投保险种、投保金额等。然后要对告知事项的内容逐项对被保险人和投保人进行询问或由投保人/被保险人亲笔填写。告知事项包括被保险人的年龄、既往史、家族史、现病症、职业、生活环境、医疗状况及常用药物、吸烟饮酒等生活习惯等。若告知有既往史及现病症，应仔细询问其所患病名、发病时间、诊治医院、诊治医师、用药及检查情况，以及复查时间、治疗效果等。填写完毕后，要由投保人、被保险人签名确认。这一部分内容也是保险合同的组成部分之一，将成为发出保单的依据，所以投保人和体检医师要认真对待。

2. 进行体检，收集体检报告

一般情况下，保险公司下发给准被保险人的体检通知书里已详细记载了需要体检的项目，体检医师只需要按照保险公司要求的体检项目进行体检并收集体检报告即可。一般来说，体检报告是对被保险人健康状况的客观描述，它比较全面准确地反映了被保险人的身体功能，是核保人员医学查定的主要依据。除个别情况下为明确诊断，由核保员提出需增加体检项目外，一般不允许对体检项目进行复查，尤其是血压、血生化等项目，因为必须防范服药后体检等造假因素。

3. 填写《健康风险评估报告》

在《健康风险评估报告》中，第二部分是对准被保险人健康风险进行评估的部分。这部分的内容是公司和医师的保密文件，任何情况下都不能向客户或第三者透露。如果评估医师与被保险人相识则需要回避，避免在填写报告单时受人情因素的干扰。这一部分内容主要包括被保险人的身高、体重、胸围、腰围、血压、脉搏等基本信息和心血管系统、呼吸系统、消化系统、神经系统等方面的异常信息进行记录。体检医师要通过仔细观察被保险人的体型、体质、面色、皮肤、精神状态、言谈举止、步态等，了解其一般状况，再通过身高、体重、血压、脉搏及身体各部位的物理检查，验血、验尿及必要的实验室辅助检查后，准确掌握被保险人的健康状况，避免逆选择。体检医师在书写《健康风险评估报告》后，要对各项信息进行综合评价，还应提出相应的核保建议，它对最终是否承保及适用何种保险费率有重要意义。

（三）体检医师核保的意义

1. 健康危险因素存在的要求

在我们的生存环境中，存在许多不确定的危险因素，其中健康危险对人的寿命影响甚大。同时，从保险经营角度考察，因被保险人的健康因素对其实际寿命影响极大，且这种危险比较容易促使被保险人做出逆选择，故为了维护众多被保险人的利益，保证保险公司的健全经营，必须对投保人群中保额较高或有潜在健康危险因素的被保险人进行身体检查，以发现危险，防止逆选择，排除不良契约。

2. 核保工作的需要

核保工作的目的在于维护差别费率的公平性，对健康危险不同的被保险人赋予不同的费率承保。而唯有通过体检医师的诊查为核保提供科学准确的健康资料，使核保人员做出正确的核保结论，才能把被保险人的实际死亡率控制在精算人员预定的死亡率范围内，维护客户之间的公平性，保证保险公司安全有效的经营。

保险公司对被保险人进行体检，其目的就是控制风险，减少逆向选择，是保险公司内部评估风险的一种手段。体检并不是保险公司的法定或约定义务，不是对每一个被保险人都要进行体检，特别是投保人对被保险人健康状况的告知，直接影响到保险公司决定是否对被保险人进行体检及体检哪些项目。投保人不如实告知投保前的"病史"，可能影响保险公司体检项目的确定，最终影响保险公司对风险的评估和承保决定。

体检作为风险选择的重要手段，其作用非常有限，体检不能代替告知，而且基于成本和效率考虑，不能让所有客户进行体检，也不可能对客户进行无限体检。一般情况下，体检分为四类：一是对一定保险金额的客户进行体检；二是对一定年龄的客户进行体检；三是对有特定告知者进行专项体检；四是抽检，验证免检设定标准是否适中。一般情况下，保险公司对被保险人会有1%～5%的随机抽检概率。

三、生存调查人员的核保

生存调查是指保险人通过调查获取客户投保情况、健康状况、财务状况、职业与生活环境、生活习惯与嗜好等信息的过程。

（一）生存调查人员核保意义

生存调查的目的同样是防范道德风险与逆向选择。在投保的过程中，投保人、被保险人常有隐匿现有病症、既往史、财务状况、保险历史及现有处境等情况，通过生存调查人员的收集与核对，摒弃不如实告知，弥补代理人、体检医师或专业核保人员选择的遗漏与过失，阻止不良承保，客观上起到防范风险的作用。如投保人对被保险人无可保利益（如姐姐给弟弟买保险，爷爷给不满10周岁的孙子买保险等），或身故保险金受益人填写的是法定继承人以外的人等，在这种情况下，保险公司要派生调人员跟投保人、被保险人进行面谈，了解投保人的投保动机，避免道德风险的发生。针对风险保额过高的投保单，保险公司同样要对投保人进行生存调查，同时还需要投保人提供高保额财务问卷或收入证明等。如中国人寿保险股份有限公司对高风险保额件的生调标准有下列几种情况：风险型人寿保险累计净风险保额≥50万元；或风险型意外险累计净风险保额≥100万元；或风险型人寿保险和意外险累计净风险保额≥100万元；或储蓄型险种净风险保额≥300万元；或不计风险型险种，单个险种累计满期赔付额与累计满期保费之差＞300万。

（二）生存调查人员核保方法

由于生存调查的成本比较高，往往只能采取随机抽查或者针对一些特殊件（如有疑点的或风险保额过高的）进行调查。生存调查分为直接调查和间接调查两种。主要调查投保情况、健康状况、财务状况、职业与环境、习惯与嗜好等内容。

（三）生存调查的注意事项

生存调查人员在开展调查的过程中，要注意以下事项：

1）准备充分，目标明确。调查准备要详尽，如投保单中有关客户的基本资料、告知情况、投保内容、体检结果，要做到心中有数。同时，要明确调查重点。

2）态度诚恳，仪表端庄。在进行调查拜访时，应先做好“打交道”的工作，再渐渐引入主题，并随时观察客户的反应，态度诚恳，亲切有礼，并注意形象，切勿给客户留下不良印象。

3）安排周到，方式恰当。不仅要合理选择调查地点和时间，而且要事先预约客户。调查时要核对调查对象的身份证件，对不同对象确定不同的调查重点。对调查资料及结果负有保密责任。

四、核保师的核保

核保师是从事核保工作的人，他们负责运用收集的信息，评估每个准被保险人的潜在损失。核保师要根据上述资料对保险标的做出分类，并做出合理的核保决定。通常情况下，信息量越充分，核保决定将越准确，核保决定是否准确，直接影响到保险公司经营风险的高低。

（一）核保师核保的流程

1. 收集基本资料

投保资料是核保人员进行准确核保的重要依据，一般核保员需要了解的基本投保资料有投保单、代理人报告书、体检报告书、财务报告书、病史问卷、住院病历及出院小结、生存调查报告、公司系统已有的有关投保人和被保险人资料及其他资料等。

2. 初步审核

核保师在收到投保人、代理人所提供的基本资料后，即可按照有关要求，并根据公司的投保规则及经营政策对所提供的资料检查核对，以确定资料是否齐全，是否需要进一步补充资料，客户的投保需求是否超出了公司的有关规定和承受能力。

3. 投保资料的进一步收集

在投保金额较高、告知声明有异常、不全面或核保人员在初步审核过程中发现有疑点时，有必要进一步收集有关资料。一般对健康状况有疑点时可以要求进一步提供病历资料，填写健康问卷或要求被保险人体检，以获得进一步的健康资料。对财务状况有疑问者应有针对性地要求补充客观有效的财务证明文件或专人调查，以确定保险需求是否合理。

4. 综合分析，查定核保手册

核保人员根据投保资料，对影响被保险人死亡率的有利因素及不利因素进行综合分析，依据核保手册，确定数理查定方法，以标准体的死亡率为基准，查定被保险人的额外死亡率，并依次确定被保险人所处危险等级，决定承保条件。

5. 确定承保条件

核保人员依据被保险人的危险程度，把被保险人划分为标准体、次标准体、拒保体。对于次标准体，核保人员依据其危险程度，做出加费、附加承保条件、限额、缩短保险期限、改变缴费方式等决定，以达到危险选择目的。

（二）核保师核保的意义

1. 选择准被保险人

核保师要根据所收集到的资料，筛选符合保险公司预定死亡率的被保险人，合理作出核保决定，淘汰危险性较高的劣质被保险人，以保证公司经营的安全。

2. 对准被保险人进行分类

根据被保险人的风险程度对被保险人进行细分，划分为标准体、次标准体、非保体，并采用不同等级费率，保证被保险人之间的相对公平性。

信息量越充分，核保决定将越准确，核保决定是否准确，直接影响到保险公司经营风险的大小，因此本步骤是风险控制最重要的步骤，深受保险经营者的重视。客户信息在各个公司系统内能够实现共享，但在行业内则是相互封闭的，这样容易造成各公司的重复劳动，使得搜寻客户信息的总体成本提高；因此，我国亟须建立一个公用的客户信息管理平台，整合资料，实现信息共享，同时还应跨行业联网，比如与各医院相联，将客户的医疗信息纳入平台；不少发达国家目前都建立了这样的管理平台，比如美国的医疗保险局（MIB），就能在线为会员提供投保人、被保险人的医疗信息。

第四节 健康保险核保信息与风险因素

一、健康保险核保信息的来源

健康保险的核保信息更多地考虑健康因素。在实际操作过程中，主要从以下渠道获得核保信息：

（一）投保单

投保单是保险人提供的由投保人和被保险人确定申请投保险种并对保险人询问事项进行告知的书面凭证。

投保单的核保信息主要包括以下几个方面：

1）投保人、被保险人和受益人的个人信息，以及他们之间的关系，受益比例、受益顺序等。个人信息包含姓名、性别、证件号码、工作单位、工作内容、职业代码、联系地址、联系电话、邮政编码等信息。

2）保险险种名称、保额、保费、投保人和被保险人健康告知、投保人和被保险人签名。

3）业务员告知事项。

通过上述信息，核保人员可以从中了解到被保险人性别、年龄、职业等内容，同时也会了解投被保险人有无可保利益，受益人的指定是否合理，投保险种是否能达到其投保目的，是否存在不如实告知的可能，前后告知内容是否矛盾等。

（二）补充告知书

补充告知书是指有的客户会在投保书之外就某些问题进行补充告知或对某项内容进行更为详细的告知，这些告知内容是核保人员必须在核保时予以考虑，否则将不得以被保险人未尽如实告知义务来对抗受益人的索赔。这些内容往往是投保人与被保险人在投保后因惧怕或被提醒而告知的，也是一些业务员根据了解的客户健康状况而补充的，因而对此类补充告知，核保人员应该相当谨慎，以便掌握更多的材料，防止可能发生的逆选择。

（三）各类问卷

问卷一般有疾病问卷、职业问卷、特殊嗜好问卷、财务收入问卷等。财务收入问卷是在被保险人保额达到一定数额后，保险人进行财务核保时使用的，便于进一步了解投保人与被保险人的财务情况，为了要求投保人与被保险人如实回答问卷，也要求投保人与被保险人在财务问卷上亲笔签名，对于问卷与投保书上财务告知出入较大的，核保人员应该做出核实，了解造成不一致的真实原因。

职业和疾病问卷，通常是用于那些告知异常或内容不详细的被保险人而使用，为的是进一步掌握疾病或职业内容，对于一些能提供疾病资料或职业证明的，如果核保人员觉得所需要的资料齐全，则尽可能不下发问卷，以免引起客户的不满。特殊嗜好问卷则是对某些有其他嗜好的人进行询问的一种书面文稿，通过此问卷上相关内容的询问，保险人可以掌握被保险人的嗜好对其健康的影响或意外发生的可能。

（四）体检报告书

体检是保险人防范风险的手段之一，并不是每一个被保险人均需要进行体检，一般来说，只有当被保险人达到一定保额时才要求被保险人体检，另外还有少数被保险人投保告知异常又无法提供相关健康证明或相关资料不详的情况下，也会要求被保险人接受体检。体检项目通常都会在制订投保规则时确定并在系统中加以设置，以方便核保人员的核保操作。

在实务操作中，某一类人群作为被保险人时还常常被要求进行体检，常见的是孕妇、残疾人员，因为这些人的风险不确定因素较大，或者作为被保险人不能完全正确地表述自己的情况，给核保决定造成一定的困难，所以一般也要求被保险人进行体检。

保险公司通常都有自己的体检医院为客户体检或者委托医疗机构进行，不论是何种体检途径，均要求体检医师对被保险人的健康状况再一次进行询问，并对询问结果进行签名确认，同时需要将体检的结果进行记录，并将检查报告汇总并粘贴于体检报告书上，体检结束后需要进行汇总，给出与被体检人健康相对应的体检结论，体检结论一般包括疾病诊断、病理诊断、症状及分级等，核保人将把体检报告作为很重要的内容进行风险评估。体检报告也作为一种十分重要的投保凭证进行保存。

（五）病历及病史资料

被保险人如果既往患有某种疾病，将对现在的核保评估产生重大的影响，核保人员必须明确，被保险人以前疾病的转归清楚才能做出准确的核保结论，因而既往的病历显得特别重要，通过病历可以了解到被保险人的就诊原因，病状的严重程度，用药及费用、住院天数、疾病转归等，同时还能了解疾病有无并发症、后遗症、合并症，手术的大小和对后期的影响，疾病是否进行了保守治疗、是否会复发，客户是否进行了病理检查，病理检查的结果是什么。上述内容一般客户难以做出全面的说明，因而如果能取得客户病历资料的话，应该尽可能取得病历。取得病历后要认真审阅，关键信息要录入系统留存，并保留复印件进行保存或扫描进系统进行保存。

有的被保险人在提供了病历后，如果不能确定目前的健康状况，保险人可以要求被保险人进行体检以准确地进行核保，这种情况下的体检项目通常由核保人员依据所掌握的核保资料来确定，也可以要求被保险人提供某项体检报告，特别是一些创伤性或者高费用的项目，保险人通常只能建议被保险人进行某项检查，否则将会引起不必要的麻烦。

（六）契约调查报告

契约调查人对投保人与被保险人进行拜访，以确定其真实的投保目的、健康状况、财务情况、职业内容、运动嗜好、生活习惯等，通过拜访到的内容，提供给核保人员，核保人员将其作为核保的依据之一，来确定被保险人保额及承保的条件。

契约调查以后一般都要由契约调查人员撰写调查报告，报告内容包括以下八点：①消息的取得途径和方法；②信息的可靠性及是否进行了查证；③调查时间、地点、参加人员；④被访者基本资料，被保险人具体职务、工种，个人情况、收入、资产分析情况，个人健康状况，住所情况；⑤契约调查中发现的投保过程异常（如告知不全、签名不符等）；⑥综合评估，给出契约调查意见，并签名；⑦协助调查人员补充意见，并签名；⑧契约过程中所收集到的其他必要的核保资料。

有的保险公司还将调病历件作为契约调查件的一种，通常称为调病案件，这需要调查人与医院进行良好的沟通，由契约调查人员作复印或摘录后交由医院的病案管理人员加盖公章才能成为有效的资料使用。一般调病案件的摘录应该包括：①对主诉、现病史、既往史、个人史、家族史等重要内容进行简要摘录；②记录主要病程，包括主治医生、主任查房记录的有用内容，会诊记录，阶段小结，出院小结中对被调查人确定诊断或可疑诊断具有重要意义的内容；③记录手术情况，包括但不限于手术名称、方法、手术切除的器官或物质；④记录检验结果，包括重要化验记录、日期、项目、结果、病理报告内容，异常的必须如实详细记录当时的具体数值（参考数值）[如 X 线检查、B 超、CT、MRI、心电图（ECG）等]；⑤记录特殊的用药情况，有的药物治疗的疾病具有针对性，要引起特别注意，有的药物对肝肾有伤害作用，要注意是否已经造成损害及损害程度，停药后是否得以恢复等。

（七）业务员报告书

代理人是与客户接触最为深入的人员，代理人了解到客户的投保情况，因而其是否如实地报告展业的情况，对核保人员的核保决定将产生很大的影响。保险公司对于代理人均有较为严格的品质管理要求，代理人如能按公司的要求将所见到的被保险人的具体情况汇报给公司核保人，则核保的准确度将会大大提高。

代理人的告知书主要包括：①是否亲见投保人与被保险人；②代理人认为投保人的投保目的是什么；③代理人是否认为客户进行了如实告知，需要补充告知的内容；④代理人与投保人的关系；⑤投保人的投保方式；⑥代理人对本报告书真实性的确认并签名等。

（八）客户的财务报告或证明

在核保过程中，常常要根据客户的财务状况来分析其投保险种、投保金额、受益人指定的合理性和匹配性，同时也保证其有足够的财力支付续期保费，避免保单中断造成公司和客户的损失。

对于高额件，通常要求客户提供财务证明，包括房产证、车辆所有权证明、股权证明、银行存款单、工资单、税单等，若是私营业主，则提供营业执照、资产负债表、现金流量表、损益表等；同时客户应提交一份高保额问卷，说明其收入、负债情况，家庭成员及企业经营情况，以供核保人员进行综合分析。

（九）既往理赔、保全记录或其他公司承保情况

客户在本公司既往的理赔、保全记录是核保必须要查询的一个方面，这些资料可帮助核保人员掌握更全面的核保信息，并可依此对被保险人下发体检甚至是核保结论；既往保全过程核保人员要了解，并将其作为核保时的一个分析因素。若在其他公司有承保记录或现在正在投保，则要分析其保额申请的合理性及险种选择可能暗含的信息，同时也要关注其在其他公司的承保结论、体检结果等，保证投保人合理需求得到满足的同时又可以防范道德风险和逆选择。

二、核保的风险评估因素及方法

核保人员在掌握了上述核保资料的前提下，可以对投保申请着手进行核保处理，核保分析虽然是一个综合过程，但仍要对各项进行分别分析评估，核保人员常考虑以下几个方面因素。

（一）年龄

年龄是健康保险核保时需要考虑的一个重要因素，是决定保险费率的一个方面，因为人类的生

长、发育、健康均随着年龄的增长呈现规律性的改变，一般来说，疾病的发生率会随着年龄的增长而增加，也就是说，年龄越大，患病的概率会越高，而且患病后康复所需的时间也越长。同时意外的发生率与年龄之间也存在着一定的内在联系。

许多疾病都有其特定的高发年龄阶段，如癌症、高血压、冠心病、脑中风、慢性支气管炎等多发于 40 岁以上的中老年人；而许多传染性疾病如麻疹、腮腺炎等主要威胁到青少年儿童。其中 0～3 岁儿童因其身体功能发育尚不成熟，对于疾病的抵抗力较弱，同时此年龄段的婴幼儿在学步期，对周围的事物好奇多动，其患病率及意外伤害发生率均较高。

对于相同的疾病，发病的年龄不同，其危险程度也不一样。例如，一个 20 岁的年轻人和一个 60 岁的老年人都患有高血压，血压都是 160/98mmHg，但高血压对两者的健康危害是不一样的，20 岁的年轻人患高血压可能潜伏着更大的健康危险，会在比较短的时间内造成身体多器官的损害，在核保处理上通常会拒保，而对 60 岁的老年人一般在没有并发症的前提下可以考虑加费承保。因此虽然不同年龄在条款收费上均对应了不同的费率，但对年龄进行核保评估，仍是很有必要的，核保人员在评估年龄风险时要结合被评估人的其他方面因素进行综合评价。

（二）性别

性别同样是健康风险的一个重要影响因素，性别不同，疾病及意外伤害的发生率也会不同，一般来说，男性的意外发生率大于女性，特别是年龄在 17～21 岁的男性，据统计，男性的意外发生率约为女性的 3 倍。某些疾病的发病率有着明显的性别倾向，如系统性红斑狼疮、生殖系统疾病的发病率女性明显高于男性，而消化系统疾病的发病率男性明显高于女性；有些疾病只有男性才会得，如前列腺炎，有些疾病则专属于女性，如子宫肌瘤。

有关住院方面的统计资料显示，女性的疾病发生率要比男性高。在疾病发生之后，女性往往比男性更愿意去寻求医疗帮助。因此，如果健康保险的保障范围和保障程度完全相同，女性的风险程度通常要比男性高，为女性提供健康保险的成本要高于为男性提供同类健康保险的成本。对于女性而言，其还有一个特殊的时期，即妊娠期，此期间于妇女而言属于疾病高发期，常会出现一些妊娠合并症。核保人员在核保作业时常要求孕妇提供围产期证明或者进行必要的体检，以了解其是否有相关的合并症，并确定承保的条件，有的条款则在约定与妊娠有关的疾病不予承保的基础上，投保规则还对其妊娠月份做出限制性的规定。

（三）既往史

既往史系指被保险人以往的健康状况和患病历史，也包含意外伤害史。有些以前患有的疾病对现在的健康可能没有什么影响，有些既往史与被保险人现在及将来的健康状况有着密切的联系，核保师可根据既往史预测其将来发病的可能性，有些既往病症是可以根治的，如单纯胆囊结石，在胆囊切除之后便不会再患该病。有些既往病症虽然可暂时临床治愈，但未来仍有复发的可能性，并可导致其他更严重的疾病，如乙型肝炎，不仅可能会复发，还可能会导致肝癌。而有些疾病则是终身性的，如糖尿病、高血压等，即使通过服药使血糖、血压得到控制，也不能说它已经治愈。

对于既往史的核保，核保师更多地依靠客户的如实告知，有许多既往疾病，即使通过比较详细的体检也难以发现，因此，不能因为保险人对被保险人的体检而免除被保险人的告知义务，核保人员在核保时必须对该疾病有比较全面的了解和认识，可以通过调阅被保险人的病历或契约调查等收集核保所需资料，通过对既往史的评点，了解被保险人以前的健康状况对目前或今后被保险人健康的影响或趋势。

（四）目前的健康状况

目前的健康状况包括被保险人目前仍然存在或者正在接受治疗的疾病，也包括目前存在的体格方面的异常（属于潜在的风险因素）。

就健康保险而言，被保险人目前的健康状况是核保师需要考虑的最重要的危险因素之一，一般来说，具有现病史的被保险人通常不应该列入保险人承保范围，因为保险人的承保政策通常是对承保后新发疾病承担保险责任，但由于某些疾病的发生、发展呈慢性经过，经过大量的统计工作能够掌握其住院时间、频次及费用发生率，保险公司为了扩大业务范围，通常通过一定的承保手段来实现对部分慢性病患者进行承保的目的。许多统计资料显示，被保险人目前的健康状况会对未来疾病的发生率产生重大影响。因此，对那些目前正患有某种严重疾病或对其身体健康状况有重大怀疑者，在确定为特别严重的疾病后通常不予承保（即拒保），如癌症、脑中风、精神分裂症等；对那些所患疾病不太严重且病变部位比较局限的客户，则可以通过附加特约除外承保，如溃疡病、肾结石、子宫肌瘤等。对于所患疾病对健康的危害不是特别严重，但由于病变影响全身或原因不明，无法除外者，通常采用加费承保，如高血压、轻度的心电图改变等。

（五）家族病史

遗传医学研究表明，很多疾病的发生与遗传因素密切相关，如糖尿病、高血压、冠心病、血友病、精神疾病及某些恶性肿瘤等。以高血压为例，当父母中的一方患有高血压时，其子女患高血压的概率为 49.3%，当父母双方都患有高血压时，其子女患高血压的概率高达 73%。另有一些疾病，虽与遗传因素无关，但有明显的家庭人员高发现象，例如，当母亲血清中的 HBsAg（乙型肝炎表面抗原）和 HBeAg（E 抗原）均为阳性时，其家庭人员中 HBsAg 阳性率要比正常人群高得多。因而在健康保险核保中，被保险人的家族病史（包括父母、兄弟姐妹、祖父母及外祖父母的患病情况）也是一个需要认真加以考虑的危险因素。

一般来说，对于有高血压、糖尿病、冠心病、高脂血症家族史的被保险人在核保时应该予以加费处理，对于年龄在 45 岁以上的被保险人，应高度怀疑被保险人患有上述疾病的可能性；而对大肠息肉家族史的被保险人则要检查 40 岁以下被保险人是否已患有此类疾病。

核保人员在评估家族史时还要了解被保险人的家族习惯，如麻风、梅毒、肝炎等因其传染性而常呈家族高发趋势，在做健康保险核保时通常会因其配偶患有上述疾病而要求被保险人进行体检；对于有艾滋病等性传播疾病的配偶投保，不但要做相关检查，而且在承保时还可以对被保险人可能患有的这种疾病作除外承保。

对于家族史，我们还要注意到家族中人员的寿命情况，如果是长寿家族，可以适当放宽对被保险人的核保尺度。

（六）个人学历、嗜好与生活习惯

一般被保险人的个人受教育程度与其自我保健意识有一定的关系，并且在通常情况下，受教育程度越高，社会适应能力越强，个人的收入水平越高，生活品质越好，得到的医疗保健会更好。同时对于高学历者，其参与涉黑恶团体或打架殴斗的概率也较低学历者低，家庭关系相对和睦，从事重体力劳动等对健康危害较大的工作少；生活习惯通常指被保险人的烟酒嗜好，吸烟不仅可以导致肺癌，还能诱发和加重某些呼吸系统疾病和心血管系统疾病，造成不良后果，对于吸烟，其对健康的影响与每日吸烟的量、烟龄及最早吸烟的年龄有关，核保时在确定吸烟年龄早晚的前提下，以被保险人的吸烟支数与烟龄的乘积作为参考，来决定是否进行体检或者加费的依据；酗酒可以严重损害被保险人的身体健康，引起肝硬化并加重某些心脑血管疾病，同时还会增加发生意外伤害及失能的可能性。对于饮酒而言，一般依据其饮酒的量、种类、度数及是否对乙醇产生了依赖性，乙醇是否对健康产生了危害等，如果达到了一定的日饮酒量（男性每天乙醇摄入量 100ml，女性每天 50ml 以上），即使无其他异常，也考虑对被保险人进行加费处理；在个人生活习惯方面，如果高盐、高糖、高脂肪的饮食可以导致高血压、冠心病、糖尿病等疾病的发病率上升；在核保评估个人嗜好时，还要考虑异嗜癖，并对异嗜癖可能造成的健康危害进行综合评估。

（七）体格

体格即是体型，常用身高和体重来进行表述，日常生活中说某人长得很匀称，是指某人的身高与体重相匹配，一定的身高常对应于一定范围的体重标准，一定的体重也常对应于一定范围的身高标准；如果身高与体重不相匹配，常说明已患有或今后可能患有某种疾病。被保险人的体格状况与很多疾病的发生有关，但核保时更多地考虑体重，对身高只是在过高、过低的时候才加以考虑，如体重是偏瘦、正常还是肥胖，有专家论证，肥胖对人类健康的危害非常大，肥胖者患高血压、糖尿病、脑中风、冠心病、胰腺炎、胆结石、痛风等疾病的概率要比正常体重者高出数倍甚至数十倍，而且发病率与体重超标的程度成正比。在核保时，要特别注意体重超标的程度及胸腹围比例，并明确是否存在合并症（如血糖升高、高脂血症、脂肪肝等）进行综合评定。对病态性肥胖或体重严重超重者，通常给予延期或者拒保；对于一般普通肥胖者，可以加费承保；对体重轻微超重者，在没有其他相关健康异常的情况下，也可以考虑按标准费率承保。体重明显不足也是核保师需要考虑的一项因素，因为它可能是身体患有某种疾病的表现，如肺结核、溃疡病、甲状腺功能亢进、糖尿病及恶性肿瘤等。如果可以排除一些消耗性疾病，则体重较轻可以从宽核保。核保人在核保操作时，常使用体重指数（BMI）作为体检核保的考虑依据，体重指数的表示公式是：体重指数＝体重（单位 kg）/身高^2（单位 m），体重指数标准值为 22，小于 18 为过瘦，18～20 略瘦，20～24 为正常，24～28 略胖，大于 28 为过胖。在进行核保时，保险公司还会根据被保人的“三围”即胸围、腰围、臀围的大小来决定是否要调整承保的结论，一般来说，胸围较腰围为大，如果腰围大于胸围，则多会在承保时适当增加加费的比例，核保时还会计算腰围（cm）÷臀围（cm）的值，正常情况下男性小于 0.90，女性小于 0.85，如果超过这个数值，则提示有不良的健康危害，因而也会作为调整承保结论的一个内容。

值得注意的是，有一些体格异常，常由其原发病造成者，此时只需要评估原发病即可。对于一些以前从事过运动职业的人，如果其体重超重，则可以考虑以标准体承保。

（八）职业

职业指被保险人从事的主要工作内容，被保险人的职业不同，疾病及意外伤害发生的概率也会有所不同。职业方面的风险主要考虑由于职业引起的意外和健康两个方面，如某些职业可能需要暴露于火、电等危险环境中，某些职业则要使用危险的机器设备、搬运重物或有坠落风险，这些都会增加意外伤害事故发生的概率；某些职业则需要接触粉尘、毒物或暴露于高温的环境中，会相应增加从业者患病的可能性。

职业意外风险的大小，主要考虑工作性质风险的高低及工作环境中有害条件的多少，如矿石开采业的工人，其职业本身就具有很大的风险，农药制造工人则多因其工作中接触到有害物质而致病，一般来说，各公司在对职业进行风险评估时，都会制作职业代码及分类表，表中列出许多职业的风险分级，对于表中没有的职业，则参照其表中风险相近的职业来评估，便于保险人进行承保操作。

职业本身的意外风险一般都比较直观，相对而言，职业对健康方面的影响就比较隐蔽，主要表现为接触有毒物质、粉尘、高温湿环境、电磁辐射、紫外线、微波、激光、噪声及工作环境恶劣等。有的职业还会接触到致病菌，如炭疽杆菌、森林脑炎病毒等。

现实生活中，一些行业常有职业病发生的报告，作为核保人员，在核保时必须要加以考虑。职业病是指企业职工生产劳动过程中受有害因素的影响，在一定的条件下破坏了人体的功能，导致某些器官和系统的病变。各种职业病如表 3-4 所示。

表 3-4　常见职业病一览表

序号	职业病名称	致病的职业工作环境和有害物质	部分患此种职业病的工种
1	职业中毒	工业毒物	接触工业毒物的工人
2	肺尘埃沉着病	长期大量吸入可以引起肺纤维化的各种粉尘	掘进工、风钻工、爆破工、支柱工、矿石搬运工，以及耐火材料厂、石粉厂、玻璃厂、陶瓷厂、搪瓷厂、石棉厂中的粉碎工、配料工、搬运工、包装工等，此外还包括石英和硅酸盐企业中的工人
3	热射病和热痉挛	在高温和热辐射的条件下工作	锻工、轧钢工、司炉工
4	日射病	强烈日光直接照射下的露天作业	搬运工、修道工、建筑工、测量人员
5	职业性皮肤病	经常接触刺激性物质，如沥青、焦油、石蜡、油漆、酸碱等	工作上与上述物质有关的人员
6	电光性眼炎	在强烈的紫外线条件下工作	电焊工、照相制版工
7	职业性耳聋	经常在高噪声环境下工作	铆工、锻工、打眼工、风钻工、织布工
8	职业性白内障	经常在某些辐射线的环境中工作	玻璃厂的成型工、接触超高频电流作业的人员
9	减压病	在高气压条件下工作	潜涵工、潜水工
10	高山病和航空病	在低气压条件下工作	高山勘探、筑路、铺轨工作及航空工作人员
11	震动性疾病	剧烈的震动	操纵风动工具的工人
12	放射性疾病	电离辐射（X 线、γ射线等）	操纵和接触电离辐射的人员
13	职业性炭疽	接触被炭疽杆菌污染的动物及其原料制品的人员	制草工、制毡工、制造皮毛制品的工人
14	职业性森林脑炎	受带病毒的虱子感染	伐木工、森林调查人员

核保人在评判职业风险时，要仔细审核被保险人的职业内容、工作岗位，以及从事此岗位的时间、熟练程度、工作强度。有时对于一些高额件还要了解被保险人以前从事的职业及从业时间，以判断是否会有某些职业病发生的可能性。有时会遇到被保险人持有驾驶证的情况，对于有驾驶证者，核保时要根据准驾车型、驾龄、驾时、驾程及以前是否有交通意外发生史进行评估。对于有驾驶证，但非司机职业者，则通常依照其原来职业评点，但各公司对于持摩托车驾驶证者，一般都从严核保，因为摩托车防护装置少，风险发生率高，驾驶人员没有什么特殊的考试持证，对于摩的司机，则按高类别评估其职业风险。

在进行健康保险核保时，除了职业本身所固有的危险外，职业的稳定性及受伤或患病后回到正常工作岗位所需要的康复时间也是核保师需要考虑的因素。

对某些特殊职业，如远洋渔业、伐木业、采矿业等，因其职业风险较高，在个人健康保险中通常认为是不能承保的风险。军队通常已为现役军人提供医疗费用保障，所以保险公司一般也会不给现役军人提供医疗或残疾收入保障。

（九）生活环境

生活环境包括自然环境和社会环境。自然环境的危险因素包括理化、生物学因素，如地质中存在有害元素或缺乏必要元素，是许多地方性疾病发生的原因；恶劣的气候、能源匮乏、土地贫瘠、大气污染、离子辐射、噪声及动物中存在的可能感染人类的病原体等都是影响人类健康的危险因素。

社会环境包括社会制度、经济发展水平、文化教育、科学技术、人口状况等，此外战争、政治动乱等也是影响健康的危险因素，这中间影响最深的是社会经济发展水平。

生活环境中还包括由于社会心理因素的影响，会出现由于自身行为而产生的健康危害，如文体活动过少、看电视过多、营养不合理、滥用药物、赌博；有的是求医行为的错误而造成的健康危害，如患病不及时就医、不遵守医嘱、相信迷信拒绝就医，有统计资料表明，在美国因行为和生活方式所致的疾病占全部疾病因素的48.9%，在中国略低，占37%，从上述统计数据来看，人的行为方式对健康的影响极大，健康保险的核保人员必须要对此引起高度重视，尽可能收集被保险人生活方面的资料。

因此，生活在不同环境下的被保险人，其疾病及意外伤害发生的概率会不同。在核保实务中，对于某一被保险人前往的国家或地区的安全性常是我们决定是否受理或影响受理条件的主要原因之一。

（十）业余爱好

被保险人的某些业余爱好或追求新奇运动或刺激会明显增加伤残的发生率，并可因此导致住院，如爱好登山、滑雪、潜水的人会比一般人更容易遭遇意外伤害。核保人在评估业余爱好所增加的风险程度时，通常倾向于使用专业运动人员的评估方式，但通常不能被投保人与被保险人接受，或者被认为是对某项运动的歧视，有时只能依赖于核保师的主观判断，但核保师在做出核保结论时必须同时考虑从事体育运动的保护和医疗质量，对于一些有私人医生加以保护的人，可以进行放宽核保，一般来说，如果被保险人比较频繁地参与某些风险程度较高的业余爱好，核保时可以考虑附加免责特约进行除外承保。

（十一）道德品质

道德风险一般有两种表现形式，即逆向选择和道德风险。逆向选择指投保人与被保险人在投保时故意不如实告知或者避重就轻地告知，以期达到促使契约成立的目的。道德风险指利用保险合同来替本人或他人诈取保险金的行为，包括：①故意制造保险事故；②捏造保险事故，利用假象诈取保险金；③保险事故发生后，采用虚假手段扩大保险事故或改变保险性质认定。

投保人或被保险人的道德品质关系到投保人或被保险人的投保行为是善意的还是恶意的。道德品质不好的人投保，容易发生欺诈、不如实告知、隐瞒事实等危险，有时为了达到骗保、骗赔的目的，投保人或被保险人可能会虚报年龄、隐瞒既往史或现有病症，甚至可能发生蓄意伤害、自残等行为。

因此，在健康保险核保过程中，需要对投保人及被保险人的道德品质及投保目的认真加以考量，对那些在道德品质方面有不良记录的人通常要慎重考虑，有时还会拒保。例如，从事非法和受人非议的职业、有过欺诈或不实索赔的记录、因为行为不当经常引起同事及周围人群不满者等。

道德风险与其他危险因素不同，一般来说，道德风险属于无规律的人为风险，无法用大数法则进行预测，不易直接评估，也是核保师需要加以防范的主要风险，必须根据客观情况并结合本人所具有的知识和经验来加以判断。

核保人员在评判道德风险时，对投保目的要进行认真询问，同时还要考虑保险利益及投保的顺位性，如自己没有投保却给没有经济来源的配偶投保保额很高的保险，为年老的长辈投保，多个子女中只替某个子女投保等，要考虑到是否有体弱、年老或隐瞒了病情者参加了保险。

（十二）收入及财务状况

财务状况在人寿保险核保中被广泛采用，对于健康保险而言，财务和收入状况不像人寿保险公司核保那么重要，在进行财务核保时要考虑两个方面，①被保险人所需要的保障是什么？养老、医疗还是残疾保障？②其所需要的保障的大小？一般来说，各保险公司在确定被保险人保额时通常将规定其保额最高不超过对应被保险人年收入的 20 倍，如果年龄较大，其比例关系相应地缩小。对于定额给付型的健康保险，保险人通常依照被保险人的年收入来确定其对应的可保份额或档次，一般定额给付额是其日收入的80%或者更低，以防范可能出现的人为住院或者人为延长住院时间，引起不合理的理赔及医疗资源的浪费。

对于保额的确定，还有一种被称为“生命价值”的理论，即将一笔资金存入银行或通过其他渠道使它增值，其产生的利息与一个人每月的工资收入减掉本人生活费用后的净余部分相等，那么这笔资金就是这个人的“生命价值”，可以用此粗略地计算一旦被保险人发生保险事故后，给家庭带来的经济损失。例如：某个人的月工资为2000元，其个人月生活开支为1000元，假定银行储蓄存款月利息为0.72%，扣除利息税后为0.576%，则：

资本化此人的生命价值＝（2000－1000）/0.00576＝173611.11

在对投保人与被保险人收入进行判断的时候，通常只考虑经常性的收入，如工资、资金、兼职所得等，对于一次性的收入只作参考性考虑，其他一些长期性收入可以统计到收入中间，如银行存款、有价证券、股票的年利息收入可以计入。在评估收入时还要考虑被保险人是否有债务存在，如果有，要加以考虑。

大多数销售健康保险的保险公司，通常要求被保险人有最低水平的年收入才能购买某些险种。在失能保险的核保过程中，对被保险人收入及财务状况的考量就更为重要了，通常要求被保险人提供详细的财务信息或证明，许多保险公司对年收入低于某一水平的被保险人不会签发任何失能保险保单。

（十三）已有的保障水平

健康保险核保时，还应注意被保险人已有的健康保障水平，因为不同的公司承保的责任可能是相同的，如果被保险人再次投保相同责任的保险，往往提示其投保目的不良，或者暗示被保险人已经有某些健康方面的异常，其希望通过投保来获得较高的住院补贴或者费用报销比例。例如，被保险人已经拥有的社会医疗保险，单位所提供的医疗保障，以及在其他保险公司的投保险种、保险责任、赔付情况等，这些对健康保险风险评估都是非常重要的信息。总的来说，核保人员在防范道德风险时应该避免使被保险人因伤病而获得的保险金补偿高于其因此而支付的医疗费用支出的可能，否则将会导致人为延长住院时间，多次住院，或一人就医、全家用药的情况发生。此外对其他公司核保经过及承保条件的了解也有助于本次核保结论的决定作出，对于其他公司出现不良理赔的客户，公司可以考虑进行婉拒。

（十四）可保利益

可保利益是指投保人对被保险人拥有的法律上认可的利益，一般指经济利益，即被保险人活着对投保人的经济方面更为有利。投保利益相当复杂，一般来说，投保人对他本人具有可保利益，在投保人的亲属之间，父母、配偶、子女通常认为具有可保利益，如果是其他的亲属关系，则常被要求提供金钱利益证明，才认可具有可保利益。在实务操作中，如果投保人对被保险人具有扶养、赡养、抚养关系的，核保时也认为具有可保利益。我国保险方面的法律沿用了“同意原则”，即投保时被保险人同意投保人为其投保的，也视作具有保险利益，在这种情况下，核保人可以视具体情况决定是否予以承保。

在分析保险利益时常会遇到以下几种情况：①债权债务人之间的保险利益，核保时常受理此种投保申请，但受理的保额最高仅限于债权额和其预期的利息收入总和，并且保额是可变的，随着债权的分步实现，保额逐步减少，另外债权人资格也要求很严格，只对银行等金融机构开放且作为必须受益人。②雇主对雇员存在保险利益，这是因为雇主因为雇佣的人承担着伤害或死亡赔偿责任，因而投保人在投保险种的选择上以意外险为合理，其他险种要分析其需求。③企业要员保险，一个员工是否为企业要员，并不取决于他在企业中的行政职务，而主要取决于其是否掌握了企业的关键技术或客户资源，企业为这种员工投保可认为具有可保利益，这种的受益人应该为企业，但在保额的确定上往往各家公司标准不一。④合伙人之间的保险一般将保额对应于各自在合伙企业中的相应份额为限，并且投保要相互投保，且各自以对方作为受益人。

保险利益可以分为积极和消极两个方面，积极的常是对投保人而言，其对保险标的具有法律上承认的利益；而消极的一般来自外界规定或者承担的法律责任。

在核保时坚持保险利益原则，有助于防范道德风险的发生，防止一些别有用心的人进行保险诈骗，一般来说，健康保险核保人不必像人寿保险核保人那样严格关注可保利益，但是如果被保险人需要医疗护理或致残后，其经济损失风险很明显时，还是需要满足可保利益的要求的。只是在保险实务中，因其保障内容的特殊性，而保险利益被关注程度较低。对于个别包含身故责任的健康保险而言，保险利益原则在核保时同样重要。

（十五）受益人

受益人是指在保险事故发生后享有保险金请求权的人。保险合同的受益人没有相关法律做出硬性规定，可以为自然人，也可以是法人，还可以是某个团体。实际核保操作中各公司均对此进行较为严格的要求，一般来说，没有保险利益的人，不可以作为受益人，如果被保险人指定了没有保险利益的人作为受益人，核保人员通常会对这种指定的合理性提出质疑并进行求证，以明确其真正的投保目的，并决定是否接受其投保要约。

各家公司在核保操作过程中，业务员在展业时就会请客户指定受益人并记载于投保单中，如果投保人不作指定，往往理赔时会有纠纷，因为目前保险相关法律尚未就法定的范围做出规定，没有指定受益人可能会导致保险金作为遗产而适用遗产继承程序，违背投保人投保的初衷。

（十六）投保目的

投保目的指的是投保人希望通过保险这种途径转嫁何种风险，实现何种目的，规避风险是投保人的正常心理，也是保险得以存在的原因。不论是参加人寿保险，还是参加健康保险，其主要目的大致有八类：①为家庭、子女或个人提供经济保障，消除心理忧虑，增加安全感，确保家庭成员不因被保险人发生保险事故而陷入困境；②为子女教育而投保，保证在子女就学时的教育支出增加不影响家庭生活质量；③为年老时获取一份养老保障；④为了企业的持续发展；⑤为了保障债权得以实现；⑥转嫁自身应该承担的法律赔偿责任；⑦为患有严重疾病时有足够的医疗费用；⑧为健康原因状况改变寻求一份医疗保障，这些投保目的是合理的。但在实际工作中常会见到某些高额投保申请，投保目的是显示个人身价，对于这种保险一定要认真审核，明确其真正的投保目的；还有一种超额保险是人情单，这种投保申请的续保率极低，在承保时应该加以注意。

（十七）所投保险种及保额的合理性

与投保目的相对应的是投保险种，因为某些投保目的只能依靠投保某类险种才能实现，一般来说，业务员在展业时会依据投保人的保险需求而设计相应的险种。对于某些投保目的和险种类型不相匹配的投保单，核保人员要认真分析，找出其真正的投保目的。

对于投保金额，一般公司都有比较明确的要求，通常是其年收入的 20 倍以内，在具体确定被保险人保额时，要考虑到其年龄、收入情况，对于投保保额与其年收入严重不符的投保申请要特别关注，以防道德风险的发生。

（十八）其他方面

核保是一个综合分析过程，除了应该同时考虑上述各个因素外，还要考虑到各因素之间相互作用的结果，另外还要注意到被保险人的医疗情况，一旦患病是否能得到及时就诊，以及医院的规模、个人性格、邻里关系、投保的顺位性、是否曾发生过保险理赔、所从事的行业前景、工作的稳定性、是否经常出差及出差地点、个人家庭负担情况、是否从事受人非议的职业、是否与黑恶势力有染等。

第五节　健康保险核保结论

一、承保及其类别

承保是指保险人按保险合同的约定承担保险责任的简称，即保险人在投保人提出要保请求后，经审核认为符合条件并同意接受投保人申请，承担保单合同规定的保险责任的行为。承保工作中最主要的环节为核保，核保师在对投保资料进行收集完全的基础上，对被保险人进行综合评估，评点投保目的是否明确，财务状况是否良好，健康状况是否合格，习惯嗜好是否造成健康危害或增加了意外的发生率，是否有驾驶证及驾驶车辆，投保经历是否存在可疑之处，通过综合评点将其归入适当的风险组别（如标准体、次标准体、不保体等），并做出相应的核保结论，通常核保师在进行承保作业时常采用以下几种方法。

（一）标准体承保

标准体承保是指对于无异常告知或者告知内容不存在重大健康影响的被保险人，核保师经过分析认为其健康因素或非健康因素均无特殊异常者，通常赋予其标准费率承保。在承保实务中，绝大部分投保申请均以标准体进行承保。通常核保师将发生保险事故或损失的可能性不会明显高于预定水平的被保险人划入标准体；将保险事故或损失的发生率高于标准体一定比率，但又不至于无法承保的被保险人称为次标准体；将投保申请不能被保险公司接受的被保险人称为不保体，包括延期和拒保。是否为标准体对于不同的公司要求不尽相同，一般来说，公司运营时间越长，客户越多，抵御风险的能力就越强，对于一些风险不高的客户的承保条件会放宽而将其作为标准体，对于一些新公司则可能为次标准体。另外在实务中某个被保险人被一个公司要求以次标准体承保，甚至拒保，但在另外一家公司投保则被视作标准件的情况时有发生，这一般都是其投保险种的保险责任差异性导致的。

（二）加费承保

加费承保是指根据被保险人额外风险程度，在标准费率的基础上加收额外的保费，这是健康保险核保时对次标准体处理最常用的方法。对于一些患有全身性疾病，其严重程度不重，未达到公司的拒保程度，又不能通过除外方式来进行承保的投保人，通常对非健康体加费以达到费率公平的目的；对于职业风险较高的被保险人在承保时也通常采用加费方式。对于加费方式承保，有的是采用一次性加费的方式，主要是用于个性风险或递减性风险，如孕妇、手术后不久；更多的是采用在整个缴费期内，每年均增收一个固定保险费的方式，主要针对的是递增性风险或者稳定型风险，如高血压、高风险职业等。

进行加费承保的保单，一般不再进行加费金额的调整，如果承保后，当初加费者的健康状况得到改善，或者“痊愈”，被保险人提出要求削减或取消加费金额时，保险人通常不会接受，同样的，对于承保后的保单，如果被保险人的健康状况出现恶化，保险人不得因此而调整加费比例或改变承保条件。但对于职业加费而言，如果被保险人的职业发生了改变，由高风险职业转变为低风险职业，则可以要求保险人对其原来的职业加费进行调整或取消。

（三）除外约定承保

除外约定承保是指对于次标准体投保人，核保师承保作业时发出核保通知书，声明对某一种或多种疾病所引起的保险事故不予承担保险金给付责任的行为。被保险人的病变比较局限，在理赔时比较容易界定，在核保时为尽可能多地吸收客户，可以考虑进行除外约定承保，对于疾病的承保在进行除外约定时要考虑到这种病变的并发症、合并症及可能存在的后遗症，承保约定时要一并进行除外。除外约定承保，有时也用于某类具有高风险职业的被保险人，一般约定因在现场工作发生的保险责任事故，保险人不承担保险金给付责任，或者对于有某种危险运动爱好的人，也可以采用除外方式承保。在健康保险的承保活动过程中，除外约定的方式被广泛采用，在使用除外方式承保时，要做到严谨缜密，既不能扩大除外范畴，也不能将本应除外的疾病未列入除外约定，以防理赔时出现不必要的纠纷。

（四）降低保险金额承保

降低保险金额承保是指保险公司允许次标准体按照正常费率投保缴纳保险费用，但是在保险期限的一定期间内按照比例减少保险公司赔付次标准体的保险金额。被保险人的健康或职业风险在保险公司能够承保的风险范围内，但相对来说，保险金额较高，保险公司承担的风险较大，可以要求被保险人进行降低保险金额承保，从而降低保险人的承保风险。一般情况下，在保单开始生效之后的若干年内，减少比例会逐渐降低，也就是说保险公司给予次标准体的理赔金额会越来越高。值得注意的是，在比例的削减期中，对于遭遇意外事故死亡或者感染法定传染病死亡的次标准体，保险公司仍然全额赔付。这种承保方式适用于处于递减性危险的次标准体，如处于术后恢复期的人。

（五）缩短保险期限承保

缩短保险期限承保是指保险公司通过缩短次标准体投保人所购买保险的保障期限以进行承保的行为。通过这种方式，被保险人的保障期限减少了，但理赔条件依然不变（一般情况下与标准体投保人相同）。此承保方式常用于一些定期保险，可以在对被保险人的健康状况进行评估的基础上将保险期限缩短，如将保险期限由20年缩短至10年。缩短保险一般用于承保递增型风险，以避免在高危险期承担过高的风险。这种方法一般较难以被客户接受，需要做好沟通协商工作。

（六）变更缴费年期或缴费方式承保

变更缴费年期或缴费方式承保是指保险公司通过变更次标准体投保人缴费年期或缴费方式以进行承保的行为。通过变更缴费年期或缴费方式改变保险人承担风险的净额大小，通常是将缴费年期长的缩短或者将年交保险费的方式变更为趸缴，这样使得责任准备金得到快速提高，使得净保险金额快速减少，间接地降低保险人的承保风险。

（七）延期承保

延期承保即延期考虑承保的简称，是指投保人由于条件不具备，而被保险人拒绝承保，但经过一定时间后，投保人可能具备承保条件，保险人可以考虑承保。保险公司核保师在进行核保操作时，对于一些投保时风险处于变动之中短期内转归不明的疾病，需要治疗后待疾病状态稳定，或者暂时无法收集到足够的核保资料的被保险人，需要等待一段时间进行补充，常采用延期承保的方式。通过延期一段时间进行观察，待到病情稳定或必要的核保资料取得后才予以受理。核保人在做出延期决定时一般要向客户说明延期的期限，方便客户在期限届满后再次投保。

延期承保通常包括：

1）被保险人患有的疾病属于风险较高的疾病，但已进行了相关治疗，治疗后短期内无法对未来转归做出相对准确的预测，如刚刚进行乳腺癌手术。

2）核保师对被保险人的核保资料收集不全，需要进一步收集，而进一步收集或观察需要一定的时日，如一个女性被保险人两次尿蛋白均为弱阳性，但没有患病史，也没有明确的病因诊断。

3）患有暂时性的疾病，短期内可能会有恶化，也可能会很快好转，如较为严重的外伤，刚经手术治疗后。

4）以前的疾病，投保时仍无法判断其转归的情况，如婴幼儿脑瘫，在 3 岁前投保，因其是否会有智力障碍等尚无法分辨，因而通常延期至 10 岁以后方可受理。

二、拒 保

拒保指被保险人的健康或职业风险超出保险人能够承保的风险范围，风险相对集中，不能通过额外保费方式分摊风险或额外保费太高，为了保护广大投保人的利益，而不予受理其投保的行为。无论是人寿保险还是健康保险，拒保都可以分为以下三种原因：

1. 职业风险较高，列入拒保职业

各公司都有自己的职业分类表，在职业分类表中分为可保职业和不可保职业。对于投保时仍从事不可保职业的被保险人，不予受理，如爆破工、矿工、采掘工、高压电工程作业人员、水下作业人员等，易发生意外突发情况而导致死亡，这类职业具有高风险，所以保险公司对这类人群，一般是拒保的。

2. 健康风险较高，保险人作拒保处理

各家公司均对一些常见且严重的疾病在投保规则中加以标注，要求业务员对告知有此项异常者的投保不予受理，核保师在进行核保操作时，对属于拒保的被保险人也会作出拒保决定，拒保的情况通常有如下几类：

1）癫痫、智能障碍（智商评分小于 90 分）和患有精神科疾病者。

2）重度残疾。

3）有恶性肿瘤病史。

4）慢性酒精中毒。

5）肝硬化。

6）严重糖尿病（如糖尿病伴蛋白尿等）。

7）肾切除 3 年以内（外伤性切除除外）。

8）尿毒症。

9）神经系统疾病。

10）严重的血液病。

11）中、重度心脏病。

12）艾滋病及人类免疫缺陷病毒（HIV）呈阳性者。

13）接受器官移植者。

14）中重度高血压（180/105mmHg 以上）。

15）严重的结缔组织疾病。

3. 其他不适宜承保的情况

如被保险人吸毒、曾有过明确的道德风险和逆选择者、参与黑恶势力组织和进行过暴力犯罪者；对于涉及刑事诉讼者也通常不予承保。

应当说明的是，曾被拒保过并不代表此人不能进行投保，随着保险人承保能力的增强，原来不能承保的投保件就有可能变成可以接受的投保件，某些因职业原因被拒保的被保险人也可能因为职业风险的降低而为保险人所接受。

以上就是核保师在进行核保作业时经常使用的承保方法，但实务操作中还有其他比较少用的方法，如削减保险金额承保，就是指在缔约后一定时期内发生保险事故，保险人对保险金额进行削减一定比例后支付。各种承保手段并不是各自孤立的，而是可以互相交叉使用的。作为核保师，在承保作业时要认真审核，力求结论严谨，因为一旦作出核保结论，就确定了双方的权利和义务关系，无特殊或法定的原因，不能进行变更或解除。

思考题

1. 健康保险核保有何意义？
2. 健康保险核保有哪些主要环节？
3. 健康保险核保主要的信息来源有哪些？
4. 核保的风险评估因素主要有哪些？
5. 核保师在进行承保作业时常采用哪些方式进行承保？

（方桂霞　陈永成　田国梅）

第四章　健康保险核保实务

内容提要

一般来说，针对一些有既往史或家族病史的人，核保师往往要根据疾病的种类、疾病的严重程度及有无并发症等对被保险人进行核保，还要考虑被保险人的职业等影响因素，如果投保有保险费豁免的险种，还应当评估保险费豁免对应的被保险人。通常来说，保险公司应尽量准确评估每位被保险人的风险情况，对被保险人进行标准体承保或加费承保，而尽可能少地拒保。本章介绍了人体八大系统（循环系统、呼吸系统、消化系统、内分泌系统、运动系统、神经系统、泌尿系统、生殖系统）常见疾病的核保，并详列了每种疾病的病因、症状、核保需搜集的资料、核保评估和指导原则。

第一节　循环系统疾病的核保

一、循环系统概述

循环系统是封闭的管道系统，包括心血管系统和淋巴系统。心血管系统为全身组织、器官运送血液，通过血液将氧气、营养物质、激素等提供给组织器官，并将组织器官产生的代谢废物带走，保证人体新陈代谢的有效进行。心血管系统的疾病包括心脏和血管疾病，合称心血管疾病，在我国，心血管疾病是导致死亡的首要疾病。

心血管疾病的分类通常有三类，即根据病因、病理解剖和病理生理进行分类：①按病因分为先天性和后天性；②按病理解剖分为心内膜病、心肌病、心包疾病、大血管疾病及各组织结构的先天性畸形；③按病理生理分为心力衰竭、乳头肌功能不全、心律失常、高动力循环状态、心脏压塞等。

因此，心血管疾病的诊断需要将病因、病理解剖和病理生理分类诊断同时列明，以便于对患者病情有更加深入的了解。如风湿性心脏病要列出：①风湿性心脏病（病因）；②二尖瓣狭窄和关闭不全（病理解剖）；③心力衰竭、心房颤动（病理生理）。

心血管疾病的诊断应根据病史、临床症状和体征、实验室检查及器械检查经综合分析后作出。

心血管疾病的常见症状有呼吸困难、咳嗽、心悸、少尿、水肿、发绀、咯血、胸痛、头痛、头昏或晕眩、昏厥或抽搐、恶心、呕吐等。

心血管疾病的常见体征有心脏扩大、心脏杂音、心音改变、心包摩擦音、心律失常、肝脾大。

辅助检查：血液检查、心电图、超声心动图、心向量图、动态心电图、运动心电图、CT、MRI、放射性核素检查等。

治疗与预后：治疗主要是消除病因，从病因、病理解剖、病理生理三个方面进行治疗，同时配合康复手段，如药物治疗、手术治疗、电子仪器辅助治疗等。在预后上，若器质性心血管病较为严重，影响患者的活动能力，则预后较差，甚至发生猝死。因病种不同，治疗方法及预后各异。常见的先天性心脏病已手术治疗者预后较好，对于已发生并发症者，其预后相对较差。

二、心 力 衰 竭

心力衰竭（heart failure，HF）是指各种疾病导致心排血量减少，不能满足机体组织代谢的需要，以肺循环和（或）体循环淤血，器官、组织血液灌注不足为临床表现的一组综合征，主要表现为呼吸困难、体力活动受限和体液潴留。按其发生的时间、速度、严重程度分为慢性心力衰竭和急性心力衰竭。

临床上以左心衰竭较为常见，左心衰竭后可继发右心衰竭而致全心衰竭。由于严重广泛的心肌疾病同时波及左心、右心而引发的全心衰竭在住院患者中更为多见。

（一）慢性心力衰竭

1. 疾病概述

慢性心力衰竭分为左心衰竭、右心衰竭及全心衰竭。

临床表现：①左心衰竭主要表现为肺淤血及心排血量的降低。常见不同程度的呼吸困难，可由劳力性呼吸困难转变为端坐呼吸至夜间阵发性呼吸困难，甚至出现肺水肿这种最危险的左心衰竭情况，此外还可出现咳嗽、咳痰、咯血、疲倦、头昏、心慌、少尿等。查体可见心率增快，肺部湿啰音，心脏扩大的征象等。②右心衰竭主要表现为体循环淤血。常见多脏器慢性持续性充血而发生的功能改变，如食欲不振、恶心呕吐、少尿、夜尿、劳力性呼吸困难。查体见凹陷性水肿、颈静脉怒张、肝大、心脏杂音、右心室扩大。③全心衰竭，可由左心衰竭继发右心衰竭，左心衰竭、右心衰竭的表现均有，但肺淤血的症状会有所减轻。

功能分级：心力衰竭的严重程度通常采用美国纽约心脏病学会（NYHA）的心功能分级方法。Ⅰ级：日常活动量不受限制，一般活动不引起乏力、呼吸困难等心力衰竭症状；Ⅱ级：体力活动轻度受限，休息时无自觉症状，一般活动下可出现心力衰竭症状；Ⅲ级：体力活动明显受限，低于平时一般活动即引起心力衰竭症状；Ⅳ级：不能从事任何体力活动，休息状态下也存在心力衰竭症状，活动后加重。

影像学检查：X线检查、超声心动图、放射性核素检查等有助于诊断。

治疗：①一般治疗包括生活方式管理、休息与活动、病因治疗；②药物治疗包括利尿药、肾素-血管紧张素-醛固酮系统（RAAS）抑制剂、β受体阻滞剂等；③非药物治疗包括心脏再同步化治疗、植入型心律转复除颤器、心脏移植等。

预后：本病大多为不可逆性的病理改变，特别是顽固性心力衰竭，通常需要进行心脏移植。即使是感染诱发，通常也有一定的基础疾病，预后均较差。

2. 核保原则

1）收集核保资料：包括病因在内的诊断及治疗材料，如心电图、心功能测试及分级等，明确其心功能状况、原发疾病及其诱因、治疗转归情况。

2）核保。对于有明确原发病的，在诱因完全消除后按原发病进行评点，否则按慢性心力衰竭进行评点，对于人寿保险、健康保险和意外险通常予以拒保处理。

（二）急性心力衰竭

1. 疾病概述

急性心力衰竭是指急性心脏病变引起心排血量显著、急骤降低，导致组织器官灌注不足和肺静脉回流不畅的急性淤血综合征（肺水肿），可表现为急性新发或慢性心力衰竭急性失代偿，临床分类为急性左心衰竭和急性右心衰竭。

临床表现：突发急性呼吸困难，呼吸每分钟可达 30～50 次，强迫坐位、面色灰白、发绀、大汗、烦躁、咳嗽、咳粉红色泡沫痰，极重者可因脑缺氧而致神志模糊。

辅助检查：心电图、胸部X线检查、超声心动图、动脉血气分析等可以确诊。

治疗：①一般治疗包括体位、吸氧、救治准备等；②药物治疗包括镇静、快速利尿、血管活性药物等；③病因治疗；④非药物治疗包括机械通气、连续性肾脏替代治疗、机械辅助循环支持装置等。

预后：病情险恶，常取决于其原发病，目前较难治愈，可通过积极治疗缓解症状。

2. 核保原则

1）收集核保资料：主要收集治疗的经过及心电图检查报告，同时明确原发病因。

2）核保：若未有效控制的，则拒保所有险种；若控制较好，恢复较好，则评估其原发病，根据原发病，结合目前心功能恢复情况进行加点承保或拒保。

三、原发性高血压

（一）疾病概述

高血压是以体循环动脉血压增高即收缩压和（或）舒张压持续升高为主要表现的临床综合征，可分为原发性和继发性两类。绝大多数为原发的原因不明的高血压。原发性高血压长期影响心、脑、肾的结构和功能，最终导致这些器官的功能衰竭。常见危险因素有吸烟、高脂血症、糖尿病、年龄＞60 岁的男性或绝经后女性、心血管疾病家族史。

1. 血压分类及定义

目前，我国采用的血压分类和标准见表 4-1。高血压的定义为未使用降压药的情况下诊室收缩压达到或超过 140mmHg 和（或）舒张压达到或超过 90mmHg 即诊断为高血压。应以两次或两次以上非同一日多次测定的血压平均值作为依据。根据血压升高水平，通常可以分为 1、2、3 级。

表 4-1　血压水平分类和定义

类别	收缩压（mmHg）		舒张压（mmHg）
正常血压	＜120	和	＜80
正常高值血压	120～139	和（或）	80～89
高血压	≥140	和（或）	≥90
1 级高血压（轻度）	141～159	和（或）	91～99
2 级高血压（中度）	160～179	和（或）	100～109
3 级高血压（重度）	≥180	和（或）	≥110
单纯收缩期高血压	≥140	和	＜90

注：当收缩压和舒张压分属于不同分级时，以较高的级别作为标准。以上标准适用于任何年龄的成年人

2. 病理

高血压早期仅表现为心排血量增加和全身小动脉张力增加，持续发展可致小动脉玻璃样变性、中层平滑肌增生、管壁增厚、管腔狭窄，并致心、脑、肾缺血损伤，累及中、大动脉，致动脉粥样硬化。

心脏：外周血管阻力升高，使左心室扩大，心脏肥厚扩大发展为高血压心脏病，致心力衰竭，长期高血压可使脂质在大、中动脉沉积，致动脉粥样硬化。

脑：脑小动脉硬化及血栓可致腔隙性脑梗死、微小动脉瘤，血压升高时脑出血，急性血压升高可致脑小动脉痉挛、缺血、渗出，导致高血压脑病。

肾：入球小动脉硬化，肾实质缺血，肾小球纤维化、萎缩致肾衰竭。恶性高血压短期内可出现肾衰竭。

视网膜：小动脉早期发生痉挛，随着病程进展出现硬化，血压急骤升高可引起视网膜渗出和出血。

3. 临床表现

大多数患者起病缓慢，早期无症状，仅在测量血压或产生并发症时才被发现。常见症状可有头痛、眩晕、气急、疲劳、心悸等，典型的头痛在血压下降后消失。后期主要是高血压并发症的临床表现，主要是心、脑、肾、血管等靶器官的损害。高血压体征一般很少，可见血管杂音、心脏杂音等。

4. 特殊类型高血压

1）恶性高血压。有 1%～5%中、重度高血压发展为恶性高血压，发病急骤，肾小动脉纤维样坏死，以中青年多见，血压显著升高，舒张压持续≥130mmHg，头痛、视物模糊、眼底出血、渗出、视神经盘水肿，持续蛋白尿、血尿、管型尿，可伴有肾功能不全，患者可死于肾衰竭、脑卒中或心力衰竭。

2）高血压危象。周围血管阻力突然上升，血压明显升高，出现头痛、烦躁、眩晕、恶心、呕吐、心悸、气急、视物模糊，可出现心绞痛、肺水肿或高血压脑病，血压以收缩压升高为主，病时短暂，血压控制后缓解，易复发。

3）高血压脑病。急性脑血液循环障碍，引起脑水肿和颅内压增高，导致脑灌注过多，引起脑水肿，有严重头疼、呕吐、神志改变，可抽搐、昏迷。

4）老年高血压。年龄超过 60 岁达高血压标准的，即为老年高血压，我国患病率约为 49%。典型特点是收缩压增高，舒张压下降，脉压增大；血压波动性大，易出现体位性低血压。

5. 辅助检查

1）长期高血压患者可出现尿蛋白增多及尿常规异常、肾功能减退、胸部 X 线示主动脉弓迂曲、左心室增大，心电图示左心室肥大劳损，血脂也可能升高。

2）眼底检查有助于对高血压的严重程度进行判断。Ⅰ级：视网膜动脉变细、反光增强；Ⅱ级：视网膜动脉狭窄、动静脉交叉压迫；Ⅲ级：在上述基础上有眼底出血、棉絮状渗出；Ⅳ级：在上述基础上出现视神经盘水肿。

6. 并发症

常见并发症有脑血管病、心力衰竭和冠心病、慢性肾衰竭、主动脉夹层。

7. 治疗

目前，原发性高血压尚无根治方法。主要是降压治疗，分为非药物治疗和药物治疗，目的是减少患者心血管病发病率和死亡率。高血压降压达到血压控制目标值后常需终身治疗，突然停药会出现停药综合征。

1）非药物治疗：合理膳食，减轻体重；低盐、低脂、补钾、限酒、戒烟；增加运动、保持良好的心理健康。

2）降压药物治疗：常用药物有利尿剂、β受体阻滞剂、钙通道阻滞剂、血管紧张素转化酶抑制剂、α受体阻滞剂等。

8. 预后

高血压的预后不仅与血压水平有关，还与靶器官损害程度和是否伴有并发症有关，即使没有并发症，也无法根治。

（二）核保原则

1. 收集核保资料

收集客户初患高血压的年龄、高血压水平、治疗情况、服用药物情况等，特别是有无并发症的相关诊断资料。

2. 核保

对于没有高血压并发症的客户，若为轻度高血压，则对于人寿保险按 EM75 加费承保（EM 值为额外死亡率），对于重大疾病可加费至 EM100～150 承保，意外险可以标准体承保。若为中、重度高血压经治疗未有效控制的，则拒保；若控制较好，且稳定 1 年以上，可在轻度高血压基础上再加点 25～50 点承保。若出现高血压并发症，可在评估高血压及并发症的基础上再加 25～50 点承保。若发生恶性高血压、高血压危象、高血压脑病，则拒保。

四、动脉粥样硬化和冠状动脉粥样硬化性心脏病

（一）动脉粥样硬化

1. 疾病概述

动脉硬化是动脉发生了非炎症性、退行性和增生性病变，导致管壁变厚变硬，管腔缩小，失去弹性，由于在动脉内膜积聚的脂质外观呈黄色粥样，因此称为动脉粥样硬化，是动脉硬化中最常见且重要的类型，其特点是受累动脉病变从内膜开始。本病常与年龄、性别、血脂异常、高血压、吸烟、糖尿病、糖耐量异常、肥胖等因素紧密相关。

病理及临床表现：病理变化主要累及大型及中型的肌弹力型动脉，以主动脉、冠状动脉及脑动脉为多见，常导致管腔闭塞或管壁破裂出血等严重后果。根据动脉硬化累及的部位，可分别出现主动脉粥样硬化、冠状动脉粥样硬化、颅脑动脉粥样硬化、肾动脉粥样硬化、肠系膜动脉粥样硬化、四肢动脉粥样硬化。临床主要表现为受累器官出现相应的症状及体征。

辅助检查：本病尚缺乏敏感而特异的早期实验室诊断方法，可做血脂检查、血管造影、X 线检查、MRI、心电图、超声心动图、CT 血管造影等。

防治：首先应积极预防动脉粥样硬化的发生，如已发生应积极治疗，防止病变发展并争取逆转。防止措施包括合理膳食，提倡戒烟戒酒，适当锻炼，合理安排工作和生活，同时可服用降脂药物、扩张血管药物、抗血小板凝集的药物，必要时介入和外科手术治疗。

预后：本病预后随病变部位、程度、血管狭窄发展速度、受累器官受损情况和有无并发症而不同。病变涉及心、脑、肾，血管硬化致心肌梗死、脑血管意外或肾衰竭，则预后不良。

2. 核保原则

1）收集核保资料。本病较少被单独诊断，通常在动脉粥样硬化发生时产生相应症状，在核保时要收集相关资料，明确发生疾病的部位及严重程度。

2）核保。对于有大动脉粥样硬化者，通常不予承保。

（二）冠状动脉粥样硬化性心脏病

1. 疾病概述

冠状动脉粥样硬化性心脏病是指冠状动脉粥样硬化引起管腔狭窄或闭塞，导致心肌缺血缺氧或坏死而引起的心脏病，简称冠心病，也称为缺血性心脏病，是动脉粥样硬化最常见类型，好发于 40 岁以上成年人，高胆固醇血症、高血压、糖尿病、长期吸烟及肥胖者是高发人群。

分型：根据冠状动脉病变的部位、范围、血管阻塞程度可分为以下 5 种临床类型。

1）无症状型冠心病：仅有 ST 段压低、T 波低平或倒置等心电图缺血改变。

2）心绞痛型冠心病：一过性心肌供血不足引起发作性胸骨后疼痛。

3）心肌梗死型冠心病：急性心肌缺血性坏死。

4）缺血性心肌病型冠心病：长期心肌缺血导致心肌纤维化，表现为心脏扩大、心力衰竭和心律失常。

5）猝死型冠心病：缺血心肌局部发生电生理紊乱，引起严重的室性心律失常，致心搏骤停。

临床表现：典型症状为胸闷、胸痛、乏力、呼吸困难，可伴有出汗、恶心、呕吐等症状，严重

者可出现心力衰竭、低血压或休克等表现。也可见咽喉部紧缩感，左肩、左臂内侧疼痛。

辅助检查：常用的有心电图、运动负荷试验、动态心电图、X 线检查、超声、造影等。

治疗：主要是预防新发病灶和治疗已存在的病变，包括抗缺血治疗、抗血栓治疗、手术治疗，以改善冠脉供血为主。

预后：本病不能治愈，但严格控制危险因素，并坚持长期药物治疗可以改善预后。

2. 核保原则

1）收集核保资料。收集客户诊断及病程资料、检查及功能性诊断报告均对核保有极大的帮助。

2）核保。核保实务中，无症状型冠心病若仅有 ST-T 段改变，通常人寿保险可按 EM25～100 加费承保，健康保险以 EM75～150 加费承保，意外险可以控制在合理保额内以标准体承保；心绞痛型冠心病，人寿保险可按 EM75～150 加费承保，健康保险通常拒保，意外险可控制保额承保；心肌梗死型冠心病、缺血性心肌病型冠心病及猝死型冠心病均应拒保。

五、二尖瓣狭窄和关闭不全

（一）二尖瓣狭窄

1. 疾病概述

心脏瓣膜病受累最多的是二尖瓣，常因风湿热导致，左心房血液流入左心室受阻，致左心房压力升高引起肺静脉、肺毛细血管压被动升高，导致劳力性呼吸困难，严重的肺动脉高压导致右心室扩张和右心衰竭。

临床表现：①呼吸困难，为最常见也是最早期的症状，多是逐渐加重的劳力性呼吸困难，出现静息时呼吸困难、端坐呼吸和阵发性夜间呼吸困难，甚至急性肺水肿；②咯血，可突然咯大量鲜血，夜间阵发性呼吸困难或咳嗽时血性痰或带血丝痰，若出现急性肺水肿可咳大量粉红色泡沫痰；③咳嗽，常见，多在夜间睡眠或劳动后出现，为干咳无痰或泡沫痰，并发感染时咳黏液样或浓痰；④血栓栓塞，为二尖瓣狭窄的严重并发症，约 20%的患者在病程中发生；⑤其他症状，可见声音嘶哑、吞咽困难、食欲减退、恶心等；⑥查体可有明显的二尖瓣面容，听诊有杂音。

辅助检查：X 线片可见左心房增大、右心室增大，间质性肺水肿征象；心电图示二尖瓣型 P 波；超声心动图是可靠的诊断方法。

并发症：①心房颤动，初起为阵发性心房扑动和心房颤动，转化为慢性心房颤动，舒张期缩短，心室充盈不足，可突然出现严重呼吸困难，甚至急性肺水肿；②急性肺水肿，严重呼吸困难，不能平卧，咳粉红色泡沫痰，两肺有干、湿啰音；③血栓栓塞，可有多部位栓塞及表现；④右心衰竭，多为晚期的并发症，并发三尖瓣关闭不全时可出现腹水；⑤感染性心内膜炎，较少见；⑥肺部感染，较多见。

治疗：①一般治疗，包括预防风湿热复发、感染和对症治疗；②并发症处理，包括对症、对因治疗；③介入治疗，包括二尖瓣成形术、分离术；④人工二尖瓣膜转换术。

预后：本病预后较差，从症状发生至完全致残平均为 7.3 年，经过人工二尖瓣膜置换术治疗的存活者，其心功能可以恢复较好。

2. 核保原则

1）收集核保资料。收集客户的病史、辅助检查及诊断相关资料，明确其病理、功能诊断情况。

2）核保。考虑本病属于迁延性疾病，预后差，即使无症状也要较大幅度加费承保，人寿保险可按 EM100～200 加费承保，健康保险则作拒保处理，意外险可在保额合理控制的前提下以标准体承保。

（二）二尖瓣关闭不全

1. 疾病概述

因风湿性心脏病、冠心病等多种原因可致二尖瓣关闭不全，致左心室每搏喷出的血液一部分从二尖瓣口反流入左心房，致左心室、左心房的血液容量负荷增加。急性可致左心室来不及代偿，出现肺淤血、肺水肿、肺动脉高压、右心衰竭。慢性则见代偿性左心室、左心房扩大，最终致肺淤血、肺水肿，肺动脉高压、右心衰竭。二尖瓣关闭不全主要累及左心房、左心室，最终影响右心。

临床表现：轻度急性二尖瓣关闭不全仅有劳力性呼吸困难，严重者可出现急性左心衰竭。轻度慢性二尖瓣关闭不全可无症状，严重者主要表现为疲乏无力，晚期肺淤血可致呼吸困难。查体时可见心尖搏动左下移位，心音改变。

辅助检查：X 线检查、心电图、超声心动图、造影均有助于诊断。

并发症：大多可伴有心房颤动、心力衰竭及感染性心内膜炎。

治疗：无症状者无需特殊治疗，预防风湿热，若有心房颤动或心力衰竭者，应进行相应治疗；也可进行外科二尖瓣膜置换术或修复术。

预后：急性严重的反流伴血流动力学不稳定者，预后不良；若仅二尖瓣单纯脱垂无明显反流及无收缩期杂音，预后大多良好；出现左心房、左心室增大，年龄 50 岁以上者，预后差。

2. 核保原则

1）收集核保资料。收集客户病史资料，检查报告，以明确诊断、病程及明确是否有并发症。

2）核保。对于单纯性二尖瓣脱垂，无杂音，没有症状和并发症的，人寿保险可按 EM25～75 加费承保，健康保险可以 EM50～100 加费承保，意外伤害可以标准体承保。若出现心房、心室的改变或出现并发症，则作拒保处理。

六、原发性心肌病

心肌病是由各种原因引起的伴有心肌机械或心电活动障碍的一组疾病，分为原发性心肌病和继发性心肌病两种，原发性心肌病按病因和病理分为四型：扩张型心肌病，即左心室或双心室扩张，有收缩障碍；肥厚型心肌病，即左心室或双心室肥厚，通常伴有非对称性中隔肥厚；限制型心肌病，即收缩正常，心壁不厚，单或双心室扩张功能低下及扩张容积减小；致心律失常型右心室心肌病，即右心室进行性纤维脂肪变。

（一）扩张型心肌病

1. 疾病概述

扩张型心肌病主要以心脏扩大为主，可见心室扩张，室壁变薄，产生充血性心力衰竭，常伴有心律失常。

临床表现：多起病隐匿，早期可无症状。常因气急，甚至端坐呼吸、浮肿、肝大等充血性心力衰竭的症状和体征才被诊断，部分患者可发生栓塞或猝死。

辅助检查：X 线片示心影增大，心胸比＞50%。心电图、超声心动图、心肌核素显像等均有相关指征改变。

治疗：本病无特殊的治疗方法，主要针对充血性心力衰竭和心律失常对症治疗。

预后：本病预后较差。

2. 核保原则

1）收集核保资料。收集客户就诊资料，明确诊断及疾病严重程度。

2）核保。对于扩张型心肌病作拒保处理。

（二）肥厚型心肌病

1. 疾病概述

肥厚型心肌病是一种遗传性心肌病，以心肌非对称性肥厚、心室腔变小，左心室充盈受阻，舒张期充盈下降为主要特点。根据左心室流出道有无梗阻可分为梗阻性肥厚型心肌病和非梗阻性肥厚型心肌病。

临床表现：最常见的症状是劳力性呼吸困难和乏力，最常见的持续性心律失常是心房颤动，还可见劳力性胸痛、晕厥。听诊有心脏杂音。

辅助检查：X线检查、心电图、超声心动图、冠状动脉造影等有助于诊断。

治疗：通过减轻流出道梗阻、改善心室顺应性、防治血栓栓塞等改善症状、减少并发症和预防猝死，包括药物治疗、非药物治疗和猝死的风险评估等。

预后：本病预后较差。

2. 核保原则

1）收集核保资料。收集客户就诊资料、治疗、检查的病历及诊断资料。

2）核保。对于肥厚型心肌病作拒保处理。

（三）限制型心肌病

限制型心肌病是以心脏间质纤维化增生为病理变化，我国仅有散发病例，本病只能对症治疗，预后较差，通常作拒保处理。

（四）致心律失常型右心室心肌病

致心律失常型右心室心肌病是一种严重的心肌病，是右心室心肌被进行性纤维脂肪组织所置换，表现为心律失常、右心扩大和猝死。本病预后很差，宜作拒保处理。

七、急性心包炎和缩窄性心包炎

心包由脏层与壁层组成，两者间为心包腔，临床上以急性心包炎和缩窄性心包炎多见。

（一）急性心包炎

1. 疾病概述

急性心包炎是指以急性渗出为主的心包炎，可由细菌、病毒、自身免疫等因素引起，常表现为胸痛、心包摩擦音和心包积液。根据病因可分为非特异性心包炎、感染性心包炎、继发性心包炎等；根据病理变化可分为纤维蛋白性心包炎和渗出性心包炎。

临床表现：①纤维蛋白性心包炎。表现为尖锐的心前区疼痛，与呼吸有关，常因咳嗽、深呼吸或体位变换而加重，也可呈胸骨后压榨样疼痛；典型体征是听诊有心包摩擦音，但积液量多时可消失。②渗出性心包炎。临床表现取决于积液对心脏的压塞程度，轻者仅能维持正常的血流动力学，重者可出现循环障碍或衰竭。可致静脉回流量减少，呼吸困难，可见端坐呼吸、呼吸浅快、发绀，压迫气管、食管可出现干咳、吞咽困难；叩诊示绝对浊音区向两侧增大，心尖搏动弱，心音低，脉压差小，静脉回流受阻，出现奇脉、静脉怒张、肝大甚至腹水等。

辅助检查：X线检查、心电图、超声心动图、心包穿刺等均有诊断价值。

治疗：包括病因治疗、解除心脏压塞及对症支持治疗。

预后：与病因及治疗有关，结核性心包炎可演变为缩窄性心包炎。

2. 核保原则

1）收集核保资料。收集客户就诊及病因诊断的相关资料及检查报告。

2）核保。核保师根据病因及治疗转归情况进行评估，若急性非特异性经治疗痊愈，可以标准体承保人寿保险、健康保险和意外险；病症轻微，没有进行性加重，没有临床症状和体征的，可以EM25～50加费承保人寿保险，EM50～100加费承保健康保险，意外险可以标准体承保；若疾病程度严重，治疗转归不良的，可作拒保处理。

（二）缩窄性心包炎

缩窄性心包炎是心脏被致密厚实的纤维化或钙化心包所包围，使心脏舒张时不能充分扩张，心室舒张期充盈受限而产生的一系列循环障碍的疾病。我国病因以结核性心包炎最常见，患者常有心包炎、心包积液等病史，可出现心悸、劳力性呼吸困难、疲乏、胸腔积液、腹水、下肢水肿、心率增快、心音低、脉压差小、静脉回流受阻、奇脉、静脉怒张、肝大甚至腹水等。多数患者发展为慢性缩窄性心包炎，唯一有效治疗方法即为心包切除术，但风险很高。

本病预后较差，在核保时应予拒保处理。

第二节　呼吸系统疾病的核保

一、呼吸系统概述

呼吸系统与体外环境相通，其发病率较高，约占内科疾病的25%。在我国，因呼吸系统疾病而死亡的人数居死因的第二位，仅次于恶性肿瘤。呼吸系统的疾病主要分为气流受限性肺疾病、限制性通气功能障碍性肺疾病和肺血管疾病，这些疾病进展可导致呼吸衰竭。

呼吸系统的气体交换功能是肺最重要的功能，呼吸过程中外界的粉尘、有害气体等均可进入呼吸道及肺引起各种疾病；肺还具有防御功能，当各种原因引起防御功能下降时，可引起呼吸系统的损伤或病变；同时，肺还是一个重要的内分泌器官，有神经内分泌功能等。

临床上以喉部环状软骨下为界分为上、下呼吸道。上呼吸道包括鼻、鼻窦、鼻泪管、鼻咽部、咽部、耳咽管、喉。下呼吸道指气管、支气管、毛细支气管、肺，此外还包括肺门、纵隔、胸膜、胸廓等。

呼吸系统疾病的常见病因有感染、过敏、粉尘和有害气体、肿瘤、其他疾病的呼吸系统表现等，其中感染和肿瘤作为影响呼吸系统的两大原因，导致各种病理变化。

呼吸系统疾病的常见症状有咳嗽、咳痰、咯血、哮喘、呼吸困难、胸痛、发绀等。

呼吸系统的常用检查方法：最主要的是X线检查，常用的还有痰细菌培养、痰脱落细胞检查、免疫学检查、纤维支气管镜检查、胸腔积液检查、组织活检、胸腔镜、纵隔镜检、肺功能检查、放射性核素扫描、CT及MRI检查。

呼吸系统疾病的常用治疗方法：药物治疗，氧疗或呼吸支持治疗，呼吸介入治疗，肺移植，呼吸康复治疗，呼吸疾病一、二、三级预防。

二、急性上呼吸道感染

（一）疾病概述

急性上呼吸道感染简称上感，是鼻腔、咽或喉部急性炎症的总称，好发于冬春季节，多数由病毒感染引起，少数由细菌所致。本病发病率高，免疫功能低下者易感，具有一定的传染性，有时可伴有严重并发症。

临床表现：①普通感冒，主要表现为喷嚏、鼻塞、流清水样鼻涕；②急性病毒性咽炎和喉炎，表现为咽痒和灼热感，咽痛不明显，咳嗽少见；③急性疱疹性咽峡炎，多见于儿童，好发于夏季，病程约 1 周，表现为明显发热、咽痛；④急性咽结膜炎，多见于儿童，好发于夏季，病程 4～6 天，表现为发热、咽痛、畏光、流泪；⑤急性咽扁桃体炎，表现为明显咽痛，畏寒，发热可达 39℃以上。

辅助检查：包括血液检查和病原学检查。在诊断时主要依据临床表现，并结合实验室检查和胸部 X 线检查可作出临床诊断。

并发症：急性鼻窦炎、中耳炎、气管支气管炎，少部分患者会继发风湿热、肾小球肾炎、病毒性心肌炎等。

治疗：目前尚无特效抗病毒药物，以对症治疗为主，如果有细菌感染，可选择使用对感染细菌敏感的抗生素，也可用中药治疗，改善症状，缩短病程。

预后：通常病情较轻、病程短、有自限性，预后良好。

（二）核保原则

1. 收集核保资料

收集相关门诊或临床相关资料。

2. 核保

人寿保险、重大疾病保险、意外险、住院医疗险在发病期一般均应该进行延期承保，时间一般为 7～10 天，或者延期至痊愈后，以防并发症的出现。如痊愈，则核保不予评估，若出现并发症，则评点并发症，而不必对急性上呼吸道感染评点。但在核保实务中，各公司更多地从业务方面考虑，而不考虑急性上呼吸道感染可能出现的概率较少的并发症，常以标准体承保。

三、急性气管支气管炎

（一）疾病概述

急性气管支气管炎是由感染、物理、化学刺激或过敏等因素引起的急性气管支气管黏膜炎症，多见于寒冷季节或气候突变时，也可能由急性上呼吸道感染迁延不愈所致。

临床表现：症状主要为咳嗽和咳痰，可有发热。查体可有肺部干、湿啰音，部位不固定，咳嗽后可减少或消失。

辅助检查：实验室检查可有血白细胞总数及中性粒细胞增高，胸部 X 线片可示肺纹理增粗。

治疗：有细菌感染时可服用一些抗生素，同时对症处理并多休息、多饮水，避免劳累。

预后：大部分患者预后良好，少数体质弱者可迁延不愈。

（二）核保原则

1. 收集核保资料

收集相关门诊或临床相关资料。

2. 核保

急性期一般考虑延期承保至疾病痊愈，痊愈后通常不考虑被保险人此种疾病的病史，但要关注此疾病是否长期反复发作、每次发作的持续时间、发作的频率、是否呈慢性病程而评点。如果呈慢性病程，评点以慢性支气管炎进行加费承保。

四、慢性支气管炎

（一）疾病概述

慢性支气管炎是指气管、支气管黏膜及其周围组织的慢性非特异性炎症。发病原因尚不完全清楚，主要与吸烟、职业粉尘、化学物质、空气污染、感染等因素有关。

临床表现：主要症状为咳嗽、咳痰或伴有喘息并反复发作。早期多无异常体征，急性发作期可在背部或肺底听到干、湿啰音，咳嗽后可减少或消失。

辅助检查：急性期或感染可有血白细胞的升高，X 线检查、呼吸功能检查及痰液检查也可有相应的体征。

并发症：支气管扩张、肺不张、肺气肿、支气管哮喘等，部分患者可发展为慢性阻塞性肺气肿甚至肺心病。

诊断：依据咳嗽、咳痰或伴有喘息，每年发病持续 3 个月，连续 2 年或以上，并排除具有类似症状的其他疾病。

治疗：急性加重期的治疗以控制感染、镇咳祛痰、平喘为主，缓解期的治疗以戒烟、增强体质，提高免疫力为主。

预后：经过积极的治疗无并发症的患者预后一般较好，如病情迁延不愈，则较易产生并发症，预后较差。

（二）核保原则

1. 收集核保资料

收集被保险人的病历，注意是否出现了并发症，了解被保险人有无吸烟习惯。如没有则可以填写“呼吸系统疾病问卷”，或进行有针对性的体检。如果能取得近期的 X 线检查报告、肺功能测试报告最佳。

2. 核保

在评点时可以根据是否吸烟、当地的大气污染严重程度、年龄和病程来决定人寿保险、重大疾病保险加费的比例，对于痊愈时间超过两年者可以考虑不加评点。

对于只在冬季发作，发作间隙无症状的，人寿保险可以按标准体承保，或评点 EM 25；重大疾病保险可评点为 EM50；如果吸烟，重大疾病保险根据吸烟数量在前述 EM50 的基础上增加 25 ~ 50，意外险可以不予评点。

如果有时出现呼吸功能受损，轻微活动后有气喘，则人寿保险可根据症状的轻重，EM 值评点为 75 或 100，重大疾病保险可评点为 100 或 125。如果吸烟，在前述重大疾病保险评点基础上增加 25 或 50，意外险可不进行评点。如果全年均出现呼吸功能不全的表现，轻微活动后即有气喘，则人寿保险 EM 评点为 150 加费承保，重大疾病保险可作拒保处理，意外险也可作拒保处理。如果出现了并发症，则作相应评点；如并发支气管扩张反复咯血伴肺部感染，则需延期承保；如呼吸功能处于代偿状态，但因急性炎症感染而出现肺性脑病的，则作拒保处理；如并发肺气肿、支气管哮喘并出现中度或以上的呼吸困难，则应该进行拒保。

意外险通常不考虑加费承保（特别严重的除外）。

对于医疗险，可以通过除外约定进行承保，除外时要考虑其并发症一并除外。特别严重的作拒保处理。

五、慢性阻塞性肺气肿

（一）疾病概述

慢性阻塞性肺气肿是呼吸系统中的常见病和多发病，患病率和死亡率一直居高不下，其特征是持续存在的呼吸系统症状和气流受限。由于吸烟、感染、大气污染等有害物质刺激，造成终末细支气管远端的气道弹性减弱，过度膨胀、充气和肺容量增大，并破坏气道壁。这样造成呼气时因胸腔压力的增加而使气道萎陷过度，造成不可逆转的气道阻塞，临床上常将肺气肿与慢性阻塞性支气管炎放于一起，统称为慢性阻塞性肺疾病（COPD），因为它们不能截然分开。

一般认为慢性阻塞性肺疾病是由多种因素协同作用形成的，如感染、吸烟、大气污染、过敏等，其中最主要的因素是吸烟，包括慢性阻塞性肺气肿、老年性肺气肿、间质性肺气肿。

临床表现：主要症状包括慢性咳嗽、咳痰、气短或呼吸困难、喘息和胸闷，晚期患者可见体重下降，食欲减退等；体征可见桶状胸、呼吸音减弱、双侧语颤减弱等。

辅助检查：X 线检查示肋间隙增宽，肺野透亮度增加；心电图可有低电压，肺功能、胸部 CT 检查及动脉血气分析对诊断均具有价值，其中肺功能检测是判断持续气流受限的主要客观指标。

并发症：①自发性气胸；②肺部的急性感染；③慢性肺心病；④慢性呼吸衰竭。

治疗：①稳定期的治疗有劝导患者戒烟、支气管扩张剂控制现有症状、糖皮质激素治疗、康复治疗等；②急性加重期治疗主要是确定急性加重的原因，对因治疗；③手术治疗仅适用于少数有特殊指征的患者，包括肺大疱切除术、肺减容手术和肺移植术。

预后：部分病例会出现呼吸衰竭或转变为肺心病，预后较差。

（二）核保原则

1. 收集核保资料

收集相关的就诊病历或填写“呼吸系统疾病问卷”，近期的肺功能报告、心电图检查、X 线检查等。

2. 核保

1）无并发症的核保。核保要考虑肺气肿的严重程度，是否吸烟，心肺功能有无反复感染原发病等。对于人寿保险、重大疾病保险一般可评点 EM100，可针对是否吸烟、呼吸功能状况及胸部 X 线检查进行加减；失能保险一般可以评点 EM50 加费承保，对是否吸烟、呼吸功能状况及胸部 X 线检查进行加减，如果保险期满年龄超过 60 周岁，则作拒保处理。意外险可采用额外评点 100 加费承保，而住院医疗险则多采用除外特别约定的方式承保。若由慢性支气管炎引起，且反复感染，此为递增风险，则要加大幅度加费承保，EM 值可评点高至 200。若有中度以上的呼吸困难，无法正常工作的，作拒保处理。

2）合并并发症的核保。如果反复多次并发了自发性气胸、脓胸，则拒保。如只有一次，且两年以上稳定，投保时无任何不适，人寿保险、重大疾病保险、失能保险、意外险可以标准体承保，住院医疗险可考虑以除外承保。如果肺功能在代偿状态下，但曾因继发感染而出现肺性脑病，则作拒保处理。如静息状态时也存在呼吸困难或者已被诊断为肺心病、心功能不全的，作拒保处理。

六、支气管哮喘

（一）疾病概述

支气管哮喘是一种以气道高反应性、慢性气道炎症和可逆性气流受限为特征的疾病，早期一般是可逆的，常在夜间、凌晨发作或加重，多数患者可自行缓解。

临床表现：典型症状为发作性的咳嗽、咳痰及伴有哮鸣音的呼气性呼吸困难或者发作性胸闷。严重者可呈端坐呼吸，干咳，可咳大量白色泡沫痰，气促、胸闷，可短时间缓解，呈反复发作的特点。典型体征为双肺可闻及广泛的哮鸣音，呼气音延长。

辅助检查：痰嗜酸性粒细胞计数、肺功能检查、胸部 X 线/CT 检查、特异性变应原检测、动脉血气分析等均有一定的诊断价值。

并发症：严重发作时可并发气胸、纵隔气肿、肺不张；反复感染可并发慢性支气管炎、肺气肿、支气管扩张、间质性肺炎、肺纤维化和肺心病。

治疗：目前哮喘不能根治，但长期规范化治疗可使大多数患者达到良好或完全的临床控制。治疗方法主要包括确定并减少危险因素接触和药物治疗。

预后：儿童哮喘临床控制率可达 95%，成人可达 80%，极少数会出现哮喘危象，部分患者出现并发症。

（二）核保原则

1. 收集核保资料

收集就诊的病历，要了解哮喘的严重程度、发作频率、最近一次的发作日期和治疗情况、吸烟情况、有无其他疾病。如果能取得 X 线检查报告或肺功能检查报告最佳。

2. 核保

1）无并发症的核保。一般对人寿保险、重大疾病、失能保险可评点至 EM75，但对于轻度哮喘或胸部 X 线检查正常者可以进行减点承保，最低可不加费；而吸烟、肺功能障碍、严重哮喘者则增加评点，EM 可至 150。如末次发作距投保时 2 年以上，且一直平稳，没有并发症，则可以按标准体承保。意外险：依病情而定，一般考虑以标准体承保。如长期接受糖皮质激素治疗且正在服药，则应作出延期承保，如停药达 2 年以上，则适当加费承保，并同时要关注是否已出现糖皮质激素的不良反应。如同时伴有慢性支气管炎、肺气肿，则在评点时予以加点承保。失能保险：如出现哮喘持续状态，或者因为呼吸系统疾病导致不能正常工作的，作拒保处理。住院医疗险：如果评点 EM 分值不太高（如分值在 100 分以下），可考虑以除外约定方式承保。如反复发作，较为严重的哮喘，影响到日常生活和工作的，作拒保处理。如频繁出现哮喘持续状态，则应该视情况作延期处理，严重者拒保。

2）合并并发症的核保。如并发气胸、纵隔气肿、肺不张、慢性支气管炎、支气管扩张、肺炎，一般均采用提高加费比例方式承保。如健康状况特别差的，可以作拒保处理。如并发肺心病，谢绝投保。如并发肺气肿或自发性气胸，出现中度以上的呼吸困难，不能正常工作的，作拒保处理。如处于呼吸功能代偿状态，但曾因感染出现肺性脑病的，作拒保处理。

七、支气管扩张

（一）疾病概述

支气管扩张主要指急、慢性呼吸道感染和支气管堵塞后，反复发生支气管化脓性炎症，致使支气管壁结构破坏、管壁增厚，引起支气管异常和持久性扩张的一类异质性疾病的总称，可分为先天性和继发性两类。

临床表现：主要症状为慢性咳嗽、咳大量脓痰和（或）反复咯血。病变严重尤其是伴有慢性缺氧、肺心病和右心衰竭的患者可有杵状指及右心衰竭体征。

辅助检查：实验室检查包括血常规、炎症标志物、血气分析等；影像学检查主要包括胸部 X 线检查和胸部高分辨 CT（HRCT）；其他检查主要是纤维支气管镜检查和肺功能测定。

并发症：慢性支气管炎、肺气肿、肺部感染、肺心病、肺纤维化、肺气肿、胸膜炎、脓胸。

治疗：包括治疗基础疾病、控制感染、改善气流受限、清除气道分泌物、免疫调节剂的使用、咯血的治疗、外科治疗和预防。

预后：支气管扩张的危重程度取决于支气管扩张范围和有无并发症。支气管扩张范围局限者，积极治疗可改善生命质量和延长寿命。支气管扩张范围广泛、大咯血、合并肺实质损害的患者，预后较差。

（二）核保原则

1. 收集核保资料

收集相关的病历及检查报告，也可以填写“呼吸系统疾病问卷”或体检，体检应包括 X 线检查。

2. 核保

1）无并发症的核保：①发病时间短，病变局限，并经手术治愈者，可以标准体承保。②间歇发作，经过治疗 2 年以上没有发作，提供了相关体检资料者，可以标准体承保。③失能保险，如出现劳力性呼吸困难则拒保；若保险期满日期超过 60 周岁，拒保；一次中等量以上的咯血，有窒息的危险，并有再次咯血的可能，延期承保。④医疗险，症状较轻，对健康影响不大，且病情较稳定者，可作除外约定承保。⑤接受外科手术治疗后不满半年者，延期投保。⑥如一侧肺曾行切除术，对侧肺存在病变者，谢绝投保。

2）有并发症的核保：有慢性支气管炎或肺气肿，对此疾病予以评点并适当加分。反复咯血并合并有肺部感染，作延期承保。并发肺心病者，作拒保处理。并发肺纤维化、肺气肿、胸膜炎、脓胸等出现呼吸困难或严重贫血者，拒保。

八、肺　　炎

（一）疾病概述

肺炎是指终末气道、肺泡和肺间质的炎症，由细菌、病毒、真菌、原虫、理化因素、过敏等所致，其中细菌性肺炎是最常见的肺炎。按解剖可分为大叶性（肺泡性）肺炎、小叶性（支气管性）肺炎和间质性肺炎。

临床表现：不同的病因往往具有不同的临床症状，常见症状为胸痛、咳嗽、咳痰、呼吸急促，大部分患者有发热。早期肺部体征无明显异常，严重时可出现鼻翼扇动、呼吸频率增快；肺实变时有叩诊浊音、语颤增强和支气管呼吸音等；胸腔积液时叩诊浊音，语颤减弱，呼吸音减弱。

辅助检查：痰检查、血培养检查、血清学检查、X 线检查、CT 检查均有助于诊断。

并发症：脓胸、脓气胸、肺大疱、心肌炎、菌血症、败血症、毒血症。

治疗：抗感染是治疗肺炎的关键环节，包括经验性治疗和抗病原体治疗，重症肺炎首先选择广谱的强力抗菌药物，并应足量、联合用药。

预后：此疾病经适当的治疗，绝大部分在一个月内可痊愈，少数年老体弱者可因肺炎死亡。

（二）核保原则

1. 收集核保资料

如果近期（3 个月内）发生肺炎，则需要提供病历，以确定康复程度。

2. 核保

1）无并发症的核保。对于已痊愈的既往病症，可以标准体承保。如果是现症，则考虑延期承保。失能保险通常以标准体承保，但如果被保险人有心、肝、肾的损害，不能正常工作者，作拒保处理。

2）有并发症的核保。如感染出现严重的败血症或毒血症，可视转归情况作出承保决定，如果感染没有控制，或者转归情况尚不确定，则作延期承保。如感染造成了肝、肾及心脏功能衰竭，则拒保。

九、气　胸

（一）疾病概述

气胸是指气体进入胸膜腔，造成胸膜腔积气的状态。可以自发出现，也可以因疾病、外伤、手术、诊断或治疗性操作不当而引起。气胸可分为自发性、外伤性和医源性三类。

临床表现：大多数起病急骤，患者会突然感觉一侧胸痛、继之胸闷和呼吸困难，可伴有咳嗽，少数患者可发生双侧气胸，以呼吸困难为突出表现。严重者不能平卧，张力性气胸患者可迅速出现呼吸、循环障碍的表现，甚至出现休克。

影像学检查：胸部 X 线检查是诊断气胸的重要方法，CT 或者气胸容量评估有助于诊断，X 线片或 CT 显示气胸线是确诊依据。

并发症：脓气胸、血气胸、纵隔或皮下气肿等。

治疗：主要包括保守治疗、排气疗法、化学性胸膜固定术、支气管内封堵术和手术治疗，目的是促进患侧肺复张、消除病因及减少复发。

预后：部分轻症者可经保守治疗治愈，预后良好；少数患者需手术治疗。

（二）核保原则

1. 收集核保资料

如康复不足半年，要求被保险人提供病历或者体检及上次的 X 线报告，特别是对于原发疾病的确定有价值的资料。

2. 核保

1）无并发症的核保。主要是评点原发病，在气胸急性期应该延期承保。既往有气胸史者，则可以在原发病评点的基础上适当加点，一般不超过 50 点。失能保险则考虑以 25 点加费承保，如果肺部 X 线片显示肺有广泛的气肿性大疱，则拒保。

2）有并发症的核保。如原有的肺部疾病并发气胸导致了呼吸衰竭，作拒保处理。如继发感染出现感染性休克或者败血症等严重并发症，则拒保。如因肺压缩致中度呼吸困难、纵隔移位、心功能障碍者，作拒保处理。萎陷的肺恢复正常不足 3 个月，延期承保；超过 3 个月的，视疾病情况而定。如果是 2 年以内的，人寿保险、重大疾病保险、失能保险可加费承保，意外险一般以标准体承保。住院医疗险则可以考虑作除外承保。超过 2 年的，可以标准体承保。

十、肺　结　核

（一）疾病概述

肺结核是由结核分枝杆菌引发的肺部感染性疾病，是一种慢性传染病。结核病在人群中的传染源主要是结核病患者，通过空气飞沫传播，也可以通过消化道、皮肤等传播。基本病理变化是炎性渗出、增生和干酪样坏死。

临床表现：多为慢性起病，表现为低热、消瘦、乏力、盗汗等全身症状，以及咳嗽、咳痰、痰中带血、胸痛、呼吸困难等呼吸系统症状，体征表现不一，取决于病变性质和范围。

肺结核分型：原发性肺结核、血行播散型肺结核、继发性肺结核（浸润型肺结核、空洞性肺结核、结核球、干酪性肺炎、纤维空洞性肺结核）、结核性胸膜炎、其他肺外结核和菌阴肺结核。

辅助检查：痰结核分枝杆菌检查是确诊肺结核病的主要方法，胸部X线检查是诊断肺结核的常规首选方法。此外，纤维支气管镜检查、结核菌素试验、γ干扰素释放试验均有一定的诊断价值。

并发症：主要为结核性脓胸、结核性气胸、自发性气胸、慢性肺心病、心力衰竭。

治疗：包括抗结核药物治疗和其他治疗。其他治疗有对症治疗、糖皮质激素治疗、肺结核外科手术治疗。

预后：本病经积极的抗结核治疗一般预后较好，耐药肺结核及合并有糖尿病或艾滋病等免疫力低下疾病时，预后较差。

（二）核保原则

1. 收集核保资料

收集客户就诊病历，以明确所患肺结核的类型，并且了解是否规则治疗，抗结核治疗的最终结果，肺结核的转归，是否有药物性肝损害。最近的X线检查将有助于核保人作出判断。

2. 核保

1）无并发症的核保。如胸部X线片显示肺结核已钙化或者经过正规的治疗4年或以上未复发者，可以标准体承保所有的险种。如未钙化或者治愈时间短于4年，则通常采用EM值50加费承保或者挑选保障责任比较低的险种供被保险人投保，加费的比例可根据疾病的发病情况来进行调整。如正患此种疾病或正处于治疗之中，则要进行延期处理。

2）有并发症的核保。如出现结核性脓胸、结核性气胸、自发性气胸，人寿保险、重大疾病保险、失能保险均要加费承保；意外险通常不考虑；住院医疗险如被保险人整体情况较好，则可以考虑作除外责任承保。

十一、肺　　癌

（一）疾病概述

肺癌（lung cancer）或称原发性支气管肺癌，是指起源于呼吸上皮细胞的恶性肿瘤，是最常见的肺部原发性恶性肿瘤。肺癌是全球癌症相关死亡最主要的原因之一。肺癌的病因和发病机制尚未明确，但与吸烟、职业致癌因子、空气污染、电离辐射、饮食与体力活动、遗传和基因改变有一定的关系。

临床表现：与肿瘤的大小、位置、类型、发展阶段、有无并发症和转移有密切关系。5%～15%的患者无症状，仅在常规体检时发现。原发肿瘤可引起咳嗽、咯血或咳血痰、气急或喘鸣、发热、胸痛、消瘦等症状；肿瘤局部扩张可引起胸痛、声音嘶哑、吞咽困难、胸腔积液、心包积液、上腔静脉阻塞综合征、霍纳综合征（Horner综合征）；肿瘤远处转移可转移到任何器官系统，累及部位出现相应症状和体征；肺癌的胸外表现有内分泌综合征、骨骼-结缔组织综合征、血液学异常，这些又称为副癌综合征。

影像学检查：胸部X线检查是发现肺癌的最常用方法，增强CT能敏感地发现肿瘤原发部位、检出肺门及纵隔淋巴结肿大，有助于肺癌临床分期，磁共振显像能明确肿瘤与血管的关系，在发现脑实质和脑膜转移灶方面优于CT，放射性核素检查在发现有无全身转移灶方面具有优越性。

获得病理学诊断的检查：包括呼吸内镜检查、胸腔积液细胞学检查、痰脱落细胞学检查、针吸活检、开胸肺活检。

治疗：强调个体化治疗，有计划、合理地应用治疗方法，达到控制或根治肿瘤。治疗方法有手术治疗、药物治疗、放射治疗、介入治疗和中医药治疗。其中，手术治疗是早期肺癌的最佳治疗方法，药物治疗主要包括化疗和靶向治疗。

预后：肺癌的预后差，86%的患者在确诊后 5 年内死亡，15%的患者发现病变较早，病变局限，经治疗 5 年生存率可达 50%。

（二）核保原则

1. 收集核保资料

收集被保险人病历，明确被保险人肺癌的分型及临床治疗情况，是否有转移或可疑转移，医师对被保险人健康状况的整体评价、手术方式、是否为根治术等。

2. 核保

通常人寿保险、重大疾病保险、失能保险作拒保处理。

如果早期切除，且为根治性手术，可以选择低保障的、保险期限很短的人寿保险，以加费的方式承保。

对于重大疾病保险、住院医疗险如果被保险人术后健康情况较好，可以考虑作除外约定承保。

第三节　消化系统疾病的核保

一、消化系统概述

消化系统是由口腔、食管、胃、小肠（十二指肠、空肠、回肠）、结直肠、肛门、肝、胆囊、胆道及胰腺构成。它的基本生理功能是摄取、转运、消化食物和吸收营养、排泄废物。临床上常把口腔到十二指肠的这一段称为上消化道，空肠以下的部分称为下消化道。消化系统疾病相互关联，危急重症多，有些临床表现纷繁复杂。

消化系统的常见症状：吞咽困难、烧心、嗳气、胸痛、食欲不振、恶心呕吐、反酸、呕血、黑便、腹胀、腹痛、腹泻、里急后重、便秘、黄疸等。

实验室检测：乙型肝炎病毒感染的诊断、幽门螺杆菌（Hp）检测、肝功能评估。

影像学检查：超声、CT、MRI。

重要诊疗技术：包括胃镜、肠镜、胶囊内镜、小肠镜、经内镜逆行胆胰管成像（ERCP）、超声内镜。

诊断：可根据临床表现，并结合实验室检查、影像学检查及其他诊疗技术等进行诊断。

治疗：一般治疗（注意休息、戒除烟酒，合理饮食等）、采用药物或手术进行对因和（或）对症治疗。

二、胃　炎

胃炎是指胃内各种刺激因素引起的胃黏膜炎症反应，一般分为急性胃炎、慢性胃炎和少见的特殊类型胃炎。

（一）急性胃炎

1. 疾病概述

急性胃炎是指胃黏膜的急性炎症，是不同原因导致的胃黏膜急性受损并发出血炎症，伴有腹痛、呕吐、恶心、食欲缺乏、腹泻等，在胃镜下见胃黏膜糜烂和出血。其病因常见于应激、药物、乙醇、创伤和物理因素。急性胃炎包括急性糜烂出血性胃炎、急性幽门螺杆菌胃炎、除幽门螺杆菌以外的急性感染性胃炎。

临床表现：常有上腹痛、恶心、呕吐、腹胀和食欲不振等，少数患者仅表现为轻微上腹不适，重症患者可出现呕血、黑便、脱水、酸中毒等。严重者可出现胃穿孔、胃出血、失血性休克等并发症。

诊断：确诊依据为胃镜发现糜烂及出血病灶，必要时行病理组织学检查。

治疗：采取措施主要是祛除病因，积极治疗原发疾病和创伤，纠正其引起的病理生理紊乱。常用药物包括质子泵抑制剂、H_2受体拮抗剂、胃黏膜保护剂、促胃动力药，一般短期可治愈。

预后：多数患者可自行愈合及止血，预后良好；少数黏膜糜烂的患者可发展为溃疡，并发症增加，但通常对药物治疗反应良好，预后良好。

2. 核保原则

1）收集核保资料。如果疾病发生在投保的半年之内，收集被保险人相关病历；如果已半年以上，且目前没有任何症状，可不索取病历。

2）核保。一般采取标准体承保。

（二）慢性胃炎

1. 疾病概述

慢性胃炎是指胃黏膜的慢性炎症。常见病因有幽门螺杆菌感染、十二指肠胃反流、药物和毒物、自身免疫、年龄因素和其他，其中，幽门螺杆菌感染是最常见的病因。本病发病率一般随年龄的增长而增加，中年以上更常见。慢性胃炎的分类方法众多，通常基于内镜和病理诊断分为萎缩性胃炎和非萎缩性胃炎两大类。

临床表现：大多数患者无明显症状，部分可有中上腹不适、饱胀感、无规律的隐痛、烧灼痛，嗳气、食欲不振、恶心、呕吐等消化不良症状。体征多不明显，有时上腹有轻压痛。危重症应激者可以突然呕血、黑便为首发症状。

诊断：主要依据胃镜及组织学检查确诊。胃镜下，非萎缩性胃炎黏膜充血水肿、皱襞肿胀增粗；萎缩性胃炎的黏膜色泽变淡、皱襞细而平坦，有时可见黏膜血管纹。慢性胃炎的组织学变化主要有炎症、萎缩、化生、异常增生。

治疗：主要包括对因治疗、对症治疗、癌前情况处理、健康教育。幽门螺杆菌阴性且无糜烂及症状者，可不予药物治疗；出现癌前病变如肠上皮化生、假幽门腺化生、萎缩及异型增生，胃炎波及黏膜全层或呈活动性者，采取短期或长期间歇治疗。

预后：慢性非萎缩性胃炎预后良好；部分胃黏膜萎缩、轻度异型增生可以改善或逆转，但重度者易转变成癌。

2. 核保原则

1）收集核保资料：收集客户的病历、检查报告，特别对胃炎分型和诊断具有决定作用的内镜检查或病理报告。

2）核保。对于人寿保险，可评点 EM 值为 25 加费承保。对于重大疾病保险，可以 EM 值 30 加费承保。意外险一般以标准体承保。住院医疗险则以除外方式承保，除外时要同时考虑慢性胃炎可能导致的相关疾病的住院。对于无严重后遗症、无溃疡、无节段性回肠炎者，可以在上述基础上再降低评点数值，直至以标准体承保。

三、胃食管反流病

（一）疾病概述

胃食管反流病（GERD）胃、十二指肠内容物反流进入食管并引起临床表现和病理变化的一种疾病，常见症状有反流和烧心。根据食管黏膜是否糜烂、溃疡分为反流性食管炎和非糜烂性胃食管反流病。该病的患病率随年龄增加而增长，男女患病率无明显差异，欧美国家较亚洲国家患病率高，以非糜烂性胃食管反流病多见。

临床表现：①典型症状，反流和烧心，常见于餐后1小时，卧位、弯腰或腹压增高时加重。②非典型症状，胸痛、吞咽困难和胸骨后异物感。胸痛发生在胸骨后，严重时表现为剧烈刺痛，可伴有放射痛；吞咽困难和胸骨后异物感呈间歇性，可能是由食管痉挛或功能紊乱所致。③食管外症状，咽喉炎、慢性咳嗽、哮喘等，多是由反流物刺激或损伤食管外的组织或器官引起。

辅助检查：胃镜检查是诊断反流性食管炎最准确的方法，能判断严重程度、有无并发症，结合活检可与相关疾病相鉴别，另外24小时食管pH监测、食管钡餐造影及食管测压均具有一定的诊断价值。

并发症：上消化道出血、食管狭窄、Barrett食管（即食管黏膜的鳞状上皮被柱状上皮取代，如发生消化性溃疡则称Barrett溃疡，Barrett食管是食管腺癌的癌前病变）。

诊断：由于胃食管反流病分为反流性食管炎和非糜烂性胃食管反流病，两者诊断方法有所不同。前者有反流、烧心症状，通过胃镜可确诊；后者有反流、烧心症状，胃镜检查阴性，24小时食管pH监测表明食管存在过度酸碱反流，质子泵抑制剂（PPI）治疗有效。

治疗：药物治疗主要是抑酸药物治疗，并配合促胃肠动力药；健康教育；抗反流手术治疗；并发症治疗。

预后：本病在停药后半年复发率高达70%～80%，可考虑维持治疗。

（二）核保原则

1. 收集核保资料

收集被保险人提供病历、各种检查报告，特别是胃镜的检查报告。

2. 核保

1）无并发症的核保。核保师需考虑投保人在投保时有无慢性胃炎、消化性溃疡和肿瘤存在，如果有，则分别以消化性溃疡、慢性胃炎或肿瘤加以评点，而本病作为一个参考因素。如果没有上述情况，则对本病，人寿保险可不予评点，如果反流量很大，症状严重者，可以评点EM值25；重大疾病保险可评点至EM值75；意外险不予评点；住院医疗险可考虑作除外方式承保，除外时应考虑同时除外其并发症。

2）有并发症的核保。一般依据并发症的严重程度而采取不同的承保方法；对于消化道出血者，如果出血发生在2年以前，且经胃镜证实无严重病变，则只评点本病，如果发生在近6个月以内，则延期承保；如果在6个月以上2年以内，则视情况进行加费承保。食管狭窄需要取得病理，如果病理显示为良性，并且已经手术切除超过6个月以上者，可以标准体承保所有险种。对于Barrett食管，则以拒保为宜，但如果能在承保时除外恶性变，则可以标准体承保所有险种。

四、消化性溃疡

（一）疾病概述

消化性溃疡（PU）是指胃肠黏膜发生的炎症缺损，病变可穿透黏膜肌层达更深层次，常发生于胃、十二指肠。消化性溃疡是一种全球性常见病，可发生于任何年龄段，男性多于女性，发病率约为10%。十二指肠溃疡（DU）较胃溃疡（GU）常见，十二指肠溃疡好发于青壮年，胃溃疡好发于中老年。消化性溃疡的发病机制是病因引起的胃酸、胃蛋白酶对胃黏膜的侵袭作用与黏膜屏障的防御能力间失去平衡，导致侵袭作用增强，防御能力减弱。

原因：幽门螺杆菌感染（消化性溃疡的重要致病因素）、药物（非甾体抗炎药、糖皮质激素、氯吡格雷等）、黏膜防御与修复异常、遗传易感性、其他（大量饮酒、长期吸烟、应激等）。

临床表现：典型表现为上腹部钝痛、灼痛、胀痛、剧痛、饥饿样不适。多位于剑突下，可出现与进餐有关的节律性疼痛，餐后痛多见于胃溃疡，饥饿痛、夜间痛、进餐缓解多见于十二指肠溃疡；部分患者仅表现为上腹部不适，腹胀、厌食、嗳气、反酸等消化不良症状。

辅助检查：胃镜检查是消化性溃疡诊断的首选方法和金标准。在胃镜下难以区分良恶性，需多次活检。幽门杆菌检测具有较高的敏感性和特异性，X 线钡剂造影、CT 检查均具有一定诊断价值。

并发症：出血（消化性溃疡是上消化道出血最常见病因）、穿孔、幽门梗阻和癌变（十二指肠溃疡一般不发生癌变）。

治疗：目的是祛除病因、控制症状，促进溃疡愈合，预防复发和避免并发症。①药物治疗。抑制胃酸分泌的药物主要包括 H_2 受体拮抗剂和质子泵抑制剂；根治幽门螺杆菌，采用联合疗法，目前推荐联合方案为含有铋剂的四联方案，即 1 种质子泵抑制剂＋1 种铋剂＋2 种抗生素；保护胃黏膜药包括铋剂、弱碱性抗酸剂。②健康教育。饮食规律，戒烟酒，少喝浓茶、咖啡，适当休息，减轻精神压力。③内镜治疗及外科手术。消化性溃疡合并幽门变形或狭窄引起的梗阻，首选内镜下治疗；合并药物等其他治疗无效的消化道大出血、急性穿孔、慢性穿透性溃疡、内镜治疗无效的瘢痕性幽门梗阻、胃溃疡疑有癌变选择外科手术。

预后：消化性溃疡治愈率达 95%以上，伴有严重并发症的老年人死亡率＜1%。

（二）核保原则

1. 收集核保资料

收集被保险人病历、相关的检查报告、治疗转归情况证明。

2. 核保

1）无并发症的核保。明确其疾病类型及严重程度，若诊断明确没有发生并发症，对于本病，人寿保险可以不予评点或按 EM 值 25 加点承保；对于重大疾病，胃溃疡可以按 EM 值 75 承保，十二指肠溃疡可以按 EM50 加点承保，若年龄超过 50 岁或以上，可以按 EM 值 25 甚至标准体承保，若在承保重大疾病时除外癌变，则也可以降低加费，甚至可以不加费承保；对于意外险可以不予加费承保；对于住院医疗类的保险则多以除外责任承保，除外要明确标注其并发症也在除外之列。

2）有并发症的核保。对于有并发症的，则重点评估并发症对健康的危害，结合此疾病本身，进行综合评估。对出血、穿孔等并发症，若进行了手术，则评估手术后的转归情况，若手术后超过 2 年，恢复状况良好，没有其他相关疾病或营养方面问题，可以标准体承保；若 1 年以上 2 年以下，恢复状况良好，则可以 EM25 或 50 加费承保人寿保险和重大疾病保险，对于意外伤害或住院类保险可以考虑以标准体承保。若相关并发症未有效治疗，可以根据并发症情况分别进行核保处理或综合加点承保。

五、溃疡性结肠炎

（一）疾病概述

溃疡性结肠炎（UC）是一种慢性非特异性肠道炎症性疾病，病因尚未明确，多与环境、遗传、免疫失衡等有关。本病好发于 20～40 岁，男女发病率无明显差别。病变主要限于大肠黏膜及黏膜下层，呈连续性弥漫性分布，病变多自直肠开始逆向发展可累及全结肠甚至末端回肠。

临床表现：本病多为亚急性起病，病程呈慢性过程，发作与缓解交替进行。主要症状是反复发作的腹泻、黏液脓血便及腹痛。

1）消化系统表现：①腹泻和黏液脓血便，是本病活动期最重要的表现；②腹痛，多为左下腹或下腹阵痛；③其他症状，可有腹胀、食欲不振、恶心、呕吐等；④体征，可有左下腹压痛、触及痉挛的结肠、腹肌紧张、反跳痛等。

2）全身症状：发热和营养不良表现。

3）肠外表现：可伴有多种肠外表现，包括外周关节炎、结节性红斑等。

辅助检查：包括血液检查、粪便检查、结肠镜和X线钡剂灌肠。其中，结肠镜是本病诊断与鉴别诊断的重要手段之一，X线钡剂灌肠不作为首选检查手段。

并发症：①中毒性结肠扩张，多见于重症者，易引起急性肠穿孔，预后差；②癌变，多见于广泛性结肠炎、病程漫长者；③其他并发症，结肠大出血、肠穿孔、肠梗阻。

治疗：①控制炎症反应。所用药物主要包括氨基水杨酸制剂、糖皮质激素、免疫抑制剂。②纠正水、电解质紊乱及酸碱失衡，改善严重贫血、低蛋白血症等对症治疗。③健康教育及手术治疗。

预后：轻度及长期缓解的患者预后较好；有并发症者及老年患者预后不良；慢性持续活动或反复发作患者预后较差；若发生直肠癌变，预后较差。

（二）核保原则

1. 收集核保资料

收集被保险人病史资料，特别是具有明确诊断作用的肠镜和活体病检报告，要关注是否有并发症，以及发病的病程和频率。

2. 核保

对于症状轻微，经治疗3年或以上没有复发且稳定，投保时没有症状或体征的，可以标准体或EM值50内加费承保人寿保险；EM值100内加费承保重大疾病保险。若进行手术，则要观察3年以上，手术效果较好，可以标准体承保人寿保险和重大疾病保险；意外险可以标准体承保；住院医疗类险种则以除外责任承保。

对于反复多次发作的患者，则经治疗病情稳定在1年或以上，可以按EM值150对人寿保险加点承保，对于重大疾病和住院医疗类险种，则拒保。若个人健康状况没有严重恶化，可考虑以标准体承保短期意外险。

六、功能性胃肠病

功能性胃肠病（FGID）是一组无器质性改变的胃肠道功能性疾病，表现为慢性、反复发作的胃肠道症状。临床上以功能性消化不良（FD）和肠易激综合征（IBS）多见。

（一）疾病概述

1. 功能性消化不良

功能性消化不良是临床上最常见的一种功能性胃肠病，是指胃和十二指肠功能紊乱引起的一组无器质性疾病的临床综合征。

临床表现：起病多缓慢、呈持续或反复发作。主要症状有餐后饱胀、早饱感、中上腹胀痛、中上腹灼热感、嗳气、食欲缺乏、恶心等。其中，中上腹痛是常见症状，常与进食有关，表现为餐后痛。不少患者可有失眠、焦虑、注意力不集中等精神症状。

治疗：目前尚无特效药，主要是经验性治疗，包括适度抑制胃酸、促胃肠动力药、助消化药和抗抑郁药。此外，患者生活要规律，保证充足睡眠、良好心态，避烟限酒等养成良好的生活和饮食习惯。

预后：本病经过治疗后，预后好。

2. 肠易激综合征

肠易激综合征是一种无器质性病变的常见功能性肠病，以腹痛伴排便习惯改变为主要特征。我国发病率达 10%左右，以中青年居多，男女比例约 1∶2，病程长，可达数年或数十年。

临床表现：主要症状为腹痛、排便习惯和粪便性状的改变。一般无明显体征，可在相应部位有轻压痛、触及腊肠样肠管、肛门触痛等。

治疗：包括一般治疗、对症治疗、心理治疗和行为治疗。对症治疗主要是针对腹痛、腹泻及便秘的药物治疗，还有抗抑郁药及肠道微生态制剂。

预后：肠易激综合征呈良性过程，通过综合治疗，一般较好，因病程较长，患者心理压力大。

（二）核保原则

1. 收集核保资料

收集齐全相关的检查报告，做到能排除器质性疾病的可能，或得到医院专科的明确诊断。

2. 核保

对于诊断明确的，可以延期至症状消失后 1 年以上以标准体承保各险种。

七、胰　腺　炎

胰腺炎是指胰腺组织的炎症性疾病，包含急性胰腺炎和慢性胰腺炎。

（一）疾病概述

1. 急性胰腺炎

急性胰腺炎（AP）是指多种病因导致的胰腺组织自身消化所致的化学性炎症，常表现为胰腺水肿、出血及坏死等炎症性损伤。胆石症及胆道感染等是急性胰腺炎的主要病因，临床上以急性上腹痛和血清淀粉酶、脂肪酶升高为特点。

临床表现：根据病情程度，急性胰腺炎临床表现多样。临床病理常把急性胰腺炎分为急性水肿型和急性出血坏死型两种。主要表现：①腹痛。中上腹持续性钝痛、刀割样痛、钻痛或绞痛，阵发性加剧，水肿型的 3～5 天疼痛可缓解；出血坏死型可出现全腹剧痛。②恶心、呕吐及腹胀。③发热。中度以上的发热，可持续 3～5 天，可因继发感染持续 1 周以上。④低血压、休克，仅见于出血坏死型。⑤水、电解质紊乱和酸碱失衡。⑥可出现急性呼吸衰竭、肾衰竭、心力衰竭或胰性脑病等急性多器官功能障碍及衰竭。⑦水肿型有上腹压痛，出血坏死型为急腹症体征。

辅助检查：血清淀粉酶和脂肪酶是诊断急性胰腺炎的重要血清标志物，腹部超声是急性胰腺炎的常规初筛影像检查，腹部 CT 检查有助于确诊有无胰腺炎、胰周炎性改变、胸腔积液、腹水和胰腺坏死程度。

并发症：急性胰周液体积聚、胰瘘、胰腺假性脓肿、胰腺胸腔积液及腹水、胰腺坏死、胰腺脓肿、左侧门静脉高压。

治疗：急性胰腺炎治疗需寻找并祛除病因和控制炎症，治疗方法包括一般治疗、药物治疗和手术治疗，主要是药物治疗。水肿型经积极治疗可治愈，出血坏死型常需进行内外科混合治疗，疗效欠佳。

预后：多数患者症状轻，预后好，常在 1 周左右康复，不留后遗症；少数患者可并发多器官功能障碍及胰腺局部并发症，死亡率高达约 15%。

2. 慢性胰腺炎

慢性胰腺炎（CP）是指由于各种原因导致的胰腺局部、节段性或弥漫性的慢性进展性炎症，可导致胰腺组织或胰腺功能的不可逆损害。病因复杂，涉及多种因素，饮酒一直都被认为是慢性胰腺炎的首要病因。

临床表现：①反复发作的上腹痛，从间歇性到持续性，平卧位加重，弯腰、前倾坐位、侧位蜷曲时减轻；②胰腺外分泌功能不全表现，食欲减退、消瘦、营养不良、水肿、维生素缺乏、脂肪泻等；③胰腺内分泌功能不全的表现，半数患者可发生糖尿病；④体征常见腹部轻压痛、黄疸等。

辅助检查：X 线腹部平片、腹部超声和超声内镜、腹部 CT 及内镜逆行胰胆管造影术、血糖测定、糖耐量试验、血胰岛素水平等。

治疗：消除病因，内科对症治疗和外科手术治疗。

预后：本病难根治，治疗可缓解症状，后期多死于并发症，个别可转为胰腺癌。

（二）核保原则

1. 收集核保资料

收集客户就诊病历及对应的检查报告，投保时相关疾病的恢复情况资料。

2. 核保

对于水肿型治愈的，可按标准体承保人寿保险、重大疾病保险、医疗险和意外险；对于出血坏死型胰腺炎，若经治疗平稳 3 年以上，且没有胰功能不全的表现，可按 EM 值 100 加费承保人寿保险，重大疾病和医疗险不予承保，短期意外险可按标准体承保。对于慢性胰腺炎，若相关健康资料证明其病情平稳 2 年以上，没有并发症，可按 EM 值 200 加费承保人寿保险；重大疾病保险和医疗险不予承保；短期意外险可按标准体承保。

八、胆囊炎、胆石症

（一）疾病概述

胆囊炎是一种常见的消化道疾病，多是由化学性刺激和细菌感染引起的急性胆囊炎症性疾病，根据病情的缓急可分为急性胆囊炎和慢性胆囊炎；胆石症即为胆结石，可分为胆囊结石和胆管结石，胆囊炎与胆石症可伴发，或互为因果。

临床表现：①急性胆囊炎常有持续的右上腹痛，可向右肩和背部放射，常伴有恶心、呕吐、发热、黄疸，腹式呼吸受限，右肋下胆囊区腹肌紧张，有压痛和反跳痛，墨菲征阳性。②慢性胆囊炎常表现为反复发作的上腹部持续性疼痛。90%以上的患者有胆囊结石，炎症反复发作，可使胆囊与周围组织粘连、胆囊壁增厚、瘢痕化，胆囊萎缩，失去功能。③胆囊结石可长期无症状，典型症状是胆绞痛，表现为上腹部或右上腹部阵发性或持续性疼痛阵发性加剧，多伴恶心、呕吐。④胆管结石可有反复发作的胆道梗阻和不同程度的化脓性胆管炎的表现，急性期可有黄疸，肝区触痛，晚期可有胆源性肝脓肿、胆汁性肝硬化。

辅助检查：腹部超声是胆石症首选检查方法，此外血液检查、CT、MRI 等在胆囊炎和胆石症的诊断中均具有价值。

胆囊结石的并发症：急性胆囊炎、胆囊积液、继发性胆总管结石及胆源性胰腺炎、Mirizzi 综合征、肠瘘、肠梗阻慢性胆囊炎、胆囊癌。

治疗：包括一般治疗、抗炎、排石治疗，必要时手术治疗。

预后：急性胆囊炎经及时、正规治疗，大部分患者预后良好，少部分病情恶化，有生命危险；慢性胆囊炎患者若不进行手术，会持续存在；胆结石经治疗后通常可以治愈。

（二）核保原则

1. 收集核保资料

收集客户病史资料及治疗经过，转归情况的检查报告。

2. 核保

在评点时，对于疾病处于急性期的，或不予受理，延期6个月以上，根据当时的疾病治疗转归情况进行评点。

1）若相关疾病得到有效治疗，投保时相关检查证明对健康没有危害，特别是经过手术治疗达2年以上，无相关合并症的，可按标准体承保。

2）疾病急性期延期承保，对于病情长期稳定的慢性胆囊炎、胆石症患者，达 3 年以上者，综合评估疾病的严重情况，如结石大小、位置等，可按 EM 值 50 加费承保人寿保险，重大疾病保险可按 EM 值 100 加费承保，对于意外险可按标准体承保，住院医疗险可除外约定承保。

3）若有相关并发症的，则对并发症引起的健康危害进行评估，分别处理。

九、阑　尾　炎

阑尾炎是由多种因素造成的阑尾炎性改变，按照病程分为急性阑尾炎和慢性阑尾炎，急性阑尾炎较多见，好发于青年男性。

（一）疾病概述

1. 急性阑尾炎

急性阑尾炎是指阑尾的急性炎症，是外科常见病，是最多见的急腹症。

临床表现：典型的腹痛是始于上腹，逐渐移向脐周，6～8 小时后转移到右下腹痛，可伴有乏力、厌食、发热、恶心、呕吐。体征主要有右下腹压痛、腹膜刺激征、右下腹肿块。

辅助检查：血常规可见白细胞计数和中性粒细胞比例增高；腹部 X 线检查、超声、CT 均有助于诊断；腹腔镜检查对明确诊断具有决定性作用。

并发症：腹腔脓肿、内外瘘形成、化脓性门静脉炎。

治疗：可分为保守治疗和手术治疗。绝大多数患者一旦确诊，应早期施行阑尾切除术。保守治疗措施是选择有效的抗生素和补液治疗。保守治疗复发率高，手术治疗效果好。

预后：本病若手术治疗，效果好，对生存质量无任何影响；若出现并发症，预后较差。

2. 慢性阑尾炎

慢性阑尾炎大多数是由急性转变而来，少数开始即呈慢性过程。

临床表现：既往常有急性阑尾炎发作史，主要体征是阑尾部位的局限性压痛，位置较固定，少数患者可触及右下腹条索状肿物。

影像学检查：钡剂灌肠 X 线检查、薄层 CT 均有助于诊断。

治疗：诊断明确后需手术切除阑尾，并行病理检查证实此诊断。

预后：本病手术治疗后，预后良好。

（二）核保原则

1. 收集核保资料

收集客户健康情况，明确疾病的诊断及转归，对于处于急性期的客户，可延期至病情平稳 6 个月，若治疗采用手术治疗，视术后 6 个月后的情况进行核保，手术后无并发症者，则可以标准体承保人寿保险、重大疾病保险、医疗险和意外险；若急性阑尾炎通过保守治疗得以控制达 1 年以上，可以标准体承保人寿保险、重大疾病保险和意外险，医疗险则通过除外约定进行承保。

2. 核保

若有并发症的，按并发症的严重程度进行核保，作出核保结论。

第四节　内分泌系统疾病的核保

一、内分泌系统概述

内分泌系统由内分泌腺和分布于其他器官的内分泌组织、细胞组成。它们分泌的激素，通过血液、细胞外液、邻近组织、自身细胞等传输，与相应的激素受体结合，促进蛋白合成和酶促反应，发挥生物学活性。在生理情况下，内分泌激素水平与功能活动处于相对平衡状态，并且内分泌与神经和免疫系统彼此配合，以维持机体的正常代谢、生长、发育和生殖等活动。任何一种内分泌细胞的功能失常所致的激素分泌过多或缺乏，均可引起相应的病理生理变化。内分泌系统的常见疾病有激素缺乏性疾病、激素过多性疾病等。

二、巨人症和肢端肥大症

（一）疾病概述

1. 病因

巨人症（gigantism）和肢端肥大症（acromegaly）是因生长激素持久过度分泌所致。发生于青春期前、骨骺部未融合者为巨人症；发生于青春期后、骨骺部已融合者为肢端肥大症。病因为垂体前叶生长激素细胞腺瘤或增生。

2. 临床表现

单纯巨人症较少见。成人后半数以上继发肢端肥大症。巨人症在形成期生长过速，10岁可为高大成人，性欲旺，在衰退期，精神萎靡，乏力，阳痿，迟钝，并伴有头痛、视力减退、视野缺损、多食、多饮、多尿等症状。面貌特征表现为下颌增大、颧骨突出、唇厚、鼻大舌大、手足肢端肥大。

（二）核保原则

1. 收集核保资料

收集客户年龄、身高、体重等方面的资料。

2. 核保

1）对于身材高大、匀称魁梧，超过180cm的投保人，应首先除外巨人症；而发现肢端肥大症时，则一律视为拒保体。

2）对18岁以前，单纯的巨人症，要延期投保，直至18岁以后，在证实确无垂体明显病变时，或肢端肥大症已停止5年以上，心脏大小正常，生长激素、血糖水平、糖耐量测定均正常，可以低标准评点。但要限制人寿保险险种（如投保短期人寿保险）和适当降低保额。

3）因腺瘤而行外科手术或应用放射治疗，2年内尚未出现神经性并发症，应以高标准评点。

4）巨人症、肢端肥大症者，凡出现颅内压增高、脑神经受损、垂体-下丘脑组织损害的任何症状，血钙、血糖、生长激素水平明显增高，肢端肥大仍在继续进展等，一律拒保。

三、甲状腺功能亢进症

（一）疾病概述

1. 病因

甲状腺功能亢进症简称甲亢，是由于甲状腺合成释放过多的甲状腺激素，造成神经、循环、消化等系统兴奋性增高和代谢亢进，临床表现为心悸、出汗、消瘦、食欲亢进和大便次数增多。多数患者还常常同时有突眼、眼睑水肿、视力减退等症状。

甲亢病因包括格雷夫斯病（即毒性弥漫性甲状腺肿）、炎性甲亢、药物致甲亢、人绒毛膜促性腺激素（hCG）相关性甲亢和垂体促甲状腺激素（TSH）瘤甲亢。格雷夫斯病为甲亢的最常见病因，其次为多结节性毒性甲状腺肿和甲状腺自主高功能腺瘤。格雷夫斯病是甲状腺自身免疫病，患者的淋巴细胞产生了甲状腺刺激免疫球蛋白（TSI），临床测定的 TSI 为促甲状腺素受体抗体（TRAb）。格雷夫斯病常合并其他自身免疫病，如白癜风、脱发、1 型糖尿病等。

2. 临床表现

甲状腺激素促进新陈代谢，促进机体氧化还原反应，代谢亢进需要机体增加进食；胃肠活动增强，出现大便次数增多；虽然进食增多，但氧化反应增强，机体能量消耗增多，导致患者体重减少；产热增多，表现为怕热出汗，个别患者出现低热；甲状腺激素增多刺激交感神经兴奋，患者表现为易激动、心悸、失眠。甲亢患者如长期未接受合理治疗，会引起消瘦和甲亢性心脏病。甲亢性心脏病引起心律失常、心脏扩大和心力衰竭，导致患者丧失劳动力，甚至死亡。

（二）核保原则

1. 收集核保资料

收集客户甲状腺、甲亢、眼突等方面的资料。

2. 核保

青春期、哺乳期妇女，甲状腺可略肿大，甲状腺功能测定仅轻微异常或基本正常，可按标准体承保。

甲状腺明显肿大，静息脉搏每分钟超过 110 次，或出现心律失常、心房颤动，或伴有明显症状、体征，甲亢治疗不足半年者，均应延期投保。

有甲亢病史，经药物治疗症状基本消失，且无心、肾、血液并发症或治疗不良反应，2 年以上，仍小量服药，可以低标准评点；停药 3 年以上无复发，并经临床实验室检查甲状腺功能正常者，可按标准体承保。

经手术或放射治疗的成年甲亢者，症状消失 3 年后，仍无手术后并发症和后遗症，可按标准体承保。

甲亢为非甲状腺本身原因的，除评点甲亢的表现和程度外，重点要考虑甲状腺外的其他原因。

甲亢经治疗症状虽然减轻，但留有心、肾等脏器功能异常，或白细胞数量减低者，应拒绝投保。

因治疗甲亢而引起甲状腺功能减退，无其他并发症者，可延期半年投保；半年后小剂量甲状腺素替代治疗，而无任何症状、体征，可以低标准评点。

四、皮质醇增多症

（一）疾病概述

1. 病因

皮质醇增多症又称库欣综合征，由于各种原因使肾上腺皮质分泌过多的糖皮质激素（多为皮质醇）所致的一系列疾病。皮质醇增多症常由垂体腺瘤和肾上腺瘤（或癌）所引起，垂体腺瘤导致垂体促肾上腺皮质激素（ACTH）分泌增多，使得肾上腺皮质增生，分泌过量皮质激素，肾上腺皮质腺瘤（或癌）也会造成糖皮质激素增多。其他较少见的病因还有异位 ACTH 分泌综合征和长期服用大量皮质激素所引起的药物性皮质醇增多症。

2. 临床表现

起病缓慢，病程较长，主要表现为大量皮质醇引起代谢紊乱，多器官功能障碍。临床表现为向心性肥胖、满月脸、水牛背、多血质、多毛、痤疮、紫纹等。糖尿病和糖耐量减低：皮质醇增多症约有半数患者有糖耐量减低，约20%有显性糖尿病。月经紊乱、高血压、骨质疏松也不少见，少数可伴有雄激素、盐皮质激素、催乳素、ACTH分泌过多的表现，如男性化、电解质紊乱、溢乳、色素沉着等。蛋白质分解加速，使机体处于负氮平衡状态。高血压和低血钾、生长发育障碍、高尿钙和肾结石，此外，尚有精神不振、烦躁易怒、抑郁，红细胞生成增多，免疫力低下等。

（二）核保原则

1. 收集核保资料

收集客户肾上腺皮质醇方面的资料。

2. 核保

在健康保险中，对肾上腺皮质醇增多的评点，首先应分析病因，并了解肾上腺上下“轴性”关系及肾上腺与其左右内分泌腺的关系，并检查有无其他脏器病变在肾上腺的异常表达。由于垂体性皮质醇增多症的病因在下丘脑和垂体分泌较多的ACTH，故在医疗实践中，仅针对肾上腺而手术，远期效果不佳。

患有异源性促肾上腺皮质激素综合征者，既有自身脏器恶性肿瘤的存在，又有皮质醇增多症的临床表现，应视为拒保体。

对因下丘脑-垂体功能紊乱、垂体瘤而引起的皮质醇增多，因涉及下丘脑-垂体-肾上腺内分泌系统，机体自身正、负反馈的调节和制约，使得肾上腺功能调节更加复杂，临床表现多种多样，结果各异。此外，某些个体餐后抑胃肽受体在双侧肾上腺的异常表达，肾上腺皮质对内源性抑胃肽高度敏感，造成餐后皮质醇分泌增多。因此，要结合内分泌系统功能和全身整体情况以作出客观判定，再决定承保与否。

对单侧肾上腺皮质增生而除外下丘脑-垂体肿瘤病变，经手术切除痊愈，3年后症状未再复发，空腹或餐后2小时血糖测试正常，对于血皮质醇、尿17-羟皮质类固醇腺皮质不足现象，若经小量激素替代治疗能维持机体良好状态，可以低标准评点；若小剂量激素尚不能维持，则应以高标准评点。

五、原发性醛固酮增多症

（一）疾病概述

1. 病因

原发性醛固酮增多症（简称原醛症），是由肾上腺皮质病变致醛固酮分泌增多导致水钠潴留、血容量增多，继而血压升高并抑制肾素-血管紧张素系统所致。大多数是由肾上腺醛固酮腺瘤引起，发生在肾上腺皮质球状带并分泌醛固酮的良性肿瘤是原醛症的主要病因，临床以单一腺瘤最多见，占65%～80%，左侧多于右侧；双侧或多发性腺瘤仅占10%；个别患者可一侧是腺瘤，另一侧增生；也可能是特发性醛固酮增多症，简称特醛症，占成人原醛症的10%～30%，而占儿童原醛症之首。

2. 临床表现

由于醛固酮分泌增多，出现高血压、低血钾，高血压是原醛症最常见的首发症状，临床表现酷似原发性高血压，常因头痛、头晕、乏力、耳鸣、弱视等于门诊内科就诊。低血钾常导致神经肌肉功能障碍，如阵发性肌无力和麻痹、手足搐搦、肌肉痉挛、失钾性肾病及肾盂肾炎。低血钾对心肌有明显影响，可致心律失常，严重时发生心室颤动、心力衰竭，儿童患本病可引起生长、发育障碍。

（二）核保原则

1. 收集核保资料

收集客户醛固酮分泌方面的资料。

2. 核保

在健康保险核保中，要明确引起醛固酮增多症的原因并针对病因治疗，评价治疗效果。

如醛固酮增多症是由醛固酮瘤所引起，症状轻微，早期成功手术治疗，且术后血压正常，电解质紊乱消失，持续2年以上者，可按低标准评点。

若较大腺瘤、症状明显，经手术后，症状消失，高血压缓解，电解质紊乱得以控制者，则按高标准评点。

腺瘤需手术者，若为特发性醛固酮增多症，或ACTH依赖型醛固酮增多症，投保健康保险均为拒保体。

六、垂体性侏儒症

（一）疾病概述

垂体性侏儒症（pituitary dwarfism，又称生长激素缺乏性侏儒症）是因下丘脑-垂体病变引起的生长激素分泌不足或机体对生长激素不敏感所致的生长、发育障碍，表现为生长缓慢，身材矮小但比例匀称。

1. 病因

垂体性侏儒症是指垂体前叶功能障碍或下丘脑病变，使生长激素（GH）分泌不足而引起的生长发育缓慢，为身材矮小最常见原因。病因大致分为三大类：特发性垂体性侏儒症，1/3的患者为单独GH缺乏，2/3的患者同时伴垂体其他激素缺乏。继发性垂体性侏儒症，由于垂体或下丘脑的器质性病变，如颅咽管瘤、颅内感染、放射性损伤等而致GH分泌障碍。遗传性侏儒症，由于靶细胞对GH不敏感而引起的一种矮小症，本病多呈常染色体隐性遗传。

2. 临床表现

原发性垂体性侏儒症多见于男孩，出生时身高、体重往往正常，1～2岁后，生长缓慢，停滞于幼儿期身高，平均每年增长小于3cm，直至成年身高多不超过130cm。智力发育正常，患儿外观较其实际年龄为小，但身体上部及下部的比例常与其实际年龄相仿，故各部分发育的比例仍相称。患者头稍大而圆，毛发少而质软，皮肤细而滑腻，面容常比其实际年龄幼稚，胸较窄，手足亦较小。骨骼发育迟缓，骨龄幼稚，与其同身高年龄小儿相仿，骺部融合较晚。性器官发育迟缓，第二性征缺乏。表现为青春期男性生殖器仍小如幼童者，隐睾症颇常见，声调如童音，女性往往有原发性闭经，乳房、臀部均不发达，身材无女性成年人特征，子宫小，外阴如小女孩。甲状腺、肾上腺皮质功能亦往往偏低，但临床症状常不明显。

继发性垂体性侏儒症可发生于任何年龄，患病后生长发育开始减慢并伴有原发病的症状，颅内肿瘤患者可见颅内压增高和视神经受压迫的症状及体征，如头痛、呕吐、视野缺损或缩小等，甚至由于垂体后叶或下丘脑受损害而并发尿崩症。

（二）核保原则

1. 收集核保资料

收集客户年龄、身高、体重等方面的资料。

2. 核保

对垂体性侏儒，首先要明确病因。凡有原因可查者，并且已针对病因进行了根治，如彻底治疗血吸虫病而痊愈、肿瘤早期成功手术切除等，2 年后无其他异常情况出现，血中皮质类固醇或促肾上腺皮质激素、尿 17-羟皮质类固醇、甲状腺素（T_4）及三碘甲状腺原氨酸（T_3）均属正常，可按标准体承保。

对下丘脑-垂体附近接受电辐射、外伤、手术治疗等而影响丘脑-垂体功能，使垂体萎缩造成的侏儒，要以高标准评点，并适当限制保额和人寿保险险种。

原发性垂体性侏儒，5 年内除内分泌腺外无全身其他器官的明显功能改变，可以高标准评点，并适当限制保额和险种。对因垂体功能不全引起的甲状腺、肾上腺、性腺功能减退者，无须再额外评点。

凡身高不足 1.2m、原因不明的侏儒、体重不足、垂体功能减退、慢性低血压、低血糖等，应拒绝承保。

七、甲状腺功能减退症

（一）疾病概述

1. 病因

甲状腺功能减退症（hypothyroidism），简称甲减，是由各种原因所致的低甲状腺激素血症或甲状腺激素抵抗而引起的全身性低代谢综合征，病理特征为黏多糖在组织和皮肤堆积，表现为黏液性水肿，多发于女性，患病率随年龄增加而上升。甲减按起病年龄可分为三类：功能减退始于胎儿期或出生不久的新生儿者，称为呆小病（又称克汀病）；功能减退始于发育前儿童期者，称为幼年甲状腺功能减退症，严重时称为幼年黏液性水肿；功能减退始于成人期者，称为甲状腺功能减退症，严重者称为黏液性水肿。

2. 临床表现

呆小病者出生时常无异常表现。出生后数周，出现皮肤苍白、增厚、多褶皱、鳞屑，口唇厚、舌大且常伸于口外，流涎，外貌丑陋，鼻梁塌陷，前额多皱纹，身材短小，四肢短粗，手常呈铲状，心率缓慢，体温低，成年后常矮小。幼年甲状腺功能减退症的表现随起病年龄长幼而不同。幼儿发病者，除体格发育迟缓和面容改变不如呆小病显著外，其余均与呆小病相同。较大儿童及青春期发病者，则大多表现为黏液性水肿，生长阻滞及青春期延迟。

成人甲状腺功能减退症，可分为中枢-下丘脑性、垂体性和甲状腺性，其典型症状为低基础代谢率症候群；黏液性水肿面容；贫血肤色，皮肤呈现特殊的蜡黄色或苍白色，且粗糙少光泽，干而厚、多鳞屑和角化；精神感觉迟钝，幻觉，抑郁等；肌肉松弛无力，关节疼痛，骨质密度可增高，少数肌肉肥大；心率缓慢，心音低弱，心排血量减少，很少发生心绞痛与心脏衰竭；消化系统出现厌食、腹部胀满、便秘、鼓肠、肠麻痹。胃酸缺乏或无胃酸分泌；呼吸急促，检查肺泡中二氧化碳弥散力降低；其他：全身内分泌功能降低，肾血流量降低，少量蛋白尿；低血钠，小细胞正色素性贫血或小细胞低色素性贫血，血沉快，有出血倾向。

（二）核保原则

1. 收集核保资料

收集客户甲状腺激素合成与分泌等方面的资料。

2. 核保

对于临床出现的甲状腺功能减退症，在健康保险核保中，应首先进行病因鉴别。对投保人提供的告知内容及以往医院检查资料，要进行详细分析，确定甲减是属于甲状腺本身还是继发于下丘脑、垂体病变，抑或是末梢性甲状腺激素不应症。

其次，要进一步证实甲减起病的确切年龄。如起病于胎儿期或出生不久的新生儿，还是发育前的儿童期或成人期。不同时期的起病，其甲减和黏液性水肿的预后大不一样。

对于成人因亚急性甲状腺炎、缺碘、高碘、妊娠等一时性甲减，发现较早，治疗及时，痊愈2年后无临床症状复发，可按标准体承保。

对于成人甲状腺肿、结节性甲亢而进行甲状腺部分切除引起的甲减，原因清楚，需长期服用甲状腺素治疗者，应以高标准评点。

成人慢性甲状腺炎（桥本甲状腺炎）为自身免疫性因素所致，这是造成甲减的主要原因，需终生接受甲状腺素的治疗，在除外全身其他自身免疫性疾病后，也需以高标准评点。

对于慢性甲状腺炎并有其他自身免疫性疾病，或传染病如结核性甲状腺炎；或出现黏液性水肿的地方呆小病、散发性呆小病，甲状腺发育不全、缺如，黏液水肿型幼年甲减，成人甲减严重，多系统受损者，继发于下丘脑、垂体病变的甲减等情况，应一律拒保。

八、慢性肾上腺皮质功能减退症

（一）疾病概述

1. 病因

慢性肾上腺皮质功能减退症又称艾迪生病（Addison 病），是双侧肾上腺因自身免疫、结核等严重感染，或肿瘤等导致严重破坏，或双侧大部分或全部切除所致，也可继发于下丘脑分泌促肾上腺皮质激素释放激素（CRH）及垂体分泌 ACTH 不足所致。特发性慢性肾上腺皮质功能减退症是因肾上腺原因不明性萎缩，一半病例伴有与自身免疫有关的一些疾病，如性功能衰竭、甲减（桥本甲状腺炎）、糖尿病、白斑病等。此外，皮质激素合成代谢酶的缺乏及下丘脑病（肿瘤、炎症、创伤）、垂体病（产后大出血、肿瘤、脑膜炎）也可引起本病。

2. 临床表现

本病起病缓慢，早期易于疲劳，衰弱无力，体重明显减轻，全身皮肤色素加深，尤以乳头、乳晕、痣、瘢痕等处更为显著，还可因血压降低引起头晕、心脏缩小、心电图低电压等。

消化系统表现为食欲不振、恶心、厌食、腹胀、腹泻（有时大便呈糊状）。同时，肌肉无力伴有高血钾，也可出现肢体瘫痪、麻痹、无欲、痴呆等神经精神症状。

由于慢性失水而明显消瘦。女性月经失调、过早停经。若为肾上腺结核尚有结核病的一般症状。

当有创伤、手术、感染、分娩、腹泻、失水、突然中断皮质醇激素治疗、过劳等可诱发肾上腺皮质危象，其主要表现为高热、循环衰竭、昏迷。

（二）核保原则

1. 收集核保资料

收集客户临床表现材料。

2. 核保

全面考虑肾上腺皮质功能减退症对健康保险的影响。一是明确病因；二是评估现症的危害及预后；三是明确被保险人有无接受替代治疗，若接受终生替代治疗，则预后良好。

只要现症达到了肾上腺皮质功能减退的标准，不论病因如何，均要依据对机体影响严重程度而进行核保评点。若症状轻微，病因已中止或经手术治愈，时间不足3个月，应延期投保；5年以上且只需使用少量激素，甚或停用激素，可以低标准评点。

对仍需使用较大剂量激素替代治疗或病因并未去除，3 年内病情不见缓解者，应视为拒保体。

存在本症既往史，症状消失 5 年以上，最近的血钠、血钾及肌酐、尿素均正常，不用药物维持治疗，男性可按标准体承保，已经妊娠或尚未妊娠的女性应适当加费承保，并限制保额。

肾上腺皮质功能减退症的症状虽轻微，但同时伴有其他任何自身免疫性疾病，或肾上腺皮质功能减退是由垂体病变所致，同时引起甲状腺、性腺功能减退者，应视为拒保体。

病因不详，持续性皮肤色素沉着过多，长期低血压，低血糖，接受激素替代治疗效果不明显者，应拒保。

九、糖 尿 病

（一）疾病概述

1. 病因

糖尿病是一组由多种病因引起的以慢性高血糖为特征的代谢性疾病。其特点为由于胰岛素绝对或相对不足和靶细胞对胰岛素的敏感性降低，引起碳水化合物、蛋白质、脂肪代谢紊乱，导致心脏、眼、肾、血管、神经等组织器官慢性进行性病变、功能减退甚至衰竭；病情严重或应激时可发生急性严重代谢紊乱，如糖尿病酮症酸中毒、高渗高血糖综合征。1999 年世界卫生组织将糖尿病分为 4 大类：1 型糖尿病、2 型糖尿病、其他特殊类型糖尿病和妊娠糖尿病。其病因主要有遗传因素和环境因素，1 型糖尿病或 2 型糖尿病均存在明显的遗传异质性，糖尿病存在家族发病倾向，1/4～1/2 患者有糖尿病家族史，临床上至少有 60 种以上的遗传综合征可伴有糖尿病。环境因素主要有进食过多，体力活动减少导致的肥胖是 2 型糖尿病最主要的环境因素，使具有 2 型糖尿病遗传易感性的个体容易发病。

2. 临床表现

1）多饮、多尿、多食和消瘦。严重高血糖时出现典型的“三多一少”症状，多见于 1 型糖尿病。发生酮症或酮症酸中毒时“三多一少”症状更为明显。

2）疲乏无力、肥胖。多见于 2 型糖尿病。2 型糖尿病发病前常有肥胖，若诊断不及时，体重会逐渐下降。

（二）核保原则

1. 收集核保资料

收集客户临床表现方面的资料，对于血糖值正常的可疑客户，可以在体检时加查糖化血红蛋白，以了解其近期血糖波动情况或是否被服用药物掩盖。

2. 核保

由于糖尿病是常见病、多发病，且晚期并发严重的心、脑、肾、血管病变，是引起失能、死亡的重要原因。如能做到早期发现和严格控制糖尿病，预防和治疗各种感染，早期发现和治疗各种后期并发症，可以改善糖尿病的预后。因此，糖尿病者投保应予全面、细致地评点。

对于确诊为 1 型糖尿病者，不论轻重，有无并发症，应一律拒保。

2 型糖尿病呈家族聚集性，凡家庭成员中有年纪较轻，多成员患糖尿病的被保险人，对其更应警惕现症或将来患糖尿病的可能。

糖尿病患者出现心血管疾病、脑血管意外、肾衰竭的风险明显增大，且与病程有关，病程越长，危险越大。

对血糖水平在正常高限者，虽糖耐量试验阴性，而多因素分析，如血压为边缘体、有烟酒嗜好、血脂略增高、肥胖等，要以高标准评点。

核保评点的有利因素：两个或两个以上的指标显示血糖控制良好；尿液检查无蛋白尿；最近的眼底检查显示视网膜无任何变化；最近的静态及运动心电图正常。

核保评点的不利因素：有高血压、高脂血症、肥胖、吸烟及饮酒、家族史等额外风险因素；接受糖尿病治疗不足 1 年；未接受长期规律的治疗；血糖水平控制不佳；家族成员中有 60 岁前患有冠心病、脑血管疾病或者末梢动脉疾病者；经常有血糖过低现象；曾出现过尿酮体阳性；微量蛋白尿等。

糖耐量测试异常，核保时按糖尿病风险评估；糖尿病投保人投保重大疾病保险，应加重评点甚至拒保。

对于新发现的糖尿病，一般需延期 3～6 个月，直到确定诊断并接受适当治疗，被保险人具备下列条件可考虑承保：根据其态度及背景，判断其可能尽早接受了长期规律的治疗；没有其他健康风险；非胰岛素依赖型。

对于治疗中的糖尿病，被保险人必须遵从医嘱，控制血糖，否则加重评点（额外EM75）；依投保年龄、病后时间长短，依据血糖控制情况决定加费额度；有额外风险因素控制不良者，额外评点。妊娠期糖尿病先延期，产后再依血糖值进行评估。

第五节　运动系统疾病的核保

一、运动系统概述

运动系统有广义和狭义之分。广义的运动系统由中枢神经系统、周围神经和神经-肌接头部分、骨骼肌肉、心肺和代谢支持系统组成。狭义的运动系统由骨、骨连接和骨骼肌三种器官组成。骨与不同形式（不活动、半活动或活动）的骨连接联结在一起，构成骨骼（skeleton），形成了人体体形的基础，并为肌肉提供了广阔的附着点。肌肉是运动系统的主动动力装置，在神经支配下，肌肉收缩，牵拉其所附着的骨，以可动的骨连接为枢纽产生杠杆运动。

运动系统疾病主要有风湿热、骨质疏松、骨折、关节炎、心肌炎等。

二、风　湿　热

（一）疾病概述

1. 病因

风湿热是一种咽喉部 A 组乙型溶血性链球菌感染后反复发作的全身结缔组织炎症，主要累及关节、心脏、皮肤和皮下组织。本病多发于冬春阴雨季节，寒冷、潮湿是重要的诱因。急性风湿热最常见于 5～15 岁的儿童和青少年，复发多在初发 3～5 年内，复发率高达 5%～50%，尤其在心脏受累后更容易复发，形成恶性循环。

A 组链球菌感染后所引起的免疫反应与风湿病密切相关，此外，环境、经济状况、年龄等也影响风湿热的发病率。

2. 临床表现

风湿热为全身结缔组织炎症，早期以关节和心脏受累为多，而后以心脏损害为主。急性风湿性心肌炎患者的心内膜、心肌、心包膜均可受损，形成全心炎，其中以心肌炎和心内膜炎最为严重。

1）一般发病前 1～5 周先有咽炎、扁桃体炎等上呼吸道感染病史。起病时，大部分有不规则轻、中度发热，出汗，乏力，游走性多关节炎。心脏受累产生心动过速、心脏扩大、心律失常、心脏杂音或心脏衰竭。心内膜炎最易累及二尖瓣，其次为主动脉瓣，而三尖瓣和肺动脉瓣极少累及。

2）在风湿热活动期，可出现心包炎，发生心前区疼痛，出现心包摩擦音，可有心包积液，极少数可发展为缩窄性心包炎。

3）另外，风湿热活动时，皮肤可出现红斑或皮下结节等损害。当累及神经系统时，尤其是 5～12 岁儿童，可出现神经异常、不自主动作、肌力减退、共济失调等所谓“舞蹈症”。

（二）核保原则

1. 收集核保资料

风湿热曾经是危害学龄儿童及青少年生命和健康的主要疾病之一，可累及心脏、关节、中枢神经系统和皮下组织，但以心脏和关节最为明显。风湿热的发病存在遗传易感性。该病急性发作后，常遗留轻重不一的心肌、瓣膜损害，形成风湿性心脏病或风湿性心瓣膜病。而这些病理改变终会导致患者心脏衰竭，甚至死亡。因此，风湿热在保险医学中隐藏着前瞻性风险，对风湿热既往史和现症的投保人，应结合其性别、年龄、风湿活动的有无、反复频率、心脏和瓣膜受累与否以及受累程度等综合分析、判定，在核保时才不会出现纰漏或失误。

2. 核保

所有急性风湿热的投保人，均应延期半年承保。

风湿热发现较早，及时进行治疗，投保时无明显心血管杂音，也无神经系统受累症状、体征，尤其是 15 岁以下儿童投保人，曾仅有关节红肿，治愈半年后，实验室检查无异常发现，可按标准体承保。

投保时仅有风湿性关节炎，无低热、血沉增快等风湿活动征象或趋势，可按标准体承保。

风湿热侵犯心脏引起全心炎，经治疗基本痊愈，半年后若仅留有偶发室性期前收缩、一度房室传导阻滞、轻度 ST-T 段改变。经超声心动图检查心脏结构、功能无异常，可按低标准评点。

风湿热经治疗后，一般症状基本控制已有半年，但有心脏杂音，或心率较快（90 次/分以上）、二度房室传导阻滞、两个导联同时出现 ST-T 波改变、室性期前收缩较多但不构成两联律，临床上无明显症状，心脏彩色多普勒超声未显示心脏结构（尤其瓣膜）和功能异常，此时可按高标准评点。

风湿热后遗留上述任何一种异常表现，而心脏彩超同时发现二尖瓣狭窄、反流、心肌肥厚等结构异常或射血指数等检测指标低于正常值，均为拒保体。

幼年时期有风湿热病史，投保时已经到中青年，心脏、心包、关节病变与以往病史无关，要按新发疾病评点，若心脏瓣膜病由幼时风湿热所引起，视其病理解剖改变及心脏功能情况，应按高标准评点甚至拒保。

晚期重度风湿病并有下述之一，应视为拒保体：长期大量服用肾上腺皮质激素；长期卧床；严重骨质疏松。

三、类风湿关节炎

（一）疾病概述

1. 病因

类风湿关节炎（rheumatoid arthritis，RA）是一种以侵蚀性、对称性多关节炎为主要临床表现的慢性、全身性、自身免疫性疾病。其基本病理改变为滑膜炎、血管翳形成，并进展为关节软骨和骨破坏，最终可导致关节畸形和功能丧失。大约 1/10 的患者最终致残。

2. 临床表现

类风湿关节炎可发生于任何年龄，80%发病于 35～50 岁，女性发病率约为男性的 3 倍。本病起病缓慢，临床表现多为受累关节肿痛、功能下降，病变呈持续、反复发作过程。前驱症状有疲乏、体重下降、纳差，之后某一关节疼痛、僵硬、关节肿大，此外，全身还有发热、心率快、贫血。疾病后期可有关节畸形，甚至不能伸屈，失去生活自理能力。少数患者在病变活动期可有淋巴结肿大、脾大、心脏瓣膜病变、肺间质纤维化、血管炎等。60%～70%的患者活动期血清中出现类风湿因子。

（二）核保原则

1. 收集核保资料

类风湿关节炎在人群中发病率为 1%左右，大多发生于青壮年，与风湿性关节炎在症状、体征上有时容易混淆。而两者在投保后的远期后果大不相同，故早期将两者鉴别开来，并根据不同病变，作出相应投保和险种选择决定，是非常必要的。此外，类风湿关节炎的风险除可能引起关节失能外，还需考虑其并发症。故在投保时，应予以警惕，并适当进行评点。核保需要考虑的因素有疾病类型、病程长短、药物治疗方法、治疗时机、病变是否处于活动期等。

2. 核保

由于类风湿关节炎是一种慢性病理过程，投保人寿保险后不久即以关节变形而出险的被保险人，要追寻其带病投保的可能证据。

对于预后不良的类风湿关节炎，要严格掌握投保条件，一般应拒保。在判断不明时，应延期投保。

完全治愈者可按标准体承保。

病情较轻，血沉 30mm/h 以下者，可轻度加费或按标准体承保。

中年以后发病，尽管病程长，但在几年内只有一两个关节孤立性病变，无其他脏器和组织受累，且实验室检查未发现类风湿活动征象，可按低标准评点；对某些特殊职业的投保人，如电脑操作者，则要附加不保条款。

对于对称性多个小关节僵硬、畸形，但病情已稳定 5 年以上，无其他脏器部位受累，且实验室检查未发现类风湿活动征象者，可按低标准评点；对某些特殊职业的投保人，如电脑操作者，则应附加不保条款。

对于类风湿关节炎病史，中年投保，尽管关节无僵硬、畸形，但需长期服用激素类药物，血红蛋白明显下降，血沉增快超过 60mm/h，心脏瓣膜受累，肺间质纤维化，周围神经病变，类风湿肺尘埃沉着病，淀粉样变等，均应拒保。

四、皮　肌　炎

（一）疾病概述

1. 病因

皮肌炎（dermatomyositis，DM）是一种累及皮肤、横纹肌的自身免疫性结缔组织病。以淋巴细胞浸润为主的非化脓性炎症，可伴有多种皮肤和内脏损害。大部分病例呈慢性进展，2～3 年后趋于逐渐恢复。皮肌炎确切病因不明，可能与病毒感染、免疫异常和对自我识别错误有关，且三者互相联系。血管病变是主要发病基础。

2. 临床表现

起病常隐袭，在数周、数月、数年内缓慢进展。极少数患者急性起病，在数日内出现严重肌无力，甚或横纹肌溶解、肌球蛋白尿和肾衰竭。患者可有晨僵、乏力、食欲不振、体重减轻、发热、关节疼痛，少数患者出现雷诺现象。绝大多数病例累及横纹肌，平滑肌、心肌也可受累。主要表现为四肢肌肉乏力、肌痛、运动痛，继之运动障碍，使身体处于强迫特殊姿势，步态笨拙，病重时不能翻身，还可出现声音嘶哑、食管动力减弱而吞咽困难。皮肤损害多种多样，可仅有紫红色斑片、斑丘疹、毛细血管扩张、色素减退，皮损上覆以细小鳞屑，偶见破溃。少数患者口腔黏膜可见红斑，或可见皮下结节、钙质沉积。心脏受累而出现心律失常、心功能减退甚至心力衰竭，也可有胸膜炎、间质性肺炎、肝脏肿硬等改变。

（二）核保原则

1. 收集核保资料

皮肌炎患者若伴有肿瘤，预后不良，少数患者甚至死亡。因此，皮肌炎是疾病核保中需要面对的重要疾病。

2. 核保

本病大部分缓慢起病，2～3 年后可逐渐恢复。故中青年投保人，病情稳定，临床仅有一组肌肉或局部皮肤受损，而无心肺等脏器受损者，可以低标准评点。

本病伴发肿瘤的概率为 9%～52%，且随年龄增长，伴发肿瘤的机会越多。因此，凡 40 岁以上投保人，尽管无其他脏器受累迹象，皮肌炎损害较轻且局限，也应高加费承保。

凡有皮肌炎累及膈肌、肋间肌，侵犯心肌、肺间质，需长期应用激素类药物控制症状者；皮肌炎反复发作者；皮肌炎伴有其他系统、部位肿瘤者，均为拒保体。

中年以下皮肌炎患者，反复发作，加剧和缓解交替出现，最终缓解的机会较多，因此，这种投保人尚可高加费承保。

五、骨质疏松症

（一）疾病概述

1. 病因

骨质疏松症（osteoporosis，OP）是一种以骨量降低和骨组织微结构破坏为特征，导致骨脆性增加和易于骨折的代谢性骨病，为老年人常见的疾病之一，其特点为单位体积内骨组织量减少，骨皮质变薄，海绵骨骨小梁数目减少，骨髓腔增宽，骨负载能力减弱而常有骨痛、骨折。

骨质疏松症可由多种病因引起，其中年龄因素较多见。本病可发生于任何年龄，但多见于绝经后女性和老年男性。40 岁以上人群，15%有骨质疏松，且多为女性。由于年龄渐长，长骨细胞的骨形成功能降低，肾和消化道功能减退，钙吸收降低。甲状旁腺功能亢进，体内钙、磷比例失调。女性绝经后，雌激素水平下降，骨中钙质丢失迅速。皮质醇增多症、肢端肥大症、长期应用糖皮质激素等可引起内分泌性骨质疏松。此外，还有失用性（如长期卧床）、营养性、遗传性或特发性骨质疏松。

2. 临床表现

轻者一般无症状。重者常诉腰背疼痛、乏力或全身骨痛，其程度与骨质疏松严重性紧密相关。时间较久可出现肌肉萎缩、骨折，以及脊柱、胸廓畸形等。某些骨质疏松症尚有原发疾病的相应临床表现。

（二）核保原则

1. 收集核保资料

受西方医学的影响，我国一直沿用美国学者提出的以骨密度指标诊断骨质疏松症。目前临床上多以骨密度仪测量进行诊断，但其标准是源于西方数值，并不适合我国国民。因此，在健康保险核保中，应以医疗机构诊断的骨质疏松症作为参考，还应以投保人的综合情况如年龄、性别、职业、有无长期卧床、有无长期大量服用激素类药物等作为诊断和评估的重要因素。

2. 核保

骨质疏松症是老年人常见的疾病。核保时，除有严重症状影响心肺功能，或因骨质疏松而引起骨折，久病卧床，深部静脉血栓形成等而拒保外，一般均可按标准体承保。

骨质疏松若由某些疾病引起时，核保评点要针对原发病。若原发病已手术或治疗，应评点原发病的治疗效果，再决定能否承保或承保后加费标准。

严重骨质疏松症所引起胸廓畸形，影响心肺功能者，拒绝承保。

医学核保的重点应留意投保人的年龄特点，女性中年以后容易增加意外和失能的风险。

若因骨质疏松而发生过骨折，或因周身其他疾病仍在服用激素类药物，同时又出现骨质疏松症者，应拒保人寿保险。

六、骨　　折

（一）疾病概述

骨折（fracture）是指骨的完整性或连续性中断。骨折为身体较常见的损伤，几乎全身任何部位的骨骼均可发生骨折。小儿在生长发育期间，其组织解剖、生理等方面均有自身特点。小儿骨折与成人骨折有一定差异，如小儿一般为青枝骨折、骨膜下骨折、骨骺损伤等。

在保险医学中，主要针对骨折后有无该部位活动功能障碍，对小儿严重的骨骺损伤是否影响生长发育，或有无影响被保险人健康和寿命的并发症，以确定投保事宜；而理赔中则应明确发生的骨折是病理性骨折（如骨肿瘤引起），还是意外伤害所致，或骨折是否发生在投保前，从而判定有无道德风险的存在。

骨折的愈合，一般与骨折部位、类型、病理改变及个体情况密切相关。年龄越小，愈合越快，以股骨干骨折为例，新生儿 1～2 周，婴幼儿 4～6 周，儿童 6～8 周，成人 10 周，老人则在 14 周以上。

（二）核保原则

1. 收集核保资料

收集导致客户骨折原因方面的资料。

2. 核保

投保健康保险，应在骨折愈合后方可考虑，只要不是畸形愈合、假关节形成，一般不影响投保。

核保时，有时会遇到骨折后再投保，或投保人限于体质较差或骨折部位处于持重处而未予正确固定，使得骨折经久不愈，或反复骨折。对于这些投保人，往往在其骨折后数月甚至 1 年后方可投保住院医疗险种，对此类情况应仔细审核。

第六节　神经系统疾病的核保

一、神经系统疾病概述

神经系统可分为中枢神经系统和周围神经系统。中枢神经系统包括脑和脊髓；周围神经系统包括与脑相连的脑神经、脊神经和内脏神经。脑神经与脑相连，主要分布于头部；脊神经与脊髓相连，分布于躯干和四肢；内脏神经与脑和脊髓相连，分布于内脏、心血管和腺体。神经系统是机体内主要的功能调节系统，它控制和调节其他系统的活动，使人体成为一个有机的整体。

神经系统疾病可由多种病因引起，如感染、中毒、遗传、免疫等。临床上常见的神经系统疾病有脑血管疾病、癫痫、脑炎、脑膜炎等。神经系统疾病中慢性病占多数，病情迁延不愈，给患者的工作、生活带来严重影响，致残率很高。脑 CT 扫描和 MRI 等技术的应用，使得许多脑和脊髓疾病获得迅速准确的诊断。但因神经细胞损伤后不易再生，许多神经系统疾病目前仍无有效治疗方法。

二、周围神经系统疾病

（一）疾病概述

常见的周围神经系统疾病有视神经炎、三叉神经痛、面神经炎、坐骨神经痛等。它们可能是原发疾病，也可能是由于全身或其他脏器、部位疾病影响周围神经而产生病变。

（二）核保原则

1. 收集核保资料

收集被保险人的病历资料，询问、了解是现症还是既往史，病情稳定还是仍在进展。

2. 核保

大多数患者只要按疾病预后或影响的神经功能做出签约前的协定或除外责任，并不影响多数险种的承保。具体有：

视神经炎。由于少数患者可因视神经盘逐渐萎缩而导致失明，此为核保时的主要危险因素；视神经是多发性硬化的首发或主要神经损害部位，必要时可延期承保或经 MRI 排除多发性硬化。

动眼、滑车、展神经疾病。这些疾病的功能改变可由动脉瘤、颅脑损伤、感染、重症肌无力、脑干肿瘤等引起，对此类被保险人，必须明确原发病，并待手术或其他方法治疗后，视治疗结果再决定承保与否。

三叉神经痛。原发性病因不明，继发性多为颅底肿瘤、脑干梗死、多发性硬化等，除个别人影响生活，甚至产生消极厌世情绪外，大部分不影响健康。一般不影响承保。

面神经炎。主要表现为面神经麻痹，发病与面部受凉、受冷风刺激有关。多不影响承保。

坐骨神经痛。重点是明确病因和鉴别诊断。若坐骨神经痛是由椎管狭窄引起，被保险人的下肢可能随病情发展而致残，或在投保后进行手术而出险。故对此类被保险人可适当增加局部除外责任的保险条款，并按低标准评点；而由椎间盘突出引起的较重坐骨神经痛，除了局部责任免除，可不进行加费评点；因坐骨神经痛进行椎管或盆腔良性肿瘤切除术，术后半年，症状减轻或消失，可按标准体承保；凡由妊娠子宫压迫引起坐骨神经痛者，一旦分娩，可视为标准体承保。

三、脊髓空洞症

（一）疾病概述

脊髓空洞症为慢性进行性的脊髓变性疾病。其特点为脊髓内形成空洞和胶质细胞增生，可出现受累脊髓节段的分离性感觉障碍、节段性肌肉萎缩和传导束性运动或感觉障碍、局部营养障碍，少数患者出现运动失能。

目前病因尚不明确，大多认为是由第四脑室出口阻塞，以及其内脑脊液搏动的反复冲击引起脊髓空洞。脊髓空洞可发生在任何节段，以颈段脊髓最为多见。

（二）核保原则

1. 收集核保资料

收集被保险人的病历资料，询问了解病史。

2. 核保

区分是否为肿瘤、血管破裂出血引起的。若是继发性，要对原发病进行评点。若为脊髓良性肿瘤，手术切除痊愈半年后可按标准体承保。

发生在脊髓某一节段上的空洞，其范围较小，临床症状轻微，可按低标准评点。另外根据预后可在保险合同附加特约内容。

脊髓空洞若为多发性，或长度在 4cm 以上，无论临床表现如何均拒保。

四、癫　痫

（一）疾病概述

癫痫是由于大脑神经元异常放电所致的短暂性脑功能障碍的一种慢性疾病，患者表现为抽搐、痉挛、昏厥、两眼发直、凝视等临床症状，具有发作性、短暂性、反复性和刻板性的特征，可见于各个年龄组。脑电图是诊断癫痫最重要的辅助检查方法。

（二）核保原则

1. 收集核保资料

收集被保险人的病历资料，判断是否为癫痫发作，并与晕厥、癔症、偏头痛等短暂发作疾病相鉴别。其次要根据症状、体征明确癫痫发作的类型。

2. 核保

除注意癫痫的发病原因、病情轻重外，还要评价治疗用药给机体带来的影响和危害，因为抗癫痫药物可引起轻度困倦、贫血、肝功能异常等不良反应。癫痫病一般拒保。

五、脑　出　血

（一）疾病概述

脑出血是指非创伤性脑内血管破裂，造成血液在脑实质内聚集的一类临床综合征。脑出血为脑卒中的一种类型。脑出血最常见的病因是高血压合并细小动脉硬化。典型症状为头痛、呕吐和不同程度的意识障碍。预后较差，而脑水肿、颅内压增高和脑疝形成为主要死因。

（二）核保原则

1. 收集核保资料

收集被保险人的病历资料、近期检查结果，了解既往史及现病史。

2. 核保

对投保后不久发生脑出血的被保险人，要复审既往是否存在高血压、高血脂、糖尿病等病史，及时分析其病理变化，适当进行走访调查，了解以往在医院的就诊情况，防止道德风险的发生。

对于小面积脑出血，症状轻微，1 年后未留下任何后遗症，检查血压、血脂、血糖均正常，或仅有轻微异常，应提醒被保险人积极配合治疗。纠正不良生活习惯，可按低标准评点；而有一项检查异常，或仍保留以往不良生活习惯者，按高标准评点；多项检查异常者，应拒保。

对于外伤性脑出血，已治疗痊愈，半年后无后遗症者，可按标准体承保。

脑出血面积较大，既往有中风史者，即使无严重高血压、糖尿病、高脂血症等，也应拒保。

六、重症肌无力

（一）疾病概述

重症肌无力是一种神经肌肉接头传递障碍所引起的获得性自身免疫性疾病。受累的骨骼肌肉易疲劳，活动后症状加重。该病可发生于各年龄段，临床表现多样，最轻者称眼肌型，表现眼睑下垂、斜视、复视；部分患者表现全身性肌无力，可从四肢无力发展为呼吸肌无力、吞咽肌肉无力，严重者可发展为吞咽障碍、呼吸困难、呼吸衰竭，需呼吸机支持治疗。经休息和应用抗胆碱酯酶药物治疗后，部分肌力可得以恢复。

（二）核保原则

1. 收集核保资料

收集被保险人的病历资料，了解既往史、家族史，尤其是病情发生、发展过程，观察现症并进行全面分析。

2. 核保

对仅有眼睑下垂的轻度重症肌无力的被保险人，经数年观察，症状无明显进展，也无身体其他部位肌群的受累表现，家族中无同类疾病患者，可按低标准评点。

症状轻微，病程超过 5 年无任何进展的女性被保险人，或症状虽重，但经手术切除胸腺，两年后症状未复发者，均可按低标准评点。

虽症状较轻，病情稳定，但家族中有同类疾病患者，或重叠患有甲状腺功能亢进、关节炎、多发性肌炎等自身免疫性疾病，均应拒保。

七、多发性硬化

（一）疾病概述

多发性硬化是一种青少年起病的中枢神经系统炎性脱髓鞘病，女性发病多于男性。主要病理特征为视神经、脊髓和脑内白质出现散在、多灶脱髓鞘硬化斑块。

病因尚不明确，可能与遗传因素、机体免疫调节缺陷、病毒感染和环境因素有关。临床以亚急性起病较多，好发于 20～40 岁，病灶多分布于视神经、脑室周围白质、胼胝体、脑干、小脑、颈段脊髓白质等，严重者可出现肌肉协调性丧失、视力减弱和功能丧失。

（二）核保原则

1. 收集核保资料

收集被保险人的病历资料，了解该病的首发症状、既往史、现症，以及 CT、MRI 检查结果。

2. 核保

即将或已确诊为多发性硬化者，应约定局部免除责任。

症状轻微、硬化灶较少，缓解期时间较长者，可按低标准评点。距上次发病已有 10 年以上，至今未发作者，可按标准体承保。

病情虽进程缓慢但病变为广泛性及渐进性神经功能障碍，已影响运动功能及出现小脑症状，预后较差者，症状较轻的可高标准评点，严重的应当拒保。

八、精神疾病

（一）疾病概述

随着社会发展、生活环境的变化，情绪障碍、心理行为问题、老年期精神障碍、麻痹药品的滥用及酗酒、自杀等问题增多，某些常见疾病如消化性溃疡、高血压也主要起于精神因素，即心身性疾病。

（二）核保原则

1. 收集核保资料

收集被保险人的病历资料，了解家族史。同时必须明确有无精神障碍。

2. 核保

当怀疑被保险人家族史对其产生影响或目前有疑似精神病症状时，要了解用药及治疗情况，如果长期服用药物或药物控制不良者，一般均拒保。

第七节　泌尿系统疾病的核保

一、泌尿系统概述

泌尿系统由肾、输尿管、膀胱、尿道及相关的血管、神经组成。其主要功能包括滤过功能（生成和排泄尿液，排除人体多余的水和代谢废物）；重吸收和排泌功能（调节机体内环境稳态，保持水、电解质及酸碱平衡）；内分泌功能（调节血压、红细胞生成和骨骼生长等）。肾生成尿液，输尿管、膀胱、尿道为输送、贮存和排出尿液的器官。男性尿道兼有排精功能。当肾功能障碍时，代谢产物蓄积于体内，破坏内环境的理化性质，影响新陈代谢的正常运行，严重时可出现肾衰竭，危及生命。

泌尿系统疾病的病因复杂，由于大肠埃希菌等细菌侵入尿路，便引发多种尿路感染，包括尿道炎、膀胱炎、肾盂肾炎和输尿管炎等，通常肾盂肾炎、输尿管炎为上尿路感染，尿道炎、膀胱炎为下尿路感染。病原微生物是引起感染的重要条件，最常见的为大肠埃希菌，其次为来自肠道的其他兼性厌氧菌，此外还有结核杆菌、淋球菌、衣原体、支原体、滴虫、厌氧菌、真菌、原虫或病毒等。

二、急性肾小球肾炎

（一）疾病概述

急性肾小球肾炎简称急性肾炎，是以急性肾炎综合征为主要临床表现的一组疾病。临床特点为急性起病，表现为血尿、蛋白尿、水肿和高血压，可伴有一过性肾功能不全，多见于链球菌感染后，其他细菌、病毒及寄生虫感染亦可引起。多见于儿童，男性略多。绝大部分患者于发病 1～4 周经利尿、消肿、降压治疗后好转，4～8 周多数实验室检查指标正常。但少量镜下血尿及微量尿蛋白有时可迁延半年至 1 年才消失。少于 1%的患者可因急性肾衰竭救治不当而死亡。

本病为自限性疾病，多数患者预后良好。6%～18%病例遗留尿异常和（或）高血压而转为“慢性”，或于“临床痊愈”多年后又出现肾小球肾炎表现，一般认为老年、持续高血压、大量蛋白尿或肾功能不全者预后较差。

（二）核保原则

1. 收集核保资料

收集资料包括既往史、血压、肾功能测试（肌酐、尿素氮、肌酐清除率）、尿常规及尿液分析。

2. 核保

应关注目前尿中是否有蛋白，血压及肾功能情况，是否有复发。一般而言，现症或急性发病康复后不足 3 个月的所有病例应延期承保。急性肾小球肾炎发病超过两次者，按慢性肾小球肾炎评点。单次发作超过 3 个月，完全治愈，尿液检查及肾功能正常者，可按标准体承保。多次发作，尿液检查正常，末次发作至今超过 3 年者，可按标准体承保。

三、原发性肾病综合征

（一）疾病概述

原发性肾病综合征由多种肾小球疾病引起，主要病理变化是大量蛋白尿、低白蛋白血症、水肿和高脂血症。

肾病综合征预后的个体差异很大。大量蛋白尿、严重高血压、肾功能损害、激素抵抗、反复感染导致肾病综合征经常复发者预后较差。

（二）核保原则

核保时需要考虑病因、病程、尿液检查、肾功能、血脂及血压水平、肾脏病理检查结果。

一般是延期甚至拒保。对于肾功能、尿液检查和血压正常的病例，在严格的承保条件下可考虑接受其投保申请，给予中度以上评点。

四、慢性肾小球肾炎

（一）疾病概述

慢性肾小球肾炎简称慢性肾炎，以蛋白尿、血尿、高血压、水肿为基本临床表现，起病方式各有不同，病情迁延，病变发展缓慢，可有不同程度的肾功能损害，部分患者最终将发展至终末期肾衰竭。多见于中青年男性。病因包括原发性肾病及系统疾病，如糖尿病、红斑狼疮、淀粉样变性、过敏性紫癜等。

慢性肾炎病情迁延，病变均为缓慢进展，最终进展至慢性肾衰竭。病变进展速度个体差异很大，主要取决于肾脏病理类型和严重程度、是否采取有效延缓肾功能进展的措施、治疗是否恰当及是否避免各种危险因素等。

（二）核保原则

收集资料包括病史、病历资料、体检资料、肾功能测试（尿液常规及尿液显微镜分析、肌酐、尿素氮）。

有下列情况的应拒保：肾功能损害、水肿、高血压、有渐进的趋势、长期接受皮质类固醇或免疫抑制剂治疗、病因不明。其他情况下中、重度评点加费承保，有蛋白尿者，则应拒保。

五、肾盂肾炎

（一）疾病概述

肾盂肾炎发病率相当高，临床上分为急性和慢性两种，好发于女性，是由各种致病菌直接侵袭所引起的肾盂肾盏感染性炎症。致病菌以大肠埃希菌最多。上行感染和血行感染是最常见的感染途径，其次还有直接感染和淋巴感染等。

急性肾盂肾炎如及时治疗，用药恰当，90%以上可痊愈；慢性肾盂肾炎则较难完全治愈。炎症长期不愈或急剧进展者，则有可能发展成慢性肾衰竭。

（二）核保原则

核保资料包括病历资料、肾功能检查、尿液检查。

目前的尿液检查、肾功能、血压是否正常，尿路梗阻等现象是否存在，患病时间长短、是否有复发。

急性单次发作，已痊愈且无后遗症可按标准体承保。慢性肾盂肾炎以病情、肾功能情况评估，如果肾功能正常，可中重度加费承保；如肾功能异常，则拒保。

六、慢性肾衰竭

（一）疾病概述

慢性肾衰竭是各种慢性肾脏病（CKD）持续进展至后期的共同结局，是以代谢产物潴留，水、电解质紊乱及酸碱失衡和全身各系统症状为表现的一种临床综合征。慢性肾衰竭是慢性肾脏病中肾小球滤过率（GFR）下降至失代偿期的那一部分群体，GFR 重度降低＜29ml/（min・1.73m^2）。

在我国最常见的病因是原发性肾小球肾炎，近年来糖尿病肾病导致的慢性肾衰竭明显增加，有可能成为我国慢性肾衰竭的首要病因。不进行肾移植预后差，成功肾移植则预后较好。

（二）核保原则

收集被保险人的医学报告、住院治疗的详细报告。

核保时需考虑目前的肾功能、发病原因、有无使用肾移植或透析疗法等。对于此类投保人一般选择拒保。

七、尿路结石

（一）疾病概述

尿路结石又称为尿石症，可分为上尿路结石和下尿路结石，前者指肾结石和输尿管结石，后者指膀胱结石和尿道结石。男、女尿路结石发病为 3∶1，上尿路结石男女比例相近，下尿路结石男性明显多于女性。好发年龄在 25～40 岁。身体的代谢异常、尿路的梗阻、感染、异物和药物的使用是结石形成的常见病因。

尿路结石在肾和膀胱内形成，绝大多数输尿管结石和尿道结石是结石排出过程中停留该处所致，结石可引起尿路直接损伤、梗阻、感染或恶性变。上尿路结石的主要症状是疼痛和血尿，其程度与结石部位、大小、活动与否，以及有无损伤、感染、梗阻有关。膀胱结石的典型症状为排尿突然中断，疼痛放射至远端尿道及阴茎头部，伴排尿困难和膀胱刺激症状，尿道结石典型症状为排尿困难，点滴状排尿，伴尿痛。除典型症状外，下尿路结石常伴发血尿和感染。

（二）核保原则

收集被保险人的病历、体检资料及最近的尿液检查。

核保时要考虑：目前尿常规检查是否正常，导致肾结石形成的因素是否持续存在，结石是否已排出或消失。

现症：无症状的单侧结石且不合并肾功能损害者，可按标准体或轻度加费承保；有症状的单侧结石但无肾功能损害者，可予轻度到中度评点；有肾功能损害者，应拒保。双侧结石者，可予中度评点甚至延期承保。

过去史：结石经治疗或自行排出，肾功能及尿液检查正常者，可按标准体承保。2 年内多次发作者，应予评点。病因仍存在者，增加评点。

第八节　生殖系统疾病的核保

一、生殖系统概述

男性生殖系统是由内生殖器官和外生殖器两部分组成。男性内生殖器包括生殖器（睾丸）、输精管道（附睾、输精管、射精管及尿道）及附属腺（前列腺、精囊和尿道球腺）。男性外生殖器包括阴阜、阴囊和阴茎。

女性生殖系统包括内生殖器和外生殖器。内生殖器位于小骨盆腔内，包括卵巢、输卵管、子宫和阴道。外生殖器即女阴，位于会阴区，盆膈和尿生殖膈的下方，包括阴阜、大阴唇、小阴唇、阴道前庭、前庭球、前庭大腺和阴蒂等。

生殖系统是生物体内的和生殖密切相关的器官成分的总称。生殖系统的功能是产生生殖细胞，繁殖新个体，分泌性激素和维持第二性征。

二、乳腺囊性增生病

（一）疾病概述

本病是妇女的多发病，常见于中年妇女，系雌、孕激素比例失调，使乳腺实质增生过度和复旧不全所致。其病理形态呈多样性表现，增生可发生于腺管周围并伴有大小不等的囊肿形成，囊内含淡黄色或棕褐色液体；或腺管内表现为不同程度的乳头状增生，伴乳管囊性扩张，也有发生于小叶实质者，主要为乳管及腺泡上皮增生。一侧或双侧乳房胀痛和肿块是本病的主要表现，部分患者具有周期性。本病病程较长，发展缓慢。

（二）核保原则

核保资料包括病历资料、一般体检、乳房影像检查、病理报告等。

核保时要考虑：病变是否只累及一侧乳房，肿块的增长情况，是否有明确的病理诊断，是否已手术切除治愈。

刚发现的肿块，病变不明确者，以及进行性生长（包括大小、数量和症状）者，应延期承保。非进行性生长、病情已稳定 3 年以上，已手术切除或病理证实良性者，可按标准体承保。病情初期正接受检查者，应延期承保。其他情况下可予轻度评点，如果只影响一侧乳房或者是绝经后有渐进的现象，应加重评点，慎重承保。

三、子宫肌瘤

（一）疾病概述

子宫肌瘤是女性生殖器最常见的良性肿瘤，由平滑肌及结缔组织组成。常见于30～50岁女性，20岁以下少见。据统计，30岁以上妇女约20%有子宫肌瘤，因肌瘤多无或很少有症状，临床报道发病率远低于肌瘤真实发病率。

确切病因尚未明了，可能与女性激素有关。本病多无明显症状，仅在体检时发现。常见临床症状为经量增多及经期延长、下腹包块、白带增多、压迫症状、下腹坠胀、腰酸背痛等。无症状肌瘤一般不需治疗，特别是近绝经期妇女，绝经后肌瘤多可萎缩。因肌瘤导致月经过多致继发贫血，严重腹痛、性交痛或慢性腹痛、有蒂肌瘤扭转引起的急性腹痛，肌瘤体积大压迫膀胱、直肠等引起相应症状，因肌瘤造成不孕或反复流产，疑有肉瘤变者可考虑手术治疗。症状轻、近绝经年龄或全身情况不宜手术者可药物治疗。

（二）核保原则

核保时需考虑：发病年龄，肌瘤大小及变化情况，是否合并贫血及其他并发症。

无症状、肌瘤体积无变化者，可按标准体承保；引起月经过多、贫血者，可适当评点；引起尿路梗阻者，应延期承保。

对于体积较大的子宫肌瘤，则应当明确其性质才能依据其性质进行承保。

四、子宫颈炎症

（一）疾病概述

子宫颈炎症是妇科常见疾病之一，包括子宫颈阴道部炎症及子宫颈管黏膜炎症。因子宫颈阴道部鳞状上皮与阴道鳞状上皮相延续，阴道炎症均可引起子宫颈阴道部炎症。由于子宫颈管黏膜上皮为单层柱状上皮，抗感染能力较差，易发生感染。临床多见的子宫颈炎是急性子宫颈管黏膜炎，若急性子宫颈炎未经及时诊治或病原体持续存在，可导致慢性子宫颈炎症。急性子宫颈炎可由多种病原体引起，也可由物理因素、化学因素刺激或机械性子宫颈损伤、子宫颈异物伴发感染所致。慢性子宫颈炎症可由急性子宫颈炎症迁延而来，也可为病原体持续感染所致。

（二）核保原则

除宫颈腺囊肿、较小的宫颈息肉外，应考虑宫颈细胞学检查，排除恶性病变风险。常用的检查方法有宫颈涂片检查，如液基薄层细胞学检查（TCT）和巴氏涂片检查、人乳头状瘤病毒（HPV）检查、宫颈上皮内瘤变（CIN）分型组织活检。

宫颈腺囊肿者，可按标准体承保重大疾病保险；宫颈息肉如无并发症（膨胀生长或溃疡、引起疼痛或出血或瘙痒症状），且小于1cm者，可按标准体承保重大疾病保险，否则延期承保。

其他情况需结合细胞学检查结果评估，检查结果的严重程度可按照以下标准进行划分：若为正常、临界或轻度异常，可按标准体承保重大疾病保险；若为中度异常，如定期复查（至少每半年一次）无加重，且HPV阴性，可按标准体承保重大疾病保险；如HPV阳性，重大疾病保险除外宫颈恶性肿瘤保险责任后承保；如无定期复查，或复查结果有加重者，应延期承保；检查结果为重度异常者，应延期承保。

五、子宫内膜异位症

（一）疾病概述

子宫内膜组织（腺体和间质）出现在子宫内膜以外部位时称为子宫内膜异位症（EMT），简称内异症。内异症是激素依赖性疾病，在自然绝经和人工绝经（包括药物作用、射线照射或手术切除双侧卵巢）后，异位内膜病灶可逐渐萎缩吸收；妊娠或使用性激素抑制卵巢功能，可暂时阻止疾病发展。本病在形态学上呈良性表现，但具有类似恶性肿瘤的特点，如种植、侵蚀及远处转移等。主要临床表现为下腹痛、痛经、不孕、性交不适、月经异常、出血和肿块等。因其症状经常被当作正常月经周期的一部分，所以很多病例被漏诊。

可采用药物抑制卵巢功能，阻止内异症的发展。对药物治疗后症状不缓解、局部病变加剧或生育功能未恢复者，较大的卵巢内膜异位囊肿者，特别是卵巢包块性质未明者，宜采用手术治疗。将子宫、双附件及盆腔内所有异位内膜病灶切除和清除可根治本病。术后不用雌激素补充治疗者，几乎不复发。

（二）核保原则

核保时需要以详细的病史资料为依据，了解病情的严重程度、治疗方案和效果，是否存在并发症。

如果症状比较轻微，未出现并发症，无明显不利因素，可按标准体承保，否则低评点加费承保。重大疾病保险可按标准体承保。

六、良性前列腺增生

（一）疾病概述

良性前列腺增生（BPH）也称前列腺增生症，是引起男性老年人排尿障碍原因中最为常见的一种良性疾病。良性前列腺增生多在 50 岁以后出现症状，60 岁左右症状更加明显，症状取决于引起梗阻的程度、病变发展速度及是否合并感染等。早期症状最常见为尿频，夜间更为明显，排尿困难是最重要的症状，病情发展缓慢。当梗阻加重达一定程度时，会发生慢性尿潴留及充盈性尿失禁。

有关良性前列腺增生发病机制的研究很多，但至今病因仍不完全清楚。目前一致公认老龄和有功能的睾丸是发病的两个重要因素，两者缺一不可。发病率随年龄增大而增加，随着年龄增大体内性激素失调以及雌、雄激素的协同效应等，可能是其重要病因。

（二）核保原则

核保时应了解相关检查结果，如直肠指检、超声检查、活检、前列腺特异性抗原（PSA）。如果前列腺特异抗原浓度高于 10ng/dl，那么患肿瘤的危险性很高，浓度在 4～10ng/dl 提示发生肿瘤的危险性升高但不能确定。

根据症状的严重程度可分为轻微和严重。轻微：无症状，或尿流缓慢、轻微尿急、排尿不畅、夜尿增多、膀胱未纤维化或膀胱溢出、无残余尿；严重：明显排尿不畅、尿滴沥状、膀胱纤维化或膀胱溢出、尿频、夜尿多、有明显症状、残余尿>100ml、尿路梗阻。

如不能提供检测结果，并排除恶性病变者，应予以延期承保；可提供检测结果，并排除恶性病变，仅属于轻微情况者，可按标准体承保；如属于严重情况，通常加费承保。

七、前 列 腺 炎

（一）疾病概述

前列腺炎是指前列腺受到致病菌感染和（或）某些非感染因素刺激而出现的骨盆区域疼痛或不适、排尿异常、性功能障碍等临床表现，是成年男性的常见疾病，50 岁以下的成年男性患病率较高，高发年龄为 31～40 岁。1995 年美国国立卫生研究院（NIH）制定的前列腺炎分类方法，Ⅰ型：急性细菌性前列腺炎；Ⅱ型：慢性细菌性前列腺炎；Ⅲ型：慢性前列腺炎/慢性骨盆疼痛综合征，该型又分为炎症性和非炎症性两种亚型；Ⅳ型：无症状性前列腺炎。其中非细菌性前列腺炎远较细菌性前列腺炎多见。

只有少数患者有急性病史，多表现为慢性、复发性过程。Ⅰ型及Ⅱ型前列腺炎主要致病因素为病原体感染，病原体随尿液侵入前列腺，导致感染，病变一般局限于外周带。Ⅲ型发病机制未明，多数学者认为其主要病因可能是病原体感染、排尿功能障碍、精神心理因素、神经内分泌因素、免疫反应异常、氧化应激学说、下尿路上皮功能障碍等。Ⅳ型缺少相关发病机制的研究，可能与Ⅲ型的部分病因与发病机制相同。

Ⅰ型常发病突然，表现为寒战，发热，疲乏无力等全身症状，伴有会阴部和耻骨上疼痛，甚至急性尿潴留。Ⅱ型和Ⅲ型临床症状相似，多有疼痛和排尿异常等。不论哪一类型慢性前列腺炎，都可表现为相似临床症状，统称为前列腺炎综合征，包括盆骶疼痛、排尿异常和性功能障碍。Ⅳ型无临床症状。

前列腺炎综合征其实是多种疾病的共同表现，而且临床表现复杂多变，可产生各种并发症，也可自行缓解。

（二）核保原则

核保时需审阅病史资料，了解潜在病因、严重程度、有无并发症。

既往发病、已经治愈者，可按标准体承保；处于发病期，症状轻微、无并发症、尿检及肾功能正常者，可按标准体承保，否则延期承保，或根据具体尿检结果评点。

第九节　特殊核保实务

一、强制保险的核保

如果政府强制某组人群参加一个保险集合，且该集合必须接受所有这样的人，那么，向该集合缴纳的保费就不必反映每个被保险人的潜在期望损失。如社会医疗保险或政府举办的大病保险，对于这类保险来说，核保是不必且无关紧要的。社会保险强调的社会各成员之间的风险分摊，是所有人群的互助共济，其主要目的之一是相对富裕者和相对贫困者之间的收入再分配，强调的是社会公平。由于社会医疗保险不需要体检，而且人人都可以参保，所以也是存在一定的逆向选择的，为了避免逆向选择，社会保险对参保也是有一定要求的，如新型农村合作医疗要求以家庭为单位参保，不允许家庭只给部分成员参保而另一部分成员不参保，城镇职工医疗保险要求用人单位统一参保，不可以以个人名义单独参保，通过这些方式，使参保人的年龄和健康状况都达到一个均衡状况，从而可以控制道德风险，保证社会医疗保险的持续健康发展。

二、团体健康保险的核保

团体健康保险是指使用一份总的保单承保同一团体中全部或部分符合投保资格的成员的一种保险形式。团体保险实际上是一种投保方式，而不是一种险种。团体保险风险选择的对象是基于团体而不是个人，所以团体保险的核保不同于个人保险的核保，一般不考虑个人的健康状况和其他可保事项，所以也就不需要对个人进行体检，团体保险的核保主要是控制给定团体中个人的逆选择。

（一）团体保险的风险评估因素

团体保险的风险评估因素主要如下：投保团体成立的动机、类型、稳定性、行业特点、地理环境、雇员类别、参保水平、年龄结构、性别结构、家属情况、预期持续率、过往保险及理赔经验、规模、保险计划的特点、佣金支付类型等。

（二）团体保险控制个人逆选择的方法

1. 对投保团体的要求

一般来说，该团体必须是正规的团体，购买保险是附加于这个团体的，也就是说，该团体的成员并不是为了购买保险而凑在一起的，如《中国保监会关于促进团体保险健康发展有关问题的通知》第一条明确指出：特定团体是指法人、非法人组织以及其他不以购买保险为目的而组成的团体。因为仅仅是为了购买保险而成立的团体，其团体的平均健康状况往往较差，保险公司签发保险给这种公司将面临很高的经营风险。

2. 对参保人数的限制

对参保人数的限制一般采用两种方式，一是对团体总人数的要求，如美国一般要求参保团体的总人数要达到 10 人，对于特别小（少于 10 人）的团体在投保时则需要提供某种形式的可保性证明。我国要求团体总人数至少为 3 人，如《中国保监会关于促进团体保险健康发展有关问题的通知》第一条：团体保险的被保险人在合同签发时不得少于 3 人，特定团体成员的配偶、子女、父母可以作为被保险人。二是对参保最低比例的限制。在美国，在员工承担部分缴费义务的计划中（参与型），通常要求至少有 75%的合格员工参加该计划，在雇主承担全部缴费义务的计划中（非参与型），通常要求 100%的员工加入该计划。

3. 对参保人员资格的限制

一般要求参保人员为公司在职的全勤人员，员工退休后自动退出保障计划，新加入员工自动获取保障，从而保证团体成员的健康状况处于平均水平。一般来说，新员工必须有一段时间的等待期或观察期。

4. 对保险金额的限制

一般情况下，团体保险中员工的保险金额是根据员工的薪资等级、职位、工龄或综合因素确定的，不可由职员自由选择。这样可以为了避免健康状况差的人选择高保额，而健康状况好的人选择低保额。

三、银行保险健康产品的核保

银行保险是指通过银行作为兼业代理销售渠道，销售保险公司的产品，保险公司向银行支付代理费用的保险销售方式。

银行保险产品一般都是具有储蓄性质的产品，近年来，由于监管及保险公司经营转型的要求，一些健康产品也在银行渠道进行销售，主要包括重大疾病、百万医疗等险种，这种产品因销售渠道的特殊性，一般均是形态简单、保险责任单一，便于快速销售，且价格具有一定优势，现金价值也相对较高的产品。

对于银行保险产品的核保，采用系统自动核保方式，即在系统中设置了一些核保的条件和限制规则，进行筛选，对于无法通过自动核保的投保单，再转到人工核保岗进行人工核保操作。

人工核保时，对于银行保险渠道的投保单都采用相对宽松的核保方式，就是如果通过保险公司代理人销售的保单核保会比银行渠道的要严苛，一方面是因为渠道合作的需要，另外一方面是银行渠道的业务因客户去银行主要是办理银行业务，因而其风险相对较低。因此，对于银行保险渠道投保的业务，如果需要加费承保的投保单可在个人险核保评估的EM值基础上下调25%进行承保。对于除外方式承保的业务，除外约定与个人营销业务相同，其他的个人营销业务核保相比可适度放宽。

思考题

1. 简述冠状动脉硬化性心脏病的分型及可能的核保结论。
2. 简述胰腺炎的分类及可能的核保结论。
3. 简述糖尿病核保评点的有利因素和不利因素。
4. 简述脑出血的风险评估及可能的核保结论。
5. 核保时一般按拒保处理的泌尿系统疾病有哪些?

（方桂霞　江乐盛　田国梅　卞太平）

第五章　健康保险理赔理论

内容提要

健康保险理赔是审核保险责任和理算保险金支付额度与事项，是对保险合同所承诺责任的兑现和履行，是管控现金流出口的关键环节。本章重点介绍健康保险理赔原理、程序、调查和管理。其中，健康保险理赔原理包括相关概念、基础、宗旨和原则，以及健康保险理赔与其他理赔的区别。健康保险理赔程序包括基本流程（报案受理、立案、初审、理赔审核、调查、理算、理赔结论、给付、结案、归档）和审核的细节。理赔调查的基本内容、方法、重点和步骤，以及违反告知理赔调查的重点与步骤等。健康保险理赔管理包括管理的概念及作用、管理的内容和管理技术。

第一节　健康保险理赔原理

一、健康保险理赔的相关概念

（一）保险索赔和理赔的概念

保险索赔，是指投保人或被保险人在保险标的遭遇保险事故造成财产或人身伤亡时，根据保险合同条款的约定，请求保险人承担赔偿或给付保险金的法律行为。

保险理赔，是指在保险标的发生保险事故而使被保险人财产受到损失或人身生命受到损害时，或保单约定的其他保险事故出现而需要给付保险金时，保险公司根据合同规定，履行赔偿或给付责任的行为，是直接体现保险职能和履行保险责任的工作。

简单来说，保险理赔是保险人在保险标的发生风险事故后，对被保险人提出的索赔请求进行处理的行为。在保险经营中，保险理赔是保险补偿职能的具体体现。

保险理赔是保险公司继承保业务后的一个环节，是保险合同价值的一种体现。对保险公司来讲，理赔质量的高低，对公司的赔付率有直接的影响；对客户来讲，保险公司理赔表现也反映保险公司的服务品质与专业水平，是公司品牌建设工作的关键窗口。

（二）健康保险理赔的概念

健康保险理赔是指被保险人遭受意外伤害事故或罹患保险责任范围内的疾病，保险人接受索赔申请，依据保险合同的约定，对其罹患的约定疾病或发生的医疗费用、住院津贴、失能收入减少等情况进行审核、理算，并向受益人进行赔偿或给付保险金的过程。

当被保险人发生了保险合同中保险责任范围内的伤病事故时，会向保险人报案，并提供相应的损失证据，这就是索赔的过程，即指受益人在被保险人发生保险事故造成人身伤亡时根据保险条款请求保险公司给付保险金的法律行为。我国《保险法》第二十二条第一款明确规定：“保险事故发生后，按照保险合同请求保险人赔偿或者给付保险金时，投保人、被保险人或者受益人应当向保险人提供其所能提供的与确认保险事故的性质、原因、损失程度等有关的证明和资料。”保险公司管理人员以保险合同为依据，对被保险人或其受益人的索赔请求进行审核，如果符合条件，则给付保险金，这就是保险金给付的过程，即保险人在被保险人发生保险事故，受益人提出索赔请求后，根据保险合同审核保险责任，并处理保险金给付的法律行为。我国《保险法》第二十三条第一款明确规定："保险人收到被保险人或者受益人的赔偿或者给付保险金的请求后，应当及时作出核定；情形复杂的，应当在三十日内作出核定，但合同另有约定的除外。保险人应当将核定结果通知被保险人或者受益人；对属于保险责任的，在与被保险人或者受益人达成赔偿或者给付保险金的协议后十日内，履行赔偿或者给付保险金义务。保险合同对赔偿或者给付保险金的期限有约定的，保险人应当按照约定履行赔偿或者给付保险金义务。"

在健康保险理赔过程中提出索赔的人称为健康保险索赔人，也称保险金申领人，健康保险索赔人既可以是投保人，也可以是被保险人或受益人，包括上述索赔人的代理人。在健康保险理赔中最常见的索赔人就是被保险人本人。

在健康保险理赔过程中审核索赔人的申请并决定保险金给付的保险公司管理人员被称为理赔人员，或理赔管理人员、理赔顾问。这些人都接受过健康保险的专业培训，大多数都具有保险、医学或法律的专业背景。同时，理赔人员应有良好的处理人际关系的能力。由于理赔人员在理赔处理过程中要直接和索赔人接触，而此时又恰逢索赔人刚刚经历过保险事故的打击，因此理赔人员在与其接触时要特别小心自己的言行举止。

在健康保险的保险金给付时，若被保险人生存，保险金的受益人应为被保险人本人，保险公司不受理其他指定与变更；若被保险人死亡，保险金应由其指定的身故保险金受益人领取，如未指定受益人的，则保险金应作为被保险人的遗产，由其法定继承人继承。

二、健康保险理赔的基础

（一）健康保险理赔的法律背景

市场经济是法治经济，市场各个主体的行为都要置于法律规范的调整之下，按照法律的要求从事经济活动，法治是市场经济的必然要求。保险中的理赔行为作为市场行为之一，必然要遵循法律，按照法律法规的要求进行。因此，理赔人员进行理赔时，首先要考虑的就是与理赔相关的法律规定。而国家为了规范保险行为，颁布了一系列的法律规范来调整。在各国法律体系中，尤其是以英国为代表的发达资本主义国家的法律体系中，保险立法形成了较为完备的体系，其立法水平也较高。其他国家的保险立法，或多或少地受到这些国家的影响。

健康保险理赔的法律背景是理赔时应参照的法律规范，它既是保险条款的制定依据，又是理赔时的直接依据。健康保险理赔的法律背景主要有保险法、民法、合同法、民事诉讼法，以及社会医疗保险的法律法规和医疗服务单位的管理法规。

我国的保险法包含保险合同法和保险业法两部分。其中的保险合同法是合同法的特别法，保险业法是公司法的特别法。中国的保险立法始见于 1981 年的《中华人民共和国经济合同法》，该法中规定了财产保险合同。现行的保险法规是 2009 年 2 月 28 日修订，2009 年 10 月 1 日施行的《保险法》及 1992 年 11 月 7 日颁布的《中华人民共和国海商法》中有关保险合同的部分。此外，《保险管理暂行规定》和保险监管部门的有关文件也是保险法规的重要组成部分。《保险法》是健康保险理赔时的首要法律依据，其中的合同法律制度调整着参与健康保险业务的各方当事人之间的权利义务关系。

民法在大陆法系国家的基本法律形式是民法典，2020 年 5 月 28 日，十三届全国人大三次会议表决通过了《民法典》，自 2021 年 1 月 1 日起施行。《民法典》是中国目前基本的民事法律规范，是调整中国目前民事关系的基本立法，其中关于民事法律行为、民事主体、继承等方面的规定都是健康保险理赔的依据。《民法典》对保险法的适用还具有补充作用，填补保险法的不足。

合同法是调整平等主体之间财产交换关系的法律规范。保险合同法是合同法的特别法，健康保险理赔除了遵循保险合同法的一些特别规定外，对于保险合同法没有约定的，都要就民事合同的共性问题遵循合同法的一般规定，如关于要约和承诺、缔约过失责任等规定。合同法对于健康保险理赔工作具有特别重要的意义。

此外，继承法、婚姻家庭法、民事诉讼法以及社会医疗保险的法律法规和医疗服务单位的管理法规对于健康保险的理赔工作都是不可或缺的，这些规范和上面的保险法、民法、合同法等法律规范构成了健康保险理赔的法律背景。每一个健康保险理赔人员都应该熟知和灵活运用这些法律，更好地做好健康保险理赔工作。

（二）健康保险理赔的条款基础

健康保险的理赔工作除了要遵循法律的直接规定外，还要忠于保险合同条款的规定。保险合同的条款应作广义理解，不应仅限于该险种的条款，应包括保单及所附条款、投保单、合法有效的声明、体检报告书、批注、附贴批单及其他有关书面文件的内容。因此，健康保险合同的条款包括基本条款和特约条款两种。基本条款是格式条款，特约条款是保险人和单个当事人之间的特别约定。基本条款和特约条款有同样的法律效力，在理赔时都要遵循。

健康保险属于人身保险，其理赔条款与人寿保险、人身意外险的理赔条款基本类似。下面介绍健康保险的主要条款：

1. 当事人条款

保险人：《保险法》规定了保险人的主体资格及业务范围。

投保人：自然人、法人或其他组织如果具备法定的民事行为能力和对被保险人具有保险利益，均能成为健康保险合同的投保人。

被保险人：被保险人只能是自然人，并且符合条款规定的年龄限制和身体条件等要求。

受益人：受益人在健康保险合同中是一个独立的主体，为被保险人或投保人所指定。

2. 保险责任条款

健康保险合同的保险责任是以被保险人在保险期间内因疾病遭受医疗费用损失或者收入损失，或因疾病造成残疾或死亡为赔偿或给付保险金条件的。下面是某保险公司重疾保险条款对保险责任的描述。

在合同有效期内，保险人对被保险人负下列保险责任：

（1）重大疾病保障

1）本合同生效或复效（以后发生者为准）180 天内：被保险人经保险人认可的医疗机构确诊初次患本合同列明的重大疾病（无论一种或多种），或在保险人认可的医疗机构初次接受了本合同列明的重大手术（无论一种或多种），保险人给付重大疾病保险金，给付金额为已缴保费（不计利息，有时不含核保后加费部分），本合同终止。

2）本合同生效或复效（以后发生者为准）180 天后：被保险人于 18 周岁合同生效日对应日前经保险人认可的医疗机构确诊初次患本合同列明的重大疾病（无论一种或多种），或在保险人认可的医疗机构初次接受了本合同列明的重大手术（无论一种或多种），保险人给付重大疾病保险金，给付金额为合同约定保险金额全数，本合同终止。

被保险人于 18 周岁合同生效日对应日及以后经保险人认可的医疗机构确诊初次患本合同列明的重大疾病（无论一种或多种），或在保险人认可的医疗机构初次接受了本合同列明的重大手术（无论一种或多种），保险人给付重大疾病保险金，给付金额为合同约定保险金额的 2 倍，本合同终止。

（2）身故或全残保障

1）意外伤害身故或全残：被保险人于 18 周岁合同生效日对应日前，因意外伤害身故或全残，保险人给付身故或全残保险金，给付金额为合同约定保险金额全数，本合同终止。

被保险人于 18 周岁合同生效日对应日及以后，因意外伤害身故或全残，保险人给付身故或全残保险金，给付金额为合同约定保险金额的 2 倍，本合同终止。

2）疾病身故或全残：本合同生效或复效（以后发生者为准）180 天内，被保险人因疾病身故或全残，保险人给付身故或全残保险金，给付金额为已缴保费（不计利息且不含核保后加费部分），本合同终止。

本合同生效或复效（以后发生者为准）180 天后，被保险人于 18 周岁合同生效日对应日前因疾病身故或全残，保险人给付身故或全残保险金，给付金额为合同约定保险金额全数，本合同终止。

被保险人于 18 周岁合同生效日对应日及以后因疾病身故或全残，保险人给付身故或全残保险金，给付金额为合同约定保险金额的 2 倍，本合同终止。

3. 保险金额和保险费条款

我国《保险法》规定："以死亡为给付保险金条件的合同，未经被保险人同意并认可保险金额的，合同无效。"如某保险公司重疾保险条款对保险金额和保险费的描述：

本合同的保险金额按份计算，每份为人民币 10 000 元，投保人可为每一被保险人投保一份或多份。

本合同设趸缴、期缴（5 年缴、10 年缴、20 年缴、30 年缴）等缴费方式供投保时选定。保险费缴费标准视被保险人性别、投保年龄及所选定的缴费方式而定。

4. 保险期限条款

保险期限要明确保险始期和保险费缴纳日期。保险始期是健康保险合同的保险责任开始的日期。在实践中，往往以投保人缴纳首期保险费的次日零时作为保险始期。

5. 不可抗辩条款

不可抗辩条款又称不可争议条款，是健康保险合同的常见条款。其内容是从健康保险合同成立或复效之日起，经过合同约定或法律规定的期限后（一般为 2 年），健康保险合同的效力就不可争议了。保险人不得再以投保方在投保时违反最大诚信原则，没有履行告知义务等理由而主张保险合同自始无效。该条款在一定程度上约束了保险方滥用主张投保方破坏诚信诉请合同无效的权利，当然也就在一定程度上维护了被保险人的利益。

该条款中所设置的合同生效后一定时期内（多为 2 年），实际上对于保险方来说是可抗辩期，在此期间内保险人具有对因投保方违背诚信而可主张合同自始无效的权利，超过该"一定时期"即成为不可抗辩的了。一年期及一年期以内的健康保险，其保险期限均在可抗辩期之内，保险人可不受此条款任何限制。然而，当健康保险的保险期限为较长时期的，特别是当保险期限超过条款所规定的"可抗辩期"时，保险人就会受到不可抗辩条款的约束，不得再以投保方投保时违反最大诚信原则而主张保险合同自始无效了。

6. 年龄不实条款

年龄不实条款又称为年龄误告条款，《保险法》第三十二条规定："投保人申报的被保险人年龄不真实，并且其真实年龄不符合合同约定的年龄限制的，保险人可以解除合同，并按照合同约定退还保险单的现金价值。"保险人在同投保人订立合同时，一般也会将保险法对年龄不如实告知的后果列入条款，作为条款的一部分。如某保险公司重疾保险条款对年龄不实作如下表述：

本合同订立时，保险人应向投保人明确说明本合同的条款内容，特别是责任免除条款，并可以在合同订立时或本合同效力申请恢复时就投保人、被保险人的有关情况提出书面询问，投保人、被保险人应当如实告知。

投保人、被保险人故意不履行如实告知义务，保险人有权解除合同，对于合同解除前发生的保险事故，不负给付保险金的责任，并且不退还保险费。

投保人、被保险人因过失未履行如实告知义务，足以影响保险人决定是否同意承保或者提高保险费率的，保险人有权解除合同。对保险事故的发生有严重影响的，保险人对于合同解除前发生的保险事故，不负给付保险金的责任，投保人未缴足 2 年保险费或合同生效未满 2 年的，保险人在扣除手续费后退还保险费予投保人，合同生效满 2 年且投保人缴足 2 年以上保险费的，保险人按照合同约定向投保人退还保单的现金价值，本合同终止。

7. 宽限期条款

根据《保险法》的规定，健康保险合同约定分期交付保险费的，首期保险费的交付不存在宽限期，而其余各期保险费的缴纳则适用宽限期，具体期限可以由合同约定，也可以法定的60天为依据。

8. 复效条款

《保险法》规定，健康保险合同效力中止的，经保险人与投保人协商并达成协议，在投保人补交保险费后，合同效力恢复，但自合同效力中止之日起 2 年内双方未达成协议的，保险人有权解除保险合同。

9. 贷款条款

贷款条款适用于长期性健康保险合同，这是以健康保单的现金价值为基础的。如某保险公司重大疾病保险条款对贷款条款作如下表述：

合同生效逾 2 年，投保人可凭保单向保险人申请质押贷款。贷款金额不超过贷款时保单现金价值扣除各项欠款及利息后余额的 80%，贷款期限最长为 6 个月，贷款利息在贷款到期时一并归还。逾期不还，贷款本息及各项欠款达到保单现金价值时，本合同终止。

保单质押贷款须填写保单质押贷款申请书及其他相关文件，并凭保险合同、最后一次缴费凭证及投保人的户籍证明或身份证明办理。

10. 自杀条款

所谓自杀条款，亦可称自杀免责条款。该条款的基本内容是：健康保险的被保险人，在保险合同生效后一定时期内（一般为 1 年或 2 年）自杀死亡的，保险人不承担给付保险金的义务，仅退还所缴的保险费；但保险合同生效满一定期限之后，被保险人自杀死亡的，保险人应承担保险责任，按照约定的保险金额给付保险金。这里所说的“一定时期”是指保险人对被保险人自杀死亡的免责期。我国《保险法》规定的自杀免责期为 2 年。长期疾病保险可使用此条款。

《保险法》第四十四条规定：“以被保险人死亡为给付保险金条件的合同，自合同成立或者合同效力恢复之日起二年内，被保险人自杀的，保险人不承担给付保险金的责任，但被保险人自杀时为无民事行为能力人的除外。保险人依照前款规定不承担给付保险金责任的，应当按照合同约定退还保险单的现金价值。”

自杀条款的立法本意主要是防止道德风险，防止被保险人图谋保险金而蓄意自杀。同时为了保护受益人的利益，健康保险合同经过两年后被保险人自杀的，保险人仍负给付保险金的义务，以使受益人生活不因被保险人的自杀而陷入困境。中国 1995 年的《保险法》将两年后自杀给付保险金看作是保险人的权利，是可以选择的。但目前国内保险业的惯例是对两年以上的自杀还是赔付的。而 2009 年修订的《保险法》对两年之后的自杀是否要给付保险金没有做相关的规定，按常理也应该理解成是保险人可以选择的。

11. 受益人条款

狭义的受益人专指人身保险被保险人死亡后有权获得保险金给付的人。由于健康保险包括死亡保障范围，所以也可能涉及受益人的问题。

健康保险如同人寿保险一样。在我国，健康保险的受益人由投保人或被保险人指定，投保人指定受益人时应征得被保险人的同意。被保险人为无民事行为能力人或限制民事行为能力人时，由其监护人指定受益人。被保险人或投保人可以指定一人或数人为受益人。受益人为数人时，被保险人或投保人可以确定受益顺序和受益的份额，未确定份额的，受益人按照相等份额享有受益权。

受益顺序一般为：

原始受益人，即最初指定的受益人；

后继受益人，即保单注明的原始受益人死亡后由其受益的人；

法定继承人，即法定受益人。

受益人可能因如下原因而丧失受益权：

第一，受益人或其伙同他人（含投保人）故意伤害被保险人；

第二，受益人先于被保险人死亡；

第三，受益人被取消受益人资格，如中途变更为其他的受益人；

第四，受益人主动放弃受益权等。

未指定受益人或指定受益人先于被保险人死亡或放弃、丧失受益权的，被保险人因保险责任事故死亡后，保险金则由其法定继承人继承。在各种受益人中，原始受益人优于后继受益人，后继受益人优于法定继承人。

值得注意的是，健康保险事故发生，被保险人没有死亡，如仅致其残废或发生医疗费用损失及停工收入损失，涉及保险金给付时，保险金归被保险人所有。

除此之外，有关人身保险被保险人的若干法律要求，也对健康保险有着限制。比如说，一般情况下，任何人不得为无民事行为能力人购买含死亡责任的保险，而父母对其未成年子女不在此例。但对同一未成年子女所有含死亡责任保险的保险金额之和，不得超过保险监督机构规定的最高限额。这样，不但在办理健康保险业务时须特别注意完善对投保单中“他保”项目的审查与核实，理赔时更需全面审核。

12. 保单转让条款

人身保单因其具有现金价值，与其他有价证券一样能够转让。但以死亡为保险金给付条件的保单，未经被保险人同意的，不得转让，《保险法》对此有规定。至于其他给付条件的人身保单的转让及条件，由当事人自己约定。

13. 不丧失价值任选条款

这一条款涉及的是人身保单的现金价值不因合同的失效而丧失。它的具体内容是：投保人没有能力或不愿意继续缴纳保险费时，保单项下已经积存的责任准备金具有储蓄性质，在任何情况下，保险人都不可以没收。

（三）健康保险理赔的任务

健康保险理赔的任务主要包括：

1. 确定保险标的损失的真正原因

确定造成保险标的损失的真正原因是判定损失是否属于保险责任的前提条件。保险公司必须经过实地调查，在全面掌握出险情况后加以客观分析。

2. 确定保险标的损失是否属于保险责任

保险公司要根据出险原因并对照保险条款判断保险标的的损失是否属于保险责任，判断时要实事求是。

3. 确定保险标的损失程度和损失金额

保险公司在现场查勘的基础上，根据被保险人的投保范围，经过必要的施救和整理工作后，确定保险标的的损失程度和损失金额。

4. 确定被保险人的赔偿金额

保险公司在完成上述三项工作后，按照保险合同的规定，根据保险金额、实际损失、损失程度等因素确定赔偿金额。

（四）健康保险理赔的意义和作用

健康保险理赔是健康保险经营的核心环节，在保险企业的风险控制、盈利能力及企业信誉等方面发挥关键作用。健康保险理赔既是保险人履行相应义务从而兑现保险承诺的具体表现，同时也是被保险人享受保险赔偿或给付保险金权利的切实体现。一般而言，健康保险理赔的意义主要表现在以下三个方面。

1. 兑现承诺，实现经济补偿功能

健康保险合同是一种保障性合同，投保人按时缴纳保险费从而获得保险人为其提供的相应保障，即若发生约定的保险事故，受益人可以得到保险条款规定的赔偿或保险金，使被保险人遭受的损伤及时得到补偿，从而发挥健康保险的经济补偿的职能，这种承诺的实现是通过健康保险理赔来实现的。

2. 规范和完善健康保险经营管理

健康保险经营与风险管理中涉及条款制订、费率厘定、保单销售、健康体检等诸多环节。通过理赔，能够检验健康保险条款制订是否严谨、规范；费率厘定是否公平合理；销售人员在展业过程中是否存在代签名、擅自许诺、夸大保险责任范围等违规展业情况；投保人是否存在对重要事实隐匿不告、制造保险事故、夸大损伤程度等不诚实行为。因此，通过理赔，可以发现保险经营中存在的问题或不足之处，为提高核保质量、改善承保条件、完善风险管控提供依据。

3. 树立保险公司良好的社会形象

在理赔实务中，保险公司通过落实“主动、迅速、准确、合理”的理赔工作要求，可以赢得客户的信赖，增强客户对保险公司品牌的认可度，从而为提高保险公司信誉和形象、促进保险公司稳健经营和可持续发展奠定基础。此外，健康保险特别是医疗保险发生保险事故及索赔的频率较高，也最容易产生理赔纠纷。因此，做好健康保险理赔工作是关乎保险公司品牌形象和生存发展的大问题，一定要加以重视。

三、健康保险理赔的宗旨和原则

（一）健康保险理赔的宗旨

保险的基本职能是补偿，补偿的表现形式是理赔。健康保险的理赔业务与人寿保险一样直接关系到保险公司及被保险人的切身利益，是在法律和合同的基础上对保险责任的正确认定，并及时地为被保险人提供保障。

理赔是一种民事法律行为，涉及面广，情况复杂。在一系列的售后服务中，理赔可以说是投保人最关心的问题，如果投保人在签订了保险合同后得不到完善的售后服务，那么在一定程度上保险人所承诺的保障就会大打折扣，保险人的信誉也会受到不良影响。可以这样说，理赔是优质服务的出发点，也是客户满意与否的根本标准。因此，理赔工作应本着“质量第一、信誉至上、依法有据、公平合理”的宗旨来开展工作。

（二）健康保险理赔的原则

保险的基本原则有保险利益原则、最大诚信原则、近因原则、补偿原则及其派生原则，这些原则是所有保险业务共性的原则和要求，健康保险理赔除了要遵循保险的基本原则外，还需要遵循以下几个原则。

1. 法制原则

遵守法制原则，就是在理赔工作中必须严格依据法律规定进行查勘、取证。在处理健康保险理赔案件时，必须遵守理赔相关的法律法规如《保险法》、《民法典》等规定。如《保险法》第二十三条规定，“保险人收到被保险人或受益人的赔偿或者给付保险金的请求后，应当及时作出核定；情形复杂的，应当在三十日内作出核定，但合同另有约定的除外。保险人应当将核定结果通知被保险人或受益人；对属于保险责任的，在与被保险人或者受益人达成赔偿或者给付保险金的协议后十日内，履行赔偿或者给付保险金义务”。因此，在健康保险理赔过程中，应准确把握理赔时限，避免因超过理赔时限引起客户不满情绪甚至向法院起诉，从而影响保险公司的信誉和形象。又如，《最高人民法院关于民事诉讼证据的若干规定》：“以侵害他人合法权益或违反法律禁止性规定的方法取得的证据，不能作为认定案件事实的依据。”这就要求，理赔人员在现场调查时，应做到依法取证，确保证据的形式、来源、收集程序等方面的合法性。

2. 重合同、守信用原则

重合同、守信用原则是保险理赔必须坚持的最高原则。保险人与被保险人之间的权利、义务关系是基于保险合同建立起来的，保险合同对保险责任、理赔处理、被保险人义务等做了原则规定。按照保险合同赔偿或给付保险金是保险人应尽义务，也是保险人履行保险合同的法律依据。因此，要求在处理理赔案件时，必须严格依据保险合同及条款有关的规定，属于保险责任范围内的损失，做到一定要赔，而且要赔足；不属于保险责任范围内的损失，不滥赔，同时应向被保险人进行耐心细致的解释说明。

3. 主动、迅速、准确、合理原则

“主动、迅速、准确、合理”，是健康保险理赔工作的最基本要求，也是衡量理赔质量高低的重要标准。“主动”，就是要求理赔人员对索赔案件积极主动地受理、调查和现场查勘，热情地为被保险人提供人性化服务。“迅速”，就是按照《保险法》等有关保险时限的要求，抓紧处理赔案，对赔案办得快、赔得及时。“准确”，就是要求理赔人员从查勘、定损到赔款理算，都要做到准确无误，不错赔、不惜赔、不滥赔。“合理”，就是依据保险合同、条款有关规定，合理划分责任、合理赔偿，剔除无效索赔，抵制欺诈性索赔。

“主动、迅速、准确、合理”，这“八字”理赔原则，在健康保险理赔实务中必须同时兼顾、不可偏废。这就要求理赔人员应具备良好的健康保险专业素质，熟悉保险条款，掌握查明保险事故的原因、性质和损失程度。

4. 实事求是原则

实事求是，就是要求理赔人员不能主观臆断，不能先入为主，不能偏听偏信。在收集、分析、审查证据过程中力求客观、全面，并做到有错必纠、有错必查。尽管健康保险合同及条款对保险责任及责任免除都做了原则规定，但因具体索赔案件千差万别、纷繁复杂，加上不同客户可能对相关条款内容的理解存在差异，这就要求理赔人员坚持实事求是的原则，对保险事故所造成的损失进行客观评价，依据保险合同的约定进行赔偿或给付保险金，不惜赔、不滥赔。

5. 公平原则

公平原则，就是要求理赔人员在理赔实务中，立场公正、不偏不倚，摆正公司和客户之间的利益关系，坚决维护保险当事人各方的合法利益。若过分偏袒保险公司，就会损害客户及社会公众对保险公司的信誉和认可，不利于保险业务的稳健经营和可持续发展；相反，若过分偏袒客户，就会出现高赔付率，甚至诱发道德风险，同样影响保险业务的健康发展。

四、健康保险理赔与其他理赔的区别

（一）健康保险理赔的特征

虽然健康保险理赔与人寿保险理赔在很多方面都是相同的，如都要审核保险事故发生时保单的有效性和事故是否在保险责任范围内等，但两者有许多不同之处。如健康保险的理赔比一般人寿保险的理赔要更多地与医院进行接触。当健康保险的被保险人患病或遭遇意外伤害时，保险公司给付的保险金也有很大的差异，而不是像人寿保险和意外险中那样给付事先约定的金额。此外，在健康保险理赔过程中进行责任审核和计算保险金给付额时需要考虑的因素与人寿保险理赔也有较大的差异。这些因素包括以下几点。

1. 除外责任

“除外责任”的法律意义就是约定了保险人不负保险金的给付或是补偿的责任。在保险合同中加入除外责任条款、进一步明确保险责任范围，可以有效地避免许多理赔时无谓的争议，保障了保险人的经营利益。

一般来说，除外责任要根据这样一些因素来确定：必然发生的损失；缺乏可测性的损失；容易引起被保险人的道德风险的保障；违反法律和社会公德的保险保障；保险人难以承受的损失及因保险制度而容易产生的消极作用等。健康保险中的“除外责任”一般包括：①被保险人的自杀或犯罪行为；②被保险人或其受益人的故意欺骗行为；③战争或军事行动；④先天性疾病及其手术；⑤意外伤害引起的疾病或手术；⑥在观察期内发生的疾病或手术。也有的保单将特定区域以外罹患疾病除外不保，或将精神障碍、结核病等除外不保，还有的将不法行为、酗酒、吸毒等也列入不保危险的范围之中。

2. 观察期

观察期又称等待期，是保险人为了防止被保险人带病参加健康保险，降低赔付率而做出的规定。即规定在保险合同生效后的一定时期内（各家公司规定为 14～180 天），被保险人因疾病所致的医疗费用开支和收入损失不属于保险责任范围。但在观察期内因意外伤害所致的医疗费用和收入损失，保险人要承担给付保险金的责任。合同到期后续保则新合同无等待期的规定。

在医疗费用保险和失能收入保险中都会遇到观察期。在健康保险理赔的责任审核过程中，理赔人员必须首先确定保险事故发生时被保险人的观察期是否已经结束。

3. 责任期

责任期是指自被保险人患病或遭受伤害之日起的一定时期，如果被保险人患病治疗，保险人只负责被保险人在责任期限内因治疗所支出的医疗费用。

说到责任期，不得不提及保险期限，保险期限是保险人对保险合同约定的保险事故所造成的损失承担赔偿给付责任的时间段，保险事故在此时间内发生，保险人负赔偿给付保险金的责任，否则不予赔付。保险期限主要解决赔不赔的问题。而责任期主要解决赔多少的问题。当保险事故发生在保险期限内，保险人只赔偿责任期内发生的支出或造成的损失。

例如，某人投保一年期的健康保险，保险期限自 2011 年 4 月 17 日至 2012 年 4 月 16 日，合同规定的责任期为 90 天，2012 年 4 月 5 日被保险人因病治疗，并于 2012 年 7 月 15 日出院。在此案例中，此人发生疾病属于保险期限，保险公司应当赔付此人因病发生的医疗费用，但赔多少呢？此案例规定的责任期为 90 天，所以保险公司只赔付自 2012 年 4 月 5 日至 2012 年 7 月 5 日发生的医疗费用，7 月 5 日之后发生的医疗费用不属于责任期，保险公司不再赔付。

4. 既往症

既往症是指被保险人在健康保险合同生效前就已发生的意外伤害或出现的健康问题。在各类健康保险合同中，大多都有既往症除外的条款，即在健康保险合同有效期内，由既往症导致的健康保险事故将不能获得保险金给付，但在投保时就已说明的投保情况除外，此时保险人通常采用一个附加的除外条款的形式进行处理。

在健康保险理赔过程中，如果理赔人员能够很好地运用既往症这一条款，就可以避免由于被保险人已经知道自己的健康问题而没有向保险公司披露实情所带来的逆向选择风险，因此，合理地运用既往情况除外条款可以很好地保护保险人的利益。但在运用上述工具时，可能会给保险公司和索赔人之间带来更多的纠纷。

5. 免赔额

免赔额又称自付额，即被保险人在保险人给付保险金之前必须自己先承担一部分医疗费用。在大多数健康保险合同中都有关于免赔额的规定。在健康保险理赔过程中，理赔人员必须严格审核有无免赔额，因为免赔额部分应该由被保险人自己支付。此外，还要注意确定免赔额的方式是基于每次给付还是针对一个保险年度做出的，这些情况对于保险金给付额的计算是非常重要的。有关免赔额的规定使得健康保险理赔不同于人寿保险和意外险的理赔而更类似于财产损失保险的理赔。

6. 比例共付

健康保险理赔中的比例共付又称比例自付，它要求被保险人和保险人双方都必须支付整个医疗费用中的一定比例，通常是费用开支越大，被保险人承担的自付额比例就越低。所以在健康保险理赔时，理赔人员还要注意健康保险合同中有关比例共付的规定。

比例共付可以提高被保险人的费用意识，有利于降低最终的保险金给付额，但也会增加被保险人的经济负担。在健康保险中还有一个常见的条款，称为损失停止条款，即当被保险人的自付总额达到一定程度时，保险人支付医疗费用的 100%。因此，在健康保险理赔中计算保险金给付额时，要注意共付比例是多少，有无损失停止的规定等。

7. 保险金给付的协调

在健康保险理赔过程中还要注意有无保险金协调给付的规定。因为在某些情况下，被保险人会拥有一份以上的健康保险合同，即会存在超额投保的情况，为防止被保险人从伤害或疾病事故中不当得利，大多数团体健康保险保单和少数个人健康保险保单都规定有保险金给付的协调条款，它可以保证被保险人得到的所有保险金给付不会超过其实际损失的总额。

保险金给付的协调说明健康保险与一般人寿保险性质不同，有的健康保险是一种损失补偿性质的保险，被保险人不能因疾病或遭受意外伤害而从中获利。因此，除定额健康保险外，赔付金额应在保险金额以内且最高不能超过被保险人实际发生的医疗费用，在一人投保多种、多份健康保险后，发生给付时，可以分别计算，但合计赔付金额应在保险金额之内，而且不能超过实际医疗费用。

（二）健康保险理赔与其他理赔的区别

健康保险理赔除了上述所示的保险条款与人寿保险理赔和财产险理赔不同外，还包括保险金给付的基础、保险金给付的确定性、受益人、代位追偿方面，与人寿保险理赔以及财产险理赔有着明显的区别，下面通过表 5-1 来对健康保险理赔、人寿保险理赔和财产险理赔做一下比较。

表 5-1　健康保险理赔、人寿保险理赔、财产险理赔比较

项目	健康保险理赔	人寿保险理赔	财产险理赔
保险金给付的基础	医疗费用或收入损失的补偿或约定金额	事先约定的金额	财产损失补偿
保险金给付的确定性	不确定	确定	不确定
受益人	一般为被保险人本人	被保险人及第三方	投保人（被保险人）
代位追偿	视情况而定	不适用	适用
保险金给付的协调（比例分摊）	视情况而定	不适用	适用
被保险人或受益人防止或减少损失的费用	不承担（有的承担合理预防性用药）	不承担	承担

第二节　健康保险理赔程序

一、健康保险理赔的基本流程

健康保险理赔的基本流程见图 5-1。

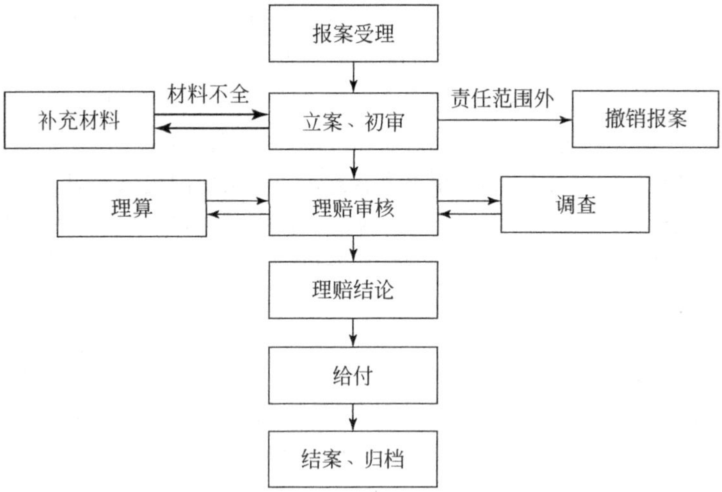

图 5-1　健康保险理赔的基本流程

（一）报案受理

1. 报案方式

报案是指被保险人发生保险事故后，知情人将事故情况通知保险公司的行为。报案人的身份没有具体的限制，但报案是投保人、被保险人及受益人的法定义务。

报案方式包括电话报案、上门报案、网上报案、传真及其他方式。报案人应当在相应保险条款规定的时间内，及时将出险人的有关信息通知给保险人，信息主要包括出险人的姓名、身份证号码、身份（投保人或被保险人等）、险种名称、保险合同号、出险时间、地点、简要经过、就诊信息、报案人姓名、与出险人的关系、联系电话及地址等。

2. 流程

（1）报案登记

健康保险公司对不同的报案方式采用不同的登记办法。

电话报案：首先应问明对方姓名、联系电话、地址，所报案件事故、时间、地点及出险人有关情况。尽可能在电话报案时问清楚出险人现状或住院治疗地点等可能涉及调查的情况。如属重大赔案，应接通录音装置，因为首次报案时报案人一般比较紧张，人为夸大情况较多，所以要求理赔专用电话有录音装置，并在下班时间及无人时开通录音应答。

上门报案：理赔人员应主动询问报案事宜。询问的重点是出险的时间、地点、原因、出险人姓名、身份证号、投保险种及保额或保单号、联系电话、地址；报案人姓名、身份证号、年龄、与被保险人的关系，报案人电话、地址、报案时间、事故的性质。理赔人员指导报案人填写理赔给付申请书，对报案人带来的材料要逐一审视、登记，对原件不能留下的证明材料要复印并在复印件上签上审件人及送件人姓名及日期。接案人应在报案登记簿上填写询问的相关内容，特别注意报案的时间是否准确，并要求报案人签名。

邮件及传真报案：接到此类报案后，接案人应及时与对方联系，在确认已收到报案的同时进一步获取事故有关情况。打印或复印相关材料保存。

（2）报案登录

理赔人员确认出险人身份后，应详细记录报案事项、投保情况及事故者身份（被保险人或投保人）等报案信息，通过查询保险公司的系统，对出险人身份及在公司的所有保单状态进行查询确认。根据查询结果作下述处理：①未查到与出险人相关的任何保险合同的，应尽快通知报案人，告知情况，并将该报案信息置为撤销报案；②如报案人提供的资料不够齐全，应通知报案人补齐资料，以确认出险人身份及其所持的保险合同；③对已确认身份的出险人，应进一步查明包括其作为投保人、被保险人在内的所有保险合同，以及保险公司应承担保险责任的合同在出险时的效力状态，如果保险合同效力已终止，应尽快通知报案人告知其不予立案的原因，通知客户不予受理。如果出险人所持为有效保险合同，应将这些合同置为“报案”状态，为相关部门提供信息。如果是身故，经核实后，可以将保单的状态变更为“终止”状态，对该保单做出终止划账和终止续缴保费动作，并在保单中标记“有报案”。如需伤残观察，应书面告知客户有关伤残鉴定的注意事项。符合受理条件的案件，予以立案。

3. 注意事项

1）重视报案环节。报案环节应当引起理赔人员的高度重视。在接待报案的过程中，理赔人员可以了解到事故发生的第一手资料，通过详细询问凭直觉还可以发现案件存在的疑点和调查方向，为今后的理赔工作打好基础。在报案登记过程中，接案人应准确记录报案时间，以便判断是否因延迟报案而增加查勘费用。

2）不做理赔承诺。接案人要注意做到礼貌周到，但不要随意解释，不允许随意做理赔承诺。

3）注意区分案件性质。接案人应根据所掌握的案情，依照相关的理赔规定，判断案件性质及是否需要采用应急措施，并在报案登记簿中注明。对于意外伤亡或其他需要紧急取证的案件，如预计赔付金额较高、社会影响较大的案件，接案人应尽快通知理赔人员或调查人员；对于应保留现场的案件，还应通知报案人采取相应的保护措施。

（二）立案、初审

1. 立案要求

1）立案条件。立案必须符合下列条件：健康保险事故发生；出险人是健康保单上的被保险人；健康保险合同为有效合同；被保险人在保险有效期内出现；理赔申请在保险法规定的时效内。

2）申请人条件。除条款有特别约定外，各项保险金的申请人为被保险人；受益人，未指定受益人的，由法定继承人申领；保费豁免为投保人、被保险人或被保险人的监护人；权利人也可委托他人代为申请，但必须向公司提交有权利人（委托人）和代理人签名认可、授权明确的《授权委托书》及双方的身份证明。

3）理赔接待。理赔人员在接待申请人时，要求其提供相关证明材料（原件）。此后，按照条款规定及保单项目审核其是否具备申请人资格。如果不具备申请人资格，理赔人员应要求其转告有申请权之人提出理赔，或者让其提交由申请人签署的授权委托书；如果申请人具备资格，理赔人员应在理赔申请须知上注明须提交的原始单据及投诉电话，并将理赔申请须知交由申请人。

4）立案申请材料。根据理赔规定和理赔申请类别提供相应的证明材料。理赔申请书要求由权利人亲自填写，由申请人填写的应持有授权委托书及其委托人身份证明。在申请人提出理赔申请时，根据发生保险事故的性质和申请类别，申请人应提交不同的证明文件。

5）编号立案。经核对，对于那些存在保险关系且符合索赔时效的申请，予以编号立案。编号应反映出险别，一次性有几个被保险人发生损失的，应分别编号立案。

2. 暂缓立案

如出险事故类型为残疾给付的，应进一步判断是否需要伤残观察。若需经180天观察期的案件，应暂缓立案，同时通知报案受理人出具《伤残观察通知书》一式两份，一份交申请人，另一份由立案人留存。对180天观察期满的案件，立案人应主动通知被保险人至保险公司指定或认可的司法、医疗机构进行伤残鉴定，根据伤残鉴定证明，视实际伤残程度决定是否立案（肢体缺失的无须伤残观察）。

3. 退件

以下情况不予立案：出险人非保单上的被保险人；保险事故的发生不在保险期间内；理赔申请超过《保险法》规定的时效；申请人资格审查不合格；证明资料不齐全且在规定的期限内仍无法补全的。

上述情况及其他不符合立案条件的案件，立案人必须填写《理赔申请材料签收单》，将处理决定及理由书面通知申请人，同时必须对申请人提交的原始单证复印留底后做退件处理，在复印件上注明日期及送件人姓名存档，并将处理日期登记在《理赔申请书》上。这种做法是为了防止申请人伪造其他注明材料重新进行索赔。

4. 流程

1）立案审查。接案人员收到报案受理人员或申请人提交的理赔申请书、理赔申请材料签收单及相关注明材料后，在电脑系统中复核所有报案信息，查询既往承保、理赔记录，审核理赔申请书、理赔申请材料签收单填写是否符合要求，证明材料是否齐全，申请人是否符合申请资格。

2）经立案审核符合立案条件的理赔申请，接案人做如下立案登记处理：

一是对报案登记中记录不全的项目进行补充；对报案登记不准确的项目进行补正，并计算预估赔付金额。

二是对申请人提出赔偿申请的保险合同分别立案登记，记录立案时间、接案人等。

3）案卷移交。助理理赔员根据理赔申请及事故证明材料，确认立案后，将理赔申请书、授权委托书、理赔申请材料签收单及所附证明材料归档，送交理赔人初审。进行案卷移出登记，记录移交案卷的赔案号、理算人员姓名及案卷移交时间，并由初审人员签名确认。

（三）理赔审核

1. 审核的对象与环节

理赔审核是指理赔人审定保险事故及保险责任的行为和过程。审核保单原始资料和保险金申请人提供的索赔证明材料的真实性、调查人员案情事实调查报告的正确性。通过这三点的审核确定保险人是否承担责任及应承担多大的责任。

（1）审核保险合同的有效性

理赔人员从任务队列中接受审核任务后（作为对报案、立案过程的审核），首先根据保单查询系统及相关证明材料判断申请理赔的保险合同在出险时是否有效。主要方法是：第一，根据保险合同及理赔申请书，检查出险日期是否在保险合同载明的保险期间内；第二，根据最近一次缴费凭证和保单信息上的保险费交至日期，检查出险时保险合同的效力是否中止；第三，如申请理赔的保险合同在报案前曾办理合同效力恢复保全作业，应进一步查明出险日期是否在复效前的效力中止期间；第四，对健康保险复效后设有免责期的保险合同，应进一步查明出险日期是否在免责期间。

（2）审核出险事故的性质

审核人根据保险合同、理赔申请及相关证明材料，判断申请理赔的出险事故是否为保险责任范围内的事故。主要方法如下：首先，检查出险事故是否在保险合同保险责任条款约定的事故范围内；

其次，检查出险事故是否为保险合同责任免除条款约定的情形之一。

经出险事故性质认定的保险合同，审核人员分作下述处理：对于出险事故在保险责任范围内的，应进一步审核申请人所提供的证明材料是否完整、有效；对于出险事故不在保险责任范围内的，应作出审核意见，同时记录审核人员及审核时间。

（3）审核事故证明材料

审核人员根据理赔申请及相关证明材料，判断出险事故的类型，检查申请人所提供的事故证明材料是否完整、有效。主要方法：第一，根据理赔申请书和赔案信息判断出险事故类型；第二，检查证明材料是否为相应事故类型所需的各种证明材料；第三，检查证明材料的效力，即是否为公司认可的医疗单位、公安部门及相关机关所出具，证明材料的印章是否有效。

（4）审核案件是否需要调查

理赔人员调阅被保险人的投保资料，根据报案情况，查看被保险人投保时的健康及财务告知、体检报告等事项，分析是否可能存在道德风险及责任免除情况，以此确定是否需要进行调查及调查的重点。需重点调查的理赔案件包括预计赔付金额较高的赔案；长期险合同订立 2 年内死亡的；存在保险欺诈、恶意投保可能或有保险责任免除可能的；理赔人认为其他确有必要进行调查的。

2. 审核结果处理

如果保险事故发生在合同有效期内，属保险责任范围，且证明材料齐全、有效，理赔人员应结合调查结果，作出理赔结论后，计算理赔给付金额。理赔人员对案卷进行理算前，应审核案卷所附材料是否足以做出准确给付、拒付、豁免处理，并依据审核结果分别作下述处理：

1）证明材料不完整的，应通知申请人补齐。

2）对于资料存疑的案件，应通知调查人员继续调查。

3）遇有不如实告知、年龄误告或职业变更等，需请核保部门重新评估该保件的风险程度时，理赔人员可交核保人员审核。

4）对于可能有法律纠纷的案件，理赔员可选择法务会签，请有关法务人员提出意见。

5）理算前，需保全会签的案件，交保全部门会签。

6）上述资料均完整提供后，则可进行给付、拒赔、通融处理。

（四）调查

在健康保险费用审核过程中，如果理赔人员发现疑点，或所发生的医疗费用存在不合理性，根据现有材料无法确定的，需要调查员展开调查。如客户提供的门诊急诊病历或出院记录的关键字词有涂改痕迹，应立即调查核实，如涂改之处是经治医生在病历书写时的合理修正，则不影响案件的理赔。如果是因客户自身篡改，则要慎重对待，以排除理赔风险。又如，某被保险人因上呼吸道感染住院治疗，住院天数远远超过同年龄、同性别和同病种患者的住院天数标准，应开展理赔调查。理赔人员可以向经治医生了解被保险人具体治疗过程，住院时间明显延长是否为病情客观所需，如果没有合理的解释，超出标准住院天数部分的医疗费用将得不到补偿。

在对住院津贴给付存在疑点时，也应展开调查，以明确被保险人是否确实住院，是否为被保险人本人住院，是否每天都满 24 小时住院，尤其在节假日期间是否有请假外出的情况，是否存在挂床现象。

重大疾病索赔往往涉及高额赔付的可能性，因此，理赔人员应慎之又慎，对出现的任何疑点都不能轻易放过。如重大疾病中恶性肿瘤的索赔应提供病理学检查报告，理赔调查应着重弄清此报告是否为首次检查报告，以防出现违反如实告知、带病投保的可能。

对于死亡原因不明的疑难案件，理赔人员在现场查勘时，应与受益人签订有关协议，明确保险人保留对死者进行尸检的权利。同时强调如未经保险人同意而将尸体火化，导致无法确定死因的，由此引起的保险人无法给付保险金的责任由被保险人的受益人承担。

（五）理算

理算是指理赔人员计算、核定理赔给付金。理赔人员在进行理算时应注意以下各点：

1. 一般注意事项

1）投保人如有未归还的保单借款，应扣减相应借款本金及利息。

2）保单如处于保费垫付状态，应相应扣减垫付保费的本金及利息。

3）如有欠缴保费或预收保费，应相应扣减欠缴保费或退还预收保费。

4）如申请人延误报案的，还可扣除因申请人延误报案而发生的理赔、查勘费用。

5）如有未领取的满期保险金、红利、利差，应予以补付。

6）如在宽限期出险，计算时应扣减欠缴保费。

2. 其他注意事项

1）因意外伤害所致残疾或死亡的理赔案件，还应注意：核实被保险人 180 天内有无伤残给付，本次死亡给付是否由于同一事故所致，如是，则应扣减已支付的伤残给付金额；在同一保单年度内如有伤残给付，应对保险金额作减额处理。

2）对于已做重大疾病提前给付的保单，应在核定给付时，作减额处理。

3）如医疗费用险在保险公司全额赔付时，须收取医疗原始收据。

4）如医疗费用险在保险公司部分赔付时，医疗费用收据原则上应按条款要求提供原始收据，经保险公司赔付后，如申请人索要原始收据，则由保险公司提供原始发票复印件及分割单。

5）若有正当理由不能提供原件而只能提供复印件的，提供的复印件上需加盖支付单位的公章并出具收取票据原件单位注明已赔付金额的分割单。

6）医疗补贴险赔付时，可审核医疗费原件后留存复印件，并注明“复印于原件”等字样和复印人签名。

（六）理赔结论

理赔结论属于审核部分，但由于在审核过程中可能会出现多次的审核、调查、清算、再审核才能得出理赔结论，而给付情况主要依据理赔结论作出，故本书将理赔结论放在给付前讲解。经理赔人员的细致审核，客户提供的资料真实、齐全，索赔事项属于保险责任范围内，就可以作出理赔处理决定。健康保险理赔的处理决定包括全额给付、部分给付和拒绝给付三种。

全额给付，即客户提出的索赔申请完全符合健康保险责任的有关规定，保险公司依据保险合同的约定给付全额保险金。

部分给付，即客户提出的索赔申请中只有部分治疗项目或医疗费用符合健康保险责任的有关规定而获得赔付，其他部分因超出保险责任范围而不能给付。

拒绝给付，简称拒付，在健康保险理赔中，拒绝给付最主要的原因是投保时投保人或被保险人未履行如实告知义务或存在既往史。

（七）给付

健康保险理赔实务中，保险金的给付主要包括约定给付型、医疗费用报销型和医疗津贴型三种类型。

1. 约定给付型

约定给付型是依据保险合同的约定为给付保险金的条件，如疾病保险中，被保险人罹患保险条款中列明的某种疾病（如重大疾病），即可依据条款约定获得保险金给付。在失能收入损失保险中，被保险人因意外伤害或疾病导致工作能力暂时丧失，使其收入中断或减少，保险人依据约定的标准补偿其收入损失，以保障其基本生活需要。在护理保险中，因被保险人年老、严重疾病或意外伤残等导致生活无法自理、需要他人护理，保险人依据条款约定支付因被保险人生活无法自理而产生的护理费用，包括疗养院、社区、家庭护理等费用。

2. 医疗费用报销型

医疗费用报销型是指医疗保险或称医疗费用保险，即对被保险人在接受医疗服务所发生的费用进行补偿，包括门诊、住院所发生的药品费、住院费、治疗费、检查费、材料费等费用。医疗服务项目的补偿限额是以该服务的必要、合理费用为标准来确定的，它是医疗服务的正常收费或是同一地区、同类服务的平均收费。如果索赔费用高于补偿限额，保险公司支付的保险金不会高于该限额。

3. 医疗津贴型

医疗津贴型是指当被保险人因患病导致收入减少时，保险公司予以一定的补贴。住院津贴型保险给付与实际发生的医疗费用无关，保险人依据被保险人实际住院天数及手术项目进行补偿，一般按天计算，保险金额因住院天数及手术项目不同而不同。理赔人员通过对索赔材料的审核计算住院天数，并依据保险合同规定赔付的最高额度，最终确定实际的赔付金额。

此外，在医疗费用报销型给付中，理赔人员在计算保险金给付数额时，除了要注意保险金给付限额外，还要注意扣除免赔额和被保险人比例自付的部分。有时，还应注意被保险人是否在其他保险公司得到赔付的情况，如果有，则要根据保险金协调给付条款扣除给付的部分。

（八）结案、归档

1. 结案

理赔人员收到理赔人移交的理赔案卷后，应进行案卷移入登记，记录赔案号、结案号、结案人姓名及移入时间。

2. 流程

理赔人员进入结案菜单，录入立案号，查询理赔结论计算信息，并做如下操作：

1）确认领款人资格。领款人凭领款通知书到柜面出纳处领款，领款人在领款时要出示本人身份证、工作证等证件，由经办人员进行核对，确认其是否具有领取保险金的资格。如领款人本人无法亲自领款的，可委托他人代领，但必须向保险公司提交由领款人和代理人签名认可、授权明确的授权委托书及双方的身份证明。

2）理赔档案整理归档。理赔案件结案后，助理理赔员对案卷中的材料与明细表内容核对后签收，按顺序将案卷进行装订后归档。材料装订顺序一般为理赔案卷目录；保单正本或复印件；理赔申请材料签收单；委托授权书；理赔给付申请书；理赔调查报告书及相关调查材料；照会和各类会签结果；各类通知书；领款收据和批单；被保险人、受益人身份证明；申请人申请索赔的各种事故证明材料和医疗费用等有关单据；合议笔录；案件呈报或上报上级公司的报告书副本及上级公司批复文件；起诉书、应诉书、答辩状、法庭调解书和庭外和解协议书等。

3）理赔拒付流程。对于拒付案件，理赔人应根据理赔结论，打印《拒赔通知书》阐明具体拒付理由，并由立案人送达。结案人应要求申请人在《理赔申请材料签收单》副联上签字后，将其交回，以此换回保单正本及有关材料。立案人应将退回的材料复印，注明审件日期，在卷宗留存以备案。

4）保费豁免流程。根据条款规定享受保费豁免的保单，由理赔人签发保费豁免的具体金额并通知申请人。另将通知单交客户服务部出批单批注后，一联转客户留存（加盖骑缝章），一联由业务留存，粘贴于业务留存单上。经审核不符合保费豁免条件的，理赔人应填写并送达《保费豁免决定通知书》，阐明不予豁免的具体理由。

3. 注意事项

保险金应一次支付给合同的受益人或法定继承人，如合同受益人或法定继承人为数人时，公司应在受益人或法定继承人全部签名认可其相应份额的保险金或出具合法的授权委托书后，一次支付给申请人或受托人。

如受益人或法定继承人各方对保险金的分配发生争议时，公司不宜介入对保险金的分配。保险金分配待由有权利的各方商定形成书面文件或经仲裁机关仲裁、法院判决后，保险公司再据此进行给付。

如果保单未指定受益人，且被保险人的法定继承人为两人以上时，公司应在法定继承人商定保险金分割方案并形成书面文件、签字认可后进行给付，并要求保险金领取人签署书面文件，说明："本保单未指定身故受益人，保险金按被保险人的遗产处理。本公司向被保险人的法定继承人履行保险金给付义务后，若有其他遗产继承人要求取得保险金，由保险金领取人与其协商解决。"

如为通融给付的，在履行给付手续前，必须要求受益人与公司签订给付协议书，由受益人保证放弃保单项下其他所有与本保险事故有关的权利或终止合同。

二、健康保险理赔的审核

（一）送审规则

分支机构理赔人处理各自权限内案件，超权限赔案需逐级报批；超分公司理赔专员权限的案件，须经理赔专员审核提出具体意见后上报总公司核保理赔中心审批。

超权送审的案件，应提交以下材料：理赔给付申请书；保险凭证及批单；赔案综合报告书（案情重大或特殊）；涉及医疗费用赔付须附《医疗费用理算说明书》；合议案件须有合议笔录及合议决定；通融和解案件须附《健康保险业务通融和解给付案件审批表》；有关证明材料及原始单据。

（二）保险合同的审核

理赔案件的处理首先要明确保险合同处于何种状态，即保险合同是有效状态，还是中止或终止状态。具体而言，就是要确定保险事故发生时保险合同是否有效，保险事故是否发生在保险合同规定的责任期限内。为此，必须弄清楚损失事故发生的确切时间，将此时间与保险责任开始、保险责任终止的时间进行比较。如果保险事故的发生早于保险责任的开始，或者迟于保险责任的终止，或保险事故发生时保险合同已失效，被保险人或受益人都不能申请索赔。通常，保险合同状态的审核应明确以下情况：

1. 确定事故发生的时间

确定事故发生的时间，是理赔案件处理的基础环节。一般情况下，健康保险中的意外伤害事故发生的时间容易判断，如交通事故发生的时间可通过公安交警部门出具的《道路交通事故责任认定书》予以明确。工作中意外伤害事故发生的时间，可凭借单位出具的相关事故证明而明确。

对于大多数疾病，因临床表现典型，症状明显，疾病发生的时间容易确定。而某些疾病由于病情徐缓、症状隐匿，患者往往容易忽视，待病情严重才去寻医问药，且很多疾病的早期症状非常相似。因此，不能依据症状开始的时间作为疾病发生的时间，健康保险事故发生的时间应以疾病的确诊时间为判断依据。

2. 确定保险责任开始的时间

一般来说，保险合同生效的时间就是保险责任开始时间。个人健康保险的保险合同生效时间通常是保险公司同意承保且签发保险合同的次日零时起。团体健康保险的保险合同生效时间通常是投保人和保险公司商定的一个特定日期。应当指出的是，由于等待期的存在，使得健康保险合同的生效日期与保险责任的开始时间可能并不一致，这在审核保险合同的有效性时应特别加以注意。

3. 确定保险责任终止和保险合同失效的时间

健康保险合同因未及时缴纳续期保险费，可能会处于暂时失效状态，也可能处于宽限期内或正在申请复效之中。因此，当保险事故发生在以上期间要谨慎加以判断。无论是健康保险的个险还是团险，在保险费缴费宽限期内保险合同依然有效，在宽限期内发生的事故属于保险责任期限内，保险人应承担相应的赔偿或给付保险金责任。若宽限期结束后投保人还未缴纳保险费，则保险责任在宽限期结束时自动中止，此后发生的事故保险人不承担赔偿或给付保险金责任。对团体健康保险而言，保险合同失效后再复效的，发生在宽限期以后，复效之前的保险事故一般保险公司要承担保险责任；而在个人健康保险中，如果保险合同失效后没有复效，则发生在宽限期以后的保险事故保险公司不承担保险金给付责任。即使复效以后，保险公司也要等待一段时间后才承担保险金给付责任，即复效后也要有一个等待期。

（三）保险责任的审核

针对发生在保险合同有效期内的损失事故，健康保险理赔人员应进行周密细致的审核或调查，具体有以下主要工作内容：

1. 审核索赔申请书和证明材料的有效性

健康保险理赔案件往往涉及多项索赔材料，包括索赔申请书、意外事故证明、病历资料（如出院记录、影像学及病理报告、医疗费用明细表、医疗费用收据或发票等）。理赔人员首先要明确不同的索赔事项客户需提供相应的材料，如重大疾病索赔通常需要提供出院记录、病理报告等病历资料。材料齐全后，理赔人员应认真审查以判断这些证明材料的真实性、合法性和有效性。同时，判断客户提供的资料及所发生的医疗费用是否都属于被保险人本人，防止他人的检查报告及收据发票等掺入其中，杜绝冒名顶替的行为。

此外，注意对所提供材料的关键信息进行审核，例如，审查病历资料中的既往史内容有无篡改痕迹，如将“肝炎病史 10 年”，改为“肝炎病史 1 月”，这种篡改多见于违反如实告知、带病投保者，更改之后，便误认为会顺理成章获得赔偿或给付保险金。因意外或疾病而发生的医疗费用索赔的，应审核客户提供的医疗费用收据或发票是否为原件，原则上应提供原件，若有正当理由不能提供原件而只能提供复印件的，所提供的复印件需加盖支付单位的公章并出具收取票据原件单位注明已赔付金额的分割单。对于住院津贴给付，因与被保险人在住院期间实际支付的医疗费用无关，故理赔人员在对该类索赔审核确定可以赔付后，无须收取住院收据原件。

2. 审核是否属于保险责任范围

对于医疗费用索赔案件，理赔人员应审核被保险人所发生的医疗费用是否属于保险责任范围之内，医疗费用是否合理、必要。例如，索赔中涉及保健、美容的费用补偿时，理赔人员应依据保险合同条款的具体规定，结合地方社会医疗保险相关规定，确定合理的医疗费用，剔除自付部分及与本次住院无关的费用。对于条款规定在等待期内发生的医疗费用也应剔除。

在某些特殊情况下，如严重创伤、大面积烧伤、大手术、颅内病变等应激状态下均可引起胃肠道黏膜糜烂、出血，甚至溃疡、穿孔。由于预防上述应激反应发生而使用的 H_2 受体拮抗剂（如雷尼替丁、西咪替丁、法莫替丁等），或者质子泵抑制剂（如奥美拉唑、泮托拉唑、兰索拉唑等），因与本次损伤或疾病紧密相关，应属于合理用药范围。

3. 费用审核

在健康保险理赔实务中，医疗费用的审核内容包罗万象，涉及诊疗过程所发生的药品费、住院费、治疗费、检查费、材料费等费用，这就要求理赔人员不仅要训练有素，而且要耐心细致地工作。如药品审核应依据最新的当地社会医疗保险药品目录有关规定，对甲类、乙类、目录外的药品费用分别进行理算。医疗费用通常以常规、合理和必要的医疗费用进行补偿，如手术中涉及特殊进口材料（如人工髋关节、内固定钢板），应按相关规定予以比例补偿。另外，对于过度检查、过度治疗所发生的医疗费用（如一处损伤全身检查、一次住院全身治疗、一张处方全家带药等），超出合理范围部分不予补偿。

要做好医疗费用审核工作，理赔人员应熟悉医疗费用的审核依据，包括保险条款中的保险责任及责任免除内容、各种最新的医疗规定、当地卫生部门最新规定或标准等。另外，在理赔疑难复杂案件中，有时医疗费用是否合理难以界定，此时理赔人员需与客户进行协商理赔。

（四）证据审核

1. 审核证据的数量是否充分，文件是否齐备

理赔人员应根据条款及保险合同，确认理赔申请材料是否齐全、完备。例如，各类证明材料必须审核原件，如非原件存档，审核人应要求申请人提供原件进行审核，并要有审核人的签名及与“原件核对无误、某年某月”字样。

2. 审核证据材料是否具有客观真实性

理赔人员可从以下几个方面审核证据材料是否具有客观真实性：①文件格式是否规范。理赔人员应熟悉各种公文书写格式，以便审查时进行对照研究，鉴别真伪；理赔人员也应熟悉辖区内各医院常规的医疗记录、单证等。②文件内容是否真实。首先，注意研究文件记载的内容之间有无矛盾，有无刮擦、改贴、补接、污染、消退、添写、改写等痕迹，手写文字笔迹特征前后是否一致，有无应属不同部门签署的字迹却系一人所写的情况。其次，要考虑到有无夸大事实或捏造情节的可能。③文件的印文是否真实。④发票是否真实。增值税发票防伪措施多，可通过对比进行识别。对比时注意纸质、纸张上税务章、号码、背面印痕、正面填写性质（如第二联必然是用复写纸印留底，而不是用笔直接书写）。

3. 审核证据材料之间是否具有一致性

各种证明材料间应能相互印证，在内容、格式、形式上保持一致。如发现出险时间、出险经过、地点、出险人姓名、性别、年龄等在索赔材料或调查资料中存在矛盾，应重新核查，核实证明材料的真伪。

4. 审查证据材料中鉴定材料的科学可靠性

可从以下几个方面审查证据材料中鉴定材料的科学可靠性：①鉴定人员是否具有该方面的专业知识，鉴定机构是否具有鉴定权。②鉴定的方法、程序是否符合规范。③检验、鉴定的项目能否得出鉴定书的结论。④必要时，通过模拟实验的方法进行印证。

（五）举证责任

1. 举证责任分配原则

举证责任是指法律关系中的双方当事人对某一主张进行证明的责任划分。

1）“谁主张，谁举证”原则。《民法典》对侵权纠纷如何举证没有规定。2012 版《民事诉讼法》第六十四条规定：当事人对自己提出的主张，有责任提供证据。发生侵权损害起诉的，一般由原告承担举证责任，但如果是高度危险侵权、动物伤人侵权等行为的，被告承担举证责任。

《保险法》第二十二条规定：保险事故发生后，按照保险合同请求保险人赔偿或者给付保险金时，投保人、被保险人或者受益人应当向保险人提供其所能提供的与确认保险事故的性质、原因、损失程度等有关的证明和资料。

《最高人民法院关于民事诉讼证据的若干规定》（以下简称《规定》）对这一原则进行了具体化的解释。《规定》第二条：当事人对自己提出的诉讼请求所依据的事实或反驳对方诉讼请求所依据的事实，有责任提供证据加以证明，没有证据或证据不足以证明当事人的事实主张的，由负有举证责任的当事人承担不利后果。从而，对《民事诉讼法》的举证责任原则予以细化，对当事人没有证据或者证据不足以证明其事实主张的后果给予明确。

2）法官依法独立审查判断证据的原则。《民事诉讼法》第六十四条规定：人民法院应当按照法定程序，全面地、客观地审查核实证据。为避免法官在审查判断证据时容易产生的裁量权过大的问题，《规定》第六十四条以条文形式具体化：审判人员应当依照法定程序，全面、客观地审核证据，依据法律的规定，遵循法官职业道德，运用逻辑推理和日常生活经验，对证据有无证明力和证明力大小独立进行判断，并公开判断的理由和结果。

3）民事诉讼的证明要求和标准。人民法院根据法律规定的诉讼程序查明的事实，实质上是一种法律上的事实，民事诉讼的特点决定了在程序公正、公开的条件下，法院只能以通过依法审核认定证据所确认的案件事实作为裁判的依据。但在证据无法达到确实充分情况下，即所证明事实不能达到完全排除其他可能性的情况下，《规定》第七十三条规定：双方当事人对同一事实分别举出相反的证据，但都没有足够的依据否定对方证据的，人民法院应当结合案件情况，判断一方提供证据的证明力是否明显大于另一方提供证据的证明力，并对证明力较大的证据予以确认。因证据的证明力无法判断导致争议事实难以认定的，人民法院应当依据举证责任分配的规则作出裁判。

4）非法证据的判断标准。《规定》将非法证据限定在“以侵害他人合法权益或者违反禁止性规定的方法取得的证据”范围。也就是说，除以侵害他人合法权益或者违反法律禁止性规定的方法取得的证据外，其他情形取得的证据不得视为非法证据。

2. 采证原则

采证原则，即证据的采用标准，是指案件的当事人所提出的证据能否证明自己的主张所依据的准则。根据有关立法和相关司法解释，有关采证原则可归纳如下：

1）客观性原则。采证的客观性原则指只有客观存在的事物、事实、案件的反映及其他客观存在的材料才能成为证据，任何纯主观的东西均不能采用为证据。客观性原则具体须符合两个标准：一是证据的内容必须是客观的；二是证据的形式须是客观的，以人们可以感知的方式存在，如书证、物证、视听资料等。任何的案件都是在一定的时间、空间和条件下发生的，必然作用于客观外界留下一定的反映形象，故证据不论以何种形式存在，都必须是对案件事实的客观反映。

2）最佳证据原则。在复合证据的情况下，特别是案件当事人对同一事实分别举出相反证据时，根据最高人民法院《规定》，可以依照如下原则认定证明力的大小：国家机关、社会团体依职权制作的公文书证的证明力一般大于其他书证；物证、档案、鉴定结论、勘验笔录或者经过公证、登记的书证，其证明力一般大于其他书证、视听资料和证人证言；原始证据的证明力一般大于传来证据；直接证据的证明力一般大于间接证据；证人提供的对与其他亲属或者其他密切关系的当事人有利的证言，其证明力一般小于其他证人证言。

3）证据的关联性原则。对于有关案件的全部证据，应当从各证据之间的联系、各证据与案件事实的关联程度等方面进行综合审查以判断确定能否作为认定案件事实的依据。根据《规定》，部分证据不能单独作为认定案件事实的依据：与一方当事人或者其代理人有利害关系的证人出具的证言；未成年人所做的与其年龄和智力不相当的证言；无法与原件、原物核对的复印件、复制品；存有疑点的视听资料；无正当理由未出庭作证的证人证言。对于这些证据应尽量收集关联性材料，以相互印证。

4）排除性原则。《规定》规定：以侵害他人合法权益或者违反法律禁止性规定的方法取得的证据，不能作为认定案件事实的依据。因此，在理赔实务中，在采集证据的过程中，应注意证据的合法性，包括来源、形式、收集程序等。

第三节　健康保险理赔调查

一、健康保险理赔调查的基本内容

（一）健康保险理赔调查的概念

理赔调查对确定保险事故的性质，做出正确理赔结论、维护保险公平发挥极其重要的作用。健康保险理赔调查是指保险公司根据具体健康保险理赔案件的情况，当依据已有的理赔资料不能做出准确的理赔结论时，需要进一步明确发生的事故是否属于保险责任，为查明事实真相而向保险事故的相关知情人、联系人或处理人进行核实取证的调查过程。

实践中并非所有的健康保险理赔案件都需要调查，通常各家保险公司对提起理赔调查的案件标准均有规定，具体标准上不尽相同，判断是否需要提起理赔调查的考虑因素通常包括以下方面：

1）短期内出险，比如长期险合同订立两年内出险、刚过观察期或等待期的重大疾病或医疗险索赔。

2）发现属于投保前已患疾病的。

3）所患疾病发生的医疗费用存在明显不合理的。

4）报案时间过迟的，且无法合理解释的。

5）投保单记载的职业与出险时的职业有很大差异的。

6）提供的医疗证明材料存在涂改、伪造等虚假嫌疑的。

7）需要立即进行现场取证或固定证据的，如不明原因死亡等。

8）其他可能存在保险欺诈、恶意投保等可能性的。

（二）健康保险理赔调查的基本要求

1. 迅速高效

调查人员必须树立“时间就是效率”的观念。迅速及时是调查工作的基本要求。迅速及时是准确、合理、及时结案的基本保证。迅速理赔是服务质量的重要指标。

2. 实事求是

证据调查就是一种实事求是的活动，只有实事求是才能保证结论的正确性。要求做到在收集、分析、研究、审查证据的过程中力求客观、全面，并做到有错必纠、有漏必查。要求调查人员不能主观臆断，即使调查人员经验丰富，也必须深入细致地调查研究；不能先入为主，偏听偏信，调查人员需要克服心理倾向和心理偏见。

3. 合法合规

证据调查又是一种自主性或随意性较强的行为，因此，必须强调遵纪守法的重要性。调查活动必须严格依照法律规定的条件程序进行，认真遵守有关法律中规定的行为准则，维护实体和程序的公正。调查工作的合法合规主要体现在调查方式合法、证据来源合法、证据形式合法。

4. 保守秘密

调查工作是一项保密性较强的工作，关系着公司信誉和客户利益。调查人员必须增强保密观念，养成保密习惯。需要保密的主要事项有以下几种。

1）在调查阶段需要保密的案件情况，如收集的证据数量、来源等。

2）不得随意向外公布、影印和说明的调查内容。

3）是否为保险事故，是否给付及给付的金额等情况。

4）调查中所涉及的客户及有关人员的隐私和公司商业秘密。

二、健康保险理赔调查方法

（一）走访调查

走访调查是理赔案件调查常用且重要的调查方法。走访调查，是指调查人员为查清楚事故发生的全部要素，即“何时、何地、何事、何人、何故、何情、何物”，对事故有关单位人员、当事人或现场周围知情人进行询问，了解与案件有关的情况，收集信息、发现线索、寻找证人而进行的专门的寻访活动。

为保证走访调查顺利、有效开展，走访前必须了解案情，拟订详细走访计划，确定走访重点和走访策略。这就要求调查人员不但要通晓法律的有关规定，熟练掌握各种不同的调查策略和方法，而且要有渊博的知识，丰富的生活经验和较强的沟通、协调能力，善于观察研究调查对象的个性、心理特征，要有敏捷的分析能力、判断能力、反应能力。

通过走访调查，调查人员会了解到很多有价值的材料，对取得的材料应及时进行整理，加以固定，形成调查文书。调查文书主要包括讯问笔录、询问录音及其他书证和物证。

（二）现场查勘

现场查勘是查勘人员对事故现场进行查考的证据调查活动，是立案前的一项重要的审查性措施。凡是需要发现、记录或保全、提取现场物品及痕迹的理赔案件，查勘人员应当及时赶赴现场查勘。如有特殊情况需加紧调查的，务必尽快安排调查。现场查勘必须以笔录、照相、制图、录像等方式记录现场的原始状况，相关文件应要求见证人签字。现场访问特指查勘人员在现场查勘中，为查明案件情况，收集有关案件证据材料和信息，对案件当事人、行为人、知情人、目击者等进行的调查访问工作。

现场查勘任务一是明确事故原因、判明事故性质、界定事故责任、确定损失程度；二是发现、记录或保全、收集证据，为理赔提供证据和线索。现场查勘要及时、合法、客观、保密；参加人员原则上至少有两名；须在当事人或其近亲属、单位领导陪同下进行；未经当事人同意不能随意动用现场物品；现场查勘结束后，应当制作《现场查勘笔录》。

对于死因不明或复杂且保险金额又较高的案件，查勘人员赶赴现场后应与受益人签订有关协议，明确保险公司保留对被保险人进行尸检的权利。同时阐明，如未经保险人同意而将被保险人的尸体火化处理，导致最后无法确定死因的，由此引起的保险人无法给付保险金的责任由被保险人的受益人承担。

（三）咨询和委托鉴定

受专业知识、技能和设备条件的限制，在案件调查过程中会遇到一些专业性强且对理赔结论有重要影响的问题，需要向相关权威部门或人员咨询，或者需要委托具有法定资质的单位进行检验、鉴定，如医疗、伤残、死亡原因等。

通常需要鉴定的事项有死亡原因鉴定、死者身份鉴定、伤残等级鉴定、笔迹鉴定等。常见的鉴定项目有法医病理鉴定、法医临床鉴定、法医精神鉴定、法医物证鉴定、法医毒物鉴定、痕迹司法鉴定、微量物证鉴定等。

咨询和委托鉴定要选择合法的具有相应资质的鉴定机构。我国现行的司法鉴定专门鉴定机构和涉及司法鉴定的其他鉴定机构主要有以下两种：公安、司法机关根据需要而设立的专门鉴定机构，经授权建立的专门性或兼职性的鉴定机构。

（四）合作调查

合作调查是指在调查取证方面与有关单位、部门进行合作的证据调查方法。健康保险业具有很强的社会性，健康保险事故常常涉及社会的其他许多部门行业，对保险事故的调查处理同时也是有关部门的职责，因此，合作调查是一个重要的调查方法，其中与公安部门开展联合调查或请求协助调查显得尤为重要。

三、健康保险理赔调查的重点与步骤

（一）伤残给付理赔调查

1. 伤残给付理赔调查思路

损伤时间是保险合同生效前还是生效后，或是复效前还是复效后；损伤人是否为被保险人本人；被保险人是否原有残疾；损伤原因是什么、是否故意引起、是否原有疾病引起；损伤鉴定结果与被保险人实际损伤程度是否吻合；损伤鉴定是否在180天后做出；被保险人家庭经济状况如何，有无债务；损伤现场在何处、是否有人目击损伤过程；被保险人与报案人对损伤发生的原因结果描述是否一致。

2. 伤残给付调查方法

面见被保险人，听取损伤发生的原因、经过；察看被保险人损伤情况、核对损伤部位、损伤程度是否与鉴定一致；访问现场目击者，听取事故发生的经过；伤残鉴定医院是否为公司指定或认可；调查救护医务人员，了解救护的过程，被保险人的伤情、伤口部位、形态特征；查阅被保险人的病历，了解对被保险人伤情的记载情况。

（二）重大疾病给付理赔调查

1. 疾病调查核实

1）走访主治医师，询问被保险人的诊治情况、病史、健康状况、发病过程和出院时的情况。

2）查阅病历记录，注意病历中的主述内容和提供者。

3）查看病情检验的有关记录。

4）核对医疗费用的单据，检查所用药品的名称和数量。

5）核实病理报告的真实性，询问医师了解病理材料的取样过程。

6）了解诊治医师、化验或检验等相关医务人员与被保险人的关系。

7）面见被保险人，询问其发病经过和治疗情况。

2. 查明被保险人平时的生活和工作背景与所患疾病是否有联系

被保险人的医疗既往史、家族病史，有无身体功能的丧失，是否曾因医疗导致工作中断；被保险人的个人嗜好，被保险人的职业，有无职业病。

3. 告知调查核实

重点查明投保时被保险人是否已存在与索赔有关的疾病。

1）审查投保资料，根据调查情况核实投保人是否如实告知；调查投保人是否体检及体检陪同人员身份，体检医师的有关情况。

2）询问业务员投保的情况，是否面见被保险人及双方关系。

3）对赔付金额较大的应采取普查形式。重点是被保险人生活、工作或治疗所在地较著名的几家医院在近年内尤其是投保前一两个月前后的检查记录。

4）收集投保时的检查记录和出险时的检查、用药记录，并认真研究。

5）参加社会保险者，应到社会保险医疗部门或被保险人单位查证。

（三）医疗费用给付理赔调查

医疗费用的给付包括住院医疗费用和意外伤害医疗费用两个方面的内容。

1. 住院医疗费用的调查

住院医疗费用的调查应注意被保险人所遭受的意外伤害是否发生在保险有效期内；是否在免责期内发生疾病；所受伤害的程度或所患疾病是否经保险公司认可的医院诊断且认为必须住院；所用药品、治疗是否与所致伤害或疾病相符。

住院医疗调查：初诊日期，主诉，诊断结果，治疗地点，住院号，治疗期间住院、门诊医疗费用，是否为受伤后第一家就诊，是否有外出，既往史，必要时摘录有关病情讨论的内容，是否属先天性疾病，手术是否必要、是否在手术室内进行、是否以治疗为目的，医院情况，发票是否真实有效，提供病历者是否可靠，是否本人住院，如为外地医院则尽量要求有完整病史资料复印件并加盖相关部门公章，用药是否合理。辅助检查中有无异常报告，特别是投保前存在的病史，注意记录恢复、随访、跟踪情况，病史更改原因，必要时可去其工作单位、居委会、邻居、亲友处调查是否投保前已患有残疾等。

2. 意外伤害医疗费用的调查

意外伤害医疗费用的调查应注意确认出险事故是否为意外伤害，若在外地或非指定医院诊治者必须出具医院的急诊证明或在病历上加盖急诊章，同时注意因意外事故所致伤势与所必需的治疗费用是否相符。调查项目主要有事故详细经过，事故发生后如何处置，查看事故者伤势，治疗与伤势是否相符合，事故现场查勘及目击者的侧面调查，警方处理记录，有无疾病引起的可能性，事故发生后的紧急处理，就诊医院的查证（重点是事故地点及住家的附近医院、各大医院）。

四、违反告知理赔调查的重点与步骤

1）调查重点：①查明出险性质、出险原因；②调查疾病病程、既往史、嗜好、爱好、职业、有无兼职、收入、资产等财务状况、有关的重要健康问题等；③调取所有就医史（门诊、急诊、住院、购药、咨询等），调查地缘性医疗机构；④收集各方面证据汇集成完整的医疗病史；⑤会晤医护人员；⑥会晤投保人、被保险人、受益人；⑦约见业务员，取得书面的业务员展业经过声明，确定业务员与投保方的关系、认识时间、交往情况；⑧核查尸检报告、法医鉴定书、事故报告、责任认定书、重要检查报告等副本或原件；⑨会晤同事、领导以确定职业危险因素、健康记录、工作状况等；⑩调查同业投保记录、理赔记录。

2）调查步骤：①调阅投保单，了解是否如实告知，是否被保险人亲笔签名。②询问业务员，对被保险人当时情况有何了解，业务员有无工作上的失误。③普查（排查），对大额保险有疑问的，可采取普查，普查重点是投保前一两个月前后，被保险人在生活、工作所在地较著名的几家医院的检查记录。如果被保险人系“带病投保”，大多在投保前到附近几家医院反复检查诊断过，这些医院留有诊治记录。普查发现后应及时复印或摘抄。④收集证据，收集投保时检查记录和出险时的检查、用药记录，并认真研究，如有疑难可聘请有关专家“会诊”。⑤兼顾社保中心、同业公司，参加社保者，到社保医疗部门查证；在同业公司有投保记录的，到同业公司查证。

第四节　健康保险理赔管理

一、健康保险理赔管理的概念及作用

（一）健康保险理赔管理的概念

健康保险理赔是健康保险经营活动中的一种重要的行为过程，涉及保险人、投保人、被保险人及受益人等各方面利益。在健康保险理赔过程中，需要对所有资源进行有效组织、计划、控制、调配，各方的利益才能得到有效维护。健康保险理赔管理是管理学原理和方法在健康保险经营活动过程中理赔环节上的应用。因此，健康保险理赔管理是指健康保险人对健康保险理赔中涉及的所有环节和资源运用管理学原理和方法进行有效管控的活动，它包括理赔组织形式、理赔制度、作业规则、操作流程、理赔信息处理、理赔人员管理等各个方面的内容。对于健康保险公司而言，加强健康保险理赔的管理具有重要作用。

（二）健康保险理赔管理的作用

1. 有利于减少保险欺诈

对于健康保险理赔进行全方位多角度的管理，是保险公司控制经营风险，减少骗保等保险欺诈现象，保证保险公司经营活动顺利实施的必然要求。虽然商业健康保险的价格不菲，但是经营健康保险业务的许多商业保险公司仍然亏损。主要原因在于健康保险市场存在的逆向选择和道德风险行为。①逆向选择的概念来自于西方经济学，指的是市场交易的一方如果能够利用多于另一方的信息使自己受益而令对方受损时，从而使得信息劣势的一方难以顺利地做出买卖决策，最终导致价格扭曲，供求失衡，最终出现市场失灵的现象。在健康保险市场上，投保人在得知自己得病时才去投保，并以各种手段瞒过保险公司的检查，保险事故发生后保险公司不得不按照条款支付其所发生的医疗费用。②道德风险，即被保险人与医院联合起来欺骗保险公司，采取小病大治、开空头医疗费的方式，使保险公司支付高额的医疗保险金。在现行的卫生管理体制下，医疗机构和医生的收入与药品的收入和仪器检查收入直接挂钩，在缺乏有效监督的情况下，这种经济上的好处往往会鼓励医院和医生对患者提供昂贵的医疗服务项目，提供不必要的医疗服务，甚至有的医生在给被保险人写病史前，会询问被保险人是否买过保险，配合被保险人伪造病史。

逆向选择和道德风险行为的产生，使保险公司的理赔给付金大大增加，也相应地增加了保险公司的经营成本，甚至导致其亏损，以致保险公司在开展这些业务时顾虑重重，在某种程度上阻碍了商业健康保险的发展。对于健康保险理赔进行严格管理和有效监控，分析理赔业务开展的依据、过程、结果、总结等，有利于发现和甄别投保人的逆向选择及道德风险行为，也有利于加强保险公司内部各个环节的管理，从源头上杜绝由于投保人或保险人诚信机制的缺失给保险公司带来的理赔费用的增加或是保险公司信誉的损失。由此可见，加强健康保险理赔管理不仅有利于控制来自投保方的风险，也有利于保险公司建立完善的投保和理赔的内控机制，更好地控制经营风险。

2. 有利于保险公司运营的健康发展

理赔工作是保险公司日常经营活动中的重要一环，是保险公司服务水准、工作效率高低的最终体现。理赔管理水平的高低，不仅关系保险公司当前的经济效益，还直接影响保险公司的长期经济效益和自身发展能力。由于理赔工作不力，内控制度不健全不完善，一方面导致该赔付的不赔付或少赔付，使保险公司实际履行的责任小于保险合同规定的责任，势必引起客户的不满或者投诉，影响了保险公司在公众中的形象和口碑，缩小了保险公司自身发展的空间。另一方面，不该赔付的却赔付了或者多赔付，使保险公司实际履行的责任大于保险合同规定的责任，而致保险资金大量流失，经营成本大幅度上升，削弱了保险公司的盈利能力和竞争实力。因此，做好理赔管理工作，加强理赔风险管理，把好最后一道门，对每一笔赔付都做到有理有据，是确保保险公司自身稳步发展的重要条件。

3. 有利于推动保险公司技术升级、科学决策

理赔管理涉及保险公司各个方面，任何经营管理上的疏漏都会增加风险。可以这么说，理赔工作质量的好坏，理赔风险控制的大小，是检验保险公司技术水平及管理水平高低的重要标准。保险公司为了对付各种理赔风险，进一步强化对于理赔的管理，必须不断地加大技术和人员投入，在经营过程中推动技术创新和升级，增加经营管理中的技术含量，完善内部各项管理制度和责任制度，不断提高经营管理水平。

健康保险理赔管理的作用，还在于它能为财务核算、业务统计和经营分析积累可利用的理赔数据资料。如通过理赔过程中积累的资料和经验进行深入研究，可以发现在过去的核保中到底出现了哪些错误和过失，从而找出实际的赔付和预计的赔付之间的差距，从而分析原因以便能在将来的工作中不断改进。此外，理赔案件的统计信息（包括理赔给付金额和拒付金额）能为保险公司的精算人员在决定是否修改现有保险险种的保险费率或订立新险种的保险费率时提供很大帮助，而且保险公司的稽核员可以通过检查各险种理赔案件的性质、金额、频率来确保理赔与承保决定的准确性，因此保险公司的理赔工作不仅直接关系到保险金支出的多少及公司费用支出的多少，更直接关系到保险公司经营决策的做出及未来的发展趋势。

二、健康保险理赔管理的内容

健康保险理赔管理涉及组织结构的设立、人员管理、理赔信息处理、合作医院管理等多方面的内容，是一个复杂的系统工程。

（一）健康保险理赔的组织管理

保险公司应建立健全健康保险理赔组织管理制度，明确理赔管理架构、管理机制、工作流程及各环节操作规范，从而形成相互协作、相互监督的有效管理机制。国外健康保险业务主要还是由人寿保险公司经营，部分意外险公司也经营健康保险业务。在不同的保险公司内，健康保险理赔管理也有不同的组织形式，有些保险公司的总公司设立健康保险理赔管理部门来处理所有的健康保险理赔工作，也有一些保险公司在数量众多的分支机构中都设立专门的健康保险理赔管理部门，这两种理赔管理的方式各有优劣。

1. 总公司设立理赔管理部门

由总公司理赔管理部门直接进行理赔处理可以节约成本，因为花在人员培训和通信方面的费用相对较少，同时理赔管理人员也容易和核保、精算等相关部门的专业人士进行交流和沟通。实际上，由总公司理赔管理部门直接处理健康保险理赔事务也有两种不同的形式。一种是单独设立健康保险理赔管理部，由一个健康保险理赔管理部门来处理所有健康保险产品的理赔工作；另一种是按照健康保险产品的分类分别设立理赔管理部门，如团体健康保险理赔部和个人健康保险理赔部，也有按照医疗费用保险、收入损失保险的分类来分别设立。按健康保险产品的类型来进行理赔管理时，每一个理赔部门或小组专门处理某一类业务，这样可以提高理赔管理人员的业务水平，缺点是可能造成不同理赔部门之间处理缺乏一致性。相反如果采用单个理赔管理部门来处理所有的健康保险理赔，那么在处理原则、程序、风格等方面的一致性较好，但理赔管理人员的业务的细致性和专业性方面势必有所欠缺，因为当一个部门要处理多种业务的索赔时，理赔管理人员不得不更加强调其工作的通用性。

2. 分支机构设立理赔管理部门

某些健康保险公司采用的分支机构都普遍设立健康保险理赔部门的管理方式，由分支机构的理赔部门直接处理各种索赔案件。这种组织形式使理赔人员更加贴近现场和客户，有利于理赔管理人员及时处理客户提出的索赔申请。但这种方式下，理赔管理人员和核保或精算等有关专业人员的交流可能会有一定的困难，在每个分支机构都设立理赔管理部门，由于各分支机构之间业务规模不相同，索赔的发生有一定的季节性和区域性，可能会造成资源浪费和管理成本的增加。

从目前国外健康保险经营的现状和发展趋势来看，各保险公司更倾向于在同一个地区进行理赔管理，这样可以大大节省管理费用，而且由于计算机和网络技术的广泛应用，也使这种管理方式成为可能。由于中国地域广阔，我国健康保险公司一般都采用在分支机构成立理赔管理部门的组织方式，但一般在总公司还有专门的理赔管理部门进行监督、培训、协调和业务指导等工作。实际上，国内健康保险理赔管理的组织模式是由保险公司健康保险业务的经营模式决定的，有些公司由专门的健康保险部或健康保险事业部来进行健康保险业务管理，健康保险理赔也和人寿保险及意外险理赔一样由不同人员分别处理；有些保险公司的人寿保险理赔部门既负责人寿保险，也负责意外险和健康保险的理赔工作。

（二）健康保险理赔的人员管理

1. 实行资格准入制度

在保险公司经营过程中，理赔人员把守着保险公司的“出口关”，必须具备高尚的职业操守，同时应该掌握保险、法律、医学等专业知识，具备较好的沟通能力和洞察力，所以必须实行资格准入制度。目前，中国保险行业协会也明确了开展人身险（健康保险）两核从业资格认证工作的总体思路，即首先建立准入级别的两核从业人员资格认证考试，主要面向人身险业正在从业的两核人员、保险专业在校大学生及对人身险两核感兴趣的其他保险从业人员；再推出行业独有的“中国人身保险核保师”、“中国人身保险理赔师”的高级从业资格认证考试制度，力争在几年内全面建立健全人身险行业两核专业资格的权威认证体系，进一步提升人身险两核人才队伍的专业性、树立全行业统一的两核服务理念、规范行业两核服务标准，全面促进人身险行业的健康发展。

2. 加强理赔人员培训

理赔既要满足客户的合理要求，也要注意防范道德风险，因此，理赔工作是一项技术含量较高的工作，尤其在健康保险理赔中，理赔人员在工作中要运用到保险、法律、社会及医学等各方面的知识，这对理赔人员的培训工作提出了较高要求，只有不断加强相关业务知识的培训，才能使理赔人员不断提高业务能力，确保理赔工作质量。理赔人员应具备以下素质：

1）理赔专业知识。理赔专业知识包括保险、法律、医学等专业知识。对于理赔人员，特别是健康保险理赔人员要接受医学基础知识的培训，掌握临床医学的基本知识。

2）其他相关学科知识。理赔人员要培养自己的社会学、心理学、经济学等方面的知识，这样才能在处理理赔案件中对各种信息进行全面收集、整理、分析和利用，做出正确的判断。

3）风险控制意识。理赔工作虽然不能为公司创造收入，但可以影响到公司内涵价值的产生、维持与增长，所以理赔人员要注重自身风险控制意识的培养，维护公司的经营效益。

4）协调、沟通能力。我们提倡在理赔中推行人性化服务，这就要求理赔人员具备协调、沟通能力，有亲和力才能使理赔效果达到最佳。

3. 建立理赔人员科学的考核制度

贯彻独立理赔的原则，建立一支专业的理赔人员队伍，对保险公司的经营稳定能起到巨大制约作用。首先，保险公司应在经营过程中贯彻独立理赔原则，下级理赔人只对上级理赔人而非行政主管负责，提高专业服务品质。建立分级授权和权力约束机制，各级理赔人在各自权限内对赔案享有独立的审决权；其次，保险公司应打通理赔人员的晋升渠道，制订理赔人员的职业生涯规划，创建公平的理赔人晋升机制，以品德和能力为权衡标准确定合理的薪酬机制和奖励制度。理赔业务的考核，首先要设定合理的考核指标，例如赔付率、差错案件率、协议赔付率、诉讼率、理赔结案平均时间、赔付金额、理赔件数等，从定性和定量两个方面对理赔部门的理赔工作进行考核；其次，对分公司理赔的考核要与对分公司经理的绩效考核相结合，考核结果直接与经理的绩效考核成绩挂钩；最后，考核要体现其引导性，通过考核实行奖优罚劣，促使理赔业务朝着良性方向发展。

（三）健康保险理赔的信息管理

健康保险理赔的专业化管理必须依托先进的信息管理手段，数据信息的统计分析可使公司管理层更加客观地分析、评价理赔工作，作出符合理赔业务发展的结论，并以此为出发点进一步制订好理赔工作计划。而且，对于数据的统计分析也同时可以反映理赔案件处理的质量，实现理赔管理的科学化，这对于提升保险公司的业务管理水平和风险控制水平具有重要意义。

加强健康保险理赔信息统计分析工作有以下要求：一要建立理赔信息统计分析制度，设立效益评估体系及风险控制模型。二要全面加强从承保到理赔各作业环节的信息反馈。信息统计分析情况与健康保险的核保和理赔密切相关，尤其是医疗保险的费率制订及修改，主要依赖于以往理赔情况的统计分析。三要与同业间进行经常性的信息沟通，预防道德风险。四要充分与各医院加强信息沟通，实现信息共享。

（四）健康保险理赔的医院管理

商业健康保险是我国社会医疗保障体系的重要组成部分，与广大人民群众的生活和利益密切相关。在健康保险的风险控制中，医疗服务提供者起着决定性的作用，所以商业保险公司探索与医疗服务提供者之间的有效沟通途径就显得尤为重要。

由于健康保险尤其是医疗保险具有理赔事故发生频率较高、存在逆向选择的机会较多、被保险人道德风险较高等特点，为了减少如挂床住院、滥开药品、冒名顶替、谎报或夸大病情、隐瞒病史等被保险人的故意行为，加强对定点医院的管理就成为保险公司理赔管理的重要环节。

在我国，健康保险的发展前景广阔，人们对商业健康保险的预期需求率已达77%。但是切实解决当前健康保险发展中的突出问题尤其是理赔管理问题，是健康保险持续、健康发展的当务之急。现阶段，我国医疗环境还不够规范。在现行管理体制下，我国的医疗体系内部缺乏有效的市场竞争，医疗机构不仅缺乏费用的主观控制意识，反而在一定程度上存在着滥用医疗服务资源的现象，造成医疗费用的人为虚涨。目前，国外商业健康保险公司在经营健康保险业务的过程中，常用的医疗费用控制办法有以下几种。

1. 对医疗服务过程的控制

在防范理赔过程中的医疗费用风险时，保险公司日益认识到只有对医疗服务的全过程进行必要的监控，才能真正控制医疗费用的支出。一般情况下，保险公司主要采取医疗服务利用审查、第二外科手术意见和医疗服务使用情况监测三种方法对医疗服务的全过程进行有效监控。

医疗服务利用审查是对被保险人医疗服务利用的必要性进行审查和评估的方法。这种方法的审查重点：①入院条件，被保险人所患疾病是否必须住院治疗；②住院时间，被保险人疾病是否需要医院方所提出的住院时间才能治愈；③住院相关信息的告之，被保险人应及时通知保险公司，并告之相关信息。第二外科手术意见是指保险人在审查部分手术治疗的必要性时，要参考第二位外科医生的意见，以确保手术治疗的必要性，减少或排除不必要的手术，进而减少理赔给付。医疗服务使用情况监测是指保险人对被保险人接受的医疗服务是否必需且有效进行监测。这方面国外经常聘请独立的医疗服务组织进行监测。

2. 医疗服务的补偿方式

在健康保险理赔中，医疗费用的补偿方式有预付制和后付制两种。预付制是保险公司与医院订立治疗疾病的费用标准，由保险公司按此标准向医院支付费用，治愈后结余费用归医院所有，超支部分则由医院自行承担。该办法虽然对保险公司来说风险较低，但容易使医院对被保险人提供低质量的医疗服务，造成被保险人对保险公司的不满，最终影响公司经营。同时，保险公司较难制订合理的医疗费用标准，从而造成管理困难。后付制则是被保险人先去医院诊治并付费，在医疗服务结束以后再向保险公司索赔。保险公司根据被保险人实际花费的医疗费用对符合合同规定的项目进行赔偿。在这种管理方式下，被保险人一般会接受到良好的医疗服务，但医院出于自身利益考虑，容易造成过度医疗消费，使保险公司较难控制医疗费用消费水平，经营风险较高。现在，我国保险公司在开展医疗保险业务时通常采取的是后付制。

3. 健康教育

健康教育也是控制健康保险经营风险的一项重要手段。加强健康教育，可以提高被保险人的健康意识和自我保健能力，同时，通过健康教育还可以培养被保险人良好的生活习惯，减少疾病发生，最终降低保险人给付。此外，开展健康教育还是健康保险机构树立良好形象、提高公司竞争力的重要举措。保险公司和医院应互相配合推动健康教育。保险公司进行健康教育的方式包括编印健康知识手册、建立健康咨询中心、设立健康热线、在网上发布健康信息和开办知识讲座、举办科普展览等。

4. 健康管理

随着我国医疗卫生体制改革的不断深入、社会医疗的普及及商业健康保险的不断发展，以控制疾病风险为主要特征的“健康管理”理念正逐渐引起人们的关注，健康管理在商业健康保险中的运用将对传统的风险控制手段和服务管理模式产生积极的影响。

5. 医保一体化

所谓医保一体化是指保险公司和医院相互合作、相互渗透的一种制度安排，保险公司直接参与医疗服务体系的管理，从而有效地降低医院在医疗费用控制中的道德风险。医保一体化的主要方式：一是保险公司组建或入股组建医院；二是采取协议合作定点医院方式，这种模式是我国保险公司普遍采用的方式；三是建立社区保健医院，为健康管理提供技术服务支撑。

三、健康保险理赔管理技术

（一）理赔成本控制技术

近年来，出于人们对医疗服务的利用有所增加，医疗服务成本不断提高，使整个健康保险的给付成本不断提高，保险公司的风险控制工作面临着前所未有的挑战，投保团体和个人也不得不缴纳更高的保费。上述趋势对健康保险理赔管理的影响表现为索赔数不断增加，索赔额不断提高，造成了保险人在理赔管理中投入的成本不断增加。保险人除了要采取各种风险控制措施减少被保险人对于医疗服务的过度利用和控制医疗费用的成本外，如何提高自己内部管理部门工作的效率和降低整个管理费用支出也是保险公司需要研究的课题，特别是健康保险有索赔数量多、审核处理过程复杂的特点，如何做好健康保险理赔成本的控制也是健康保险经营管理非常重要的一项内容。控制健康保险理赔成本的措施主要有以下几种。

1. 建立定点医院及网络

在传统的健康保险理赔管理中，定点医院和定点医院网络的建设是控制健康保险理赔成本的重要手段。健康保险理赔过程中涉及的医疗服务过程是由医疗机构具体实施的，在国内现有的医疗体制下，保险公司理赔人员要审核这个过程是否“合理正常”，有无“过度”提供的医疗服务，必须加强与医疗机构协作的力度，最常采用的就是定点医院模式，即选择部分管理严格，医疗设备及技术力量强，收费合理且愿与保险公司合作的医院作为健康保险业务的定点医院。通过与定点医院签订协议，保证被保险人到定点医院就诊后，医院为健康保险理赔人员拜访被保险人、了解病情及调查等提供方便。通过设立定点医院，可以大大减少健康保险理赔人员在理赔工作中的困难，降低理赔管理的成本。

同时，通过合理适量地筛选定点医院，加强与定点医院之间的联系及信息交流，对合作良好的定点医院予以各种形式的鼓励及支持。通过经济合同对医疗服务的数量和医疗费用支出情况进行有效控制，引入一定的监督机制，逐步建立起与医院间的利益关系。只有这样才能实现保险公司对医疗服务过程的管理。这对于健康保险经营风险的控制是非常有效的。

2. 建立理赔管理系统

建立一个科学、规范的理赔管理系统，可以有效地控制健康保险的理赔成本。这里的理赔管理系统有两层含义：

1）一系列科学、规范的理赔管理制度。一个科学、规范的理赔管理系统首先是指一整套系统、规范、科学的理赔管理制度。这些制度的建立是整个理赔管理工作取得成功的关键。健康保险理赔过程中各项操作都是围绕着健康保险合同的有关规定进行的。有时为了减少理赔处理过程中的随意性，提高处理的一致性，防止差错发生，保险公司还应制订出专门的管理制度和规则。这些理赔管理制度实际上也是建立信息化的业务管理系统的具体依据。目前国内部分保险公司在健康保险理赔中存在着理赔无章可循、随意性大及人为干预较多等问题，有关健康保险理赔方面的纠纷也是最多的。要解决好上述问题，保险人能够做的就是尽快建立、健全一系列科学、规范的理赔管理制度并在实际工作中严格执行这些管理制度。

2）高效的计算机理赔管理系统。随着管理技术的不断进步．特别是计算机和网络技术的飞速发展，越来越多的保险公司开始建立自己的理赔处理计算机系统。这种系统在处理常规的健康保险案例时有着非常明显的优势，因为借助于计算机系统利用相应的软件，可以支持理赔管理中大量的数据管理和计算工作，同时还可以进行定期的理赔分析。

（二）理赔处理技术

在健康保险理赔管理过程中各种专业技术的应用也是一个非常重要的手段。这些技术主要包括健康保险索赔过程中的医学专业技术和信息技术。

1. 医学专业技术

在健康保险理赔中，医学专业技术的应用是非常重要的。如果不具备一定的医学知识，没有得到医学专业人员的支持，理赔人员就无法深刻理解医疗服务的过程。即使不要求每一个健康保险理赔人员都要具备一定程度的医学知识和医学专业技能，整个理赔管理部门中也必须有这个方向的专业人员或有关的专家。

在某些保险公司中，都有具备一定医学专业知识的专职理赔人员处理大多数常规的健康保险理赔案件，同时聘请一定数量的临床医师来协助处理某些非常规的健康保险赔案。此外，也可以聘请一些医学专家和权威作为公司的咨询顾问，以研究界定复杂病例中医疗行为的必要性和合理性等问题。还有一些保险公司则聘请非专职的医疗专家来定期对部分较复杂或非常规的健康保险赔案进行审核和评估，以实现对理赔过程的监督控制。

2. 信息技术

健康保险的理赔过程被认为是一项非常复杂的工作，因为在理赔处理过程中，既涉及许多规则和制度的引用，如健康保险合同条款的有关规定、各类理赔管理制度和规则等，还涉及大量材料和信息的审核、处理，如被保险人的索赔表格、各种医疗服务过程中的证明材料等。如果在健康保险理赔管理过程中能较好地利用各种信息处理技术，对于降低理赔成本提高理赔效率无疑是非常有帮助的。近年来，随着计算机和网络技术的快速发展，在国外，越来越多的信息技术手段被应用到保险公司的健康保险理赔管理中。

1）计算机图像扫描技术。利用计算机图像扫描技术，能将索赔表格和损失证明等大量的文字材料扫描以后存储在计算机中，这些存储后的信息可以传输、打印和显示在计算机屏幕中，大大方便了理赔人员的工作，使他们能够从繁杂而费时的手工文字处理工作中解脱出来。

2）计算机文字、图像识别技术。虽然利用计算机图像扫描技术可以将理赔过程中涉及的各种文字材料扫描进计算机，但计算机文字、图像识别技术对理赔管理更有帮助，因为它可以将上述材料中的数据信息直接转化成计算机可以识别和管理的数据记录，这就使得文字形式的索赔材料能直接被计算机的健康保险理赔管理系统所调用，节省了信息录入过程中的人力投入，极大地提高了理赔管理工作的效率。

3）电子自动理赔处理系统。在国外的健康保险理赔管理中，许多公司建立了自己的电子自动理赔处理系统，该系统根据理赔处理的规则和相应的索赔信息自动进行理赔处理工作，根本不需要理赔专业人员的干预。对某些比较简单、有标准化数据的索赔，该系统可以自动作出是否应该给付保险金的决定并计算出相应的保险金给付额，还会自动打印账单、赔款通知书和有关的信件并将有关处理结果存储到计算机系统中。

4）专门的理赔分析软件。在健康保险的理赔管理过程中，涉及许多对医疗服务过程中有关资料的审核，许多审核结论需要根据详细的数据分析才能作出。某些专门的理赔分析软件，可以根据各种内、外部的数据信息制订各项医疗服务的合理的、必要的费用标准，同时自动将索赔资料的数据与上述表现进行比对，最后作出进一步处理的建议。还有些专门的分析软件可以识别被保险人对卫生服务的过度使用等。当然上述软件的开发需要理赔管理人员与医学专家及电脑专家的密切协作。

虽然上述各类技术的应用不可能解决健康保险理赔中的所有问题，但对于提高理赔管理的效率和降低成本的确是大有裨益的。对此而言，国内保险公司在健康保险理赔管理技术上与国外同行尚存在一定的差距，特别是在计算机和网络技术的应用方面。国内保险公司应积极引进或借鉴国外保险公司在这方面比较成熟的技术，进一步提高健康保险理赔工作的效率。

思考题

1. 健康保险理赔中涉及哪些证明材料？对上述证明材料的审核应注意哪些事项？
2. 如何对医疗费用进行审核及计算？
3. 简述健康保险理赔的原则。

（王　慧　莫颖宁　刘石柱）

第六章　健康保险理赔服务

内容提要

健康保险理赔是健康保险经营的核心环节，是保险实务中专业性较强的一项工作。不同的保险公司在理赔流程或者理赔原则上有所差异。本章重点从疾病保险、医疗保险、失能保险和长期护理保险的定义、基本特征、发展历程、理赔特点、理赔流程、理赔审核的要点等内容展开论述，总结归纳出健康保险理赔的一般规律。

第一节　疾病保险理赔

一、疾病保险理赔基本概念

（一）疾病保险的定义

1. 疾病保险的定义

疾病保险是指以保险合同约定的疾病的发生为给付保险金条件的健康保险。疾病保险并不考虑被保险人的实际医疗费用支出，而是按照合同约定给付保险金。我国《健康保险管理办法》第二条规定："本办法所称疾病保险，是指发生保险合同约定的疾病时，为被保险人提供保障的保险。"我国比较有代表性的疾病保险是重大疾病保险。

2. 重大疾病保险的定义

重大疾病保险是指被保险人在保险期间因罹患保险合同约定的重大疾病，或达到约定的疾病状态，或实施了约定的医疗手术而获得保险人给付保险金的一种健康保险。

重大疾病保险合同中的疾病具有严重性、复杂性和医疗费用高昂的特性。严重性表现为高致残率和致死率；复杂性体现在病情复杂、并发症多、病程迁延反复需要较高的医疗技术条件；医疗费用高昂指医治疾病需要支付巨大的经济费用。因此重大疾病保险的基本功能为支付医治疾病的较高医疗费用，弥补因疾病导致的个人或家庭经济收入的减少。

（二）重大疾病保险的起源与发展

1. 重大疾病保险的起源

现代意义的重大疾病保险起源于南非，1983 年由马里尤斯·巴纳德（Marius Barnard）医生提出。20 世纪 80 年代的南非缺乏健全的国家医疗卫生保障体系，随着医疗技术的进步，新的医学治疗方法不断出现，医疗费用上涨迅速。人们在患有癌症、脑中风、心肌梗死等疾病时，需要支付高昂的医疗费用。同时，在患有这些重大疾病时，逐步丧失工作能力，导致工作收入减少。因此，马里尤斯·巴纳德医生在医治患者的同时，创立了重大疾病保险，以此帮助人们抵抗重大疾病的风险。

2. 重大疾病保险的发展

重大疾病保险问世时是与人寿保险捆绑在一起的，当时承保的重大疾病有心肌梗死、冠状动脉搭桥术、癌症及中风 4 项，保险金额一般是人寿保险的一定比例，但不可大于人寿保险保额。其采取提前给付的方式，给付限制通常介于 25%～50%。在南非成功推出重大疾病保险之后，各国保险市场纷纷效仿。1986 年，重大疾病保险被引入英国市场，在销售方式、疾病保障范围和保险功能等方面做了创新，使得重大疾病保险成为英国保险市场上销售最好的保险产品。后来重大疾病保险逐渐进入美国、加拿大、新加坡、马来西亚等地，并得到了迅速发展。

1995 年，我国引进重大疾病保险，现已发展为人身保险市场上重要的保障型产品。重大疾病保险在发展过程中的保障范围逐渐扩大，保障功能日趋完善，但该类产品的设计理念一直延续至今。经过 30 年的发展，重大疾病保险不断创新，已不再单一从属于人寿保险市场，进入了社会医疗保险及健康保险领域，并建立了多样化支付方式和多层次赔偿体系。

（三）重大疾病保险理赔的概念

重大疾病保险理赔指被保险人在保险期间内，因患保险合同约定的重大疾病或达到疾病状态，或实施医疗手术后，保险人对其进行保险责任的认定并根据相关法律规定标准或保险合同约定给付重大疾病保险金的过程。

二、重大疾病保险分类

从理赔的角度来讲，重大疾病保险可以按照不同的方式进行分类。

（一）按照保险形态分类

国际上重大疾病保险依据保险形态可分为独立给付型、提前给付型和增额给付型三种。

1. 独立给付型

保险责任只保障重大疾病，不包含人寿保险，当被保险人患合同约定重大疾病时，保险公司给付重大疾病保险金，保险合同终止。若被保险人在合同期间死亡，一般退还其缴纳的所有保费。

2. 提前给付型

保险责任既保障重大疾病也包含传统人寿保险保障，以被保险人是否患有重大疾病作为部分保险金（重大疾病保险金）提前给付的标准，即被保险人经诊断患重大疾病后，先行给付重大疾病保险金，之后死亡了再给付人寿保险金与之前已支付的重大疾病保险金的差额部分。

3. 增额给付型

增额给付型也称附约型，重大疾病保险金是独立的，附加于人寿保险的主保单上，但不可高于主保单的人寿保险金额度，即被保险人可视其需要决定是否附加重大疾病保险于人寿保险主合同。若被保险人因患重大疾病死亡，依照保险合同约定可获得人寿保险金支付，附加的重大疾病保险责任也将终止。不过，这种给付方式通常又以生存期间作为约定条件，即被保险人经诊断患重大疾病后，须经过一段生存期（如 1 个月或 3 个月）后仍存活，才可以获得重大疾病保险金。

总体上，以上三种重大疾病保险的内容相同仅是表现方式不一，其优缺点对比如表 6-1。

表 6-1 三种不同类型重大疾病保险优缺点对比

给付方式	优点	缺点
独立给付型	费率计算较容易	逆选择的风险较人寿保险大；费率较高
提前给付型	保险公司经营风险较小；费率较低；理赔争议较少	精算技术较复杂（需考虑重大疾病患者的死亡率）
增额给付型	保险公司经营风险较小；费率计算容易；可以组合在各种保险产品中	逆选择的风险较人寿保险大；费率较高；争议大；需要考虑患重大疾病后的生存率

（二）按照风险的类型分类

1. 标准风险型

标准风险型的重大疾病保险是指常规意义上至少包括必保的6种重大疾病的保险。这一类重大疾病保险在市场上最为流行，目前各家保险公司主要销售的重大疾病保险产品大多属于此类。综合市场多年的经验和反馈，中国现行《重大疾病保险的疾病定义使用规范》规定成年人阶段的重大疾病保险产品必须保障6种核心疾病，分别是恶性肿瘤、急性心肌梗死、脑中风后遗症、重大器官移植术或造血干细胞移植术、冠状动脉搭桥术和终末期肾病。成年人是此类重大疾病保险市场的主要消费群体，而且成年人重大疾病的发病率，统计数据相对充分和完善。此类型的重大疾病，产品同质性较强，覆盖面大，并且不细致区分被保险人的性别和年龄，因此其保险费率相对较高。

2. 特定风险型

特定风险型重大疾病保险是为特殊人群特定病种而设计的，保障风险相对更为集中，并且有明显针对性的保险。与标准风险型的重大疾病保险不同的是，特定风险型的重大疾病保险实际上是经过更加细致的测算演化而来的专项定制产品，随着重大疾病保险理赔的不断产生，保险公司在控制产品风险和满足市场需求上寻找更优化的出路，特定风险类型的重大疾病保险逐渐盛行，在市场上也占有一定的份额。例如，保险公司专门开发出满足少儿市场需求的少儿重大疾病保险，满足女性市场需求的女性重大疾病保险，满足癌症风险需求的防癌保险等。特定风险型的重大疾病保险特点是费率相对较低，保险责任针对性强。多样化的重大疾病保险给保险公司带来更大的利润空间，也为消费者的个性化需求提供更多的选择，同时对重大疾病保险理赔的专业化程度提出更高的要求。

（三）按给付方式分类

1. 单次给付型

单次给付型重大疾病保险是指当确定重大疾病保险合同赔偿责任后，保险公司一次性全额给付重大疾病保险金后，重大疾病保险合同终止。该类型的重大疾病保险一般和含有身故保险责任的人寿保险搭配销售，在确定重大疾病保险赔偿责任后，若被保险人生存，则向被保险人本人一次性全额给付重大疾病保险金，若被保险人在保险公司做出赔偿决定前身故，则依据保险条款向保单身故受益人给付身故保险金。

2. 多次给付型

此类重大疾病保险通常出现在较为成熟的保险市场，特点是将某种重大疾病或者手术方式，按照费用支出高低、损伤程度大小及预后轻重划分，据此区别疾病的程度是属于轻症、中症，还是重症，进而不同的疾病程度按照保险金的不同比例进行给付。

重大疾病保险的发展经历了从最初局限的几种疾病到不断增设添加至几十种重大疾病，再到细致划分某种重大疾病不同轻重类型的逐渐演化。例如，在癌症重大疾病理赔中，将“原位癌”从保险赔偿责任中剔除，进而转变为按基本保额的百分比小额给付轻症；冠状动脉搭桥术的理赔中，后续增设冠状动脉介入手术作为“轻症”类型按照基本保额的百分比进行小额赔付。如今这种重大疾病保险已被中国大陆保险市场广泛接受。

此外为保障保险合同的持续性，某些险种还特别包含了附加重大疾病豁免保险，在投保人不幸罹患重大疾病后，免除该保险合同剩余未交保费，使保险合同得以继续，投保人不会因为罹患重大疾病收入减少而影响被保险人的保障。

三、重大疾病保险理赔的行业标准

（一）国外重大疾病保险的行业标准

1. 英国

自现代重大疾病保险问世以来，各家保险公司制订的疾病定义存在差异，给消费者比较和选购产品造成不便，也容易产生理赔纠纷。同时，为了保证疾病定义与医学发展紧密衔接，1999 年，英国保险行业协会率先发布了《重大疾病保险最佳操作指引》，主要内容包括：提供重大疾病产品条款的常用格式；主要疾病的标准定义，合理的最低标准，对一般术语及适当的除外责任做统一规定；每 3 年修订一次，可以中期修订。2011 年 2 月，英国保险行业协会颁布最新版《重大疾病保险最佳操作指引》，对完全永久失能、少儿既往症的定义进行了规范，并根据医学的发展，对恶性肿瘤、帕金森综合征和终末期疾病定义进行了修订。英国保险行业协会的疾病定义规范有利于确保重大疾病产品的严谨性，保护消费者利益，维护行业形象，为其他国家提供了示范。

2. 南非

2009 年，南非重大疾病保险标准发展项目小组牵头制定重大疾病定义，该小组由来自相关行业组织的医生、核保人员、理赔人员和精算师等组成。南非重大疾病保险的疾病定义包括 4 大核心疾病：恶性肿瘤、急性心肌梗死、脑中风、冠状动脉搭桥术，每种疾病分为 A、B、C、D 4 种严重程度。保险公司对每种疾病的赔付范围设定在 0～100%。表 6-2 是其中一种可能的支付比例。

表 6-2　保险公司疾病保险可能的支付比例

疾病名称	严重程度 A	严重程度 B	严重程度 C	严重程度 D
恶性肿瘤	100%	75%	50%	25%
急性心肌梗死	100%	100%	100%	100%
脑中风	100%	100%	50%	50%
冠状动脉搭桥术	100%	100%	0	0

资料来源：冯鹏程：《重疾问世 30 年》[N]. 中国保险报，2014 年 1 月 29 日第 5 版

（二）我国重大疾病保险的行业标准

2007 年以前，中国保险市场上重大疾病类产品没有制定统一的标准，各家保险公司开发的产品各不相同，重大疾病的种类有几种、十几种和几十种。消费者对重大疾病的理解也各不相同，在理赔时难免出现纠纷。为规范行业发展，结合我国重大疾病保险发展及现代医学进展情况，并借鉴国际经验，2007 年 4 月，中国保险行业协会联合中国医师协会发布了《重大疾病保险的疾病定义使用规范》。对常见的 25 种疾病的表述进行了统一和规范，并要求 2007 年 8 月 1 日以后销售的重大疾病保险产品必须使用统一重大疾病定义。这是我国针对重大疾病保险建立的第 1 个行业规范。

2020 年 11 月 5 日，中国保险行业协会与中国医师协会正式发布《重大疾病保险的疾病定义使用规范（2020 年修订版）》（以下简称新规范）。这是保险行业协会和医师协会 2007 年制定发布《重大疾病保险的疾病定义使用规范》（以下简称旧规范）后，在中国银保监会指导下，再度合作开展修订工作，形成 2020 年修订版重大疾病保险的疾病定义使用规范。

新规范相对于旧规范的变化，一是首次引入轻度疾病定义，将恶性肿瘤、急性心肌梗死、脑中风后遗症 3 种核心疾病按照严重程度分为重度疾病和轻度疾病两级。将部分过去属于重度疾病，但目前诊疗费用较低、预后良好的疾病明确为轻度疾病，使赔付标准更加科学合理；同时对目前市场较为普遍的轻度疾病制定明确的行业标准，规范市场行为。二是在旧规范疾病范围的基础上，新增

了严重慢性呼吸衰竭、严重克罗恩病、严重溃疡性结肠炎3种重度疾病，将原有25种重大疾病定义完善扩展为28种重度疾病和3种轻度疾病，并适度扩展保障范围。三是扩展疾病定义范围，优化定义内涵。根据最新医学进展，扩展对重大器官移植术、冠状动脉搭桥术、心脏瓣膜手术、主动脉手术等8种疾病的保障范围，完善优化了严重慢性肾衰竭等7种疾病定义。如对“心脏瓣膜手术”，取消了原定义规定的必须“实施了开胸”这一限定条件，代之以“实施了切开心脏”，切实提升了消费者的保障权益。

（三）我国重大疾病保险的疾病定义

疾病保险理赔的核心环节是重大疾病的认定。从世界各国的经验来看，重大疾病保险保障的多种疾病当中，发生率和理赔率较高的疾病集中在3～6种，这些疾病对重大疾病保险的产品价格影响较大。以下是我国新规范中对6种基本重大疾病定义。

1. 恶性肿瘤——重度

恶性肿瘤指恶性细胞不受控制地进行性增长和扩散，浸润和破坏周围正常组织，可以经血管、淋巴管和体腔扩散转移到身体其他部位，病灶经组织病理学检查（涵盖骨髓病理学检查）结果明确诊断，临床诊断属于世界卫生组织《疾病和有关健康问题的国际统计分类》第十一次修订版（ICD-11）的恶性肿瘤类别及《国际疾病分类肿瘤学专辑》第三版（ICD-O/3）的肿瘤形态学编码属于3、6、9（恶性肿瘤）范畴的疾病。

下列疾病不属于“恶性肿瘤——重度”，不在保障范围内：

1）ICD-O/3肿瘤形态学编码属于0（良性肿瘤）、1（动态未定性肿瘤）、2（原位癌和非侵袭性癌）范畴的疾病。

2）TNM分期为I期或更轻分期的甲状腺癌。

3）TNM分期为$T_1N_0M_0$期或更轻分期的前列腺癌。

4）黑色素瘤以外的未发生淋巴结和远处转移的皮肤恶性肿瘤。

5）相当于Binet分期方案A期程度的慢性淋巴细胞白血病。

6）相当于Ann Arbor分期方案I期程度的霍奇金病。

7）未发生淋巴结和远处转移且世界卫生组织分级为G_1级别（核分裂象＜10/50 HPF和Ki-67≤2%）或更轻分级的神经内分泌肿瘤。

2. 较重急性心肌梗死

急性心肌梗死指由于冠状动脉闭塞或梗阻引起部分心肌严重的持久性缺血造成急性心肌坏死。急性心肌梗死的诊断必须依据国际国内诊断标准，符合：①检测到肌酸激酶同工酶（CK-MB）或肌钙蛋白（cTn）升高和（或）降低的动态变化，至少一次达到或超过心肌梗死的临床诊断标准；②同时存在下列之一的证据，包括缺血性胸痛症状、新发生的缺血性心电图改变、新生成的病理性Q波、影像学证据显示有新出现的心肌活性丧失或新出现局部室壁运动异常、冠脉造影证实存在冠状动脉血栓。

较重急性心肌梗死指依照上述标准被明确诊断为急性心肌梗死，并且必须同时满足下列至少一项条件：①心肌损伤标志物肌钙蛋白（cTn）升高，至少一次检测结果达到该检验正常参考值上限的15倍（含）以上；②肌酸激酶同工酶（CK-MB）升高，至少一次检测结果达到该检验正常参考值上限的2倍（含）以上；③出现左心室收缩功能下降，在确诊6周以后，检测左心室射血分数（LVEF）低于50%（不含）；④影像学检查证实存在新发的乳头肌功能失调或断裂引起的中度（含）以上的二尖瓣反流；⑤影像学检查证实存在新出现的室壁瘤；⑥出现室性心动过速、心室颤动或心源性休克。其他非冠状动脉阻塞性疾病所引起的肌钙蛋白（cTn）升高不在保障范围内。

3. 严重脑中风后遗症

严重脑中风后遗症指因脑血管的突发病变引起脑血管出血、栓塞或梗死，须由头颅 CT、MRI 等影像学检查证实，并导致神经系统永久性的功能障碍。神经系统永久性的功能障碍，指疾病确诊 180 天后，仍遗留下列至少一种障碍：①一肢（含）以上肢体肌力 2 级（含）以下；②语言能力完全丧失，或严重咀嚼吞咽功能障碍；③自主生活能力完全丧失，无法独立完成六项基本日常生活活动中的三项或三项以上。

4. 重大器官移植术或造血干细胞移植术

重大器官移植术，指因相应器官功能衰竭，已经实施了肾脏、肝脏、心脏、肺脏或小肠的异体移植手术。

造血干细胞移植术，指因造血功能损害或造血系统恶性肿瘤，已经实施了造血干细胞（包括骨髓造血干细胞、外周血造血干细胞和脐血造血干细胞）的移植手术。

5. 冠状动脉搭桥术（或称冠状动脉旁路移植术）

冠状动脉搭桥术指为治疗严重的冠心病，已经实施了切开心包进行的冠状动脉血管旁路移植的手术。所有未切开心包的冠状动脉介入治疗不在保障范围内。

6. 严重慢性肾衰竭

严重慢性肾衰竭指双肾功能慢性不可逆性衰竭，依据肾脏病预后质量倡议（K/DOQI）制定的指南，分期达到慢性肾脏病 5 期，且经诊断后已经进行了至少 90 天的规律性透析治疗。规律性透析是指每周进行血液透析或每天进行腹膜透析。

四、重大疾病保险的理赔实务

（一）疾病保险理赔的一般流程

疾病保险理赔的一般流程见图 6-1。

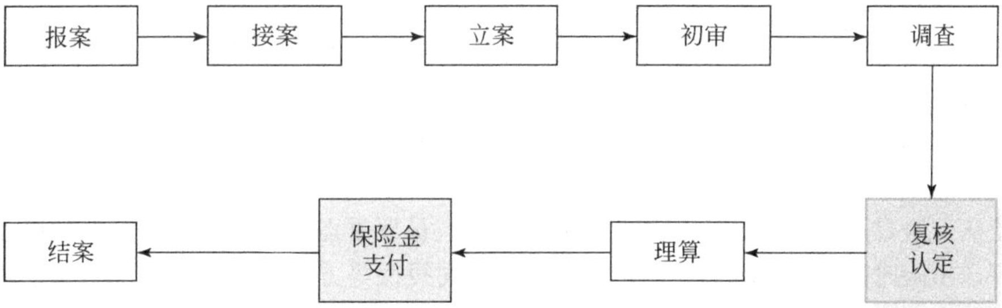

图 6-1　疾病保险理赔的一般流程图

（二）重大疾病保险理赔的申请

1. 重大疾病保险理赔申请人

重大疾病理赔申请人一般为被保险人本人，如果被保险人本人为无民事行为能力或者限制民事行为能力的人，可以由被保险人的法定监护人代替其申请重大疾病保险金。

2. 重大疾病保险理赔申请材料

重大疾病保险申请理赔时，需要提交的材料包括理赔申请书、保险合同、被保险人的身份证明（如监护人申请保险金还需要提交监护人的身份证明）、重大疾病的病理报告、诊断证明、各项检查报告、被保险人（被保险人监护人）的银行卡账号等。

（三）重大疾病保险理赔的审核

1. 审核的理赔材料种类

1）保险人已有信息：投保时提交的材料（如健康告知、业务员告知书、问卷）、保全材料、二次核保的信息等。

2）申请人提交的材料：理赔申请书、保险合同信息、重大疾病诊断证明、各项检查报告等。

3）理赔调查获取信息：理赔调查人员到被保险人诊治医疗机构、居住所在地、单位或者其他相关行政法律部门获取的信息。

2. 重大疾病保险理赔审核的要点

（1）被保险人身份

对被保险人的身份进行审核的目的是审核理赔申请的出险人和保险合同保障的被保险人是否为同一人。审核人员通过审核提交的出险人身份证明、医疗资料信息等材料，核对出险人的身份。必要时候，调查人员需要进行走访、鉴定来进一步确认出险人的身份，确保出险人和被保险人是同一人。

（2）事故发生的具体时间

重大疾病保险合同一般设有等待期，理赔审核时应注意审核事故发生的具体时间是否在等待期内，以及是否在保险保障期限内。按照合同规定，重大疾病保险理赔的内容包括被保险人罹患合同约定的疾病、达到约定的疾病状态或实施了约定的手术。因此，重大疾病保险中保险事故发生的时间点较为复杂。通常情况下，疾病类以各种检查结果确诊时间为准，手术类的以实施手术的日期为准，疾病状态类应以合同条款的约定为准。

（3）事故的性质

根据医疗信息材料，判断被保险人所患的疾病是否属于合同条款规定的重大疾病，在审核时充分考虑保险医学和临床医学的区别，严格遵守条款规定的重大疾病标准进行理赔。

（4）证明材料的真实性

在理赔审核中，应该重点关注重大疾病的证明材料的真实性，审查是否存在材料造假的可能性，谨防被保险人伪造材料牟取保险金的行为。特别是对于提供复印件的材料，应当严格审查。如果怀疑疾病证明材料的真实性，可以要求被保险人重新进行检查。

（5）逆向选择和道德风险

重大疾病保险易产生逆向选择和道德风险，审核人员要重点关注被保险人投保动机，如关注是否主动投保、出险时间、投保金额、是否多家保险公司投保等方面，对于一些短期内无法形成慢性疾病如慢性肾衰竭、终末期肺病等，要进行深度理赔调查，核实是否存在既往史和投保时未如实告知事项。

第二节　医疗保险理赔

一、医疗保险理赔的概念

（一）医疗保险的概念

医疗保险是指保险人对被保险人因疾病或者意外伤害导致的医疗费用支出进行补偿的保险。我国《健康保险管理办法》第二条规定：“本办法所称医疗保险，是指按照保险合同约定为被保险人的医疗、康复等提供保障的保险。”

我国《健康保险管理办法》第五条提出："医疗保险按照保险金的给付性质分为费用补偿型医疗保险和定额给付型医疗保险。费用补偿型医疗保险，是指根据被保险人实际发生的医疗、康复费用支出，按照约定的标准确定保险金数额的医疗保险。定额给付型医疗保险，是指按照约定的数额给付保险金的医疗保险。费用补偿型医疗保险的给付金额不得超过被保险人实际发生的医疗、康复费用金额。"

（二）医疗保险理赔的概念

医疗保险理赔是指被保险人因疾病或意外事故发生医疗费用支出即保险事故后，向保险公司报案并提出索赔申请，保险公司根据医疗保险合同约定及相关法律规定，进行审核认定后决定是否给付保险金及给付金额的行为。

（三）医疗保险理赔的意义

1. 有助于被保险人或者受益人享有保险权益

医疗保险最基本的职能是分散风险，实现经济补偿。因此，被保险人通过与保险人签订保险合同的方式来转移自己所面临的潜在风险。通过签订医疗保险合同，以缴纳一定的保险费为代价，享有一旦发生风险事故造成经济损失时获得经济补偿的权利和利益。而理赔正是医疗保险补偿功能的具体体现，保险人按照合同约定进行赔偿，被保险人或者受益人的保险权益得到实现。

2. 有助于医疗保险社会作用的发挥

商业医疗保险是我国多层次医疗保障体系中的重要部分，作为社会医疗保险的有力补充，客观上起到了降低被保险人（参保人）医疗负担、提高其健康福祉的作用。医疗保险的理赔，使得个人、家庭甚至企业能及时获得经济补偿，尽可能地弥补损失，解决人们在经济上的各种后顾之忧。因此医疗保险的功能和作用是否得到充分发挥，在理赔方面体现得最为明显和突出。

3. 有助于保险公司控制经营风险

首先，保险公司在理赔审查过程中，对可疑的或者存在保险欺诈行为的案件进行深入调查，防止道德风险和逆向选择行为的发生，从而减少不必要的保险金赔付。其次，利用理赔的经验和数据，发现医疗保险经营工作中的薄弱环节，便于保险人进一步掌握保险事故发生的规律，总结和吸取经验教训，提高承保质量，保证保险公司的稳健经营。

4. 有助于提高保险公司的信誉

理赔作为保险合同履行的最后一个环节，也是影响客户对保险服务满意度的重要因素。医疗保险受众面大、影响力强，保险公司在医疗险理赔环节的理赔效率、理赔金额及理赔服务等都会影响客户对保险公司的满意度，从而影响保险公司在整个市场上的信誉。因此，规范医疗保险理赔行为，提高理赔服务质量，提升客户的满意度，对提升保险公司信誉度至关重要。

二、医疗保险理赔的特点

（一）医疗保险理赔的特殊规定

1. 大部分医疗保险理赔具有损失补偿性质

医疗保险与其他人身保险不同，医疗保险属于补偿性质的保险，是对被保险人因疾病或意外伤害需要治疗时支出的医疗费用进行补偿的保险。在理赔时，医疗保险一般是按照被保险人实际发生的医疗费用支出进行核定理算。医疗保险理赔时的费用补偿包含医疗费、手术费、住院费、检查费、药费等合理且必需的支出。医疗保险中一般规定一个最高保险金额，保险人在此限额内支付被保险人在保险期内所发生的费用，超出部分由被保险人自己承担。

2. 规定免赔额

免赔额又称自付额，是指被保险人在保险人给付保险金之前必须自己先承担一部分医疗费用，保险人只对免赔额以上的费用进行分担。在医疗保险理赔过程中，理赔人员必须严格审核有无免赔额规定，如果有该规定，理算时应当先扣除免赔额部分。另外，还要注意确定免赔额的方式是单一赔款免赔额还是年度免赔额，单一赔款免赔额即针对每次赔款前都应扣除免赔额；年度免赔额，即一个保险年度总计扣除的免赔额。不同类型的免赔额对于理赔的金额计算是非常重要的。

3. 规定共保比例

在医疗保险中，免赔额和共保比例条款一般是同时存在的，共保比例条款是指在免赔额以上的医疗费用部分，由保险人和被保险人共同分担，分担的比例称为共保比例。例如，70%的共保比例，即免赔额以上的费用，保险人承担 70%，被保险人承担 30%。保险人与被保险人共同分摊医疗费用，既保障了被保险人的经济利益，促进被保险人对医疗费用的节约，也有利于保险人经营的稳定。

比例共付可以提高被保险人的费用意识，有利于降低最终的保险金支付额，但也会增加被保险人的经济负担。在医疗保险中还有一个常见的条款，称为损失停止条款，即当被保险人的自付总额达到一定程度时，保险人支付医疗费用的 100%。因此，在医疗保险理赔中计算保险金给付额时，要注意共付比例是多少，有无损失停止的规定等。

4. 规定给付限额

给付限额是指在医疗保险合同中规定最高保险金额，不论被保险人在保险期限内一次患病还是多次患病，保险人只对该限额内的医疗费用予以补偿，当实际医疗费用超过规定限额后，超额部分不予补偿，包括单项疾病给付限额、住院费用给付限额、手术费用给付限额、门诊费用给付限额等。保险人通常采用这种方法控制总支出水平。

（二）不同类型医疗保险理赔的特性

目前商业医疗保险主要有费用补偿型和定额给付型。

1. 费用补偿型医疗保险

费用补偿型医疗保险以意外事故或疾病产生医疗费用为给付条件，保险公司根据合同规定，按照被保险人实际所花费诊疗费和医药费的总额进行赔付。商业医疗保险只对承保对象实际产生的医疗费用提供报销，而不同保险公司的医疗保险报销范围不同，部分商业医疗保险的合同规定，若已从社保或其他社会福利机构取得赔偿，保险公司仅给付剩余部分，社保不能报销的（进口药、特效药、特护病房等），此类商业医疗保险同样不能报销，其作用仅在于对社保报销后，对需按比例自付的部分进行赔偿。而部分商业医疗保险则规定，只要是实际发生的合理费用，都可按比例或在一定免赔额后，得到保险公司赔偿。

2. 定额给付型医疗保险

定额给付型医疗保险也称津贴给付型医疗保险，是指保险公司按照合同规定的补贴标准，向被保险人按次、按日或按项目支付保险金的医疗保险。理赔与实际发生的医疗费用无关，属于直接给付性质的医疗保险。无论被保险人得了什么病，在治疗中花了多少钱，赔付标准不变。这部分津贴可以对因住院产生的医疗费用之外的其他损失进行补偿，如因病假所产生的收入损失、交通费用等。该类型的医疗保险一般会规定一个给付的责任期限，如住院津贴中规定 90 天的责任期限，即最多承担 90 天的住院津贴给付。

三、医疗保险理赔实务

（一）医疗保险理赔流程

医疗保险理赔流程分为报案受理、立案、理赔审核、调查、理赔计算、复核、结案等几个环节。特别注意的是，当被保险人出险时，无论其持有几份保险合同，报案人员只对其作一个报案登记。如资料齐全，进行立案处理；理赔人员对每份合同分别进行初次理赔审核，对需要调查的案件提出调查要点并通知调查人员；无需调查的案件，直接将案卷移交理赔人员进行审核。调查人员经过调查，对本次出险事故形成统一的调查报告并移交理赔人员。理赔人员应对每份保险合同分别审核并进行理赔计算，形成理赔计算书，将案卷移交复核人员。最后，复核人员对保险合同的理赔计算书分别复核后移交结案人员。结案人员进行领款人身份确认等结案处理，待领款人领款后，将案卷按结案时间归档，至此理赔流程结束。

（二）医疗保险理赔的申请

1. 医疗保险理赔的申请人

医疗保险理赔的申请人一般为被保险人本人，如果被保险人本人为无民事行为能力或限制行为能力人，可由其法定监护人代为申请。

2. 医疗保险理赔的申请材料

医疗保险理赔的申请材料，即索赔材料的提交需要依据保险合同的保险责任及医疗费用的不同性质进行区分，主要按照以下的类型进行区分。

（1）疾病住院申请材料

疾病住院申请材料包括理赔申请书、保险合同、被保险人身份证明、诊断证明和出院小结、住院费用原始发票及费用明细（津贴类险种不需要）、被保险人（监护人）银行账户。

（2）疾病门诊申请材料

疾病门诊申请材料包括理赔申请书、保险合同、被保险人身份证明、门诊病历、门诊费原始发票和费用清单或处方、被保险人（监护人）银行账户。

（3）意外住院申请材料

意外住院申请材料包括理赔申请书、保险合同、被保险人身份证明、意外事故证明、诊断证明和出院小结、住院费用原始发票及费用明细（津贴类险种不需要）、被保险人（监护人）银行账户。

（4）意外门诊申请材料

意外门诊申请材料包括理赔申请书、保险合同、被保险人身份证明、意外事故证明、门诊病历、门诊费用原始发票和费用清单或处方、被保险人（监护人）银行账户。

（三）医疗保险理赔的审核

医疗保险理赔的审核主要是对理赔材料的审核，对理赔的信息进行搜集，结合医疗保险的保险合同责任进行审核。

1. 理赔主要信息材料

（1）已有信息

在医疗保险的理赔中，理赔人员在被保险人申请理赔前掌握的信息对于理赔至关重要，这些信息主要包括投保人和被保险人投保时的健康告知情况、被保险人的体检报告、各种问卷、保全信息、二次核保信息等。

（2）申请人提供信息

在保险事故发生后，被保险人向保险公司提出索赔申请，被保险人提供的材料信息主要有理赔申请书信息、保险合同信息、病历材料、费用发票和清单等。不同类型的险种责任对提交的材料要求不同，理赔审核人员应当根据不同的险种责任进行审核。

（3）理赔调查信息

如果审核人对理赔相关材料进行审核时发现需要进一步调查，则会通过调查医疗机构、被保险人居住地和单位，调查其他相关行政法律部门等方式获知更多与保险案件相关的信息。

2. 医疗保险理赔审核要点

（1）出险人身份的审核

理赔审核人员可通过审核被保险人身份证明材料、医疗资料信息确认出险人身份，确保出险人和被保险人为同一人，防止冒名骗保的情况发生。在上述材料不能确认的前提下，可以通过实地走访医疗机构，询问医生，进行鉴定等方式确认出险人身份。

（2）事故发生时间的审核

审核人员可以通过审核医疗资料确认事故发生时间，在不能确认的情况下可以通过走访 120 急救医生、主治医生等方式确认事故发生具体时间。对事故发生时间的关注，一方面要关注事故发生时间是否在保险期限内；另一方面要关注保险条款约定的等待期，如被保险人因疾病出险，则需要审核是否在等待期内出险。如果因意外伤害出险，一般没有等待期的规定，但要注意保险责任期限的规定。

（3）事故性质的审核

审核人员可通过审核相关医疗资料信息，结合保险合同的责任免除事项和特别约定事项进行判断是否属于保险责任，同时还需要关注被保险人是否入住保险合同约定的定点医院，以及在医院的支出费用是否合理且必须。

3. 不同类型医疗保险理赔审核

（1）意外费用型险种审核

对于意外伤害导致的医疗费用理赔，在理赔实务处理过程中，审核人员要进行理赔金额理算，理算的过程中要注意：首先要关注医疗险中的免赔额规定，在理算时要注意扣除。其次，要关注险种的保险金额，即最高给付限额，赔付金额总和不能超过保险金额，同时要注意某些险种的保额会随着保单年度增加，审核人员在理算时要注意具体条款规定。最后，理算过程中要注意按照合同约定扣除被保险人自费金额、不合理费用和其他途径报销金额等。

在意外出险的理赔案件中，应当重点关注保险中意外伤害的界定，但在实务中，部分案件会出现意外和疾病共同存在的情况，此时审核人员应根据案件实际情况，运用审核经验来判断意外和疾病所占比例，作出合理的审核结论。

在意外门诊理赔案件中，部分案件可能存在利用意外之名治疗疾病或者冒名顶替治疗等情况，这些案件理赔金额一般较小，不易引起关注，审核人员应针对案件具体情况，结合审核经验做出调查要求。

（2）疾病费用型险种审核

在理赔实务中，对疾病原因产生费用的理赔案件，审核人员应重点关注是否存在“搭车开药”的情况，即被保险人在住院期间开具与本次疾病诊断无关的药品或进行无关的检查，且同时要考虑被保险人疾病情况是否达到入院标准。

在审核过程中，还应关注假发票的问题，例如，被保险人改发票金额或者伪造多张原始发票，通过多家保险公司进行报销，以牟取保险金的行为。

（3）定额给付型险种审核

目前，保险市场上销售较多的定额给付型险种包括住院津贴型险种和手术津贴型险种，但极少数被保险人利用保险公司之间信息不能共享的缺陷，多家投保高额津贴险，在出险后多处骗取保险金。在理赔实务中，审核人员首先要关注被保险人是否存在挂床住院和不合理住院的现象，根据被保险人本次疾病的严重程度初步判断合理的住院天数，同时需要参考住院病历中的病程记录、体温单、护理记录等来判断是否存在挂床住院或者不合理住院的情况。

手术津贴类的险种，审核人员应严格按照手术记录单中手术名称和条款进行匹配，如果无法匹配，则按条款约定进行给付。

第三节 失能保险理赔

一、失能保险理赔基本概念

（一）失能保险的基本概念

失能保险，又称失能收入损失保险，是以保险合同约定的疾病或者意外伤害导致工作能力丧失为给付保险金条件，为被保险人在一定时期内收入减少或中断提供保障的健康保险。

失能保险历史悠久，最早可以追溯到14世纪德国的私营救助基金为失能矿工给予收入补偿。自18世纪以来，在德国和奥地利就有行业基金和救济组织为失能的商人给予收入补偿。在德国，为工厂工人设立的救济基金成为第一个国家计划——工人补偿保险的先驱，这也是世界上第一个社会保障计划。失能保险于1984年由英国国家医疗服务体系提出，1年后爱丁堡世纪保险公司是第一家发售个人失能保单的私营保险公司。在德国，首次失能保险是在19世纪70年代以人寿保单的附加险形式出现的，而在美国，马萨诸塞州意外伤害保险公司于1915年开始为从事任何职业的个人提供失能收入损失保险。随后，失能保险传入欧洲和美洲的其他国家。

在我国，法定失能收入保障计划还不完善，仅有工伤保险为劳动者提供相应保障。商业失能保险还处于初级发展阶段，没有发挥其在经济发展中应有的作用。目前，在国内的保险市场上还未产生纯粹的失能保险险种，其保险内容多融入了人寿保险条款的保障责任中，失能保险较其他险种的发展要缓慢得多。

（二）失能保险理赔的概念

失能保险理赔指被保险人在保险期间内，因患疾病或遭遇意外事故，乃至身体功能衰退而导致不能胜任原有工作或所有工作，最终影响个人一段时间或很长时间内的工作收入的减少，保险人对其收入减少部分根据相关法律规定标准或保险合同约定给予赔偿的过程。

二、失能保险理赔基本特征

（一）失能保险的特点

失能保险与传统养老保险、企业年金、传统意外险及其他健康保险相比较具有一些显著差异。

1. 失能保险与传统养老保险、企业年金的比较

1）失能保险与传统养老保险、企业年金都是对被保险人收入减少的一种补偿，但本质上却完全是两个概念。

2）传统养老保险和企业年金属于一种储蓄或投资行为，是投保人对被保险人未来（主要是退休以后）预期收入可能减少的一种财务安排。

3）失能保险是被保险人在遭遇疾病或意外伤害后，导致当期工作收入实际减少，保险人对被保险人当前工作收入实际减少部分的补偿。失能保险事故的发生是不可预期的。

2. 失能保险与传统意外险的比较

1）失能保险与传统意外险有较多相似之处，保险事故的发生都是不可预测的，赔偿的基本依据都是个体身体功能的丧失。

2）传统意外险是对被保险人身体功能丧失程度进行货币化的衡量，而且支付方式是一次性给付。

3）失能保险根据被保险人身体功能丧失带来劳动能力或工作能力的丧失，进而导致被保险人工作收入减少，对此进行补充，其支付方式是分期支付，通常按月或按周支付。

4）在支付保险金的限额上，传统意外险支付保险金单次及累计以保单约定的保险金额为限；失能保险单次以被保险人失能前的工作收入水平为限，累计至保险约定的失效日期为限。

3. 失能保险与其他健康保险的比较

1）失能保险与疾病保险和医疗保险的差异显著不再叙述，与护理保险有着较大相似和不同之处。

2）护理保险的生效日期一般是65周岁或法定退休年龄，而失能保险的失效日期一般是法定退休年龄或65周岁。

3）失能保险的保险标的是被保险人工作收入减少的部分，护理保险的保险标的是被保险人需要支付的护理服务费用。

4）失能保险和护理保险的保险事故的原因都是被保险人遭受疾病、意外伤害或身体功能衰退，都是导致身体功能障碍；不同之处，护理保险中被保险人丧失了日常生活自理能力，失能保险中被保险人丧失了工作能力或劳动能力。

5）失能保险与护理保险的支付方式基本都是分期支付，但护理保险的保险金给付以实物支付为主，失能保险的保险金只能是现金给付。

（二）失能保险理赔的基本特征

1. 保险责任

失能保险的保险责任是对被保险人在职期间，因疾病、意外伤害或身体功能衰退导致工作能力或劳动能力部分或完全丧失，不能从事原有工作或任何其他工作，使得当前工作收入减少时提供经济补偿，但补偿受免责期、给付期限及失能前工作收入水平等规定限制。

在以上所述发生的费用必须属于保险合同保障范围，对于被保险人因自残，吸毒、酗酒，或从事高度危险活动致残，战争军事行为、恐怖活动致残，犯罪活动致残及艾滋病或个体执业者无证执业期间的收入减少不属于保险责任，不负责赔偿。

我国的工伤保险是目前唯一覆盖面相对较广的一种失能保险，但它的保险责任更为广泛，是一种综合性保险，其中除失能收入损失保障外还包含医疗费用保障、住院津贴保障、交通费用保障等。我国工伤保险中有关失能收入损失保障的责任主要有：①一次性伤残补助金；②1～6级伤残的伤残津贴。我国的工伤保险不能接纳自由执业者和个体工商户，乃至自雇者，在保险责任中不承担非工伤事件导致失能收入减少的赔偿。

我国的商业失能保险产品目前很少，仅有为数不多的保险公司经营团体失能保险，还没有个人的失能保险产品。表6-3列举了国内某保险公司一款团体失能保险的保险责任。

通过以上产品可以看出国内的失能保险产品偏重于完全失能（包括工作能力和劳动能力）的保障，尚缺少部分失能保障产品，从根本上说，还并没有真正地为客户解决后顾之忧。因此我国的失能保险体系还有待更长久的建设。

表 6-3　某保险公司团体失能保险的保险责任

保险产品	团体失能保险条款（2013 版）
保险责任	保险期间内，保险人承担投保人选择的以下完全失能类型，由保险人和投保人在保单上约定。可选择的完全失能类型如下： ①无力从事本职工作：指被保险人完全丧失履行其原有岗位基本职责的能力；②无力从事任何职业：被保险人不能再从事任何职业来获取薪酬、利润或奖励（此项完全失能责任仅限于在保单约定时适用）

2. 给付条件

给付条件的规定是失能保险理赔核心要素，保险公司常常根据以下几个标准来判断被保险人是否符合失能保险理赔给付保险金的条件。

1）职业性定义标准。根据实践经验，被保险人丧失工作能力时对应以下两个标准：①自身职业，指被保险人因疾病或意外伤害而不能完成其自身职业的基本实质性工作；②自身或类似职业，指被保险人因疾病或意外伤害而不能从事其自身职业或与其所受教育、培训和经验相当的职业。被保险人丧失劳动能力时对应的任何职业标准：指被保险人不能从事任何获利性职业，这一定义最为严格，通常适用于技术要求低或体力劳动者。在实践中，保险公司对于丧失工作能力者，一般将“自身职业”和“类似职业”结合使用，在失能的最初的一段时间（2～5 年，通常 3 年）使用自身职业，然后使用类似职业。

2）工作任务定义标准：通常是指被保险人无法完成以下 5 个工作任务中的 2 个时，就能获得赔付：①平面行走 200m；②从桌面上拿起 1kg 的物体，并持物行走 5m；③使用钢笔、铅笔和键盘；④能听到安静房内正常讲话的声音；⑤能读出 16 号的印刷字体。工作任务定义标准非常苛刻，目前仅有限国家（如英国）的少数保险公司使用。

3）功能性失能定义标准：主要通过对被保险人日常工作活动或日常生活活动的功能进行评估测试。日常生活活动能力主要表现为进食、穿衣（鞋）、洗漱、沐浴、如厕、行走六个方面。此定义标准在法国普遍适用。

3. 给付水平的限制

失能保险的保单都规定了每次保险金给付额只能是被保险人失能前工作收入水平的一定比例，不可以高于失能前的工作收入。对于被保险人通过其他劳动获取的报酬，在保险金给付时应该给予扣减。若被保险人的损失可从其他途径（如病假工资、任何形式的政府失能抚恤金等）获得补偿，保险人仅承担被保险人除前述途径获得的收入之外剩余部分的给付责任。

4. 给付时间的限制

1）免责期的规定。免责期是为防范道德风险而设置的，在免责期内，即使被保险人符合保险金领取条件，保险人也不承担保险责任。免责期限通常为 1 年以内，一般为 30 天、2 个月、3 个月、6 个月不等。免责期可以中断，被保险人在短暂恢复后（一般限定在 6 个月内）再度失能，可将两度失能期间合并计算免责期。

2）最高给付期限。最高给付期限是指失能保险支付保险金的最长时间。给付期限可以是短期，也可以是长期。短期给付至被保险人工作能力恢复止；长期给付一般最长至法定退休年龄或至 65 周岁。

5. 既往史的限制

失能保险在承保与理赔中，对被保险人因既往史或在保单生效前已有的任何身体或精神上的伤害、明显症状，并因此接受诊断、医学咨询或治疗或服用处方药。若被保险人在投保后的一段时间内，因该既往史导致失能发生，则保险人不承担由于该既往史导致的保险责任。

三、失能保险理赔的流程

（一）失能保险理赔的一般流程

1. 失能保险理赔的一般流程

失能保险理赔的一般流程见图 6-2。

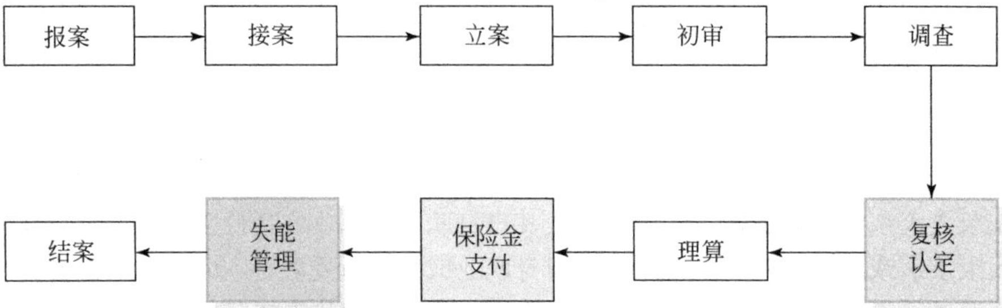

图 6-2　失能保险理赔的一般流程图

2. 失能保险理赔的申请

1）申请人：失能保险理赔的申请人为被保险人本人，若被保险人本人为无民事行为能力或者限制行为能力人可由其法定监护人代为申请。

2）申请材料：申请材料包括理赔申请书、保险合同、被保险人身份证明、伤残鉴定书/失能证明、受益人能提供的与确认保险事故性质和原因等相关的证明或材料、受益人（监护人）银行账户。

3. 失能保险理赔信息收集

理赔信息包括：①已有信息，投保时的健康告知、体检报告书、各种问卷、保全信息、健康保险二次核保信息等；②申请人提供信息，理赔申请书信息、保单信息、病历资料等；③理赔调查信息，调查人通过医疗机构、居住地、单位或其他相关行政法律部门获知的信息。

（二）失能保险理赔的审核要点

失能保险理赔的审核要点包括以下七个方面：

1. 出险人身份

审核人员通过审核身份证明材料、医疗资料信息、失能证明书确认出险人身份；在上述材料不能确认的前提下，也可以通过走访、现场查勘或鉴定等方式确认出险人身份。

2. 事故发生时间

审核人员可通过审核各种事故证明材料，如医疗资料、失能证明书等确认事故发生时间；在上述材料不能确认的前提下，也可以通过走访、现场查勘等方式确认事故发生时间。同时，审核人员还应重点关注造成失能的事故的发生时间到被保险人领取保险金的时间，即条款规定的免责期间。

3. 事故性质

审核人员可通过审核医疗资料、意外事故证明、失能证明等确认事故发生原因，确认保险事故发生原因是否属于条款约定责任免除范围；审核人员应严格根据失能证明材料确认被保险人是否达到条款约定的失能标准。

4. 健康状况

审核人员应重点考虑被保险人既往健康状况和现在的健康状况。被保险人可能因为既往健康原因，为了在健康状况恶化时获得生活保障，而投保失能保险。此外，被保险人也可能因不愿意从事工作而以健康原因为借口来获取保险金。因此，在失能保险理赔时，理赔人员不仅要求对被保险人既往健康状况进行审核，也要对当前的健康状况进行审核。

5. 财务状况

被保险人为了获得高额的保障，常常在投保时续保个人收入，特别是高保额的客户，或在多家公司投保，累计保险金额超过其真实收入的，理赔时一定要重点关注。失能保险的理赔金额是基于被保险人的收入来决定的，应以不超过被保险人投保前的实际收入为基准。

6. 给付期间

失能保险金的给付依据的是被保险人失能的程度和保单的约定，可以是一次性给付，如全残给付，也可以是定期给付。定期给付可以每周给付一次，或每月给付一次，或按条款约定的时间给付。有时，被保险人可能失能很长一段时间，理赔人员应继续对被保险人的失能情况及其胜任某些工作的能力进行了解，如被保险人失能状况好转并恢复了工作，则应停止给付保险金。

7. 保险责任中失能的复核认定

保险责任中失能的复核认定即被保险人提出失能保险的保险金给付申请后，保险人如何认定被保险人的失能是否符合保险责任。一般情况下，保险公司都是委托社会专业第三方来出具专业报告，来认定被保险人是否符合失能的认定条件及给付失能收入损失补偿的比例。

（三）失能管理

保险人支付被保险人失能收入损失保险金后，被保险人的失能康复状况怎样，是否按计划地接受康复治疗，如何给予积极的干预治疗，何时能够恢复何种等级，是否从事其他职业工作等，这些都需要保险人给予积极的管理。

第四节 长期护理保险理赔

一、长期护理保险理赔基本概念

（一）长期护理的基本概念

长期护理一般指个体在遭受疾病、意外伤害或年老等身体衰弱导致身体或精神受损，且日常生活完全或部分不能自理，在较长一段时间内需要接受医疗、日常生活乃至社会活动的帮助。日常生活的帮助主要表现为进食、穿衣（鞋）、洗漱、沐浴、如厕、行走六个方面，社会活动的帮助主要表现为清洗碗筷、清洗衣物、打扫、整理房间、烹调、购物六个方面。

（二）长期护理保险的基本概念

长期护理保险20世纪70年代产生于美国，80～90年代相继在德国、法国、英国、日本等国家出现，产品不断更新、丰富，现已成为受美国民众欢迎的保险产品之一，在欧洲的国家和亚洲的日本更成为社会基本保险制度。

长期护理保险是因为年老、疾病或伤残而需要长期照顾的被保险人提供护理服务费用补偿的健康保险。根据美国健康保险学会给出的定义，长期护理保险是指“为消费者设计的，对其在接受长期护理服务时发生的潜在的巨额护理费用支出提供保障”的保险。这是一种主要负担老年人的专业护理、家庭护理及其他相关服务项目费用支出的新型健康保险产品。

（三）长期护理保险理赔的概念

长期护理保险理赔即指被保险人因疾病、意外伤害或身体衰弱、认知功能障碍或约定慢性病（如老年性痴呆、帕金森综合征）发生时导致身体或精神受损，日常生活无法自理，且必须接受长期护理服务，经保险人审核认定符合保险责任时，保险人给付被保险人保险金的行为。

长期护理保险金的给付方式包括现金给付和实物给付，现金给付为保险人直接给付被保险人自行支付的长期护理费用；实物给付是保险人对被保险人需要长期护理的程度和内容进行评估，而后购买相对应的长期护理服务提供给被保险人。

二、长期护理保险理赔基本特征

（一）长期护理保险的特点

长期护理保险与传统人寿保险、疾病保险、医疗保险、失能保险等健康保险在保险标的、保险期间和保险给付等方面具有显著差异。

1. 保险标的的差异

长期护理保险的保险标的为被保险人因疾病、意外伤害或年老体弱导致日常生活无法自理而需要长期护理的费用。传统人寿保险以被保险人的生命为保险标的。疾病保险以特定的重大疾病为保险标的。医疗保险以发生医疗行为支付的医疗费用为保险标的。失能保险以被保险人因失能导致的收入减少为保险标的。

2. 保险期间的差异

长期护理保险的保险期间一般为终生或截止到保险金支付累计至保险限额止。传统人寿保险的保险期间一般为定期或终生。疾病保险的保险期间一般为约定的重大疾病发生止。医疗保险的保险期间通常为 1 年。失能保险的保险期间一般以法定退休年龄为止。

3. 保险给付的差异

长期护理保险的给付以被保险人的日常生活能力的丧失为条件，经保险人评估后对于符合保险责任的给予现金给付长期护理服务费用或实物提供长期护理服务。传统人寿保险以被保险人死亡或满期生存为条件，按合同约定将保险金给付于受益人。疾病保险以被保险人发生保险合同约定的重大疾病时，将保险金给付于被保险人。医疗保险的给付以被保险人因疾病或意外伤害发生医疗行为为前提，对医疗费用给予补偿性给付。失能保险的保险金给付以被保险人工作能力的完全或部分丧失为前提，对因失能导致工作收入减少给予补偿性给付。

（二）长期护理保险理赔的特征

1. 保险责任

长期护理保险的保险责任是对被保险人在护理院护理、医院护理、社区护理和家庭护理时因接受各种护理服务或发生护理费用时提供经济补偿，但补偿受免责期及给付期限等规定限制。

以上所述发生的费用必须属于保险合同保障范围，对于被保险人因自残、吸毒或酗酒致残、战争军事行为致残、犯罪活动致残及艾滋病等需要长期护理的不属于保险责任，不负责赔偿。

我国的长期护理保险属于商业保险范围，从 2006 年 6 月人保健康全国范围推出的“全无忧长期护理个人健康保险”起，至今开办长期护理保险的机构也很少。相关保险公司也作了一些尝试和努力，先后推出了相应的产品，如“太平盛世附加老年护理费保险”“安安长期护理健康保险”“中意附加老年重大疾病长期护理健康保险”等。但这些长期护理保险的险种基本上都是作为其他人身险的附加险而出现，其运作方式和保险责任与养老性保险大同小异，离真正意义上的长期护理保险还有比较大的差距。

2. 给付条件

给付条件的规定是长期护理保险理赔的重要组成要素，保险公司常常根据以下几个标准来判断被保险人是否符合长期护理保险理赔给付保险金的条件。

1）日常生活自理能力标准。判断被保险人是否丧失日常生活自理能力是长期护理保险理赔给付保险金最基本的方法。日常生活自理能力主要表现在进食、穿衣（鞋）、洗漱、沐浴、如厕、行走六个方面（也有把洗漱与沐浴合并为沐浴，这样共计五个方面）。当被保险人无法自己从事上述一项或多项时，即表现为日常生活的自理能力受到限制，从而产生不同程度和内容的护理需求。如果被保险人受限的日常生活自理能力在短时间内不能恢复或改善，保险人将给付长期护理保险的保险金。

2）认知能力障碍认定标准。许多长期护理保险已将老年痴呆、帕金森综合征等痴呆性疾病导致认知功能障碍纳入保险责任。但这些疾病必须经专业的医疗机构诊断，因这些疾病导致的智力下降和行为障碍必须得到专业的行为能力认定机构的认定。被保险人一旦被确认患有这些痴呆性疾病，并被认定存在认知能力障碍时，即可获得长期护理保险的保险金给付。

3）健康方面的标准认定。被保险人在申请长期护理保险理赔时必须提供以下证明之一或全部。①长期护理的必要性证明。被保险人必须提供入住医院或专业护理院时，由专业医护人员出具需要长期护理的证明。②接受过住院治疗的证明。被保险人必须提供因疾病或意外伤害住院治疗的证明，并因此需要继续接受护理服务。

3. 保险金给付

长期护理保险的保险金给付方式通常分为以下三种类型。

1）费用补偿方式。对被保险人实际购买长期护理服务的费用给予补偿，前提是不超过保险合同约定的限额。这种补偿支付方式与实际发生的长期护理费用挂钩，可防止一定的骗保发生。

2）定额给付方式。这种给付方式与被保险人实际发生或是否发生长期护理服务费用无关，只是按照保险合同的约定支付固定的保险金，如保单规定每天支付 100 元的护理费，直至保险限额。这种给付方式理赔简单，容易诱发保险欺诈。

3）实物支付方式。保险人直接购买长期护理服务提供给被保险人，而不是费用的补偿。这种方式对保险公司的资源整合能力、服务能力、运营管理能力等提出了较高要求。但这种方式是目前长期护理保险理赔给付保险金的主流，可以充分整合、调度社会资源，节约社会总成本，防范保险欺诈等。

4. 实物给付类型

长期护理服务从护理专业化程度来看可分为三种类型：一是专业的护理人员提供的专业化医疗护理服务；二是以提供日常照顾为主的日常看护服务，不需要专业技能，一般由家人或亲属或保姆完成，主要为被保险人提供进食、穿衣、如厕等日常生活自理方面的照顾；三是介于两者之间的社区护理或中级家庭护理，主要针对那些需要一定的医疗护理但不需要全天看护的患者提供的护理服务。

长期护理保险一般都将不同层级机构提供的护理服务纳入保险责任。不同层级的护理机构包括医院、专业的护理院、社区护理机构及家庭护理。专业护理机构提供专业的医疗护理服务及全天候的护理服务；社区护理服务由社区中医疗机构（社区医疗服务中心、服务站等）提供医疗和照顾服务，患者仍然住在家中，只是部分时间接受医疗护理服务；家庭护理服务包括家庭健康护理和家政护理，前者主要提供理疗等家庭康复护理，后者提供日常生活护理。

5. 给付水平的限制

一般长期护理保险的保单都规定了总保险金给付额，常用“最大终生受益额”等术语来描述最高给付金额的限制。除此之外，一般还对每天或每月给付额给予限制，如每天最高给付护理费限额为 500 元，以此管控保险风险。

6. 给付时间的限制

1）免责期的规定。免责期是为防范道德风险而设置的，免责期限通常 1 年以内。在免责期内，即使被保险人符合保险金领取条件，保险人也不承担保险责任。

2）递延支付期。递延支付期在免责期之后，指被保险人即使符合保险金领取条件，保险人也不予支付的期间，通常规定为 10 天、30 天、90 天不等。

3）最高给付期限。一般长期护理保险设置最高给付期限，终生护理的保单很少，因为保费与给付期限成正比。

7. 既往史的限制

长期护理保险在承保与理赔中，对被保险人因既往史导致的生活自理能力丧失而需要长期护理的，不予给付保险金。这样可以防范道德风险。

三、日常生活活动介绍

日常生活活动（ADL）在康复医学中指日常生活活动，反映人们在家庭（或医疗机构内）、社区中最基本的能力，在康复医学中是最基本和最重要的内容，在日常生活活动中受挫，常可损害个体形象，影响患者与他人的联系，也会影响到整个家庭和社会。在日常活动中最大限度的自理，构成了康复工作的重要领域，要改善患者的自理能力，首先必须进行 ADL 的评定。

（一）ADL 的概念、范围及评定目的

ADL 是指人们在每日生活中，为了照料自己的衣食住行，保持个人卫生整洁和进行独立的社区活动所必须进行的一系列基本活动，是人们为了维持生存及适应环境而每天必须反复进行的、最基本的、最有共性的活动。ADL 的评定对确定患者能否独立及独立的程度、判断预后、制订和修订治疗计划、评定治疗结果、安排返家或就业都十分重要。

（二）ADL 的评定方法

自 ADL 提出以来，已经出现了大量的评定方法。常用的标准化躯体的日常生活活动能力（PADL）评定方法有 Barthel 指数、Katz 指数、PULSES、修订的 Kenny 自理评定等。常用的工具性日常生活活动能力（IADL）评定有功能活动问卷（FAQ）、快速残疾评定量表（RDRS）等。不同评定方法有其不同的适应证及评估价值，但研究也证实不同评定方法间具有一定程度的相关性或一致性。

Barthel 指数是由美国人 Dorother Barthel 和 Floorence Mahney 在 1956 年设计并制定的，是美国康复治疗机构常用的一种 ADL 评定方法，我国自 20 世纪 80 年代后期在评定 ADL 能力时，也普遍采用这种方法。Barthel 指数评定简单、可信度高、灵敏度高、使用广泛，共有 10 个评定项目，是国际康复医疗机构常用方法。评分结果最高分为 100 分，60 分以上者评级为“良”——生活基本自理；40～60 分者评级为“中度残疾”——有功能障碍，生活需要帮助；20～40 分者评级为“重度残疾”——生活依赖明显；20 分以下者评级为“完全残疾”——生活完全依赖。Barthel 指数 40 分以上者康复治疗效益最大。Barthel 指数评定内容见表 6-4。

表 6-4 Barthel 指数评定内容及记分法

项目	完全独立	需部分帮助	需极大帮助	完全依赖
1. 进食	10	5	0	—
2. 洗澡	5	0	—	—
3. 修饰	5	0	—	—

续表

项目	完全独立	需部分帮助	需极大帮助	完全依赖
4. 穿衣	10	5	0	—
5. 控制大便	10	5	0	—
6. 控制小便	10	5	0	—
7. 如厕	10	5	0	—
8. 床椅转移	15	10	5	0
9. 平地行走	15	10	5	0
10. 上下楼梯	10	5	0	—

四、长期护理保险理赔的流程

（一）长期护理保险理赔的一般流程

长期护理保险理赔的一般流程见图 6-3。

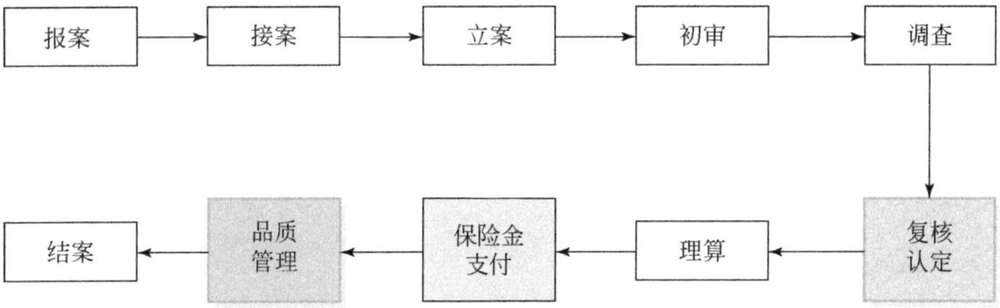

图 6-3　长期护理保险理赔的一般流程图

（二）长期护理保险理赔的申请与审核

1. 长期护理保险理赔的申请

1）申请人：长期护理保险理赔的申请人为被保险人本人，若被保险人本人为无民事行为能力或者限制行为能力人可由其法定监护人代为申请。

2）申请材料：包括理赔申请书、保险合同、被保险人身份证明、伤残鉴定书/失能证明、受益人能提供的与确认保险事故性质和原因等相关的证明或材料、受益人（监护人）银行账户。

2. 理赔信息收集

已有信息：投保时的健康告知、体检报告、各种问卷、保全信息、保险二次核保信息等。申请人提供信息：理赔申请书信息、保单信息、病历材料等。理赔调查信息：调查人通过医疗机构、居住地、单位或其他相关行政法律部门获知的信息。

3. 审核要点

1）出险人身份。审核人员可通过审核身份证明材料、医疗资料信息、鉴定诊断文件确认出险人身份；在上述材料不能确认的前提下，也可以通过走访、现场查勘或鉴定等方式确认出险人身份。

2）事故发生时间。审核人员可通过审核各种事故证明材料，如医疗资料、鉴定诊断文件等确认事故发生时间；在上述材料不能确认的前提下，也可以通过走访、现场查勘等方式确认事故发生时间。

3）事故性质。审核人员可通过审核医疗资料、意外事故证明、鉴定诊断文件等确认事故发生原因，确认保险事故发生原因是否属于条款约定责任免除范围；审核人员应严格根据鉴定诊断文件确认被保险人是否达到条款约定的长期护理标准。

4）健康状况。审核人员应重点关注被保险人既往健康状况和现在健康状况。被保险人存在为了获取长期护理保险金，投保时故意隐瞒既往身体健康状况、在审核时要排除被保险人不如实告知事项。

5）给付期间。长期护理保险的保险金给付期限有 1 年、数年和终身等几种不同的选择，同时也规定有 20 天、30 天、60 天、90 天、100 天等多种免责期，所以审核人员在审核时要关注免责期间和给付条件，避免下达错误的审核结论。

思考题

1. 疾病保险的分类及理赔特征是什么？
2. 医疗保险理赔的特点及流程是什么？
3. 如何理解医疗保险理赔中保险公司扣除非医保用药和医疗行为的费用？
4. 分别阐述失能保险理赔和长期护理保险理赔的基本特征是什么？
5. 我国目前在健康保险理赔实务中存在的共性问题是什么？

（许丹妮　王　慧　高长青）

第七章　健康保险欺诈及其防范

内容提要

保险业从早期的海上保险发展到如今门类众多的保险产品，所承保的风险范围越来越大。与此同步的是，保险欺诈的案件层出不穷，欺诈手段日趋隐蔽和狡诈，成为当今世界各国保险业发展的最大威胁。目前中国的健康保险市场处于快速发展阶段，但健康保险欺诈问题也日益突显，近年来呈逐年上升趋势，扰乱了保险市场秩序，反保险欺诈形势严峻。本章重点介绍健康保险欺诈的表现形式，以便准确地识别健康保险欺诈行为，并讨论防范对策，减少健康保险欺诈行为的发生，促进保险业的健康发展。

第一节　健康保险欺诈概述

一、保险欺诈及健康保险欺诈定义

保险欺诈有狭义和广义之分。

狭义的保险欺诈通常是指投保方（投保人、被保险人或受益人）以骗取保险金为目的，以虚构保险标的、故意制造保险事故、编造保险事故发生原因、夸大损失程度、未发生保险事故谎称发生保险事故等手段，导致保险人陷于错误认识而向其支付保险金的行为。我国《中华人民共和国刑法》第一百九十八条对投保方的欺诈行为界定为保险诈骗罪，是一种犯罪行为。

广义的保险欺诈，既包括投保方对保险人的欺诈，也包括保险人对投保方的欺诈（如在缺乏必要偿付能力或未经批准擅自经营业务，利用拟订保险条款和保险费率的机会，夸大保险责任范围，诱导、欺骗投保人和被保险人）。在现代保险营销中，保险中介方（包括保险代理人、保险经纪人、保险中介机构及与保险合同有利益关系的第三方）亦可能存在对投保方和保险人的两面欺诈。2018 年 2 月 11 日，中国保监会于印发的《反保险欺诈指引》中指出，“保险欺诈（以下简称欺诈）是指假借保险名义或利用保险合同谋取非法利益的行为，主要包括保险金诈骗类欺诈行为、非法经营保险业务类欺诈行为和保险合同诈骗类欺诈行为等。除特别说明，本指引所称欺诈仅指保险金诈骗类欺诈行为，主要包括故意虚构保险标的，骗取保险金；编造未曾发生的保险事故、编造虚假的事故原因或者夸大损失程度，骗取保险金；故意造成保险事故，骗取保险金的行为等”。我国新《保险法》第二十七条、第一百一十六条、第一百三十一条对广义的保险欺诈行为均作出了界定，并在第 7 章作出了相关法律责任的规定。

无论实施保险欺诈的主体来自哪方，其结果都会对被保险方和保险人造成不必要的经济损失和承担不应有的风险。因此本教材从广义的保险欺诈范围对健康保险欺诈进行论述。所谓健康保险欺诈，是指投保方有意或蓄意地实行或试图实行欺诈方案，或者保险方通过虚假的或者欺骗行为、陈述或承诺，来获得由健康保险计划所保管和控制的金钱。保险中介方对投保方和保险人的两面欺诈亦在本章节讨论范围之内。

二、健康保险欺诈的危害

在欺诈活动中，保险欺诈的黑色系数非常之高，即在客观存在的保险欺诈事故中，没有被揭露、被查处的比例（简称欺诈黑数）十分高。保险欺诈的隐蔽性及由此带来的过高的欺诈黑数，使反保险欺诈的研究人员难以对它们作出精确的量的分析，只能从已发现的欺诈案件基础上予以推断。

据估计，目前全球保险欺诈金额约占赔付总额的15%，其中健康保险由于疾病的多样性、医疗手段的差异性、医疗服务的专业性等特点，健康保险欺诈问题较为严重。据美国健康险反欺诈协会（NHCAA）估算，美国因健康保障欺诈而损失的金额占3%～5%的比例。2014年美国医疗保险和医疗补助服务中心（CMS）对支付给医生的医保数据估计，滥用、欺诈医保的资金约占美国2.8万亿全年医保总支出的1/3。我国保险业专家估计，中国保险市场上，保险赔付金额中约有20%涉及保险欺诈，其中车险、健康保险等欺诈高发险种的赔付金额中可能有30%左右涉嫌欺诈。可见，健康保险欺诈带来的危害巨大。目前，对付健康保险业务中的欺诈行为已成为世界保险人面临的共同问题。涉案金额巨大的保险欺诈不仅直接影响了保险公司的赔付能力和经济效益，还对保险运行机制产生严重影响，并产生了其他的社会危害。

（一）保险欺诈带来的经济问题和法律问题

保险欺诈的存在使得保险公司支付了过多不应支付的赔款，同时为调查保险欺诈案件需要投入大量的人力、物力和财力，都将增加保险公司的经营成本，影响保险公司的偿付能力和盈利水平。同时，由于保险机制可能带来的巨大经济利益，而产生保险欺诈并诱发各种犯罪行为。因此保险欺诈既是经济问题，同时也是法律问题，对保险欺诈风险进行有效识别、防范，将能产生良好的经济效益和社会效益。

（二）加重投保人保费负担

保险欺诈的存在，不仅仅损害到保险人的承保利润，也使得投保方面临更重的保费负担。假设保险公司长期将“通过欺诈手段获取保险利益”当作一种不可避免的风险因素来接收，为弥补保险欺诈导致的损失，那么在厘定保险费率时就会迫不得已地把保险欺诈的因素考虑进去，使费率上升，增加的保费最终还是由投保人来共担，导致诚实的保户必须为获得保险保障而支付额外的保险费。不论是拥有雇主出资的健康保险还是个人购买的健康保险，健康保险欺诈最终都会损害诚实公众的利益。对于雇主承担雇员的健康保险计划，欺诈增加了雇主为雇员提供健康保险福利的成本，实际上增加了雇主业务活动的总成本；对于个人购买的健康保险计划，由于欺诈导致的健康保险成本的提高，使得健康保单的获取更加昂贵。据估计，在某些国家的保险市场，诚实的保户必须为一些保险险种额外支付10%～20%的保险费。近些年，美国的人寿保险公司一般将保费在原有基础上上调10%，以此来弥补保险人被欺诈的损失。

（三）影响健康保险市场发展

由于保险合同具有射幸性，保险公司必须依据概率论和大数定律制定保险费率，但保险欺诈的发生模糊了保险事件的真实概率，使得保险费率难以确定，费率过高影响拓展市场，费率过低则影响偿付能力，因此保险公司对于开展健康保险业务态度谨慎，尤其对于健康保险业规模尚不发达的国家，其健康保险市场的拓展必将受到一定的抑制，不利于健康保险市场发展。

（四）损害健康保险社会功能

健康保险事业在国民经济中的地位越来越重要，对被保人在患疾病发生医疗费用、因疾病所致残疾或死亡等情况下给付保险金，不仅是一项经济补偿制度，而且是社会保障系统中重要的一环，健康保险发挥着重要的社会稳定器功能。在已实施国家税收模式和社会医疗保险模式的国家中，商业健康保险起到的是重要的补充作用。在以实施商业性健康保险模式为主的国家中，商业健康保险发挥的是主要作用。在我国，商业健康保险和社会医疗保险同为社会保障体系的重要组成部分，为全社会成员提供健康保障。据中国银保监会统计，2009～2019 年全国商业健康保险赔付金额从 217 亿元增加至 2351 亿元，商业健康保险保费占卫生总费用的比重从 3.3%提高至 9.4%，商业健康保险赔付支出占个人卫生支出的比重从 3.3%提高至 10.3%，可见健康保险事业对维护社会稳定的意义越来越重大。然而由于存在保险欺诈的事实，保险公司在承保中往往对特定投保群体进行限制和提高保费，这样一方面抑制了健康保险的需求；另一方面使普通消费者获得健康保险变得困难。假设有一天，保险欺诈作为一种正常的现象存在，且具备相当大的规模，保险公司和其保户之间赖以维系的最大诚信原则将彻底崩溃，保险机制将不复存在，健康保险这一社会稳定器的功能将消失。正如现代欧洲犯罪学研究者——德国法兰克福大学的佛立德利希·凯尔兹教授在 20 世纪 80 年代初期曾经指出的那样："恶用保险制度的犯罪，最终将危害善良的保险大众，损及保险制度的社会功能。"

（五）保险人的欺诈影响保险行业的社会形象

保险人在健康保险营销过程中进行理性选择时，由于圈钱所带来的利益诱惑，有时会利用保险人和投保人之间存在的保险知识的严重信息不对称，作出欺骗投保人的行为，如通过给予足够大的利益激励鼓动保险从业人员进行虚假营销、夸大保险功能、隐瞒保险合同有关的重要信息等，甚至利用自身对保险法律知识的控制及投保人的无知，设置法律陷阱。保险人的欺诈侵犯了消费者合法权益，一旦欺骗性质的营销被曝光，往往对保险行业的声誉带来很大的负面影响，有损保险行业的社会形象，降低公众对保险行业的信任度。

三、健康保险欺诈的成因

保险欺诈的起源，可以追溯到保险业的开创时期。形成保险欺诈的原因多种多样，不仅有社会的、经济的、人性的因素，同时也包括保险公司内部的经营管理、社会法律环境等因素。

（一）各保险利益体的"寻租"动机

从经济学的视角来看，保险欺诈是市场经济体制下产生的一种"寻租"现象。产生于 20 世纪 70 年代的寻租理论，其要素包括寻租活动造成社会的浪费，利益集团渴望建立"租金"。保险业在发展过程中出现的寻租现象主要有：

1. 保险公司寻租

保险公司通过行政干预等措施，强迫或诱导被保险人参加属于自愿保险形式的保险。

2. 保险公司和行业部门合谋寻租

保险公司与某些具有行业优势的部门变相出售保单。

3. 行业部门寻租

行业部门未经保险监督管理部门批准，乱办保险。

4. 投保人寻租

最常见的就是骗取保险金。对于投保人、被保险人或受益人而言，保险活动存在这样一种可能性，即以较少的投入（保险费）获得奇高的回报。由于保险合同具有典型的射幸性，保险合同订立后，如果没有发生保险事故，投保人的保险费归保险公司所有；如果发生了保险事故，投保人将获得数十倍甚至上百倍于保险费的赔偿金额。正是保险活动的这一内在机制对企图以小博大的诈骗者会产生巨大的诱惑力。

5. 被保险人和保险从业人员合谋寻租

保险从业人员利用职务之便和体制上的漏洞，与被保险人一起"吃保险"。欧洲保险人联合会在1994～1995年对其25个成员国所进行的一项调查表明，几乎所有的保险公司都出现了保险公司从业人员卷入保险欺诈的事件。

6. 医疗服务供方“寻租”

医疗服务提供者利用其医学专业的优势，通过健康保险欺诈获得更多的医疗付费，为医院和医生谋得更多经济收益。

（二）保险公司内部的风险控制存在漏洞

1. 欺诈防范重视不够

保险行业之间的竞争较为激烈，一些保险公司依然存在重业务范围、重发展速度、轻风险防范的认识，保费增长成了衡量保险业务人员业绩优劣的一项主要指标，保险公司对于防范保险欺诈的成本投入存在明显不足，这给保险欺诈创造了有利条件。

2. 存在内部风险管理薄弱环节

例如，在承保环节，对合同条款的审核不够细致严密，对被保险人的健康风险也未作恰当评估；在保险事故的发生和理赔环节，保险理赔调查人员对现场的查勘不够及时，欺诈者有足够的时间破坏与伪造现场并毁灭证据；在监控环节，监控措施不够全面与系统，导致欺诈行为难以被及时发现。

3. 理赔人员反欺诈能力有限

健康保险的理赔需要理赔人员具有一定的医学知识，否则很难发现健康保险案件中的欺诈问题，尤其在我国，专业的健康保险理赔人员明显不足，理赔中往往难以认定事故的性质与真假。

（三）法律约束不足

尽管各国对保险欺诈都有相关的法律规定，但是严格程度不同。在美国，有专门的保险欺诈法，同时成立专门的保险反欺诈机构。英国保险协会（ABI）定期会发布关于保险欺诈的现状报告。法律和相关的反欺诈机构是防范保险欺诈中最重要的制度保障。中国现阶段关于保险欺诈的法律主要包括《保险法》和《刑法》，但当中的部分问题不够明确：一是在罪名及立案方面，保险诈骗犯罪行为作为结果犯罪，只有当诈骗者实施了诈骗行为，且保险人完成赔付，罪名才能成立，才达到立案标准。二是在处罚措施方面，对诈骗未遂者，如对一些更为普遍的夸大索赔金额等但尚不构成犯罪的保险欺诈，《刑法》第198条中未作具体规定。《保险法》也仅仅是规定解除保险合同，没有惩罚性违约责任的处罚措施。故在我国一些诈骗保险金行为被识破后，一般也只是对“诈骗未遂者”进行批评和教育，发生在各省的保险欺诈案屡见不鲜，但欺诈者以保险欺诈罪入狱服刑的比较罕见。

此外对于保险公司而言，很多单个的健康保险欺诈行为的涉案金额都不大，基于反欺诈成本和社会影响的考虑，保险公司往往简单地对已发现的欺诈行为以拒赔结案，而不是积极诉诸法律，对诈骗者进行严惩，这无形中增加了欺诈者的道德风险。

（四）保险公司信息来源孤立，反欺诈手段有限

有些保险诈骗是很容易识破的，如同一保险标的重复投保。遗憾的是，多数保险人都视为相互竞争的对手，无法实现信息共享。信息来源不足、取证困难是困扰保险公司的难题，因此容易让不诚实的保户有机可乘。2019年成都市就曾发生投保人向9家保险公司重复投保高额重大疾病保险后向保险公司重复索赔的欺诈案件。

（五）计算机等信息技术为日益增长的保险欺诈犯罪提供了便利

在这点上，西方发达国家的情况比中国要严重得多。长期以来，各国保险合同的形式主要是口头和书面两种（即不要式合同和要式合同），但近些年来，随着计算机、通信技术的迅速发展，特

别是国际互联网、电子数据交换（EDI）和电子邮件的迅猛发展，部分西方国家的保险公司已有相当数量的保单采用电子形式。由于现代电子网络可以帮助管理者完成包括支付在内的多方面的工作，保险公司在批准索赔和支付赔款中有时也使用计算机，但是电子保密技术和电子签名技术还相对滞后，加之电子法律理论尚未完善，这就使得保险欺诈者可以更隐蔽、更有效地达到目的。如英国已经出现此类欺诈案例，欺诈者通过电脑伪造各种假的索赔文件，通常只需填好一张索赔表格，某些保险公司没有经验的业务员就会根据表格支付保险赔偿金。

第二节　健康保险欺诈的表现形式

针对保险人的健康保险欺诈，如果以欺诈者是否单独行动来划分，可有两大类型。第一类是欺诈者单独进行欺诈，即欺诈者（多为投保人或者被保险人本人）不与医院或保险第三方“合伙”，独立实施欺诈行动；第二类是合谋欺诈，投保方与医生、保险代理人、保险经纪人等串通蒙骗保险公司，由于有医院的参与，健康保险欺诈的识破更加困难。

广义的健康保险欺诈主体涉及多方关系人，欺诈手段众多，实施欺诈者可能是投保方，包括投保人、被保险人、受益人，也可能是医疗服务提供者（医院、医生），还可能来自保险公司、保险公司雇员、保险中介人等。根据健康保险欺诈实施主体的不同，可有不同的欺诈表现形式。

一、投保方的欺诈形式

投保方的欺诈包括投保人、被保险人或受益人欺诈，投保方欺诈可能是个人欺诈，也可能是合谋欺诈，甚至是有欺诈经验的团体欺诈。一般来说，投保方欺诈包含投保欺诈、索赔欺诈、权限欺诈。

（一）投保欺诈

投保欺诈是指保险消费者作为被保险人违反最大诚信原则，在投保时为了不被保险公司拒保或者能获得较低费率的承保，以及避免保险人通过增加除外责任和限制条件来承保，而故意对重要事实进行隐瞒或欺骗。不同于索赔欺诈，投保欺诈有时是为了获取健康保险的覆盖范围，而非直接获利。

1. 投保人故意隐瞒既往史

保险合同是典型的信息不对称合同，为了保障保险交易的公平性，要求保险合同的双方遵循最大诚信原则。但在现实经济生活中，投保方违反诚信原则的情况并不鲜见。作为被保险人的健康保险消费者在投保时为了达到成功投保目的，而故意对重要事实进行隐瞒或提供不实告知欺骗保险公司，并且如果保险公司要求被保险人体检，欺诈者往往采用找人代替体检的手法来骗取保险资格。

案例 1：2015 年 5 月 11 日，李某作为投保人和被保险人与人寿保险某支公司签订“人保人寿保险无忧一生重大疾病”保险合同。保险期间为终身，缴费期间 20 年，年缴保险费 8240 元，基本保险金额 200 000 元。双方在保险合同中约定：人寿保险公司对合同内容有说明的义务，李某对相关情况有如实告知的义务。保险合同签订时，李某在人身保险投保单“健康告知事项”中否认自身患有疾病，其中包括“肌营养不良”。李某签字确认投保单中所有内容填写真实、准确、完整。5 月 12 日，李某首次交纳保险费 8240 元。5 月 13 日，人寿保险某支公司签发保险合同单。2015～2018 年度，李某向人寿保险某支公司交纳保险费共计 32 960 元。2017 年 12 月 12～23 日，李某在牡丹江医学院附属红旗医院住院治疗，临床诊断为进行性肌营养不良（可能性大）。2018 年 1 月 22 日至 2 月 9 日，李某在牡丹江医学院附属红旗医院住院治疗，临床诊断为进行性肌营养不良（肢带型）。2018 年 7 月 16 日，李某向人寿保险某支公司递交人身保险理赔申请。2018 年 7 月 19 日，人寿保险某支公司以保险合同存在欺诈为由拒绝理赔，解除与李某的保险合同，并退还保险费 32 960 元。李某遂向法院上诉，请求判令人寿保险某支公司履行保险合同，赔付保险金 200 000 元。根据保险公司提供的线索，法院进行调查取证后发现，李某早在2014年7月9日就被海林市人民医院诊断为肌营养不良，四肢功能中度障碍，评定为肢体残疾三级，并因此取得了残疾人证。最终法院判决驳回李某的诉讼请求。

（案例来源：（2019）黑10民终144号，黑龙江省牡丹江市中级人民法院民事判决书）

本案提示：保险人应当加强管控，要求营销人员在签订合同时及时提醒消费者隐瞒既往史的不利后果，避免日后的理赔纠纷。

2. 先出险后投保

骗赔者以往不曾投保，一旦出险，则很快到保险公司投保，采取弄虚作假和谎报出险时间的手段骗取保险金。一般在意外伤害医疗保险中多见，因为此险种投保手续简单，缴费低，保障金额高，又不需要健康体检，故比较容易骗赔得逞。

案例2：某单位于2016年5月16日向南昌某保险公司为全体员工购买了意外伤害保险，10月份提交了一份理赔材料到保险公司，材料显示其员工袁某于5月17日14时左右因工作时意外受伤造成骨折在某军队医院住院治疗，发生医疗费用，要求索赔。理赔人员接案后，凭借多年的查案经验，觉得此案有些蹊跷，首先，报案时间距出险时间相差较远，且出险时间与保单生效日为同一天。查勘人员故对该案展开调查。查勘人员先到被保险人家中，会见袁某本人核实身份，并了解出险情况。接着去该单位了解到袁某的出险情况属实，确因意外受伤住院治疗，但具体时间不详。之后，查勘人员进行最关键的调查环节——病历查询，排查袁某住院的军队医院及工作地周边医院。在该军队医院，查勘人员调取到被保险人2016年5月17日因摔伤造成髌骨骨折住院病历一份，病历显示袁某于5月17日14时左右受伤后先急诊后住院于该医院，就诊、费用属实。随后理赔人员走访了该单位周边医院，并包括诊所、卫生院等医疗机构，最后在离该单位约3.5km远的一家保险公司的非定点医院内找到袁某的就诊信息，病历显示袁某于5月15日意外受伤，造成髌骨骨折入院，后于5月17日要求出院。这份病历足以证明袁某为典型的先出险后投保案件。最后保险公司以袁某投保前已发生意外事故拒赔。

本案提示：作为保险人，对于这种出险与投保时间十分接近或报案时间距出险时间相差较远的索赔要特别注意，查明有关时间是否真实，以防欺诈发生。

3. 先确诊后投保

先确诊后投保即被保险人已患有某种疾病先到甲医院就诊确诊并需要住院或手术治疗的疾病，然后再购买住院医疗等保险，等过了免责期后再到乙医院住院手术治疗。欺诈者隐瞒的疾病多是可择期手术的慢性常见疾病如慢性胆囊炎、胆囊结石、子宫肌瘤、乳房良性肿块、良性肿瘤和疝气，或重大疾病如癌症等。这是健康保险骗赔中最常见、最普遍、也是容易暴露的欺诈形式。

案例3：高某，男，职业：医生。2016年初，高某凭借多年从医经验，感觉自己甲状腺出了问题，于是利用工作之便，通过所在医院私自拍片，发现可能是患有甲状腺乳头状癌。随即，高某与妻子商议，决定故意隐瞒患病事实，购买巨额重大疾病险，骗取保险金。因妻子为保险公司业务经理，熟悉保险业务，便提醒高某以假名到医院就诊，逃避保险公司调查。随后，高某以“高某某”化名到甲状腺专科医院就诊确认。2016年5月、9月，高某先后在13家保险公司购买了总保额790万元的重大疾病保险。2017年2月，在保单观察期到期后，高某随即进行了甲状腺乳头状癌切除术，并向13家保险公司申请理赔790万元。多家保险公司在接到理赔申请后，高度怀疑此案为带病投保，遂向当地公安机关报案。在当地保险协会支持下，公安机关经侦部门进行专案调查。

本案侦查取证最为关键的一点在于“病”。高某在自己工作的医院内虽经过检查，不过为躲避保险公司的先期调查，未留下任何相关病情信息。只要找出高某投保前已经就医确诊的确凿证据，整个案件的证据链就能够最终充实完善。根据高某在2016年5～9月购买保险的情况，民警逐一排查2016年9月前甲状腺就诊人员，大海捞针，甄别了3万余条就诊信息，只为从海量就医信息中识别出高某隐藏的虚拟身份。通过层层筛选，排除了身份明确、性别与年龄段不符、活动时空冲突等考虑在内的各种因素，经过一个星期的努力，一份化名“高某某”的患者就诊记录浮出水面。高某那份向保险公司申请理赔、作为出险依据的手术前 B 超和“高某某”的 B 超一起放在了一张台面上。经侦支队邀请甲状腺疾病医学领域的专家对这两份材料进行严格比对，确认两份报告中的患者为同一人。至此，这份能够证明高某在投保时故意隐瞒欺骗的客观证据，终于为案件定性落锤。（案例来源：某地一男子以生病为由买下 13 张保单骗保 790 万元，现代快报，2017 年 9 月 6 日）

本案提示：作为保险人，对于重大疾病保险的索赔应当审慎，善于发现其中的可疑之处，比如本案当中被保险人刚过观察期就患病、异地就医等环节都需要找到合理的原因作出解释。然而此类欺诈虽然容易发现疑点，但事实上对这类欺诈的取证是比较困难的，需要理赔调查人员善于观察，并具有侦查的能力。

4. 失能保险中的投保欺诈

失能保险与大多数健康保险具有根本上的差异。绝大多数的健康保险偿付被保险人因疾病、事故或因其他原因需要医疗保健而产生的医疗费用，而失能保险并不负担医疗费用，是偿付被保险人因疾病、受伤无法工作而产生的收入损失。失能保险每月支付一笔预定的金额，而不是偿付实际损失。

失能保险中的投保欺诈通常发生于作为准投保人的个人或企业所有人，出于欺诈的目的在投保时对两项重要的申报材料作假：被保险人的失能可能性因素及其收入、财产情况。

明确知晓投保人的年龄、医疗情况、病史及家族病史、职业等失能可能性因素信息有助于核保部门决定是否接受其投保、是否需在其保单中增加排除性和限制性条款，以及确定保险公司应该承担的费用比率。不诚信的投保人很可能会为了确保保单生效、避免保单中可能出现的排除性和限制性条款或获得更低的费率，从而提供虚假信息。

由于失能保险的保险金是提前确定并按月或按周支付的，所以保险公司明确被保险人的收入和财产状况是非常重要的。不诚信的投保人很可能为了获得更多的保险金而提供虚假的收入、财务状况信息。跟投保欺诈一样，不诚信的企业所有人会隐瞒雇员残疾前的实际收入，用以增加其迁延残疾的保险金。据 20 世纪末美国的一项评估显示，人寿保险与失能保险相结合的保险欺诈每年高达 50 亿美元。

（二）索赔欺诈

索赔欺诈指不诚实的投保方为了索取更高赔付，向保险公司谎报其使用了更昂贵甚至是未发生的服务。索赔欺诈的形式既有投保方单独欺诈，亦有合谋欺诈。

1. 提供伪证

有些被保险人，为达到给付目的，采取委托制假商贩手段提供假病历、假收据、假证明等伪证进行索赔。如果保险公司不派调查人员到医院进行现场查验和确认，骗赔者很容易就能达到目的。

案例 4：2019 年 9 月某大学新生向某人寿保险公司投保了学生平安保险，其中包含初次罹患疾病的住院医疗赔付。2020 年 1 月被保人提交一份理赔材料，出院记录显示因反复鼻塞、鼻涕、鼻痛一个月于 2019 年 12 月 1 日入院。随后保险公司理赔人员到医院核查，发现出院记录显示为反复鼻塞、鼻涕、鼻痛十余年，有多次鼻窦炎就诊史，核查表明被保险人投保前已罹患疾病，属于既往症，因此保险公司做出拒赔处理。调查发现该学生委托他人篡改了出院记录。

案例 5：花钱雇人做检查造假病历申请理赔。2017 年 12 月，李某分三次在某保险公司投保了重大疾病保险，合同生效日期均为 2018 年 1 月 1 日。2018 年 7 月 31 日，李某因头疼到邓州市人民医院就医，在排队做 CT 检查时，为骗取保险金，李某临时起意，以 300 元的价格雇用一名有中风迹象的男子以李某的名字做了 CT 检查。后李某将该 CT 报告单拿到医生处，被诊断为脑梗死，住院治疗 6 天后出院。出院后李某携带篡改后的造假病历等手续到保险公司申请理赔，保险公司发现其中存在疑点不予赔付。之后李某将保险公司起诉至邓州市人民法院，要求保险公司支付其保险金 59 800 元。在法院审理过程中，保险公司向邓州市人民法院申请对李某病情复检，并将两次结果是否为同一人进行鉴定。经司法鉴定机构鉴定，两次诊断影片并非同一人。最终，邓州市人民法院以保险诈骗罪判处李某有期徒刑两年，缓刑两年，并处罚金人民币 15 000 元。

（案例来源：保险欺诈要不得，伪造病历骗保未遂被判刑，来源：河南法制报，2021 年 3 月 24 日）

案例 6：吴某从朋友处听说购买重大疾病保险，只要投几千元钱就能换 20 万。2016 年 9 月，吴某在 Z 保险公司购买了高额重大疾病保险。2017 年 4 月，吴某先住进离家很近的一家小医院准备做子宫肌瘤手术。手术前一天，吴某丈夫王某和手术医生说好自己要把病理检体拿到大医院去做检查，切下来的所有东西都得带走。医生见王某态度这么坚决，就遵从了患者家属的意愿。4 月 10 日，吴某按计划进行了手术，术后王某把从妻子身上切下的病理组织交给了其朋友刘某。第二天，刘某带着一个真的患癌患者的病理检体到市区某大医院，顺利地以吴某的名义进行了病理检查。1 周后，刘某给王某拿来了印有吴某名字的“宫颈癌”病理检验报告。吴某康复出院后，把各种检验报告整理好，决定先拿其他保险公司试试水。吴某几年前买过一个小额的人身保险，丈夫王某把报告先送到这家试试，没想到当天王某就领回了 3.2 万元保险金。第二天，王某到 Z 保险公司申请理赔，Z 保险公司认为可能存在虚假理赔，并要求在理赔前进行血液比对，被王某拒绝。最终，保险公司向公安机关报案，经 DNA 鉴定，宫颈癌病理检体并不是吴某本人。

本案提示：其一，保险公司在重疾险理赔时，应当对关键性的诊断环节进行核查。其二，保险理赔人员应熟知一定的医疗常规，如此案诊断为宫颈癌，从疾病性质和患者就医需求看，正常情况下，应在肿瘤专科医院或妇产医院住院综合治疗，而非小医院。

（案例来源：本案例根据真实案情改编）

2. 夸大伤害程度

这种类型的骗赔手法是故意夸大伤害程度或疾病症状，如一般软组织伤，经过很长时间治疗患者仍诉苦痛，故意拖延出院时间和治疗时间，或假装视力、听力减退，甚至诈盲、诈聋，以达到诈领保险金的目的。

案例 7：一被保险人王某投保某保险公司意外伤害附加医疗保险，在被抢劫者拳击头部及右眼 2 小时后经医院眼科医师检查显示：右眼视力 1.2，左眼视力 1.2，右眼下方球结膜出血，角膜透明，光反射灵敏，眼底未见异常，诊断为右眼外伤性球结膜血肿。但该被保险人自称无光感。从眼科检查结果可以看出，被保险人无屈光系统病变，分析视力不可能丧失，但其始终称看不见，甚至在做伪盲测试后，仍坚持说看不见，并要求重新检查。在多次反复做工作无效后，该保险公司最后请医院眼科专家对其进行集体鉴定，结果显示双眼视力均在 0.6 以上。此案在拖延 3 个月之后，保险公司最后决定拒赔。

3. 拟订虚假协议，加大保险公司责任

此类型常见于事故案，被保险人的医疗费用按责任本已由第三方承担，被保险人为从保险公司得到医疗保险金，与第三方达成一致，签订虚假赔付协议，其中不涉及医疗保险金，而向保险公司申请医疗保险金赔付。

4. 投保方与医生或医院合谋欺诈

（1）伪造医疗证明

此类情况较为多见，一般为被保险人、投保人通过熟悉的医务人员伪造各种医疗资料和证明。前者如不懂医学，伪造的内容常不符合医学习惯用语，相对比较容易看出破绽，如为医务人员伪造医疗证明，从形式和内容上则难以发现问题。此类手法可见于多种情况，如伪造门诊病历卡、出院小结上的就诊日期、主诉、检查、诊断、治疗情况等，伪造或变造部分病历中的重要记录内容（如住院日期、疾病诊断名称、疾病确诊时间和特殊检查结果等）。

例如“偷梁换柱”，即被保险人因甲病住院治疗，但因该病不属于保险责任或属于除外责任的，故将住院诊断更改为乙病，以便使被保险人得到保险公司的赔付。通常由医患串通，伪造疾病诊断证明或出院证明资料，或将提供给保险公司的出院小结写为乙病而原始病历中的出院小结诊断仍为甲病，即“鸳鸯单”，两份出院小结的诊断不一致。最常见的比如在美容外科手术中，整鼻、抽脂或丰胸等项目并不在健康保险的保障范围，医疗服务提供者将其变更为偏离中隔修补、乳房肿瘤切除术等，这样就可以向保险人提出索赔。

例如更改治疗日期，协助患者骗保。医院或医生篡改他们向患者提供治疗的日期，将住院治疗日期变更为投保后日期以符合患者的健康保险保单期限要求，造成该治疗在保险责任期限内的假象，以骗取保险赔款。先出险再投保的被保险人，在骗取索赔时往往需要医生的配合，修改治疗日期。

（2）凭空编造疾病

此类型即被保险人根本没有疾病，或在没有进行任何治疗的情况下，人为地编造疾病诊断、病理、治疗及整套病历记录资料，然后向保险公司索赔。此种情况难度较大，必须收买有关医师参与并制造重大疾病的全套诊断资料，如制造恶性肿瘤的病理诊断等，常见于重大疾病保险并高额保险者。

案例 8：我国首例医患勾结诈骗健康保险金案件纪实。2002 年 8 月，湖南省株洲市中级人民法院对石某保险诈骗案做出终审判决。石某，女，41 岁，株洲市某厂内退工人。1999 年 9 月和 11 月分别在两家人寿保险公司购买重大疾病保险及附加住院医疗保险，保额共计 30 多万元。2000 年 7 月底，石某向两家公司报案，称她患了“霍奇金病（III期）”。基层公司对此进行了例行调查，首先探望了被保险人，发现其右颈部有凹陷伤口，头发稀疏，明显的新脱发迹象。走访医院，查阅病历得知：石某 2000 年 6 月上旬因颈部肿块分别在她所在工厂职工医院和株洲市一市级综合性医院就诊，6 月 26 日在该市级医院由门诊骨科余医生进行了颈部肿瘤切除术，之后病历中有该院和湖南省肿瘤医院的组织切片诊断报告，结论一致为“霍奇金病（III期）”。手术后，石某回本厂职工医院住院，先后进行了两次放射治疗，在第二次放疗期间，她向两家人寿保险公司索赔，2000 年 9 月下旬石某按保险人要求将所有单证全部交齐。基层公司虽然对发病时间和手术由骨科门诊医师实施有疑问，但毫无证据，只能在当年 10 月上报上级公司审批。两家人寿保险公司均对此案有疑，遂联手调查，理赔员最终确定了石某被确诊为癌症证据的一个病理切片为关键突破口：石某在市医院门诊做的手术切片，手术医生不知切片结果，湖南省肿瘤医院病理医师不能确定切片标本是否取自患者石某，职工医院住院经治医师依据病理结果对石某进行诊断和化疗，从整个环节看，只能证明该切片确实患了肿瘤，石某接受了化疗，而她是否为该切片的“主人”，无人能够确定。

此案最终由于公安部门介入后发现，原来这是一例精心策划的骗赔案。早在 1999 年 3 月石某某和株洲市一市级综合性医院病理科谢某多次密谋进行保险诈骗活动，于当年 9 月、11 月分别向两家保险公司购买巨额保险，2000 年 6 月 16 日上午病理科谢某找骨科医师余某请他帮忙开出“癌症”证明，要求可信且不易被查明，并指出恶性淋巴组织肿瘤如“霍奇金病”较合适。6 月 26 日上午余某在常见病理部位——颈部替石某做了“肿瘤”切除，实为取出三块脂肪组织送交谢某，谢某在病理室将其换成恶性淋巴瘤标本，再行组织检查，为证实其诊断的可靠性，还将一份更换了的标本送检省肿瘤医院。于是就有了前述一致的诊断结果。

本案提示：保险人应具备相当的反欺诈技术能力。其一是职业敏锐的洞察力，能及时发现疑点。如本案投保人经济状况不佳，选择高额人寿保险的动机值得怀疑，尤其是“病”发在免责期后较短的时间内；投保人买保险有经济支付能力，而治疗自身的“恶性肿瘤”却显得毫无付费能力，选择在市级医院门诊手术、本厂职工医院住院。其二是掌握相关医学知识和熟知一定的医疗常规。此案例从疾病性质看，“霍奇金病”属淋巴组织类恶性肿瘤，诊断为Ⅲ期病情应比较严重，正常情况下，应在肿瘤专科医院住院综合治疗，而非骨科门诊手术范围；从发病看，本病在我国发病率平均约为1/10万，比较少见，且男性患者多于女性患者；从临床特征来看，此病Ⅲ期多伴有转移症，往往预后不良。而投保人发病一个多月后竟已治愈，这些均是与医理相违的。其三，还需具有调查取证的能力，善于找到突破口。

（三）权限欺诈

权限欺诈是指不诚实的需方为了获得本无资格获得的、非法的权限实施欺诈，通常会涉及家属身份欺诈或雇主伪造雇员的工作记录进行欺诈。少数团体投保单位有意只投保一部分员工，节省保险费，待出险时，则采用冒名顶替的方法，骗取保险金。

常见的欺诈手法是冒名顶替——即甲某患病，冒用乙某的姓名住院治疗。有些人因未投保健康保险，患病住院治疗时冒用购买保险的人的姓名入院治疗，一直等到治疗结束出院后，才向保险公司报案索赔。

案例9：2019年7月25日，某保险公司接到某市石膏厂一客户报案，称被保险人李某7月24日在厂里搬石膏时被砸伤，导致左手骨折。8月2日下午保险公司调查人员来到医院想面见李某，但等候了两个多小时也未见着。晚上9点多，调查人员再次来到医院病房，终于见到了被保险人，观察对方黑黑瘦瘦、50岁左右的样子。对方称其为李某，35岁，四川人，为该石膏厂工人。保险公司在审核对方出院后提供的理赔资料时，发现其身份证照片和其住院照片虽然五官还有些相像但年龄有明显差距。为此调查人员来到对方的现住址某村庄作进一步了解，经询问一个在家养伤的工友和几个村民，最后查实的案情是：受伤住院者和李某不是同一人，住院者真名叫孙某，和李某为同班工友。随后保险公司将调查结果通知该厂厂长崔某，对方承认了事实，且同意放弃索赔。

本案提示：如果医院不对患者身份进行核对，或者保险公司对赔案没有再做深入细致的调查核实，骗赔者往往能够取得成功。此类欺诈通常见于亲属之间，如兄弟、姊妹、母女、父子或朋友之间等。

二、医疗服务供方的欺诈形式

接受保险公司的安排，向健康保险计划参加者提供医疗服务的医院或医生在健康保险欺诈中扮演着重要角色，这类欺诈在美国健康保险欺诈中尤为突出。根据20世纪末“美国健康保险反欺诈计划”提供的调查数据表明，在所有的健康保险欺诈案中，80%左右发生于医疗服务供方，10%发生于投保方，另有10%源于其他（包括化验室、药房、账单平衡机构、医疗设备提供商等）；在80%的供方欺诈实施者中，医师所占比例最高，达60%。其中，医疗服务供方欺诈形式以“索取未提供服务费”所占比例最高，占34%。

进行欺诈的医院服务提供者包括个人行医的医生、医院和诊所、护理机构和家庭健康保健服务机构、医学化验机构、药剂师、医疗设备制造商等。在中国，医疗服务供方的欺诈主要为医院和医生。供方的保险欺诈主要有以下形式。

（一）索赔欺诈

医院或医生伪造医疗服务项目，或者擅自提高医疗服务价格，或虚构患者向保险公司索赔。除了以上介绍的以被保险人为主导，串通医生合谋进行保险欺诈外，医生或医院自身发起的欺诈可能危害更大，因为由医院或医生发起的健康保险欺诈，往往诈骗金额巨大。中国台湾地区曾侦破一起重大的团体诈骗保险金的犯罪案件，在一个诈骗集团的诱导驱使下，多达十多家医院的涉案医生明知假病患没有罹患癌症，仍然假戏真做，对患者施行手术、化疗、偷换病理检体、作出重症假证明，协助骗取保险公司巨额保险金，涉案金额高达10亿元新台币。

自我国实现全民社会医疗保险后，由医疗供方发起的索赔欺诈更多发生在社会医疗保险领域。2018 年我国国家医疗保障局组建后，进行了欺诈骗保专项打击，仅 2019 年即追回骗保资金 115.56 亿元。骗保最猖狂的定点医疗机构中，为了经营效益，院长甚至主动出谋划策带领医院的医护人员通过办理虚假住院、虚假治疗等手段骗取国家医疗保险金。

在医疗供方发起的索赔欺诈中，医生利用自己的专业知识进行保险欺诈，往往给保险供方造成的损失巨大，也较难查出欺诈事实。

（二）不必要医疗索赔

不必要医疗索赔指医方在开处方时，对本不应在健康保险覆盖范围之内的药品、诊疗，采用健康保险覆盖范围之内的类似药品、诊疗代替。该欺诈行为主要发生在需要使用新药及试验阶段的诊疗情况下。如迈阿密地区一位医生，为骗取医疗保险金，几乎将所有前来就诊的患者（没有血液疾病），均诊断为某一罕见血液疾病患者。2011 年 7 月，该医生因涉案不必要医疗索赔金额达 1300 万美元，被当地法院判处有期徒刑 235 个月，诊所运营者被判处有期徒刑 87 个月，该医生两名助手也分别被判处有期徒刑 70 个月和 57 个月。

（三）收受回扣

医疗机构、药品公司及医学化验机构以给予回扣的方式来贿赂医生，让医生向患者推荐他们的医院、药物或服务，从而扩大某一类产品的使用量，获得品牌收益。由于给予回扣的方式不可避免地会影响医生对患者做出客观的诊断及治疗，在一些国家这同样被认为是欺诈行为。如 2011 年美国某跨国生物制药公司，因涉案贿赂军区医生，出具虚假医生调查报告，以提高其治疗血友病药物的知名度与使用量，而被判处 2500 万美元罚款。

（四）药物滥用欺诈

药物滥用可能源于医生对患者做出的不合理的诊断和治疗，也可能源于就医者的不正当需求或转卖获利。美国健康险反欺诈协会认为一个新的欺诈行为正在出现，即滥用及转售麻醉药品和其他处方药。2017 年美国制药公司因西斯被纽约市政府指控以贿赂医生及欺诈保险公司手段非法贩售该公司芬太尼产品（阿片类药物），导致该药的使用范围大大超出。阿片类药物滥用欺诈不仅使保险公司受损，更为美国带来严重的公共卫生问题。据《纽约时报》综合美国各州数据估计，2016 年美国阿片类药物过量致死人数超过 5.9 万人。

事实上，在中国药物滥用现象并不少见。2016 年 8 月某市社保中心医保稽查人员接到群众举报，反映某区医院医师与“卡贩子”、医药代表串通，大量配取桂枝茯苓胶囊、步长脑心通胶囊、蒲地蓝消炎口服液等超常规处方药。市社保中心调查后对该医师行为认定为违规行为，作出扣除违规金额和暂停其医保处方权的处理决定。目前我国对医院或医师滥用药物的处罚以行政处罚为主，保险公司对此现象的反欺诈能力及处罚权力非常有限，药物滥用欺诈上升到法律高度还有待时日。

（五）盗窃患者的健康保险号码进行欺诈

据美国健康险反欺诈协会（NHCAA）统计，在全美医疗保健领域发生的所有犯罪活动中，盗窃医疗保健身份诈骗这一项占据首位。诈骗者通过盗窃医疗保险数据和社会安全号码，就可以通过伪装使用药品、医疗器械或治疗手段的方式，向联邦医保和私营保险公司开出账单，而实际上，这些药品、器械或治疗从来没有使用和发生过。过去，大部分信息是医疗诊所的员工或者内部工作人员卖给犯罪分子的。现在，随着医疗保健行业纷纷从纸质记录转换为网络数据形式，网络数据被盗风险加大，2015 年美国大型医疗保险商 CareFirst 发布公告称，由于黑客入侵，约有 110 万医疗保险客户的个人信息遭泄露。

（六）管理式医疗保险模式下的欺诈形式

根据医疗供方和保险公司之间的付费方式协议，费用支付方式主要有后付制（按服务项目付费）、预付制（如按人头付费、按病种付费、DRGs付费等），预付制即管理式医疗保险付费方式。为了有效控制保险基金超支风险，并降低医疗费用，美国自20世纪70年代开始兴起了管理式医疗保险计划。在管理式医疗保险模式中，医疗供方与管理式医疗组织（保险公司）签订服务合同，双方事先约定一笔固定费用用于支付保险客户的医疗服务。在按人头付费、总额预算付费等多种支付方式下，会导致供方以最低成本作为考虑前提为需方提供医疗服务。在管理式医疗保险模式下，供方欺诈形式通常有以下几种。

1. 故意错误诊断

在管理式医疗中，最常见的医疗欺诈形式之一就是提交错误的诊断报告以获得服务的授权。通常，管理式医疗组织不会批准供方为需方提供不必要的诊疗服务，在此情况下，供方通过提交错误的诊断报告获得保险公司的批准以提供额外的诊疗服务。更有甚者，还会篡改临床信息以支持伪造的诊断报告。

2. “平衡计费”

有的医生不仅为保险公司的需方提供医疗服务，也为其他需方服务。但是针对非保险公司来源的需方收费（零售价）往往高很多。有些供方试图两边得利，在从保险公司获得约定赔付后，还另外向患者收取零售价与保险公司约定价之间的差额，这称为“平衡计费”。供方和保险公司的协议通常是禁止“平衡计费”的，因此在这种情况下，试图“平衡计费”的供方既违反了协议，又实施了欺诈。

3. 共付欺诈

在管理式医疗计划中通常有共付，供方产生的服务费用由保险公司和需方共同承担，比如门诊或其他检查项目。缺乏诚信的供方可能会趁机向需方超额收取共付部分。这种情况和“平衡计费”有点类似——医生通过超额收费来补足保险公司保户收费与零售价之间的差额。

4. 供方资质作假

管理式医疗组织（或保险公司）只与符合资质要求的供方签约以保证高质量的医疗服务。在供方成为合格供应商之前，他的资质必须得到审核。然而在诱人的经济利益面前，一些不够资质的供方可能会在其工作经历、教育程度或者其他信息上进行作假，以通过审核。

5. 诊断升级

在团体健康保险中，按住院日给付是常用的约定方式，即保险公司按照住院天数乘以每日住院给付金额进行赔付，每日住院给付金额及每次住院的天数在团体雇主与保险人签订的合同中都予以规定。医疗供方可能会夸大被保险人病情，升级临床诊断，使住院日增加，以获得更多的保险金。如2019年2月，江西省某企业向某保险公司投保了团体健康保险，8月份企业员工王某因意外造成全身多处软组织挫伤，在某医院住院治疗，住院天数90多天后向保险公司索赔。但保险公司经过深入调查后核实，王某只是轻微软组织挫伤，住院几日后即痊愈，王某和医院商定将升级诊断，夸大受伤程度，继续在医院挂床，套取每日100元的住院津贴补助。

三、保险方和保险中介方的欺诈形式

（一）保险方的欺诈形式

保险方的欺诈包括保险公司、保险公司雇员的欺诈。

1. 保险公司对投保人的欺诈

保险公司销售保险产品一般通过保险代理人进行，保险公司以经济利益诱导、唆使保险代理人欺骗投保人。此外不排除会有罪犯打着保险公司名义向消费者销售虚假产品的欺诈现象。新《保险法》第一百五十九条对擅自设立保险公司或非法从事商业保险业务行为做出了明确的处罚规定：“由保险监督管理机构予以取缔，没收违法所得，并处违法所得 1 倍以上 5 倍以下的罚款；没有违法所得或者违法所得不足 5 万元的，处 5 万元以上 30 万元以下的罚款”。

未经保险监督管理机构批准，非法设立保险公司、保险资产管理公司和从事商业保险活动的行为，这在世界各国都是不允许的，因为保险业是一种特殊行业，不仅专业性强，经营管理方式也与其他行业有显著区别。保险公司以同投保人订立保险合同的方式，吸收保险费，在投保人、被保险人或者受益人因发生保险事故，遭受财产损失或者人身伤害，或者发生疾病、伤残、死亡等情形时，按照保险合同的约定，承担赔偿责任，给投保人、被保险人或者受益人以经济补偿，帮助他们恢复生产、重建家园。各国对保险业都实行严格管理，以维护保险市场秩序，发挥其保险保障功能。

2. 保险公司雇员对保险公司的欺诈

保险公司雇员对保险公司的欺诈也称为内部欺诈。保险公司雇员能够利用职务便利，在受理客户的投保单和处理索赔申请时篡改信息，使客户骗保骗赔的企图得逞，事后能从客户那儿获得“好处”是他们敢于冒险的原因。至于还有些能进入公司的自动收费系统和电脑资料库的雇员，进行欺诈的机会更多。内部欺诈通常合谋进行，即由保险公司的董事会董事、经理或工作人员个人或与保险公司内部或外部的人员勾结，针对保险人实施的欺诈。常用欺诈手法有以下几种。

（1）故意编造保险事故

保险公司雇员利用职务便利，故意编造未曾发生的保险事故虚假理赔，或与被保险人、受益人串通涂改保险合同档案资料，使之符合保险事故条件而发生虚假理赔，欺诈成功后私分保险赔偿金。保险公司雇员可能与被保险人合谋欺诈，也可能单独欺诈。

案例 10：2019 年 9 月，某市人民法院审判了一起某人寿保险公司客户服务中心柜面经理李某职务侵占案件。2016 年 12 月至 2017 年 10 月期间，李某用客户留存在保险公司的身份信息，在一些银行在该市的支行私自开设银行个人账户，采取虚构被保险人患重大疾病或死亡的方式进行虚假理赔；采取虚构被保险人申请退保的方式进行虚假退保，两项侵占资金共计 3 288 695.42 元。另外，李某未按保险公司正常流程要求，个人直接以保险公司名义支付给客户 340 456.19 元（保险公司认可此款项系正常业务支出）。李某实际侵占保险公司资金 2 948 239.23 元，被其用于赌博。案发后，李某家人向保险公司退还 1 334 000 元。据此，法院以职务侵占罪一审判处李某有期徒刑 10 年，没收财产 10 万元。

案例提示：李某的行为暴露出了当前部分保险公司内部管理上的漏洞。以本案为例，该人寿保险公司在密码管理、理赔审核、回访跟进以及案件风险防范管理机制等方面都存在一定的问题。掌握投保人信息的李某冒用客户的信息作假虽有一定的隐蔽性，但其实只要保险公司严格审查每一笔业务、每一份资料，按流程办理，发现问题并不难。

（2）超额估损、定损

诈骗者伙同保险公司雇员、医生、律师、公安人员及其他有利益关系人，通过伪造、变造相关证明进行保险欺诈。表现为：一是倒签单。发生保险事故后，将投保日期前移，或将出险日期后移至保险期间内。二是虚开证明。保险公司雇员串通医疗机构、交警、司法鉴定部门等开具虚假证明，夸大事故损失或者将医疗费开具到被保险人名下冒名顶替。三是偷换证据。保险公司理赔人员伙同投保人偷换证据，使保险公司做出超过实际损失程度的赔付。

（二）保险中介方的欺诈形式

保险中介方包括个体形式的保险代理人、保险经纪人及以公司形式存在的保险中介机构。保险代理人和保险经纪人作为保险市场中的中介人，前者是受保险公司的委托，在保险公司授权的范围内代为办理保险业务的单位和个人，后者则是基于投保人的利益，为投保人和保险公司订立保险合同提供中介服务的单位和个人。他们作为保险人和被保险人利益之间的代言人，很可能直接欺诈委托人，也可能与投保人参与策划保险欺诈，并分享“成果”，进行两头欺诈。

1. 保险中介方对投保人的欺诈

（1）诱导更换保单

为了获得比较高的新保单的首期佣金，保险代理人或经纪人利用与客户之间存在的保险知识信息不对称，诱导客户更换费用更高的健康保单。

（2）失真的宣传

健康保险产品种类多，保单中涉及很多医疗术语、保险专用词汇，这些增大了健康保险产品的复杂性，消费者很难自己钻研保单内容，往往依赖中介人的介绍。某些保险代理人或经纪人会夸大健康保险产品的保障内容，诱导消费者做出购买他们所推荐的健康保险产品的决定。保险代理人或经纪人有时还会用不实的言语夸大自己的资历，以取得保险消费者的信任。

案例 11：邱先生帮母亲办了一份重大疾病商业保险，每年缴纳 2000 元，保额 10 万元。到今年已经有 5 年了，买保险之前，保险代理人承诺今后不论邱妈妈有任何大病，保险公司都会按照投保的金额，给邱妈妈一定的补偿。前段时间邱妈妈在做一年一度的体检时，不幸查出了有早期胰腺癌症状，需要马上把癌肿瘤切除。按照之前投保的条款，如果邱妈妈身患癌症的话，可以在住院的时候，申请住院及手术津贴，于是邱先生找到了原来给他们办保险的保险代理人李某，李某听后马上表示他们会妥善处理，但需要向总部汇报一下。邱先生只好等待，因为病情重大，医院多次催邱先生给邱妈妈手术，邱先生只好一遍遍催促李某，但李某始终以正在研究为借口，迟迟不给津贴。邱先生忍无可忍直接找到该保险公司，一位姓张的经理接见了他，表示邱先生的这种情况不能赔偿。邱先生当即目瞪口呆，而张经理不慌不忙地拿出了邱妈妈的保单，上面清清楚楚地写着，对癌症（胃癌、肝癌、骨癌、咽喉癌、鼻癌等）进行保险，张经理表示“等”的意思是只包括“等”字之前的癌症，之外的就不包括了。邱先生听后瞠目结舌，一直以来，他以为“等”字的含义是除了前面列举的还包括未列举的，而且当时保险员李某也承诺说，不论什么癌症都可以给津贴的，怎么转眼就变了。但是保险代理人李某坚持说他自己当时已经给邱先生说明情况了，邱先生没有证据证明保险公司曾经答应过不论什么癌症都可以赔偿，只有哑巴吃黄连，有苦说不出。

2. 保险中介方对保险公司的欺诈

某些保险代理人或保险经纪人在佣金的利益驱动下，再加上有些保险公司一味追求业务数量，使得保险代理人或经纪人经常协助或鼓动投保人进行投保欺诈。

由于保险代理人或经纪人具有保险专业知识，并且通过大量的业务实践，他们很清楚投保单上各种各样的信息将如何影响保户能否获得保险、以何种费率获得保险以及会不会有除外责任条款的限制等。因此为了能使投保人顺利投保，保险代理人常常鼓动投保人或协助投保人隐瞒一些重要事实，例如被保险人的既往史、年龄等，甚至协助投保人带病投保。例如，一个投保人告诉代理人她有家族糖尿病史。代理人担心保险公司会因此拒绝承保，或者会在保险合同上将糖尿病列为除外责任，从而导致投保人放弃投保，为此他就在投保单上故意隐瞒了投保人的家族病史。这种欺诈方式是保险代理人进行欺诈最常见的方式，保险代理人或经纪人可能会单独地进行投保欺诈，也有可能与客户串通起来欺骗保险人。

案例 12：2014 年底，河南某市的张某患非霍奇金淋巴瘤住院治疗后出院，医嘱定期复诊。2015

年10月10日，某保险公司业务员曹某向张某推销终身人寿保险并附加终身重大疾病保险险种，张某告知曹某自己曾得过病，曹某观察张某的体征后认为其符合投保条件，便将张某的情况向营业部汇报，在未详细询问并体检的情况下即为张某办理了终身人寿保险并附加重大疾病保险一份，基本保险金额为4万元。2015年11月7日，曹某再次动员张某办理上述保险一份，基本保险金额为8万元。2018年2月，张某患病住院，经诊断为非霍奇金淋巴瘤[WHO：外周细胞淋巴瘤，非特指型(PTCL，NOS)]。2018年4月，张某出院后，依据两份保单向保险公司提出理赔申请，保险公司以张某所患疾病非初次发生本合同所指重大疾病为由予以拒赔。张某于是将保险公司告上法院。

法院审理后认为，在订立合同时，原告张某在向被告方业务员曹某明确告知自己曾患病的事实情况下，被告业务员仍代表保险公司与原告张某签订保险合同，应认定原告已履行了向被告如实告知的义务。原告2014年所患疾病和2018年所患疾病相比，疾病名称虽相同，但2018年所患疾病，病情又增加WHO：外周细胞淋巴瘤，非特指型（PTCL，NOS），该情形应视为原告的病情有新的进展，和2014年所患疾病不尽相同。因此，原告于2018年所患疾病应当属于初次发生本合同所指重大疾病的范畴。被告以原告所患疾病不属于初次发生本合同所指重大疾病为由，拒绝承担理赔责任，理由不成立。据此，法院一审判决被告保险公司支付原告张某保险理赔金12万元。

案例分析：本案由于保险代理人明知投保人患病，向保险公司隐瞒并投保成功，是造成日后保险公司承担高额风险的主要原因。另一方面，保险公司也未对被保险人如实告知情况和健康状况进行必要的核查。新修订的《保险法》第16条规定，“投保人故意或者因重大过失未履行前款规定的如实告知义务，足以影响保险人决定是否同意承保或者提高保险费率的，保险人有权解除合同……自合同成立之日起超过两年的，保险人不得解除合同；发生保险事故的，保险人应当承担赔偿或者给付保险金的责任”，这一条款的立法本意为：用2年的时间限制保险公司，鼓励、倡导保险公司在订立合同后，对投保人如实告知情况进行核查。查出有隐瞒后，保险公司可以依法解除合同。但如果保险公司超过2年不行使核查权利，那么出险就要赔付。

我国保险新规出台后，已出现保险代理人或保险经纪人利用新《保险法》理赔规则，专向已患病的人推荐健康保险，等两年后再索赔保险金。面对新的保险法规，保险公司应该积极应对，受理保户投保后应进行有效核查，为了省调查成本而去承担高额的理赔风险不合算，对公司、保险消费者都无益。面对新《保险法》的实施，保险公司或许还应修改和完善保险营销策略和激励机制。

四、互联网健康保险欺诈的特殊形式

近些年来，我国互联网保险飞速发展，互联网健康保险以互联网为依托，在线完成投保、核保、支付、理赔等服务环节，所销售健康保险种品类繁多，其特有的虚拟性、便捷性及经济性等特点在颠覆传统保险的同时，引发的欺诈风险也不容小觑。

与传统销售模式不同的是，互联网保险的销售并不需要保险代理人（保险中介）环节，投保人通过互联网平台即可直接购买保险方的保险产品，在这种新的保险销售模式下，互联网健康保险欺诈更容易发生在投保流程、销售两个环节。

（一）互联网健康保险投保流程的欺诈风险

这种欺诈风险来自于投保人（被保险人）。互联网保险与传统保险最大的差异在于：保险人无法与投保人、被保险人面见交流，因此，容易发生被保险方的投保欺诈。

1. 投保人身份欺诈

传统保险在投保时，要求代理人面见投保人、被保险人，代理人需要判断两者间是否具有保险利益。但是互联网保险投保流程中缺乏对投保人真实身份的验证，保险人无法完全确认被保险人的投保意愿，使得欺诈方只需获得别人的身份信息，就能进行投保，保险人无法确认实际操作人是否是具有保险利益的本人。因此带来了道德风险，《保险法》对保险利益的规定将会受到侵害，易引发保险欺诈。

2. 被保人逆选择风险增加

互联网保险投保的便捷性增加了逆选择欺诈发生的概率，进而增加互联网健康保险欺诈的风险。传统保险代理人通过面见投保人、被保人，能在一定程度上了解被保人投保时的身体状况。但是互联网保险缺少这一环节，投保人通过移动端、电脑端进行投保，整个过程十分迅速，虽然提升了投保时效，但保险人无法得知投保人、被保人在投保时的状态，增加了逆选择的发生风险。特别是一些没有等待期的互联网意外险等险种，投保人可以在发生意外后再投保，等待次日保险合同生效后，再进行理赔报案，产生互联网保险欺诈。

（二）互联网健康保险销售环节的欺诈风险

这种欺诈风险来自于保险方。互联网健康保险产品主要来源于四种渠道，包括保险公司自建官网、第三方电子商务平台、互联网保险代理公司、专业互联网保险公司，由于互联网平台销售对象数量巨大，因而竞争异常激烈，在健康保险销售过程中易出现欺诈现象。

1. 保险方利用互联网进行虚假宣传

互联网保险经营者为抢占市场份额、博得大众关注，可能会利用互联网广告或其他手段对保险产品和价格进行不实描述、片面或夸大保险范围，比如互联网保险销售页报价远远低于实际投保价、以优惠活动即将结束为宣传噱头等行为，容易让消费者产生错误认识及非合理预期，从而诱导消费者购买互联网健康保险产品。

2. 夸大宣传

一些互联网保险方还可能通过网络过度宣传公司形象和业绩，使无从核实的消费者推定其为实力雄厚的公司，并进入店铺选购，这种对互联网保险产品不切实际的包装行为构成了对消费者知情权的侵犯。

3. 互联网保险保单造假

由于假保单背后隐藏着巨大利益空间、造假不易被发现、网络保险监管薄弱等原因，互联网假保单事件层出不穷。就目前来看，互联网保险保单造假主要有两种形式：一是具备互联网保险经营资质的公司为逐利而销售不能对消费者进行理赔的假保单。如 2011 年环球愿景保险联盟涉嫌传销案，2016 年中国人民人寿保险股份有限公司（山东）淄博中心支公司某营销服务部利用假保单非法集资案。二是无互联网保险经营资质的平台伪造并非法销售假保单。如 2005 年广州破获国内首起利用假保险网站销售假保单案，2009 年“申邦”和“恒亚迪”假冒保险公司建立网站销售假保单案，2017 年上海某投资管理有限公司被投诉伪造保单后“跑路”案，诸多情形，不一而足。共同点是：倘若无公权力介入，这些案子都使得处于弱势群体的消费者在出现保险事故之后索赔无果，权益无法得到保障。

第三节　健康保险欺诈的防范

一、部分国家健康保险欺诈防范的经验借鉴

发达国家开展健康保险业务的时间较早，在健康保险欺诈防范上有一些经验和有效防范措施，能够为我国健康保险欺诈的防范提供很好的借鉴。

（一）建立和完善保险反欺诈的法律体系

1. 美国

历史上，美国深受保险欺诈之害。为了应对不断攀升的保险欺诈事件，美国先后出台了一系列法律法规，首先从法制层面建立了保险反欺诈的法律依据。在联邦政府层面，对于保险欺诈行为的规范，并未纳入《刑法》当中，而是另以特别法的形式进行处理。主要有《保险反欺诈法》、《保险欺诈局法》、《保险欺诈调查法》、《特别调查科法/条例》、《不正当竞争法》等。在州级层面，各州在保险反欺诈立法方面则不尽相同，如加利福尼亚州，主要有《保险法典》，在该法典中直接与反欺诈法案相关的有《保险保密法》、《保险欺诈调查法》、《保险欺诈防范法》，间接相关的法案有《公正理赔法》、《保险理算人法》等。在健康保险领域主要有《1906 年健康保险可转移性和问责性法案》、《1996 年健康保险简要释疑法案》、《反回扣法》、《斯塔克法》（判例法）、《协调欺诈和药物滥用调控法案》等。同时，普通刑法也可用于起诉医疗保险欺诈和滥用的犯罪行为。例如，临床实验室所有权人针对医疗保险计划的欺诈；加利福尼亚州的欺诈防控部门通常以盗窃罪起诉。联邦民事法律则包括各种联邦医疗保险民事欺诈判例、《斯塔克法》及联邦《虚假索赔法》等。美国国会通过的《1996 年健康保险简要释疑法案》，特别规定健康保障欺诈为联邦刑事犯罪，可判处长达 10 年的监禁，同时还需支付巨额罚金。联邦法律还规定，如果犯罪者的欺诈行为伤害了患者的身体，可判处长达 20 年的监禁；如果欺诈行为导致患者死亡，犯罪者将被判处终身监禁。

2010 年 3 月 23 日奥巴马总统签署了《患者保护和平价医疗法案(ACA)》，其中也包含了反欺诈条款并为欺诈犯罪制定了新的量刑条例，加大了民事罚款和刑事处罚的力度。通过美国联邦政府及各州政府不断的医疗保险反欺诈立法，相应法律法规数量显著增加，涉及范围不断扩大，逐渐形成了比较完善的反欺诈法律制度。

2. 英国

英国对于保险反欺诈的立法历史相对更为悠久。在英国保险成文法中，最著名的首推《1906 年海上保险法》。该法对于处理重复保险理赔和索赔进行了规定。另外，英国分别在 1774 年和 1845 年颁布《人寿保险法》和《反投机法》，确定了保险法之保险利益原则。接着，英国又于 1867 年制定《保单法》，规定了保单转让方面的问题。此外，英国还分别于 1958 年、1975 年和 1977 年先后颁布《保险公司法》、《被保险人保护法》和《保险经纪人法》。其保险业法集中体现为《保险公司法》。该法最先于 1958 年制定，并经 1973 年、1974 年、1981 年及 1982 年多次修订，成为各国保险业立法的模范文本。

2016 年 8 月 12 日开始生效的 2015 年新保险法虽然没有对保险欺诈进行明确定义，但是增加了保险欺诈的民事救济。根据第十二条规定，保险人可采取的措施包括：①拒赔欺诈性索赔部分的保险金，如若已经赔付，则保险人享有返还请求权；②同时，保险人拥有保险合同解除权，以通知的方式作出，一旦合同解除，则追溯至欺诈行为发生之时；③保险人有权拒绝由欺诈性索赔引发的关联事项索赔，且无须退回已经收取的保费。

3. 韩国

韩国刑法并未针对保险欺诈行为制定保险欺诈罪，如发生保险欺诈行为，则大多论以刑法中的欺诈罪处罚，如故意导致保险事故、先出险后投保、夸大收入及伤残情况、替换驾驶员及车辆、事后放置被害者及被害物、为骗取赔款进行长期治疗、虚报治疗费用及零部件、虚报夸大备品使用情况及修理费、伪装不明事故等犯罪行为都按照欺诈罪进行处罚。在医疗保险领域，如无许可诊疗、伪造诊断书及索赔申请等，则适用医疗法。

（二）建立和完善保险反欺诈的政府和非政府机构

1. 美国

仅有严厉的法律制度，如果没有强有力的机构去执行也无济于事。美国为应对保险欺诈，成立了国家层面及非政府层面的保险反欺诈组织，对于保险反欺诈起到了非常重要的作用。

早在 1985 年就由一些经营健康保险的保险人和执法部门组成了非营利组织——美国健康险反欺诈协会，其主要致力于提高私营机构和政府部门发现、调查、起诉保险欺诈的能力，以尽量减少健康保险欺诈对保险公司的不良影响。美国健康险反欺诈协会对保险公司的健康保单设计提出建设性意见，收集大量健康保险欺诈案例，促进健康保险人和执法机构之间在欺诈调查信息方面的分享，并把信息公布给所有感兴趣的机构和公众。2000 年，美国健康险反欺诈协会设立了健康保障欺诈防范学院，这是一家非营利性的教育基地，专门提供健康保险反欺诈的职业教育和训练，以提高保险行业、政府反欺诈调查机构、其他组织的健康保险反欺诈水平。

1992 年，美国在成立国家保险犯罪防治局，以联邦层次处理保险欺诈问题。该组织从工作成员、筹措资金到组成基金会，均由超过一千家保险公司共同赞助，其运作资金系由各成员公司提供。该机构聘请超过 200 位保险欺诈研究人员，为会员公司提供专业帮助。

除了联邦层面的组织，美国各州也都设有保险反欺诈局，指导并协助经营健康保险的保险公司实施反欺诈措施。保险公司的调查人员可以从政府监管机构获取能帮助他们发现保险欺诈行为的信息。从 20 世纪 90 年代开始，美国很多州对保险反欺诈的行动更为积极，不仅强化保险反欺诈法律和罚金，而且规定健康保险人必须满足反欺诈的技术标准，把其作为健康保险经营者的资格要求或获得 HMO 执照的条件。如果公众发现健康保险欺诈情况，也可以向州反欺诈局或州医疗局报告。

1993 年，全美保险反欺诈联盟成立。这是一家由政府机构、保险公司、执法机构、学术机构及消费者协会等共同组成的非营利性组织。其宗旨是协助社会各界不遗余力地与保险欺诈作斗争，协调全美保险反欺诈工作，减少因保险欺诈给消费者、保险公司、政府与各类商业组织带来的损失。保险反欺诈联盟通过对保险欺诈的常年跟踪研究，为保险反欺诈工作提供有力技术支持。

2. 英国

英国于 1995 年成立反保险欺诈与犯罪局，其目的在于联合所有保险人和其他反保险欺诈团体开展反保险欺诈犯罪活动。2001 年，反保险欺诈与犯罪局被划入英国保险业者协会，成为其下属部门之一。实际上，1995 年 7 月英国保险业者协会也成立了犯罪和欺诈防制处，以对付日益猖獗的保险犯罪活动，反保险欺诈与犯罪局的加入，更加壮大了英国保险业者协会对抗保险欺诈活动的能力。

（三）保险公司反欺诈

1. 成立专门的保险反欺诈机构

保险公司是保险反欺诈的第一线。从世界各国保险公司保险反欺诈机构设定来看，美国对保险公司反欺诈更为严格。美国大多数州的法律规定，符合一定规模的保险公司，必须设有特别调查小组，以作为防治保险欺诈的常设专门机构，而且法律还要求保险公司必须制订防治欺诈的计划，且必须经过监管机构批准。保险公司必须在保单上注明：“不正确的陈述与欺诈的理赔事件，乃是一种犯罪。”

2. 增强保险公司员工反欺诈能力

美国保险公司自身对保险欺诈问题非常重视，除了设立特别调查小组和制订防治欺诈的计划外，还有专门的反欺诈认证，比如美国健康保险计划提供十一项资格认证，其中有一项就是医疗保险反欺诈准会员。

保险公司通过引进专门人才，加强培训，提高公司员工反欺诈能力和水平，为保险公司架起一堵保险反欺诈的防火墙。

3. 加强宣传

保险公司对群众的保险宣传非常普遍，大多在小学甚至幼儿园时期就会开展保险教育，宣传保险思想，一些保险公司经常在一些著名的媒体上发布保险反欺诈广告，在增强公民保险意识的同时，也进行了保险法律知识的普及和宣传工作，形成了一个打击保险诈骗的良好社会环境。

保险公司还设立免费举报热线。一方面，向医疗服务消费者和提供者进行宣传，通过各种媒体让公众了解健康保险欺诈活动的特点、欺诈对医疗保险成本的影响及给社会带来的危害，定期把健康保险欺诈的典型案例刊登在有影响的报纸和期刊上，培养和提高公众的反欺诈意识和能力，从而使他们加入到举报欺诈行为的行列中来；另一方面，有利于保险公司从多渠道获得欺诈信息。

（四）利用高新技术反保险欺诈

利用高新技术能够提高反保险欺诈的效率，也是当前反保险欺诈研究的新方向。目前运用最广泛的是利用大数据技术反保险欺诈。比如美国通过政府和保险公司合作建立起了目前全世界范围最广的保险欺诈数据库。通过新型信息技术集合医疗保险欺诈的所有数据，构建大型数据库，在此基础上再进行精准的评估与分析，从中提取识别保险欺诈的关键点，将欺诈行为类型化、特殊标注化，用于反保险欺诈工作实践。

英国 The Loss Adjuster Crawford 公司开发的 SCORE 系统通过对欺诈者进行识别，使用者在输入消费者相关资料时运用心理学、行为学等对其分析，评估欺诈行为危险可能性。保险公司在预知评估结果基础上，再决定是否承保该保险。韩国三星公司也开发了一套保险诈骗预防系统（Insurance Fraud Detection System，IFDS），当客户提出给付保险金的请求时，该系统会通过该公司过去的统计数据（包括年龄、职业、请求内容等）进行打分，分析和判断保险诈骗的可能性。对于超过一定分值的保险金请求案件，将被提交到审查负责人手中。该负责人经过综合判断后，认为有必要的话，再进行调查。

二、中国健康保险欺诈防范的策略

尽管中国健康保险开办历史不长，但健康保险欺诈案例屡屡被发现。政府对反保险欺诈工作非常重视，但总体上看，中国对健康保险欺诈的防范仍然处于发展的初级阶段。

（一）国家对健康保险欺诈的防范

1. 建立和完善防范健康保险欺诈的法律法规

我国没有出台针对健康保险欺诈的专门法规，而是纳入到了《刑法》和《保险法》。从刑法来看，主要有《全国人民代表大会常务委员会关于惩治破坏金融秩序犯罪的决定》和《中华人民共和国刑法》等法律文件。1997 年以前主要以诈骗罪论处，1997 年修订《刑法》时增设了保险欺诈罪，从而为防范和惩治保险诈骗活动提供了切实的法律依据。

在专门法中，《中华人民共和国保险法》第 174 条规定：投保人、被保险人或者受益人有下列行为之一，进行保险诈骗活动，尚不构成犯罪的，依法给予行政处罚：第一，投保人故意虚构保险标的，骗取保险金的；第二，编造未曾发生的保险事故，或者编造虚假的事故原因或者夸大损失程度，骗取保险金的；第三，故意造成保险事故，骗取保险金的。保险事故的鉴定人、评估人、证明人故意提供虚假的证明文件，为投保人、被保险人或者受益人进行保险诈骗提供条件的，依照前款规定给予处罚。

2. 建立和完善防范健康保险欺诈的政府及非政府组织

中国保监会稽查局成立了反保险欺诈的工作处室，统筹全国反保险欺诈工作，各保监局稽查处负责组织辖内反欺诈的相关工作，并初步建立了上下联动的反欺诈监管体制。同时，还从案件报告、移送司法、内部问责、风险预警等方面建立了规范性的制度，加强了欺诈案件管理。

中国保险行业协会于 2014 年 9 月成立了反保险欺诈专业委员会，其后各省保险行业协会也相继成立了反保险欺诈专业委员会。反保险欺诈专业委员会的工作职责主要包括指导建立保险欺诈风险警戒线标准和关键指标；加强行业信息共享，组织搭建反欺诈信息平台，指导行业建立反欺诈数据库，根据市场情况及时通报欺诈案件、发布风险信息；收集、整理各类欺诈案件和欺诈行为的特点；研究制订反保险欺诈措施；畅通举报投诉渠道，及时发现各类保险欺诈违法犯罪行为，建立欺诈案件调查和协查制度；与公安、司法机关形成长期有效的合作机制，共同打击保险欺诈行为；定期组织协调各会员公司就加强反保险欺诈工作开展经验交流和理论探讨；加大保险知识宣传力度，普及保险知识，加强保险消费者教育，引导消费者科学理性消费；建立反欺诈专项基金，用于专项打击保险欺诈犯罪为目的的欺诈风险管理、举报奖励、专业培训、警示宣传及反欺诈基础设施建设等活动。

此外，通过保险行业协会与公安、检察等政府机构的联合，共同反保险欺诈。如江苏省行业协会与南京市公安局建立了反保险诈骗联合工作机制，制定了《反诈骗实施细则》和《反诈骗举报奖励办法》；厦门市行业协会联合厦门公安局成立了反保险诈骗办公室，联合开发了反骗保信息比对平台；上海、浙江等地行业协会统一收集行业欺诈线索，对线索进行串并后移送公安经侦部门，指导涉案机构做好侦办配合工作。

（二）保险公司对健康保险欺诈的防范

在国家对健康保险欺诈问题高度重视的基础上，各家保险公司对健康保险欺诈的防范也进行了有益的探索。

1. 建立保险公司内部反欺诈体系

保险公司内部建立专门的反欺诈机构，主要开展保险欺诈的防范工作。如太保集团建立了“垂直推动”的反欺诈组织体系，分别在集团公司、各子公司总公司和分公司成立了领导小组和工作小组，加强协调和联动；平安财险构建了以制度、平台、队伍为核心的“三位一体”的反欺诈内控体系。

2. 实行差额赔付

保险公司通过对有无保险欺诈纪录的被保险人分情况进行差额给付，以提高其参与保险欺诈的成本，激励和引导被保险人和医疗服务提供者不去实施和参与欺诈。差额赔付制度可以通过建立保险欺诈数据库、建立诚信档案、建立诚信法律保障机制去实现。

3. 建立黑名单制度

保险公司依托大数据技术，把提供虚假治疗信息、诱导患者诊疗、收取回扣、开具大处方、滥用药物等的医疗机构和医生纳入到黑名单，降低其接诊患者的费用报销水平甚至取消其接诊患者费用报销资格并予以公示，通过改变患者就医行为的方式遏制医疗机构和医生的欺诈意图。

把有不良记录的患者纳入黑名单，凡是纳入黑名单的投保人，要么拒绝其投保，要么提高保费，对其报销申请进行更为细致和严格的审查。

4. 强化理赔环节的审查

在保险理赔环节，强化审查力度，提高审查的技术水平和员工素质，多渠道多角度发现保险欺诈线索。比如通过询问知情人来发现欺诈线索。询问就诊医院经治医师和被保险人家属了解被保险人目前病情、诊断治疗情况、病情演变趋势和愈合状况，判断其已经发生或将来发生的医疗费支出是否在保险责任范围之内，及时制止或掌握超前消费、过度医疗等不合理的消费行为，甚至还可能获得被保险人和家属欲隐瞒的实情。

在理赔环节还可以通过重点审核索赔单证来寻找欺诈证据，包括一般责任审核、诊断书、医疗费凭证（发票）、病历等。主要审核患者是否为被保险人本人，患病是否在保险责任期限内；诊断书是否正规、完整，字迹是否清楚，有无涂改痕迹，是否能明确反映病情的轻重程度，对照患者的症状、体征、各项检查结果，进一步审核用药是否与诊断内容相符；医疗费凭证是否正规，是否为同一人笔迹，是否为复印件；住院病历是否真实可靠，病历书写是否粗略或潦草，是否有虚假或涂改的可能等。

（三）运用高科技对健康保险欺诈进行防范

现代信息技术的发展为反保险欺诈提供了全新的思路。首先国家可以通过强大的行政力量联合监管机构、保险公司、医疗机构和投保人，打破行业、企业壁垒，建立起全国性的统一的涵盖人口信息、疾病信息、医药费用、支付、政策等信息的健康保险大数据库。逐步探索利用大数据和人工智能技术构建反欺诈监控识别系统。把事后查处转变为事前预防、事中干预，一旦出现保险欺诈信号，及时干预纠正，既提高了反欺诈效率，又实际降低了反欺诈成本。

思考题

1. 什么是健康保险欺诈？健康保险欺诈为什么容易发生在医疗服务供方？
2. 投保人的健康保险欺诈主要有哪些表现形式？
3. 通过信息共享实现反欺诈对保险公司来说究竟是利还是弊？
4. 对于保险代理人明知被保险人带病、却隐瞒并帮助投保人顺利投保，保险公司可采取哪些技术手段进行防范和控制？

（朱　宏　李永强）

第八章　健康保险核保、理赔与智能科技

内容提要

近年来，我国保险业发展虽快，但长期粗放式发展方式带来了诸多行业痛点。在核保、理赔方面，险企的痛点主要表现为保险欺诈率和欺诈损失较高；而客户购保痛点则主要集中在理赔体验较差、理赔流程烦琐且效率低等方面。在此背景下，借助保险科技驱动行业实现高质量发展可谓势在必行。具体而言，就是要将大数据、云计算、人工智能、区块链和物联网等科技成果应用于健康保险产品、服务、经营流程、风控管控等领域，解决行业痛点，综合提升客户体验，实现以产品为中心到以客户为中心的转变；并在相关主体间建立联系，打破原有行业界限，实现健康产业上下游联动，帮助企业构建大健康生态圈产业闭环。总之，保险科技已成为保险业发展的主要推动力量，为健康保险核保、理赔的创新发展提供了强有力的技术支持。

第一节　大数据在健康保险核保、理赔中的运用

一、大数据概述

（一）大数据及其基本特点

2011 年 6 月，麦肯锡公司发布“大数据（Big Data）”报告，对“大数据”的影响、关键技术和应用等作了详尽的分析，“大数据”这一概念因此开始进入公众视野。具体而言，大数据技术就是指通过研究海量的、价值密度低的、快速流转的、多样的数据，关联数据散点间的联系，从点到线，从线到面地进行深度挖掘，从而发现尚未展现和被研究的热点、难点，并辅助企业和政府进行战略布局。不过值得注意的是，迄今为止，人们对于“大数据”的概念和认知并不统一，但是越来越多的企业开始通过应用“大数据”分析的方式，开发拓展新业务，创新运营模式。

大数据具有 4V 特点，即数据体量大（Volume）、处理速度快（Velocity）、数据类型繁多（Variety）和价值密度低（Value）。具体而言，一是指数据体量巨大。以百度资料为例，其首页导航每天需要提供的数据超过 1.5PB（1PB=1024TB），这些数据如果打印出来将超过 5000 亿张 A4 纸。到目前为止，人类生产的所有印刷材料的数据量仅为 200PB。二是指处理速度快。数据处理遵循“1 秒定律”，可从各种类型的数据中快速获得高价值的信息。三是指数据类型多样。现在的数据类型不仅是文本形式，更多的是图片、视频、音频、地理位置信息等多类型的数据，个性化数据占绝对多数。四是价值密度低。以视频为例，一小时的视频，在不间断的监控过程中，可能有用的数据仅仅只有一两秒。

（二）大数据技术及其优势

处理大数据的方式称为“大数据技术”，是指从各种各样类型的数据中，快速获得有价值信息的能力。一般而言，处理大数据通常必须借用计算机对其进行统计、比对、解析，方能促成更强的决策能力、洞察力，并得出客观结果。具体而言，大数据技术包括大规模并行处理（MPP）数据库、数据挖掘电网、分布式文件系统、分布式数据库、云计算平台、互联网和可扩展的存储系统等。对

大数据的处理，通常包括八个步骤，分别为数据采集、数据存取、基础架构、数据处理、统计分析、数据挖掘、模型预测和结果呈现。

相对传统技术而言，大数据技术通常具有三个方面的明显优势。一是可以采用所有数据，大大扩大了样本范围。大数据分析，不再使用传统的抽样调查，而采用对所有数据进行处理的方法，即“样本=总体”，对数据进行深度分析，挖掘出海量数据中潜藏的价值。二是通过关联关系，实现“预测”的功能。通过采用不同的数据挖掘方法，对结构化和非结构化的数据进行整合、分析，探索、发现、挖掘数据之间潜藏的关联联系，以此来实现“预测”功能。三是能够实现数据的再利用，充分发挥数据价值。改变传统数据资源的“一次性”使用方式，多次使用数据，发挥更多的作用。

（三）大数据的作用

大数据的作用十分广泛，具体而言，主要体现在以下四个方面：

第一，对大数据的处理分析正成为新一代信息技术融合应用的结点。移动互联网、物联网、社交网络、数字家庭、电子商务等是新一代信息技术的应用形态，这些应用不断产生大数据。云计算为这些海量、多样化的大数据提供存储和运算平台。通过对不同来源数据的管理、处理、分析与优化，将结果反馈到上述应用中，将创造出巨大的经济和社会价值。毫无夸张地说，大数据具有催生社会变革的巨大能量。

第二，大数据是信息产业持续高速增长的新引擎。面向大数据市场的新技术、新产品、新服务、新业态将会不断涌现。在硬件与集成设备领域，大数据将对芯片、存储产业产生重要影响，还将催生一体化数据存储处理服务器、内存计算等市场。在软件与服务领域，大数据将引发数据快速处理分析、数据挖掘技术和软件产品的发展。

第三，大数据利用将成为提高核心竞争力的关键因素。各行各业的决策正在从“业务驱动”转变为“数据驱动”。对大数据的分析可以使零售商实时掌握市场动态并迅速做出应对；可以为商家制订更加精准有效的营销策略提供决策支持；可以帮助企业为消费者提供更加及时和个性化的服务；可以为患者提供诊断的准确性和药物的有效性；同时还可以在促进经济发展、维护社会稳定等方面发挥重要作用。

第四，大数据时代科研的方法手段将发生重大变革。例如，抽样调查是社会科学的基本研究方法。在大数据时代，可通过实时监测、跟踪研究对象在互联网上产生的海量行为数据，进行挖掘分析，揭示出规律性的东西，提出研究结论和对策。

二、大数据来源

健康保险大数据主要来源于保险公司内部数据、医疗机构数据、物联网数据、互联网数据及医疗健康数据共享平台等。

（一）保险公司内部数据

健康保险公司在经营过程中会产生大量的数据，例如，业务系统中的保单数据、核保理赔数据、投资经营的投资理财数据、精算部门的定价数据、各类风险管理数据、财务数据乃至宏观管理数据等，这些数据的完整性与准确性都与对应的流程环节息息相关。伴随着业务的增多，保险公司时刻需要积累海量数据信息，使得数据存储规模和处理速度需求呈现出爆炸式的增长趋势。

通过整合内部数据，企业可以从不同角度描述客户画像。保险公司内部积累了大量有价值的数据，主要包括保险账号、身份证号、电话号码、职业、职位、收入、银行卡账号；被保险人的健康医疗数据、生活方式数据、体检数据等。因此，实现大数据在健康保险行业的应用要从整合自身数据开始，挖掘已有的交易数据和订单数据中所蕴含的个人属性、金融属性及健康属性，将这些数据标签化，为用户画像提供支持（图 8-1）。

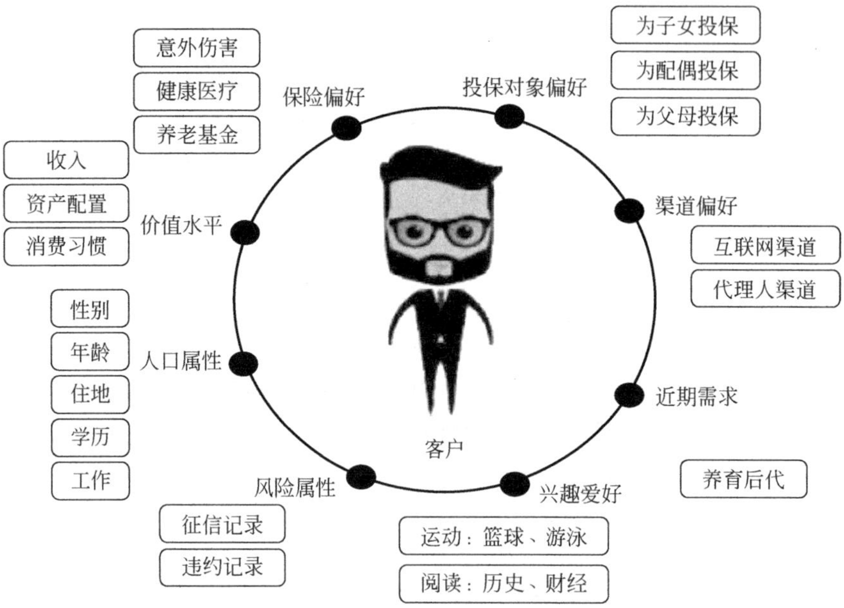

图8-1　保险风险客户画像

（二）医疗机构数据

1. 诊疗数据

诊疗数据是指医疗机构采集患者的人口统计学信息、挂号信息、处方信息、收费信息、住院登记信息、检查及结果信息、化验报告等反映健康及医疗服务状况的数据，这些数据可以通过与医院合作的方式获得。

2. 电子病历

可交互式电子病历（interactive electronic medical records，EMR）对降低病患护理成本存在着惊人的潜力。EMR 可协助医疗机构增进对慢性病的管理，提高运营效率，转化自身的财务状况，改善患者的预后。然而，全国范围内对电子病历的实施程度仍然不尽如人意，导致电子病历的优势没有完全实现。

3. 健康档案

健康档案包括健康基础信息、患者在不同医疗机构形成的历次诊疗信息、健康体检信息、疾病管理信息等，在获得患者授权的前提下调阅其个人健康档案，有助于充分了解患者的健康情况，便于更好地诊断病情。

4. 基因组学

基因组学（genomics）及其相关理论是健康保险发展当下热点研究之一。基因测序和新一代基因组技术正在改变着医疗保健供应商的经营方式，研究人员的目标是实现“超个性化”（ultra-personalized）的医疗保健。从目前的技术水平来看，测序整个基因组序列，并通过测量数以万计的血液成分来评估人类的健康状况已不再是一项难题。同时新一代基因组技术具有低成本的特点，使得数据科学家对研究人群的基因组数据收集量大幅增加。通过结合新的信息学方法，并对医疗保健领域内的多项应用进一步整合，如疾病的研究、处方的有效性等多种类数据，能更好地了解药物反应和疾病的遗传基础。

（三）物联网数据

1. 可穿戴设备

可穿戴设备能够实时跟踪并收集每一个个体的锻炼信息、睡眠信息、饮食信息、生活信息等行为信息和情绪数据，进而帮助保险公司更加全面准确地了解每一个客户的健康状况，以合理评估其疾病风险，为产品设计和具有针对性的疾病风险管理提供数据基础。

2. 患者监护及家庭医疗服务装置

传感器是将医疗技术从医院带进家庭的一种重要媒介。随着传感器的不断改进，家用医疗监测仪器（如黑色素瘤诊断仪、个人心脑电图监测等）也将越来越齐全。设计这些小型仪器的初衷是给患者提供帮助，当然也可以用于收集数据。

（四）互联网数据

互联网包含了购物、社交、金融等平台，每日都产生巨大的访问量及相关客户的行为数据，保险公司可以利用文本挖掘、自然语言识别、模糊判别等大数据技术分析客户群体的行为模式、思维习惯、个人喜好、经济水平，洞察消费者行为，全方位、有效地挖掘客户信息，提供个性化和定制化的健康险产品及服务。

（五）医疗健康数据共享平台

在中国，保险公司的销售数据及客户信息数据是完全保密的，公司之间缺乏数据互动和资料共享，疾病的发生率、死亡率等基础数据统计既不精确也不完整，直接影响了健康险保费费率、理赔率的核定。同时，当前中国的医疗机构、保险公司、社会医疗保险等各自形成一套数据信息管理平台，系统多、接口多、标准不统一等各类问题导致形成了众多的“信息孤岛”，这使得保险公司了解既往史及医疗费用开支有很大难度。此外，医院信息系统尚未在中国全面推广，许多二级以下医院没有将患者门诊、住院病历等数据实时上传医院信息系统的能力。如果未来商业健康保险公司能将自身核心业务系统和客户关系管理系统与医院信息系统及社会医疗保险系统相互对接，并创建参保人员的信息共享体系，创建健康保险大数据的交互平台，制订医疗费用标准及共享药品目录，那么就可以消除信息壁垒，推进信息共享，为客户设计出更合理、保障更全面的健康保险产品和服务。

三、大数据在健康保险核保、理赔中的运用

保险行业的自身特性使其同样具有大数据特征。一是保险行业属于经营风险的行业，需要采用各类风险模型或数理技术等对标的风险进行识别评估；大数据技术能够帮助保险公司基于海量数据来识别和评估风险，其数据基础与分析技术使标的风险的识别与评估更加准确。二是保险公司需要预测风险发生的概率，而大数据技术的应用关键是在于预测。三是保险经营的全部环节都与大数据紧密相关，如业务系统中的保单数据、核保理赔数据、投资经营的投资理财数据、精算部门的定价数据、各类风险管理数据、财务数据乃至宏观管理数据。利用数据挖掘技术可以更加准确识别和评估风险，加强风险控制能力，加强与利益相关方的合作，规避法律风险，可实现健康保险的可持续发展。

（一）预测承保风险

随着移动互联网、云计算、搜索引擎、大数据等技术的不断发展，健康保险公司对于消费者的实时行为已逐步实现可记录、可分析、可预测。传统定价方法根据风险标的基本信息将其归类，统一制订基础保费与费率。通过采集客户多维度行为数据，应用文本挖掘、语音识别等技术，分析客户性格特征、思维习惯、行为方式等，保险公司可以真正做到以客户为中心，为其制订个性化解决

方案。保险公司可以将传统的保险产品进行费率分解，对风险因子做精细化处理，为不同的客户制定差别费率与保障内容，实行主动、高效、前瞻性运营。这也将同时促进保险市场展开差异化竞争，推动行业整体进一步完善与发展。

（二）提升精算质量

保险行业是最早建立科学、完善的数据统计体系，并且以数据统计运算为立业根本的行业。大数据时代，尤其是物联网的发展，赋予保险公司更强大的数据收集、分析和处理能力，通过分析更多的样本数据，甚至是全样本数据，对海量数据进行提炼、总结和判断，从而实现准确预测和精准定价。健康保险承保最重要的是需要对投保人的身体状况作出判断，传统做法是对投保人进行某些特定项目的体检，一方面给投保人造成诸多不便；另一方面保险公司成本高昂且很可能存在遗漏。而基于个体的日常生活习惯和身体数据特征，则可以通过互联网以低成本的方式收集到投保人足够多的身体信息，并据此精确定价。未来，保险精算必定是大数据的精算，大数据必将改变传统的统计分析和保险精算的理论基础。

（三）防范保险欺诈

保险欺诈是保险公司普遍面临的难题。目前，保险欺诈案件呈现出团伙化、专业化、流程化等特点。整个保险欺诈案件的所有手续造假都非常缜密，受人力物力、业务模式和 IT 系统架构所限，保险公司通常是在理赔流程即将结束时才发现存在欺诈的可能性；一些保险公司甚至是在赔款支付后，通过对已赔案件的稽查才能发现保险欺诈。大数据时代的信息技术和创新应用可以为保险反欺诈开创新局面。保险公司通过建立信息共享机制，开发保险反欺诈分析模型，对大量理赔数据进行整理和分析，从而发现异常数据、锁定关键证据，提高保险反欺诈的质量和工作效率。同时还可以根据长期积累的历史数据，对保险欺诈的显著特性及其取值区间进行分析，由此建立预测模型，考察各类理赔案件的风险程度，对可能出现的保险欺诈进行及时监控与防范。

大数据在防范保险欺诈中的应用，具体涉及以下三个步骤：

第一，获取海量的数据，作为分析的基础。众多案例表明，要想在防范保险欺诈中使用大数据分析方法，首先需要采集海量的数据。这需要保险公司去汇总、收集所辖不同层级、不同分支机构在经营中产生的所有相关数据。层级越高效果越好，总公司层级的数据采集，能够有效避免受制于层级、分支机构所造成的数据不准确问题。如果保险行业之间共享数据，会使得分析结果更加精准。

第二，对数据进行加工整理，统一标准、口径。由于采集到的海量数据，这些包含文本、语音记录、图片等半结构或非结构数据容易出现数据混杂的问题，甚至对于同一种问题，由于分属不同的分支机构，涉及地域、人文差异，也会出现多样化的描述。需要利用文本挖掘（text data mining）、图片挖掘等数据分析工具，对数据、文本、照片格式等内容进行特征抽取、文本或图片的分类、聚类等操作，统一标准、口径，为深入分析作准备。

第三，进行数据分析，构建动态的欺诈风险模型。首先，对获取的数据抽取关键风险场景要素获得基础数据。其次，对于上述数据进行多维度分析，发现关联关系。再次，风险聚合，构建动态的欺诈风险模型。传统的风险控制体系，由于涉及不同的层级、不同的分支机构，欺诈风险从每一个分支机构所获得的信息来看，可能并无异常，大数据分析方法实现了风险聚合，结合数据分析所发现的关联关系，构建出欺诈风险模型，及时向分支机构发出欺诈风险预警；同时结合分支机构的实际运用结果，及时修改、完善，真正实现模型的动态调整，反欺诈能力必然大幅提升。

（四）推进健康管理

健康管理是健康保险公司控制风险的重要手段，通过健康管理，保险人可以对被保险人的健康状况进行监测，及时对可能发病的被保险人提供健康服务。通过降低被保险人群的发病率，减少理赔额。

目前已有针对基于物联网技术的云健康监护乃预警系统的研究。通过智能传感器实时监测人体周围环境参数、生命体征参数运动状态、视频等信息。监控中心对采集到的信息进行相应的存储、分析和处理，并利用网络技术将数据上传云服务器，进行云存储、管理和共享，便于健康管理机构对个体进行远程管理及提供咨询和指导。另有资料显示，基于生命体征收集和分析的健康服务远程系统的大数据框架，可提供实时数据传输分析和实时卫生保健服务，并采用开放的标准平台，确保数据和不同设备之间的可操作性。

通过对体检数据分析和挖掘，可得出不同地区人群的健康差异，以此构建个性化、地区化的健康评估模型，制订科学的防病、治病方法及预后标准。如果能提前预测病情及发展趋势，就能尽早地对患者进行预防或治疗，能够在一定程度上降低某些疾病的突发概率。

大数据方法可以帮助保险人更深入地了解个体的健康状况，进而有针对性地、差别化地对被保险人的健康情况进行干预，进行深入的主动型健康管理。相比于传统的无针对性主动型健康宣传和被动型医疗辅助服务的提供，物联网模式、高风险人群识别等大数据应用可以大大增加健康管理的效率，降低医疗费用的承担风险。

四、大数据应用中面临的风险及应对

（一）大数据应用中面临的风险

1. 技术风险

第一，数据的互联互通与数据共享问题。现有的保险公司面临的数据资源有限，多维度的数据资源是进行数据挖掘的关键，需要实现与医疗机构、社交网络等数据的互联互通。第二，大数据模型的应用问题。以神经网络等为代表的机器学习模型在各行各业掀起了学习的浪潮，需要结合医疗知识和大量历史数据设计相对准确实用的模型。第三，数据安全性问题。大数据技术在健康险中的应用涉及用户的医疗信息等敏感数据，如何保护数据的存储安全及用户隐私是必须解决的难点。

2. 安全风险

在保险科技时代，数据促进了保险行业的变革和创新，但同时存在泄露、滥用和篡改的风险。虽然数据的应用简便准确，但如果保管不当，被出售或用于营销，就会使个人信息成为非法分子的牟利工具，并危及个人隐私，此时个人信息安全往往变得非常脆弱。因此保险公司既要注重保护客户信息免遭泄露，又要做好防范措施避免其信息遭遇黑客攻击。

3. 法律风险

保险科技已经成为保险业未来竞争的新平台，大数据在健康保险中的运用，在我国还属于新生事物。保险科技的核心是数据，数据所有权、数据垄断、数据歧视、数据不正当竞争等法律风险管理迫在眉睫，由于我国缺乏专项的数据管理法律，新型数据类的法律风险相当普遍。法律风险出现在保险业务的各个环节，一旦出现，保险公司丧失信誉面临投诉，并将接受监管处罚，会对保险公司乃至整个行业产生巨大的不利影响。

（二）应对风险的措施

1. 扩大数据来源

保险公司要大力挖掘大数据技术的潜能，通过信息化平台加强保险行业的数据与其他相关产业数据的联系，同时整合出有利于保险行业健康发展的大数据；加强与互联网企业和数据企业合作，借助利益互换制度，将数据在用户和数据来源机构的授权下实现内部共享。同时，保险公司可以与用户增加交流和互动来提高用户体验感，有助于保险公司获得更多真实、完整的一手资料和数据。还可依靠可佩戴装置和其他电子记录装置以获得新的更科学准确的数据。

2. 强化信息安全

首先，要处理好信息披露与个人信息安全的关系。发布大数据时，要保障个人信息安全不受侵犯和社会公众利益不受损失，在行业和社会部门之间共享用户数据资源时要加强行业间的管理和监督。其次，有关部门应将监督体系进行优化，加强对信息的管理，提高其安全性，维护用户个人利益。再次，在进行有效的风险管理及系统安全管理时，对于潜在的技术风险，选择一定的防范手段和措施合理规避风险，保障网络保险信息系统的有效运作。最后，应健全客户信息安全体系，优化行业员工的管理，同时还应加强对其教育，提高职业素养，因为从业者直接联系、接触及管理全部顾客信息。个人信息安全对整个网络保险安全体系具有决定性影响，因此对职员的管理非常关键。一是要优化资格考试，以及考核范围。二是要完善电子证据保全体系，加大对违法活动的处理，保障顾客信息数据的安全。

3. 健全相关的法律制度

大数据的开放应用必须要出台相关的法律法规对相关主体进行约束和规范。首先，要明确健康医疗大数据的发展规划，以及不同领域的主体使用权限、相应义务。其次，对恶意使用、不规范使用及在授予权限范围外使用大数据的主体应予以明确的惩罚和追责，以此来约束大数据的滥用并且防控数据泄露风险，保护各方的利益。

第二节　云计算在健康保险核保、理赔中的运用

一、云计算概述

大数据对技术和资源计算提出了更高的要求，而云计算所具备的动态可拓展、按需部署、资源虚拟化、按量付费及按需使用等特点恰好符合了大数据处理的需求。如果把大数据比作一个宝库，云计算就可以当作一个挖掘工具，大数据为云计算提供了落地的用武之地，云计算则为大数据提供了强大的工具支撑，两者相得益彰，都能发挥最大的优势。

（一）云计算的概念

云计算（cloud computing）是继 20 世纪 80 年代从大型计算机到客户端—服务器的大转变之后的又一种剧变。数据中心的硬件和软件就是我们所说的云。基于互联网的计算是云计算，是指通过网络，利用远程服务器来存储、管理并处理数据，而非通过本地服务器或计算机。通过这种方式，共享的软硬件资源和信息可以按需求提供给计算机各种终端和其他设备。利用云计算技术，不仅可以大大节省保险企业自身在硬件和软件方面的投入，还可以更加便捷高效地利用云平台提供的软件资源进行本企业经营管理系统和软件的开发。

云计算发展到一定规模后就可以进行资源共享，达成规模经济。云计算、云存储、云服务能够根据计算或者存储需要，将智能装置、电商平台、社交平台等连接在一起，为用户提供更为广泛、高度个性化的定制服务。云技术的发展同时带来了“共享经济”的福利，融资能力不足的创业公司也能以实惠的价格，得到与自身需求相匹配的信息技术能力和后台服务。

目前云计算服务在保险企业都有广泛的应用，如一些保险企业不是自己购买经营需要的软件，而是向云服务提供商租用基于 Web 的软件包括数据库等，来管理企业的经营活动。客户的健康保险数据统一到健康保险云平台上，平台将各类数据收集并集中起来，进行全面深入分析，再利用人工智能的算法进行分析测试，进而为用户提供风险规避建议及有效的健康管理与保险服务，售出保

险服务的同时降低赔付率。

（二）云计算的特点

云计算有以下几个基本特点：① 虚拟化。云用户通过连接网络，在云环境中，无论何时何地，均可以通过终端来获得云服务，用户不需要了解资源的来源方式，只需要知道如何使用及分配所得资源即可。② 客户端需求低。在有网络的环境里，使用终端即可访问云计算环境。③ 容错性高。云环境中用户可以对数据或资料进行多备份处理，使用起来更加可靠。④ 高灵活性。云计算可以动态调整应用程序占用的资源大小来满足客户需求和业务需求。⑤按需服务，便于管理，可操作性强。

（三）云计算服务模型

第一部分是 PaaS（platform as a service，平台即服务）服务体。其至少包括以下基础软硬件服务：一是核心数据库服务。核心数据库用来存储保险公司的重要数据，这些数据包括经营数据、保单数据、客户信息、财务报表、偿付能力报表、风险管理报表等。核心数据库除了具备基本的数据库功能外，还具有完善的权限机制、完善的备份机制、完善的二次开发的能力，特别是附带完善的数据挖掘功能。二是衍生数据库服务。衍生数据库是由核心数据库通过各种计算产生。它的产生，一般是某部门或者某分支机构通过需求服务器根据某种需求进行计算后的结果，这些结果除了能够被此部门或者分支机构使用外，还很有可能被其他部门使用，在权限安全保护前提下，任何部门都可以使用这些结果，避免了重复计算，同时也避免了人力物力的浪费。三是数据库维护和权限控制服务。在核心数据库和衍生数据库上面是数据库维护和权限控制。对保险公司来说，应该对 PaaS 服务提供商提出更适合保险公司要求的权限控制和数据库维护方面的需求。例如，对精算师赋予足够高的权限，对核心业务数据有完善的重复备份，并构建远程备份机制。

第二部分是 SaaS（software as a service，软件即服务）和 IaaS（infrastructure as a service，基础设施即服务）打包服务。SaaS 服务由保险公司直接向云计算提供商购买，主要包括行政支持系统，如视频会议、邮件服务、协作办公、员工福利等相关业务。在健康保险中此部分可以单独设置为保险核赔系统使用。这些业务并非公司的核心机密，并且琐碎复杂，可以由专业的云计算提供商提供服务。IaaS 服务由保险公司根据公司规模向云计算服务提供商购买，主要是为了完成无法在本地完成的即时计算。监管层或者管理层对某些计算要求反馈及时，这部分计算在经过需求服务器后被分配到 IaaS 服务中，以迅速获得结果。

第三部分是需求服务器。需求服务器在整个体系中处于核心位置，它至少要完成以下任务：接受有效需求，并对需求进行有效鉴别和认证，剔除来自远程的恶意、伪造、越权需求，对需求进行有效分类。根据不同的需求，将计算分配到不同的体系。记录需求结果，根据结果的不同可以在需求服务器内存储或者进入衍生数据库，对重复需求进行有效合并和记录。对于已经有结果的需求，再次被提请的时候，直接调用结果，而不必分配计算。具备良好的用户界面（UI），方便任何人访问和使用，具备良好的安全措施，至少能够对以下信息进行有效加密：需求结果的回馈、远程需求的交换、IaaS 服务的数据传输、SaaS 的数据往来。具有多重备份功能。需求服务器并非是一台服务器，而是一个体系，作为所有云计算的入口，需求服务器能够安全有效地保证需求分配和回馈，并能够在一定程度上优化分配结果，保证需求回馈时间。

二、云计算在健康保险核保、理赔中的运用

凭借庞大而准确的云计算和分析能力，健康险行业可以在技术上实现数据挖掘和数据集成，这对健康保险公司的积极扩张和挖掘产生深远的影响。此外，云计算可以在不同服务器之间提供数据共享环境，并利用其技术优势帮助用户实现全行业保险信息的共享，解决保险市场信息不对称的问

题，实现健康保险行业信息资源的合理利用。

承保理赔上，云计算具有海量数据处理能力。依托大数据和云计算，保险企业能够建立具备数据挖掘、处理、存储的核心业务系统，以提高运营效率和服务针对性。

（一）云迁移

有了云计算，创新型的健康保险企业能够对风险进行更精准定价，在健康保险核保过程中保护更高效的运营，也推动了现代保险业的创新发展。在云计算概念的浪潮下，保险公司纷纷向“云”迁移以期更好的未来发展。云计算通过虚拟硬件资源，实行资源的动态化呈现，使得个人资源和平台及实际的使用过程都体现出良好的效益水平。在“云迁移”的过程中，最先是应用迁移，即迁出网站、邮箱等，然后迁移核保理赔数据，双轨运行一段时间，保证业务不受影响。

对于保险公司而言，其内部的数据系统往往与客户信息安全紧密结合，因此对健康保险公司而言，核心业务的迁移过程就变得十分谨慎。当前主要依靠加密技术保证数据安全，在“云”上，为了防止未经授权的访问，可以通过使用动态令牌在分布式方案的帮助下保证数据安全性。

（二）云灾备

云计算已经应用在数据存储和灾难恢复上，虚拟化容错机制提高了云虚拟机可用性。容错功能可以克服单点故障，避免数据丢失。同时，云计算必须有容错备份系统，如果由于灾难性故障而丢失数据，则可以确保数据具有可靠的备份。为了满足应用的连续性和数据的安全性，灾难恢复系统的结构是“分布式计算，集中存储”。根据不同的需要，灾难恢复有三个层次，分别是数据级灾难恢复、系统级灾难恢复和应用级灾难恢复。数据级灾难恢复是最基本的，可以确保应用程序数据的安全。系统级灾难恢复还对应用服务器的操作系统有一定要求，使灾难恢复时间尽可能短。系统级灾难恢复请求时，用户不会感到任何灾难的发生。

虽然对于健康保险公司的核保理赔业务，灾备的需求并不高，但是为了保证银保通业务的连续性，保险公司还是需要建设银行级的能够随时切换的热备业务和网络灾备系统。这样的结果就是投入产出不对等，所以，云灾备方案很好地解决了这个系统成本的问题。

（三）云服务

借鉴电信运营商等用户自助服务的先进经验，在用户经过身份验证，取得用户名和密码后，可通过电话语音、手机短信、互联网和智能终端接入等方式查询健康保险状态，自助办理大部分保险核保理赔业务。在为保险消费者提供方便的同时，也降低了保险公司的服务成本。

利用云技术的强大辐射力和主动推送服务，健康保险可以实现风险云提示、产品云激活和客户身份云验证，解决保险销售误导等问题。风险云提示，是指通过云技术向投保人主动推送风险提示短信、邮件和语音，并由投保人进行确认，主要解决当前健康保险新型产品销售人员代投保人抄录风险提示语等妨碍保险消费者了解产品风险的问题；产品云激活，是指投保人在犹豫期通过云端进行保单信息确认和激活，充分保障保险消费者行使犹豫期内的权利；身份云验证，是指借鉴信用卡激活时身份验证的经验对保单信息和客户身份进行云端验证，从根本上保证保险消费者的合法权益不被侵害。

在云计算环境下，健康保险核保理赔咨询服务的模式将会发生变化。健康保险服务机构借助统一的云平台开展咨询服务，在相应的激励机制下，保险服务机构都将参与到咨询服务中来，积极解答保险消费者的问题，充分体现了 PaaS 模式。云服务平台把参与到服务中的保险服务机构有效地组织起来，共同为保险消费者提供咨询服务。

（四）多渠道数据采集

未来，随着云技术的不断发展，健康保险公司还可以从云基础设施采集客户健康数据，包括从日志文件、存储在磁盘上的数据、入侵标志物等处收集信息。同时，云计算也可以促进行业内信息共享，以打造全行业的信用信息平台。

为最大化利用用户现有的流式存储系统，阿里云流计算对接了多种上游的流式存储，用户可以不用进行数据采集、数据集成即可享受现有的数据流式存储。

应用流式存储，保险公司可以通过各种随身设备得知用户身体健康信息，对这些数据进行实时分析后，保险公司可以用比传统问卷和体检更好的方式对客户进行细分，再根据个人不同的情况确定赔付率并制订承保方案。

承保后，为了监测患者的身体状况，保险企业可以同家庭护理服务机构合作。作为患者，住在家里进行治疗恢复比在医院舒适，因此在远程医疗服务的支持下，有了感应设备和智能家居生活服务技术，患者的需求能够被满足，这也符合成本效益，云端模式便于随时随地管理。

三、云计算的发展

目前，国内已有诸多保险企业将云计算应用于信息系统创新建设中。既有传统保险企业积极开展私有云建设，又有新兴互联网保险企业全业务上行业云。中国银保监会发布的《中国保险业发展“十三五”规划纲要》中也明确指出要“推动云计算、大数据在保险行业的创新应用，加快数据采集、整合和应用分析”。未来，会有更多的保险企业探索云计算，实现企业上云。

云计算的发展趋势主要有三点：自主可控 2.0、云原生及行业云。

自主可控 2.0 意味着开放和自由，松耦合，没有和任何硬件厂商做强绑定的工作。不少互联网保险公司都成立专门保险科技子公司研发云计算平台，如众安保险从 2014 年搭建金融业内首个架在云上的核心系统“无界山 1.0”，到 2020 年升级为新一代保险数字化业务中台“无界山 2.0”，系统可实现每秒 3.2 万张保单的处理能力，并预计将承载千亿保费的规模。与此同时，2020 年疫情以来，系统持续保持与 330 多个生态合作伙伴的连接、每日发布任务超过 200 个、核心应用自动化测试比例达 80%、承保和理赔自动化率分别达到了 99%和 95%以上，充分突显了赋能保险业务的价值。通过云上核心系统的支撑，众安的业务可以 100%基于线上，疫情期间也能保持高速运转。

云原生技术有利于各组织在公有云、私有云和混合云等新型动态环境中，构建和运行可弹性扩展的应用。中国传统保险企业，面临数字化转型的压力，拓展互联网化业务，采用新技术和新应用的同时，统一管理及运维的挑战，快速响应、快速迭代的迫切性，都会随之出现，因此，在混合架构的统一管理、数据整合、应用快速开发与迭代等方面，对混合云都有要求。通过混合云，企业能够实现数据和应用程序在私有云和公有云之间的切换，比如，企业可以将数据放在私有云里，将程序放在公有云里运行。混合云天然给用户可以充分利用公有和私有的优势，具有高灵活性，也兼具成本效益，能够更好地服务企业，满足企业市场。

行业云是另一个云计算领域的前沿趋势，所谓行业云，是指针对特定行业中最重要的用例进行优化的云服务、工具和应用程序的集合。可以使用应用程序接口（API）、通用数据模型和工作流及其他组件来自定义功能。行业垂直云是云计算服务在某个行业的垂直应用形态，其在平台基础资源结构、数据来源和服务对象上拥有明显的行业属性。行业云与通用云计算的核心区别主要在于：行业云凭借对行业的深度理解，通过在基础设施、平台与应用等层面的定制化设计，为企业提供更具备垂直化、定制化及数据整合化的云服务。保险云的建立可以帮助健康保险公司发展互联网保险业务，提高理赔效率，提升客户服务体验感。

第三节 人工智能在健康保险核保、理赔中的运用

一、人工智能概述

人工智能作为新一轮产业变革的核心驱动力，将催生新的技术、产品、产业、业态和商业模式，从而引发经济结构的重大变革，实现社会生产力的整体提升。

（一）人工智能的定义

人工智能（artificial intelligence）是最新兴的科学与工程领域之一。“人工智能”这一名词诞生于 1956 年的达特茅斯会议上。关于人工智能的定义，学者们从不同维度给出了不同的描述，参考不同学者的观点，可以得到一个关于人工智能的标准定义。

人工智能是计算机科学的一个分支，是研究和开发用于模拟、延伸和扩展人类智能的理论、方法、技术及应用系统的技术。它试图了解智能的实质，并生产出一种新的能以与人类智能相似的方式做出反应的智能机器。人工智能领域的研究范畴包括机器人、语音识别、图像识别、自然语言处理和专家系统等。

人工智能的研究主要分为两类：强人工智能和弱人工智能。弱人工智能，是指不能真正实现推理和解决问题的智能机器，这些机器表面看像是智能的，但是并不真正拥有智能，也不会有自主意识。迄今为止的人工智能系统都还是实现特定功能的专用智能，而不是像人类智能那样能够不断适应复杂的新环境并不断涌现出新的功能。目前的主流研究仍集中于弱人工智能，并取得了显著进步，如语音识别、图像处理和物体分割、机器翻译等方面取得了重大突破，甚至可以接近或超越人类水平。强人工智能，是指真正能推理和解决问题的智能机器，并且认为这样的机器是有知觉的和自我意识的，这类机器可分为类人（机器的思考和推理类似人的思维）与非类人（机器产生了和人完全不一样的知觉和意识，使用和人完全不一样的推理方式）两大类。从一般意义来说，达到人类水平、能够自适应地应对外界环境挑战、具有自我意识的人工智能称为“通用人工智能”、“强人工智能”或“类人智能”。强人工智能不仅在哲学上存在巨大争议，在技术上的研究也具有极大的挑战性。

目前，人们对于人工智能的研究，大部分处于弱人工智能阶段，强人工智能的研究进展相对缓慢。

（二）人工智能的特征

人工智能由人类设计，为人类服务，本质为计算，基础为数据。从根本上说，人工智能系统必须以人为本，在理想情况下必须体现服务人类的特征。具体而言，人工智能具有两大特征。

第一，人工智能能感知环境，能产生反应，能与人交互，能与人互补。人工智能系统具备借助传感器等器件产生对外界环境（包括人类）进行感知的能力，可以像人一样通过听觉、视觉、嗅觉、触觉等接收来自环境的各种信息，对外界输入产生文字、语音、表情、动作等必要的反应，甚至影响到环境或人类。借助于按钮、键盘、鼠标、屏幕、手势、体态、表情、力反馈、虚拟现实/增强现实等方式，人与机器间可以产生交互，使机器设备“理解”人类并与人类共同协作、优势互补。这样，人工智能系统能够帮助人类做人类不擅长、不喜欢但机器能够完成的工作；而人类则适合去做更需要创造性、洞察力、想象力、灵活性、多变性乃至用心领悟或需要感情的一些工作。

第二，人工智能有适应特性，有学习能力，有演化迭代，有连接扩展。人工智能系统在理想情况下应具有一定的自适应特性和学习能力，即具有一定的随环境、数据或任务变化而自适应调节参数或更新优化模型的能力，并能够在此基础上广泛深入扩展数字化连接，实现机器客体乃至人类主体的演化迭代，以使系统具有适应性、灵活性、扩展性，来应对不断变化的现实环境，从而使人工

智能系统在各行各业产生丰富的应用。

（三）人工智能的战略定位

人工智能作为计算机学科的一个分支，自20世纪70年代以来，被称为世界三大尖端技术之一（空间技术、能源技术、人工智能），也被认为是21世纪三大尖端技术（基因工程、纳米科学、人工智能）之一。其研究领域包括机器人、语言识别、图像识别、自然语言处理和专家系统等。人工智能可以模拟人的意识、思维，从诞生以来，理论和技术日益成熟，应用领域不断扩大，并在诸多领域取得丰硕的成果。

作为新一轮产业变革的核心驱动力，人工智能在催生新技术、新产品的同时，对传统行业也具备较强的赋能作用，能够引发经济结构的重大变革，实现社会生产力的整体跃升。据麦肯锡公司预测，到2025年全球人工智能应用市场规模总值将达到1270亿美元，人工智能将是众多智能产业发展的突破点。

人工智能作为一项引领未来的战略技术，世界发达国家纷纷出台规划和政策，对人工智能核心技术、顶尖人才、标准规范等进行部署，争取在新一轮国际竞争中掌握主导权。

2017年，我国出台了《新一代人工智能发展规划》（国发〔2017〕35号）、《促进新一代人工智能产业发展三年行动计划（2018-2020年）》（工信部科〔2017〕315号）等政策文件，推动人工智能技术研发和产业化发展。《新一代人工智能发展规划》中提出，到2030年，人工智能理论、技术与应用总体达到世界领先水平，核心产业规模超过1万亿元。

自党的十八大以来，习近平总书记在不同场合多次谈及人工智能的重要性与人工智能的发展路径。在2017年政府工作报告中，人工智能被正式高调提及，随后写入党的十九大报告。2018年4月，习近平总书记在出席全国网络安全和信息化工作会议时，再次强调“要推动互联网、大数据、人工智能和实体经济深度融合，加快制造业、农业、服务业数字化、网络化、智能化”。党的二十大报告明确提出：“推动战略性新兴产业融合集群发展，构建新一代信息技术、人工智能、生物技术、新能源、新材料、高端装备、绿色环保等一批新的增长引擎。”由此看出，我国已将人工智能上升到国家发展战略高度。

二、人工智能在健康保险核保、理赔中的应用

2016年3月，谷歌旗下DeepMind公司开发的人工智能程序AlphaGo横空出世，与世界围棋冠军李世石展开了一场五局制的较量，AlphaGo最终以4∶1的比分取得压倒性胜利。作为第一个击败人类职业围棋选手、第一个战胜围棋世界冠军的人工智能机器人，AlphaGo开启了人工智能新时代。

人工智能革命同时带来了金融领域新生态，而保险业与人工智能结缘已早，许多保险公司都在积极地探索人工智能在销售、核保及理赔等环节上的潜在应用。

2016年7月29日，合众人寿引入阿里云的人工智能技术，提升合众人寿客服中心的产能，由阿里云人工智能小Ai回答大部分的用户疑问，还将电话客服语音转化成文本，把服务质量检测率从3%大幅提高至100%

2017年1月，日本富国生命保险公司正式启用人工智能系统，负责公司的保险理算业务，而公司的34名理算员在3个月后正式下岗。

美国第四大汽车保险公司Geico在2017年1月发布了手机应用程序的虚拟助手Kate。客户可以选择用语音或者打字的方式和Kate进行交互，Kate可以就投保人目前的账户情况、下一期账单时间及详细的险种问题等作出答复。

2020年8月，科大讯飞股份有限公司与中国太平保险集团签署战略合作协议，双方将基于中国太平全资子公司太平金融科技服务（上海）有限公司和科大讯飞核心生态圈公司科讯嘉联信息技术

有限公司共同建设联合实验室的良好合作基础，共同推动“A.I.+场景”赋能升级保险服务，打造适合中国保险行业发展的科技金融样本，形成可向全国推广的智慧保险解决方案。

人工智能已经越来越多地应用于保险业务的各个环节之中，体现出巨大的市场潜力与应用价值。在核保与理赔环节，保险科技可以通过智能核保反欺诈、智能定损、移动理赔等方式来帮助企业提升风控能力和效率，优化客户体验，这也是保险产品未来的核心竞争力。

（一）智能客服

客服业务包括相对标准化的业务内容，智能客服的引入，可以用来解答常见的咨询问题，代替人工进行部分信息整理和咨询工作，大大降低人工成本，例如，通过语音交互服务缩短服务接入的等待时间，优化客户体验。具体来看，聊天机器人可以减少客户的疑问。最近的一项调查显示，72%的消费者认为在和保险公司沟通条款时，会遇到很多听不懂的专业术语。聊天机器人可以通过简化保险条款、解释复杂的保险范围及逐步引导协助客户完成条款沟通过程，为客户减少困惑。而智能保险顾问则可以进行产品个性化推荐和定制。通过分析客户资料，智能保险顾问可以提供个性化的保险产品和定制的保险范围。客户可以通过智能保险顾问比较保险产品并作出合适的决定。通过智能客服，保险公司可以为保险代理人和客户及时提供产品信息，并允许客户随时、快速购买保险和赎回保险，简化保险业务流程。

在投保环节，智能客服能够提供证件扫描服务，基于人脸识别技术对客户图像进行读取、绘制、储存和分析，为投保用户提供查询保单的服务，省去大堆烦琐的文字输入，凭借“刷脸”为客户提供需要的信息和专业的个性化服务；根据用户画像分析用户需求，精准匹配更适合用的保险方案，为客户提供自主投保服务；在承保环节，智能客服也可以通过分析客户行为来评估风险，通过机器人进行承保和报价，快速评估申请人的风险，为低风险客户降低保费，对高风险客户提高保费，在降低成本的同时，大大提高了效率；在理赔环节，智能客服分析和解析数据，自动化加快人工处理最终理赔结果的速度。

在 2012 年，新华保险在其短信—电话互动服务平台方面就已引用了人工智能技术系统，用以解答常见咨询问题。合众人寿与阿里云人工智能“小 Ai”合作，为投保用户提供解决问题的服务，大大缩短了服务等待接入时间。泰康人寿打造保险机器人“TKer”，可以提供证件扫描服务，便于保户直接投保，还可进行人脸识别及语音交互，为保户提供查询保单的服务，而且未来“TKer”还将到线下提供服务。

2018 年 4 月，风险管家联手复旦大学中国保险科技实验室推出了人工智能健康管家“大白”。“大白”集合了风险评估、疾病测评、保险方案、产品解析等功能，基于客户的年龄、性别等生理状况，以及性格特征、生活习惯、工作环境、职业类型、出行方式、客户的家庭成员结构、家庭收入水平、家族遗传病史及相关疾病病史等方面，全面评估客户风险，制订合适的保险方案。其主要原理是将客户的基本生理数据与人体生命周期特征相结合，将客户的家庭结构特点与中国家庭责任缺口模型相结合，将客户的生活习惯环境、家族遗传信息与疾病影响因子模型相结合。疾病风险测评则基于哈佛大学疾病测算模型，内置数据库涵盖胃癌、宫颈癌等恶性肿瘤疾病，以及白血病、糖尿病、心脏病等常见疾病，从而得出客户的健康、意外和家庭风险测评报告。

（二）智能核保与理赔

随着技术的发展，核保的发展趋势是向数字化、自动化、智能化转变，智能核保系统可有效改善客户体验，提升承保效率、降低运营成本。人工智能系统可以用来识别保户提供照片的真实性，通过技术来实现快速投保，以及防范保险骗保行为。但是人工智能在差异化和非规则化的场景下能力比较弱，人工智能在核保、理赔方面的应用还处于起步阶段。

如前文所述的智能客服，基于人工智能新技术，保险公司可以通过人机交互的方式与客户在线交流，了解客户信息、评估客户风险，并自动出具是否同意承保的决定。在收集并消化足够多的数据后，人工智能将实现独立完成保险销售和处理复杂的理赔案件。它能通过分析客户的对话记录，帮助保险公司更深入地了解客户的需求和喜好，从而制订客户专属的服务方案。同时，保险公司还能通过语音分析挖掘潜在的交叉销售和二次销售机会。通过图像处理技术，智能指导用户拍照角度，并帮助简化和精准化理赔程序，将大大节省支付给理赔人员的人工成本。同时将用户上传的照片放入庞大的图片库中进行系统对比，以核实投保人上传照片的真实性，防范保险欺诈行为。例如，蚂蚁金服保险平台的图片识别技术就是核赔流程的重要应用之一，其消费保险的理赔环节，有时会出现拿着网上下载的图片企图骗保的顾客，人工智能技术可以在图片库中对比投保人提供的图片，确认真伪，在短时间内完成评估。

保险理赔既是保险业务处理程序的最后环节，又是评估其他工作效率的最佳手段，更是保险人履行经济补偿和社会管理职能的具体体现。与传统的人工核损相比，智能理赔可更快速地查助、核损和定损识别，能节省大量时间，提升理赔效率。同时，采用智能化的理赔能够通过多项风控规则进行筛查，完善理赔风险的闭环管理机制。在我国，目前的智能理赔技术更多应用于车险理赔。随着科学技术的发展，人工智能、云计算等已经成为未来的主流技术，智能化、自动化定损已经是未来保险理赔的重要趋势。

（三）智能风控

风险管控是保证保险业务正常发展的重要环节，互联网环境中的风险管控尤为重要。保险公司利用积累的数据资源和智能风控模型，提升保险业务的智能风控能力，是趋利避害的重要途径。

互联网环境下，随着保险种类的增加，业务范围的扩大，也就意味着互联网环境下对保险风控的要求将会更加严格，工作人员通过投保人性别、年龄等特征，基于经验的简单规则或逻辑回归建模进行的核保、理赔工作已无法保证智能风控的服务效率。为此，利用大数据、人工智能、云计算等技术构建金融风控体系，通过海量数据与训练校正来提升模型精度，最终应用到反欺诈、客户识别、贷前审批、授信定价及贷后监控等金融业务流程中，从而提高风控能力，将是智能风控的价值所在。

例如，支付宝和淘宝体系积累了海量的客户数据，给风控模型提供了良好的资源。利用这些数据可以挖掘客户的消费习惯、社会关系、经济能力等多维度深层次信息，进一步协助分析客户的骗保概率、出险概率，用于甄别客户骗保行为。蚂蚁保险希望通过智能风控模型和海量客户资源，提升保险的整体风控水平。在建立保险智能风控模型时，需要考虑模型的可解释性和团伙性。可解释性即模型可以解释，团伙性即大部分保险欺诈行为都是团伙行为，比个体行为明显且难以完全伪装，挖掘团伙的潜在信息对智能骗保模型的构建十分重要。对此，蚂蚁保险结合产品风控场景，量化出投保人不履行责任的风险概率，判断最优的投保人群体，构建核保模型，同时量化出投保人做出保险欺诈行为的风险概率，选择骗保风险最小的人群，构建核赔模型，学习理赔涉及的关系网络信息和业务特征，并通过特征工程精细化账号行为属性等，最终在多项产品中上线了核保核赔功能，大大提升了核保核赔效率，减少了保险欺诈案件的发生。

尽管人工智能在保险业中的运用十分广泛，但目前人工智能技术的局限性还很大，许多技术还处于弱人工智能阶段，不能像人类一样互相沟通、主动学习、有自己的思想，一些专业性的操作还需要专业人员来完成。未来，随着 AI 技术的进步，智能化程度的加强，人工智能在保险各个领域运用的深度和广度必将增大。可以预见的是，再过十年，有人工智能技术加持的保险公司无论在基层服务领域还是高层运营管理方面，都会进一步选择用机器代替人工，人工智能对保险业的冲击已不可避免。

三、人工智能+保险的发展趋势与挑战

面向未来的智能保险，将开启全流程自动化的智能模式，完善保险业务各个环节流程与风控水平，并使消费者享有更好的保险体验。当智能保险在行业内形成更大规模、产生更大影响时，也必将面临更大的机遇与挑战。

（一）个人实际行为定价模式

无人机、传感器、穿戴式设备、物联网等技术的使用，使消费者个人实际行为、健康状况等相关数据被实时地传输到系统中，系统对这些数据进行分析，然后实时地调整保险价格。例如，生活方式较为健康、身体健康的人可以缴纳更少的健康保险费；驾驶习惯或行为不规范，驾驶频率和里程数更高的司机需要缴纳更多的车险费等。

这种机制虽然会涉及客户行为数据隐私的问题，但用户是能够接受这种转变的。相关调查发现，将近一半的消费者会愿意将自己使用的可穿戴设备记录的数据分享给保险公司，来换取更低的保险费。因此，基于使用情况，付费的保险产品会越来越多，产品会越来越个性化。另外，针对小企业保险业务，也会采用类似的机制，即通过企业内部数据及行业、产业链的上下游等外部数据驱动，保险公司会实时分析风险情况并进行实时定价。

（二）保险从业人员角色转变

由于智能客服的应用，传统保险代理人的数量会急剧减少，保险代理人的工作将从现在的推销保险转为运用智能助手来匹配客户需求端和产品供应端。在理赔中，简单的操作将由机器代替，理赔岗位也会显著减少。据麦肯锡公司估计，与 2018 年相比，2030 年的保险行业的理赔岗位将减少 70%~90%。而留下来的理赔相关工作人员会参与更加复杂情况的判定，例如，存在争议、需要人工进行数据洞察和分析并协商的理赔，特殊案件的理赔，为确保算法合理性而随机人工抽查的理赔等。

（三）监管规范化与智能化

目前，由于人工智能还是比较新的技术，在保险行业还没有得到广泛应用，智能保险的政策法规还未完善。未来，随着人工智能在银行、保险、证券等金融领域及医疗、教育、汽车等其他各领域的广泛应用，相关的监管机构会越来越重视技术，整个市场也会趋于规范化。同时，人工智能技术的发展也会使监管技术智能化。监管的内容会转变为对保险公司采用的人工智能技术的检验，如模型参数设置的合理性，输出的保险定价、理赔金额等结果的可接受性，数据的隐私安全性等。

第四节　区块链在健康保险核保、理赔中的运用

一、区块链概述

区块链（block chain）起源于加密货币的故事。世界上第一个区块链数据库是中本聪（Satoshi Nakamoto）为创造比特币而创建的，该数据库是一个算法的结果，该算法最终改进了金融机构的运作。

（一）区块链的定义

区块链技术是点对点通信技术和加密技术的结合。区块链是由一连串加密信息构成的区块组成，通过区块连接形成一个数据库。区块记录了机构间交易的信息，凡是链接其中的机构都能共

享这个信息数据库。从技术角度定义，区块链是一种以密码学保证传输和访问安全、以块链结构存储数据的技术体系。这种技术能有效地保证数据的一致存储和无法篡改，但同时它需要多方共同维护。由此可见，区块链通过去中心化的交互方式能极大地提高网络中点对点的信任，排除干扰信息。在保护隐私的前提下，既能达到信息公开的目的，又能保证个体权益不受共同决策的影响。在效率提高的同时降低价值交互的成本。区块链的种种优点使其成为新时代计算模式的颠覆式创新。

（二）区块链的特点

区块链作为一种新的技术框架，基于独特的数据处理和数据存储方式，可以衍生出全新的商业模式。其最大的特点是具有一套可靠的分布式数据存储系统，本质上是一个去中心化的分布式账本数据库。这套系统允许多方共同参与、共同维护，数据和合约只能读取和写入，不可被篡改并通过链式进行存储。区块链中，每个节点的信息存储都是互不干扰的、平等的，通过共识机制实现存储的一致性。因此，区块链传递和储存的信息具有了去中心化、开放性、匿名性、数据不可篡改性和自治性五大特点，依靠区块链技术可以创建永久、透明的交易记录，建立强大的信任基础。

1. 去中心化

所谓去中心化，是指由于区块链使用分布式核算和存储，不存在中心化的硬件或管理机构，任意节点的权利和义务都是均等的，系统中的数据块由整个系统中具有维护功能的节点来共同维护。也就是说，区块链数据的存储、传输、验证等过程均基于分布式的系统结构，与传统集中记账方式不同，整个网络不依赖一个中心化的硬件或管理机构。区块链的账本既不存储于某一个数据库中心，也不需要第三方权威机构来负责记录和管理，而是分散在网络中的每一个节点上，每个节点都有一个该账本的副本，全部节点的账本同步更新。作为区块链的一种部署模式，公有链中所有参与节点的权利和义务都是均等的，系统中的数据块由整个系统中具有维护功能的节点来共同维护，任一节点停止工作都不会影响系统整体的运作。

2. 开放性

所谓开放性，是指区块链系统是开放的，除了对交易各方的私有信息进行加密，区块链数据对所有人公开，任何人都能通过公开的接口，对区块链数据进行查询，并能开发相关应用，整个系统的信息高度透明。

3. 匿名性

所谓匿名性，是指节点之间的交换遵循固定算法，其数据交互是无须信任的，交易对手不用通过公开身份的方式让对方对自己产生信任，有利于信用的累积。

4. 不可篡改性

所谓数据不可篡改，是指一旦数据经过验证并添加到区块链，就会被永久地存储起来，除非同时控制系统中超过 51%的节点，否则单个节点上对数据库的修改是无效的。正因如此，区块链数据的稳定性和可靠性都非常高，区块链技术从根本上改变了中心化的信用创建方式，通过数学原理而非中心化信用机构来低成本地建立信用，出生证、房产证、婚姻证等都可以在区块链上进行公证，拥有全球性的中心节点，变成全球都信任的东西。

5. 自治性

区块链的自治性特征建立在规范和协议的基础上。区块链采用基于协商一致的规范和协议（如公开透明的算法），使系统中的所有节点都能在去信任的环境中（不需要借助第三方权威机构信用背书）自由安全地交换数据，使得对“人”的信任变成了对机器的信任，任何人为的干预都无法发挥作用。

（三）区块链的应用

在以信息技术为主要特征的第四次产业革命中，保险业作为数据服务的一大子领域，区块链的应用技术意义非凡。

1. 数字货币

相比实体货币，数字货币具有易携带存储、低流通成本、使用便利、易于防伪和管理、可打破地域限制而能更好整合等特点。比特币技术上实现了无需第三方中转或仲裁，交易双方可以直接相互转账的电子现金系统。2019 年 6 月互联网巨头 Facebook 也发布了其加密货币天秤币（Libra）白皮书。无论是比特币还是 Libra 其依托的底层技术正是区块链技术。

2. 金融资产交易结算

区块链技术天然具有金融属性，它正对金融业产生颠覆式变革。支付结算方面，在区块链分布式账本体系下，市场多个参与者共同维护并实时同步一份“总账”，短短几分钟内就可以完成现在两三天才能完成的支付、清算、结算任务，降低了跨行跨境交易的复杂性和成本。同时，区块链的底层加密技术保证了参与者无法篡改账本，确保交易记录透明安全，监管部门方便地追踪链上交易，快速定位高风险资金流向。证券发行交易方面，传统股票发行流程长、成本高、环节复杂，区块链技术能够弱化承销机构作用，帮助各方建立快速准确的信息交互共享通道，发行人通过智能合约自行办理发行，监管部门统一审查核对，投资者也可以绕过中介机构进行直接操作。数字票据和供应链金融方面，区块链技术可以有效解决中小企业融资难问题。目前的供应链金融很难惠及产业链上游的中小企业，因为他们跟核心企业往往没有直接贸易往来，金融机构难以评估其信用资质。基于区块链技术，可以建立一种联盟链网络，涵盖核心企业、上下游供应商、金融机构等。

3. 数字政务

区块链可以让数据“跑起来”，大大精简办事流程。区块链的分布式技术可以让政府部门集中到一个链上，所有办事流程交付智能合约，办事人只要在一个部门通过身份认证及电子签章，智能合约就可以自动处理并流转，顺序完成后续所有审批和签章。区块链发票是国内区块链技术最早落地的应用。税务部门推出区块链电子发票“税链”平台，税务部门、开票方、受票方通过独一无二的数字身份加入“税链”网络，真正实现“交易即开票”、“开票即报销”——秒级开票、分钟级报销入账，大幅降低了税收征管成本，有效解决数据篡改、一票多报、偷税漏税等问题。扶贫亦是区块链技术的另一个落地应用。利用区块链技术的公开透明、可溯源、不可篡改等特性，实现扶贫资金的透明使用、精准投放和高效管理。

4. 存证防伪

区块链可以通过基于哈希算法的时间戳证明某个文件或者数字内容在特定时间的存在，加之其公开、不可篡改、可溯源等特性为司法鉴证、身份证明、产权保护、防伪溯源等提供了完美解决方案。在知识产权领域，通过区块链技术的数字签名和链上存证可以对文字、图片、音频视频等进行确权，通过智能合约创建执行交易，让创作者重掌定价权，实时保全数据，形成证据链，同时覆盖确权、交易和维权三大场景。在防伪溯源领域，通过供应链跟踪区块链技术可以被广泛应用于食品、医药、农产品、酒类、奢侈品等各领域。

5. 数据服务

区块链技术将大大优化现有的大数据应用，在数据流通和共享上发挥巨大作用。未来互联网、人工智能、物联网都将产生海量数据，现有中心化数据存储将面临巨大挑战，基于区块链技术的边缘存储有望成为未来解决方案。再者，区块链对数据的不可篡改和可追溯机制保证了数据的真实性和高质量，这成为大数据、深度学习、人工智能等一切数据应用的基础。最后，区块链可以在保护数据隐私的前提下实现多方协作的数据计算，有望解决“数据垄断”和“数据孤岛”问题，实现数据流通价值。未来区块链技术还会在慈善公益、保险、能源、物流、物联网等诸多领域发挥重要作用。

二、区块链技术在健康保险核保、理赔中的应用

区块链技术的主要优势在于基于分布式网络形成的共识机制，分布式网络使得基于区块链的应用具有明显的开放性和可拓展性，这样使得一些商业模式的门槛可以降得很低甚至产生全新的商业模式；共识机制的独立存在使得合约的执行成本降到最低，执行效率大大提升，计算服务的范围也大提升。基于以上特点，区块链在保险行业的智能合约、风险防范、流程优化与信息透明等方面具有较广的应用价值。

（一）智能合约

1944 年，计算机科学家尼克·萨博提出智能合约的概念：“一个智能合约是一套以数字形式定义的承诺，且包括合约参与方可执行这些承诺的协议。”从本质上来说，智能合约类似计算机程序中的条件语句，智能合约根据预先设定好的条件执行不同的合同条款。尽管智能合约的概念很早就出现了，但迄今为止尚未出现实质性的应用，一个重要的原因在于智能合约的执行需要基于不同来源信息的输入，且输出结果受信息的真实性影响较大。区块链技术的出现为智能合约的应用创造了条件。

智能合约相对于传统合约改变了反映合约内容的形式。智能合约由代码进行定义，纸质合约可以被转化为区块链上的可编程代码，进而可以自动计算每个参与方的保险责任，并执行相应的流程，实现了“代码即法律”；相对于传统合约只是对协议双方的权利和义务进行约定，智能合约的强制执行功能使得合约一旦开始实施，合约执行的进程将脱离任何一方的控制，对于整体效率的提升可以发挥重要作用。智能合约能够完成理赔处理的自动执行，并且能够用来强化具体合约规则，对于客户来说这是一种可靠且透明的支付机制。

2016 年，某保险公司推出了基于区块链技术架构的微信保险卡“飞常惠”航空意外险，成为国内保险业首家研究及运用区块链技术的保险公司。用户在购买该产品时，通过微信端输入被保险人的信息和航班信息，即可投保，整个过程不到 1 分钟。该产品解决了实物保险卡在保存、赠送和转让时带来的诸多不便，同时省去了中间环节，价格极具优势。

新加坡的全球区块链相互保障合约市场（MediShares）是全球第一家相互保障合约市场，源自于相互保险。通过区块链技术建立相互保障智能合约平台，能够有效降低保障产品的运营成本，资金的安全性也得到极大提高。智能合约进入区块链后，赔付过程将严格按照智能合约执行，免去传统赔付过程中审核流程，全部按照规则强制执行，保障被保险人的权益。传统保险的理赔审核过程变成电脑程序，达到理赔条件系统自动执行理赔付款，极大地提高了用户购买保险的积极性，同时也降低了保险公司的行政成本，消除了合约中具体条款或执行合约过程中的不确定性。

（二）防范保险欺诈

区块链中的数据储存库提供的数据是真实的、无法被篡改的，通过保证数据的完整性，减少账本欺诈。如果将一个交易信息正确的区块加入区块链中是很容易的，但是一个交易信息自相矛盾的错误区块就无法加入区块链中，这是因为其他网络节点无法接受错误的区块。如果某一方想对早期区块中的数据进行修改，必须要求对所有随后的区块进行变更，这就需要大多数成员同意这项修改，因此，篡改区块链中的数据是非常困难的。

保险行业参与方众多、流程复杂等特点导致了诸多方面透明度不高，进而催生了许多的欺诈行为。区块链公开透明、不可篡改的技术特性恰好可以在帮助保险行业反欺诈方面发挥作用。保险公

司可以将交易记录永久保存在全网共识的分布式账本中，并通过添加权限控制或者采用隐私保护技术来防止数据泄露，从而通过行业间建立共享账本来避免骗保等欺诈行为。

1. 身份识别

在被保险人身份识别环节，区块链通过不可更改的身份证明信息降低保险欺诈风险。据报道，各国人身保险中普遍存在不同程度的冒领保险或者骗保的问题。基于区块链的身份识别系统可以使每个人拥有独一无二的密码信息，如果在保险金领取中设定密码信息的输入和验证环节，基本可以避免他人冒领保险金的事件。同时基于区块链智能合约的应用，可以通过建立包括医院、社区、民政部门等机构的个人健康信息管理系统，对被保险人的健康状态和生命状态进行跟踪并对是否发放保险金或进行理赔提供决策支持。

2. 风险事件确认

在风险事件时间和地点的确认方面，区块链同样可以发挥作用。以核保为例，时间因素和地点因素是评估风险和确定费率的重要依据。从被保险人的角度来看，不论是财产险还是健康险，都可能出现“先出险后投保”的问题，投保人故意隐瞒出险事实，向保险公司骗保以获得保险赔偿。从保险公司的角度来看，出于业绩考核或者利益输送等原因，也可能存在“保单倒签”的问题，即在出险之后通过保单时间造假扩大保险公司保险责任，使保险公司蒙受损失。从理赔的角度来看，时间和地点也是确定保险责任和损失的关键因素。区块链可以跨行业、分布式记录数据，并且证实数据（包括物品所有权、保单日期和事件发生地点等内容）的真实性。

（三）信息透明

区块链在整个体系中凭借其独特的数据存储和记录方式，实现系统信息的唯一性和可追溯性，通过系统信息可信度与透明性的提升实现系统整体功能。这一功能使其为相互保险、小额保险等发展创造了条件。

1. 相互保险

相互保险中具有同质风险保障需求的单位或个人，通过订立合同成为会员，并缴纳保费形成互助基金。基于相同的风险管理需求和组织成员之间的信任，特定人群通过订立风险事件发生情况下的补偿规则实现互助组织成员之间的风险分散，组织成员之间的相互信任是互助承诺得以兑现的重要前提。同样，基于组织成员之间的信任，相互保险对于风险识别的成本也相应较低，进而使得互助成员可以通过较低的费用实现风险管理。基于以上分析，相互保险的规模实际上由维持组织成员之间相互信任的成本和基于组织成员之间的相互信任为个人带来的缴费节约共同决定。现代保险面临着各种越来越复杂的内外部风险，相互保险维持组织成员之间信任的成本越来越高，使得相互保险越来越向商业保险转化。区块链和相互保险的结合，可以利用区块链信息透明的特点重构信任，破解相互保险的信任难题，细化不同群体的风险特征和风险分散诉求，提升成员之间的知情权和选择权，从而创造一个更加公平、透明、安全和高效的互助机制。

众托帮是中国首家基于区块链专利技术建立的大病互助平台。通过区块链技术，平台对会员加入时间、年龄、病例等相关数据进行备份与验证，基于公有链设置平台总账，从而杜绝由于资金、信息不透明导致的用户信任危机和道德风险问题。

2. 小额保险

小额保险是为农村和城市低收入人群提供的一种简易保险，是一种为低收入人群提供保险保障的机制，被越来越多的发展中国家广泛采用。通过投保小额保险，被保险人可以定期获得与其投保金额和生活成本相应金额的保险金。区块链产生之前，由于难以区分低收入人群和判断其生活成本，从而难以明确其服务对象。而区块链的产生，使个人的信用数据变得透明简单。无论是在中小城市还是在偏远地区，区块链都能为保险公司提供投保人的信用数据，从而实现精准服务，同时也为政府制定福利政策提供数据支持。

三、区块链+保险的发展趋势与挑战

综上所述，区块链可以帮助保险公司提升服务质量，提高核保、理赔效率，形成竞争优势，因此保险业积极探索区块链技术是大势所趋。而同时也应该看到，尽管区块链在保险行业中具有广阔的应用前景，但该领域进展仍然缓慢。

区块链技术的应用以和其他数据生成、收集技术的结合为前提。区块链最大的优势在于提升数据的使用价值，在大多数情况下，往往需要来自多维主体的数据输入并基于区块链共识机制的建立才能实现数据价值的提升。但如果没有数据采集技术的配合使用，区块链技术也无法实现上述目标。同时，由于区块链是一种分布式系统，要想实现其价值，在业务上就必须依赖和竞争对手、供应商以及其他主体之间的合作。这种业务模式是对现有模式的一种颠覆，要想实现这种变革，需要突破诸多瓶颈，其中包括技术瓶颈、市场与法律监管瓶颈等。

思考题

1. 大数据的特点是什么？在健康保险核保、理赔环节发挥什么作用？
2. 云计算如何在核保、理赔环节发挥作用？
3. 人工智能如何在核保、理赔环节发挥作用？
4. 区块链技术的优势是什么？在健康保险核保、理赔环节有哪些应用？

（叶子轶　许梦月）

第九章　健康保险核保与理赔典型案例

内容提要

健康保险核保与理赔是一门理论性和实践性都非常强的综合性学科。本章介绍了健康保险核保与理赔中的典型案例。核保案例中，重点介绍基本健康风险因素（如饮酒、吸烟、肥胖）及常见典型疾病（如高血压、冠心病、乙型肝炎、糖尿病、精神分裂症、甲状腺肿瘤）的核保实务，着重体现循证核保思维；此外，以一则生存调查案例体现生存调查与核保的重要关系。理赔案例中，从合同效力、举证效力、保险责任认定、免责条款、等待期条款、理赔调查、理赔欺诈及补偿原则、最大诚信原则和有利解释原则在健康保险理赔中的适用等多方面介绍理赔实务。通过本章典型案例学习，把各专业基本原理、相关基础知识和核保、理赔规则融会贯通，学习处理实际问题的经验，培养风险敏感性，把握健康保险核保和理赔的核心。

第一节　健康保险核保案例

一、饮　　酒

（一）投保概要

被保险人：赵某　男性　52 周岁　已婚。

职业：农民，近 3 年平均年收入 5 万元。

投保日期：2018 年 2 月 18 日。

投保计划：重大疾病保险，本次风险保额 30 万元，保费 10 年期缴。

投保履历：既往无投保史，累计风险保额 30 万元。

其他告知：3 年前因“酒精中毒”在 L 市精神病医院住院治疗，好转出院，现身体健康，病历遗失；无其他慢性疾病史和诊疗史；无家族性遗传病史。

（二）生存调查

1. 病历调查结果

2018 年 2 月 20 日，生调人员在精神病医院调阅病历。

入院日期：2015 年 2 月 12 日，出院日期：2015 年 4 月 2 日。

出/入院诊断：酒精中毒性精神障碍（酒精中毒性幻觉症）。

入院情况：多疑、乱语 40 天，有饮酒史 26 年。24 岁开始饮白酒，每天 5～8 两；近 2 年减少，每天 3～4 两，但容易且经常醉酒。40 天前，突然出现精神失常，表现为无故哭泣、乱语、多疑、紧张害怕、幻听、幻觉、被害妄想。无肝炎等传染病史。出院情况好转。住院期间肝功能一直不正常，入院时谷丙转氨酶（GPT）73μ/L（0～40μ/L）、谷草转氨酶（GOT）48μ/L（0～40μ/L），出院时谷丙转氨酶 163μ/L、谷草转氨酶 67μ/L，腹部 B 超等检查未见异常。

2. 直接生调结果

2018 年 2 月 23 日，生调人员在被保险人家中生调。

被保险人具有饮酒史近 30 年，每天饮酒 250～500g 白酒，不吸烟；3 年前因“酒精中毒”在 L

市精神病医院住院治疗，现身体健康；出院后至今很少饮酒，仅逢年过节或亲朋相聚才饮少许红酒。被保险人父亲因“脑出血”于71岁死亡。

（三）健康体检

2018年2月24日，被保险人到医院体检，结果见表9-1。

表9-1　体检结果

检查项目	主要指标
物理体检	身高：159cm，体重：55kg，BMI：21.8 血压：130/80mmHg，眼底：未见异常
血常规	血小板（PLT）：84×10^{12}/L
尿常规	无异常
血生化	三酰甘油（TG）：1.45mmol/L（0.57～1.69mmol/L） 空腹血糖（GLU）：4.6mmol/L（<6.0mmol/L）
肝功能	无异常
表面抗原	阴性
胸片	正常
心电图	正常
肝胆B超	未见异常

（四）核保分析

1. 被保险人概述

被保险人，男性，52岁，嗜酒史近30年，每天饮酒250～500g白酒，经常醉酒，不吸烟；酒精中毒史和酒精中毒性精神障碍史已3年。自酒精中毒后，近3年未完全戒酒，偶尔饮少许红酒。被保险人住院治疗期间肝功能不正常，投保时体检的肝功能和肝胆B超均未见异常。

2. 主要风险分析

1）酒精滥用的概念及酒精滥用的危害。瑞士再保险公司的核保评点手册中，酒精滥用的定义包括酒精中毒，当习惯每天饮用酒精饮品超过大约1000ml的餐酒、5品脱的啤酒或3～4个拌和酒，即表示可能存在酒精滥用。通用科隆再保险电子核保评点手册中引用了美国精神病学协会最新修订的《精神障碍诊断和统计手册（第四版）》中的观点，将酒精中毒分为酒精滥用和酒精依赖。酒精滥用是指心理上的依赖，而酒精依赖还表现出酒量增大或停止饮酒后产生身体不适的戒断症状。其对酒精消耗的标准单位及用于核保评点的酒精消耗程度均有明确规定，见表9-2和表9-3。

表9-2　酒精消耗的标准单位

种类	酒精含量	每杯容量	每杯中的酒精含量	标准单位
啤酒	2.5%～6.0%	300ml	7.5～18g酒精	1
葡萄酒	8.0%～12.5%	100ml	8～12.5g酒精	1
利口酒	15%～20%	70ml	10.5～14g酒精	1
威士忌	30%～45%	30ml	9～13.5g酒精	1
烈酒	60%	20ml	12g酒精	1

表 9-3 酒精消耗的程度

分级	酒精消耗标准单位量
轻度	4～5 个标准单位/日，无饮酒过量的症状
中度	6～8 个标准单位/日，偶尔轻度酒精过量
重度	9～12 个标准单位/日，偶尔酒精过量
过度	大于 12 个标准单位/日，频繁酒精中毒 发生严重情况超过 1 次（攻击行为，被吊销驾驶照等）

国内把饮酒过量引起中枢神经系统由兴奋转为抑制的状态，称为酒精中毒，可分为急性中毒、戒断综合征和慢性中毒。但至今未有酒精滥用的明确或量化的概念，仅从感性上及临床表现来判断。

酒精滥用对健康的危害是明确的。酒精滥用主要导致酒精性肝病、急性胰腺疾病、高血压、心脑血管疾病、酒精中毒性精神障碍、意外事故、自杀、自残等。

2）被保险人是否存在酒精滥用。被保险人具有饮酒史近 30 年，平均每天饮白酒 250～500g，经常醉酒，3 年前因酒精中毒导致酒精中毒性精神障碍住院治疗好转，出院后至今仍未完全戒酒。以通用科隆再保险电子核保手册评点标准，假定被保险人每天饮用的白酒酒精含量为 45%，则被保险人每日的酒精消耗为 8.3～16.7 个标准单位。因此从饮酒史结合临床表现应判断被保险人为酒精消耗程度是“过度”的酒精滥用者。

3）被保险人是否存在酒精性肝病。根据其健康状况，主要考虑被保险人的酒精性肝病和酒精中毒性精神障碍两大风险。酒精性肝病是指长期大量饮酒而造成的肝损害，可分为酒精性脂肪肝、酒精性肝炎和酒精性肝硬化。被保险人具有长期（近 30 年）大量（每天 250～500g 白酒）饮酒史，酒精中毒住院期间肝功能一直不正常，而肝脏 B 超未见异常，结合临床表现，应考虑被保险人存在酒精性肝炎的酒精性肝病，尚未发现酒精性脂肪肝或酒精性肝硬化的表现。

4）被保险人发生酒精性肝硬化的可能性。世界各发达国家对饮酒与肝损害之间关系的研究结果表明，酒精类饮料的消耗量与肝硬化发病率之间存在极密切的关系。调查表明每人每天饮酒超过 160g，饮酒史不足 5 年者中约 3/4 的人发生不同程度的肝损害；如果饮酒 15 年以上，半数以上人出现肝硬化。国内的一项研究表明，每天饮酒 40～60g 的人肝硬化的相对危险性增长 6 倍，每天饮酒 60～80g 的人肝硬化的相对危险性增长 14 倍，每天饮酒超过 210g 的人，22 年后 50%出现肝硬化，33 年后 88%出现肝硬化。被保险人虽然在住院期间及在公司体检的腹部 B 超未发现肝硬化的改变，但被保险人饮酒史近 30 年，平均每天饮白酒 250～500g，可见被保险人在将来发生肝硬化的风险极高。

5）被保险人的酒精中毒性精神障碍是否会复发。就此问题核保人员请教了 L 市精神病医院的专家，专家认为：“酒精中毒性精神障碍发作时一般能治愈，是否复发取决于患者是否完全戒酒，一个嗜酒者完全戒酒的可能性很低，在国内更低。”从生调情况得知被保险人并未完全戒酒，其酒精中毒性精神障碍复发的风险也高。

（五）核保决定

主要风险评点（同时参考通用科隆再保险电子核保手册）：过度酒精滥用史，酒精性肝损害史，酒精中毒性精神障碍史；未完全戒酒。

核保决定：拒保。

（六）本案思考

由不良生活方式引起的疾病，称为生活方式病。据统计，约 1/3 的中国人患有生活方式病。不良生活方式已经成为危害国人身体健康和影响寿命的重要杀手，其中饮酒、吸烟是中国人最主要也是最普遍的不良生活方式。我国男女饮酒率分别约为84.1%和29.3%，且酗酒者出现低龄化现象，女性的比例不断增加。饮酒、吸烟作为健康的危险因素，其危害性非常大，尤其当合并如超重、肥胖、高血脂、高血压、高血糖等其他风险因素时，对健康的危害程度更加严重，除缩短寿命外，还会导致较高的意外事故和自杀、自残现象。

如何在核保中对饮酒行为进行评点？大多数保险公司的核保规定是在出现相关疾病时才同时评点，对单纯的少量饮酒不评点。在瑞士再保险公司和通用科隆再保险公司的核保评点指引中对饮酒都可单独评点。通用科隆再保险电子核保手册对饮酒的评点有较好的实用性，可借鉴。笔者建议在核保中对饮酒行为评点时，应鉴别以下几点：①偶尔饮酒（如社交应酬），还是长期饮酒？偶尔饮酒无需理会和评点；长期饮酒需要量化每天酒精的消耗量（单位：g），根据量化值评点。②长期饮酒是否出现如酒精中毒（包括酒精滥用和酒精依赖）、酒精性肝病、酒精中毒性精神障碍等并发症？如出现并发症必须严格评点。③长期饮酒是否合并超重、肥胖、高血压、高血脂或高血糖等附加风险因素？如有，须同时评点。④长期饮酒的是否已完全戒酒？已戒酒的根据以往每天的酒精消耗量（单位：g）和已戒酒的年数共同考虑评点。

二、吸　　烟

（一）投保概要

被保险人：李某，男性，53周岁，已婚。

职业：农民，近3年平均年收入6万元。

投保日期：2019年8月21日。

投保计划：重大疾病保险，本次风险保额40万元，保费10年期缴。

投保履历：既往无投保史，累计风险保额40万元。

其他告知：投保单上告知吸烟20余年，每天8支；身高165cm，体重68kg。

（二）生存调查

2019年8月23日，生调人员在被保险人家中生调。

被保险人体形较胖与投保单告知不符，吸烟已30余年，每天1包多，饮酒已30余年，每天饮白酒4两左右；否认高血压、慢性支气管炎等慢性疾病史及住院治疗史；否认家族性遗传病史。被保险人的儿子在烟草公司工作。

（三）体检结果

2019年8月25日，被保险人到医院体检，结果见表9-4。

表9-4　体检结果

检查项目	主要指标
物理体检	身高：165cm，体重：80kg，BMI：29.4 血压：140/95mmHg，眼底：未见异常
血常规	无异常
尿常规	尿隐血（BLD）：（+）
血生化	三酰甘油（TG）：2.45mmol/L（0.57～1.69mmol/L） 空腹血糖（GLU）：6.5mmol/L（<6.0mmol/L）

续表

检查项目	主要指标
肝功能	无异常
表面抗原	阴性
胸片	两下肺纹理增多，结构紊乱，考虑慢性支气管改变
心电图	左心室高电压
肝胆B超	未见异常
肺功能	未见异常

（四）核保分析

1. 被保险人概述

被保险人男性，53 周岁。生调发现其吸烟 30 余年，每天 1 包多；饮酒也 30 余年，每天 4 两左右白酒。体检结果：BMI 29.4、血压 140/95mmHg、三酰甘油 2.45mmol/L、空腹血糖 6.5mmol/L、尿隐血（+），胸片："两下肺纹理增多，结构紊乱，考虑慢性支气管改变"，心电图："左心室高电压"，肺功能未见异常。

2. 主要风险分析

1）吸烟的危害。吸烟者的死亡率明显高于非吸烟者。吸烟严重危害人体健康，可导致几十种疾病，如致癌作用，对心、脑血管的影响，对呼吸道的影响，对消化道的影响和其他方面的影响（如孕妇和儿童等）。

吸烟者患肺癌的危险性是不吸烟者的 13 倍，如果每天吸烟在 35 支以上，则其危险性比不吸烟者高 45 倍。除肺癌外，吸烟是多种癌症发生的高危因素。吸烟者喉癌发生率较不吸烟者高十几倍，膀胱癌发生率增加 3 倍等。

吸烟是心、脑血管疾病的主要危险因素。吸烟者的冠心病、高血压、脑血管病及周围血管病的发病率均明显升高。据统计，冠心病、高血压患者中 75%有吸烟史。冠心病发病率吸烟者较不吸烟者高 3.5 倍，冠心病患者病死率前者较后者高 6 倍。心肌梗死发病率前者较后者高 2～6 倍。高血压、高血脂及吸烟三者同时具备者冠心病的发病率增加 9～12 倍。吸烟者发生猝死的危险性非常高。

吸烟者发生脑中风的危险性是不吸烟者的 2～3.5 倍；如果吸烟和高血压同时存在，脑中风的危险性就会升高近 20 倍。

吸烟是慢性支气管炎、肺气肿和呼吸道阻塞的主要诱因之一。吸烟者患慢性支气管炎较不吸烟者高 2～4 倍，患慢性阻塞性肺疾病（COPD）前者是后者的 4 倍。

吸烟引起胃酸分泌增加，一般较不吸烟者增加 91.5%，从而诱发溃疡。

2）用于吸烟风险因素分析的相关参数。分析吸烟作为健康危险因素的主要参数是每天吸烟的支数（或包数）、每天吸烟的平均包数（单位为"p"）与吸烟的年数（单位"y"）的乘积（即 p.y.Hx）。吸烟的危害性与吸烟的量和吸烟的年限成正比。根据每天吸烟支数，可将吸烟程度分为轻度、中度、重度和过度，具体如表 9-5 所示。

表 9-5　吸烟程度分级

分级	吸烟量
轻度	每天吸烟支数＜19 支
中度	每天吸烟支数 20～39 支
重度	每天吸烟支数 40～59 支
过度	每天吸烟支数＞60 支

研究发现，尤其当吸烟达到并超过大约 40p.y.Hx 时，冠心病、周围血管疾病、慢性阻塞性肺疾病和肺癌等的发病率开始急剧上升，如图 9-1 所示。

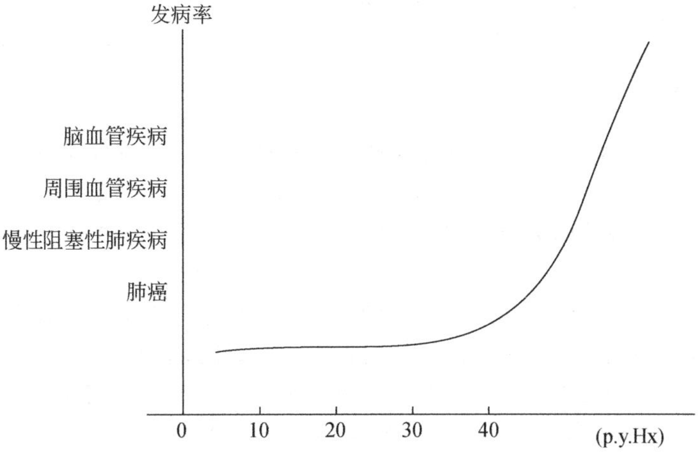

图 9-1　疾病发生率与吸烟 p.y.Hx 的关系

3）被保险人的综合风险分析。被保险人每天吸烟 1 包多，假定为 1.5 包（30 支），则被保险人应属于中度吸烟者；其吸烟史已达 30 余年，则每天吸烟的平均包数*吸烟年数为 45p.y.Hx。根据图 9-1 可知，其发生冠心病、周围血管疾病、慢性阻塞性肺疾病和肺癌的风险急剧增高；饮酒 30 余年，平均每天 4 两，假定所饮白酒酒精含量为 45%，则被保险人每天的酒精消耗量为 6.7 个标准单位（按表 9-2 和表 9-3 的计算公式），属于中度酒精消耗。被保险人的体检结果：BMI 29.4、血压 140/95mmHg、三酰甘油 2.45mmol/L、空腹血糖 6.5mmol/L、尿隐血（+），胸片："两下肺纹理增多，结构紊乱，考虑慢支改变"，心电图："左心室高电压"，肺功能未见异常。

根据高血压的诊断、分级和危险性定量评估标准，被保险人具有男性、53 周岁、吸烟、饮酒、肥胖、三酰甘油增高、高血糖 7 个风险因素，血压测量值 140/95mmHg，所以被保险人原发性高血压（1 级）诊断明确，属于高危组。

被保险人空腹血糖 6.5mmol/L（＜6.0mmol/L），同时具有糖尿病的危险因素：男性、53 周岁、肥胖、高血脂、高血压、吸烟和饮酒等，故有糖尿病的可能性大。

被保险人发生冠心病的风险如何？被保险人具有以下冠心病的风险因素：男性、53 周岁、吸烟、饮酒、高血压（高危组）、肥胖、三酰甘油增高等，尤其同时具有吸烟、高血压（高危组）和高三酰甘油。尽管目前心电图除左心室高电压外无其他异常，但被保险人有冠心病的风险极高。

被保险人吸烟达 45p.y.Hx，胸片提示"两下肺纹理增多，结构紊乱，考虑慢性支气管炎改变"，认为被保险人的慢性支气管炎诊断明确，目前肺功能检查未见异常，但发生慢性阻塞性肺疾病的风险依然很高。

（五）核保决定

核保决定：加费承保，主要风险评点（同时参考科隆再保险电子核保手册）如下：

吸烟每天 30 支、30 余年，达 45p.y.Hx	+50
中度饮酒（每天 6.7 个标准单位）	+70
BMI29.4	+10
TG2.45mmol/L	+25

GLU6.5mmol/L	+35
高血压（BP140/95 mmHg）	+35
慢性支气管炎（胸片提示慢支改变，肺功能未见异常）	+50
合计	+275

（六）本案思考

我国成人吸烟率约为 37.6%（其中成年男性吸烟率 66.9%），现有直接烟民超 3.5 亿，加上间接吸烟者已超 7 亿。吸烟对人体百害无一利，吸烟者比不吸烟者的平均寿命少 20 年。吸烟者患肺癌的相对危险性是不吸烟者的 10～15 倍，胃癌的发病率是不吸烟者的 3～6 倍。吸烟是心脑血管疾病的重要危险因素，吸烟者冠心病、心肌梗死的发病率是不吸烟者的 2～6 倍；吸烟者脑中风的患病率是不吸烟者的 2～4 倍，每天吸烟多于 1 包者的脑中风的患病率是不吸烟者的 11 倍，如果高血压者吸烟则患脑中风的危险性高达 20 倍。吸烟是慢性阻塞性肺疾病的主要原因，吸烟者慢性阻塞性肺疾病的患病率是不吸烟者的 4 倍。吸烟者糖尿病的发病率是不吸烟者的 2 倍。

如何在核保中对吸烟行为进行评点？同饮酒一样大多数保险公司的核保规定是在出现相关疾病时才同时评点，对单纯的少量吸烟不评点。建议在核保中对吸烟行为评点时，应鉴别以下几点：①偶尔吸烟（如社交应酬），还是长期吸烟？偶尔吸烟无需理会；长期吸烟需要量化每天吸烟量（支数或包数）和已吸烟年数，根据量化值评点。②长期吸烟是否出现如呼吸系统疾病、心脑血管疾病等并发症？如出现并发症必须严格评点。③长期吸烟是否合并超重、肥胖、高血压、高血脂或高血糖等附加风险因素？如有，须同时评点。④长期吸烟的是否已完全戒烟？已戒烟的根据以往每天的吸烟量（支数或包数）和已戒烟的年数共同考虑评点。

三、肥　胖

（一）投保概要

被保险人：江某　41 周岁　男性　已婚。
职业：公司总经理，近 3 年平均年收入 30 万元。
投保日期：2019 年 6 月 12 日。
投保计划：附加住院医疗保险，保额 1 万元。
投保履历：2013 年 5 月投保重大疾病保险，累计风险保额 50 万元。
其他告知：投保单告知身高 175cm，75kg。

（二）生存调查

无。

（三）体检结果

2019 年 6 月 14 日，被保险人到医院体检，结果见表 9-6。

表 9-6　初次体检结果

检查项目	主要指标
物理体检	身高：172cm，体重：87kg，BMI：29.4
腹部 B 超	脂肪肝

由于检查不全，2019 年 6 月 22 日，被保险人到医院复查，结果见表 9-7。

表 9-7　复查体检结果

检查项目	主要指标
物理检查	血压：120/80mmHg，眼底：未见异常
血常规	无异常
尿常规	无异常
血生化	血糖：5.94mmol/L（3.61～6.1mmol/L） 总胆固醇（CHOL）：5.09mmol/L（2.8～5.2mmol/L） 三酰甘油：8.98mmol/L（0.5～1.7mmol/L）
肝功能	谷丙转氨酶：93U/L（4～50U/L） 谷草转氨酶：41U/L（7～38U/L） 谷氨酰转移酶：89U/L（0～50U/L）
乙肝二对半	无异常
心电图	无异常

（四）核保分析

1. 被保险人概述

被保险人男性，41 周岁，公司总经理，无烟、酒嗜好，无家族病史。体检示 BMI 29.4；谷丙转氨酶、谷草转氨酶、谷氨酰转移酶、三酰甘油均异常；腹部 B 超：脂肪肝；心电图：无异常。

2. 主要风险分析

1）肥胖的概念及其并发症。肥胖是体内脂肪过多堆积使体重超过正常的一种状态。肥胖病与遗传、多吃、运动少、环境封闭、精神情志、饮酒、吸烟等健康风险因素密切相关。

肥胖可并发许多疾病，其中危害比较严重的疾病有糖尿病、高血压、高血脂和心脑血管疾病，如冠心病、脑血管意外。

肥胖并发糖尿病比体重正常者高 4 倍，肥胖人群中 50%患有糖尿病，40 岁以上的糖尿病中 70%～80%有病前肥胖史。

超重或肥胖者高血压的患病率比正常人高 3 倍，明显肥胖者高血压发生率比正常者可高 10 倍，肥胖病者中 30%～50%并发高血压，且随肥胖的程度增加而升高。

肥胖者血液中低密度脂蛋白胆固醇升高，高密度脂蛋白胆固醇下降，同时出现高三酰甘油血症。男性肥胖患者的三酰甘油含量比一般人高出 108%，女性高出 43%～73%。

肥胖病者患冠心病比体重正常者高 2～5 倍。男性肥胖患者心绞痛发生率比一般人群高出 15 倍，心肌梗死比一般人群高 4.5～5.5 倍；女性肥胖患者分别高出 6.8～7.7 倍与 0.7 倍。

肥胖患者并发脑梗死与心力衰竭的发病率比正常体重者高 1 倍。肥胖病者猝死率高出普通人群的 13 倍。

同时并发冠心病（C）、高血压和高血脂（H）、糖尿病（非胰岛素依赖型）（A）、肥胖病（O）及脑血管意外（S）则称为“死亡五重奏”（CHAOS），如不及时采取有效措施，死亡很快就会来临，而肥胖病堪称为“死亡五重奏”中的号手。

肥胖还会导致其他一些疾病，如图 9-2 所示。

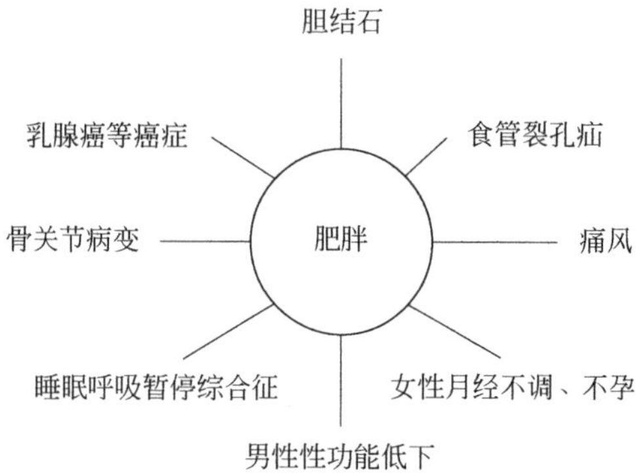

图 9-2 与肥胖相关的其他疾病

胆结石在男性肥胖者高于正常人群 2 倍，女性肥胖者高于 3 倍，在中年女性者尤为明显，约高 6 倍。大约 50%的肥胖患者有肝内脂肪浸润。在肥胖女性中 40%左右无月经或稀发月经，并易患不孕症及子宫内膜病变。肥胖者乳腺癌和子宫内膜癌的发病率是非肥胖者的 3～4 倍。34%的白内障应归咎于体重超重或肥胖。

2）肥胖的分级标准。根据世界卫生组织制定的标准，可根据 BMI 来判断肥胖状况，并作出分级，具体如表 9-8 所示。

表 9-8 肥胖的分级

分类（级）	BMI	并发症的危险性
体重过低	＜18.5	低（但其他临床问题多）
正常体重	18.5～24.9	一般
超重	25.0～29.9	轻度增加
肥胖Ⅰ级	30.0～34.9	中等
肥胖Ⅱ级	35.0～39.9	严重
肥胖Ⅲ级	≥40.0	十分严重

新近亚太地区根据 BMI 将肥胖分级为：正常体重指数为 18.5～22.9；超重为 23～24.9；Ⅰ级肥胖为 25～29.9；Ⅱ级肥胖为 30 以上。

中国肥胖问题工作组根据 20 世纪 90 年代中国人群肥胖的汇总分析报告，首次提出适合中国成人的肥胖标准，即 BMI 大于 24 为超重，大于 28 为肥胖；男性腰围大于 85cm、女性腰围大于 80cm 为独立的肥胖标准。

近年来，国内外提出了用腰臀比（WHR）来评判肥胖，用此比值评估是否易发心血管疾病和糖尿病等慢性疾病。若男性 WHR 大于 0.9，女性 WHR 大于 0.85，则认为是苹果形肥胖病；若男性 WHR 小于 0.8，女性 WHR 小于 0.7，则认为是梨形肥胖病。经研究发现苹果形肥胖者易患冠心病、脑中风和糖尿病。此外，我国曾用测定 WHR 的方法研究肥胖人群中的高血压，发现苹果形肥胖者患高血压的危险性为梨形肥胖者的 1.8 倍，同时发现苹果形肥胖者较梨形肥胖病更易患冠心病。

3）被保险人的综合风险分析。被保险人的 BMI 是 29.4，按世界卫生组织的标准分级属于超重，并发症的危险性轻度增加；按亚太地区的标准分级为Ⅰ级肥胖，并发症的危险性为中等；按中国标准也属于肥胖。遗憾的是在体检中没有测量其 WHR。被保险人体检结果显示脂肪肝，肝功能异常，血脂异常增高，均是肥胖的并发症。此客户的风险远远高于正常人。

（五）核保决定

核保决定：加费承保，主要风险评点如下：

BMI 29.4	＋30
脂肪肝，肝功异常	＋100
三酰甘油 8.98mmol/L	＋100
合计	＋230

（六）本案思考

体格对健康和寿命的影响是多方面的，肥胖和消瘦都会对人体产生损害，世界卫生组织已将肥胖定为疾病。

2002 年，中国肥胖问题工作组对中国 24 万余名成人的调查结果显示：中国成人的 BMI 正常范围是 18.5～23.9，BMI 值“24”为中国成人超重的界限，BMI“28”为肥胖的界限；男性腰围≥85cm，女性腰围≥80cm 为腹部脂肪蓄积的界限，且 BMI 与总死亡率呈 U 形曲线相关，即 BMI 过高（≥28）或过低（＜18.5）者，死亡率都升高。

2016 年，英国著名医学杂志《柳叶刀》发表全球成年人体重调查报告，调查发现全球成人肥胖人口已经超过瘦子，而中国超越美国，成为全球肥胖人口最多的国家。根据国家统计局的数据显示，中国人的超重率和肥胖率均不断上升。从 1992 年到 2015 年，超重率从 13%上升到 30%，肥胖率从 3%上升到 12%。同时中国儿童和青少年的肥胖率也在快速增加，从 2002 年到 2015 年，儿童和青少年超重率从 4.5%上升到 9.6%，肥胖率从 2.1%上升到 6.4%。

对于肥胖人群，目前国内各家保险公司的重视程度越来越高，但一般都是以 BMI 来划分肥胖人群和非肥胖人群，忽略了 WHR 判断肥胖的重要性。另外中国人的肥胖主要表现在腰腹部，与西方人肥胖的体型不太一样。因此建议把 WHR 作为 BMI 异常者的体检内容，把 WHR 作为评点肥胖的另一项指标。根据 WHR 肥胖被分为两种类型：苹果形和梨形。脂肪堆积在腰腹部，为苹果形肥胖；脂肪堆积在臀部和大腿部，为梨形肥胖。研究表明，苹果形肥胖者易患冠心病、糖尿病等。

四、高　血　压

（一）投保概要

被保险人：吴某　男性　52 周岁　已婚。
职业：个体商贩，近 3 年平均年收入为 15 万元。
投保日期：2019 年 1 月 13 日。
投保计划：重大疾病保险，本次风险保额 30 万元，保费 10 年期缴。
投保履历：既往无投保史，累计风险保额 30 万元。
其他告知：既往无慢性疾病史及诊疗史，家族史无特殊；吸烟史 20 年，每日 30 支。

（二）生存调查

无。

（三）体检结果

2019 年 1 月 17 日，被保险人到医院体检，结果见表 9-9。

表 9-9 体检结果

检查项目	主要指标
物理体检	身高：173cm，体重：83kg，BMI：28 血压：160/120mmHg，眼底：未见异常 心脏听诊：心前区闻及III级收缩期杂音
血常规	无异常
尿常规	蛋白微量
血生化	三酰甘油：3.48mmol/L（0.57～1.69mmol/L） 空腹血糖：4.8mmol/L（＜6.0mmol/L）
肝功能	无异常
表面抗原	阴性
胸片	正常
心电图	左心室高电压

（四）核保分析

1. 被保险人概述

被保险人为男性，52 周岁，告知无高血压家族史，吸烟史近 20 年，每日约 30 支，近期未有任何不适。体检结果为 BMI 28；血压 160/120mmHg；尿常规示蛋白微量；心电图：左心室高电压；物理体检：心前区闻III级收缩期杂音。

2. 主要风险分析

（1）高血压的诊断和分类

我国采用国际上统一标准，成人收缩压≥140mmHg 和（或）舒张压≥90mmHg 即诊断为高血压。根据血压水平，高血压可进一步分为 1、2、3 级等，具体如表 9-10 所示。

表 9-10 血压水平的定义和分类

类别	收缩压（mmHg）	舒张压（mmHg）
理想血压	＜120	＜80
正常	＜130	＜85
正常高值	130～139	85～89
1 级高血压（轻度）	140～159	90～99
亚组：临界高血压	140～149	90～94
2 级高血压（中度）	160～179	100～109
3 级高血压（重度）	≥180	≥110
单纯收缩期高血压	≥140	＜90
亚组：临界收缩期高血压	140～149	＜90

注：当收缩压和舒张压分属不同分级时，以较高级别作为标准

（2）高血压的病因及相关风险因素

高血压的病因分为原发性与继发性，原发性即病因不明性高血压，占 95%以上；继发性指高血压为某一疾病的临床表现，占 5%以下。继发性高血压的常见病因有肾脏疾病、内分泌疾病、

血管病变、颅脑病变和其他。

高血压的风险因素见图 9-3。

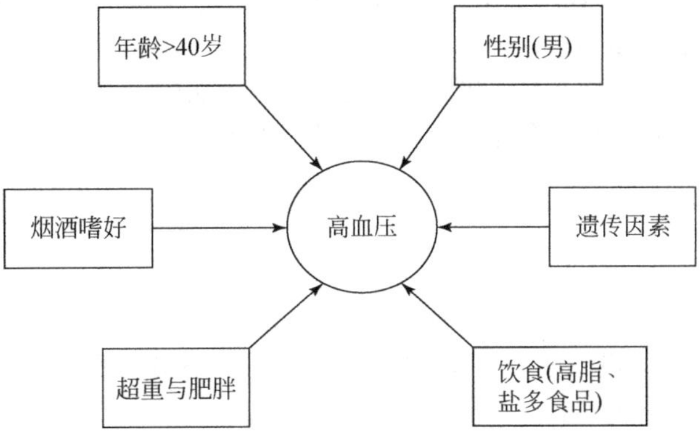

图 9-3　高血压的风险因素

（3）高血压的危害及引发主要心脑血管疾病的定量评估

高血压的危害主要是并发严重的心、脑、肾及大血管疾病，如冠心病、心肌梗死、心力衰竭、脑中风、肾功能损害、主动脉夹层并破裂等，从而缩短寿命。那么，如何定量评估高血压患者发生严重心脑血管疾病的可能性？

1）用于评估高血压患者发生心脑血管疾病的主要因素：①收缩压和缩张压（1、2、3 级）；②性别和年龄，男性＞50 岁，女性绝经或＞60 岁；③吸烟，烟种、支数和吸烟时间；④血脂异常；⑤糖尿病或伴有蛋白尿；⑥肥胖，根据 BMI、腰臀比判定超重的程度；⑦有早发心血管病家族史，父母、外祖父母、祖父母及同胞者；⑧静坐的工作方式和生活方式，缺乏规律的体育锻炼或体力劳动；⑨高危社会环境或经济状况；⑩高危种族，高危地区；⑪靶器官损害的体征及严重程度；⑫既往心脑血管疾病的发作史。

2）用于评估高血压患者发生心脑血管疾病的分组，见表 9-11。

表 9-11　高血压的分组

危险因素和疾病史	轻度高血压 140～159/90～99mmHg	中度高血压 160～179/100～109mmHg	重度高血压 ≥180/≥110mmHg
无其他危险因素	低危	中危	高危
1～2 个危险因素	中危	中危	极高危
≥3 个危险因素或靶器官损害或糖尿病	高危	高危	极高危
与高血压有关的心脑肾、血管或视网膜病	极高危	极高危	极高危

3）不同组高血压患者发生心脑血管疾病的量化值。低危组 10 年内发生主要心脑血管疾病的危险性＜15%；中危组 10 年内发生主要心脑血管疾病的危险性在 15%～20%；高危组 10 年内发生主要心脑血管疾病的危险性在 20%～30%；极高危组 10 年内发生主要心脑血管疾病的危险性＞30%。

（4）被保险人是否确定为高血压

被保险人年龄 52 岁，男性，BMI 28，吸烟 30p.y.Hx，此次体检血压 160/120mmHg，三酰甘油 3.48mmol/L，尿常规：微量蛋白，心电图提示左心室高电压，心前区听诊闻及III级收缩期杂音，被保险人否认患有急慢性疾病史及诊疗史。被保险人虽否认任何不适症状，但根据高血压的风险因素、诊断标准和分级，被保险人应诊断为原发性高血压 3 级。

（5）被保险人发生心脑血管疾病的量化分析

被保险人 52 周岁，男性，BMI 28，吸烟 30p.y.Hx，此次体检测量血压 160/120mmHg，三酰甘油 3.48mmol/L，尿常规：微量蛋白，心电图提示左心室高电压，未发现被保险人有靶器官损害的指征和心脑血管疾病史。对照评估高血压患者发生心脑血管疾病的主要因素，被保险人具有 7 个危险因素，因此判断被保险人属于极高危组，即被保险人在将来 10 年内发生主要心脑血管疾病的危险性＞30%。

（五）核保决定

核保决定：加费承保，主要风险评点如下：

血压 160/120mmHg、心电图左心室高电压、心前区Ⅲ级 SM、微量蛋白尿	+300～350
BMI 28、三酰甘油 3.48mmol/L	+30～50
吸烟每天 1.5 包已 20 年	+30～40
合计	+360～440

（六）本案思考

高血压在前期并没有什么症状，但是当身体长期处于血压控制不良的情况下，会引起机体各系统不可逆损伤，因此，对既往有高血压史的客户进行核保时，需根据既往血压控制情况、各器官指标有无异常、有无并发症及危险因素等情况综合评估。

五、冠 心 病

（一）投保概要

被保险人：李某　男性　53 周岁　已婚。

职业：退休职工，近 3 年平均年收入 8 万元。

投保日期：2018 年 11 月 28 日。

投保计划：重大疾病保险，本次风险保额 50 万元，保费 10 年期缴。

投保履历：既往无投保史，累计风险保额 50 万元。

其他告知：身高 172cm，体重 70kg；无烟酒史，无既往史，无家族史。

（二）生存调查

无。

（三）体检结果

2018 年 12 月 2 日，被保险人到医院体检，结果见表 9-12。

表 9-12　体检结果

检查项目	主要指标
物理体检	身高：173cm，体重：83kg，BMI：28 胸围：100cm，腹围：106cm 血压：150/88mmHg，眼底：动脉硬化Ⅰ级
血常规	无异常

续表

检查项目	主要指标
尿常规	无异常
血生化	三酰甘油：11.41mmol/L（0.57～1.69mmol/L） 低密度脂蛋白：3.98mmol/L（<3.36mmol/L） 空腹血糖：5.62mmol/L（<6.0mmol/L）
表面抗原	阴性
胸片	主动脉型心脏，大血管弹开
心电图	左前分支传导阻滞，左心房负荷过重 部分导联 ST-T 段改变，心脏顺时针向转位

在体检人员的询问下，被保险人补充告知吸烟近 30 年，每日约 10 支；饮高度酒，每日约 4 两，已 20 余年。

（四）核保分析

1. 被保险人概述

被保险人为男性，53 周岁，现已退休；吸烟近 30 年，每日约 10 支；饮高度酒已 20 余年，每日约 4 两。体检结果：BMI 28、腹围 106cm、血压 150/88mmHg、三酰甘油 11.41mmol/L、低密度脂蛋白 3.98mmol/L；胸片：主动脉型心脏，大血管弹开；眼底动脉硬化 I 级；心电图：左前分支传导阻滞、左心房负荷过重、部分导联 ST-T 段改变、心脏顺时针向转位。

2. 主要风险分析

1）被保险人高血压合并发生主要心血管疾病的可能性分析。被保险人体检时测血压 150/88mmHg，数值上属于单纯收缩期高血压；但其具有以下风险因素：男性、53 周岁，烟酒嗜好数十年，肥胖、高血脂；眼底动脉硬化 I 级；有靶器官心脏损害的指征（胸片示主动脉型心脏、大血管弹开，心电图示心脏顺时针向转位）。根据本书高血压案例中高血压患者发生主要心脑血管疾病的定量评估，应判断被保险人属于高危组高血压患者，从其患有高血压疾病时起至将来 10 年内，发生主要心脑血管疾病的危险性在 20%～30%。

由被保险人在投保单上不如实告知到体检时在医师的询问下被动告知部分信息的情况分析，可知被保险人可能隐瞒了患有高血压及其他疾病的既往史，或已患有此病，但确实不知。

2）被保险人心电图异常的原因分析：①ST-T 段改变多系非特异性变化，需结合临床，综合分析，常见原因有冠心病、心肌梗死、心肌炎、心肌病、电解质紊乱（如血钾异常）、药物影响（如洋地黄、奎尼丁）等；②左心房负荷过重的常见原因有二尖瓣狭窄、冠心病、主动脉瓣病或急性心功能不全；③左前分支传导阻滞是左束支传导阻滞的一种类型，可见于健康人，其常见的病理原因有冠心病、心肌梗死、心肌病、心肌炎、高血压和先天性心脏病。

根据被保险人否认既往史和任何不适症状，结合以上心电图异常，可排除其他原因，判断由冠心病引起心电图异常的可能性最大。

3）被保险人是否可确认患有冠心病。根据冠状动脉病变的部位、范围和程度的不同，可分为五种临床类型：无症状性冠心病、心绞痛型冠心病、心肌梗死型冠心病、缺血性心肌病型冠心病和猝死型冠心病。

冠心病的主要危险因素如图 9-4 所示。

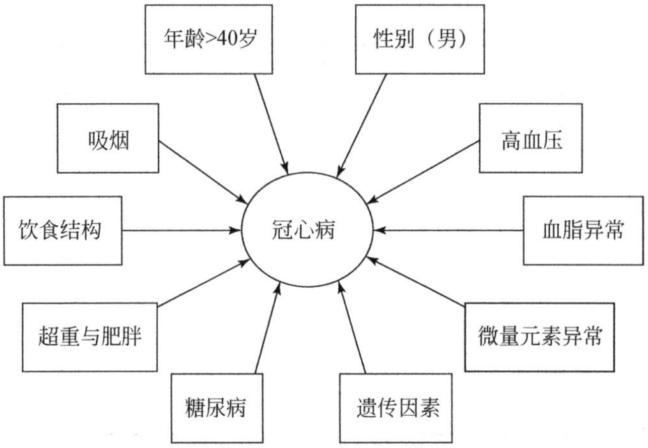

图 9-4 冠心病的主要危险因素

主要危险因素中血脂异常是冠心病的独立因素，低密度脂蛋白是临床冠心病的先兆，被保险人低密度脂蛋白 3.98mmol/L 异常，三酰甘油 11.41mmol/L 严重异常；高血压患者患冠心病较血压正常者高 3～4 倍，被保险人高血压属于高危组；吸烟者患冠心病率及因其死亡率比不吸烟者高 2～6 倍，而且与每日吸烟的支数成正比，被保险人吸烟 30 年每天 10 余支。除以上主要危险因素外，被保险人还具有以下危险因素：男性、53 岁、苹果形肥胖、饮高度酒 20 余年、每日 4 两。根据以上分析，推断被保险人患有无症状性冠心病。

（五）核保决定

主要风险评点：高危组高血压，患无症状性冠心病。
核保决定：拒保。

（六）本案思考

核保实务中如何对心血管疾病进行评点？首先应鉴别是否系心血管疾病，对致病因素明确的，再依据其病理解剖和病理生理判断疾病的程度、并发症及预后。对一些器质性心血管疾病根据不同的治疗方法判断预后，对此不难做出明确评点。在心血管疾病的核保评点中，难点是：分析相关的风险因素，利用一些最新的医学数据模型，定量判断一些严重威胁人类健康和寿命的心血管疾病（如高血压、冠心病、心肌梗死、心力衰竭和猝死等）的发生率、病情程度及预后。

六、乙 肝

（一）投保概要

被保险人：姚某 女性 49 周岁 已婚。
职业：农民，近三年年平均收入 5 万元。
投保日期：2019 年 4 月 8 日。
投保计划：重大疾病保险，本次风险保额 40 万元。
投保履历：既往无投保史，累计风险保额 40 万元。
其他告知：无既往史、家族史，无烟酒嗜好。

（二）生存调查

2019 年 4 月 10 日，生调人员到被保险人的家中生调。

被保险人系农民，告知身体健康，从未因病住院治疗，家人也无慢性疾病史，与其丈夫在家务农，每年种十亩田地。被保险人体型未见明显异常。

（三）体检结果

2019 年 4 月 14 日，被保险人到医院体检，结果见表 9-13。

表 9-13　体检结果

体检项目	主要结果
物理体检	身高：154cm，体重：53kg，BMI：22.3 血压：120/80mmHg
血常规	血细胞比容（HCT）：31.6%（35%～55%） 血红蛋白（HGB）：106g/L（125～165g/L） 白细胞（WBC）：2.8×10^9/L[（4.0～10.0）$\times10^9$/L]
尿常规	无异常
乙肝两对半	表面抗原（HBsAg）：阳性 e 抗体（HbeAb）：阳性 核心抗体（HbcAb）-IgG：阳性
肝功能	总胆红素（TBIL）：18.4μmol/L（5.13～18.81μmol/L） 总蛋白（TP）：71.5g/L（55～85g/L） 白蛋白（ALB）：33.5g/L（35～50g/L） 球蛋白（GLB）：38g/L（20～35g/L） 白蛋白/球蛋白（A/G）：0.88（1.2～2） 谷丙转氨酶：95U/L（0～40U/L） 谷草转氨酶：80U/L（0～40U/L） 谷丙/谷草：1.2（1～2） 谷氨酰转移酶：65U/L（8～58U/L）
血生化	甲胎蛋白：阴性
肝胆 B 超	肝区光点增粗、较密，提示慢性肝病
心电图	无异常
胸片	无异常

（四）核保分析

1. 被保险人概述

被保险人为女性，49 周岁，农民，告知平时身体无任何不适，无慢性病史，无家族病史。被保险公司抽检，体检结果为“乙型肝炎小三阳”、肝功能异常、血常规异常及 B 超提示“慢性肝病”。

2. 主要风险分析

1）乙型肝炎血清标志物常见组合的临床意义见表 9-14。

表 9-14 乙型肝炎血清标志物常见组合的临床意义

HBsAg	抗-HBs	HBeAg	抗-HBe	抗-HBc	临床意义
−	−	−	−	+	曾感染 HBV，急性感染恢复期
−	−	−	+	+	曾感染 HBV，急性感染恢复期
−	+	−	−	−	HBV 感染已康复
−	+	−	+	+	既往感染，急性 HBV 感染恢复期
+	−	−	−	+	慢性 HBsAg 携带者
+	−	−	+	+	急性感染趋向恢复，慢性肝炎，携带者
+	−	+	−	+	急性或慢性乙型肝炎，传染性强

其中，乙型肝炎病毒核心抗体（抗-HBc）有 IgM、IgG 等类型，抗-HBc IgM 是诊断急性乙型肝炎（活动期或恢复期）的指标，抗-HBc IgG 在乙型肝炎感染后可数年不消失，是慢性乙型肝炎（特别是慢性乙型肝炎活动期）或携带者状态的一项指标。

被保险人乙型肝炎“两对半”检测 HBsAg、抗-HBc IgG、抗-HBe 同时阳性，即“小三阳”，提示被保险人处于慢性乙型肝炎或携带者状态。

2）慢性肝炎的临床分级。肝炎患者临床症状的改善与否对评价治疗效果、估计预后是一项重要指标。因此，不应忽视对病史的采集。根据临床症状、体征、实验室检查可将慢性肝炎分为轻度、中度和重度，如表 9-15 所示。

表 9-15 慢性肝炎肝功能分度指标

项目	轻度	中度	重度
谷丙转氨酶（U/L）	≤正常 3 倍	3～10 倍（不包含 3）	＞10 倍
胆红素（μmol/L）	17.1～34.2	34.2～85.5	＞85.5
白蛋白（g/L）	≥35	34～33	≤32
白蛋白/球蛋白	1.5～1.3	1.2～1.0	≤0.9
丙种球蛋白（%）	≤21	22～25	＞26
凝血酶原活动度（%）	71～79	61～70	40～60

轻度：病情较轻，症状不明显或虽有症状、体征，但生化指标仅 1～2 项轻度异常，相当于原慢性迁延性肝炎（CPH）或轻型慢性活动性肝炎（CAH）。

中度：症状、体征和实验室检查居于轻度和重度之间，相当于原中型 CAH。

重度：有明显或持续症状，可有相关体征，实验室检查指标明显异常。凡白蛋白≤32g/L、胆红素＞85.5μmol/L、凝血酶原活动度 40%～60%三项检测中有一项达到上述参数时便诊断为慢性肝炎重度。

以上分级主要反映肝功能的受损程度，在核保工作中有较强的可操作性。对肝脏炎症活动程度的分级和分期需要组织病理学的指标，核保工作中很难做到。目前尚缺乏反映肝纤维化的生化指标，血清透明质酸（HA）、层黏蛋白（LN）等可用来判断慢性肝炎的纤维化程度，但常用于医学研究。

被保险人告知无任何不适。通过生调也未发现被保险人有明显临床症状和体征。但被保险人的实验室检查肝功能等有较多异常指标，介于轻度和重度之间。故被保险人的乙型肝炎感染属于慢性乙型肝炎中度活动期。

3）慢性乙型肝炎与肝硬化。轻度慢性乙型肝炎患者的预后大多良好，据统计轻度慢性乙型肝炎患者发展至肝硬化的比例不足10%。中到重度慢性乙型肝炎患者若病情反复活动，则有10%～30%的患者可发展为肝硬化。

有资料称，轻度慢性乙型肝炎患者的5年生存率为97%，中到重度慢性乙型肝炎患者为86%，而后者若伴肝硬化，则5年生存率就降低至55%。肝硬化患者的5年生存率在代偿期为80%，在失代偿期只有14%。

临床中一些肝功能生化指标的改变可提示肝硬化的存在。如慢性肝炎中谷丙转氨酶/谷草转氨酶的比值，当谷草转氨酶显著高于谷丙转氨酶时，往往提示已达肝硬化阶段。如碱性磷酸酶和谷氨酰转移酶明显升高，血清白蛋白下降，凝血酶原时间延长也提示肝硬化；IgA在肝硬化时明显增高，也是诊断肝硬化的重要生化指标。

被保险人的乙型肝炎血清标志物检测及肝功能异常已提示被保险人的乙型肝炎感染处于慢性乙型肝炎活动期，而且属于中度。其发生肝硬化的可能性为10%～30%。实际体检结果中肝功能的白蛋白下降，白球比例倒置，谷氨酰转移酶轻度升高；B超提示肝区光点增粗、密集，为慢性肝病；血常规中血红蛋白轻度下降，白细胞明显减少。综合以上风险判断，被保险人已经发生肝硬化的早期改变，至少已发生肝纤维化。

4）慢性乙型肝炎与原发性肝癌。原发性肝癌（PHC）患者中约1/3有慢性肝炎史，其中约80%以上的PHC患者血清中有HbsAg或抗-HBs等乙型肝炎感染的证据。慢性乙型肝炎发生PHC的危险性是非慢性乙型肝炎患者的200倍，男性慢性乙型肝炎者发生PHC的危险达40%，而40岁以上的慢性乙型肝炎患者中约半数死于PHC。在肝癌患者中，乙型肝炎感染模式以HBsAg、抗-HBc、抗-HBe同时阳性为主，占总感染数的54.1%。

乙型肝炎感染者发生PHC的高危因素有母婴垂直传播的感染方式、慢性肝病、年龄与性别、饮酒、吸烟、低硒饮食等。

被保险人的体检结果中虽然B超未发现肝脏有占位性改变，甲胎蛋白阴性，但其具有如下危险因素：年龄大于40岁，慢性乙型肝炎中度活动期和肝硬化早期改变等慢性肝病。因此，其发生肝癌的风险非常高。

（五）核保决定

主要风险评点：慢性乙型肝炎活动期（中度），肝硬化早期改变。

核保决定：拒保。

（六）本案思考

我国是乙型肝炎大国，乙型肝炎感染者众多，乙型肝炎病毒慢性携带者不少于10%，其中至少约20%有不同程度的慢性肝炎和肝硬化，部分患者最后可演变为原发性肝癌。因此乙型肝炎是核保工作的常见风险和重点风险。核保中如何根据客户的有限信息提供的风险因素判断乙型肝炎的程度，乙型肝炎并发肝硬化或肝癌的可能性及早期改变是对乙型肝炎风险评估的难点。

七、糖 尿 病

（一）投保概要

被保险人：王某　男性　53周岁　丧偶。

职业：个体，近3年平均年收入12万元。

投保日期：2018年7月20日。

投保计划：重大疾病保险，本次风险保额40万元，保费10年期缴。

附加住院医疗保险，风险保额1万元。

投保履历：既往无投保史，累计风险保额41万元。

其他告知：无烟酒不良嗜好，无既往史，无家族性遗传病史。

（二）生存调查

2018年7月22日，生调人员到被保险人家中生调，见被保险人体型正常。被保险人告知身体无任何不适，从未因病住院治疗，其父亲患有糖尿病史。

（三）体检结果

2018年7月26日，被保险人到医院体检，结果见表9-16。

表9-16 体检结果

检查项目	主要结果
物理体检	身高：172cm，体重：69kg，BMI：23.3 血压：120/80mmHg，眼底：无异常
血常规	无异常
心电图	无异常
尿常规	无异常
血生化	血糖：7.49mmol/L（3.8～6.1mmol/L） 三酰甘油：1.2mmol/L（0.57～1.69mmol/L） 胆固醇：4.66mmol/L（＜5.17mmol）
肝胆B超	无异常
血生化（加查时间：2018年8月11日）	糖化血红蛋白（HbA1c）：5.0%（＜6.0%）

（四）核保分析

1. 被保人概述

被保险人为男性，53周岁，告知无烟酒嗜好及既往史，其父亲患有糖尿病史。体检结果：BMI 23.3，眼底无异常，心电图无异常，空腹血糖7.49mmol/L，三酰甘油1.2mmol/L，胆固醇4.66mmol/L，加查糖化血红蛋白5.0%。

2. 主要风险分析

1）空腹血浆葡萄糖（FPG）的新分类。1999年世界卫生组织和国际糖尿病联盟及中华糖尿病学会都接受美国糖尿病协会对空腹血浆葡萄糖（FPG）的分类：＜6.0mmol/L（110mg/dl）为正常，6.0～7.0mmol/L（110～126mg/dl）为空腹血糖过高，≥7.0mmol/L（126mg/dl）为糖尿病（需另一天再次证实）。

2）糖化血红蛋白测定的作用。血红蛋白是红细胞中携带氧气的蛋白，当血红蛋白从血中结合葡萄糖后就被“糖化”，当血糖浓度升高时，糖化血红蛋白的数量也相应升高。其可以反映过去采血前4～12周血糖的总水平，以弥补空腹血糖只反映瞬时血糖值之不足。糖化血红蛋白值与空腹血糖值的对应关系见表9-17。

糖化血红蛋白也是糖尿病控制情况的监测指标之一，糖化血红蛋白值小于7%提示血糖控制良好，在7%～9%提示血糖基本控制，在9%～12%提示血糖控制不佳，大于12%提示血糖控制很差。

表 9-17　糖化血红蛋白值与空腹血糖值的对应关系

糖化血红蛋白（HbA1c）	空腹血糖（FPG）（mg/dl）
4%	60
5%	90
6%	120
7%	150
8%	180
9%	210
10%	240
11%	270
12%	300
13%	330

被保险人加查的糖化血红蛋白值为 5.0%，按上表对应关系，对应空腹血糖水平为 90mg/dl，换算成国际标准单位应为 5.0mmol/L（90/18）。此数值说明被保险人在此次体检采血前的 4～12 周血糖总的代谢水平正常。同时糖化血红蛋白值为 5.0%，小于 7%，说明其血糖控制良好。

3）糖尿病的风险因素及临床分期。糖尿病的主要风险因素有遗传（糖尿病家族史）、肥胖、高血压、高血脂，次要风险因素有吸烟、久坐少运动、年龄大于 40 岁和男性等。

根据糖尿病的相关因素从临床表现可分为糖尿病倾向、隐性糖尿病、无症状糖尿病和临床糖尿病。其中，糖尿病倾向指无糖尿病症状，但父母兄弟中有患糖尿病者，女性有分娩巨大婴儿者；隐性糖尿病指应激时糖耐量试验结果异常；无症状糖尿病指无糖尿病症状，主要表现为实验室检查指标的异常；临床糖尿病指患者常有轻重不等症状，且常伴有某些并发症或伴随症或兼有症。

4）被保险人的综合风险如何评定。被保险人此次体检的空腹血糖值为 7.49mmol/L，低于瑞士再保险核保评点标准，即空腹血糖≥7.8mmol/L 才能以糖尿病进行评点，且被保险人无任何临床症状，临床确诊还需再次检查空腹血糖。

对被保险人的风险应如何评定？笔者认为我们核保工作不是诊断疾病，而是根据相关风险因素对风险进行评估。被保险人空腹血糖 7.49mmol/L、糖化血红蛋白 5.0%，同时被保险人仅具有糖尿病危险因素中糖尿病家族史这一个主要风险因素和男性、年龄大于 40 周岁两个次要风险因素。因此综合被保险人的风险可考虑被保险人为无症状性糖尿病，可参照糖耐量异常进行评点。

（五）核保决定

核保决定：加费承保，主要风险评点如下：

空腹血糖 7.49mmol/L，糖化血红蛋白正常，单亲糖尿病史，无其他＋75

（六）本案思考

核保工作不是诊断疾病，而是根据相关风险因素对风险进行评估。针对糖尿病的核保，笔者建议应将糖尿病的诊断和相关分类标准结合起来分析：

1）空腹血糖≥7.8mmol/L 按糖尿病评点无疑。

2）空腹血糖在 6.0～7.8mmol/L，同时糖化血红蛋白异常，按糖尿病评点。

3）糖化血红蛋白正常，空腹血糖在 7.0～7.8mmol/L，且伴有超重、糖尿病家族史（至少双亲）、三酰甘油升高、妊娠糖尿病史或高血压史等额外风险因素之一，按糖耐量异常标准进行评点，同时额外风险因素独立评点；无任何额外风险因素按高血糖评点。

4）糖化血红蛋白正常，空腹血糖在6.4～7.0mmol/L，按高血糖评点。

5）糖化血红蛋白正常，空腹血糖在6.0～6.4mmol/L，且伴有超重、糖尿病家族史（至少双亲）、三酰甘油升高、妊娠糖尿病史或高血压史等额外风险因素之一，按高血糖进行评点，同时额外风险因素独立评点；无任何额外风险因素无需理会。

八、精神分裂症

（一）投保概要

被保险人：杨某　男性　57周岁　已婚。

职业：退休人员，近3年平均年收入7万元。

投保日期：2019年1月28日。

投保计划：重大疾病，本次风险保额30万元，保费10年期缴。

投保履历：既往无投保史，累计风险保额30万元。

其他告知：20年前由于意外事故诱发精神异常，在L市精神病专科医院住院治疗，治愈出院；出院后至今没有复发，身体健康。生父82岁、生母93岁均正常死亡，无家族性遗传病史。

（二）生存调查

1. 直接生调结果

2019年1月30日，生调人员到被保险人家中生调。

20年前，被保险人驾驶拖拉机，不慎翻入池塘，被人救起后无明显外伤，但之后便出现幻觉障碍，总是感觉自己掉进水里，时常表现出紧张、恐惧状态，L市精神病专科医院诊断为“精神分裂症”，住院治疗，1年后痊愈。被保险人出院后未再服药，至今未再复发，从事多年大队生产管理工作，并连续被评为“基层优秀共产党员”。被保险人无嗜烟酒等不良生活习惯，十几年前曾接受过血吸虫病治疗，无其他慢性病史。其父母均高龄正常老死，另有兄弟姐妹4人均身体健康，无精神病史。

2. 病历调查结果

2019年2月2日，生调人员到L市精神病医院调阅病历，但因时间较久，未能调到被保险人的住院病历，也未发现其再次入院记录。

（三）体检结果

2019年2月3日，被保险人到医院体检，结果见表9-18。

表9-18　体检结果

检查项目	主要指标
物理体检	身高：170cm，体重：72kg，BMI：24.9 血压：120/80mmHg，眼底：未见异常
血、尿常规	无异常
血生化	三酰甘油：1.52mmol/L（0.57～1.69mmol/L） 空腹血糖：4.3mmol/L（＜6.0mmol/L）
肝功能	无异常
表面抗原	阴性
胸片	正常
心电图	正常
腹部B超	未见异常

（四）核保分析

1. 被保险人概述

被保险人为男性，57 周岁，20 年前因精神分裂症住院治疗，治愈后未再复发；现工作生活一切正常，体检各项指标未见异常。其父母较为长寿，无家族性遗传疾病史；其兄弟姐妹均身体健康，无精神病史。

2. 主要风险分析

（1）精神分裂症的概念及临床类型

精神分裂症是一组病因未明的精神病，具有感知、思维、情感、行为等多方面的障碍，以精神活动和环境不协调为特征的一种最常见的精神病，多起病于青壮年，一般无意识障碍及智力障碍。本病是一种具有遗传基础的疾病，生物因素、心理因素、社会因素及环境因素对发病都有一定影响。

临床类型有以下几种：

1）偏执型精神分裂症。又称妄想型，是世界上大部分地区最常见的精神分裂症类型。在我国约占住院及流行病学群体调查患者的 50%以上。自发缓解者少，治疗效果较好。

2）青春型精神分裂症。较常见，此型多始发于 15～25 岁的青春期，起病较急，病情发展较快，预后较差。

3）紧张型精神分裂症。一般起病急，多在青壮年期发病，本型可自发缓解，治疗效果较其他型好。

4）单纯型精神分裂症。较少见，本型青少年起病，发病缓慢，持续进行，病情自发缓解者少，对抗精神病药不敏感，预后最差。

5）未定型精神分裂症。有些同时有上述症状，故难以分型。

（2）精神分裂症的预后

精神分裂症可伴有严重的行为障碍（急性期），逐渐发展的怪诞和行为方式（前驱期）。通常会多次复发。在一次或几次发作（慢性精神分裂症）后，患者的健康状况持续恶化，也可能呈稳定的缺陷状态（后遗症期）。有些患者可以完全或几乎完全缓解。无论急性期、缓解期或后遗症期，患者都可能会有自杀的念头。急性发作后是缓解后状态，其特征为心境抑郁、疲惫，该表现在一段时间后会减轻。尽管治疗方法不断提高，但仍有半数以上的患者症状持续且预后不良。

精神分裂症病程多迁延，有慢性化倾向，但部分患者可保持痊愈或基本痊愈状态。根据流行病学调查，有 50%的患者曾试图自杀，10%的患者最终死于自杀。此外，精神分裂症患者遭受意外伤害的概率也高于正常人，平均寿命缩短。

精神分裂症如早期发现，尽早给予合理治疗，多数患者预后较为乐观，少数患者由于治疗不及时、不合理，使病情缓慢进展。有资料显示，精神分裂症的预后中属于临床痊愈者占比 25%，属于显著好转水平者占比 33%，属于精神症状仍存在，无自知力，但有部分工作能力者占比 25%；属于情况差者约占 17%。

（3）被保险人属于哪种类型精神分裂症及其预后分析

因未能调阅到病历，仅根据生调结果分析：被保险人在青壮年时，由于遭受意外，诱发精神病，主要表现为幻觉和紧张恐惧状态，综合以上情况认为被保险人属于紧张型精神分裂症，经过积极治疗治愈。

（4）在对精神系统疾病核保时还需考虑的因素

1）有效控制期：指工作生活及社交关系很少或完全不受精神病影响的期间，有效控制期长，则风险低。

2）诊治后期间：精神病诊治后的首 3 年，风险仍高，因 3 年的时间太短，不足以评估精神疾病的病程。

3）诊断时的年龄：发病时的年龄低于25岁，综合的风险会较高。
4）目前的年龄：年龄较轻的精神病患者预后通常较为不利。
5）健康损伤数目：如同时有数种精神疾病，会加大风险。
6）物质滥用：有物质滥用（酒精或药物）病史，综合风险大大提高。
7）暴力与冒险行为：暴力与冒险行为风险会大为增加。
8）家庭病史：家庭成员中有患同一精神疾病的，则病情会严重，持续时间更长。
9）社会的支持：能够获得社会的支持，风险会大大减低。

被保险人因明显诱因导致精神分裂症，病发时年龄为34周岁；从临床分析来看属治疗效果较好的紧张型精神分裂症，无其他健康损伤因素，病发后即获得较好治疗，治愈后从未复发；诊治后时间已长达20余年，有效控制期非常短，治愈后不久便正常工作；无酒精等物质滥用等情况；家庭成员无精神病史记录，且父母较长寿。被保险人目前身体健康，社会认知度高，其综合风险较低。

（五）核保决定

主要风险评点：精神分裂症病史，完全治愈20余年，未再复发，无需理会。
核保决定：正常承保。

（六）本案思考

精神疾病发病早，致残率高，总致残率约为45.12%，各类精神问题导致的残疾已占我国全部疾病和外伤所致残疾及丧失劳动力的1/5。根据2000年卫生部统计，按照国际上衡量健康状况的伤残调整指标评估各类疾病的总体负担，精神疾病所造成的负担占我国疾病总负担的首位，已超过心血管疾病，严重影响人类健康。

核保工作中常见的精神疾病主要有精神分裂症、抑郁症、强迫症、精神发育迟滞、人格障碍等。

精神分裂症通常会多次复发，在一次或几次发作后患者的健康状况持续恶化，也可能呈稳定的缺陷状态，有些患者可以完全或几乎完全缓解；尽管治疗方法不断提高，但仍有半数以上的患者症状持续并且预后不良，会有自杀的念头。

抑郁症的死亡率较高，10%～15%的患者自杀，其复发率较高。

强迫症预后欠佳，通常为慢性，很少完全康复；与抑郁症关系密切，在强迫症患者中，几乎一半左右伴有惊恐症，1/3有抑郁症，1/4有酗酒。

精神发育迟滞的严重程度分为轻度（智商50～69）、中度（智商35～49）、重度（智商20～34）和极重度（智商<20），其预后取决于严重程度。

神经症一般不会复发，可能会出现抑郁，也可能存在药物或酒精滥用的危险。

人格障碍者有酗酒、药物滥用、自杀的危险。

20%的自杀倾向者在1年内会再次自杀，取决于病因和总的精神状态。

精神疾病会因各种因素增加额外死亡率、自残率、自杀率、发病率及暴力事件。因此，精神疾病也是核保工作的重点和难点。另外，由于精神疾病病因不明，精神卫生知识不够普及，预防精神疾病的宣传不够，大众心理健康知识和精神疾病预防知识匮乏，知晓率非常低等因素，增加了核保工作的难度。

九、甲状腺肿瘤

（一）投保概要

被保险人：史某　46周岁　女性　已婚。

职业：私营企业主，近3年平均年收入50万元。

投保履历：2011年11月投保终身人寿保险，风险保额100万元，保费20年期缴；2014年7月投保重大疾病保险，风险保额50万元，保费20年期缴；累计风险保额150万元。

其他告知：当时的投保单告知无异常。

（二）重核原因

投保人2017年、2018年没有如期缴纳保险费，致使两张保单失效。2019年3月，投保人申请复效。

（三）生存调查

无。

（四）体检结果

根据复效核保规定，对此客户进行了体检。2019年4月10日的体检结果见表9-19。

表9-19　体检结果

检查项目	主要指标
物理体检	身高：163cm，体重：63kg，BMI：23.7 血压：109/62mmHg，眼底：未见异常 外科：颈前右侧肿块，约1.0cm×1.4cm
血常规	无异常
尿常规	无异常
血生化	无异常
肝功能	无异常
胸片	无异常
心电图	无异常
甲状腺彩超	左叶：上下径4.6cm ，前后径：1.9cm，左右径：1.8cm 右叶：上下径4.5cm，前后径：1.8cm，左右径：1.7cm 提示：甲状腺右叶低回声光团（腺瘤？不排除恶性肿瘤可能）

针对甲状腺彩超报告，被保险人为慎重起见，在体检的当天（2019年4月10日）又自行前往当地第一人民医院，进行了甲状腺放射性同位素检查，结果示甲状腺肿大伴右叶“凉结节”。

1周后，核保人员又陪同被保险人前往当地第二人民医院，进行甲状腺针吸细胞学检查，但接诊的主任医师认为肿块较小，可能无法取到肿块细胞，建议服药1年后复诊。

10天后，客户告知已在当地第二人民医院做了甲状腺针吸细胞学检查，结果提示甲状腺腺瘤。

（五）核保分析

1. 被保险人概述

被保险人为女性，46周岁，无烟酒嗜好，无家族病史。物理体检示颈前右侧肿块。甲状腺彩超提示甲状腺腺瘤？不排除恶性肿瘤可能。放射性同位素检查提示甲状腺肿大伴右叶“凉结节”。甲状腺针吸细胞学检查提示甲状腺腺瘤。

2. 主要风险分析

1）甲状腺肿瘤的良、恶性如何？甲状腺肿瘤，大多数为良性，恶性者仅占少数。良性的甲状腺肿瘤即为甲状腺腺瘤，好发于 20～40 岁的女性。据有关资料显示，甲状腺腺瘤的癌变率为 10%～20%左右。甲状腺腺瘤出现图 9-5 所示情况者，应当考虑癌变的可能性。

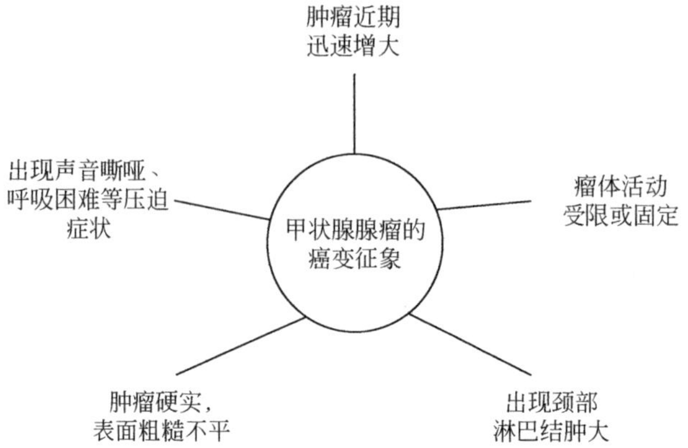

图 9-5 甲状腺腺瘤恶变的早期表现

甲状腺恶性肿瘤即为甲状腺癌，占甲状腺肿瘤的 4.8%～16.5%，是最常见的内分泌系统肿瘤。甲状腺癌好发于青壮年，一般女性发病较多，男女比例为 1∶2～1∶4。而男性甲状腺结节中，甲状腺癌的比例远远高于女性。据报道，甲状腺单发结节中，甲状腺癌占 15.6%～28.7%，而多发结节为 10%左右。

甲状腺癌主要有四种病理类型，见表 9-20。

表 9-20 甲状腺癌的病理类型

名称	占甲状腺癌的比例	恶性程度	好发人群	性质	转移途径
甲状腺乳头状腺癌	60%～70%	低度恶性	青年女性	单发结节	淋巴转移
甲状腺滤泡状腺癌	20%	中度恶性	中老年女性	单发结节	血液转移
甲状腺未分化癌	5%～10%	高度恶性	年老体弱者	颈前区肿块	直接侵袭
甲状腺髓样癌	3%～5%	中度恶性	任何人群	单发结节	淋巴转移

2）甲状腺癌的预后分析。从表 9-20 可以看出，绝大部分的甲状腺癌属于低度恶性的乳头状腺癌，发展慢，预后良好，如果治疗及时合理，绝大部分患者可望治愈。据统计，乳头状腺癌治疗后其 20 年生存率可高达 75%以上，即使出现远处转移，也可长期带瘤生存。

3）甲状腺肿瘤几种辅助检查的临床意义。临床上鉴别甲状腺肿瘤良恶性的方法有高分辨率的超声检查、放射性同位素检查、CT、MRI、促甲状腺素（TSH）测定、左旋甲状腺素（LT_4）抑制试验、甲状腺针吸细胞学检查等，其中以甲状腺针吸细胞学检查实用价值最高。

本案中，被保险人进行了彩超、放射性同位素检查和甲状腺针吸细胞学检查。其中放射性同位素检查结果为甲状腺肿大伴右叶“凉结节”，这意味着什么？

根据放射性同位素检查，可将甲状腺结节分为四类，如表 9-21 所示。

表 9-21 甲状腺结节分型

结节类型	与邻近正常甲状腺组织比较
热结节	放射性高
温结节	放射性相似
凉结节	放射性减低
冷结节	放射性缺损

热结节和温结节说明该结节功能正常或增高，统计表明多为腺瘤，癌的概率很低。凉结节和冷结节则说明该结节的功能减低，有一定的概率为癌。统计表明，单发凉结节是癌的概率为10%左右，单发冷结节为20%左右。

数据表明，甲状腺针吸细胞学检查的确诊率为80%左右，但其存在一定的缺陷，可能因为肿块中癌细胞较少没有针吸到，而出现假阴性。被保险人做甲状腺针吸细胞学检查时，由于现场并没有核保人员在场，我们对此细胞学检查结果需怀疑。

4）被保险人的甲状腺肿块是良性还是恶性？被保险人以前从没有发现自己患有甲状腺肿瘤，也没有任何身体不适。考虑到被保险人为中年女性，甲状腺肿瘤为良性的可能性居多，但也不能排除恶性的可能。

（六）核保决定

核保决定：加费承保，主要风险评点如下：甲状腺肿瘤+50，同时复效后的前4年按照风险保额的5‰进行短期加费。

（七）本案思考

肿瘤是一种源于正常组织却异于正常身体结构的组织生长，分为良性肿瘤和恶性肿瘤。全世界每年约有900余万人患恶性肿瘤。目前恶性肿瘤为男性第二位死因，为女性第三位死因。我国每年新发恶性肿瘤病例约200万，死亡约140万人。我国最常见的恶性肿瘤，在城市依次为肺癌、胃癌、肝癌、肠癌与乳腺癌；在农村为胃癌、肝癌、肺癌、食管癌、肠癌。

良性肿瘤一般被包膜所围绕，局限但可以是多发性的，生长缓慢，不会扩散，可以通过手术切除治愈。

对于良性肿瘤，我们需要注意的是肿瘤的复发、再发、出血等迹象，而且有一部分良性肿瘤可能会转变成恶性肿瘤，如胃息肉、结肠息肉等，因此核保过程中对此类良性肿瘤也要谨慎。

恶性肿瘤可以分为三类：癌起源于上皮细胞；肉瘤起源于结缔组织，发生率稍低；白血病和淋巴瘤起源于骨髓的造血细胞和淋巴结。

恶性肿瘤通常无清晰的边界，生长迅速，侵袭邻近组织，并可通过淋巴、血液等途径转移到全身其他部位，危害极大，死亡率极高。

恶性肿瘤的可保原则是：肿瘤为单一病灶；手术完全切除；治疗完结；无复发或转移；定期随访；无治疗不良反应。

对于恶性肿瘤患者，我们应当了解肿瘤的组织学类型、分期和治疗方案，这样才能做出相应的核保决定。值得注意的是，由于恶性肿瘤复发和远处转移的概率很大，所以我们必须慎重。

对于所有类型的肿瘤来说，可靠的家族史是十分重要的。现在医学统计已经表明：鼻咽癌、食管癌等恶性肿瘤具有比较显著的家族遗传倾向，对此也应考虑予以适当的评点。

十、生存调查

（一）投保概要

被保险人：詹某　男性　34周岁　已婚。

职业：个体（食品加工），平均年收入15万元。

投保时间：2019年1月20日。

投保计划：重大疾病保险，本次风险保额30万元，保费20年期缴；附加住院医疗，风险保额1万元，保费一年缴。

投保履历：已投保定期人寿保险，风险保额20万元；重大疾病保险，风险保额30万元；两全保险，风险保额20万元；累计风险保额70万元。

其他告知：无异常。

（二）生存调查

1. 生调原因

年轻男性，初次投保附加住院医疗保险，投保动机是什么，健康状况如何？

2. 生调过程

2019年1月21日，生调人员电话与被保险人约访，由其母亲处得知被保险人因感冒去L市三院就诊，近两天不会回来。

三院为L市的传染病医院，被保险人系本市郊区人，如果仅仅是感冒，没有必要到传染病专科医院治疗。对于这点，生调人员怀疑：被保险人可能不仅仅是感冒，有可能已经患有传染性疾病。生调人员决定到L市三院进行暗访。

生调人员首先到三院门诊挂号处询问，院方否认当天有被保险人的门诊记录。此时，生调人员顿生疑窦，被保险人是否已经住院治疗？于是决定前往住院部进行调查。由于医院有好几个住院病区，生调人员联想到易引起感冒的传染性疾病常见的是肝炎或结核，因此决定首先去肝炎病区。在肝炎病区，生调人员以探望朋友的名义请住院登记处帮忙查询被保险人的住院信息，查到被保险人在六病区20床，住院原因是“乙型肝炎”。获此消息，生调人员心里有了底，但是没有懈怠，生调人员考虑对于“乙型肝炎”下一步该如何取证，如何面访被保险人。

来到六病区，生调人员见到护士台上20床标着被保险人的名字。为了便于调阅取证，生调人员继续以被保险人朋友的身份要求见其主治医生。主治医生拿出了被保险人的住院病历，得知被保险人为乙型肝炎大三阳。目前，谷草转氨酶为71μ/L，谷丙转氨酶为79μ/L，住院诊断：①乙型肝炎；②酒精性脂肪肝。医生告知被保险人此次为初次发病，采用保肝治疗，估计治疗费用为3万元左右。生调人员边听边在心里记住了主要相关信息，随后告诉医生要去看望患者并感谢了主治医生。

离开医生办公室，生调人员记录下被保险人的此次住院信息及乙型肝炎相关检查结果。为了使核保依据更加充分，让客户和业务员更好地接受核保决定，生调人员决定到20床面访被保险人。见到被保险人，生调人员直接亮出自己的身份，被保险人先是一惊，然后以“不保了”为借口拒绝调查。生调人员先以友善的语气告诉被保险人患了乙型肝炎并不可怕，排除心理忧虑能加快痊愈，然后给被保险人简单讲解了乙型肝炎的相关知识。被保险人对生调人员的讲解很感兴趣，气氛逐渐融洽，这时生调人员又开始与被保险人谈到保险的事情，对其讲明如实告知的重要性。经过沟通，被保险人告知最近一个月反复感冒，乏力，食欲减退；既往无肝炎病史，无家族史；应酬饮酒，量较大。

最后生调人员安慰被保险人安心养病并祝他早日康复。

3. 生调结果

被保险人乙型肝炎（大三阳），肝功能异常，酒精性脂肪肝。

（三）核保决定

乙型肝炎（大三阳），肝功能异常、酒精性脂肪肝，延缓1年。

（四）本案思考

合理准确的核保决定依赖于掌握真实、全面的信息，投保过程存在着信息不对称，如何保证投保信息的真实性和全面性？如何避免道德风险和逆选择？如何进一步提高核保决定的准确性和合理性？生存调查正是发挥着这样的作用。

本案生调人员考虑到被保险人的几个疑点：①年轻男性初次投保附加住院医疗保险，投保动机是什么，健康状况如何？②自称感冒却舍近求远到传染病医院就诊。经过层层分析和深入调查，最终确认了被保险人患乙型肝炎并正在住院治疗。

风险敏感性对生调人员的工作非常重要，这也是一位合格的生调人员应该具备的素质，在具体的调查过程中要善于通过交谈、观察及其他渠道发现疑点，更重要的是要抓住疑点进行科学分析，选择合适方法深入调查，细心求证。

第二节 健康保险理赔案例

一、合同效力

保险合同是投保人与保险人约定保险权利义务关系的协议。保险合同生效后，对合同当事人必须按照合同约定行使权利和履行义务。在保险合同订立过程中，因当事人一方违背其依据的诚实信用原则所产生的先合同义务，造成另一方的信赖利益损失，而产生损害赔偿责任，称为缔约过失责任，由于该责任的产生是在保险合同成立之前，所以不属于合同责任的范畴，受损害的一方无权也无法依据合同要求责任人承担损害赔偿责任。其中的先合同义务，又称为先契约义务或缔约过程中的附随义务，是指自缔约当事人因签订合同而相互接触磋商，至合同有效成立之前，双方当事人依诚实信用原则负有协助、通知、告知、保护、照管、保密、忠实等义务。缔约过失责任常导致合同不成立，或者合同虽然成立，但不符合法定的生效条件而被确认无效、被变更或被撤销，从而引发保险合同效力的理赔纠纷，归纳起来主要有三种类型：①保险合同未成立；②保险合同部分无效；③保险合同可撤销。常见情况有保险生效日期、投保单的涂改、未续保、延迟告知等。

【保险生效日期案例】

（一）案情简介

投保人莫某，女，43 岁，农民，投保个人住院医疗保险，保险合同规定“被保险人首次投保本保险，因一般疾病住院治疗，等待期为 30 天”。投保时健康告知无异常，未体检，保险公司以标准体承保。保险投保日期 2019 年 8 月 23 日，生效日期 2019 年 8 月 28 日。2019 年 9 月 25 日，被保险人因“停经 50 天，下腹痛 4 小时”入定点医院治疗，诊断为“右侧输卵管妊娠破裂出血、失血性休克，失血性贫血（重度）”。出院后，被保险人向保险公司提出理赔申请。

（二）理赔焦点

保险公司初步审核发现，被保险人出险时间 9 月 25 日距保单生效日 8 月 28 日只有 29 天。故根据合同条款规定，被保险人本次事故属于条款约定的一般疾病范畴，但本次事故发生在等待期（30 天）内，按合同约定不属于保险责任，保险公司不予立案处理。

被保险人对保险公司的决定表示不满，提出其投保时间为 8 月 23 日，业务员于当日向其收取了 519 元暂保费，且未与保险公司约定后延保险生效时间；收取保费当日，保险公司也未就起保时间后延事宜通知投保人及被保险人；故应认定其保单生效日期为 8 月 23 日，出险时间与投保时间相距 34 天，已过一般疾病 30 天的等待期，故保险公司应予赔付。

（三）理赔分析

从本案资料来看，首先可以确定的事实为：①投保单为投保人和被保险人本人签名，健康告知栏等填写均无异常；②被保险人因“右侧输卵管妊娠破裂出血、失血性休克，失血性贫血（重度）”住院，出险人为被保险人，出现事故真实；③投保时按健康告知书逐一询问，已尽说明义务。

其次，需要分析判断的事实为：投保人的投保日期和缴纳暂保费的日期是否为 8 月 23 日？

保险公司就被保险人的抗辩进行确认，投保单上的投保日期确为 8 月 23 日，暂保费收据上的日期也为 8 月 23 日，且保险双方均未在投保当日明确表示要后延起保日期。经过核实，由于保险公司进行职场装修，导致此单延迟到 8 月 27 日才在系统中受理，并于受理当日核保通过并签发保单，保单生效日默认为 8 月 28 日。

因此，本案的焦点在于保险合同何时成立？保险合同何时生效（包括保险人是否默示按照交易习惯进行交易，或者明示于特定日期起保）？保险人从何时开始承担保险责任？

法理分析。通过法理分析认为，本案中保险合同成立时间为 8 月 27 日，保险合同生效日期为 8 月 27 日，保险人开始承担责任的期间起点为 8 月 28 日。根据合同约定，本案中被保险人首次投保且所患疾病属于条款约定的一般疾病范畴，因此按照合同约定应有 30 天的等待期。因此本案应以等待期出险作不予立案处理。

交易习惯分析。根据法理分析，案件分析只突出了在承保过程中保单生效日的概念，淡化了保险合同成立和保险人开始承担保险责任的概念，与目前国内保险行业默认的交易习惯即将保单生效日追溯至保险人受理次日零点零时零分不符。

目前，国内保险业的同行做法是将保单生效日追溯至保险人受理次日零点零时零分，这是一种交易习惯的默认保证。在这种交易习惯下，即便是保险人的审核时间过长或等待被保险人的体检结果延误了较长的时间，使得保险人承诺同意承保日期大大晚于受理日期，保险人依旧将保单生效日追溯至受理日次日零时。

本案中，投保人即如此主张，即保险受理日为 8 月 23 日，应于次日生效。对于保险事故，保险公司应承担保险责任。

（四）理赔结论

在保险人将保单生效日追溯至受理日次日零时这种默认的交易习惯下，保险公司应赔付，并将保单生效日期调整至 8 月 24 日。

（五）案例启示

在人身保险实务中，一般采取在投保时预先收取投保人保费的形式，在保险交易中应明确是否按照约定时间起保，如果未明确约定的起保时间，则应按照当前默认的交易习惯进行，即将保单生效日追溯至保险人受理次日零点零时零分。

此外，保险公司在经营过程中，也应遵循依法经营的经营原则。

在保险实务中，部分保险人在长期人寿保险的承保过程中对“暂收期间”提供一定的临时保障。“暂收据”的做法在一定程度上缓解了保费预收带来的矛盾。但由于短期健康保险的保险期间较短，目前国内还没有公司采用临时保障的方法解决承保前的真空问题，对于大型团体健康保险项目，通常采取不考虑等待期的做法。

二、举证效力

在健康保险的赔案中，通过理赔申请资料或调查结果可以发现，有一部分赔案中被保险人在投保前存在不同程度的既往史或临床症状，在投保时投保人和被保险人都没有按照健康告知的相关询问而如实告知。从实际理赔数据来看，国内健康保险确实存在有既往史或症状的赔案被予以正常赔付，其中，少数情况是由于未告知的事实依法不对理赔产生影响而被予以赔付，但大多数的赔案是因保险公司所获取的证据资料有限，其法律效力存在争议，或被认为效力不充足而导致的赔付。

病历资料作为证据的一种，是健康保险理赔和纠纷等处理的重要依据，对病历资料的证据属性和法律等进行研究对于健康保险的正常经营和未来发展有着非常重要的影响。但是，在健康保险理赔的过程中，病历中的主诉和现病史等相关记录信息，由于是医生根据患者的叙述而记录的，具有一定的不确定性，故而成为保险业理赔纠纷和讨论的主要焦点。

【病历资料的法律效力案例】

（一）案情简介

投保人吴某，男，36 岁，职员，投保费用型住院医疗保险，保单生效日 2017 年 6 月 4 日，投保时按照保险公司的健康告知要求告知无异常，未体检，保险公司按照标准体承保。2018 年 9 月 20 日，被保险人因“反复左上腹闷痛伴消瘦，乏力 3 个月”，在省肿瘤医院接受治疗，其间确诊为“原发性肝癌”，2018 年 10 月 3 日被保险人好转出院。出院后被保险人向保险公司提出理赔申请。

（二）理赔焦点

为核实保险事故，理赔人员前往肿瘤医院及协和医院调阅病历。发现在肿瘤医院住院病历记载被保险人“反复左上腹闷痛伴消瘦，乏力 3 个多月。初就诊于某市第二医院，B 超示“原发性肝癌”转诊我院，既往史记载有“谷丙转氨酶、谷草转氨酶、碱性磷酸酶指标超正常范围十余年”。6 天前因左腹股沟斜疝在协和医院行手术治疗。

调阅协和医院病历显示，被保险人 9 月 3 日因“左腹股沟斜疝嵌顿”就诊，住院病历既往史栏也提示“既往体健，谷丙转氨酶、谷草转氨酶高十年未予治疗”。无其他进一步的被保险人既往就诊记录。

理赔人员在与家属沟通中，家属口头表示被保险人谷丙转氨酶、谷草转氨酶较高多年未治疗，但拒绝做笔录进行书面确认。

同时，多份传来证据相互印证，能否作为赔付依据则成为本案的争议焦点。

（三）理赔分析

针对病例中所记载的被保险人对既往史的陈述而言，一般来讲应该是真实可信的，因为患者就诊时，为了得到医生的及时治疗，一般情况下会说实话，而医生也会如实记录。而恰好相反，懂得保险索赔知识的被保险人就诊时，为了获得保险公司的赔付，有时会隐瞒自己的既往史。因此，理赔人员收集到病历中被保险人对既往史的陈述并运用此类证据定案时，需重点做到以下两点：

一是正确判断每一间接证据的真实性，不能有任何疑点。这是间接证据能否被采用的前提条件。本案中，病历对被保险人的既往症状的描述，只有名称和存在的时间，较为简略，可信度较低，容易受到质疑或被否定，因此，很难仅凭一份病历记载内容单独认定案件事实，与诉讼证据的要求相差较远，一旦发生诉讼，保险公司很可能处于不利局面。

二是必须确保此类证据之间、此类证据与案件事实之间协调一致，如出现矛盾，必须得到合理排除。本案中，虽然两份来自不同医院的病历均提示被保险人有十余年的谷丙转氨酶、谷草转氨酶高于正常指标的病史，内容简略，同属于间接证据；但由于两个间接证据相互印证，协调一致，明显加强了其证明力，因此可以作为认定案件事实的依据。故保险公司认为，投保时投保人未履行如实告知义务，对本次申请应予以拒付处理。

被保险人的律师对保险公司的拒付处理表示不服。认为从逻辑关系上，临床医学研究已经明确，本次出险的疾病（肝癌）与两份病历中病史描述疾病（谷丙转氨酶、谷草转氨酶超正常指标）之间存在明确的相关性，但是谷丙转氨酶、谷草转氨酶超过正常指标只是可能导致发生肝癌的一种潜在表现，但是并非确诊指标，因此又削弱了证据的力度。且投保时，已按照保险公司要求的格式进行了健康申明，是保险公司放弃了体检要求，而非被保险人有意隐瞒谷丙转氨酶、谷草转氨酶超过正常指标的事实。因此，保险公司应按照保险协议给付保险金。

（四）理赔结论

本案病历记载的证据可以采信，被保险人投保前确已经存在谷丙转氨酶、谷草转氨酶超过正常指标情况，并在投保时按照保险公司格式要求进行了健康告知，已构成《保险法》规定的如实告知行为。根据核保原则，如保险公司承保人员对于谷丙转氨酶、谷草转氨酶超过正常指标的病史进行了询问，且对被保险人的肝功能进行检查，如肝功能正常可予以正常处理，如异常，则可延期承保或，将乙型肝炎、肝硬化和肝癌设为除外责任。故本案应予以给付处理。

（五）案例启示

病历资料是健康保险理赔和纠纷等处理的重要依据，应重点关注病历资料的证据属性和法律效力等。由于一些懂得保险索赔知识的被保险人在就诊时，为了获得保险公司的赔付，有时会隐瞒自己的既往史，因此，理赔人员收集到病历中被保险人对既往史的陈述并运用此类证据定案时，需重点关注每一间接证据的真实性及此类证据之间或此类证据与案件事实之间的协调性。

三、保险责任认定

保险责任是保险合同的主要内容，是投保人选择保险产品，并支付保险费后所预期的对价赔偿内容。正确的保险责任认定是保险人履行合同义务，实现保单承诺的体现。

【骨髓移植理赔案例】

（一）案情简述

投保人张某，男，37 岁，职员，投保个人住院医疗保险，保单生效日 2017 年 12 月 11 日，投保时健康告知无异常，未体检。2019 年 12 月 8 日，被保险人因“急性淋巴细胞白血病”住院，经治疗后于 12 月 24 日行“自体外周血干细胞移植术”，2020 年 1 月 3 日好转出院。前期，保险公司已累计给付其住院日额及重大疾病日额保险金合计 58 200 元。出院后，再次向保险公司提出理赔申请，要求给付其器官移植保险金 105 000 元。

（二）理赔焦点

保险公司审核后认为被保险人所患“急性淋巴细胞白血病”符合条款中癌症的概念，属于重大疾病保险责任。而“自体外周血干细胞移植术”虽然是造血干细胞移植术的一种，但不符合合同约定器官移植术中骨髓移植的定义。故不承担器官移植保险金给付责任。

被保险人对保险公司的决定表示不满，认为其所做的自体外周血干细胞移植就是骨髓移植，应给付其器官移植保险金。

而本案中，“自体外周血干细胞移植”是否符合合同约定的器官移植手术中的骨髓移植的定义则成为本案的争议焦点。

（三）理赔分析

根据条款中对“器官移植”的释义：“用正常健康的心脏、肺脏、肝脏、肾脏或骨髓置换功能丧失的相应器官”。从条款的释义来看，合同约定的骨髓移植是指“用正常健康的骨髓置换功能丧失的骨髓”。“自体外周血干细胞移植”和骨髓移植属于造血干细胞移植的不同类型，在概念上是平行关系，不存在隶属关系，同时手术方法也不一致，且外周造血干细胞移植术也并没有替代骨髓移植。

从条款的释义来看，“正常健康的骨髓”置换功能丧失的骨髓，才属于保险责任，如果处于疾病状态的患者本人“自体外周血”或“自体骨髓”进行造血干细胞移植，则不属于保险责任。

（四）理赔结论

从条款的释义来看，自体外周造血干细胞移植不符合条款所定义的“器官移植”，因此，对自体外周造血干细胞移植不应给付器官移植保险金。

四、免责条款

健康保险的经营风险主要是医疗费用或医疗成本等不确定风险，容易受到医疗环境等多种因素的影响，其逆选择和道德风险都比人寿保险严重。为了有效控制经营风险，保险人在开发保险产品时会考虑采取诸如免赔额、等待期、责任免除和除外责任等多种措施。其中免责条款就是健康保险风险控制的一种重要手段。

免责条款通常考虑：既存疾病，先天性、遗传性疾病、易发生的道德风险和逆向选择（包括自杀、自残、醉酒、药物滥用等）、违法犯罪或在实施违法犯罪的途中出险的事故、特大灾难性事故（包括战争、骚乱、武装叛乱、核爆炸等保险人无法承保的事故）以及其他诸如非疾病或非意外等带来的治疗（特别约定可保的除外）。

【斗殴案例】

（一）案情简述

投保人李某，男，26岁，农民，投保费用型住院医疗保险，保单生效日2018年11月24日，投保时健康告知无异常，未体检，保险公司按标准体承保。2019年6月26日，被保险人因“左面颊部刀砍伤（左面颊部贯通伤、左腮腺导管及面神经分支断裂），下3-4牙槽突骨折，左4-7牙体缺损，右上臂软组织损伤”住院治疗。出院后，被保险人向保险公司提出理赔申请。

（二）理赔焦点

经过调查，保险公司发现此案已报送司法机关审理并进行判决。法院认定：被告人李某与王某因争位于李某家烤棚后的一块空地发生争吵，争吵中，王某辱骂李某之母，李某遂从家中拿起铁撬棍追打王某，追打中王某用手中提着的砍刀将李某的右手臂和脸部砍伤，之后于当晚到派出所自首。刑事判决结果为：①被告人王某犯故意伤害罪，判处有期徒刑2年，缓刑2年；②随案件移送作案工具砍刀一把，没收销毁。同时附带民事诉讼。

保险公司依据判决结果，以及保险公司认定的被保险人李某的出险原因符合条款约定的斗殴定义，予以拒赔。

本案的焦点在于：①李某的行为是否构成违法犯罪？②责任免除条款中的斗殴如何认定？

（三）理赔分析

斗殴是双方都有主动行为的相互打斗，在本案中双方都发生了打斗行为，双方具备故意性。被保险人的行为属于斗殴。而且，斗殴违反了治安处罚条例的相关规定，具有明显的违法性质。根据《保险法》的要求，对被保险人因违法而造成的事故导致的索赔不予支持。

（四）案例启示

1）在理赔实务中，应充分了解事故是否构成违法犯罪行为。

2）在保险条款中出现的可能涉及违法犯罪行为的关键词的定义时，需严格依照法律定义。

五、等待期条款

保险等待期，又称观察期或免责期，是指保险合同在生效的指定时期内，即使发生保险事故，受益人也不能获得保险赔偿。设置保险等待期的目的是防范道德风险，即防止投保人明知道将发生保险事故，而马上投保以获得保险金的行为。由于保险公司和投保人之间存在明显的信息不对称，投保人较保险公司掌握更多的被保险人的信息，因此，各大保险公司在与投保人签订人身保险合同时普遍做法是设立等待期。一般针对普通疾病住院保险的等待期为 30 天，重大疾病保险的等待期为 90 天，有的甚至达 180 天。等待期一般是从合同生效日或复效日算起，只适用于第一个保险年度，对于可续保单来说，续保年度一般不再有等待期。针对等待期条款，最常见的纠纷包括等待期条款的效力及保险事故是否发生在等待期。

【重疾险理赔案例】

（一）案情简述

投保人闫某，女，投保终身重大疾病附加险，保险金额为 15 万元，保险公司承保的重大疾病包括恶性肿瘤，保单生效日 2017 年 3 月 8 日。合同条款中约定：从本附加险合同生效（或最后复效）之日起 90 日内，被保险人首次发病并经医院确诊为本合同约定的“重大疾病”或“特定轻度重疾”，我们不承担保险责任，退还本附加险合同的现金价值，本附加险合同终止。闫某认可收到上述保险条款。2017 年 4 月 21 日，闫某参加单位体检，区人民医院体检中心出具的体检报告记载总检结论与建议：“……三、左乳外侧导管局限性增宽，约 9.7mm×2.7mm。四、右乳结节。BI-RADS：3 级。建议进一步检查”。2017 年 5 月 18 日至 2017 年 5 月 26 日，闫某在某医院住院治疗，出院诊断：“1. 乳腺肿物（右侧）：乳腺癌？乳腺纤维腺瘤？乳腺增生？2. 乳腺良性肿瘤（左侧），3. 双乳增生”。2017 年 6 月 27 日，区人民医院将闫某的病理会诊报告单送北京协和医院。2017 年 6 月 30 日，北京协和医院出具证明书记载诊断及建议：右侧实性乳头状瘤。随后，闫某向保险公司提出理赔。

（二）理赔焦点

保险公司认为本次事故属于保险合同中约定的等待期情形，不予支付重疾保险金，仅退还现金价值 245.8 元。

本案的焦点在于：①保险合同中等待期条款的效力该如何认定；②被保险人所患疾病是否发生在等待期内，保险公司是否应当承担赔偿保险金的责任。

（三）理赔分析

首先，判定该合同中的等待期条款是否有效。司法实践中，法院认定保险合同中等待期条款是否有效，应结合保险条款的内容及编排方式，区分等待期条款属于一般格式条款还是免责条款。依据法律规定，采用保险人提供的格式条款订立保险合同的，保险人向投保人提供的投保单应当附格式条款，保险人应当向投保人说明合同内容，并应当遵循公平原则来确定双方之间的权利和义务，如果保险人利用格式条款排除了投保人或被保险人的重要权利或者免除自己的主要义务，则该条款为无效条款。免责条款则是人为减轻或免除责任而制订的条款，免责条款的效力取决于保险公司是否依据法律规定履行了特别提示和说明义务。本案中合同约定“从本附加险合同生效（或最后复效）之日起 90 日内”为等待期，故保险责任的开始时间是附加险合同生效（或最后复效）之日起的第 91 日，上述等待期条款是保险公司提供的格式条款，并未不合理地扩大投保人、被保人的义务或限制保险公司应承担的法律责任，不属于免责条款，且闫某认可收到该保险条款，等待期条款即对其发生法律效力。

其次，判定被保险人所患疾病是否发生在等待期内。本案保险合同的生效日期为2017年3月8日，等待期为合同生效之日起90日内。2017年5月26日，区人民医院对闫某乳腺肿瘤（右侧）的诊断为“乳腺肿物（右侧）：乳腺癌？乳腺纤维腺瘤？乳腺增生？”，均附有问号，均非最终确诊。直到2017年6月30日，闫某被北京协和医院确诊患有右侧实性乳头状瘤。该确诊日期明显超过了等待期，属于保险合同约定的承担保险责任的期间。因右侧实性乳头状瘤属于恶性肿瘤，是保险公司所保障的重大疾病之一，故保险公司应按照合同约定给付闫某重大疾病保险金15万元。

（四）案例启示

在投保过程中，投保人一定要详细了解保险合同的内容，特别留意保险合同中是否有等待期条款，且应注意区分等待期条款约定的不同患病情形，如是约定等待期确诊轻症、确诊重疾或是有关疾病就诊的事实；被保险人应当完善相应的告知手续，若格式合同中涉及等待期条款，需举证证明被保险人患病属于等待期约定的情形，为其拒赔提供合理依据。

六、理赔调查

保险理赔最直接地体现了保险的保障功能，而理赔调查则是理赔过程公平、公正的必要保证。对于每一个出险保险事故的认定，区分其是否属于保险责任是保险公司经营活动的主要内容之一，也是保险公司的重要职责。由于国内的保险业尚处于起步阶段，风险管控的水平相对较低，按照美国保险业统计结果显示，每年被恶意骗取的保险金占保险业总收入的10%～15%，达数百亿美元，故而可以推测，在我国被恶意骗保的金额规模非常巨大。

【冒名顶替案例】

（一）案情简述

被保险人张某，男，13岁，投保团体住院医疗保险及附加门诊医疗保险，投保人为某大型国有企业，受益人为该单位员工，张某为该单位员工李某之子，保单生效日2018年1月1日，投保时健康告知无异常，未体检，保险公司以标准体承保。2018年3月26日至6月19日，被保险人因冠心病（coronary heart disease，CHD）到医院复诊，门诊取药大株红景天胶囊等，累计金额7400元。

（二）理赔调查

理赔人员在审核案件时发现病历中诊断为冠心病，用药为大株红景天胶囊等。遂引起审核人员的注意，制订了调查计划。调查主要围绕被保险人是否患有冠心病展开：①理赔人员到当地医院进行调查发现被保险人无冠心病病史记录；②理赔人员到被保险人学校了解学生的情况，发票对应时间，该学生均在学校上课，无请假记录，与病历所载就诊时间冲突；③根据冠心病的发生情况及用药情况可知，与被保险人的年龄不符；④根据以上情况，保险公司通过该被保险人母亲李某所在单位与李某进行沟通，李某承认上述就诊均为其家里老人在医院的就诊记录。

根据上述情况，保险公司依据《保险法》之相关规定，做出了拒赔处理，下达了拒赔通知书。并通过其单位对该员工进行了诫勉谈话，以作警示。

（三）案例启示

1）针对大型团体健康保险项目客户，应充分与投保人进行沟通，制订道德风险管控措施，并加强宣传教育，让关系人了解到发生道德风险对自身的影响。

2）针对出险的不良索赔行为，保险公司一方面应与关系人进行充分的沟通，同时也应做出相应的处罚措施。

3）案件审核人员应熟练掌握常见疾病及其用药，针对病历资料中出险病种与被保险人的年龄、性别有冲突，或存在限制性用药时，应充分调查。

七、补偿原则在健康保险中的适用

补偿原则和给付原则是商业保险的基本原则。补偿原则是指可以用货币衡量价值的保险标的发生保险责任规定的损失时，保险人通过经济补偿方式恢复保险标的的原有价值或原有状态。给付原则是指对于可以用货币标定价值的保险标的发生保险事故时，保险人通过经济给付方式解决被保险人的经济需要。商业医疗保险采用补偿原则，人寿保险和人身意外伤害保险中的死亡及伤残则采用给付原则。

【重复索赔案例】

（一）案情简述

被保险人张某，男，37岁，投保团体意外伤害住院医疗保险及附加门诊医疗保险，投保人为某大型国有企业，受益人为该单位员工，保单生效日2019年1月1日，年度保额2万元，保险合同约定健康保险适用补偿原则，投保时健康告知无异常，未体检，保险公司以标准体承保。2019年3月26日，被保险人因骨折入院治疗，患者住院期间，保险公司到医院进行了探望。2019年4月17日出院，累计花费49 000余元，社保报销27 000元。

治疗结束3个月后，张某与保险公司取得联系，声称发票原件丢失，仅有医保报销单等其他资料，鉴于此种情况，保险公司要求其到医院及本单位办理相关证明手续并对案件资料的真实性做出了承诺。因该案件属于疑难案件，保险公司承诺30日内做出理赔决定。

（二）理赔调查

理赔人员收到案件申请后，围绕住院发票原件丢失的情况进行了调查，并制订了调查计划。主要为：①张某是否拿发票原件到其所在单位进行报销；②张某是否在其他保险公司购买同类保险及是否申请理赔。

经调查发现：张某未到其所在单位申请报销，但是其已在其他保险公司申请了理赔。

根据上述情况，保险公司条款规定的补偿原则之相关规定，做出了拒赔处理，下达了拒赔通知书，并通过其单位对该员工进行了诫勉谈话，以作警示。

（三）案例启示

对本案中的情况，一方面条款中应明确适用原则，另一方面在理赔中应做好充分的调查工作。

八、最大诚信原则在健康保险中的适用

最大诚信原则是《民法》中诚信原则在《保险法》中的体现，与保险利益原则、损失补偿原则、近因原则共同构成了现代保险法的四大基本原则。具体来讲，最大诚信原则是指保险合同当事人订立合同及在合同有效期内，应依法向对方提供足以影响对方作出订约与履约决定的全部实质性重要事实，同时绝对信守合同订立的约定与承诺。保险活动中对当事人诚信的要求要高于一般的民事活动，保险合同是建立在诚实信用基础上的一种射幸合同，诚实信用是评价保险合同效力的基础，对保险合同有着非常重要的作用。实践中，这一原则更多地体现为对投保人或被保险人的一种法律约束，当投保人违反该原则时，保险人可解除合同或请求确认合同无效。

最大诚信原则的内容主要通过保险合同双方的诚信义务来体现，具体包括投保人或被保险人如实告知的义务及保证义务、保险人的说明义务及弃权和禁止反言义务。

【网络投保住院医疗案例】

（一）案情简述

2017 年 6 月 28 日，被保险人通过微信扫保险公司二维码的方式，对保险公司推出的一款住院医疗保险产品进行了阅读。其中健康告知第五项为“被保险人最近 6 个月是否有以下症状：反复头晕头痛”，被保险人点击确认无以上问题后，对下一页面内容继续进行阅读。被保险人在完善投保人、被保险人相关信息并勾选黑体字“我已阅读保险条款及所附除外责任条款并同意所述内容”、支付保费后，保险公司给被保险人出具了住院医疗保单，签单日期为 2017 年 6 月 28 日。

2017 年 8 月 28 日，被保险人“因间断性头昏眼花 10 天”到市第一人民医院住院治疗 5 天，入院诊断为系统性血管炎，出院医嘱建议转上级医院继续治疗，完善 CAT 等相关辅助检查，等炎症控制后可行手术治疗。同年 9 月 7 日，被保险人前往华中科技大学同济医学院附属协和医院住院至同年 9 月 15 日出院，出院主要诊断为多发性大动脉炎、颈动脉不全闭塞、左锁骨下动脉不全闭塞等，医嘱出院后定期风湿免疫科复诊。同年 10 月 8 日至 10 月 13 日，原告再次到该院住院治疗，诊断结论及医嘱同前次。2018 年 1 月 23 日至同年 1 月 31 日，原告就前述病症在市中心人民医院住院治疗。入院自述其于 2 年前无明显诱因出现反复头昏，活动后加重，未予诊治；2017 年 8 月开始出现间断性眼花，严重时出现双视力减退、视野缺失。2018 年 2 月 27 日至同年 3 月 1 日再次到该院住院治疗，治疗、诊断同前。原告先后支付医疗费用 52 137.4 元（含被保险人持医院处方在门诊自费购买人免疫球蛋白 PH4 针费用 29 120 元）。

被保险人就上述发生的住院医疗费用，要求保险公司按住院保险合同的约定，扣除 10 000 元的免赔额后，支付保险金 42 137.4 元。

（二）理赔焦点

保险公司以被保险人投保时未如实履行告知义务，属带病投保为由，拒绝赔偿，遂起纷争。

本案理赔焦点：①保险公司以网页形式询问被保险人“最近 6 个月是否有反复头晕头痛症状”，该提示和明确说明义务是否符合法律规定；②被保险人就诊时自述“2 年前无明显诱因出现反复头昏”是否可以证明故意不履行如实告知义务；③保险公司是否在法定期限内行使合同解除权。

（三）理赔分析

首先，分析保险公司是否履行了提示和明确说明义务。《保险法》第 16 条第一款规定，订立保险合同，保险人就保险标的或者被保险人的有关情况提出询问的，投保人应当如实告知。投保人如实告知义务限于保险人询问的范围和内容。本案中，保险公司以网页为载体，用蓝色粗体字“健康告知”方式向被保险人询问最近 6 个月是否有反复头晕头痛症状，询问方式足以引起被保险人的注意；询问内容清晰、具体，不属于概括性询问。常人均能对询问内容作出是或否的告知。本案中，被保险人作出是或否的回答影响保险公司作出是否同意承保的决定。被保险人点击“确认无以上问题”后，继续进行阅读，并完成涉案保险合同的投保，可认定被保险人对蓝色粗体字“健康告知”的相关内容进行了阅读，并作出了回答。而且，涉案保险合同第十一条责任免除共 18 项情形，其中第 13 项是“被保险人在投保前罹患的、投保时尚未治愈的疾病，被保险人在投保时未如实告知的疾病以及在本合同签发前 24 个月内已经存在的疾病或症状”，保险公司均采用黑体字进行了提示和明确说明，可认为保险公司履行了《保险法》第十七条第二款规定的提示义务。

其次，分析被保险人是否故意不履行如实告知义务。所谓症状，是人机体内一系列功能、代谢和形态结构异常变化所引起的人主观上的异常感觉或者某些客观病态改变，有的只有主观才能感觉到，如疼痛、眩晕；有些是需要通过客观检查才能发现的，不能一概而论。就本案争议而言，保险公司作出的上述询问只需要被保险人如实回答主观感受，并不需要通过客观检查确定。被保险人在投保时作出否认的回答，是保险公司同意承保的前提。2018 年 1 月 23 日，被保险人在市中心人民医院住院入院时自述“头昏 2 年余，加重伴眼花”、“于 2 年前无明显诱因出现反复头昏不适，活动后加重”，这是被保险人通过主观感受向医生所描述的症状。依常理，患者为治愈疾病会尽力真实陈述其主观不适，以便医生根据患者对症状的准确描述，辅之相关检查，确诊病因，对症治疗。据此，可认为，被保险人 2018 年 1 月 23 日入院时的陈述是客观的、真实的。“被保险人最近 6 个月是否有反复头晕头痛症状”的情况，系与涉案保险标的或者被保险人有关的情况，属于《保险法》第十六条第一款规定的投保人“应当如实告知”的内容。被保险人在投保时对其“最近 6 个月是否有反复头晕头痛症状”作否定性回答，明显与真实状况不符，属于保险法第十六条第四款“投保人故意不履行如实告知义务的”情形，该情形足以影响保险公司决定是否同意承保。被保险人提供的华中科技大学同济医学院附属协和医院关于被保险人经诊断患多发性大动脉炎并患颈动脉不全闭塞，既往无类似病史的证明，只能证明被保险人在此之前未经确诊有类似疾病，与其最近 6 个月是否有反复头晕头痛症状无因果关系。被保险人投保时对其“于 2 年前无明显诱因出现反复头昏不适，活动后加重”的事实未如实履行告知义务，且该告知内容足以影响保险公司决定是否同意承保，保险公司有权解除涉案保险合同。

最后，分析保险公司是否在法定期限内行使合同解除权。根据在案事实，被保险人申请理赔时提交了相关住院资料，显示其在投保之前就有“最近 6 个月有反复头昏症状”，保险公司就应当知道解除事由；退而言之，2018 年 8 月 29 日公开开庭审理后，保险公司也应当知道解除事由，但是保险公司在答辩时和委托诉讼代理人的书面代理意见中均未明确行使合同解除权。保险公司于 2018 年 10 月 8 日才书面通知被保险人解除合同，已超过“自保险人知道解除事由之日起超过三十日不行使而消灭”的期限，其解除权已消灭。本案所涉保险合同未被解除的情况下，对被保险人、保险公司双方仍具有约束力。保险公司应当按涉案保险合同的约定承担给付被保险人保险金 42 137.4 元的责任。

（四）理赔结论

保险公司超过“自保险人知道解除事由之日起超过三十日不行使而消灭”的期限，保险合同对被保险人、保险公司双方仍具有约束力，保险公司应当按涉案保险合同的约定承担给付被保险人保险金 42 137.4 元的责任。

（五）案例启示

近年来，随着电子商务的兴起，网络投保越来越普遍，该种方式下如何认定保险人的明确说明义务和投保人的如实告知义务成为一个新的问题。《最高人民法院关于适用〈中华人民共和国保险法〉若干问题的解释（二）》第十二条规定，“通过网络、电话等方式订立的保险合同，保险人以网页、音频、视频等形式对免除保险人责任条款予以提示和明确说明的，人民法院可以认定其履行了提示和明确说明义务”。该条款虽然规定了网络投保中的提示和明确说明义务，但在实践中具体应达到什么标准才算履行了该义务还需根据具体情况认定。第一，保险人的提示和明确说明义务是一种主动性的行为，因此在网络投保过程中，保险人所设计的网页程序应自动弹出免责条款页面，在投保人阅读并点击确认与否的情况下才能进行下一步操作，而不能仅通过设计链接等形式要求投保人主动去阅读。第二，网页所载的格式条款等内容必须采用特殊字体、颜色或者符号，足以引起投保人注意。第三，网页对合同免责条款中专业性较强的，应该给予较高程度的说明，同时避免使用有争议、晦涩、复杂的语言。第四，在投保完成后，应该及时进行电话回访，询问投保人对免责条款是否阅读并理解。本案中，被告以网页为载体，用蓝色粗体字“健康告知”方式向原告询问被保险人相关情况，询问方式足以引起原告的注意；询问内容清晰、具体，不属于概括性询问，足以认定被告履行了提示义务。

如实告知义务是指在订立保险合同时，保险人就保险标的或者被保险人的有关情况提出询问的，投保人应当如实告知。投保人故意不履行如实告知义务的，保险人对于合同解除前发生的保险事故，不承担赔偿或者给付保险金的责任，并不退还保险费。在实践中，往往存在投保人为了参保而故意隐瞒相关事实的情况。本案中比较特殊的是，保险人询问的事项中关于健康状况有些不是既往史、家族遗传史等已经经医院确诊的某类疾病，而是一种主观感知的症状，在证明时就存在一定的困难。此时需要结合保险人投保前和发生保险事故时的相关情况综合认定。虽然主观感受无法证明，但依照常理，患者在就诊时为了医生准确判断病情会如实回答医生的提问，病历中的自述等内容可以作为证明的依据。

当被保险人未履行如实告知义务，而保险公司已超过“自保险人知道解除事由之日起超过三十日不行使而消灭”的期限，未解除合同。则保险公司解除合同的权利归于消灭，在发生保险事故时保险人仍应当承担责任。

九、有利解释原则在健康保险中的适用

有利解释原则，又称“疑义利益解释原则”，起源于罗马法“有疑义应为表意者不利益之解释”的规则，意为当保险合同中双方当事人就保险格式条款发生争议时，应当作出不利于保险人而有利于保险相对人的解释。该原则为世界上大多数国家和地区的立法和司法实践所推崇，影响较为广泛，我国《合同法》及《保险法》也有相关的规定。

双方当事人对保险条款的争议一般包括两种情形：一是可以对争议的条款作出两种或者两种以上合理的解释，即合同条款存在多种解释；二是合同条款在表述上很难甚至无法让一般人明确其真实含义，即合同条款内容含混不清。对于前一种情形，应当直接适用有利解释原则，作出有利于投保人而不利于保险人的解释；对于后一种情形，应当根据《合同法》第一百二十五条规定的“通常理解”方式，即文义解释、体系解释、目的解释、习惯解释及诚信解释等进行解释，只有在穷尽上述五种解释方式仍然存在歧义时，才能进行“有利解释”。

【重大疾病释义争议案】

（一）案情简介

2010 年 11 月 3 日，王某向保险公司投保某人身保险产品，保险金额为 20 000 元，保险期为终身。2011 年 9 月 29 日，王某又在此保险公司投保了一份人身保险产品，保险金额为 20 000 元，缴费时间为 20 年。该《保险条款》约定，被保险人在本合同生效（或复效）之日起 180 日后初次发生、并经二级以上（含二级）医院确诊患重大疾病时，本公司按基本保额的 2 倍给付重大疾病保险金，重大疾病保险金给付责任即行终止；重大疾病包括癌症在内，癌症是指组织细胞异常增生且有转移特性的恶性肿瘤或恶性白细胞过多症，经病理检验确定符合卫健委《国际疾病伤害及死因分类标准》归属于恶性肿瘤的疾病，但下述除外：①第一期霍奇金病；②慢性淋巴性白血病；③原位癌；④恶性黑色素瘤以外的皮肤癌。

2010 年 8 月 21 日，王某曾因皮肤紫癜入住市第一人民医院治疗，9 月 4 日出院诊断为“骨髓增生异常综合征（MDS）？”。2010 年 10 月 23 日，王某再次入住市第一人民医院，11 月 14 日出院诊断为特发性血小板减少性紫癜（ITP）。

2019 年 1 月 12 日，王某被市第一人民医院诊断为“骨髓增生异常综合征”。同年 6 月 2 日，

保险公司给付王某住院医疗补偿保险金 3580.61 元。事后，王某向保险公司申请重疾险理赔，保险公司认为保险事故不属于合同约定的责任范围，拒绝理赔，并将退还两份保险合同所交保费。

（二）理赔焦点

本案理赔焦点：①涉案保险合同的效力状态确定；②骨髓增生异常综合征是否属于涉案保险合同的承保范围。

（三）理赔分析

首先，分析涉案保险合同的效力状态。本案中，王某 2010 年 9 月 4 日的出院诊断为“骨髓增生异常综合征？”，带了一个问号的标点符号，说明尚不能确诊。11 月 14 日第二次出院诊断为特发性血小板减少性紫癜，排除了其患有骨髓增生异常综合征，即白血病，故结合其投保时间等情况，其不符合保险合同约定等带病投保情形，合同是当事人真实意思的表示，保险合同合法有效。且投保人连续缴纳保费至 2019 年，保险公司并未提出异议，保险公司以王某带病投保拒绝给付保险金，有违诚信原则。

其次，关于骨髓增生异常综合征是否属于涉案保险合同的承保范围。在涉案保险合同条款注释 5 引用的卫健委《国际疾病伤害及死因分类标准》或世界卫生组织《疾病和有关健康问题的国际统计分类》（ICD-10）中，骨髓增生异常综合征归属于“动态未定或动态未知的肿瘤”，未列入“恶性肿瘤”范畴，同时，保险条款亦未将骨髓增生异常综合征列入免责条款。但根据近年来的医学研究成果，目前医学界已经取得广泛共识，该类疾病的医学专家认为骨髓增生异常综合征为异质性髓系克隆性疾病，性质属恶性肿瘤。现保险人和被保险人就骨髓增生异常综合征是否属于恶性肿瘤各执一词，并各自引用了 ICD-10 分类和医学专家意见为己方观点提供支持，均有一定的依据，故涉案保险条款注释 5 作为格式条款存在两种以上解释，根据有利解释原则，应支持被保险人主张的骨髓增生异常综合征属于恶性肿瘤且在涉案保险合同的承保范围内的解释。另外，基于合理期待原则，因涉案保险条款系保险人单方制定，且保险条款注释 5 及其引用的 ICD-10 均具有较强的专业性，投保时保险人未向被保险人提供 ICD-10，更未就专业术语向其作出详细解释，故被保险人作为普通保险消费者在投保时很难准确理解保险条款注释 5 的真实含义，其主观上并无过错，且当代医学研究也解释了骨髓增生异常综合征属于重大疾病中的癌症，故被保险人提出理赔申请，具有客观合理性。因此，保险公司应支付被保险人王某重疾险给付金 80 000 元。

（四）案例启示

ICD-10 制定于 1983 年，并自 1993 年 1 月 1 日起生效，我国政府于 2001 年采用了 ICD-10 规定内容，30 多年未作修改，其必然大大滞后于同时期医学研究的发展，而近年来的权威医学研究成果已将骨髓增生异常综合征归于恶性肿瘤范畴，故在健康保险理赔中，应通过对保险合同格式条款进行合法和合目的性的解释，实现了对当事人合法权益的充分有效保护。2020 年，中国保险行业协会正式发布了《重大疾病保险的疾病定义使用规范（2020 年修订版）》，疾病定义更科学规范，有利于减少理赔纠纷，有利于行业的长远发展。

十、理 赔 欺 诈

健康保险欺诈一直是健康保险理赔研究的重点。健康保险欺诈的形式多样，而且越来越趋于隐蔽，如何及早发现和防范健康保险欺诈是健康保险理赔工作的重要内容之一。从欺诈的主体来看，健康保险欺诈主要包括投保方的欺诈、医疗服务机构的欺诈、保险中介机构的欺诈和保险机构内部员工的欺诈。

【带病投保满两年理赔纠纷案】

（一）案情简介

2014 年 1 月，被保险人王某向保险公司购买了重大疾病保险，涉案投保单中健康告知事项部分，最近五年是否或正在“接受诊疗、手术、住院、药物治疗”，相应的回答栏中选择为“否”，是否曾有下列症状、曾被告知患有下列疾病或因此接受治疗：“肾炎、肾病综合征、肾功能异常、尿毒症……”，相应的回答栏中选择为“否”。投保人声明处有王某签名。至 2017 年底，王某依约缴纳四年保费。

2017 年 5 月，王某在县人民医院住院，出院病案记载王某为慢性肾脏病 5 期，慢性肾炎，肾性高血压，肾性贫血；同时病史记载“患者 2 年前因乏力在省立医院发现肾功能异常，当时已是尿毒症期，给予插管透析并给予动静脉内瘘术，术后给予维持性血液透析，一年前来我院血液透析，每次超滤 5kg，一周两次”。2018 年初，王某持相关出院证明向保险公司申请理赔。

（二）理赔焦点

经保险公司调查发现，2010 年 A 三级医院病案记载王某经诊断为慢性肾功能不全，慢性肾小球肾炎；2012 年 B 三级医院病案记载王某经诊断为慢性肾衰竭尿毒症期，慢性肾炎，进行血液透析。2012 年 C 三级医院病案记载王某经诊断为慢性肾衰竭尿毒症期，慢性肾炎，肾性高血压，脂肪肝。保险公司认为王某存在带病投保行为，未履行如实告知义务，应解除合同，拒绝理赔。王某认为保险公司未对免责条款尽到明确说明义务，遂起纠纷。

本案理赔焦点：①被保险人王某是否存在带病投保行为；②保险公司是否对免责条款尽到说明义务；③保险合同成立二年后保险公司能否单方解除合同。

（三）理赔分析

首先，分析王某是否存在带病投保行为。依据《保险法》第十六条的规定，订立保险合同，保险人就保险标的或者被保险人的有关情况提出询问时，投保人应当如实告知。本案中，经多方病案记录核实，王某在投保前的确患有尿毒症，2014 年投保时签名确认的患病记录回答不属实，存在带病投保行为，保险公司有权解除。

其次，分析保险公司对免责条款的说明义务。根据《最高人民法院关于适用〈中华人民共和国保险法〉若干问题的解释（二）》第九条第二款的规定，保险人因投保人、被保险人违反法定或约定义务，享有解除合同权利的条款，不属于《保险法》第十七条第二款规定的“免除保险人责任的条款”。因此，王某因违反作为被保险人的如实告知义务，而主张保险公司未对免责条款尽到明确说明义务之理由，不能成立。

最后，分析保险合同成立两年后保险公司能否单方解除合同。依据王某申请理赔的 2017 年 5 月县人民医院病案记载，王某在两年前被确诊为尿毒症及进行透析，其主张的保险事故发生的时间距双方于 2014 年 1 月签订的保险合同不足两年。故依法保险公司可以解除合同。此外，2012 年 B 三级医院病案是对病情治疗的直接记载，证明力应当高于 2017 年县人民医院病案记载中的病史记录部分。因此，该案的保险事故发生在保险合同成立之前，既不适用在合同成立两年后保险公司不得解除的规定，也有违保险事故的不可预料性，保险公司可解除合同，符合法律规定。

（四）案例启示

带病投保，经常发生在健康保险理赔纠纷中，而“两年解除期限”成为此类案件关注的重点。

目前，在审判中，对此类情形尚没有较为清晰、统一的认识，直接以合同满两年不能解除合同而支持理赔的较多，导致一些投保人也是以此为盾，抱有侥幸甚至恶意，造成不好的社会示范效应。本案重大疾病保险合同中，投保人隐瞒已构成保险事故的病情投保，有违保险事故的不可预料性，于保险合同成立两年后以患有该疾病向保险公司申请理赔，不应予以支持。

思考题

1. 在健康保险核保中，如何对饮酒行为进行评点？
2. 在健康保险核保中，如何对吸烟行为进行评点？
3. 健康保险核保实务中，如何对心血管疾病进行评点？
4. 病历资料作为健康险理赔的重要依据，在使用时应注意哪些问题？
5. 网络投保情形下，如何界定保险人是否履行了提示和明确说明义务？

（高长青　袁小丽）

参 考 文 献

保险区块链项目组. 2017. 保险区块链研究. 北京：中国金融出版社.

陈文彬，潘祥林. 2013. 诊断学. 北京：人民卫生出版社.

陈孝平，汪建平，赵继宗. 2018. 外科学. 9 版. 北京：人民卫生出版社.

杜均. 2020. 区块链+从全球 50 个案例看区块链的技术生态、通证经济和社区自治. 北京：机械工业出版社.

葛均波，徐永健，王辰. 2018. 内科学. 9 版. 北京：人民卫生出版社.

国家法官学院，最高人民法院司法案例研究院. 2020. 中国法院 2020 年度案例：保险纠纷. 北京：中国法制出版社.

国家法官学院案例开发研究中心. 2017. 中国法院 2017 年度案例：保险纠纷. 北京：中国法制出版社.

国家法官学院案例开发研究中心. 2019. 中国法院 2019 年度案例：保险纠纷. 北京：中国法制出版社.

黄华明. 2002. 风险与保险. 北京：中国法制出版社.

黄占辉，王汉亮. 2006. 健康保险学. 北京：北京大学出版社.

荆涛. 2011. 人寿与健康保险. 北京：北京大学出版社.

欧阳天娜. 2004. 人寿保险理赔概论. 北京：中国金融出版社.

任森林，陈艳茜. 2011. 健康保险医学基础技能训练. 北京：电子工业出版社.

苏珊娜·奇斯蒂，萨宾·L.B. 范德林登. 2020. InsurTech：保险科技权威指南. 北京：中国人民大学出版社.

万学红，卢雪峰. 2018. 诊断学. 9 版. 北京：人民卫生出版社.

王欢，张畅郁. 2018. 健康保险信息技术与管理. 北京：中国财政经济出版社.

王健宗，何安珣，李泽远. 2020. 金融智能：AI 如何为银行、保险、证券业赋能. 北京：机械工业出版社.

魏华林，林宝清. 2017. 保险学. 4 版. 北京：高等教育出版社.

魏迎宁，康典. 2014. 人寿保险风险评估理论·实务·案例. 北京：中华工商联合出版社.

翁小丹. 2007. 人身意外伤害和健康保险. 北京：中国财政经济出版社.

巫向前. 2009. 临床检验结果评价. 北京：人民卫生出版社.

谢隽. 2018. 人身保险核保理赔. 长沙：中南大学出版社.

谢幸，孔北华，段涛. 2018. 妇产科学. 9 版. 北京：人民卫生出版社.

新华人寿保险医学课题组. 2019. 人寿保险调查（理论·实务·案例）. 北京：中华工商联合出版社.

许闲. 2018. 保险科技创新运用与商业模式. 北京：中国金融出版社.

詹华奎. 2016. 诊断学.2 版. 北京：中国中医药出版社.

张洪涛，王国良. 2006. 保险核保与理赔. 北京：中国人民大学出版社.

赵尚梅，张军欢. 2017. 健康保险与大数据应用. 北京：中国财政经济出版社.

赵子琴. 2004. 法医病理学. 北京：人民卫生出版社.

中国保险行业协会. 2015. 中国人身保险理赔. 北京：中国财政经济出版社.

中国保险行业协会. 2020. 人身保险理赔实务（中级）. 北京：中国财政经济出版社.

朱进元，刘勇，魏丽. 2018. 保险科技. 北京：中信出版社.

附　录

一、《健康保险管理办法》节选

（经中国银保监会 2018 年第 6 次主席会议通过，自 2019 年 12 月 1 日起施行）

第一章　总　　则

第一条　为了促进健康保险的发展，规范健康保险的经营行为，保护健康保险活动当事人的合法权益，提升人民群众健康保障水平，根据《中华人民共和国保险法》（以下简称《保险法》）等法律、行政法规，制定本办法。

第二条　本办法所称健康保险，是指由保险公司对被保险人因健康原因或者医疗行为的发生给付保险金的保险，主要包括医疗保险、疾病保险、失能收入损失保险、护理保险以及医疗意外保险等。

本办法所称医疗保险，是指按照保险合同约定为被保险人的医疗、康复等提供保障的保险。本办法所称疾病保险，是指发生保险合同约定的疾病时，为被保险人提供保障的保险。

本办法所称失能收入损失保险，是指以保险合同约定的疾病或者意外伤害导致工作能力丧失为给付保险金条件，为被保险人在一定时期内收入减少或者中断提供保障的保险。

本办法所称护理保险，是指按照保险合同约定为被保险人日常生活能力障碍引发护理需要提供保障的保险。

本办法所称医疗意外保险，是指按照保险合同约定发生不能归责于医疗机构、医护人员责任的医疗损害，为被保险人提供保障的保险。

第三条　健康保险是国家多层次医疗保障体系的重要组成部分，坚持健康保险的保障属性，鼓励保险公司遵循审慎、稳健原则，不断丰富健康保险产品，改进健康保险服务，扩大健康保险覆盖面，并通过有效管理和市场竞争降低健康保险价格和经营成本，提升保障水平。

第四条　健康保险按照保险期限分为长期健康保险和短期健康保险。

长期健康保险，是指保险期间超过一年或者保险期间虽不超过一年但含有保证续保条款的健康保险。

长期护理保险保险期间不得低于 5 年。

短期健康保险，是指保险期间为一年以及一年以下且不含有保证续保条款的健康保险。

保证续保条款，是指在前一保险期间届满前，投保人提出续保申请，保险公司必须按照原条款和约定费率继续承保的合同约定。

第五条　医疗保险按照保险金的给付性质分为费用补偿型医疗保险和定额给付型医疗保险。

费用补偿型医疗保险，是指根据被保险人实际发生的医疗、康复费用支出，按照约定的标准确定保险金数额的医疗保险。

定额给付型医疗保险，是指按照约定的数额给付保险金的医疗保险。

费用补偿型医疗保险的给付金额不得超过被保险人实际发生的医疗、康复费用金额。

第六条　中国银行保险监督管理委员会（以下简称银保监会）根据法律、行政法规和国务院授权，对保险公司经营健康保险的活动进行监督管理。

第七条　保险公司开展的与健康保险相关的政策性保险业务，除国家政策另有规定外，参照本办法执行。

保险公司开展不承担保险风险的委托管理服务不适用本办法。

第二章　经 营 管 理

第八条　依法成立的健康保险公司、人寿保险公司、养老保险公司，经银保监会批准，可以经营健康保险业务。

前款规定以外的保险公司，经银保监会批准，可以经营短期健康保险业务。

第九条　除健康保险公司外，保险公司经营健康保险业务应当成立专门健康保险事业部。健康保险事业部应当持续具备下列条件：

（一）建立健康保险业务单独核算制度；

（二）建立健康保险精算制度和风险管理制度；

（三）建立健康保险核保制度和理赔制度；

（四）建立健康保险数据管理与信息披露制度；

（五）建立功能完整、相对独立的健康保险信息管理系统；

（六）配备具有健康保险专业知识的精算人员、核保人员、理赔人员和医学教育背景的管理人员；

（七）银保监会规定的其他条件。

第十条　保险公司应当对从事健康保险的核保、理赔以及销售等工作的从业人员进行健康保险专业培训。

第十一条　保险公司应当加强投保人、被保险人和受益人的隐私保护，建立健康保险客户信息管理和保密制度。

第三章　产 品 管 理

第十二条　保险公司拟定健康保险的保险条款和保险费率，应当按照银保监会的有关规定报送审批或者备案。

享受税收优惠政策的健康保险产品在产品设计、赔付率等方面应当遵循相关政策和监管要求。

第十三条　保险公司拟定的健康保险产品包含两种以上健康保障责任的，应当由总精算师按照一般精算原理判断主要责任，并根据主要责任确定产品类型。

第十四条　医疗意外保险和长期疾病保险产品可以包含死亡保险责任。长期疾病保险的死亡给付金额不得高于疾病最高给付金额。其他健康保险产品不得包含死亡保险责任，但因疾病引发的死亡保险责任除外。

医疗保险、疾病保险和医疗意外保险产品不得包含生存保险责任。

第十五条　长期健康保险产品应当设置合同犹豫期，并在保险条款中列明投保人在犹豫期内的权利。长期健康保险产品的犹豫期不得少于 15 天。

第十六条　保险公司应当严格按照审批或者备案的产品费率销售短期个人健康保险产品。

第十七条　除家族遗传病史之外，保险公司不得基于被保险人其他遗传信息、基因检测资料进行区别定价。

第十八条　短期团体健康保险产品可以对产品参数进行调整。

产品参数，是指保险产品条款中根据投保团体的具体情况进行合理调整的保险金额、起付金额、给付比例、除外责任、责任等待期等事项。

第十九条 保险公司将产品参数可调的短期团体健康保险产品报送审批或者备案时，提交的申请材料应当包含产品参数调整办法，并由总精算师遵循审慎原则签字确认保险公司销售产品参数可调的短期团体健康保险产品，应当根据产品参数调整法、自身风险管理水平和投保团体的风险情况计算相应的保险费率，且产品参数的调整不得改变费率计算方法以及费率计算需要的基础数据。

保险公司销售产品参数可调的短期团体健康保险产品，如需改变费率计算方法或者费率计算需要的基础数据的，应当将该产品重新报送审批或者备案。

第二十条 保险公司可以在保险产品中约定对长期医疗保险产品进行费率调整，并明确注明费率调整的触发条件。

长期医疗保险产品费率调整应当遵循公平、合理原则，触发条件应当客观且能普遍适用，并符合有关监管规定。

第二十一条 含有保证续保条款的健康保险产品，应当明确约定保证续保条款的生效时间。

含有保证续保条款的健康保险产品不得约定在续保时保险公司有减少保险责任和增加责任免除范围的权利。

保险公司将含有保证续保条款的健康保险产品报送审批或者备案的，应当在产品精算报告中说明保证续保的定价处理方法和责任准备金计算办法。

第二十二条 保险公司拟定医疗保险产品条款，应当尊重被保险人接受合理医疗服务的权利，不得在条款中设置不合理的或者违背一般医学标准的要求作为给付保险金的条件。

第二十三条 保险公司在健康保险产品条款中约定的疾病诊断标准应当符合通行的医学诊断标准，并考虑到医疗技术条件发展的趋势。

健康保险合同生效后，被保险人根据通行的医学诊断标准被确诊疾病的，保险公司不得以该诊断标准与保险合同约定不符为理由拒绝给付保险金。

第二十四条 保险公司设计费用补偿型医疗保险产品，必须区分被保险人是否拥有公费医疗、基本医疗保险、其他费用补偿型医疗保险等不同情况，在保险条款、费率或者赔付金额等方面予以区别对待。

第二十五条 被保险人同时拥有多份有效的费用补偿型医疗保险保险单的，可以自主决定理赔申请顺序。

第二十六条 保险公司可以同投保人约定，以被保险人在指定医疗机构中进行医疗为给付保险金的条件。

保险公司指定医疗机构应当遵循方便被保险人、合理管理医疗成本的原则，引导被保险人合理使用医疗资源、节省医疗费用支出，并对投保人和被保险人做好说明、解释工作。

第二十七条 疾病保险、医疗保险、护理保险产品的等待期不得超过180天。

第二十八条 医疗保险产品可以在定价、赔付条件、保障范围等方面对贫困人口适当倾斜，并以书面形式予以明确。

第二十九条 护理保险产品在保险期间届满前给付的生存保险金，应当以被保险人因保险合同约定的日常生活能力障碍引发护理需要为给付条件。

第三十条 鼓励保险公司开发医疗保险产品，对新药品、新医疗器械和新诊疗方法在医疗服务中的应用支出进行保障。

第三十一条 鼓励保险公司采用大数据等新技术提升风险管理水平。对于事实清楚、责任明确的健康保险理赔申请，保险公司可以借助互联网等信息技术手段，对被保险人的数字化理赔材料进行审核，简化理赔流程，提升服务效率。

第三十二条 保险公司应当根据健康保险产品实际赔付经验，对产品定价进行回溯、分析，及时修订新销售的健康保险产品费率，并按照银保监会有关规定进行审批或者备案。

第三十三条 鼓励保险公司提供创新型健康保险产品，满足人民群众多层次多样化的健康保障需求。

第三十四条 保险公司开发的创新型健康保险产品应当符合《保险法》和保险基本原理，并按照有关规定报银保监会审批或者备案。

第四章 销售管理

第三十五条 保险公司销售健康保险产品，应当严格执行经审批或者备案的保险条款和保险费率。

第三十六条 经过审批或者备案的健康保险产品，除法定理由和条款另有约定外，保险公司不得拒绝提供。

保险公司销售健康保险产品，不得强制搭配其他产品销售。

第三十七条 保险公司不得委托医疗机构或者医护人员销售健康保险产品。

第三十八条 保险公司销售健康保险产品，不得非法搜集、获取被保险人除家族遗传病史之外的遗传信息、基因检测资料；也不得要求投保人、被保险人或者受益人提供上述信息。

保险公司不得以被保险人家族遗传病史之外的遗传信息、基因检测资料作为核保条件。

第三十九条 保险公司销售健康保险产品，应当以书面或者口头等形式向投保人说明保险合同的内容，对下列事项作出明确告知，并由投保人确认：

（一）保险责任；

（二）保险责任的减轻或者免除；

（三）保险责任等待期；

（四）保险合同犹豫期以及投保人相关权利义务；

（五）是否提供保证续保以及续保有效时间；

（六）理赔程序以及理赔文件要求；

（七）组合式健康保险产品中各产品的保险期间；

（八）银保监会规定的其他告知事项。

第四十条 保险公司销售健康保险产品，不得夸大保险保障范围，不得隐瞒责任免除，不得误导投保人和被保险人。

投保人和被保险人就保险条款中的保险、医疗和疾病等专业术语提出询问的，保险公司应当用清晰易懂的语言进行解释。

第四十一条 保险公司销售费用补偿型医疗保险，应当向投保人询问被保险人是否拥有公费医疗、基本医疗保险或者其他费用补偿型医疗保险的情况，投保人应当如实告知。

保险公司应当向投保人说明未如实告知的法律后果，并做好相关记录。

保险公司不得诱导投保人为同一被保险人重复购买保障功能相同或者类似的费用补偿型医疗保险产品。

第四十二条 保险公司销售医疗保险，应当向投保人告知约定医疗机构的名单或者资质要求，并提供查询服务。

保险公司调整约定医疗机构的，应当及时通知投保人或者被保险人。

第四十三条 保险公司以附加险形式销售无保证续保条款的健康保险产品的，附加险的保险期限不得小于主险保险期限。

第四十四条 保险公司销售长期个人健康保险产品的，应当在犹豫期内对投保人进行回访。

保险公司在回访中发现投保人被误导的，应当做好解释工作，并明确告知投保人有依法解除保险合同的权利。

第四十五条 保险公司承保团体健康保险，应当以书面或者口头等形式告知每个被保险人其参保情况以及相关权益。

第四十六条 投保人解除团体健康保险合同的，保险公司应当要求投保人提供已通知被保险人退保的有效证明，并按照银保监会有关团体保险退保的规定将退保金通过银行转账或者原投保资金汇入路径退至投保人缴费账户或者其他账户。

第五章 准备金评估

第四十七条 经营健康保险业务的保险公司应当按照本办法有关规定提交上一年度的精算报告或者准备金评估报告。

第四十八条 对已经发生保险事故并已提出索赔、保险公司尚未结案的赔案，保险公司应当提取已发生已报案未决赔款准备金。

保险公司应当采取逐案估计法、案均赔款法等合理的方法谨慎提取已发生已报案未决赔款准备金。

保险公司如果采取逐案估计法之外的精算方法计提已发生已报案未决赔款准备金，应当详细报告该方法的基础数据、参数设定和估计方法，并说明基础数据来源、数据质量以及准备金计算结果的可靠性。

保险公司总精算师不能确认估计方法的可靠性或者相关业务的经验数据不足 3 年的，应当按照已经提出的索赔金额提取已发生已报案未决赔款准备金。

第四十九条 对已经发生保险事故但尚未提出的赔偿或者给付，保险公司应当提取已发生未报案未决赔款准备金。

保险公司应当根据险种的风险性质和经验数据等因素，至少采用链梯法、案均赔款法、准备金进展法、B-F 法、赔付率法中的两种方法评估已发生未报案未决赔款准备金，并选取评估结果的最大值确定最佳估计值。

保险公司应当详细报告已发生未报案未决赔款准备金的基础数据、计算方法和参数设定，并说明基础数据来源、数据质量以及准备金计算结果的可靠性。

保险公司总精算师判断数据基础不能确保计算结果的可靠性，或者相关业务的经验数据不足 3 年的，应当按照不低于该会计年度实际赔款支出的 10%提取已发生未报案未决赔款准备金。

第五十条 对于短期健康保险业务，保险公司应当提取未到期责任准备金。

短期健康保险提取未到期责任准备金，可以采用下列方法之一：

（一）二十四分之一毛保费法（以月为基础计提）；

（二）三百六十五分之一毛保费法（以天为基础计提）；

（三）根据风险分布状况可以采用其他更为谨慎、合理的方法，提取的未到期责任准备金不得低于方法（一）和（二）所得结果的较小者。

第五十一条 短期健康保险未到期责任准备金的提取金额应当不低于下列两者中较大者：

（一）预期未来发生的赔款与费用扣除相关投资收入之后的余额；

（二）在责任准备金评估日假设所有保单退保时的退保金额。

未到期责任准备金不足的，应当提取保费不足准备金，用于弥补未到期责任准备金和前款两项中较大者之间的差额。

第五十二条 本办法所称责任准备金为业务相关报告责任准备金，财务报告责任准备金、偿付能力报告责任准备金的计提按照财政部和银保监会的相关规定执行。

第五十三条 长期健康保险未到期责任准备金的计提办法应当按照银保监会的有关规定执行。

第五十四条 保险公司应当按照再保前、再保后分别向银保监会报告准备金提取结果。

第六章 健康管理服务与合作

第五十五条 保险公司可以将健康保险产品与健康管理服务相结合，提供健康风险评估和干预、疾病预防、健康体检、健康咨询、健康维护、慢性病管理、养生保健等服务，降低健康风险，减少疾病损失。

第五十六条 保险公司开展健康管理服务的，有关健康管理服务内容可以在保险合同条款中列明，也可以另行签订健康管理服务合同。

第五十七条 健康保险产品提供健康管理服务，其分摊的成本不得超过净保险费的 20%。超出以上限额的服务，应当单独定价，不计入保险费，并在合同中明示健康管理服务价格。

第五十八条 保险公司经营医疗保险，应当加强与医疗机构、健康管理机构、康复服务机构等合作，为被保险人提供优质、方便的医疗服务。

保险公司经营医疗保险，应当按照有关政策文件规定，监督被保险人医疗行为的真实性和合法性，加强医疗费用支出合理性和必要性管理。

第五十九条 保险公司应当积极发挥健康保险费率调节机制对医疗费用和风险管控的作用，降低不合理的医疗费用支出。

第六十条 保险公司应当积极发挥作为医患关系第三方的作用，帮助缓解医患信息不对称，促进解决医患矛盾纠纷。

第六十一条 保险公司与医疗机构、健康管理机构之间的合作，不得损害被保险人的合法权益。

第六十二条 保险公司应当按照法律、行政法规的规定，充分保障客户隐私和数据安全，依据服务范围和服务对象与医疗机构、基本医保部门等进行必要的信息互联和数据共享。

第七章 再保险管理

第六十三条 保险公司办理健康保险再保险业务，应当遵守《保险法》和银保监会有关再保险业务管理的规定。

第六十四条 保险公司分支机构不得办理健康保险再保险分入业务，再保险公司分支机构除外。

第八章 法 律 责 任

第六十五条 保险公司及其分支机构违反本办法，由银保监会及其派出机构依照法律、行政法规进行处罚；法律、行政法规没有规定的，由银保监会及其派出机构责令改正，给予警告，对有违法所得的处以违法所得 1 倍以上 3 倍以下罚款，但最高不得超过 3 万元，对没有违法所得的处以 1 万元以下罚款；涉嫌犯罪的，依法移交司法机关追究其刑事责任。

第六十六条 保险公司从业人员、保险公司分支机构从业人员违反本办法，由银保监会及其派出机构依照法律、行政法规进行处罚；法律、行政法规没有规定的，由银保监会及其派出机构责令改正，给予警告，对有违法所得的处以违法所得 1 倍以上 3 倍以下罚款，但最高不得超过 3 万元，对没有违法所得的处以 1 万元以下罚款；涉嫌犯罪的，依法移交司法机关追究其刑事责任。

第九章 附 则

第六十七条 相互保险组织经营健康保险适用本办法。

第六十八条 保险中介机构及其从业人员销售健康保险产品适用本办法。

第六十九条 通过银行、邮政等渠道销售健康保险产品的，应当遵守相关监管部门的规定。

第七十条 本办法施行前原中国保险监督管理委员会颁布的规定与本办法不符的，以本办法为准。

第七十一条 本办法由银保监会负责解释。

第七十二条 本办法自2019年12月1日起施行。原中国保险监督管理委员会2006年8月7日发布的《健康保险管理办法》（保监会令2006年第8号）同时废止。

二、《人身保险伤残评定标准》节选

（2013年6月8日中国保险行业协会、中国法医学会联合发布，自2014年1月1日起实施）

说明：

①本标准对功能和残疾进行了分类和分级，将人身保险伤残程度划分为一至十级，最重为第一级，最轻为第十级。与人身保险伤残程度等级相对应的保险金给付比例分为十档，伤残程度第一级对应的保险金给付比例为100%，伤残程度第十级对应的保险金给付比例为10%，每级相差10%。

②本标准中出现的“以上”，均包括本数值或本部位。

1 神经系统的结构和精神功能

1.1 脑膜的结构损伤

外伤性脑脊液鼻漏或耳漏	10级

1.2 脑的结构损伤，智力功能障碍

颅脑损伤导致极度智力缺损（智商小于等于20），日常生活完全不能自理，处于完全护理依赖状态	1级
颅脑损伤导致重度智力缺损（智商小于等于34），日常生活需随时有人帮助才能完成，处于完全护理依赖状态	2级
颅脑损伤导致重度智力缺损（智商小于等于34），不能完全独立生活，需经常有人监护，处于大部分护理依赖状态	3级
颅脑损伤导致中度智力缺损（智商小于等于49），日常生活能力严重受限，间或需要帮助，处于大部分护理依赖状态	4级

注：①护理依赖：应用“基本日常生活活动能力”的丧失程度来判断护理依赖程度。②基本日常生活活动是指：（1）穿衣：自己能够穿衣及脱衣；（2）移动：自己从一个房间到另一个房间；（3）行动：自己上下床或上下轮椅；（4）如厕：自己控制进行大小便；（5）进食：自己从已准备好的碗或碟中取食物放入口中；（6）洗澡：自己进行淋浴或盆浴。③护理依赖的程度分三级：（1）完全护理依赖指生活完全不能自理，上述六项基本日常生活活动均需护理者；（2）大部分护理依赖指生活大部不能自理，上述六项基本日常生活活动中三项或三项以上需要护理者；（3）部分护理依赖指部分生活不能自理，上述六项基本日常生活活动中一项或一项以上需要护理者。

1.3 意识功能障碍

意识功能是指意识和警觉状态下的一般精神功能，包括清醒和持续的觉醒状态。本标准中的意识功能障碍是指颅脑损伤导致植物状态。

颅脑损伤导致植物状态	1级

注：植物状态指由于严重颅脑损伤造成认知功能丧失，无意识活动，不能执行命令，保持自主呼吸和血压，有睡眠-醒觉周期，不能理解和表达语言，能自动睁眼或刺激下睁眼，可有无目的性眼球跟踪运动，丘脑下部及脑干功能基本保存。

2 眼、耳和有关的结构和功能

2.1 眼球损伤或视功能障碍

视功能是指与感受存在的光线和感受视觉刺激的形式、大小、形状和颜色等有关的感觉功能。本标准中的视功能障碍是指眼盲目或低视力。

双侧眼球缺失	1 级
一侧眼球缺失，且另一侧眼盲目 5 级	1 级
一侧眼球缺失，且另一侧眼盲目 4 级	2 级
一侧眼球缺失，且另一侧眼盲目 3 级	3 级
一侧眼球缺失，且另一侧眼低视力 2 级	4 级
一侧眼球缺失，且另一侧眼低视力 1 级	5 级
一侧眼球缺失	7 级

2.2 视功能障碍

除眼盲目和低视力外，本标准中的视功能障碍还包括视野缺损。

双眼盲目 5 级	2 级
双眼视野缺损，直径小于 5°	2 级
双眼盲目大于等于 4 级	3 级
双眼视野缺损，直径小于 10°	3 级
双眼盲目大于等于 3 级	4 级
双眼视野缺损，直径小于 20°	4 级
双眼低视力大于等于 2 级	5 级
双眼低视力大于等于 1 级	6 级
双眼视野缺损，直径小于 60°	6 级
一眼盲目 5 级	7 级
一眼视野缺损，直径小于 5°	7 级
一眼盲目大于等于 4 级	8 级
一眼视野缺损，直径小于 10°	8 级
一眼盲目大于等于 3 级	9 级
一眼视野缺损，直径小于 20°	9 级
一眼低视力大于等于 1 级。	10 级
一眼视野缺损，直径小于 60°	10 级

<table>
<tr><td colspan="2" rowspan="3">级别</td><td colspan="2">低视力及盲目分级标准</td></tr>
<tr><td colspan="2">最好矫正视力</td></tr>
<tr><td>最好矫正视力低于</td><td>最低矫正视力等于或优于</td></tr>
<tr><td rowspan="2">低视力</td><td>1</td><td>0.3</td><td>0.1</td></tr>
<tr><td>2</td><td>0.1</td><td>0.05（三米指数）</td></tr>
<tr><td rowspan="3">盲目</td><td>3</td><td>0.05</td><td>0.02（一米指数）</td></tr>
<tr><td>4</td><td>0.02</td><td>光感</td></tr>
<tr><td>5</td><td colspan="2">无光感</td></tr>
</table>

注：①视力和视野。如果中心视力好而视野缩小，以中央注视点为中心，视野直径小于 20° 而大于 10° 者为盲目 3 级；如直径小于 10° 者为盲目 4 级。

本标准视力以矫正视力为准，经治疗而无法恢复者。

②视野缺损指因损伤导致眼球注视前方而不转动所能看到的空间范围缩窄，以致难以从事正常工作、学习或其他活动。

2.3 眼球的晶状体结构损伤

外伤性白内障	10 级

注：外伤性白内障：凡未做手术者，均适用本条；外伤性白内障术后遗留相关视功能障碍，参照有关条款评定伤残等级。

2.4 眼睑结构损伤

双侧眼睑显著缺损	8 级
双侧眼睑外翻	8 级
双侧眼睑闭合不全	8 级
一侧眼睑显著缺损	9 级
一侧眼睑外翻	9 级
一侧眼睑闭合不全	9 级

注：眼睑显著缺损指闭眼时眼睑不能完全覆盖角膜。

2.5 耳廓结构损伤或听功能障碍

听功能是指与感受存在的声音和辨别方位、音调、音量和音质有关的感觉功能。

双耳听力损失大于等于 91dB，且双侧耳廓缺失	2 级
双耳听力损失大于等于 91dB，且一侧耳廓缺失	3 级
一耳听力损失大于等于 91dB，另一耳听力损失大于等于 71dB，且一侧耳廓缺失，另一侧耳廓缺失大于等于 50%	3 级
双耳听力损失大于等于 71dB，且双侧耳廓缺失	3 级
双耳听力损失大于等于 71dB，且一侧耳廓缺失	4 级
双耳听力损失大于等于 56dB，且双侧耳廓缺失	4 级
一耳听力损失大于等于 91dB，另一耳听力损失大于等于 71dB，且一侧耳廓缺失大于等于 50%	4 级
双耳听力损失大于等于 71dB，且一侧耳廓缺失大于等于 50%	5 级
双耳听力损失大于等于 56dB，且一侧耳廓缺失	5 级
双侧耳廓缺失	5 级
一侧耳廓缺失，且另一侧耳廓缺失大于等于 50%	6 级
一侧耳廓缺失	8 级
一侧耳廓缺失大于等于 50%	9 级

2.6 听功能障碍

双耳听力损失大于等于 91dB	4 级
双耳听力损失大于等于 81dB	5 级
一耳听力损失大于等于 91dB，且另一耳听力损失大于等于 71dB	5 级
双耳听力损失大于等于 71dB	6 级
一耳听力损失大于等于 91dB，且另一耳听力损失大于等于 56dB	6 级
一耳听力损失大于等于 91dB，且另一耳听力损失大于等于 41dB	7 级
一耳听力损失大于等于 71dB，且另一耳听力损失大于等于 56dB	7 级

续表

一耳听力损失大于等于 71dB，且另一耳听力损失大于等于 41dB	8 级
一耳听力损失大于等于 91dB	8 级
一耳听力损失大于等于 56dB，且另一耳听力损失大于等于 41dB	9 级
一耳听力损失大于等于 71dB	9 级
双耳听力损失大于等于 26dB	10 级
一耳听力损失大于等于 56dB	10 级

3　发声和言语的结构和功能

3.1　鼻的结构损伤

外鼻部完全缺失	5 级
外鼻部大部分缺损	7 级
鼻尖及一侧鼻翼缺损	8 级
双侧鼻腔或鼻咽部闭锁	8 级
一侧鼻翼缺损	9 级
单侧鼻腔或鼻孔闭锁	10 级

3.2　口腔的结构损伤

舌缺损大于全舌的 2/3	3 级
舌缺损大于全舌的 1/3	6 级
口腔损伤导致牙齿脱落大于等于 16 枚	9 级
口腔损伤导致牙齿脱落大于等于 8 枚	10 级

3.3　发声和言语的功能障碍

本标准中的发声和言语的功能障碍是指语言功能丧失。

语言功能完全丧失	8 级

注：语言功能完全丧失指构成语言的口唇音、齿舌音、口盖音和喉头音的四种语言功能中，有三种以上不能构声、或声带全部切除，或因大脑语言中枢受伤害而患失语症，并须有资格的耳鼻喉科医师出具医疗诊断证明，但不包括任何心理障碍引致的失语。

4　心血管免疫和呼吸系统的结构和功能

4.1　心脏的结构损伤或功能障碍

胸部损伤导致心肺联合移植	1 级
胸部损伤导致心脏贯通伤修补术后，心电图有明显改变	3 级
胸部损伤导致心肌破裂修补	8 级

4.2　脾结构损伤

腹部损伤导致脾切除	8 级
腹部损伤导致脾部分切除	9 级
腹部损伤导致脾破裂修补	10 级

4.3　肺的结构损伤

胸部损伤导致一侧全肺切除	4 级

续表

胸部损伤导致双侧肺叶切除	4 级
胸部损伤导致同侧双肺叶切除	5 级
胸部损伤导致肺叶切除	7 级

4.4 胸廓的结构损伤

本标准中的胸廓的结构损伤是指肋骨骨折或缺失。

胸部损伤导致大于等于 12 根肋骨骨折	8 级
胸部损伤导致大于等于 8 根肋骨骨折	9 级
胸部损伤导致大于等于 4 根肋骨缺失	9 级
胸部损伤导致大于等于 4 根肋骨骨折	10 级
胸部损伤导致大于等于 2 根肋骨缺失	10 级

5 消化、代谢和内分泌系统有关的结构和功能

5.1 咀嚼和吞咽功能障碍

咀嚼是指用后牙（如磨牙）碾、磨或咀嚼食物的功能。吞咽是指通过口腔、咽和食道把食物和饮料以适宜的频率和速度送入胃中的功能。

咀嚼、吞咽功能完全丧失	1 级

注：咀嚼、吞咽功能丧失指由于牙齿以外的原因引起器质障碍或功能障碍，以致不能作咀嚼、吞咽运动，除流质食物外不能摄取或吞咽的状态。

5.2 肠的结构损伤

腹部损伤导致小肠切除大于等于 90%	1 级
腹部损伤导致小肠切除大于等于 75%，合并短肠综合征	2 级
腹部损伤导致小肠切除大于等于 75%	4 级
腹部或骨盆部损伤导致全结肠、直肠、肛门结构切除，回肠造瘘	4 级
腹部或骨盆部损伤导致直肠、肛门切除，且结肠部分切除，结肠造瘘	5 级
腹部损伤导致小肠切除大于等于 50%，且包括回盲部切除	6 级
腹部损伤导致小肠切除大于等于 50%	7 级
腹部损伤导致结肠切除大于等于 50%	7 级
腹部损伤导致结肠部分切除	8 级
骨盆部损伤导致直肠、肛门损伤，且遗留永久性乙状结肠造口	9 级
骨盆部损伤导致直肠、肛门损伤，且瘢痕形成	10 级

5.3 胃结构损伤

腹部损伤导致全胃切除	4 级
腹部损伤导致胃切除大于等于 50%	7 级

5.4 胰结构损伤或代谢功能障碍

本标准中的代谢功能障碍是指胰岛素依赖。

腹部损伤导致胰完全切除	1 级
腹部损伤导致胰切除大于等于 50%，且伴有胰岛素依赖	3 级

续表

腹部损伤导致胰头、十二指肠切除	4级
腹部损伤导致胰切除大于等于50%	6级
腹部损伤导致胰部分切除	8级

5.5　肝结构损伤

腹部损伤导致肝切除大于等于75%	2级
腹部损伤导致肝切除大于等于50%	5级
腹部损伤导致肝部分切除	8级

6　泌尿和生殖系统有关的结构和功能

6.1　泌尿系统的结构损伤

腹部损伤导致双侧肾切除	1级
腹部损伤导致孤肾切除	1级
骨盆部损伤导致双侧输尿管缺失	5级
骨盆部损伤导致双侧输尿管闭锁	5级
骨盆部损伤导致一侧输尿管缺失，另一侧输尿管闭锁	5级
骨盆部损伤导致膀胱切除	5级
骨盆部损伤导致尿道闭锁	5级
骨盆部损伤导致一侧输尿管缺失，另一侧输尿管严重狭窄	7级
骨盆部损伤导致一侧输尿管闭锁，另一侧输尿管严重狭窄	7级
腹部损伤导致一侧肾切除	8级
骨盆部损伤导致双侧输尿管严重狭窄	8级
骨盆部损伤导致一侧输尿管缺失，另一侧输尿管狭窄	8级
骨盆部损伤导致一侧输尿管闭锁，另一侧输尿管狭窄	8级
腹部损伤导致一侧肾部分切除	9级
骨盆部损伤导致一侧输尿管缺失	9级
骨盆部损伤导致一侧输尿管闭锁	9级
骨盆部损伤导致尿道狭窄	9级
骨盆部损伤导致膀胱部分切除	9级
腹部损伤导致肾破裂修补	10级
骨盆部损伤导致一侧输尿管严重狭窄	10级
骨盆部损伤导致膀胱破裂修补	10级

6.2　生殖系统的结构损伤

会阴部损伤导致双侧睾丸缺失	3级
会阴部损伤导致双侧睾丸完全萎缩	3级
会阴部损伤导致一侧睾丸缺失，另一侧睾丸完全萎缩	3级
会阴部损伤导致阴茎体完全缺失	4级
会阴部损伤导致阴道闭锁	5级
会阴部损伤导致阴茎体缺失大于50%	5级
会阴部损伤导致双侧输精管缺失	6级

续表

会阴部损伤导致双侧输精管闭锁	6 级
会阴部损伤导致一侧输精管缺失，另一侧输精管闭锁	6 级
胸部损伤导致女性双侧乳房缺失	7 级
骨盆部损伤导致子宫切除	7 级
胸部损伤导致女性一侧乳房缺失，另一侧乳房部分缺失	8 级
胸部损伤导致女性一侧乳房缺失	9 级
骨盆部损伤导致子宫部分切除	9 级
骨盆部损伤导致子宫破裂修补	10 级
会阴部损伤导致一侧睾丸缺失	10 级
会阴部损伤导致一侧睾丸完全萎缩	10 级
会阴部损伤导致一侧输精管缺失	10 级
会阴部损伤导致一侧输精管闭锁	10 级

7 神经肌肉骨骼和运动有关的结构和功能

7.1 头颈部的结构损伤

双侧上颌骨完全缺失	2 级
双侧下颌骨完全缺失	2 级
一侧上颌骨及对侧下颌骨完全缺失	2 级
同侧上、下颌骨完全缺失	3 级
上颌骨、下颌骨缺损，且牙齿脱落大于等于 24 枚	3 级
一侧上颌骨完全缺失	3 级
一侧下颌骨完全缺失	3 级
一侧上颌骨缺损大于等于 50%，且口腔、颜面部软组织缺损大于 $20cm^2$	4 级
一侧下颌骨缺损大于等于 6cm，且口腔、颜面部软组织缺损大于 $20cm^2$	4 级
面颊部洞穿性缺损大于 $20cm^2$	4 级
上颌骨、下颌骨缺损，且牙齿脱落大于等于 20 枚	5 级
一侧上颌骨缺损大于 25%，小于 50%，且口腔、颜面部软组织缺损大于 $10cm^2$	5 级
一侧下颌骨缺损大于等于 4cm，且口腔、颜面部软组织缺损大于 $10cm^2$	5 级
一侧上颌骨缺损等于 25%，且口腔、颜面部软组织缺损大于 $10cm^2$	6 级
面部软组织缺损大于 $20cm^2$，且伴发涎瘘	6 级
上颌骨、下颌骨缺损，且牙齿脱落大于等于 16 枚	7 级
上颌骨、下颌骨缺损，且牙齿脱落大于等于 12 枚	8 级
上颌骨、下颌骨缺损，且牙齿脱落大于等于 8 枚	9 级
上颌骨、下颌骨缺损，且牙齿脱落大于等于 4 枚	10 级
颅骨缺损大于等于 $6cm^2$	10 级

7.2 头颈部关节功能障碍

单侧颞下颌关节强直，张口困难III度	6 级
双侧颞下颌关节强直，张口困难III度	6 级

续表

双侧颞下颌关节强直，张口困难Ⅱ度	8 级
一侧颞下颌关节强直，张口困难Ⅰ度	10 级

注：张口困难判定及测量方法是以患者自身的食指、中指、无名指并列垂直置入上、下中切牙切缘间测量。正常张口度指张口时上述三指可垂直置入上、下切牙切缘间（相当于4.5cm左右）；张口困难Ⅰ度指大张口时，只能垂直置入食指和中指（相当于3cm左右）；张口困难Ⅱ度指大张口时，只能垂直置入食指（相当于1.7cm左右）；张口困难Ⅲ度指大张口时，上、下切牙间距小于食指之横径。

7.3 上肢的结构损伤，手功能或关节功能障碍

双手完全缺失	4 级
双手完全丧失功能	4 级
一手完全缺失，另一手完全丧失功能	4 级
双手缺失（或丧失功能）大于等于90%	5 级
双手缺失（或丧失功能）大于等于70%	6 级
双手缺失（或丧失功能）大于等于50%	7 级
一上肢三大关节中，有两个关节完全丧失功能	7 级
一上肢三大关节中，有一个关节完全丧失功能	8 级
双手缺失（或丧失功能）大于等于30%	8 级
双手缺失（或丧失功能）大于等于10%	9 级
双上肢长度相差大于等于10cm	9 级
双上肢长度相差大于等于4cm	10 级
一上肢三大关节中，因骨折累及关节面导致一个关节功能部分丧失	10 级

注：手缺失和丧失功能的计算：一手拇指占一手功能的36%，其中末节和近节指节各占18%；食指、中指各占一手功能的18%，其中末节指节占8%，中节指节占7%，近节指节占3%；无名指和小指各占一手功能的9%，其中末节指节占4%，中节指节占3%，近节指节占2%。一手掌占一手功能的10%，其中第一掌骨占4%，第二、第三掌骨各占2%，第四、第五掌骨各占1%。本标准中，双手缺失或丧失功能的程度是按前面方式累加计算的结果。

7.4 骨盆部的结构损伤

骨盆环骨折，且两下肢相对长度相差大于等于8cm	7 级
髋臼骨折，且两下肢相对长度相差大于等于8cm	7 级
骨盆环骨折，且两下肢相对长度相差大于等于6cm	8 级
髋臼骨折，且两下肢相对长度相差大于等于6cm	8 级
骨盆环骨折，且两下肢相对长度相差大于等于4cm	9 级
髋臼骨折，且两下肢相对长度相差大于等于4cm	9 级
骨盆环骨折，且两下肢相对长度相差大于等于2cm	10 级
髋臼骨折，且两下肢相对长度相差大于等于2cm	10 级

7.5 下肢的结构损伤，足功能或关节功能障碍

双足跗跖关节以上缺失	6 级
双下肢长度相差大于等于8cm	7 级
一下肢三大关节中，有两个关节完全丧失功能	7 级
双足足弓结构完全破坏	7 级
一足跗跖关节以上缺失	7 级

续表

双下肢长度相差大于等于 6cm	8 级
一足足弓结构完全破坏，另一足足弓结构破坏大于等于 1/3	8 级
双足十趾完全缺失	8 级
一下肢三大关节中，有一个关节完全丧失功能	8 级
双足十趾完全丧失功能	8 级
双下肢长度相差大于等于 4cm	9 级
一足足弓结构完全破坏	9 级
双足十趾中，大于等于五趾缺失	9 级
一足五趾完全丧失功能	9 级
一足足弓结构破坏大于等于 1/3	10 级
双足十趾中，大于等于两趾缺失	10 级
双下肢长度相差大于等于 2cm	10 级
一下肢三大关节中，因骨折累及关节面导致一个关节功能部分丧失	10 级

注：①足弓结构破坏：指意外损伤导致的足弓缺失或丧失功能。②足弓结构完全破坏指足的内、外侧纵弓和横弓结构完全破坏，包括缺失和丧失功能；足弓 1/3 结构破坏指足三弓的任一弓的结构破坏。③足趾缺失：指自趾关节以上完全切断。

7.6 四肢的结构损伤，肢体功能或关节功能障碍

三肢以上缺失（上肢在腕关节以上，下肢在踝关节以上）	1 级
三肢以上完全丧失功能	1 级
二肢缺失（上肢在腕关节以上，下肢在踝关节以上），且第三肢完全丧失功能	1 级
一肢缺失（上肢在腕关节以上，下肢在踝关节以上），且另二肢完全丧失功能	1 级
二肢缺失（上肢在肘关节以上，下肢在膝关节以上）	2 级
一肢缺失（上肢在肘关节以上，下肢在膝关节以上），且另一肢完全丧失功能	2 级
二肢完全丧失功能	2 级
一肢缺失（上肢在腕关节以上，下肢在踝关节以上），且另一肢完全丧失功能	3 级
二肢缺失（上肢在腕关节以上，下肢在踝关节以上）	3 级
两上肢、或两下肢、或一上肢及一下肢，各有三大关节中的两个关节完全丧失功能	4 级
一肢缺失（上肢在肘关节以上，下肢在膝关节以上）	5 级
一肢完全丧失功能	5 级
一肢缺失（上肢在腕关节以上，下肢在踝关节以上）	6 级
四肢长骨一骺板以上粉碎性骨折	9 级

注：①骺板：骺板的定义只适用于儿童，四肢长骨骺板骨折可能影响肢体发育，如果存在肢体发育障碍的，应当另行评定伤残等级。②肢体丧失功能指意外损伤导致肢体三大关节（上肢腕关节、肘关节、肩关节或下肢踝关节、膝关节、髋关节）功能的丧失。③关节功能的丧失指关节永久完全僵硬、或麻痹、或关节不能随意识活动。

7.7 脊柱结构损伤和关节活动功能障碍

本标准中的脊柱结构损伤是指颈椎或腰椎的骨折脱位，本标准中的关节活动功能障碍是指颈部或腰部活动度丧失。

脊柱骨折脱位导致颈椎或腰椎畸形愈合，且颈部或腰部活动度丧失大于等于 75%	7 级
脊柱骨折脱位导致颈椎或腰椎畸形愈合，且颈部或腰部活动度丧失大于等于 50%	8 级
脊柱骨折脱位导致颈椎或腰椎畸形愈合，且颈部或腰部活动度丧失大于等于 25%	9 级

7.8　肌肉力量功能障碍

肌肉力量功能是指与肌肉或肌群收缩产生力量有关的功能。本标准中的肌肉力量功能障碍是指四肢瘫、偏瘫、截瘫或单瘫。

四肢瘫（三肢以上肌力小于等于 3 级）	1 级
截瘫（肌力小于等于 2 级）且大便和小便失禁	1 级
四肢瘫（二肢以上肌力小于等于 2 级）	2 级
偏瘫（肌力小于等于 2 级）	2 级
截瘫（肌力小于等于 2 级）	2 级
四肢瘫（二肢以上肌力小于等于 3 级）	3 级
偏瘫（肌力小于等于 3 级）	3 级
截瘫（肌力小于等于 3 级）	3 级
四肢瘫（二肢以上肌力小于等于 4 级）	4 级
偏瘫（一肢肌力小于等于 2 级）	5 级
截瘫（一肢肌力小于等于 2 级）	5 级
单瘫（肌力小于等于 2 级）	5 级
偏瘫（一肢肌力小于等于 3 级）	6 级
截瘫（一肢肌力小于等于 3 级）	6 级
单瘫（肌力小于等于 3 级）	6 级
偏瘫（一肢肌力小于等于 4 级）	7 级
截瘫（一肢肌力小于等于 4 级）	7 级
单瘫（肌力小于等于 4 级）	8 级

注：①偏瘫指一侧上下肢的瘫痪。②截瘫指脊髓损伤后，受伤平面以下双侧肢体感觉、运动、反射等消失和膀胱、肛门括约肌功能丧失的病症。③单瘫指一个肢体或肢体的某一部分瘫痪。④肌力：为判断肢体瘫痪程度，将肌力分级划分为 0-5 级。0 级：肌肉完全瘫痪，毫无收缩。1 级：可看到或触及肌肉轻微收缩，但不能产生动作。2 级：肌肉在不受重力影响下，可进行运动，即肢体能在床面上移动，但不能抬高。3 级：在和地心引力相反的方向中尚能完成其动作，但不能对抗外加的阻力。4 级：能对抗一定的阻力，但较正常人为低。5 级：正常肌力。

8　皮肤和有关的结构和功能

8.1　头颈部皮肤结构损伤和修复功能障碍

皮肤的修复功能是指修复皮肤破损和其他损伤的功能。本标准中的皮肤修复功能障碍是指瘢痕形成。

头颈部Ⅲ度烧伤，面积大于等于全身体表面积的 8%	2 级
面部皮肤损伤导致瘢痕形成，且瘢痕面积大于等于面部皮肤面积的 90%	2 级
颈部皮肤损伤导致瘢痕形成，颈部活动度完全丧失	3 级
面部皮肤损伤导致瘢痕形成，且瘢痕面积大于等于面部皮肤面积的 80%	3 级
颈部皮肤损伤导致瘢痕形成，颈部活动度丧失大于等于 75%	4 级
面部皮肤损伤导致瘢痕形成，且瘢痕面积大于等于面部皮肤面积的 60%	4 级
头颈部度烧伤，面积大于等于全身体表面积的 5%，且小于 8%	5 级
颈部皮肤损伤导致瘢痕形成，颈部活动度丧失大于等于 50%	5 级
面部皮肤损伤导致瘢痕形成，且瘢痕面积大于等于面部皮肤面积的 40%	5 级
面部皮肤损伤导致瘢痕形成，且瘢痕面积大于等于面部皮肤面积的 20%	6 级
头部撕脱伤后导致头皮缺失，面积大于等于头皮面积的 20%	6 级

续表

颈部皮肤损伤导致颈前三角区瘢痕形成，且瘢痕面积大于等于颈前三角区面积的 75%	7 级
面部皮肤损伤导致瘢痕形成，且瘢痕面积大于等于 $24cm^2$	7 级
头颈部Ⅳ度烧伤，面积大于等于全身体表面积的 2%，且小于 5%	8 级
颈部皮肤损伤导致颈前三角区瘢痕形成，且瘢痕面积大于等于颈前三角区面积的 50%	8 级
面部皮肤损伤导致瘢痕形成，且瘢痕面积大于等于 $18cm^2$	8 级
面部皮肤损伤导致瘢痕形成，且瘢痕面积大于等于 $12cm^2$ 或面部线条状瘢痕大于等于 20cm	9 级
面部皮肤损伤导致瘢痕形成，且瘢痕面积大于等于 $6cm^2$ 或面部线条状瘢痕大于等于 10cm	10 级

注：①瘢痕：指创面愈合后的增生性瘢痕，不包括皮肤平整、无明显质地改变的萎缩性瘢痕或疤痕。②面部的范围和瘢痕面积的计算：面部的范围指上至发际、下至下颌下缘、两侧至下颌支后缘之间的区域，包括额部、眼部、眶部、鼻部、口唇部、颏部、颧部、颊部和腮腺咬肌部。面部瘢痕面积的计算采用全面部和 5 等分面部以及实测瘢痕面积的方法，分别计算瘢痕面积。面部多处瘢痕，其面积可以累加计算。③颈前三角区：两边为胸锁乳突肌前缘，底为舌骨体上缘及下颌骨下缘。

8.2 各部位皮肤结构损伤和修复功能障碍

皮肤损伤导致瘢痕形成，且瘢痕面积大于等于全身体表面积的 90%	1 级
躯干及四肢Ⅲ度烧伤，面积大于等于全身皮肤面积的 60%	1 级
皮肤损伤导致瘢痕形成，且瘢痕面积大于等于全身体表面积的 80%	2 级
皮肤损伤导致瘢痕形成，且瘢痕面积大于等于全身体表面积的 70%	3 级
躯干及四肢Ⅲ度烧伤，面积大于等于全身皮肤面积的 40%	3 级
皮肤损伤导致瘢痕形成，且瘢痕面积大于等于全身体表面积的 60%	4 级
皮肤损伤导致瘢痕形成，且瘢痕面积大于等于全身体表面积的 50%	5 级
躯干及四肢Ⅲ度烧伤，面积大于等于全身皮肤面积的 20%	5 级
皮肤损伤导致瘢痕形成，且瘢痕面积大于等于全身体表面积的 40%	6 级
腹部损伤导致腹壁缺损面积大于等于腹壁面积的 25%	6 级
皮肤损伤导致瘢痕形成，且瘢痕面积大于等于全身体表面积的 30%	7 级
躯干及四肢Ⅲ度烧伤，面积大于等于全身皮肤面积的 10%	7 级
皮肤损伤导致瘢痕形成，且瘢痕面积大于等于全身体表面积的 20%	8 级
皮肤损伤导致瘢痕形成，且瘢痕面积大于等于全身体表面积的 5%	9 级

注：①全身皮肤瘢痕面积的计算：按皮肤瘢痕面积占全身体表面积的百分数来计算，即中国新九分法：在 100%的体表总面积中：头颈部占 9%（9×1）（头部、面部、颈部各占 3%）；双上肢占 18%（9×2）（双上臂 7%，双前臂 6%，双手 5%）；躯干前后包括会阴占 27%（9×3）（前躯 13%，后躯 13%，会阴 1%）；双下肢（含臀部）占 46%（双臀 5%，双大腿 21%，双小腿 13%，双足 7%）（9×5+1）（女性双足和臀各占 6%）。

②烧伤面积和烧伤深度：烧伤面积的计算按中国新九分法，烧伤深度按三度四分法。Ⅲ度烧伤指烧伤深达皮肤全层甚至达到皮下、肌肉和骨骼。烧伤事故不包括冻伤、吸入性损伤（又称呼吸道烧伤）和电击伤。烧伤后按烧伤面积、深度评定伤残等级，待医疗终结后，可以依据造成的功能障碍程度、皮肤瘢痕面积大小评定伤残等级，最终的伤残等级以严重者为准。

三、《人体损伤致残程度分级》标准节选

（最高人民法院、最高人民检察院、公安部、国家安全部、司法部联合发布公告，
自 2017 年 1 月 1 日起实施）

为进一步规范人体损伤致残程度鉴定，现公布《人体损伤致残程度分级》，自 2017 年 1 月 1 日起施行。司法鉴定机构和司法鉴定人进行人体损伤致残程度鉴定统一适用《人体损伤致残程度分级》。

1. 范围

本标准规定了人体损伤致残程度分级的原则、方法、内容和等级划分。本标准适用于人身损害致残程度等级鉴定。

2. 规范性引用文件

下列文件对本标准的应用是必不可少的。凡是注日期的引用文件，仅注日期的版本适用于本标准；凡是不注日期的引用文件，其最新版本（包括所有的修改单）适用于本标准。

最高人民法院、最高人民检察院、公安部、国家安全部、司法部发布人体损伤程度鉴定标准：GB/T 16180—2014 劳动能力鉴定职工工伤与职业病致残等级；GB/T 31147 人身损害护理依赖程度评定。

3　术语和定义

3.1　损伤

各种因素造成的人体组织器官结构破坏和/或功能障碍。

3.2　残疾

人体组织器官结构破坏或者功能障碍，以及个体在现代临床医疗条件下难以恢复的生活、工作、社会活动能力不同程度地降低或者丧失。

4　总则

4.1　鉴定原则

应以损伤治疗后果或者结局为依据，客观评价组织器官缺失和/或功能障碍程度，科学分析损伤与残疾之间的因果关系，实事求是地进行鉴定。

受伤人员符合两处以上致残程度等级者，鉴定意见中应该分别写明各处的致残程度等级。

4.2　鉴定时机

应在原发性损伤及其与之确有关联的并发症治疗终结或者临床治疗效果稳定后进行鉴定。

4.3　伤病关系处理

当损伤与原有伤、病共存时，应分析损伤与残疾后果之间的因果关系。根据损伤在残疾后果中的作用力大小确定因果关系的不同形式，可依次分别表述为：完全作用、主要作用、同等作用、次要作用、轻微作用、没有作用。

除损伤“没有作用”以外，均应按照实际残情鉴定致残程度等级，同时说明损伤与残疾后果之间的因果关系；判定损伤“没有作用”的，不应进行致残程度鉴定。

4.4　致残等级划分

本标准将人体损伤致残程度划分为 10 个等级，从一级（人体致残率 100%）到十级（人体致残率 10%），每级致残率相差 10%。致残程度等级划分依据见附录 A。

4.5　判断依据

依据人体组织器官结构破坏、功能障碍及其对医疗、护理的依赖程度，适当考虑由于残疾引起的社会交往和心理因素影响，综合判定致残程度等级。

5　致残程度分级

5.1　一级

5.1.1　颅脑、脊髓及周围神经损伤

1）持续性植物生存状态；

2）精神障碍或者极重度智能减退，日常生活完全不能自理；

3）四肢瘫（肌力 3 级以下）或者三肢瘫（肌力 2 级以下）；

4）截瘫（肌力 2 级以下）伴重度排便功能障碍与重度排尿功能障碍。

5.1.2　颈部及胸部损伤

1）心功能不全，心功能Ⅳ级；

2）严重器质性心律失常，心功能III级；

3）心脏移植术后，心功能III级；

4）心肺联合移植术后；

5）肺移植术后呼吸困难（极重度）。

5.1.3 腹部损伤

1）原位肝移植术后肝衰竭晚期；

2）双肾切除术后或者孤肾切除术后，需透析治疗维持生命；肾移植术后肾衰竭。

5.1.4 脊柱、骨盆及四肢损伤

1）三肢缺失（上肢肘关节以上，下肢膝关节以上）；

2）二肢缺失（上肢肘关节以上，下肢膝关节以上），第三肢各大关节功能丧失均达 75%；3）二肢缺失（上肢肘关节以上，下肢膝关节以上），第三肢任二大关节均强直固定或者功能丧失均达 90%。

5.2 二级

5.2.1 颅脑、脊髓及周围神经损伤

1）精神障碍或者重度智能减退，日常生活随时需有人帮助；

2）三肢瘫（肌力 3 级以下）；

3）偏瘫（肌力 2 级以下）；

4）截瘫（肌力 2 级以下）；

5）非肢体瘫运动障碍（重度）。

5.2.2 头面部损伤

1）容貌毁损（重度）；

2）上颌骨或者下颌骨完全缺损；

3）双眼球缺失或者萎缩；

4）双眼盲目 5 级；

5）双侧眼睑严重畸形（或者眼睑重度下垂，遮盖全部瞳孔），伴双眼盲目 3 级以上。

5.2.3 颈部及胸部损伤

1）呼吸困难（极重度）；

2）心脏移植术后；

3）肺移植术后。

5.2.4 腹部损伤

1）肝衰竭晚期；

2）肾衰竭；

3）小肠大部分切除术后，消化吸收功能丧失，完全依赖肠外营养。

5.2.5 脊柱、骨盆及四肢损伤

1）双上肢肘关节以上缺失，或者一上肢肘关节以上缺失伴一下肢膝关节以上缺失；

2）一肢缺失（上肢肘关节以上，下肢膝关节以上），其余任二肢体各有二大关节功能丧失均达 75%；

3）双上肢各大关节均强直固定或者功能丧失均达 90%。

5.2.6 体表及其他损伤

1）皮肤瘢痕形成达体表面积 90%；

2）重型再生障碍性贫血。

5.3 三级

5.3.1 颅脑、脊髓及周围神经损伤

1）精神障碍或者重度智能减退，不能完全独立生活，需经常有人监护；

2）完全感觉性失语或者混合性失语；

3）截瘫（肌力3级以下）伴排便或者排尿功能障碍；

4）双手全肌瘫（肌力2级以下），伴双腕关节功能丧失均达75%；

5）重度排便功能障碍伴重度排尿功能障碍。

5.3.2　头面部损伤

1）一眼球缺失、萎缩或者盲目5级，另一眼盲目3级；

2）双眼盲目4级；

3）双眼视野接近完全缺损，视野有效值≤4%（直径≤5°）；

4）吞咽功能障碍，完全依赖胃管进食。

5.3.3　颈部及胸部损伤

1）食管闭锁或者切除术后，摄食依赖胃造口或者空肠造口；

2）心功能不全，心功能Ⅲ级。

5.3.4　腹部损伤

1）全胰缺失；

2）一侧肾切除术后，另一侧肾功能重度下降；

3）小肠大部分切除术后，消化吸收功能严重障碍，大部分依赖肠外营养。

5.3.5　盆部及会阴部损伤

1）未成年人双侧卵巢缺失或者萎缩，完全丧失功能；

2）未成年人双侧睾丸缺失或者萎缩，完全丧失功能；

3）阴茎接近完全缺失（残留长度≤1.0cm）。

5.3.6　脊柱、骨盆及四肢损伤

1）二肢缺失（上肢腕关节以上，下肢膝关节以上）；

2）一肢缺失（上肢腕关节以上，下肢膝关节以上），另一肢各大关节均强直固定或者功能丧失均达90%；

3）双上肢各大关节功能丧失均达75%；双下肢各大关节均强直固定或者功能丧失均达90%；一上肢与一下肢各大关节均强直固定或者功能丧失均达90%。

5.4　四级

5.4.1　颅脑、脊髓及周围神经损伤

1）精神障碍或者中度智能减退，日常生活能力严重受限，间或需要帮助；

2）外伤性癫痫（重度）；

3）偏瘫（肌力3级以下）；

4）截瘫（肌力3级以下）；

5）阴茎器质性勃起障碍（重度）。

5.4.2　头面部损伤

1）符合容貌毁损（重度）标准之三项者；

2）上颌骨或者下颌骨缺损达1/2；

3）一眼球缺失、萎缩或者盲目5级，另一眼重度视力损害；

4）双眼盲目3级；

5）双眼视野极度缺损，视野有效值≤8%（直径≤10°）；

6）双耳听力障碍≥91dB HL。

5.4.3　颈部及胸部损伤

1）严重器质性心律失常，心功能Ⅱ级；

2）一侧全肺切除术后；
3）呼吸困难（重度）。
5.4.4 腹部损伤
1）肝切除 2/3 以上；
2）肝衰竭中期；
3）胰腺大部分切除，胰岛素依赖；
4）肾功能重度下降；
5）双侧肾上腺缺失；
6）永久性回肠造口。
5.4.5 盆部及会阴部损伤
膀胱完全缺失或者切除术后，行永久性输尿管腹壁造瘘或者肠代膀胱并永久性造口。
5.4.6 脊柱、骨盆及四肢损伤
1）一上肢腕关节以上缺失伴一下肢踝关节以上缺失，或者双下肢踝关节以上缺失；
2）双下肢各大关节功能丧失均达 75%；一上肢与一下肢各大关节功能丧失均达 75%；
3）手功能丧失分值达 150 分。
5.4.7 体表及其他损伤
1）皮肤瘢痕形成达体表面积 70%；
2）放射性皮肤癌。
5.5 五级
5.5.1 颅脑、脊髓及周围神经损伤
1）精神障碍或者中度智能减退，日常生活能力明显受限，需要指导；
2）完全运动性失语；
3）完全性失用、失写、失读或者失认等；
4）双侧完全性面瘫；
5）四肢瘫（肌力 4 级以下）；
6）单肢瘫（肌力 2 级以下）；
7）非肢体瘫运动障碍（中度）；
8）双手大部分肌瘫（肌力 2 级以下）；
9）双足全肌瘫（肌力 2 级以下）；
10）排便伴排尿功能障碍，其中一项达重度。
5.5.2 头面部损伤
1）符合容貌毁损（重度）标准之二项者；
2）一眼球缺失、萎缩或者盲目 5 级，另一眼中度视力损害；
3）双眼重度视力损害；
4）双眼视野重度缺损，视野有效值≤16%（直径≤20°）；
5）一侧眼睑严重畸形（或者眼睑重度下垂，遮盖全部瞳孔），伴另一眼盲目 3 级以上；
6）双耳听力障碍≥81dB HL；
7）一耳听力障碍≥91dB HL，另一耳听力障碍≥61dB HL；
8）舌根大部分缺损；
9）咽或者咽后区损伤遗留吞咽功能障碍，只能吞咽流质食物。
5.5.3 颈部及胸部损伤
1）未成年人甲状腺损伤致功能减退，药物依赖；

2）甲状旁腺功能损害（重度）；

3）食管狭窄，仅能进流质食物；

4）食管损伤，肠代食管术后。

5.5.4 腹部损伤

1）胰头合并十二指肠切除术后；

2）一侧肾切除术后，另一侧肾功能中度下降；

3）肾移植术后，肾功能基本正常；

4）肾上腺皮质功能明显减退；

5）全胃切除术后；

6）小肠部分切除术后，消化吸收功能障碍，部分依赖肠外营养；

7）全结肠缺失。

5.5.5 盆部及会阴部损伤

1）永久性输尿管腹壁造口；

2）尿瘘难以修复；

3）直肠阴道瘘难以修复；

4）阴道严重狭窄（仅可容纳一中指）；

5）双侧睾丸缺失或者完全萎缩，丧失生殖功能；

6）阴茎大部分缺失（残留长度≤3.0cm）。

5.5.6 脊柱、骨盆及四肢损伤

1）一上肢肘关节以上缺失；

2）一肢缺失（上肢腕关节以上，下肢膝关节以上），另一肢各大关节功能丧失均达 50%或者其余肢体任二大关节功能丧失均达 75%；

3）手功能丧失分值≥120 分。

5.6 六级

5.6.1 颅脑、脊髓及周围神经损伤

1）精神障碍或者中度智能减退，日常生活能力部分受限，但能部分代偿，部分日常生活需要帮助；

2）外伤性癫痫（中度）；

3）尿崩症（重度）；

4）一侧完全性面瘫；

5）三肢瘫（肌力 4 级以下）；

6）截瘫（肌力 4 级以下）伴排便或者排尿功能障碍；

7）双手部分肌瘫（肌力 3 级以下）；

8）一手全肌瘫（肌力 2 级以下），伴相应腕关节功能丧失 75%以上；

9）双足全肌瘫（肌力 3 级以下）；

10）阴茎器质性勃起障碍（中度）。

5.6.2 头面部损伤

1）符合容貌毁损（中度）标准之四项者；

2）面部中心区条状瘢痕形成（宽度达 0.3cm），累计长度达 20.0cm；

3）面部片状细小瘢痕形成或者色素显著异常，累计达面部面积的 80%；

4）双侧眼睑严重畸形；

5）一眼球缺失、萎缩或者盲目 5 级，另一眼视力≤0.5；

6）一眼重度视力损害，另一眼中度视力损害；

7）双眼视野中度缺损，视野有效值≤48%（直径≤60°）；
8）双侧前庭平衡功能丧失，睁眼行走困难，不能并足站立；
9）唇缺损或者畸形，累计相当于上唇 2/3 以上。
5.6.3　颈部及胸部损伤
1）双侧喉返神经损伤，影响功能；
2）一侧胸廓成形术后，切除 6 根以上肋骨；
3）女性双侧乳房完全缺失；
4）心脏瓣膜置换术后，心功能不全；
5）心功能不全，心功能Ⅱ级；
6）器质性心律失常安装永久性起搏器后；
7）严重器质性心律失常；
8）两肺叶切除术后。
5.6.4　腹部损伤
1）肝切除 1/2 以上；
2）肝衰竭早期；
3）胰腺部分切除术后伴功能障碍，需药物治疗；
4）肾功能中度下降；
5）小肠部分切除术后，影响消化吸收功能，完全依赖肠内营养。
5.6.5　盆部及会阴部损伤
1）双侧卵巢缺失或者萎缩，完全丧失功能；
2）未成年人双侧卵巢萎缩，部分丧失功能；
3）未成年人双侧睾丸萎缩，部分丧失功能；
4）会阴部瘢痕挛缩伴阴道狭窄；
5）睾丸或者附睾损伤，生殖功能重度损害；
6）双侧输精管损伤难以修复；
7）阴茎严重畸形，不能实施性交行为。
5.6.6　脊柱、骨盆及四肢损伤
1）脊柱骨折后遗留 30°以上侧弯或者后凸畸形；
2）一肢缺失（上肢腕关节以上，下肢膝关节以上）；
3）双足跖跗关节以上缺失；
4）手或者足功能丧失分值≥90 分。
5.6.7　体表及其他损伤
1）皮肤瘢痕形成达体表面积 50%；
2）非重型再生障碍性贫血。
5.7　七级
5.7.1　颅脑、脊髓及周围神经损伤
1）精神障碍或者轻度智能减退，日常生活有关的活动能力极重度受限；
2）不完全感觉性失语；
3）双侧大部分面瘫；
4）偏瘫（肌力 4 级以下）；
5）截瘫（肌力 4 级以下）；
6）单肢瘫（肌力 3 级以下）；

7）一手大部分肌瘫（肌力 2 级以下）；
8）一足全肌瘫（肌力 2 级以下）；
9）重度排便功能障碍或者重度排尿功能障碍。

5.7.2　头面部损伤

1）面部中心区条状瘢痕形成（宽度达 0.3cm），累计长度达 15.0cm；
2）面部片状细小瘢痕形成或者色素显著异常，累计达面部面积的 50%；
3）双侧眼睑重度下垂，遮盖全部瞳孔；
4）一眼球缺失或者萎缩；
5）双眼中度视力损害；
6）一眼盲目 3 级，另一眼视力≤0.5；
7）双眼偏盲；
8）一侧眼睑严重畸形（或者眼睑重度下垂，遮盖全部瞳孔）合并该眼盲目 3 级以上；
9）一耳听力障碍≥81dB HL，另一耳听力障碍≥61dB HL；
10）咽或者咽后区损伤遗留吞咽功能障碍，只能吞咽半流质食物；
11）上颌骨或者下颌骨缺损达 1/4；
12）上颌骨或者下颌骨部分缺损伴牙齿缺失 14 枚以上；
13）颌面部软组织缺损，伴发涎漏。

5.7.3　颈部及胸部损伤

1）甲状腺功能损害（重度）；
2）甲状旁腺功能损害（中度）；
3）食管狭窄，仅能进半流质食物；食管重建术后并发反流性食管炎；
4）颏颈粘连（中度）；
5）女性双侧乳房大部分缺失或者严重畸形；
6）未成年或者育龄女性双侧乳头完全缺失；
7）胸廓畸形，胸式呼吸受限；
8）一肺叶切除，并肺段或者肺组织楔形切除术后。

5.7.4　腹部损伤

1）肝切除 1/3 以上；
2）一侧肾切除术后；
3）胆道损伤胆肠吻合术后，反复发作逆行性胆道感染；
4）未成年人脾切除术后；
5）小肠部分（包括回盲部）切除术后；
6）永久性结肠造口；
7）肠瘘长期不愈（1 年以上）。

5.7.5　盆部及会阴部损伤

1）永久性膀胱造口；
2）膀胱部分切除术后合并轻度排尿功能障碍；
3）原位肠代膀胱术后；
4）子宫大部分切除术后；
5）睾丸损伤，血睾酮降低，需药物替代治疗；
6）未成年人一侧睾丸缺失或者严重萎缩；
7）阴茎畸形，难以实施性交行为；

8）尿道狭窄（重度）或者成形术后；

9）肛管或者直肠损伤，排便功能重度障碍或者肛门失禁（重度）；

10）会阴部瘢痕挛缩致肛门闭锁，结肠造口术后。

5.7.6 脊柱、骨盆及四肢损伤

1）双下肢长度相差 8.0cm 以上；

2）一下肢踝关节以上缺失；

3）四肢任一大关节（踝关节除外）强直固定于非功能位；

4）四肢任二大关节（踝关节除外）功能丧失均达 75%；

5）一手除拇指外，余四指完全缺失；

6）双足足弓结构完全破坏；

7）手或者足功能丧失分值≥60 分。

5.8 八级

5.8.1 颅脑、脊髓及周围神经损伤

1）精神障碍或者轻度智能减退，日常生活有关的活动能力重度受限；

2）不完全运动性失语；不完全性失用、失写、失读或者失认；

3）尿崩症（中度）；

4）一侧大部分面瘫，遗留眼睑闭合不全和口角歪斜；

5）单肢瘫（肌力 4 级以下）；

6）非肢体瘫运动障碍（轻度）；

7）一手大部分肌瘫（肌力 3 级以下）；

8）一足全肌瘫（肌力 3 级以下）；

9）阴茎器质性勃起障碍（轻度）。

5.8.2 头面部损伤

1）容貌毁损（中度）；

2）符合容貌毁损（重度）标准之一项者；

3）头皮完全缺损，难以修复；

4）面部条状瘢痕形成，累计长度达 30.0cm；面部中心区条状瘢痕形成（宽度达 0.2cm），累计长度达 15.0cm；

5）面部块状增生性瘢痕形成，累计面积达 15.0cm^2；面部中心区块状增生性瘢痕形成，单块面积达 7.0cm^2 或者多块累计面积达 9.0cm^2；

6）面部片状细小瘢痕形成或者色素异常，累计面积达 100.0cm^2；

7）一眼盲目 4 级；

8）一眼视野接近完全缺损，视野有效值≤4%（直径≤5°）；

9）双眼外伤性青光眼，经手术治疗；

10）一侧眼睑严重畸形（或者眼睑重度下垂，遮盖全部瞳孔）合并该眼重度视力损害；

11）一耳听力障碍≥91dB HL；

12）双耳听力障碍≥61dB HL；

13）双侧鼻翼大部分缺损，或者鼻尖大部分缺损合并一侧鼻翼大部分缺损；

14）舌体缺损达舌系带；

15）唇缺损或者畸形，累计相当于上唇 1/2 以上；

16）脑脊液漏经手术治疗后持续不愈；

17）张口受限Ⅲ度；

18）发声功能或者构音功能障碍（重度）；
19）咽成形术后咽下运动异常。
5.8.3　颈部及胸部损伤
1）甲状腺功能损害（中度）；
2）颈总动脉或者颈内动脉严重狭窄支架置入或者血管移植术后；
3）食管部分切除术后，并后遗胸腔胃；
4）女性一侧乳房完全缺失；女性双侧乳房缺失或者毁损，累计范围相当于一侧乳房 3/4 以上；
5）女性双侧乳头完全缺失；
6）肋骨骨折 12 根以上并后遗 6 处畸形愈合；
7）心脏或者大血管修补术后；
8）一肺叶切除术后；
9）胸廓成形术后，影响呼吸功能；
10）呼吸困难（中度）。
5.8.4　腹部损伤
1）腹壁缺损≥腹壁的 1/4；
2）成年人脾切除术后；
3）胰腺部分切除术后；
4）胃大部分切除术后；
5）肠部分切除术后，影响消化吸收功能；
6）胆道损伤，胆肠吻合术后；
7）损伤致肾性高血压；
8）肾功能轻度下降；
9）一侧肾上腺缺失；
10）肾上腺皮质功能轻度减退。
5.8.5　盆部及会阴部损伤
1）输尿管损伤行代替术或者改道术后；
2）膀胱大部分切除术后；
3）一侧输卵管和卵巢缺失；
4）阴道狭窄；
5）一侧睾丸缺失；
6）睾丸或者附睾损伤，生殖功能轻度损害；
7）阴茎冠状沟以上缺失；
8）阴茎皮肤瘢痕形成，严重影响性交行为。
5.8.6　脊柱、骨盆及四肢损伤
1）二椎体压缩性骨折（压缩程度均达 1/3）；
2）三个以上椎体骨折，经手术治疗后；
3）女性骨盆骨折致骨产道变形，不能自然分娩；
4）股骨头缺血性坏死，难以行关节假体置换术；
5）四肢长骨开放性骨折并发慢性骨髓炎、大块死骨形成，长期不愈（1 年以上）；
6）双上肢长度相差 8.0cm 以上；
7）双下肢长度相差 6.0cm 以上；
8）四肢任一大关节（踝关节除外）功能丧失 75%以上；

9）一踝关节强直固定于非功能位；

10）一肢体各大关节功能丧失均达 50%；

11）一手拇指缺失达近节指骨 1/2 以上并相应掌指关节强直固定；

12）一足足弓结构完全破坏，另一足足弓结构部分破坏；

13）手或者足功能丧失分值≥40 分。

5.8.7　体表及其他损伤

皮肤瘢痕形成达体表面积 30%。

5.9　九级

5.9.1　颅脑、脊髓及周围神经损伤

1）精神障碍或者轻度智能减退，日常生活有关的活动能力中度受限；

2）外伤性癫痫（轻度）；

3）脑叶部分切除术后；

4）一侧部分面瘫，遗留眼睑闭合不全或者口角歪斜；

5）一手部分肌瘫（肌力 3 级以下）；

6）一足大部分肌瘫（肌力 3 级以下）；

7）四肢重要神经损伤（上肢肘关节以上，下肢膝关节以上），遗留相应肌群肌力 3 级以下；

8）严重影响阴茎勃起功能；

9）轻度排便或者排尿功能障碍。

5.9.2　头面部损伤

1）头皮瘢痕形成或者无毛发，达头皮面积 50%；

2）颅骨缺损 $25.0cm^2$ 以上，不宜或者无法手术修补；

3）容貌毁损（轻度）；

4）面部条状瘢痕形成，累计长度达 20.0cm；面部条状瘢痕形成（宽度达 0.2cm），累计长度达 10.0cm，其中至少 5.0cm 以上位于面部中心区；

5）面部块状瘢痕形成，单块面积达 $7.0cm^2$，或者多块累计面积达 $9.0cm^2$；

6）面部片状细小瘢痕形成或者色素异常，累计面积达 $30.0cm^2$；

7）一侧眼睑严重畸形；一侧眼睑重度下垂，遮盖全部瞳孔；双侧眼睑轻度畸形；双侧眼睑下垂，遮盖部分瞳孔；

8）双眼泪器损伤均后遗溢泪；

9）双眼角膜斑翳或者血管翳，累及瞳孔区；双眼角膜移植术后；

10）双眼外伤性白内障；儿童人工晶体植入术后；

11）一眼盲目 3 级；

12）一眼重度视力损害，另一眼视力≤0.5；

13）一眼视野极度缺损，视野有效值≤8%（直径≤10°）；

14）双眼象限性视野缺损；

15）一侧眼睑轻度畸形（或者眼睑下垂，遮盖部分瞳孔）合并该眼中度视力损害；

16）一眼眶骨折后遗眼球内陷 5mm 以上；

17）耳廓缺损或者畸形，累计相当于一侧耳廓；

18）一耳听力障碍≥81dB HL；

19）一耳听力障碍≥61dB HL，另一耳听力障碍≥41dB HL；

20）一侧鼻翼或者鼻尖大部分缺损或者严重畸形；

21）唇缺损或者畸形，露齿 3 枚以上（其中 1 枚露齿达 1/2）；

22）颌骨骨折，经牵引或者固定治疗后遗留功能障碍；
23）上颌骨或者下颌骨部分缺损伴牙齿缺失或者折断 7 枚以上；
24）张口受限Ⅱ度；
25）发声功能或者构音功能障碍（轻度）。

5.9.3　颈部及胸部损伤

1）颈前三角区瘢痕形成，累计面积达 50.0cm^2；
2）甲状腺功能损害（轻度）；
3）甲状旁腺功能损害（轻度）；
4）气管或者支气管成形术后；
5）食管吻合术后；
6）食管腔内支架置入术后；
7）食管损伤，影响吞咽功能；
8）女性双侧乳房缺失或者毁损，累计范围相当于一侧乳房 1/2 以上；
9）女性一侧乳房大部分缺失或者严重畸形；
10）女性一侧乳头完全缺失或者双侧乳头部分缺失（或者畸形）；
11）肋骨骨折 12 根以上，或者肋骨部分缺失 4 根以上；肋骨骨折 8 根以上并后遗 4 处畸形愈合；
12）心功能不全，心功能Ⅰ级；
13）冠状动脉移植术后；
14）心脏室壁瘤；
15）心脏异物存留或者取出术后；
16）缩窄性心包炎；
17）胸导管损伤；
18）肺段或者肺组织楔形切除术后；
19）肺脏异物存留或者取出术后。

5.9.4　腹部损伤

1）肝部分切除术后；
2）脾部分切除术后；
3）外伤性胰腺假性囊肿术后；
4）一侧肾部分切除术后；
5）胃部分切除术后；
6）肠部分切除术后；
7）胆道损伤胆管外引流术后；
8）胆囊切除术后；
9）肠梗阻反复发作；
10）膈肌修补术后遗留功能障碍（如膈肌麻痹或者膈疝）。

5.9.5　盆部及会阴部损伤

1）膀胱部分切除术后；
2）输尿管狭窄成形术后；
3）输尿管狭窄行腔内扩张术或者腔内支架置入术后；
4）一侧卵巢缺失或者丧失功能；
5）一侧输卵管缺失或者丧失功能；
6）子宫部分切除术后；

7）一侧附睾缺失；
8）一侧输精管损伤难以修复；
9）尿道狭窄（轻度）；
10）肛管或者直肠损伤，排便功能轻度障碍或者肛门失禁（轻度）。
5.9.6 脊柱、骨盆及四肢损伤
1）一椎体粉碎性骨折，椎管内骨性占位；
2）一椎体并相应附件骨折，经手术治疗后；二椎体压缩性骨折；
3）骨盆两处以上骨折或者粉碎性骨折，严重畸形愈合；
4）青少年四肢长骨骨骺粉碎性或者压缩性骨折；
5）四肢任一大关节行关节假体置换术后；
6）双上肢前臂旋转功能丧失均达 75%；
7）双上肢长度相差 6.0cm 以上；
8）双下肢长度相差 4.0cm 以上；
9）四肢任一大关节（踝关节除外）功能丧失 50%以上；
10）一踝关节功能丧失 75%以上；
11）一肢体各大关节功能丧失均达 25%；
12）双足拇趾功能丧失均达 75%；一足 5 趾功能均完全丧失；
13）双足跟骨粉碎性骨折畸形愈合；
14）双足足弓结构部分破坏；一足足弓结构完全破坏；
15）手或者足功能丧失分值≥25 分。
5.9.7 体表及其他损伤
皮肤瘢痕形成达体表面积 10%。
5.10 十级
5.10.1 颅脑、脊髓及周围神经损伤
1）精神障碍或者轻度智能减退，日常生活有关的活动能力轻度受限；
2）颅脑损伤后遗脑软化灶形成，伴有神经系统症状或者体征；
3）一侧部分面瘫；
4）嗅觉功能完全丧失；
5）尿崩症（轻度）；
6）四肢重要神经损伤，遗留相应肌群肌力 4 级以下；
7）影响阴茎勃起功能；
8）开颅术后。
5.10.2 头面部损伤
1）面颅骨部分缺损或者畸形，影响面容；
2）头皮瘢痕形成或者无毛发，面积达 40.0cm^2；
3）面部条状瘢痕形成（宽度达 0.2cm），累计长度达 6.0cm，其中至少 3.0cm 位于面部中心区；
4）面部条状瘢痕形成，累计长度达 10.0cm；
5）面部块状瘢痕形成，单块面积达 3.0cm^2，或者多块累计面积达 5.0cm^2；
6）面部片状细小瘢痕形成或者色素异常，累计面积达 10.0cm^2；
7）一侧眼睑下垂，遮盖部分瞳孔；一侧眼睑轻度畸形；一侧睑球粘连影响眼球运动；
8）一眼泪器损伤后遗溢泪；
9）一眼眶骨折后遗眼球内陷 2mm 以上；

10）复视或者斜视；
11）一眼角膜斑翳或者血管翳，累及瞳孔区；一眼角膜移植术后；
12）一眼外伤性青光眼，经手术治疗；一眼外伤性低眼压；
13）一眼外伤后无虹膜；
14）一眼外伤性白内障；一眼无晶体或者人工晶体植入术后；
15）一眼中度视力损害；
16）双眼视力≤0.5；
17）一眼视野中度缺损，视野有效值≤48%（直径≤60°）；
18）一耳听力障碍≥61dB HL；
19）双耳听力障碍≥41dB HL；
20）一侧前庭平衡功能丧失，伴听力减退；
21）耳廓缺损或者畸形，累计相当于一侧耳廓的30%；
22）鼻尖或者鼻翼部分缺损深达软骨；
23）唇外翻或者小口畸形；
24）唇缺损或者畸形，致露齿；
25）舌部分缺损；
26）牙齿缺失或者折断7枚以上；牙槽骨部分缺损，合并牙齿缺失或者折断4枚以上；
27）张口受限Ⅰ度；
28）咽或者咽后区损伤影响吞咽功能。
5.10.3　颈部及胸部损伤
1）颏颈粘连畸形松解术后；
2）颈前三角区瘢痕形成，累计面积达25.0cm^2；
3）一侧喉返神经损伤，影响功能；
4）器质性声音嘶哑；
5）食管修补术后；
6）女性一侧乳房部分缺失或者畸形；
7）肋骨骨折6根以上，或者肋骨部分缺失2根以上；肋骨骨折4根以上并后遗2处畸形愈合；
8）肺修补术后；
9）呼吸困难（轻度）。
5.10.4　腹部损伤
1）腹壁疝，难以手术修补；
2）肝、脾或者胰腺修补术后；
3）胃、肠或者胆道修补术后；
4）膈肌修补术后。
5.10.5　盆部及会阴部损伤
1）肾、输尿管或者膀胱修补术后；
2）子宫或者卵巢修补术后；
3）外阴或者阴道修补术后；
4）睾丸破裂修补术后；
5）一侧输精管破裂修复术后；
6）尿道修补术后；
7）会阴部瘢痕挛缩，肛管狭窄；

8）阴茎头部分缺失。

5.10.6 脊柱、骨盆及四肢损伤

1）枢椎齿状突骨折，影响功能；

2）一椎体压缩性骨折（压缩程度达 1/3）或者粉碎性骨折；一椎体骨折经手术治疗后；

3）四处以上横突、棘突或者椎弓根骨折，影响功能；

4）骨盆两处以上骨折或者粉碎性骨折，畸形愈合；

5）一侧髌骨切除；

6）一侧膝关节交叉韧带、半月板伴侧副韧带撕裂伤经手术治疗后，影响功能；

7）青少年四肢长骨骨折累及骨骺；

8）一上肢前臂旋转功能丧失 75%以上；

9）双上肢长度相差 4.0cm 以上；

10）双下肢长度相差 2.0cm 以上；

11）四肢任一大关节（踝关节除外）功能丧失 25%以上；

12）一踝关节功能丧失 50%以上；

13）下肢任一大关节骨折后遗创伤性关节炎；

14）肢体重要血管循环障碍，影响功能；

15）一手小指完全缺失并第 5 掌骨部分缺损；

16）一足拇趾功能丧失 75%以上；一足 5 趾功能丧失均达 50%；双足拇趾功能丧失均达 50%；双足除拇趾外任何 4 趾功能均完全丧失；

17）一足跟骨粉碎性骨折畸形愈合；

18）一足足弓结构部分破坏；

19）手或者足功能丧失分值≥10 分。

5.10.7 体表及其他损伤

1）手部皮肤瘢痕形成或者植皮术后，范围达一手掌面积 50%；

2）皮肤瘢痕形成达体表面积 4%；

3）皮肤创面长期不愈超过 1 年，范围达体表面积 1%。

6 附则

6.1 遇有本标准致残程度分级系列中未列入的致残情形，可根据残疾的实际情况，依据本标准附录 A 的规定，并比照最相似等级的条款，确定其致残程度等级。

6.2 同一部位和性质的残疾，不应采用本标准条款两条以上或者同一条款两次以上进行鉴定。

6.3 本标准中四肢大关节是指肩、肘、腕、髋、膝、踝等六大关节。

6.4 本标准中牙齿折断是指冠折 1/2 以上，或者牙齿部分缺失致牙髓腔暴露。

6.5 移植、再植或者再造成活组织器官的损伤应根据实际后遗功能障碍程度参照相应分级条款进行致残程度等级鉴定。

6.6 永久性植入式假体（如颅骨修补材料、种植牙、人工支架等）损坏引起的功能障碍可参照相应分级条款进行致残程度等级鉴定。

6.7 本标准中四肢重要神经是指臂丛及其分支神经（包括正中神经、尺神经、桡神经和肌皮神经等）和腰骶丛及其分支神经（包括坐骨神经、腓总神经和胫神经等）。

6.8 本标准中四肢重要血管是指与四肢重要神经伴行的同名动、静脉。

6.9 精神分裂症或者心境障碍等内源性疾病不是外界致伤因素直接作用所致，不宜作为致残程度等级鉴定的依据，但应对外界致伤因素与疾病之间的因果关系进行说明。

6.10 本标准所指未成年人是指年龄未满 18 周岁者。

6.11　本标准中涉及面部瘢痕致残程度需测量长度或者面积的数值时，0～6 周岁者按标准规定值 50%计，7～14 周岁者按 80%计。

6.12　本标准中凡涉及数量、部位规定时，注明“以上”、“以下”者，均包含本数（有特别说明的除外）。

四、《中华人民共和国保险法》节选

（根据 2015 年 4 月 24 日第十二届全国人民代表大会常务委员会第十四次会议《关于修改〈中华人民共和国计量法〉等五部法律的决定》第三次修正，自 2015 年 4 月 24 日起施行）

第一章　总　　则

第一条　为了规范保险活动，保护保险活动当事人的合法权益，加强对保险业的监督管理，维护社会经济秩序和社会公共利益，促进保险事业的健康发展，制定本法。

第二条　本法所称保险，是指投保人根据合同约定，向保险人支付保险费，保险人对于合同约定的可能发生的事故因其发生所造成的财产损失承担赔偿保险金责任，或者当被保险人死亡、伤残、疾病或者达到合同约定的年龄、期限等条件时承担给付保险金责任的商业保险行为。

第三条　在中华人民共和国境内从事保险活动，适用本法。

第四条　从事保险活动必须遵守法律、行政法规，尊重社会公德，不得损害社会公共利益。

第五条　保险活动当事人行使权利、履行义务应当遵循诚实信用原则。

第六条　保险业务由依照本法设立的保险公司以及法律、行政法规规定的其他保险组织经营，其他单位和个人不得经营保险业务。

第七条　在中华人民共和国境内的法人和其他组织需要办理境内保险的，应当向中华人民共和国境内的保险公司投保。

第八条　保险业和银行业、证券业、信托业实行分业经营、分业管理，保险公司与银行、证券、信托业务机构分别设立。国家另有规定的除外。

第九条　国务院保险监督管理机构依法对保险业实施监督管理。

国务院保险监督管理机构根据履行职责的需要设立派出机构。派出机构按照国务院保险监督管理机构的授权履行监督管理职责。

第二章　保 险 合 同

第一节　一 般 规 定

第十条　保险合同是投保人与保险人约定保险权利义务关系的协议。

投保人是指与保险人订立保险合同，并按照合同约定负有支付保险费义务的人。

保险人是指与投保人订立保险合同，并按照合同约定承担赔偿或者给付保险金责任的保险公司。

第十一条　订立保险合同，应当协商一致，遵循公平原则确定各方的权利和义务。

除法律、行政法规规定必须保险的外，保险合同自愿订立。

第十二条　人身保险的投保人在保险合同订立时，对被保险人应当具有保险利益。

财产保险的被保险人在保险事故发生时，对保险标的应当具有保险利益。

人身保险是以人的寿命和身体为保险标的的保险。

财产保险是以财产及其有关利益为保险标的的保险。

被保险人是指其财产或者人身受保险合同保障，享有保险金请求权的人。投保人可以为被保险人。

保险利益是指投保人或者被保险人对保险标的具有的法律上承认的利益。

第十三条 投保人提出保险要求，经保险人同意承保，保险合同成立。保险人应当及时向投保人签发保单或者其他保险凭证。

保单或者其他保险凭证应当载明当事人双方约定的合同内容。当事人也可以约定采用其他书面形式载明合同内容。

依法成立的保险合同，自成立时生效。投保人和保险人可以对合同的效力约定附条件或者附期限。

第十四条 保险合同成立后，投保人按照约定交付保险费，保险人按照约定的时间开始承担保险责任。

第十五条 除本法另有规定或者保险合同另有约定外，保险合同成立后，投保人可以解除合同，保险人不得解除合同。

第十六条 订立保险合同，保险人就保险标的或者被保险人的有关情况提出询问的，投保人应当如实告知。

投保人故意或者因重大过失未履行前款规定的如实告知义务，足以影响保险人决定是否同意承保或者提高保险费率的，保险人有权解除合同。

前款规定的合同解除权，自保险人知道有解除事由之日起，超过三十日不行使而消灭。自合同成立之日起超过二年的，保险人不得解除合同；发生保险事故的，保险人应当承担赔偿或者给付保险金的责任。

投保人故意不履行如实告知义务的，保险人对于合同解除前发生的保险事故，不承担赔偿或者给付保险金的责任，并不退还保险费。

投保人因重大过失未履行如实告知义务，对保险事故的发生有严重影响的，保险人对于合同解除前发生的保险事故，不承担赔偿或者给付保险金的责任，但应当退还保险费。

保险人在合同订立时已经知道投保人未如实告知的情况的，保险人不得解除合同；发生保险事故的，保险人应当承担赔偿或者给付保险金的责任。

保险事故是指保险合同约定的保险责任范围内的事故。

第十七条 订立保险合同，采用保险人提供的格式条款的，保险人向投保人提供的投保单应当附格式条款，保险人应当向投保人说明合同的内容。

对保险合同中免除保险人责任的条款，保险人在订立合同时应当在投保单、保险单或者其他保险凭证上作出足以引起投保人注意的提示，并对该条款的内容以书面或者口头形式向投保人作出明确说明；未作提示或者明确说明的，该条款不产生效力。

第十八条 保险合同应当包括下列事项：

（一）保险人的名称和住所；

（二）投保人、被保险人的姓名或者名称、住所，以及人身保险的受益人的姓名或者名称、住所；

（三）保险标的；

（四）保险责任和责任免除；

（五）保险期间和保险责任开始时间；

（六）保险金额；

（七）保险费以及支付办法；

（八）保险金赔偿或者给付办法；

（九）违约责任和争议处理；

（十）订立合同的年、月、日。

投保人和保险人可以约定与保险有关的其他事项。

受益人是指人身保险合同中由被保险人或者投保人指定的享有保险金请求权的人。投保人、被保险人可以为受益人。

保险金额是指保险人承担赔偿或者给付保险金责任的最高限额。

第十九条　采用保险人提供的格式条款订立的保险合同中的下列条款无效：

（一）免除保险人依法应承担的义务或者加重投保人、被保险人责任的；

（二）排除投保人、被保险人或者受益人依法享有的权利的。

第二十条　投保人和保险人可以协商变更合同内容。

变更保险合同的，应当由保险人在保险单或者其他保险凭证上批注或者附贴批单，或者由投保人和保险人订立变更的书面协议。

第二十一条　投保人、被保险人或者受益人知道保险事故发生后，应当及时通知保险人。故意或者因重大过失未及时通知，致使保险事故的性质、原因、损失程度等难以确定的，保险人对无法确定的部分，不承担赔偿或者给付保险金的责任，但保险人通过其他途径已经及时知道或者应当及时知道保险事故发生的除外。

第二十二条　保险事故发生后，按照保险合同请求保险人赔偿或者给付保险金时，投保人、被保险人或者受益人应当向保险人提供其所能提供的与确认保险事故的性质、原因、损失程度等有关的证明和资料。

保险人按照合同的约定，认为有关的证明和资料不完整的，应当及时一次性通知投保人、被保险人或者受益人补充提供。

第二十三条　保险人收到被保险人或者受益人的赔偿或者给付保险金的请求后，应当及时作出核定；情形复杂的，应当在三十日内作出核定，但合同另有约定的除外。保险人应当将核定结果通知被保险人或者受益人；对属于保险责任的，在与被保险人或者受益人达成赔偿或者给付保险金的协议后十日内，履行赔偿或者给付保险金义务。保险合同对赔偿或者给付保险金的期限有约定的，保险人应当按照约定履行赔偿或者给付保险金义务。

保险人未及时履行前款规定义务的，除支付保险金外，应当赔偿被保险人或者受益人因此受到的损失。

任何单位和个人不得非法干预保险人履行赔偿或者给付保险金的义务，也不得限制被保险人或者受益人取得保险金的权利。

第二十四条　保险人依照本法第二十三条的规定作出核定后，对不属于保险责任的，应当自作出核定之日起三日内向被保险人或者受益人发出拒绝赔偿或者拒绝给付保险金通知书，并说明理由。

第二十五条　保险人自收到赔偿或者给付保险金的请求和有关证明、资料之日起六十日内，对其赔偿或者给付保险金的数额不能确定的，应当根据已有证明和资料可以确定的数额先予支付；保险人最终确定赔偿或者给付保险金的数额后，应当支付相应的差额。

第二十六条　人寿保险以外的其他保险的被保险人或者受益人，向保险人请求赔偿或者给付保险金的诉讼时效期间为二年，自其知道或者应当知道保险事故发生之日起计算。

人寿保险的被保险人或者受益人向保险人请求给付保险金的诉讼时效期间为五年，自其知道或者应当知道保险事故发生之日起计算。

第二十七条　未发生保险事故，被保险人或者受益人谎称发生了保险事故，向保险人提出赔偿或者给付保险金请求的，保险人有权解除合同，并不退还保险费。

投保人、被保险人故意制造保险事故的，保险人有权解除合同，不承担赔偿或者给付保险金的责任；除本法第四十三条规定外，不退还保险费。

保险事故发生后，投保人、被保险人或者受益人以伪造、变造的有关证明、资料或者其他证据，编造虚假的事故原因或者夸大损失程度的，保险人对其虚报的部分不承担赔偿或者给付保险金的责任。

投保人、被保险人或者受益人有前三款规定行为之一，致使保险人支付保险金或者支出费用的，应当退回或者赔偿。

第二十八条 保险人将其承担的保险业务，以分保形式部分转移给其他保险人的，为再保险。

应再保险接受人的要求，再保险分出人应当将其自负责任及原保险的有关情况书面告知再保险接受人。

第二十九条 再保险接受人不得向原保险的投保人要求支付保险费。

原保险的被保险人或者受益人不得向再保险接受人提出赔偿或者给付保险金的请求。

再保险分出人不得以再保险接受人未履行再保险责任为由，拒绝履行或者迟延履行其原保险责任。

第三十条 采用保险人提供的格式条款订立的保险合同，保险人与投保人、被保险人或者受益人对合同条款有争议的，应当按照通常理解予以解释。对合同条款有两种以上解释的，人民法院或者仲裁机构应当作出有利于被保险人和受益人的解释。

第二节 人身保险合同

第三十一条 投保人对下列人员具有保险利益：

（一）本人；

（二）配偶、子女、父母；

（三）前项以外与投保人有抚养、赡养或者扶养关系的家庭其他成员、近亲属；

（四）与投保人有劳动关系的劳动者。

除前款规定外，被保险人同意投保人为其订立合同的，视为投保人对被保险人具有保险利益。

订立合同时，投保人对被保险人不具有保险利益的，合同无效。

第三十二条 投保人申报的被保险人年龄不真实，并且其真实年龄不符合合同约定的年龄限制的，保险人可以解除合同，并按照合同约定退还保险单的现金价值。保险人行使合同解除权，适用本法第十六条第三款、第六款的规定。

投保人申报的被保险人年龄不真实，致使投保人支付的保险费少于应付保险费的，保险人有权更正并要求投保人补交保险费，或者在给付保险金时按照实付保险费与应付保险费的比例支付。

投保人申报的被保险人年龄不真实，致使投保人支付的保险费多于应付保险费的，保险人应当将多收的保险费退还投保人。

第三十三条 投保人不得为无民事行为能力人投保以死亡为给付保险金条件的人身保险，保险人也不得承保。

父母为其未成年子女投保的人身保险，不受前款规定限制。但是，因被保险人死亡给付的保险金总和不得超过国务院保险监督管理机构规定的限额。

第三十四条 以死亡为给付保险金条件的合同，未经被保险人同意并认可保险金额的，合同无效。

按照以死亡为给付保险金条件的合同所签发的保险单，未经被保险人书面同意，不得转让或者质押。

父母为其未成年子女投保的人身保险，不受本条第一款规定限制。

第三十五条 投保人可以按照合同约定向保险人一次支付全部保险费或者分期支付保险费。

第三十六条 合同约定分期支付保险费，投保人支付首期保险费后，除合同另有约定外，投保人自保险人催告之日起超过三十日未支付当期保险费，或者超过约定的期限六十日未支付当期保险费的，合同效力中止，或者由保险人按照合同约定的条件减少保险金额。

被保险人在前款规定期限内发生保险事故的，保险人应当按照合同约定给付保险金，但可以扣减欠交的保险费。

第三十七条 合同效力依照本法第三十六条规定中止的，经保险人与投保人协商并达成协议，在投保人补交保险费后，合同效力恢复。但是，自合同效力中止之日起满二年双方未达成协议的，保险人有权解除合同。

保险人依照前款规定解除合同的，应当按照合同约定退还保险单的现金价值。

第三十八条　保险人对人寿保险的保险费，不得用诉讼方式要求投保人支付。

第三十九条　人身保险的受益人由被保险人或者投保人指定。

投保人指定受益人时须经被保险人同意。投保人为与其有劳动关系的劳动者投保人身保险，不得指定被保险人及其近亲属以外的人为受益人。

被保险人为无民事行为能力人或者限制民事行为能力人的，可以由其监护人指定受益人。

第四十条　被保险人或者投保人可以指定一人或者数人为受益人。

受益人为数人的，被保险人或者投保人可以确定受益顺序和受益份额；未确定受益份额的，受益人按照相等份额享有受益权。

第四十一条　被保险人或者投保人可以变更受益人并书面通知保险人。保险人收到变更受益人的书面通知后，应当在保险单或者其他保险凭证上批注或者附贴批单。

投保人变更受益人时须经被保险人同意。

第四十二条　被保险人死亡后，有下列情形之一的，保险金作为被保险人的遗产，由保险人依照《中华人民共和国继承法》的规定履行给付保险金的义务：

（一）没有指定受益人，或者受益人指定不明无法确定的；

（二）受益人先于被保险人死亡，没有其他受益人的；

（三）受益人依法丧失受益权或者放弃受益权，没有其他受益人的。

受益人与被保险人在同一事件中死亡，且不能确定死亡先后顺序的，推定受益人死亡在先。

第四十三条　投保人故意造成被保险人死亡、伤残或者疾病的，保险人不承担给付保险金的责任。投保人已交足二年以上保险费的，保险人应当按照合同约定向其他权利人退还保险单的现金价值。

受益人故意造成被保险人死亡、伤残、疾病的，或者故意杀害被保险人未遂的，该受益人丧失受益权。

第四十四条　以被保险人死亡为给付保险金条件的合同，自合同成立或者合同效力恢复之日起二年内，被保险人自杀的，保险人不承担给付保险金的责任，但被保险人自杀时为无民事行为能力人的除外。

保险人依照前款规定不承担给付保险金责任的，应当按照合同约定退还保险单的现金价值。

第四十五条　因被保险人故意犯罪或者抗拒依法采取的刑事强制措施导致其伤残或者死亡的，保险人不承担给付保险金的责任。投保人已交足二年以上保险费的，保险人应当按照合同约定退还保险单的现金价值。

第四十六条　被保险人因第三者的行为而发生死亡、伤残或者疾病等保险事故的，保险人向被保险人或者受益人给付保险金后，不享有向第三者追偿的权利，但被保险人或者受益人仍有权向第三者请求赔偿。

第四十七条　投保人解除合同的，保险人应当自收到解除合同通知之日起三十日内，按照合同约定退还保险单的现金价值。

五、《最高人民法院关于审理人身损害赔偿案件适用法律若干问题的解释》节选

（2003 年 12 月 4 日最高人民法院审判委员会第 1299 次会议通过，自 2004 年 5 月 1 日起实施）

第十七条　受害人遭受人身损害，因就医治疗支出的各项费用以及因误工减少的收入，包括医疗费、误工费、护理费、交通费、住宿费、住院伙食补助费、必要的营养费，赔偿义务人应当予以赔偿。

受害人因伤致残的，其因增加生活上需要所支出的必要费用以及因丧失劳动能力导致的收入损失，

包括残疾赔偿金、残疾辅助器具费、被扶养人生活费，以及因康复护理、继续治疗实际发生的必要的康复费、护理费、后续治疗费，赔偿义务人也应当予以赔偿。

受害人死亡的，赔偿义务人除应当根据抢救治疗情况赔偿本条第一款规定的相关费用外，还应当赔偿丧葬费、被扶养人生活费、死亡补偿费以及受害人亲属办理丧葬事宜支出的交通费、住宿费和误工损失等其他合理费用。

第十八条 受害人或者死者近亲属遭受精神损害，赔偿权利人向人民法院请求赔偿精神损害抚慰金的，适用《最高人民法院关于确定民事侵权精神损害赔偿责任若干问题的解释》予以确定。

精神损害抚慰金的请求权，不得让与或者继承。但赔偿义务人已经以书面方式承诺给予金钱赔偿，或者赔偿权利人已经向人民法院起诉的除外。

第十九条 医疗费根据医疗机构出具的医药费、住院费等收款凭证，结合病历和诊断证明等相关证据确定。赔偿义务人对治疗的必要性和合理性有异议的，应当承担相应的举证责任。

医疗费的赔偿数额，按照一审法庭辩论终结前实际发生的数额确定。器官功能恢复训练所必要的康复费、适当的整容费以及其他后续治疗费，赔偿权利人可以待实际发生后另行起诉。但根据医疗证明或者鉴定结论确定必然发生的费用，可以与已经发生的医疗费一并予以赔偿。

第二十条 误工费根据受害人的误工时间和收入状况确定。

误工时间根据受害人接受治疗的医疗机构出具的证明确定。受害人因伤致残持续误工的，误工时间可以计算至定残日前一天。

受害人有固定收入的，误工费按照实际减少的收入计算。受害人无固定收入的，按照其最近三年的平均收入计算；受害人不能举证证明其最近三年的平均收入状况的，可以参照受诉法院所在地相同或者相近行业上一年度职工的平均工资计算。

第二十一条 护理费根据护理人员的收入状况和护理人数、护理期限确定。

护理人员有收入的，参照误工费的规定计算；护理人员没有收入或者雇佣护工的，参照当地护工从事同等级别护理的劳务报酬标准计算。护理人员原则上为一人，但医疗机构或者鉴定机构有明确意见的，可以参照确定护理人员人数。

护理期限应计算至受害人恢复生活自理能力时止。受害人因残疾不能恢复生活自理能力的，可以根据其年龄、健康状况等因素确定合理的护理期限，但最长不超过二十年。

受害人定残后的护理，应当根据其护理依赖程度并结合配制残疾辅助器具的情况确定护理级别。

第二十二条 交通费根据受害人及其必要的陪护人员因就医或者转院治疗实际发生的费用计算。交通费应当以正式票据为凭；有关凭据应当与就医地点、时间、人数、次数相符合。

第二十三条 住院伙食补助费可以参照当地国家机关一般工作人员的出差伙食补助标准予以确定。

受害人确有必要到外地治疗，因客观原因不能住院，受害人本人及其陪护人员实际发生的住宿费和伙食费，其合理部分应予赔偿。

第二十四条 营养费根据受害人伤残情况参照医疗机构的意见确定。

第二十五条 残疾赔偿金根据受害人丧失劳动能力程度或者伤残等级，按照受诉法院所在地上一年度城镇居民人均可支配收入或者农村居民人均纯收入标准，自定残之日起按二十年计算。但六十周岁以上的，年龄每增加一岁减少一年；七十五周岁以上的，按五年计算。

受害人因伤致残但实际收入没有减少，或者伤残等级较轻但造成职业妨害严重影响其劳动就业的，可以对残疾赔偿金作相应调整。

第二十六条 残疾辅助器具费按照普通适用器具的合理费用标准计算。伤情有特殊需要的，可以参照辅助器具配制机构的意见确定相应的合理费用标准。

辅助器具的更换周期和赔偿期限参照配制机构的意见确定。

第二十七条　丧葬费按照受诉法院所在地上一年度职工月平均工资标准，以六个月总额计算。

第二十八条　被扶养人生活费根据扶养人丧失劳动能力程度，按照受诉法院所在地上一年度城镇居民人均消费性支出和农村居民人均年生活消费支出标准计算。被扶养人为未成年人的，计算至十八周岁；被扶养人无劳动能力又无其他生活来源的，计算二十年。但六十周岁以上的，年龄每增加一岁减少一年；七十五周岁以上的，按五年计算。

被扶养人是指受害人依法应当承担扶养义务的未成年人或者丧失劳动能力又无其他生活来源的成年近亲属。被扶养人还有其他扶养人的，赔偿义务人只赔偿受害人依法应当负担的部分。被扶养人有数人的，年赔偿总额累计不超过上一年度城镇居民人均消费性支出额或者农村居民人均年生活消费支出额。

第二十九条　死亡赔偿金按照受诉法院所在地上一年度城镇居民人均可支配收入或者农村居民人均纯收入标准，按二十年计算。但六十周岁以上的，年龄每增加一岁减少一年；七十五周岁以上的，按五年计算。

第三十条　赔偿权利人举证证明其住所地或者经常居住地城镇居民人均可支配收入或者农村居民人均纯收入高于受诉法院所在地标准的，残疾赔偿金或者死亡赔偿金可以按照其住所地或者经常居住地的相关标准计算。

被扶养人生活费的相关计算标准，依照前款原则确定。

第三十一条　人民法院应当按照民法通则第一百三十一条以及本解释第二条的规定，确定第十九条至第二十九条各项财产损失的实际赔偿金额。

前款确定的物质损害赔偿金与按照第十八条第一款规定确定的精神损害抚慰金，原则上应当一次性给付。

第三十二条　超过确定的护理期限、辅助器具费给付年限或者残疾赔偿金给付年限，赔偿权利人向人民法院起诉请求继续给付护理费、辅助器具费或者残疾赔偿金的，人民法院应予受理。赔偿权利人确需继续护理、配制辅助器具，或者没有劳动能力和生活来源的，人民法院应当判令赔偿义务人继续给付相关费用五至十年。

第三十三条　赔偿义务人请求以定期金方式给付残疾赔偿金、被扶养人生活费、残疾辅助器具费的，应当提供相应的担保。人民法院可以根据赔偿义务人的给付能力和提供担保的情况，确定以定期金方式给付相关费用。但一审法庭辩论终结前已经发生的费用、死亡赔偿金以及精神损害抚慰金，应当一次性给付。

第三十四条　人民法院应当在法律文书中明确定期金的给付时间、方式以及每期给付标准。执行期间有关统计数据发生变化的，给付金额应当适时进行相应调整。

定期金按照赔偿权利人的实际生存年限给付，不受本解释有关赔偿期限的限制。

第三十五条　本解释所称城镇居民人均可支配收入、农村居民人均纯收入、城镇居民人均消费性支出、农村居民人均年生活消费支出、职工平均工资，按照政府统计部门公布的各省、自治区、直辖市以及经济特区和计划单列市上一年度相关统计数据确定。

六、《中华人民共和国民法典》节选

（2020 年 5 月 28 日第十三届全国人民代表大会第三次会议通过）

第一编　总　　则

第一章　基 本 规 定

第一条　为了保护民事主体的合法权益，调整民事关系，维护社会和经济秩序，适应中国特色社会主义发展要求，弘扬社会主义核心价值观，根据宪法，制定本法。

第二条 民法调整平等主体的自然人、法人和非法人组织之间的人身关系和财产关系。

第三条 民事主体的人身权利、财产权利以及其他合法权益受法律保护，任何组织或者个人不得侵犯。

第四条 民事主体在民事活动中的法律地位一律平等。

第五条 民事主体从事民事活动，应当遵循自愿原则，按照自己的意思设立、变更、终止民事法律关系。

第六条 民事主体从事民事活动，应当遵循公平原则，合理确定各方的权利和义务。

第七条 民事主体从事民事活动，应当遵循诚信原则，秉持诚实，恪守承诺。

第八条 民事主体从事民事活动，不得违反法律，不得违背公序良俗。

第九条 民事主体从事民事活动，应当有利于节约资源、保护生态环境。

第十条 处理民事纠纷，应当依照法律；法律没有规定的，可以适用习惯，但是不得违背公序良俗。

第十一条 其他法律对民事关系有特别规定的，依照其规定。

第十二条 中华人民共和国领域内的民事活动，适用中华人民共和国法律。法律另有规定的，依照其规定。

第二章 自 然 人

第一节 民事权利能力和民事行为能力

第十三条 自然人从出生时起到死亡时止，具有民事权利能力，依法享有民事权利，承担民事义务。

第十四条 自然人的民事权利能力一律平等。

第十五条 自然人的出生时间和死亡时间，以出生证明、死亡证明记载的时间为准；没有出生证明、死亡证明的，以户籍登记或者其他有效身份登记记载的时间为准。有其他证据足以推翻以上记载时间的，以该证据证明的时间为准。

第十六条 涉及遗产继承、接受赠与等胎儿利益保护的，胎儿视为具有民事权利能力。但是，胎儿娩出时为死体的，其民事权利能力自始不存在。

第十七条 十八周岁以上的自然人为成年人。不满十八周岁的自然人为未成年人。

第十八条 成年人为完全民事行为能力人，可以独立实施民事法律行为。

十六周岁以上的未成年人，以自己的劳动收入为主要生活来源的，视为完全民事行为能力人。

第十九条 八周岁以上的未成年人为限制民事行为能力人，实施民事法律行为由其法定代理人代理或者经其法定代理人同意、追认；但是，可以独立实施纯获利益的民事法律行为或者与其年龄、智力相适应的民事法律行为。

第二十条 不满八周岁的未成年人为无民事行为能力人，由其法定代理人代理实施民事法律行为。

第二十一条 不能辨认自己行为的成年人为无民事行为能力人，由其法定代理人代理实施民事法律行为。

八周岁以上的未成年人不能辨认自己行为的，适用前款规定。

第二十二条 不能完全辨认自己行为的成年人为限制民事行为能力人，实施民事法律行为由其法定代理人代理或者经其法定代理人同意、追认；但是，可以独立实施纯获利益的民事法律行为或者与其智力、精神健康状况相适应的民事法律行为。

第二十三条 无民事行为能力人、限制民事行为能力人的监护人是其法定代理人。

第二十四条 不能辨认或者不能完全辨认自己行为的成年人，其利害关系人或者有关组织，可以向人民法院申请认定该成年人为无民事行为能力人或者限制民事行为能力人。

被人民法院认定为无民事行为能力人或者限制民事行为能力人的，经本人、利害关系人或者有关组织申请，人民法院可以根据其智力、精神健康恢复的状况，认定该成年人恢复为限制民事行为能力人或者完全民事行为能力人。

本条规定的有关组织包括：居民委员会、村民委员会、学校、医疗机构、妇女联合会、残疾人联合会、依法设立的老年人组织、民政部门等。

第二十五条　自然人以户籍登记或者其他有效身份登记记载的居所为住所；经常居所与住所不一致的，经常居所视为住所。

第二节　监　　护

第二十六条　父母对未成年子女负有抚养、教育和保护的义务。

成年子女对父母负有赡养、扶助和保护的义务。

第二十七条　父母是未成年子女的监护人。

未成年人的父母已经死亡或者没有监护能力的，由下列有监护能力的人按顺序担任监护人：

（一）祖父母、外祖父母；

（二）兄、姐；

（三）其他愿意担任监护人的个人或者组织，但是须经未成年人住所地的居民委员会、村民委员会或者民政部门同意。

第二十八条　无民事行为能力或者限制民事行为能力的成年人，由下列有监护能力的人按顺序担任监护人：

（一）配偶；

（二）父母、子女；

（三）其他近亲属；

（四）其他愿意担任监护人的个人或者组织，但是须经被监护人住所地的居民委员会、村民委员会或者民政部门同意。

第二十九条　被监护人的父母担任监护人的，可以通过遗嘱指定监护人。

第三十条　依法具有监护资格的人之间可以协议确定监护人。协议确定监护人应当尊重被监护人的真实意愿。

第三十一条　对监护人的确定有争议的，由被监护人住所地的居民委员会、村民委员会或者民政部门指定监护人，有关当事人对指定不服的，可以向人民法院申请指定监护人；有关当事人也可以直接向人民法院申请指定监护人。

居民委员会、村民委员会、民政部门或者人民法院应当尊重被监护人的真实意愿，按照最有利于被监护人的原则在依法具有监护资格的人中指定监护人。

依据本条第一款规定指定监护人前，被监护人的人身权利、财产权利以及其他合法权益处于无人保护状态的，由被监护人住所地的居民委员会、村民委员会、法律规定的有关组织或者民政部门担任临时监护人。

监护人被指定后，不得擅自变更；擅自变更的，不免除被指定的监护人的责任。

第三十二条　没有依法具有监护资格的人的，监护人由民政部门担任，也可以由具备履行监护职责条件的被监护人住所地的居民委员会、村民委员会担任。

第三十三条　具有完全民事行为能力的成年人，可以与其近亲属、其他愿意担任监护人的个人或者组织事先协商，以书面形式确定自己的监护人，在自己丧失或者部分丧失民事行为能力时，由该监护人履行监护职责。

第三十四条　监护人的职责是代理被监护人实施民事法律行为，保护被监护人的人身权利、财产权利以及其他合法权益等。

监护人依法履行监护职责产生的权利，受法律保护。

监护人不履行监护职责或者侵害被监护人合法权益的，应当承担法律责任。

因发生突发事件等紧急情况，监护人暂时无法履行监护职责，被监护人的生活处于无人照料状态的，被监护人住所地的居民委员会、村民委员会或者民政部门应当为被监护人安排必要的临时生活照料措施。

第三十五条 监护人应当按照最有利于被监护人的原则履行监护职责。监护人除为维护被监护人利益外，不得处分被监护人的财产。

未成年人的监护人履行监护职责，在作出与被监护人利益有关的决定时，应当根据被监护人的年龄和智力状况，尊重被监护人的真实意愿。

成年人的监护人履行监护职责，应当最大程度地尊重被监护人的真实意愿，保障并协助被监护人实施与其智力、精神健康状况相适应的民事法律行为。对被监护人有能力独立处理的事务，监护人不得干涉。

第三十六条 监护人有下列情形之一的，人民法院根据有关个人或者组织的申请，撤销其监护人资格，安排必要的临时监护措施，并按照最有利于被监护人的原则依法指定监护人：

（一）实施严重损害被监护人身心健康的行为；

（二）怠于履行监护职责，或者无法履行监护职责且拒绝将监护职责部分或者全部委托给他人，导致被监护人处于危困状态；

（三）实施严重侵害被监护人合法权益的其他行为。

本条规定的有关个人、组织包括：其他依法具有监护资格的人，居民委员会、村民委员会、学校、医疗机构、妇女联合会、残疾人联合会、未成年人保护组织、依法设立的老年人组织、民政部门等。

前款规定的个人和民政部门以外的组织未及时向人民法院申请撤销监护人资格的，民政部门应当向人民法院申请。

第三十七条 依法负担被监护人抚养费、赡养费、扶养费的父母、子女、配偶等，被人民法院撤销监护人资格后，应当继续履行负担的义务。

第三十八条 被监护人的父母或者子女被人民法院撤销监护人资格后，除对被监护人实施故意犯罪的外，确有悔改表现的，经其申请，人民法院可以在尊重被监护人真实意愿的前提下，视情况恢复其监护人资格，人民法院指定的监护人与被监护人的监护关系同时终止。

第三十九条 有下列情形之一的，监护关系终止：

（一）被监护人取得或者恢复完全民事行为能力；

（二）监护人丧失监护能力；

（三）被监护人或者监护人死亡；

（四）人民法院认定监护关系终止的其他情形。

监护关系终止后，被监护人仍然需要监护的，应当依法另行确定监护人。

第三节 宣告失踪和宣告死亡

第四十条 自然人下落不明满二年的，利害关系人可以向人民法院申请宣告该自然人为失踪人。

第四十一条 自然人下落不明的时间自其失去音讯之日起计算。战争期间下落不明的，下落不明的时间自战争结束之日或者有关机关确定的下落不明之日起计算。

第四十二条 失踪人的财产由其配偶、成年子女、父母或者其他愿意担任财产代管人的人代管。

代管有争议，没有前款规定的人，或者前款规定的人无代管能力的，由人民法院指定的人代管。

第四十三条 财产代管人应当妥善管理失踪人的财产，维护其财产权益。

失踪人所欠税款、债务和应付的其他费用，由财产代管人从失踪人的财产中支付。

财产代管人因故意或者重大过失造成失踪人财产损失的，应当承担赔偿责任。

第四十四条　财产代管人不履行代管职责、侵害失踪人财产权益或者丧失代管能力的，失踪人的利害关系人可以向人民法院申请变更财产代管人。

财产代管人有正当理由的，可以向人民法院申请变更财产代管人。

人民法院变更财产代管人的，变更后的财产代管人有权请求原财产代管人及时移交有关财产并报告财产代管情况。

第四十五条　失踪人重新出现，经本人或者利害关系人申请，人民法院应当撤销失踪宣告。

失踪人重新出现，有权请求财产代管人及时移交有关财产并报告财产代管情况。

第四十六条　自然人有下列情形之一的，利害关系人可以向人民法院申请宣告该自然人死亡：

（一）下落不明满四年；

（二）因意外事件，下落不明满二年。

因意外事件下落不明，经有关机关证明该自然人不可能生存的，申请宣告死亡不受二年时间的限制。

第四十七条　对同一自然人，有的利害关系人申请宣告死亡，有的利害关系人申请宣告失踪，符合本法规定的宣告死亡条件的，人民法院应当宣告死亡。

第四十八条　被宣告死亡的人，人民法院宣告死亡的判决作出之日视为其死亡的日期；因意外事件下落不明宣告死亡的，意外事件发生之日视为其死亡的日期。

第四十九条　自然人被宣告死亡但是并未死亡的，不影响该自然人在被宣告死亡期间实施的民事法律行为的效力。

第五十条　被宣告死亡的人重新出现，经本人或者利害关系人申请，人民法院应当撤销死亡宣告。

第五十一条　被宣告死亡的人的婚姻关系，自死亡宣告之日起消除。死亡宣告被撤销的，婚姻关系自撤销死亡宣告之日起自行恢复。但是，其配偶再婚或者向婚姻登记机关书面声明不愿意恢复的除外。

第五十二条　被宣告死亡的人在被宣告死亡期间，其子女被他人依法收养的，在死亡宣告被撤销后，不得以未经本人同意为由主张收养行为无效。

第五十三条　被撤销死亡宣告的人有权请求依照本法第六编取得其财产的民事主体返还财产；无法返还的，应当给予适当补偿。

利害关系人隐瞒真实情况，致使他人被宣告死亡而取得其财产的，除应当返还财产外，还应当对由此造成的损失承担赔偿责任。

第六编　继　　承

第一章　一 般 规 定

第一千一百一十九条　本编调整因继承产生的民事关系。

第一千一百二十条　国家保护自然人的继承权。

第一千一百二十一条　继承从被继承人死亡时开始。

相互有继承关系的数人在同一事件中死亡，难以确定死亡时间的，推定没有其他继承人的人先死亡。都有其他继承人，辈份不同的，推定长辈先死亡；辈份相同的，推定同时死亡，相互不发生继承。

第一千一百二十二条　遗产是自然人死亡时遗留的个人合法财产。

依照法律规定或者根据其性质不得继承的遗产，不得继承。

第一千一百二十三条　继承开始后，按照法定继承办理；有遗嘱的，按照遗嘱继承或者遗赠办理；有遗赠扶养协议的，按照协议办理。

第一千一百二十四条　继承开始后，继承人放弃继承的，应当在遗产处理前，以书面形式作出放弃继承的表示；没有表示的，视为接受继承。

受遗赠人应当在知道受遗赠后六十日内，作出接受或者放弃受遗赠的表示；到期没有表示的，视为放弃受遗赠。

第一千一百二十五条 继承人有下列行为之一的，丧失继承权：

（一）故意杀害被继承人；

（二）为争夺遗产而杀害其他继承人；

（三）遗弃被继承人，或者虐待被继承人情节严重；

（四）伪造、篡改、隐匿或者销毁遗嘱，情节严重；

（五）以欺诈、胁迫手段迫使或者妨碍被继承人设立、变更或者撤回遗嘱，情节严重。

继承人有前款第三项至第五项行为，确有悔改表现，被继承人表示宽恕或者事后在遗嘱中将其列为继承人的，该继承人不丧失继承权。

受遗赠人有本条第一款规定行为的，丧失受遗赠权。

第二章 法 定 继 承

第一千一百二十六条 继承权男女平等。

第一千一百二十七条 遗产按照下列顺序继承：

（一）第一顺序：配偶、子女、父母；

（二）第二顺序：兄弟姐妹、祖父母、外祖父母。

继承开始后，由第一顺序继承人继承，第二顺序继承人不继承；没有第一顺序继承人继承的，由第二顺序继承人继承。

本编所称子女，包括婚生子女、非婚生子女、养子女和有扶养关系的继子女。

本编所称父母，包括生父母、养父母和有扶养关系的继父母。

本编所称兄弟姐妹，包括同父母的兄弟姐妹、同父异母或者同母异父的兄弟姐妹、养兄弟姐妹、有扶养关系的继兄弟姐妹。

第一千一百二十八条 被继承人的子女先于被继承人死亡的，由被继承人的子女的直系晚辈血亲代位继承。

被继承人的兄弟姐妹先于被继承人死亡的，由被继承人的兄弟姐妹的子女代位继承。

代位继承人一般只能继承被代位继承人有权继承的遗产份额。

第一千一百二十九条 丧偶儿媳对公婆，丧偶女婿对岳父母，尽了主要赡养义务的，作为第一顺序继承人。

第一千一百三十条 同一顺序继承人继承遗产的份额，一般应当均等。

对生活有特殊困难又缺乏劳动能力的继承人，分配遗产时，应当予以照顾。

对被继承人尽了主要扶养义务或者与被继承人共同生活的继承人，分配遗产时，可以多分。

有扶养能力和有扶养条件的继承人，不尽扶养义务的，分配遗产时，应当不分或者少分。

继承人协商同意的，也可以不均等。

第一千一百三十一条 对继承人以外的依靠被继承人扶养的人，或者继承人以外的对被继承人扶养较多的人，可以分给适当的遗产。

第一千一百三十二条 继承人应当本着互谅互让、和睦团结的精神，协商处理继承问题。遗产分割的时间、办法和份额，由继承人协商确定；协商不成的，可以由人民调解委员会调解或者向人民法院提起诉讼。

第三章 遗嘱继承和遗赠

第一千一百三十三条 自然人可以依照本法规定立遗嘱处分个人财产，并可以指定遗嘱执行人。

自然人可以立遗嘱将个人财产指定由法定继承人中的一人或者数人继承。

自然人可以立遗嘱将个人财产赠与国家、集体或者法定继承人以外的组织、个人。

自然人可以依法设立遗嘱信托。

第一千一百三十四条　自书遗嘱由遗嘱人亲笔书写，签名，注明年、月、日。

第一千一百三十五条　代书遗嘱应当有两个以上见证人在场见证，由其中一人代书，并由遗嘱人、代书人和其他见证人签名，注明年、月、日。

第一千一百三十六条　打印遗嘱应当有两个以上见证人在场见证。遗嘱人和见证人应当在遗嘱每一页签名，注明年、月、日。

第一千一百三十七条　以录音录像形式立的遗嘱，应当有两个以上见证人在场见证。遗嘱人和见证人应当在录音录像中记录其姓名或者肖像，以及年、月、日。

第一千一百三十八条　遗嘱人在危急情况下，可以立口头遗嘱。口头遗嘱应当有两个以上见证人在场见证。危急情况消除后，遗嘱人能够以书面或者录音录像形式立遗嘱的，所立的口头遗嘱无效。

第一千一百三十九条　公证遗嘱由遗嘱人经公证机构办理。

第一千一百四十条　下列人员不能作为遗嘱见证人：

（一）无民事行为能力人、限制民事行为能力人以及其他不具有见证能力的人；

（二）继承人、受遗赠人；

（三）与继承人、受遗赠人有利害关系的人。

第一千一百四十一条　遗嘱应当为缺乏劳动能力又没有生活来源的继承人保留必要的遗产份额。

第一千一百四十二条　遗嘱人可以撤回、变更自己所立的遗嘱。

立遗嘱后，遗嘱人实施与遗嘱内容相反的民事法律行为的，视为对遗嘱相关内容的撤回。

立有数份遗嘱，内容相抵触的，以最后的遗嘱为准。

第一千一百四十三条　无民事行为能力人或者限制民事行为能力人所立的遗嘱无效。

遗嘱必须表示遗嘱人的真实意思，受欺诈、胁迫所立的遗嘱无效。

伪造的遗嘱无效。

遗嘱被篡改的，篡改的内容无效。

第一千一百四十四条　遗嘱继承或者遗赠附有义务的，继承人或者受遗赠人应当履行义务。没有正当理由不履行义务的，经利害关系人或者有关组织请求，人民法院可以取消其接受附义务部分遗产的权利。

第四章　遗产的处理

第一千一百四十五条　继承开始后，遗嘱执行人为遗产管理人；没有遗嘱执行人的，继承人应当及时推选遗产管理人；继承人未推选的，由继承人共同担任遗产管理人；没有继承人或者继承人均放弃继承的，由被继承人生前住所地的民政部门或者村民委员会担任遗产管理人。

第一千一百四十六条　对遗产管理人的确定有争议的，利害关系人可以向人民法院申请指定遗产管理人。

第一千一百四十七条　遗产管理人应当履行下列职责：

（一）清理遗产并制作遗产清单；

（二）向继承人报告遗产情况；

（三）采取必要措施防止遗产毁损、灭失；

（四）处理被继承人的债权债务；

（五）按照遗嘱或者依照法律规定分割遗产；

（六）实施与管理遗产有关的其他必要行为。

第一千一百四十八条　遗产管理人应当依法履行职责，因故意或者重大过失造成继承人、受遗赠人、债权人损害的，应当承担民事责任。

第一千一百四十九条 遗产管理人可以依照法律规定或者按照约定获得报酬。

第一千一百五十条 继承开始后，知道被继承人死亡的继承人应当及时通知其他继承人和遗嘱执行人。继承人中无人知道被继承人死亡或者知道被继承人死亡而不能通知的，由被继承人生前所在单位或者住所地的居民委员会、村民委员会负责通知。

第一千一百五十一条 存有遗产的人，应当妥善保管遗产，任何组织或者个人不得侵吞或者争抢。

第一千一百五十二条 继承开始后，继承人于遗产分割前死亡，并没有放弃继承的，该继承人应当继承的遗产转给其继承人，但是遗嘱另有安排的除外。

第一千一百五十三条 夫妻共同所有的财产，除有约定的外，遗产分割时，应当先将共同所有的财产的一半分出为配偶所有，其余的为被继承人的遗产。

遗产在家庭共有财产之中的，遗产分割时，应当先分出他人的财产。

第一千一百五十四条 有下列情形之一的，遗产中的有关部分按照法定继承办理：

（一）遗嘱继承人放弃继承或者受遗赠人放弃受遗赠；

（二）遗嘱继承人丧失继承权或者受遗赠人丧失受遗赠权；

（三）遗嘱继承人、受遗赠人先于遗嘱人死亡或者终止；

（四）遗嘱无效部分所涉及的遗产；

（五）遗嘱未处分的遗产。

第一千一百五十五条 遗产分割时，应当保留胎儿的继承份额。胎儿娩出时是死体的，保留的份额按照法定继承办理。

第一千一百五十六条 遗产分割应当有利于生产和生活需要，不损害遗产的效用。

不宜分割的遗产，可以采取折价、适当补偿或者共有等方法处理。

第一千一百五十七条 夫妻一方死亡后另一方再婚的，有权处分所继承的财产，任何组织或者个人不得干涉。

第一千一百五十八条 自然人可以与继承人以外的组织或者个人签订遗赠扶养协议。按照协议，该组织或者个人承担该自然人生养死葬的义务，享有受遗赠的权利。

第一千一百五十九条 分割遗产，应当清偿被继承人依法应当缴纳的税款和债务；但是，应当为缺乏劳动能力又没有生活来源的继承人保留必要的遗产。

第一千一百六十条 无人继承又无人受遗赠的遗产，归国家所有，用于公益事业；死者生前是集体所有制组织成员的，归所在集体所有制组织所有。

第一千一百六十一条 继承人以所得遗产实际价值为限清偿被继承人依法应当缴纳的税款和债务。超过遗产实际价值部分，继承人自愿偿还的不在此限。

继承人放弃继承的，对被继承人依法应当缴纳的税款和债务可以不负清偿责任。

第一千一百六十二条 执行遗赠不得妨碍清偿遗赠人依法应当缴纳的税款和债务。

第一千一百六十三条 既有法定继承又有遗嘱继承、遗赠的，由法定继承人清偿被继承人依法应当缴纳的税款和债务；超过法定继承遗产实际价值部分，由遗嘱继承人和受遗赠人按比例以所得遗产清偿。

第七编 侵权责任

第一章 一般规定

第一千一百六十四条 本编调整因侵害民事权益产生的民事关系。

第一千一百六十五条 行为人因过错侵害他人民事权益造成损害的，应当承担侵权责任。

依照法律规定推定行为人有过错，其不能证明自己没有过错的，应当承担侵权责任。

第一千一百六十六条 行为人造成他人民事权益损害，不论行为人有无过错，法律规定应当承担侵权责任的，依照其规定。

第一千一百六十七条　侵权行为危及他人人身、财产安全的，被侵权人有权请求侵权人承担停止侵害、排除妨碍、消除危险等侵权责任。

第一千一百六十八条　二人以上共同实施侵权行为，造成他人损害的，应当承担连带责任。

第一千一百六十九条　教唆、帮助他人实施侵权行为的，应当与行为人承担连带责任。

教唆、帮助无民事行为能力人、限制民事行为能力人实施侵权行为的，应当承担侵权责任；该无民事行为能力人、限制民事行为能力人的监护人未尽到监护职责的，应当承担相应的责任。

第一千一百七十条　二人以上实施危及他人人身、财产安全的行为，其中一人或者数人的行为造成他人损害，能够确定具体侵权人的，由侵权人承担责任；不能确定具体侵权人的，行为人承担连带责任。

第一千一百七十一条　二人以上分别实施侵权行为造成同一损害，每个人的侵权行为都足以造成全部损害的，行为人承担连带责任。

第一千一百七十二条　二人以上分别实施侵权行为造成同一损害，能够确定责任大小的，各自承担相应的责任；难以确定责任大小的，平均承担责任。

第一千一百七十三条　被侵权人对同一损害的发生或者扩大有过错的，可以减轻侵权人的责任。

第一千一百七十四条　损害是因受害人故意造成的，行为人不承担责任。

第一千一百七十五条　损害是因第三人造成的，第三人应当承担侵权责任。

第一千一百七十六条　自愿参加具有一定风险的文体活动，因其他参加者的行为受到损害的，受害人不得请求其他参加者承担侵权责任；但是，其他参加者对损害的发生有故意或者重大过失的除外。

活动组织者的责任适用本法第一千一百九十八条至第一千二百零一条的规定。

第一千一百七十七条　合法权益受到侵害，情况紧迫且不能及时获得国家机关保护，不立即采取措施将使其合法权益受到难以弥补的损害的，受害人可以在保护自己合法权益的必要范围内采取扣留侵权人的财物等合理措施；但是，应当立即请求有关国家机关处理。

受害人采取的措施不当造成他人损害的，应当承担侵权责任。

第一千一百七十八条　本法和其他法律对不承担责任或者减轻责任的情形另有规定的，依照其规定。

第二章　损 害 赔 偿

第一千一百七十九条　侵害他人造成人身损害的，应当赔偿医疗费、护理费、交通费、营养费、住院伙食补助费等为治疗和康复支出的合理费用，以及因误工减少的收入。造成残疾的，还应当赔偿辅助器具费和残疾赔偿金；造成死亡的，还应当赔偿丧葬费和死亡赔偿金。

第一千一百八十条　因同一侵权行为造成多人死亡的，可以以相同数额确定死亡赔偿金。

第一千一百八十一条　被侵权人死亡的，其近亲属有权请求侵权人承担侵权责任。被侵权人为组织，该组织分立、合并的，承继权利的组织有权请求侵权人承担侵权责任。

被侵权人死亡的，支付被侵权人医疗费、丧葬费等合理费用的人有权请求侵权人赔偿费用，但是侵权人已经支付该费用的除外。

第一千一百八十二条　侵害他人人身权益造成财产损失的，按照被侵权人因此受到的损失或者侵权人因此获得的利益赔偿；被侵权人因此受到的损失以及侵权人因此获得的利益难以确定，被侵权人和侵权人就赔偿数额协商不一致，向人民法院提起诉讼的，由人民法院根据实际情况确定赔偿数额。

第一千一百八十三条　侵害自然人人身权益造成严重精神损害的，被侵权人有权请求精神损害赔偿。

因故意或者重大过失侵害自然人具有人身意义的特定物造成严重精神损害的，被侵权人有权请求精神损害赔偿。

第一千一百八十四条　侵害他人财产的，财产损失按照损失发生时的市场价格或者其他合理方式计算。

第一千一百八十五条 故意侵害他人知识产权，情节严重的，被侵权人有权请求相应的惩罚性赔偿。

第一千一百八十六条 受害人和行为人对损害的发生都没有过错的，依照法律的规定由双方分担损失。

第一千一百八十七条 损害发生后，当事人可以协商赔偿费用的支付方式。协商不一致的，赔偿费用应当一次性支付；一次性支付确有困难的，可以分期支付，但是被侵权人有权请求提供相应的担保。

第五章 机动车交通事故责任

第一千二百零八条 机动车发生交通事故造成损害的，依照道路交通安全法律和本法的有关规定承担赔偿责任。

第一千二百零九条 因租赁、借用等情形机动车所有人、管理人与使用人不是同一人时，发生交通事故造成损害，属于该机动车一方责任的，由机动车使用人承担赔偿责任；机动车所有人、管理人对损害的发生有过错的，承担相应的赔偿责任。

第一千二百一十条 当事人之间已经以买卖或者其他方式转让并交付机动车但是未办理登记，发生交通事故造成损害，属于该机动车一方责任的，由受让人承担赔偿责任。

第一千二百一十一条 以挂靠形式从事道路运输经营活动的机动车，发生交通事故造成损害，属于该机动车一方责任的，由挂靠人和被挂靠人承担连带责任。

第一千二百一十二条 未经允许驾驶他人机动车，发生交通事故造成损害，属于该机动车一方责任的，由机动车使用人承担赔偿责任；机动车所有人、管理人对损害的发生有过错的，承担相应的赔偿责任，但是本章另有规定的除外。

第一千二百一十三条 机动车发生交通事故造成损害，属于该机动车一方责任的，先由承保机动车强制保险的保险人在强制保险责任限额范围内予以赔偿；不足部分，由承保机动车商业保险的保险人按照保险合同的约定予以赔偿；仍然不足或者没有投保机动车商业保险的，由侵权人赔偿。

第一千二百一十四条 以买卖或者其他方式转让拼装或者已经达到报废标准的机动车，发生交通事故造成损害的，由转让人和受让人承担连带责任。

第一千二百一十五条 盗窃、抢劫或者抢夺的机动车发生交通事故造成损害的，由盗窃人、抢劫人或者抢夺人承担赔偿责任。盗窃人、抢劫人或者抢夺人与机动车使用人不是同一人，发生交通事故造成损害，属于该机动车一方责任的，由盗窃人、抢劫人或者抢夺人与机动车使用人承担连带责任。

保险人在机动车强制保险责任限额范围内垫付抢救费用的，有权向交通事故责任人追偿。

第一千二百一十六条 机动车驾驶人发生交通事故后逃逸，该机动车参加强制保险的，由保险人在机动车强制保险责任限额范围内予以赔偿；机动车不明、该机动车未参加强制保险或者抢救费用超过机动车强制保险责任限额，需要支付被侵权人人身伤亡的抢救、丧葬等费用的，由道路交通事故社会救助基金垫付。道路交通事故社会救助基金垫付后，其管理机构有权向交通事故责任人追偿。

第一千二百一十七条 非营运机动车发生交通事故造成无偿搭乘人损害，属于该机动车一方责任的，应当减轻其赔偿责任，但是机动车使用人有故意或者重大过失的除外。

第六章 医疗损害责任

第一千二百一十八条 患者在诊疗活动中受到损害，医疗机构或者其医务人员有过错的，由医疗机构承担赔偿责任。

第一千二百一十九条 医务人员在诊疗活动中应当向患者说明病情和医疗措施。需要实施手术、特殊检查、特殊治疗的，医务人员应当及时向患者具体说明医疗风险、替代医疗方案等情况，并取得其明确同意；不能或者不宜向患者说明的，应当向患者的近亲属说明，并取得其明确同意。

医务人员未尽到前款义务，造成患者损害的，医疗机构应当承担赔偿责任。

第一千二百二十条 因抢救生命垂危的患者等紧急情况，不能取得患者或者其近亲属意见的，经医疗机构负责人或者授权的负责人批准，可以立即实施相应的医疗措施。

第一千二百二十一条　医务人员在诊疗活动中未尽到与当时的医疗水平相应的诊疗义务，造成患者损害的，医疗机构应当承担赔偿责任。

第一千二百二十二条　患者在诊疗活动中受到损害，有下列情形之一的，推定医疗机构有过错：

（一）违反法律、行政法规、规章以及其他有关诊疗规范的规定；

（二）隐匿或者拒绝提供与纠纷有关的病历资料；

（三）遗失、伪造、篡改或者违法销毁病历资料。

第一千二百二十三条　因药品、消毒产品、医疗器械的缺陷，或者输入不合格的血液造成患者损害的，患者可以向药品上市许可持有人、生产者、血液提供机构请求赔偿，也可以向医疗机构请求赔偿。患者向医疗机构请求赔偿的，医疗机构赔偿后，有权向负有责任的药品上市许可持有人、生产者、血液提供机构追偿。

第一千二百二十四条　患者在诊疗活动中受到损害，有下列情形之一的，医疗机构不承担赔偿责任：

（一）患者或者其近亲属不配合医疗机构进行符合诊疗规范的诊疗；

（二）医务人员在抢救生命垂危的患者等紧急情况下已经尽到合理诊疗义务；

（三）限于当时的医疗水平难以诊疗。

前款第一项情形中，医疗机构或者其医务人员也有过错的，应当承担相应的赔偿责任。

第一千二百二十五条　医疗机构及其医务人员应当按照规定填写并妥善保管住院志、医嘱单、检验报告、手术及麻醉记录、病理资料、护理记录等病历资料。

患者要求查阅、复制前款规定的病历资料的，医疗机构应当及时提供。

第一千二百二十六条　医疗机构及其医务人员应当对患者的隐私和个人信息保密。泄露患者的隐私和个人信息，或者未经患者同意公开其病历资料的，应当承担侵权责任。

第一千二百二十七条　医疗机构及其医务人员不得违反诊疗规范实施不必要的检查。

第一千二百二十八条　医疗机构及其医务人员的合法权益受法律保护。

干扰医疗秩序，妨碍医务人员工作、生活，侵害医务人员合法权益的，应当依法承担法律责任。

七、《人身损害误工期、护理期、营养期评定规范》GA/T1193－2014

（2014 年 11 月 26 日发布实施）

前言

本标准按照 GB/T 1.1—2009 给出的规则起草。

请注意本文件的某些内容可能涉及专利。本文件的发布机构不承担识别这些专利的责任。

本标准由中国政法大学证据科学研究院、中国法医学会和公安部物证鉴定中心提出。

本标准由全国刑事技术标准化技术委员会（SAC/TC 179）归口。

本标准起草单位：中国政法大学证据科学研究院、中国法医学会、公安部物证鉴定中心。

本标准主要起草人：王旭、宁锦、王岩、常林、田雪梅、刘会、杜雁、郭兆明、项剑、狄胜利、张凤芹、李屹兰、杨天潼、何光龙。

1　范围

本标准规定了人身损害误工期、护理期、营养期评定的原则、方法和内容。

本标准适用于人身伤害、道路交通事故、工伤事故、医疗损害等人身损害赔偿中受伤人员的误工期、护理期和营养期评定。

2　术语和定义

下列术语和定义适用于本文件。

2.1 误工期 loss of working time period

人体损伤后经过诊断、治疗达到临床医学一般原则所承认的治愈（即临床症状和体征消失）或体征固定所需要的时间。

2.2 护理期 nursing period

人体损伤后，在医疗或者功能康复期间生活自理困难，全部或部分需要他人帮助的时间。

2.3 营养期 vegetative period

人体损伤后，需要补充必要的营养物质，以提高治疗质量或者加速损伤康复的时间。

2.4 评定 assessment

运用专门知识，评价确定人身损害误工期（2.1）、护理期（2.2）和营养期（2.3）的过程。

2.5 评定意见 assessment conclusion

评定人运用专门知识对人身损害误工期（2.1）、护理期（2.2）和营养期（2.3）进行分析所得出的综合性判断。

3 总则

3.1 目的

本标准为人身损害误工期、护理期和营养期的评定提供依据。

3.2 评定原则

人身损害误工期、护理期和营养期的确定应以原发性损伤及后果为依据，包括损伤当时的伤情、损伤后的并发症和后遗症等，并结合治疗方法及效果，全面分析个体的年龄、体质等因素，进行综合评定；具体见附录A、附录B。

3.3 评定时机

评定时机应以外伤直接所致的损伤或确因损伤所致的并发症经过诊断、治疗达到临床医学一般原则所承认的症状及体征稳定为准。

4 头部损伤

4.1 头皮血肿［S00.002］

4.1.1 头皮下血肿：误工7～15日，无需护理和营养。

4.1.2 帽状腱膜下血肿/骨膜下血肿。

a）一般情况下：误工15～30日，护理1～7日，营养1～7日；

b）需穿刺抽血/加压包扎：误工30～60日，护理1～15日，营养7～15日。

4.2 头皮创［S01.001］

4.2.1 钝器创口长度小于或等于6cm、锐器创口长度小于或等于8cm：误工20～30日，护理1～7日，营养1～7日。

4.2.2 钝器创口长度大于6cm、锐器创口长度大于8cm：误工45～60日，护理1～7日，营养7～15日。

4.3 头皮撕脱伤［S08.051］

4.3.1 撕脱面积小于或等于$20cm^2$：误工60～90日，护理7～15日，营养15～20日。

4.3.2 撕脱面积大于$20cm^2$：误工90～120日，护理15～60日，营养20～60日。

4.4 头皮缺损

4.4.1 头皮缺损小于或等于$10cm^2$：误工30～60日，护理7～15日，营养15～20日。

4.4.2 头皮缺损大于$10cm^2$：误工60～120日，护理15～90日，营养20～60日。

4.5 颅盖骨骨折［S02.902（颅骨开放性骨折S0 2.911）］

4.5.1 单纯线状骨折：误工30～60日，护理15～20日，营养20～30日。

4.5.2 凹陷骨折/多发粉碎骨折：

a）非手术修复：误工 90～120 日，护理和营养期可根据临床治疗情况确定；

b）手术修复：误工 120～150 日，护理和营养期可根据临床治疗情况确定。

4.6　颅底骨折［S02.101］

4.6.1　单纯颅底骨折：误工 60～90 日，护理 15～20 日，营养 20～30 日。

4.6.2　伴有脑脊液漏和/或神经损伤：误工 90～120 日，护理 30～60 日，营养 30～60 日。

4.6.3　手术治疗：根据临床治疗情况确定。

4.7　闭合型颅脑损伤［S06］

4.7.1　轻型：误工 30～45 日，原则上不考虑护理、营养。

4.7.2　中型：误工 90～180 日，护理 30～60 日，营养 30～60 日。

4.7.3　重型：根据临床治疗情况确定。

4.7.4　极重型：根据临床治疗情况确定。

4.8　开放型颅脑损伤［S06］

4.8.1　不伴有神经系统体征：误工 30～90 日，护理 20～30 日，营养 30～60 日。

4.8.2　伴有神经系统体征：根据临床治疗情况确定。

4.9　颅脑损伤并发症及后遗症［T90.552］

根据临床治疗情况确定。

涉及外伤性智力缺损或者精神障碍者，原则上，误工期可在原损伤条款的基础上加 90 日，上限可至评残前一日止；营养期同原损伤的条款，护理期视临床情况确定。

5　面部损伤

5.1　眼部损伤［S05］

5.1.1　眼睑损伤：

a）眼睑血肿：误工 7～15 日，无需护理和营养；

b）眼睑裂伤：误工 20～30 日，护理 1～7 日，营养 1～7 日；

c）合并眼睑闭合不全/上睑下垂：误工 30～90 日，护理 7～20 日，营养 7～15 日；

d）行眼睑内、外翻手术治疗：误工 90～120 日，护理 20～30 日，营养 30～45 日。

5.1.2　眼肌损伤：误工 30～90 日，护理 15～30 日，营养 7～15 日。

5.1.3　泪器损伤［S05.852］：

a）泪小管、泪囊、泪腺损伤：误工 30～45 日，护理 7～15 日，营养 1～7 日；

b）鼻泪管损伤：

1）非手术治疗：误工 30～45 日，护理 7～15 日，营养 7～15 日；

2）手术治疗：根据临床治疗情况确定。

5.1.4　结膜损伤［S05.302］：

a）出血或充血：误工 15～30 日，无需护理和营养；

b）睑球粘连伴眼球运动障碍：误工 45～60 日，护理 30～45 日，营养 15～30 日；

c）双眼损伤：根据临床治疗情况确定。

5.1.5　角膜损伤［S05.803］：

a）无后遗症：误工 15～30 日，无需护理和营养；

b）行角膜移植术：误工 60～120 日，护理 30～60 日，营养 30～45 日。

5.1.6　虹膜睫状体损伤［S05.855］：

a）外伤性虹膜睫状体炎：误工 30～60 日，护理 7～15 日，营养 7～15 日；

b）外伤性瞳孔散大/虹膜根部离断：误工 30～60 日，护理 7～15 日，营养 7～15 日；

c）前房出血：误工 30～60 日，护理 15～30 日，营养 15～30 日；出血致角膜血染：误工 60～90

日，护理 30～45 日，营养 30～45 日；

d）睫状体脱离［S05.208］：根据临床治疗情况确定。

5.1.7　巩膜裂伤［S05.856］：

a）单纯巩膜裂伤：误工 45～60 日，护理 20～45 日，营养 20～45 日；

b）伴眼内容物脱出：误工 120～180 日，护理 45～60 日，营养 30～60 日。

5.1.8　晶状体损伤［S05.853］：

a）晶状体脱位［S05.953］：误工 60～90 日，护理 15～30 日，营养 7～15 日；

b）外伤性白内障：误工 60～120 日，护理 15～30 日，营养 7～15 日；

c）白内障手术治疗：误工 120～150 日，护理 15～45 日，营养 15～45 日。

5.1.9　玻璃体损伤［S05.951］：

a）玻璃体出血：误工 30～60 日，护理 15～30 日，营养 15～30 日；

b）玻璃体切割术：误工 120～180 日，护理 15～45 日，营养 15～45 日。

5.1.10　眼底损伤：

a）视网膜震荡、出血［S05.804］：误工 15～30 日，一般无需护理和营养；较为严重的损伤，治疗期间考虑护理和营养；

b）视网膜脱离或脉络膜脱离：根据临床治疗情况确定；

c）黄斑裂孔：误工 30～90 日，护理 30～45 日，营养 30～45 日；

d）外伤性视网膜病变：误工 90～120 日，护理 30～45 日，营养 30～45 日。

5.1.11　视神经损伤［S04.001］：误工 90～120 日，护理 30～45 日，营养 30～45 日。

5.1.12　眼球摘除［16.491］：误工 30～60 日，护理 15～20 日，营养 15～20 日。

5.1.13　外伤性青光眼：误工 30～180 日，护理和营养根据临床治疗情况确定。

5.1.14　交感性眼炎、化脓性眼内炎［H44.102、H44.003］：误工 90～180 日，护理 45～60 日，营养 60～90 日。

5.1.15　眼球后血肿：误工 45～60 日，护理和营养根据临床治疗情况确定。

5.1.16　眼球内异物或眼眶内异物［S05.501、S05.401］：根据临床治疗情况确定。

5.1.17　眶壁骨折［S02.801］：

a）非手术治疗：误工 60～90 日，护理 15～30 日，营养 30～45 日；

b）手术治疗：根据临床治疗情况确定。

5.2　耳部损伤［S09.903］

5.2.1　耳廓损伤［S09.906］：

a）耳廓血肿：误工 15～20 日，护理 1～7 日，营养 1～15 日；

b）耳廓撕裂创、耳廓切割伤：误工 15～30 日，护理 7～15 日，营养 7～15 日；

c）耳廓部分或全部离断：误工 15～30 日，护理 7～15 日，营养 7～15 日；

d）化脓性耳廓软骨膜炎：误工 45～60 日，护理和营养根据临床治疗情况确定。

5.2.2　外耳道损伤：

a）单纯性外耳道损伤：误工 20～30 日，无需护理和营养；

b）合并乳突损伤或下颌骨损伤：误工 90～120 日，护理 45～60 日，营养 45～60 日。

5.2.3　鼓膜穿孔［S09.251］：

a）自行愈合：误工 15～30 日，无需护理，营养 1～7 日；

b）手术修补术：误工 30～90 日，护理 1～7 日，营养 1～7 日。

5.2.4　听骨链损伤：

a）听小骨脱位、骨折：误工 30～60 日，护理和营养根据临床治疗情况确定；

b）手术治疗：误工 90～120 日，护理和营养根据临床治疗情况确定。

5.2.5　内耳损伤：

a）迷路震荡：误工 60～90 日，护理 7～15 日，营养 7～15 日；

b）内耳窗膜破裂：误工 90～120 日，护理 30～60 日，营养 15～30 日。

5.3　鼻部损伤［S09.901］

5.3.1　鼻部皮肤创［S01.201］：误工 15～30 日，无需护理，营养 1～7 日。

5.3.2　鼻翼缺损：误工 60～90 日，护理 7～30 日，营养 7～15 日。

5.3.3　鼻骨骨折［S02.201（鼻骨开放性骨折 S02.211）］：

a）线状骨折：误工 20～30 日，无需护理，营养 1～7 日；

b）粉碎性骨折/手术治疗：误工 30～60 日，护理 20～30 日，营养 20～30 日。

5.3.4　鼻窦损伤［S02.811］：误工 60～90 日，护理 1～7 日，营养 7～15 日。

5.4　颌面部、口腔损伤

5.4.1　颌面部皮肤擦伤、挫伤［S00.859］：误工 15～20 日，无需护理，营养 1～7 日。

5.4.2　颌面部皮肤创［S01.801］：

a）创口长度单条小于或等于 3.5cm 或累计小于或等于 5cm：误工 15～30 日，护理 1～7 日，营养 1～7 日；

b）创口长度单条大于 3.5cm 或累计大于 5cm：误工 20～45 日，护理 1～7 日，营养 7～15 日；

c）颌面部穿通伤：误工 30～60 日，护理 1～7 日，营养 7～15 日。

5.4.3　上、下颌骨骨折［S02.403、S02.602］：

a）单纯线状骨折：误工 60～90 日，护理 15～30 日，营养 30～60 日；

b）粉碎性骨折：误工 90～120 日，护理 30 日，营养 60～90 日。

5.4.4　颧骨、颧弓骨折［S02.402、S02.401］：

a）单纯线状骨折：误工 60 日，护理 15～30 日，营养 20～30 日；

b）粉碎性骨折：误工 120 日，护理 20～30 日，营养 30～60 日。

5.4.5　牙槽骨骨折［S02.802］：误工 30～60 日，护理 7～15 日，营养 15～30 日。

5.4.6　牙齿损伤：

a）牙齿脱落或折断［S03.251、S02.5151］：误工 30～45 日，护理 1～7 日，营养 15～30 日；

b）复位固定：误工 60～90 日，护理 7～15 日，营养 30～45 日。

5.4.7　颞颌关节损伤［颌关节单纯脱位 S03.051、颌关节哆开性脱位 S03.052、颞下颌关节脱位 S03.053、颞下颌（关节）（韧带）扭伤 S03.452］：误工 60～90 日，护理 7～15 日，营养 20～30 日。

5.4.8　舌损伤［S09.952］：误工 30～90 日，护理 1～7 日，营养 15～30 日。

5.4.9　腮腺损伤：误工 30～120 日，护理 7～15 日，营养 7～20 日。

5.4.10　面神经损伤［S04.501］：误工 90～120 日，护理 7～30 日，营养 7～30 日。

5.4.11　三叉神经损伤［S04.351］：误工 120～150 日，护理 7～30 日，营养 7～30 日。

6　颈部损伤

6.1　颈部皮肤创［S11.05、S11.901］

误工 15～60 日，护理 1～7 日，营养 1～7 日。

6.2　咽部损伤［S11.251］

误工 20～30 日，护理 7～20 日，营养 7～20 日。

6.3　喉损伤［S19.851］

6.3.1　喉挫伤不伴有软骨骨折：误工 7～15 日，无需护理和营养。

6.3.2　喉切割伤：误工 30～60 日，护理和营养根据临床治疗情况确定。

6.3.3 喉损伤伴有软骨骨折：误工 60～90 日，护理和营养根据临床治疗情况确定。
6.3.4 喉烫伤或烧灼伤：误工 90～180 日，护理和营养根据临床治疗情况确定。
6.4 甲状腺损伤［甲状腺开放性伤口 S11.151、甲状腺区扭伤和劳损 S13.551］
6.4.1 甲状腺功能轻度损伤：误工 45～60 日，护理 15～30 日，营养 15～30 日。
6.4.2 甲状腺功能中度损伤：误工 90～120 日，护理和营养根据临床治疗情况确定。
6.4.3 甲状腺功能重度损伤：误工 150～180 日，护理和营养根据临床治疗情况确定。
6.4.4 伴有喉返神经损伤：误工 150～180 日，护理和营养根据临床治疗情况确定。
6.5 甲状旁腺损伤
6.5.1 甲状旁腺功能轻度损伤：误工 45～60 日，护理 15～30 日，营养 15～30 日。
6.5.2 甲状旁腺功能中度损伤：误工 90～120 日，护理和营养根据临床治疗情况确定。
6.5.3 甲状旁腺功能重度损伤：误工 150～180 日，护理和营养根据临床治疗情况确定。
7 胸部损伤
7.1 胸部软组织损伤
7.1.1 擦伤/挫伤［S20.802/S20.201］：误工 15～30 日，无需护理，营养 1～7 日。
7.1.2 皮肤创长度小于或等于 20cm［S21.901］：误工 15～30 日，护理 1～7 日，营养 1～15 日。
7.1.3 皮肤创长度大于 20cm［S21.901］：误工 30～60 日，护理 1～15 日，营养 15～30 日。
7.1.4 胸壁异物存留［S21.952］：误工 30～60 日，护理 1～15 日，营养 15～30 日。
7.2 肋骨骨折［S22.301］
7.2.1 一处骨折：误工 30～40 日，护理 7～15 日，营养 15～30 日。
7.2.2 多根、多处骨折：误工 60～120 日，护理 30～60 日，营养 30～60 日。
7.3 胸骨骨折［S22.201］
误工 60～120 日，护理 20～30 日，营养 30～60 日。
7.4 气胸［S27.001、S27.011］
7.4.1 小量（肺压缩三分之一以下）：误工 15～30 日，护理 7～15 日，营养 7～15 日。
7.4.2 中量（肺压缩三分之二以下）：误工 30～90 日，护理 15～30 日，营养 15～30 日。
7.4.3 大量（肺压缩三分之二以上）：误工 90～120 日，护理 30～45 日，营养 30～45 日。
7.5 血胸［S27.101］
7.5.1 小量（胸腔积血 500mL 以下）：误工 30～60 日，护理 7～15 日，营养 7～15 日。
7.5.2 中量（胸腔积血 500mL～1500mL）：误工 60～90 日，护理 15～30 日，营养 15～30 日。
7.5.3 大量（胸腔积血 1500mL 以上）：误工 90～120 日，护理 20～30 日，营养 30～45 日。
7.6 肺损伤［S29.951］
7.6.1 肺挫伤［S27.301］：误工 30～90 日，护理 15～20 日，营养 15～20 日。
7.6.2 肺裂伤修补术［S27.3152/33.491］：误工 60～90 日，护理 30～60 日，营养 30～60 日。
7.6.3 肺叶切除［31.401］：误工 90～120 日，护理 30～60 日，营养 30～60 日。
7.6.4 一侧全肺切除［32.501］：误工 120～180 日，护理 30～60 日，营养 60～90 日。
7.6.5 肺爆震伤：误工 90～120 日，护理 30～60 日，营养 30～60 日。
7.6.6 肺内异物存留或肺内异物摘除术［S17.852］：误工 60～90 日，护理 30～60 日，营养 30～60 日。
7.7 食管损伤［S19.854］
7.7.1 保守治疗：误工 30～60 日，护理 30～60 日，营养 20～30 日。
7.7.2 手术治疗：误工 90～120 日，护理 60～120 日，营养 60～90 日。
7.8 气管、支气管损伤［S27.5051、S27.4051］
7.8.1 保守治疗：误工 30～60 日，护理 30～60 日，营养 20～30 日。

7.8.2　手术治疗：误工 90～120 日，护理 60～120 日，营养 60～90 日。
7.9　心脏损伤［S26.901］
误工 120～210 日，护理 90～120 日，营养 60～90 日。
7.10　胸内大血管损伤
根据临床治疗情况确定。
7.11　胸导管损伤［S27.8053］
误工 60～90 日，护理和营养根据临床治疗情况确定。
7.12　纵隔气肿、脓肿、纵隔炎
误工 90～180 日，护理和营养根据临床治疗情况确定。
7.13　膈肌损伤［S27.8051］
7.13.1　膈疝形成［S27.801］：误工 30～60 日，护理 30～60 日，营养 45～60 日。
7.13.2　手术治疗：误工 90～120 日，护理和营养根据临床治疗情况确定。
7.14　乳房损伤［S27.311、S20.151］
误工 30～60 日，护理 1～15 日，营养 7～30 日。
8　腹部损伤［S39.905］
8.1　腹部软组织损伤
8.1.1　皮肤擦、挫伤［S30.852、S30.151］：误工 15～30 日，无需护理，营养 1～7 日。
8.1.2　皮肤创长度小于或等于 20cm：误工 15～30 日，护理 1～7 日，营养 1～15 日。
8.1.3　皮肤创长度大于 20cm：误工 30～60 日，护理 1～15 日，营养 15～30 日。
8.1.4　腹壁异物存留：误工 45～60 日，护理 7～15 日，营养 15～30 日。
8.1.5　腹部穿通伤行腹部探查术［54.111］：误工 45～60 日，护理和营养根据临床治疗情况确定。
8.2　肝脏损伤［S36.1052］
8.2.1　非手术治疗：误工 60～90 日，护理 15～30 日，营养 30～60 日。
8.2.2　修补术或部分切除术［50.221］：误工 90～150 日，护理 30～60 日，营养 60～90 日。
8.3　脾损伤［S36.002］
8.3.1　非手术治疗：误工 60 日，护理 15～30 日，营养 30～60 日。
8.3.2　部分切除或全脾摘除术［41.501］：误工 90～120 日，护理 30～60 日，营养 60～90 日。
8.3.3　延迟性脾破裂：误工、护理和营养根据临床治疗情况确定。
8.4　胰腺损伤［S36.2051］
8.4.1　挫伤：误工 60～90 日，护理 20～30 日，营养 30～60 日。
8.4.2　修补术：误工 90～180 日，护理 30～60 日，营养 60～120 日。
8.4.3　部分切除或全胰腺切除术：误工 90～180 日，护理 60～90 日，营养 60～90 日。
8.4.4　假性囊肿：误工 90～180 日，护理 60～90 日，营养 60～90 日。
8.5　肾损伤［S37.001］
8.5.1　挫伤：误工 30～90 日，护理 15～20 日，营养 15～20 日。
8.5.2　破裂：误工 90～120 日，护理 30～60 日，营养 30～90 日。
8.6　腹部空腔脏器损伤
8.6.1　空腔脏器修补术：误工 60～90 日，护理 30～60 日，营养 60～120 日。
8.6.2　空腔脏器部分切除术：误工 90～120 日，护理 30～60 日，营养 60～120 日。
8.6.3　腹部探查术：误工 60～90 日，护理 30～45 日，营养 45～60 日。
8.7　膀胱、输尿管、尿道损伤［S37.2051、S37.1051、S37.3051］
8.7.1　挫伤：误工 15～30 日，护理 15～30 日，营养 7～15 日。

8.7.2　破裂：误工 30～90 日，护理 30～60 日，营养 30～60 日。

8.7.3　手术治疗：误工 60～150 日，护理 40～60 日，营养 45～60 日。

8.8　输卵管、卵巢、子宫损伤［S37.5051、S37.4051（创伤性子宫穿孔 S37.601、创伤性子宫破裂 S37.602、子宫损伤通入体腔开放性伤口 S37.6151）］

8.8.1　挫伤：误工 15～30 日，护理 15～30 日，营养 7～15 日。

8.8.2　破裂：误工 30～90 日，护理 30～60 日，营养 30～60 日。

8.8.3　手术治疗：误工 60～90 日，护理 45～60 日，营养 45～60 日。

8.9　腹膜后血肿［S36.8053］

误工 60～90 日，护理和营养根据临床治疗情况确定。

9　脊柱、骨盆部损伤

9.1　脊柱骨折［T08．X051］

9.1.1　非手术治疗：误工 45～150 日，护理 45～60 日，营养 45～60 日。

9.1.2　手术治疗；误工 120～180 日，护理 60～90 日，营养 60～90 日。

9.2　椎间关节脱位

误工 45～60 日，护理 30～45 日，营养 20～30 日。

9.3　外伤性椎间盘突出

9.3.1　非手术治疗：误工 60～120 日，护理 30～60 日，营养 30～60 日。

9.3.2　手术治疗：误工 90～150 日，护理 60～90 日，营养 60～90 日。

9.4　脊髓损伤［S14.101、S24.101、S34.101、S34.401］

9.4.1　脊髓震荡：误工 30～60 日，护理 30～45 日，营养 20～30 日。

9.4.2　脊髓挫伤、脊髓压迫：根据临床治疗情况确定。

9.5　骨盆骨折［S32.801］

9.5.1　稳定型骨折：误工 60～120 日，护理 20～30 日，营养 30～60 日。

9.5.2　不稳定型骨折：误工 120～180 日，护理 60～90 日，营养 60～90 日。

9.6　阴茎损伤［S39.904］

9.6.1　挫伤［S30.252］：误工 1～30 日，护理 1～7 日，营养 1～15 日。

9.6.2　裂伤［S31.251］：误工 15～60 日，护理 1～30 日，营养 1～30 日。

9.6.3　脱位：误工 30～60 日，护理 30～60 日，营养 30～60 日。

9.6.4　断裂或缺损［S38.201］：误工 30～90 日，护理 45～60 日，营养 45～60 日。

9.7　阴囊损伤［S39.958］

9.7.1　阴囊血肿、鞘膜积血［S30.202］：误工 15～60 日，护理 7～30 日，营养 7～30 日。

9.7.2　阴囊撕裂伤［S31.3 51（阴囊开放性伤口 S31.301）］：误工 30～90 日，护理 20～30 日，营养 20～30 日。

9.8　睾丸损伤［S39.959］

9.8.1　睾丸挫伤或脱位［S30.258］：误工 30～60 日，护理 20～30 日，营养 20～30 日。

9.8.2　睾丸破裂［S31.352］：误工 60～90 日，护理 30～60 日，营养 30～60 日。

9.8.3　侧睾丸切除［62.301］：误工 60～90 日，护理 45～60 日，营养 45～60 日。

9.9　女性外阴裂伤［S31.452］

误工 60～90 日，护理 20～30 日，营养 20～30 日。

9.10　阴道损伤［S39.955］

误工 60～90 日，护理 20～30 日，营养 20～30 日。

9.11　外伤性流产、早产

误工 60～90 日，护理 20～30 日，营养 30～60 日。

10　肢体与关节损伤

10.1　肢体软组织损伤

10.1.1　皮肤擦、挫伤：误工 7～15 日，无需护理，营养 1～7 日。

10.1.2　皮肤创长度小于或等于 20cm：误工 15～20 日，护理 1～7 日，营养 1～15 日。

10.1.3　皮肤创长度大于 20cm：误工 20～30 日，护理 1～15 日，营养 15～30 日。

10.2　骨折

10.2.1　锁骨骨折［S24.0］：

a）非手术治疗：误工 60～120 日，护理 30～60 日，营养 60～90 日；

b）手术治疗：误工 90～120 日，护理 30～60 日，营养 60～90 日。

10.2.2　肩胛骨骨折［s42.1］：

a）非手术治疗：误工 60～120 日，护理 30～60 日，营养 30～60 日；

b）手术治疗：误工 90～180 日，护理 30～60 日，营养 60～90 日。

10.2.3　肱骨骨折［S42.2、S42.3、S42.4］：

a）非手术治疗：误工 60～180 日，护理 30～60 日，营养 60～90 日；

b）手术治疗：误工 90～270 日，护理 60～90 日，营养 60～90 日。

10.2.4　尺骨鹰嘴骨折［S52.003］：

a）非手术治疗：误工 60～90 日，护理 30～60 日，营养 30～60 日；

b）手术治疗：误工 90～120 日，护理 30～60 日，营养 60～90 日。

10.2.5　尺桡骨折［S52.4051］：

a）非手术治疗：误工 90～120 日，护理 30v60 日，营养 60～90 日；

b）手术治疗：误工 90～180 日，护理 30～60 日，营养 60～90 日。

10.2.6　腕骨骨折［S62.101］：

a）骨折：误工 90～180 日，护理 30～60 日，营养 20～30 日；

b）脱位：误工 120～180 日，护理 30～60 日，营养 20～30 日。

10.2.7　指、掌骨骨折［S62.602、S62.301］：

a）非手术治疗：误工 45～60 日，护理 20～30 日，营养 20～30 日；

b）手术治疗：误工 30～90 日，护理 20～30 日，营养 20～30 日。

10.2.8　股骨颈骨折［S72.002］：

a）非手术治疗：误工 240～365 日，护理 120～180 日，营养 30～90 日；

b）手术治疗：误工 180～365 日，护理 90～150 日，营养 90～180 日。

10.2.9　股骨粗隆间骨折［S72.101］：

a）非手术治疗：误工 180～270 日，护理 120～180 日，营养 30～90 日；

b）手术治疗：误工 180～270 日，护理 90～180 日，营养 90～180 日。

10.2.10　股骨干骨折［S72.301］：

a）非手术治疗：误工 90～180 日，护理 60～120 日，营养 30～90 日；

b）手术治疗：误工 90～300 日，护理 60～120 日，营养 60～90 日。

10.2.11　股骨远端骨折［S72.404］；

a）非手术治疗：误工 90～180 日，护理 60～120 日，营养 30～90 日；

b）手术治疗：误工 120～270 日，护理 60～120 日，营养 30～90 日。

10.2.12　髌骨骨折［S82.001］：

a）非手术治疗：误工 120～150 日，护理 30～60 日，营养 30～60 日；

b）手术治疗：误工 120～180 日，护理 60～90 日，营养 30～60 日。

10.2.13 胫骨平台骨折：

a）非手术治疗：误工 90～150 日，护理 60～90 日，营养 30～60 日；

b）手术治疗：误工 120～180 日，护理 60～90 日，营养 30～60 日。

10.2.14 胫腓骨骨折［S82.201］：

a）胫骨骨折：误工 120～180 日，护理 30～90 日，营养 60～90 日；

b）腓骨骨折：误工 60～90 日，护理 30～60 日，营养 30～60 日；

c）胫腓骨双骨折：误工 120～180 日，护理 30～90 日，营养 60～90 日；

d）开放性骨折：误工 150～180 日，护理 60～90 日，营养 60～90 日；

e）胫骨近端粉碎性骨折：误工 150～180 日，护理 60～90 日，营养 60～90 日；

10.2.15 踝部骨折［S82.801］：

a）单踝骨折：误工 90～120 日，护理 30～60 日，营养 60～90 日；

b）双踝骨折：误工 90～180 日，护理 30～60 日，营养 60～90 日；

c）三踝骨折：误工 90～180 日，护理 30～60 日，营养 60～90 日。

10.2.16 舟、楔骨骨折：误工 120 日，护理 30～60 日，营养 60～90 日。

10.2.17 跟距骨骨折［S92.00l/S92.101］：

a）单纯骨折：误工 90～180 日，护理 60～90 日，营养 60～90 日；

b）累及关节面：误工 90～240 日，护理 60～90 日，营养 90～120 日；

c）手术治疗：误工 90～240 日，护理 60～90 日，营养 60～90 日。

10.3.1 肩关节脱位［S43.001］

a）非手术治疗：误工 60～90 日，护理 30～60 日，营养 20～30 日；

b）手术治疗：误工 60～180 日，护理 30～60 日，营养 20～30 日。

10.3.2 肘关节脱位［S53.101］：

a）非手术治疗：误工 60～90 日，护理 30～60 日，营养 20～30 日；

b）手术治疗：误工 60～180 日，护理 30～60 日，营养 60～90 日。

10.3.3 髋关节脱位［S73.052］：

a）非手术治疗：误工 90～150 日，护理 30～90 日，营养 30～60 日；

b）手术治疗：误工 90～180 日，护理 30～90 日，营养 60～90 日。

10.3.4 其他关节脱位

a）胸锁/肩锁关节脱位［S43.201/S43.151］：误工 60～180 日，护理 30～60 日，营养 30 日；

b）腕部脱位［S63.001］：误工 60～180 日，护理 30～60 日，营养 20～30 日；

c）掌指/指间关节脱位［S63.153/S63.151］：误工 60～90 日，护理 30～60 日，营养 30 日；

d）距骨脱位［S93.054］：误工 60～120 日，护理 30～90 日，营养 20～30 日；

e）跗骨间/跗跖关节脱位［S93.353/S93.352］：误工 60～120 日，护理 30～90 日，营养 20～30 日；

f）跖趾/趾间关节脱位［S93.151/S93.101］：误工 60～90 日，护理 30～90 日，营养 20～30 日；

g）趾间关节/跗足关节骨折脱位：误工 60～180 日，护理 30～90 日，营养 60～90 日。

10.4 四肢大关节韧带损伤

误工 60～120 日，护理 60～90 日，营养 30～60 日。

10.5 主要肌腱断裂

误工 60～150 日，护理和营养根据治疗情况确定。

10.6 肢体离断

10.6.1 断肢：误工 120～180 日，护理 30～90 日，营养 90 日。断肢需持续治疗的，可视临床治疗情况确定。

10.6.2　断指：误工 60～90 日，护理 30～90 日，营养 30～60 日。多指离断可视临床治疗情况确定。

10.7　断肢（指、趾）再植

根据临床治疗恢复情况确定。

10.8　周围神经损伤

10.8.1　臂丛及其重要分支神经损伤（尺神经/桡神经/正中神经/腋神经/肌皮神经）［S14.301］：误工 180～365 日，护理 30～150 日，营养 30～60 日。

10.8.2　腰、骶丛及其重要分支神经（坐骨神经/股神经/胫神经/腓总神经）［S34.451］：误工 180～365 日，护理 30～150 日，营养 30～60 日。

10.9　四肢主要血管损伤

误工 90～180 日，护理 30～60 日，营养 30～60 日。

11　其他损伤

11.1　烧烫伤［T20～T32］

11.1.1　轻度：误工 30～45 日，护理 1～30 日，营养 20～30 日。

11.1.2　中度：误工 60～90 日，护理 30～60 日，营养 60 日。

11.1.3　重度：误工 120 日，护理 60～120 日，营养 90～120 日。

11.1.4　特重度：根据临床治疗情况确定。

11.2　冻伤［T33］

11.2.1　局部冻伤：

a）Ⅰ度：误工 15～30 日，护理 1～30 日，营养 1～30 日；

b）Ⅱ度：误工 30～45 日，护理 15～30 日，营养 30～60 日；

c）Ⅲ度：误工 60～90 日，护理 60～90 日，营养 60～90 日；

d）Ⅳ度：误工 120～150 日，护理 60～90 日，营养 60～90 日。

11.2.2　全身冻伤：根据临床治疗情况确定。

11.3　其他物理化学生物因素损伤

参照有关条款。

11.4　损伤致皮下软组织出血

出血达全身体表面积的 30%以上，误工 60～120 日，护理和营养根据临床治疗情况确定。

11.5　损伤致创伤性休克、失血性休克或感染性休克

误工 60～90 日，护理和营养根据临床治疗情况确定。

11.6　损伤致异物存留在脑、心等重要器官内

误工 90～120 日，护理和营养根据临床治疗情况确定。

11.7　损伤致挤压综合征

误工 90～120 日，护理和营养根据临床治疗情况确定。

附录 A

（规范性附录）

判定基准的补充

A.1　本标准中的“误工期、护理期、营养期”是指本次损伤/事故所致的期限，需排除既往损伤、疾病。

A.2　本标准中的“误工期、护理期、营养期”为各类损伤/事故的一般性期限，在具体案件的评定

中，应遵循个性化为主、循证化为辅的原则，考虑不同个体的自身情况、损伤情况、临床治疗、恢复等因素具体分析，综合评定，不可机械照搬。

A.3 人身损害后的临床“误工期、护理期、营养期”低于本标准期限的，按临床实际发生的期限计算。

A.4 多处损伤，不能将多处损伤的“误工期、护理期、营养期”进行简单累加；一般以“误工期、护理期、营养期”较长的损伤为主，并结合其他损伤的期限综合考虑，必要时酌情延长。

A.5 对于一些损伤后恢复期较长，但已进入调解程序或诉讼程序的，“误工期、护理期、营养期”评定的上限可以至伤残评定前一日。

A.6 “误工期、护理期、营养期”原则上不超过 24 个月。

A.7 遇有本标准以外的损伤，应根据临床治疗情况，或比照本标准相类似损伤所需的“误工期、护理期、营养期”进行评定。

A.8 继发性损伤、合并症、并发症或需二期治疗的，根据临床治疗恢复情况确定。

A.9 由于个体差异、潜在疾病、年龄等因素介入导致“误工期、护理期、营养期”有所变化的，应根据具体情况综合评定。

附录 B

（规范性附录）

损伤分级的依据

B.1 颅脑损伤分级

B.1.1 轻型颅脑损伤：无颅骨骨折，昏迷时间不超过 0.5h，有轻度头痛、头晕等症状。神经系统检查和脑脊液检查均正常。

B.1.2 中型颅脑损伤：相当于轻的脑挫裂伤，有或无颅骨骨折，蛛网膜下腔出血，无脑受压征象。昏迷时间不超过 12h，有轻度神经系统病理体征，体温、脉搏、呼吸及血压均有轻度改变。

B.1.3 重型颅脑损伤：相当于广泛的脑挫裂伤，脑干损伤或急性颅内血肿，深昏迷在 12h 以上。有明显的神经系统病理体征，如瘫痪、脑疝综合征、去大脑强直等，有明显的体温、脉搏、呼吸和血压变化。

B.1.4 特重型颅脑损伤：伤后立即出现深昏迷，去大脑强直或伴有其他脏器损伤、休克等。迅速出现脑疝、双瞳孔散大、生命体征严重紊乱等，甚至出现呼吸停止。

B.2 烧烫伤程度分级

B.2.1 成人烧烫伤程度划分：

a）轻度烧烫伤：烧烫伤总面积小于或等于 10%，III度烧烫伤面积小于或等于 5%；

b）中度烧烫伤：烧烫伤总面积 10%～30%，III度烧烫伤面积 5%～10%；

c）重度烧烫伤：烧烫伤总面积 31%～50%，III度烧烫伤面积 11%～20%；

d）特重度烧烫伤：烧烫伤总面积大于 50%，III度烧烫伤面积大于 20%。

B.2.2 小儿烧烫伤程度划分：

a）轻度烧烫伤：烧烫伤总面积小于或等于 10%，无III度烧烫伤；

b）中度烧烫伤：烧烫伤总面积 10%～29%，III度烧烫伤面积小于或等于 5%；

c）重度烧烫伤：烧烫伤总面积 30%～49%，III度烧烫伤面积 5%～14%；

d）特重度烧烫伤：烧烫伤总面积大于 50%，III度烧烫伤面积大于 15%。

B.3 甲状腺功能低下程度分级

B.3.1 轻度甲状腺功能低下：

a）临床症状较轻；

b）B.M.R.（基础代谢率）-20%～-10%；

c）吸碘率 15%～20%（24h）；

d）参考 T_3（三碘甲状腺原氨酸）、T_4（甲状腺素）检查和甲状腺同位素扫描。

B.3.2　中度甲状腺功能低下：

a）临床症状较重；

b）B. M. R. -30%～-20%；

c）吸碘率 10%～15%（24h）；

d）参考 T_3、T_4 检查和甲状腺同位素扫描。

B.3.3　重度甲状腺功能低下：

a）临床症状严重；

b）B. M. R. ＜-30%；

c）吸碘率＜10%（24h）；

d）参考 T_3、T_4 检查和甲状腺同位素扫描。

B.4　甲状旁腺功能低下程度分级

B.4.1　轻度甲状旁腺功能低下：空腹血钙 7～8mg/dL。

B.4.2　中度甲状旁腺功能低下：空腹血钙 6～7mg/dL。

B.4.3　重度甲状旁腺功能低下：空腹血钙＜6mg/dL。

八、《人身损害护理依赖程度评定》GB/T31147-2014

（国家质量监督检验检疫总局、国家标准化管理委员会于 2014 年 9 月 3 日发布，
2015 年 1 月 1 日实施）

1　范围

人身损害护理依赖程度评定

本标准规定了人身损害造成躯体伤残或精神障碍者，在治疗终结后是否需要护理依赖及其程度的评定要求和方法。

本标准适用于对人身损害护理依赖程度进行的评定，但国家已有特殊规定的，从其规定。

2　术语和定义

下列术语和定义适用于本文件。

2.1　躯体伤残 the disabled due to body injury

因各种损害造成人体组织器官不可恢复的结构破坏、功能丧失或障碍，导致全部或部分活动能力丧失。

2.2　精神障碍 the mentally disordered

因各种损害造成大脑功能失调或结构改变，导致感知、情感、思维、意志和行为等精神活动出现紊乱或者异常，社会功能受损。

2.3　日常生活活动能力 activities of daily living；ADL

人在躯体健康的情况下，日常生活必需反复进行的、基本的、共性的活动能力。包括：进食、床上活动、穿衣、修饰、洗澡、床椅转移、行走、大小便、用厕等能力。

2.4　日常生活自理能力 ability of taking care of oneself

人在正常思维支配的情况下，自我料理个人日常生活的能力。包括：进食、修饰、更衣、整理个人卫生、大小便、外出行走、使用日常生活工具、乘坐交通工具等能力。

2.5　躯体移动能力 ability of body moving

人体自主在床上移动，上、下床，室内或室外行走，上、下楼梯等能力。

2.6 护理依赖 nursing dependency

躯体伤残或精神障碍者在治疗终结后，仍需他人帮助、护理才能维系正常日常生活。

2.7 护理依赖程度 level of nursing dependency

躯体伤残或精神障碍者需要他人护理所付出工作量的大小，分为完全、大部分和部分护理依赖。

2.8 治疗终结 end of treatment

人身损害直接导致的损伤或损伤引发的并发症经过治疗，达到临床治愈或临床稳定。

2.9 损伤参与度 injury involvement in nursing dependency

损害因素对造成护理依赖后果所起作用的大小比例。

3 一般规定

3.1 评定要求

3.1.1 对被评定人应进行详细询问，针对人身损害情况进行身体检查，必要时应做相关辅助检查。

3.1.2 经检查，被评定人应有明确的临床体征，并与辅助检查、病历记载相一致。

3.1.3 被评定人原有疾病或伤残与本次损害因素共同作用造成护理依赖的，应确定本次损伤参与度。见附录 A。

3.1.4 精神障碍护理依赖程度的评定，应当有专科医疗机构精神科执业医师作出的诊断证明，或聘请精神科执业医师参加。

3.1.5 被评定人同时有躯体伤残、精神障碍和精神障碍安全问题均需要护理依赖的，应分别评定，按护理依赖程度较高的定级。

3.2 评定时机

3.2.1 躯体伤残护理依赖程度评定应在本次损伤治疗终结后进行。

3.2.2 精神障碍护理依赖程度评定应在治疗满一年后进行。

3.3 评定等级及比例

3.3.1 护理依赖程度等级

由低到高分以下三级：

a）部分护理依赖；

b）大部分护理依赖；

c）完全护理依赖。

3.3.2 护理依赖赔付比例

护理依赖赔付比例，参见附录 B。

3.4 护理依赖程度表述

护理依赖程度表述，参见附录 C。

3.5 评定人资质

由取得主检法医师、精神科执业主治医师、临床副主任医师以上职称或取得司法鉴定人资格的人员担任。

3.6 数字规定

本标准列举数字“以上或以下”，均包括本数。

4 躯体伤残护理依赖程度评定

4.1 躯体伤残日常生活活动能力项目、评定分值和计算

4.1.1 项目

4.1.1.1 进食

拿取食物，放入口中，咀嚼，咽下。

4.1.1.2 床上活动

床上活动包括：

a）翻身；

b）平移；

c）起坐。

4.1.1.3　穿衣

穿衣包括：

a）穿脱上身衣服；

b）穿脱下身衣服。

4.1.1.4　修饰

修饰指使用放在身边的洗漱用具，包括：

a）洗（擦）脸；

b）刷牙；

c）梳头；

d）剃须。

4.1.1.5　洗澡

进入浴室，完成洗澡。

4.1.1.6　床椅转移

从床上移动到椅子上或从椅子上移动到床上。

4.1.1.7　行走

包括：

a）平地行走；

b）上楼梯；

c）下楼梯。

4.1.1.8　小便始末

到规定的地方，解系裤带，完成排尿。

4.1.1.9　大便始末

到规定的地方，解系裤带，完成排便。

4.1.1.10　用厕

用厕包括：

a）蹲下站起；

b）拭净；

c）冲洗（倒掉）；

d）整理衣裤。

4.1.2　分值

躯体伤残日常生活活动能力 10 项评定分值见表 1。

表 1　躯体伤残日常生活活动能力项目评定分值（100 分）

项目	评定分值		
进食	10 分 自己到就餐处，自主完成	5 分 依靠他人帮助把食物拿取到面前（身边）才能完成	0 分 完全依靠他人拿取食物和接触身体的帮助才能完成，或需他人喂食
床上活动	10 分 自主完成 4.1.1.2 的 a）、b）、c）	5 分 需要他人看护或扶助才能完成，或只能自主完成 4.1.1.2 中的 1 项或 2 项，其余需依靠他人接触身体的帮助才能完成	0 分 完全依靠他人接触身体的帮助才能完成 4.1.1.2 的 a）、b）、c）

续表

项目	评定分值			
穿衣	10 分 自主完成 4.1.1.3 的 a)、b)	5 分 需要他人帮助把衣服拿到身边才能完成，或只能完成 4.1.1.3 中的 a）或 b）		0 分 完全依靠他人接触身体的帮助才能完成 4.1.1.3 的 a）和 b）
修饰	5 分 自主完成 4.1.1.4 的 a）、b）、c）、d）	0 分 完全依靠他人帮助把洗漱用品拿到身边，或主要依靠他人接触身体的帮助才能完成 4.1.1.4 的 a）、b）、c）、d）		
洗澡	5 分 自主完成	0 分 主要或完全依靠他人引领、扶助或接触身体的帮助才能完成		
床椅转移	15 分 自主完成	10 分 借助残疾辅助器具（康复辅助器具）或其他工具才能完成	5 分 需依靠他人引领、看护或扶助才能完成	0 分 完全依靠他人接触身体的帮助才能完成
行走	15 分 自主完成 4.1.1.7 的 a）、b）、c）	10 分 借助残疾辅助器具（康复辅助器具）或其他工具才能完成 4.1.1.7 的 a）、b）、c）	5 分 借助残疾辅助器具（康复辅助器具）只能完成 4.1.1.7 的 a），其余需依靠他人引领、看护或扶助才能完成	0 分 完全依靠他人接触身体的帮助才能完成 4.1.1.7 的 a）、b）、c）
小便始末	10 分 自主完成	5 分 需他人引领、看护或扶助才能去规定的地方完成小便过程		0 分 在床上小便或完全依靠他人接触身体的帮助才能完成，并依靠他人帮助清理小便
大便始末	10 分 自主完成	5 分 需他人引领、看护或扶助才能去规定的地方完成大便过程		0 分 在床上大便或完全依靠他人接触身体的帮助才能完成，并依靠他人帮助清理大便
用厕	10 分 自主完成 4.1.1.10 的 a）、b）、c）、d）	5 分 只能完成 4.1.1.10 的 a）、b）、c）、d）中的 3 项以下，其余需依靠他人接触身体帮助或借助其他设施、辅助用具才能完成		0 分 完全依靠他人接触身体帮助才能完成 4.1.1.10 的 a）、b）、c）、d）

注 1：自主完成：指躯体伤残者不需要他人帮助就能完成。

注 2：完全依靠：指躯体伤残者某项日常生活活动能力完全丧失，完全靠他人帮助才能完成。

注 3：他人接触身体的帮助：指护理人员近距离给予伤残者抱、抬、搬、背等帮助。

注 4：看护：指为了防止躯体伤残者在进行日常生活活动时出现行走不稳、摔倒、跌下等危险，而需他人在旁边照看、保护。

注 5：扶助：指为了防止躯体伤残者在进行日常生活活动时出现行走不稳、摔倒、跌下等危险，而需他人在旁边实施搀扶、护持等帮助。

注 6：看护和扶助，躯体伤残者日常生活活动主要是靠自身的能力完成。

4.1.3 计算

4.1.3.1 根据躯体伤残者完成日常生活活动能力项目的情况，客观确定每项分值。

4.1.3.2 将各项分值相加得出总分值。

4.2 护理依赖程度评定

4.2.1 护理依赖

4.2.1.1 日常生活活动能力项目总分值为 100 分。

4.2.1.2 总分值在 61 分以上，日常生活活动基本自理，无护理依赖。

4.2.1.3 总分值在 60 分以下，有护理依赖。

4.2.2 护理依赖程度

4.2.2.1 总分值在 41～60 分，为部分护理依赖。

4.2.2.2 总分值在 21～40 分，为大部分护理依赖。

4.2.2.3 总分值在 20 分以下，为完全护理依赖。

5 精神障碍者护理依赖程度评定

5.1 精神障碍日常生活自理能力项目、评定分值和计算

5.1.1 项目

5.1.1.1 进食

进食包括：

a）按时；

b）定量；

c）在规定地点完成进食。

5.1.1.2 修饰

修饰包括：

a）洗（擦）脸；

b）刷牙；

c）梳头；

d）剃须。

5.1.1.3 更衣

衣包括：

a）穿脱衣服；

b）定时更换衣服；

c）按季节、天气、温度变化适时增减衣服。

5.1.1.4 理发、洗澡、剪指甲

理发、洗澡、剪指甲包括：

a）去理发店理发；

b）去洗浴处洗澡；

c）自己或要求他人帮助剪指甲。

5.1.1.5 整理个人卫生

整理个人卫生包括：

a）整理自己的床铺；

b）打扫室内卫生；

c）清洗衣服；

d）女性能处理经期卫生，使用更换卫生巾、清洗内裤等。

5.1.1.6 小便始末

小便始末包括：

a）到规定地方；

b）解系裤带，完成小便过程；

c）清理小便。

5.1.1.7 大便始末

大便始末包括：

a）到规定地方；

b）解系裤带，完成大便过程；

c）清理大便。

5.1.1.8 外出行走

外出行走包括：

a）自主外出；

b）能找回出发处。

5.1.1.9 睡眠

按照一般正常人的作息时间、规律睡眠。

5.1.1.10 服药

服药包括：

a）保管药物；

b）定时服药；

c）定量服药。

5.1.1.11 使用日常生活用具

使用日常生活用具包括：

a）使用炉灶；

b）使用日用电器；

c）使用自来水。

5.1.1.12 乘车

乘坐交通工具，如公共汽车、出租车等。

5.1.2 分值

精神障碍日常生活自理能力 12 项评定分值见表 2。

表 2 精神障碍日常生活自理能力项目评定分值（120 分）

项目	评定分值		
进食	10 分 能自主完成 5.1.1.1 的 a）、b）、c）	5 分 经常需他人提醒、督促、引领、控制才能完成 5.1.1.1 的 a）、b）、c）中的 1 项或 2 项	0 分 完全依靠他人督促、帮助才能完成 5.1.1.1 的 a）、b）、c）或需他人喂食
修饰	10 分 能保持外貌整洁。 自主完成 5.1.1.2 的 a）、b）、c）、d）中 2 项以上	5 分 经常需他人提醒、督促、帮助才能完成 5.1.1.2 的 a）、b）、c）、d）中 1 项以上	0 分 完全依靠他人帮助才能完成 5.1.1.2 的 a）、b）和（或）c）、d）
更衣	10 分 衣着得体。能自主完成 5.1.1.3 的 a）、b）、c）	5 分 经常需他人提醒、督促、帮助才能完成 5.1.1.3 的 a）、b）、c）	0 分 完全依靠他人帮助才能完成 5.1.1.3 的 a）、b）、c）
理发、洗澡、剪指甲	10 分 能自主完成 5.1.1.4 的 a）、b）、c）	5 分 经常需他人提醒、督促、引领、帮助才能完成 5.1.1.4 的 a）、b）、c）中 1 项以上	0 分 从不主动理发、洗澡、剪指甲，完全需他人强制帮助才能完成 5.1.1.4 的 a）、b）、c）
整理个人卫生	10 分 能自主完成 5.1.1.5 的 a）、b）、c），女性能自主完成 5.1.1.5 的 d）	5 分 经常需他人提醒、指导才能完成 5.1.1.5 的 a）、b）、c）中的 1 项以上。女性在他人提醒、指导下才能完成 5.1.1.5 的 d）	0 分 完全依靠他人帮助才能完成 5.1.1.5 的 a）、b）、c）。女性完全依靠他人帮助才能完成 5.1.1.5 的 d）
小便始末	10 分 能自主完成 5.1.1.6 的 a）、b）、c）	5 分 经常需他人提醒、督促、引领才能完成 5.1.1.6 的 a），5.1.1.6 的 b）、c）基本能自主完成	0 分 完全依靠他人帮助才能完成 5.1.1.6 的 a）、b）、c）

续表

项目	评定分值		
大便始末	10 分 能自主完成 5.1.1.7 的 a)、b)、c)	5 分 经常需他人提醒、督促、引领才能完成 5.1.1.7 的 a)，5.1.1.7 的 b)、c) 基本能自主完成	0 分 完全依靠他人帮助才能完成 5.1.1.7 的 a)、b)、c)
外出行走	10 分 能自主完成 5.1.1.8 的 a)、b)	5 分 完成 5.1.1.8 的 a)、b)，需要他人陪同，否则就有走失的危险；或从不外出	0 分 完成 5.1.1.8 的 a)、b)，必需有他人陪同，否则就会丢失
睡眠	10 分 能自主按正常人的作息时间、规律睡眠，或偶有异常睡眠但不需他人监护、帮助	5 分 有下列异常睡眠表现：昼夜颠倒、白天思睡、夜间不宁、晚上不睡、早晨不起等 1 种以上，经常需要他人监护、帮助	0 分 有下列异常睡眠表现：昼夜颠倒、白天思睡、夜间不宁、晚上不睡、早晨不起等表现 1 种以上，长期需要他人监护、帮助
服药	10 分 不需要服药，或需要服药，但能遵照医嘱自主完成 5.1.1.10 的 a)、b)、c)	5 分 需要服药，能自主完成 5.1.1.10 的 a)，但 5. 1.1.10 的 b)、c) 需他人提醒、督促、帮助才能完成	0 分 需要服药，完全依靠他人帮助才能完成 5.1.1.10 的 a)、b)、c)
使用日常生活用具	10 分 能自主安全使用 5.1.1. 11 的 a)、b)、c)	5 分 经常需他人指导、监护才能使用 5.1.1.11 的 a)、b)、c) 中 1 项以上	0 分 从不使用 5.1.1.11 的 a)、b)、c) 或使用 5.1.1.11 的 a)、b)、c) 经常引发危险
乘车	10 分 能自主完成乘坐交通工具	5 分 乘坐交通工具，经常需要有他人陪同	0 分 从不乘坐交通工具，或在他人陪同下，也很难完成乘坐交通工具

5.1.3　计算

5.1.3.1　根据精神障碍者完成日常生活自理能力项目的情况，客观确定每项分值。

5.1.3.2　将各项分值相加得出总分值。

5.2　护理依赖程度评定

5.2.1　护理依赖

5.2.1.1　日常生活自理能力项目总分值为 120 分。

5.2.1.2　总分值在 81 分以上，日常生活基本能够自理，无护理依赖。

5.2.1.3　总分值在 80 分以下，有护理依赖。

5.2.2　护理依赖程度

5.2.2.1　总分值在 61～80 分，为部分护理依赖。

5.2.2.2　总分值在 41～60 分，为大部分护理依赖。

5.2.2.3　总分值在 40 分以下，为完全护理依赖。

5.2.2.4　安全问题：有以下危害自身、他人和公共安全行为或倾向 1 项以上，治疗满一年，经专科医疗机构精神科执业主治以上职称医师或鉴定人员诊断、鉴定无明显改善的，为大部分护理依赖：

a）自杀；

b）自残；

c）伤人；

d）毁物；

e）其他危害公共安全的情形或倾向。

附录 A

（规范性附录）

损伤参与度

A.1 损伤参与度的表示

损伤参与度采用百分比表示，分为：100%，75%，50%，25%，0 五种。

A.2 损伤参与度的划分

A.2.1 完全由本次损害及其并发症、后遗症造成，原有疾病或残疾与其所需护理依赖程度无因果关系的，损伤参与度为 100%。

A.2.2 主要由本次损害及其并发症、后遗症造成，原有疾病或残疾对其所需护理依赖程度只起到加重和辅助作用的，损伤参与度为 75%。

A.2.3 本次损害及其并发症、后遗症与原有疾病或残疾共同造成护理依赖程度，且作用相当，难分主次的，损伤参与度为 50%。

A.2.4 主要由原有疾病或残疾造成，本次损害及其并发症、后遗症对其所需护理依赖程度只起到加重和辅助作用的，损伤参与度为 25%。

A.2.5 完全由原有疾病或残疾造成，本次损害及其并发症、后遗症与其所需护理依赖程度无明确因果关系的，损伤参与度为 0。

附录 B

（资料性附录）

护理依赖赔付比例

护理依赖赔付比例是指各护理依赖程度等级所需护理费用的比例，分为以下三等：

a）完全护理依赖：按 100%的比例计算；

b）大部分护理依赖：按完全护理依赖费用 80%计算；

c）部分护理依赖：按完全护理依赖费用 50%计算。

附录 C

（资料性附录）

护理依赖程度的表述

护理依赖后果完全是由本次损害及其并发症、后遗症造成的，直接书写其所需护理依赖的程度。示例：李某某需要完全护理依赖；张某某需要大部分护理依赖；赵某某需要部分护理依赖。

护理依赖后果是由于损害及其并发症、后遗症与其原有疾病或残疾共同造成的，在所需护理依赖程度之后，加上损伤参与度所占的百分比。示例：李某某需要大部分护理依赖，损伤参与度为 50%。表示该被评定人所需大部分护理依赖，其 50%是由于损害因素造成的。

护理依赖后果完全是由于原有疾病或残疾造成的，损伤参与度确定为 0，必要时说明本次损害与护理依赖无因果关系。

（江乐盛　吴海波）

常用英汉词汇

abandonment clause	委付条款
actuary	保险精算师
additional premium	附加保险费
annuity contract	人寿年金
assignment clause	转让条款
beneficiary	受益人
benefits	保险赔偿金
branch of insurance	保险类别
certificate of insurance	保险证明书
claim	索赔
claim assessor	索赔人
compulsory insurance	强制保险
coverage	承保范围、保险总额、保险责任
deposit premium	预付保险费
disability income insurance	失能收入险
endowment policy	人寿定期保险单
expiration of policy	保险单满期
extra premium	额外保险费
faa（free of all average）	全损赔偿
general policy condition	保险单一般规定
health insurance	疾病保险，健康保险
indemnity	损害赔偿
in-full premium	全部保险费
initial premium	初期保险费
insurance broker	保险经纪人
insurance claim	保险索赔
insurance clause	保险条款
insurance company	保险公司
insurance conditions	保险条件
insurance coverage	保险范围
insurance during a period of illness	疾病保险
insurance for medical care	医疗保险
insurance instruction	投保通知
insurance policy/ slip	保险单
insurance premium	保险费
insurance proceeds	保险金（保险收入）
insurance rate	保险费率表
insured amount	保险金额

insured，assured	被保险人
insurer，underwriter	保险人；保险商
liability insurance	责任保险
life assured	人寿保险投保人
life fund	人寿保险基金
life insurance	人寿保险
life insurance loading	人寿保险附加费
long-term care insurance	长期护理保险
loss adjuster	损失理算人
loss ratio	赔付率
medical expense insurance	医疗费用保险
mortality tables	死亡率表
motor insurance	汽车保险
natural calamities	自然灾害
natural losses	自然损耗
notice of loss	损害通知书
null and void	宣告无效
pay/indemnify	赔付
policy No.	保险单号
policy-holder	投保人
premium	保险费
premium rate	保险费率
producer	保险销售人/保险公司
reinsurance	再保险；转保
renewal premium	续保费
renewal	续保；延期
recheck	再核对
risk insured，risk covered	承保险项
sickness insurance	疾病保险
settlement of claims	理赔
sum insured	保险金额
survey	查勘
termination of risk	保险责任中止
third party insurance	第三者责任保险
time limit for filing claims	索赔时限
time policy	定期保险单
total SUM insured	最高保险金额
u/w （underwriter）	承保人
underwriting	核保
unvalued policy	不定值保单